国連の紛争予防・解決機能

大内和臣
西海真樹 編

日本比較法
研究所研究叢書
(57)

日本比較法研究所

は　し　が　き

　国際連合が設立されて半世紀，日本比較法研究所の国際関係法プロジェクトチームは，中央大学の国連寄託図書館の設置を記念して，1997年に『創立50周年記念　国連年鑑特別号』を刊行した。これに引き続いて，このたび国際連合に関する特集を研究叢書として出版することにした。そのために中央大学の大内和臣，西海真樹，宮野洋一，武山眞行からなる編集委員会が設置され，大内・西海が編集責任者となった。

　和文で「国連の紛争予防・解決機能」，英文で「The United Nations' Contributions to the Prevention and Settlement of Conflicts」と題される本叢書は2分冊からなる。第1分冊は日本語版，第2分冊は英語版である。英文の論文は外国の学者から寄せられたものを中心にして，日本の学者・研究者の論文が加えられた。ひろく内外のオーディアンスに配慮したものである。このことはまた，日本比較法研究所がここ数年来すすめている，日本の研究の成果を世界に向けて発信しようとする新しいプロジェクトに応えたものでもある。

　本書の巨大なテーマは，国際連合とかかわる優れた研究論文をできるだけ多く掲載しようとの編集委員会の願望による。限られたテーマに偏らないためにも，研究者を学際化し，ひろく国際法，国際私法，国際機構，国際政治，憲法の分野に求めた。さらに，国連の内外における実務家にもそれぞれの立場で執筆していただくことにした。全体として編集は特定の国家や個人の学説・見解，イデオロギーに偏らないように努めた。なお数名の中央大学大学院博士後期課程在籍者も含めることにした。

　テーマによっては，国連と直接かかわるものもあれば，間接的にしかかかわり得ないものもある。国連の国際紛争の予防機能はおおむね間接的性格のものであり，長期的視野に立った，国連の地道な立法作業と深くかかわっている。それらの多くは，国際連合の総会決議に発して，幾多の組織を経由して条約の締結後までの国際法実現のプロセスを通して達成されるものである。他方，国

連の紛争解決機能は，国際法の適用の段階で問われるものであるが，そこでは適用以前の段階における法的諸問題に関係しながら，政治・経済・社会的要因が大きく作用している。まさに，国際紛争の予防からその解決にいたるまでの国連の意思決定は，国際法の定立過程からその適用過程までのマクロな視点に立って評価されてしかるべきであろう。

　本叢書は，日本比較法研究所共同研究「国際連合の紛争解決機能とその限界」の研究成果である。本共同研究には，同研究所研究基金の「共同研究助成」を得た。本共同研究の実施および本叢書の刊行にあたってお世話になった日本比較法研究所の加藤清 前事務室長，金子昌弘 現事務室長ならびに宮下隆三郎副課長をはじめとする同研究所職員の方々，および矢崎英明中央大学出版部副部長に厚くお礼申し上げる。くわえて中央大学大学院法学研究科博士後期課程の小島千枝さんの長期間にわたる編集作業上の協力に深甚の謝意を表したい。

　2002 年 2 月

大内　和臣
西海　真樹

目　次
（第 1 分冊）

はしがき
国際公法
　第 1 章　人道的救援と国連 .... 西海　真樹　3
　第 2 章　インターアクション・カウンシルの「世界人間
　　　　　責任宣言」草案とその歴史的意義について .... 眞田　芳憲　27
　第 3 章　地域機構の人道的介入と国連の統制
　　　　　──「コソボ」の教訓── .... 広瀬　善男　63
　第 4 章　内陸国をめぐって生ずるであろう漁業
　　　　　紛争と国連の紛争解決手続 .... 川上壯一郎　129
　第 5 章　国境を越える組織犯罪と国連新条約採択の意義
　　　　　──刑事司法管轄権問題の検討を中心に── ...... 北村　泰三　153
　第 6 章　法原則としての人民自決 .... 内ヶ崎善英　189
　第 7 章　遺伝資源の規制と生物多様性の保全
　　　　　──国連の環境政策における環境と開発の相克──
　　　　　... 最首　太郎　223
　第 8 章　国連国際法委員会におけるテヘラン米国大使館員
　　　　　人質事件判決の取扱い
　　　　　──国家責任条文草案との関連で── .... 金子　　大　253
　第 9 章　"Non Liquet" 対策における国連の課題と
　　　　　EU の先駆性 .... 福王　　守　283
　第 10 章　選択条項受諾宣言に付された留保
　　　　　──条約法の適用可能性── .... 櫻井　大三　315
　第 11 章　国際平面における同性愛の法的地位
　　　　　... 谷口　洋幸　369

第 12 章　国連の紛争管理システムと現代的武力紛争対処法
　　　　　..坂本まゆみ 401

国際私法
　第 13 章　ドイツ裁判所による国連国際物品売買条約の解釈
　　　　　──最近の動向を中心として── ....山内　惟介 441
　第 14 章　ICSID 仲裁判断の規準
　　　　　──特に「国際法」の意義を中心に── ....多 喜　　寛 491
　第 15 章　FTZ に関する法制度の比較法的研究
　　　　　──紛争処理の仕組を中心として── ....德 本　　穰 519

国際政治
　第 16 章　国連事務総長の紛争解決における役割の変容
　　　　　──冷戦後の紛争解決枠組みに関する一考察──
　　　　　..内田　孟男 535
　第 17 章　国連における NGO の役割 ....德本サダ子 565

国 際 公 法

第 1 章
人道的救援と国連

西 海 真 樹

序

　米国のアフガニスタンへの報復戦争のさなかに米国空軍により行われた食糧投下行為をどう見るべきか？　多くのNGOはこれに批判的である。NGOは，人道的役割と軍事的役割とを混同するこのような活動とは一線を画し，本来の中立・公平な立場を維持し，政治的・軍事的権力からの独立を保持すべきだ，との声をよく聞く。しかし，「国境なき医師団」の副理事長を務めたジャン゠クリストフ゠リュファンは，雑誌のインタヴュー記事のなかでこれとは異なる考えを述べている（l'Express, no. 2628, 2001, pp. 28–29）。

　リュファンは言う。「しばしば軍事と人道とは対立するものとみなされるが，今や両者は相互補完的だ。タリバンの悪夢のなかで純粋に人道的な解決方法などあるわけがない。冷戦期には人道的救援者が自分たちだけで，軍隊と競い合うこともなく現地に赴くことができた。でも今は違う。現在の危機の大半は，国際的な軍事力の展開を生じさせている。」

　リュファンはこう述べた後で，食糧投下行為について，自分はこれに全面的に反対するものではないと断ったうえで，それが民兵を養う恐れを認めつつも，なお投下された食糧がアフガン市民の苦痛を緩和するのではないかと指摘する。そして彼は，この点について多くのNGOの態度は余りにも硬直的だと言い，次のように続ける。「NGOは，人道的救援を自分たちの独占物と考えているようだ。それは医者が自分の競争相手の違法な医療を訴えるのに似ている。軍事と人道を混同するな？　確かにそうだろう。しかし，対空防衛がなされた地域で，軍事作戦に従うパイロット以外に誰が食糧を投下できるのか。」

　さらにリュファンは，米国の報復戦争下のアフガニスタンでNGOの中立性

が損なわれ，あるべき国連の枠組みがそこに欠如していることを以下のように嘆いている。「今回の危機には国連の姿がまったくない。これまでの多国籍軍の介入のさいには，国連が軍事と人道とのあいだの明確で簡潔な連携を促進してきた。NGO にとって国連は，政治的に受け入れられ法的に制御し得る唯一の手段だ。わたしは軍事と人道との接点で多くの仕事をしてきた。それはいつも国連の旗のもとでだった。残念なことに，今回そのような接点は壊されてしまった。米国の国連嫌いのせいだ。今あるのは国連でも NATO でもない。ワシントンの単独行動だけだ。」

米軍の食糧投下行為にたいするリュファンの評価には疑問が残る。何がアフガン市民の苦痛を生じさせたのかといえば，それは同じ米軍の空爆である。この米国による報復戦争——それは自衛権の行使とはとうてい言えない——を不問に付したままで，その食糧投下行為だけを評価することはできないはずだ。それはともかく，ここでリュファンが述べている人道的救援とは何か。それは国家，あるいは国連とどんな関係にあり，そこにどのような法的問題が生じているのだろうか。

現代国際社会における解決困難な問題のひとつに，民族(エスニック)の自己主張が引き起こす国際的・国内的武力紛争がある。これらの民族紛争はたいていの場合，重大な人権侵害を伴い，多数の難民や傷病者を生じさせる。それらはまた，紛争発生国のみならず近隣諸国の平和と安全にとっても多大な影響を及ぼすことが少なくない。そのため，そこでの人間の苦痛を少しでも軽減し，かつ，紛争地帯に秩序を回復するために，国連諸機関の行ってきた人道的活動が世界の注目を集めてきた。これらの活動を担う(担ってきた)組織としては，国連難民高等弁務官事務所(UNHCR)，国連災害救済調整官事務所(UNDRO)，人道問題局(DHA)，さらには旧ユーゴスラヴィア国連保護軍(UNPROFOR)やコソヴォ国連暫定行政ミッション(UNMIK)などがある。

ところで，犠牲者の救援活動を行うのは国連諸機関に限らない。それらと並んで，否，それら以上に，赤十字国際委員会や各国の赤十字社・赤新月社など

の私的人道団体が，負傷兵や難民(国内避難民)を保護し，彼らに食料・医薬品を提供し，あるいは医療を施してきた。人道的救援活動とは，武力紛争や自然災害の犠牲者を中立・公平なやりかたで救済する行為をいう。人道団体のこのような活動は，戦争犠牲者の保護にかんするジュネーブ諸条約やそれを補完する二つの議定書のなかで公認されている[1]。ただし，実際に救援活動を行うためには，これらの条文が示しているとおり，活動に先立って「関係当事国」や「当該締約国」の同意を得なければならない。したがって，もしこれらの国が何らかの理由で同意を与えないならば，人道団体の犠牲者救援への道は断たれてしまうことになる。

　このような従来の救援活動の限界を直視して，それを克服しようとする動きが，ここ30年来，新たな人道団体によって試みられてきた。「国境なき医師団」や「世界の医師団」などの非政府団体は，何の救いの手も差し伸べないまま犠牲者を放置することは許されず，犠牲者の苦しみを領域国が専断することは放置できないという強固な倫理観にもとづいて，犠牲者の発生原因が人為的なものであるか自然的なものであるかを問わず，また，被害発生国の要請や同意の有無にかかわらず，国境を越えて人々を救援してきたのである。しかしながら，このような行為は領域国の国家管轄権を侵害するものであるから，行為者は領域国の国内法違反を理由に処罰されることを免れない。さらに，当該行為主体が国家機関や国際組織などの国際法主体性を有するアクターである場合には，領域国の同意を得ないこれらの救援活動は領域国の主権を侵し，したがって国際違法行為となるおそれがある。

　そこで，これらの法的問題を克服して犠牲者の救援を確保するために，近年，「人道的救援権」という新たな国際法上の権利が提唱されてきた。それによれば，犠牲者が救済される権利は「生命への権利」を確保するための人権であって，この権利を侵害するような領域国の主権行使は許されない，と主張される。本稿では，この権利の倫理的基礎と新たな法原則としてのその内容を確認し(I)，概念規定，権利義務主体，権利行使のための諸条件を検討する(II)。次いで，人道団体要員への法的保護の態様とその限界について考察する(III)。最後

に，この権利の意義を明らかにしたうえで今後の展望を述べる(結)[2]。

I 人道的救援権の提唱

(i) 倫理的基礎としての「介入義務」

　人道的救援権という新たな権利は，長年にわたるフランスの人道団体の経験が生み出した「介入義務(devoir d'ingérence)」によって支えられている。危険に瀕する者を同じ人間として放置し得ないというこの倫理的確信は，第二次世界大戦後に成立した人権諸条約の層の厚みと現実の人権状況との間の絶望的な乖離の認識，および，人権の有効な確保を阻害する国家主権の告発とを，その出発点にしている。この点について，「国境なき医師団」「世界の医師団」の創設者の一人であり，昨年2月までコソボ国連暫定行政ミッション事務総長特別代表を務めたベルナール゠クシュネールは，長年医師として人道活動に従事したみずからの経験を踏まえて，次のように述べる。

　人権が世にもてはやされ精緻な国際文書が採択されてきたが，それらは死文であり続ける。なぜならば，それらの実施が往々にして諸国の主権の名のもとに妨げられているからだ。救出を叫び求める人々は，差し伸べられるかもしれない手を待ちながら苦しみに耐えている。彼らが救出されるか否かは，メディアの取り上げ方と政治的要求によって決まってしまう。犠牲者が救いを求めて叫ぶ権利を横取りしてしまう政府がある。これらの政府は，自らにとって都合のいいときに自らの利益になるような援助を求めるにすぎない。けれども，本来，負傷者や飢えた人の叫びにこそ耳が傾けられるべきだ。人々の苦しみ，被支配者の苦しみは，もっぱらその国の政府に帰属するものではない。義憤と連帯の名において，危険に瀕した人々を救援するという新たな権利が出現しければならない[3]。

　このような，同胞としての人間が置かれている状況への義憤はまた，赤十字国際委員会をはじめとする従来の人道団体が行ってきた救援活動が，もっぱら政府の要請もしくは同意に依拠していた点への批判となって現れる。やはりクシュネールによれば，アンリ゠デュナンとその後継者のおかげで，赤十字は捕

虜や傷病者を救援することになっており，事実，赤十字はそれをきわめて効率的に行ってきたが，ただしそれは，諸国の合意とともに，そしてときとしておびただしい損害を引き起こすことのある「義務づけられた沈黙（silence obligatoire）」のなかで初めて可能だったことが確認される[4]。

これらの動機にもとづいて「介入義務」の倫理が提示される。個々の人間の内心に発する「介入義務」は，一方で，危険に瀕する他者を放置し得ないという燃えるような人道主義にもとづいており，受入国の同意という国家主権への配慮は当然のことながら二の次になる[5]。他方でそれは，犠牲者一人一人の意思の尊重をふまえた救援活動を示唆し，どちらかといえばペシミスティックで冷めた人間観に立脚しつつ，耐えがたいもの，悪しきものを最小限に押さえ込もうとする点で，西欧的な個人主義の文化伝統に根ざしている。つまりこの倫理の実践者たちは，普遍的なものに熱狂しているわけでも，積極的な人間観にもとづいているわけでもない。むしろ悲観的，消極的な人間観，最小限の悪，耐え難いもの，などの観念に依拠しつつ，救援活動に従事するのである[6]。

クシュネールは，このような「介入義務」を，「非常緊急時の倫理（morale d'extrême urgence）」および「最小限抑圧の規則（loi de l'oppression minimale）」という二つの道徳律によって説明する。「非常緊急時の倫理」とは，救援対象となる傷病者がいかなる人種であろうと，どこにいようと，いかなる信仰，イデオロギー，価値観をもっていようと，それらにかかわりなく，ただ彼らが苦しみのうちにあるということのみをもって，迅速に救援の手を差し伸べることをまず何よりも意味する。ついでこの倫理は，傷病者が置かれた状況について沈黙を保つことを拒み，これを広く世間に訴えて，彼らを生み出した国の政治体制を告発することも含意している[7]。他方，「最小限抑圧の規則」とは，救援者が常にその時点での少数者，被抑圧者の側に立ち，彼らを救済することによって，権力側の抑圧効果を最小化することを目的とする規則である[8]。

以上のような「非常緊急時の倫理」および「最小限抑圧の規則」という二つの道徳律を構成要素とする倫理的「介入義務」から，新たな国際法上の権利としての人道的救援権が提唱されることになる。この人道的救援権とは倫理的

「介入義務」の法的表現であり，すべての人権の共通分母としての犠牲者の「生命への権利」を確保するための新しい人権として，世界人権宣言のなかに付け加えられるべきであると強調される。つまり，早すぎる死から救出されるという犠牲者の権利は自然権の一つであり，人道的救援権はこのような自然権に対応する新たな人権ととらえられるのである[9]。

(ii) 新たな法原則としての内容

以上のような「介入義務」から導かれる人道的救援権は，現代国際法の枠組みのなかにどのように位置づけられるのだろうか。この点にかんして，パリ第II大学教授で人道的救援権にかんする国連総会決議の採択に尽力したマリオ゠ベタティは，この権利を，すべての人権の基礎をなす「生命への権利」の享受と行使を保護するための権利ととらえる。そのさいに彼は，まず次の点を確認する。「いくつかの集団的暴力または国内的・国際的武力紛争の規模の大きさが，数多くの犠牲者を生じさせるおそれのある重大事態を引き起こしていること」「それらの犠牲者の生存と健康状態は迅速で有効な救援に依存していること」「救援が迅速で有効なものとなるためには，諸国政府および政府間組織とともに，非政府団体が，厳密に人道的で公平な意図のもとで援助を提供することが求められていること」。

これらを踏まえて，彼は，犠牲者の救援が世界人権宣言3条，市民的政治的権利にかんする国際規約6条，経済的社会的および文化的権利にかんする国際規約12条で承認されている「生命および健康への権利」の尊重と行使に大きく寄与していること，および，人道的救援権が人権の一つであって，それは国連憲章55, 56条に規定された協力義務が含まれるところの「連帯の義務」の系（コロラリー）に位置づけられることを強調する[10]。

1988年および1990年に，国連総会は，それぞれ第43, 45会期において，「自然災害および類似の緊急事態の犠牲者への人道的救援」と題する二つの決議を，いずれもコンセンサスで採択した（43/131, 45/100）。両決議ともフランスが発議し，それを受けてわが国を含む数十カ国が共同提案したものである。ベ

タティによれば，これらの決議によってフランスがめざしたものは二つあった。すなわちそれらは，人権分野の国連の一般枠組みのなかに人道的救援権を位置づけること，ならびに，1949年のジュネーブ諸条約および1977年の二つの追加議定書が赤十字などの人道的団体に与えている便宜に匹敵する犠牲者への接近と介入の便宜を，新しい人道的非政府団体にも付与することだった[11]。

両決議では，一方で，自然災害および類似の事態において犠牲者が救護される権利が実質的に確認され，緊急時に公平かつ中立に活動する非政府団体の役割が強調されたうえで，犠牲者を救済するためには犠牲者への自由な接近が不可欠であるとの原則(＝犠牲者への自由接近の原則 — principe de libre accès aux victimes —，決議43/131前文9, 10段，本文4項: 決議45/100前文9, 11段，本文4項)が明言されている。この「犠牲者への自由接近の原則」は，すべての場合において犠牲者への接近を確保しようとするところにその特徴がある。したがって，同原則のもとでの人道的救援権の行使は，提案者の意思によれば，自然災害の場合や領域国の事前の許可がある場合に限られないことになる[12]。

他方で両決議は，犠牲者の所在する領域国の主権に慎重な配慮を示しており，人道的救援の着手，組織，調整および実施について領域国が当然に主要な役割を担うことが確認されている(＝補完性原則 — principe de subsidiarité —，決議43/131前文2段，本文2項: 決議45/100前文3段，本文2項)。領域国がここにあげられたことがらを自ら十分にかつ効率的に行うことができるのであれば，他の人道団体や他国が介入する理由はない。それにもかかわらずこれらの団体が勝手に現地に入って活動を行うことは許されない。そのような行為は領域国の主権を侵害し，犠牲者の境遇をもっとも重視する効率性の要求に背き，犠牲者のために救護活動を迅速に組織する必要性を害することになるからである[13]。

さらに決議45/100は，緊急の医療および食糧援助のために「人道的緊急回廊 — couloir d'urgence humanitaire —」を設置することや，救援活動が機能不全に陥るのを回避し，同活動を現実の必要性に適合したより効率的なものとするために，国際的な専門家団体による緊急事態の評価メカニズムを導入することも提案している(本文6, 8, 9項)。

人道的救援権を初めて扱ったこれら二つの国連総会決議は，一方で，犠牲者の迅速かつ効率的な救援を当然のことながら最大限重視している。犠牲者を生み出した原因の如何を問わない，また，領域国の要請や同意を救援実施の要件としない「犠牲者への自由接近の原則」は，このような要請のあらわれにほかならない。しかしながら，この権利が法的権利として国際社会により認められるためには諸国の同意を得なければならず，したがって他方で，それは「補完性原則」にみてとれるように領域国主権に配慮せざるを得ない。つまり，この権利の制度化は，これら二つの原則にあらわれている「領域国主権への制約とそれへの配慮」という，相反する二つの要請間の均衡の上に初めて可能になるのだといえよう。

II　人道的救援権の法的構成

(i)　概念規定と権利義務主体

①　概念規定——「序」で述べたとおり，人道的救援とは，自然災害であるか人為的災害であるかにかかわりなく，生命の危険に瀕している災害犠牲者にたいして，他国の政府機関，国際組織，そしてとりわけ非政府団体が，武力に依拠することなく，公平かつ中立的に食糧や医療を提供する行為である。これに類似する概念に「人道的干渉」と「人道的介入」がある。「人道的干渉」とは，被干渉国国民の基本権保護を名目として19世紀以降行われてきた他国への軍事干渉を意味する。かつては「自国民保護のための干渉」と区別されたが，第二次世界大戦後に人命一般の尊重が重視されるようになり，保護の対象となる内外人の区別が相対化された結果，現在では「自国民保護のための干渉」も含めて「人道的干渉」と主張される場合が多い。1999年3月から6月まで続いた北大西洋条約機構（NATO）加盟諸国によるユーゴスラヴィアへの空爆は，国連安保理の承認を得ないまま行われた点でこの人道的干渉に該当する。人道的干渉には大国による濫用の危険が常に指摘され，それは現代国際法上の合法性を獲得しているとはいいがたい。これにたいして「人道的介入」とは，本稿では，救援活動の遂行を確保するために国連加盟国または平和維持軍による一定の武

力行使が，安全保障理事会決議にもとづいて認められている活動形態を指す。冷戦終結後，各地の紛争地域への人道的介入を許可する安保理決議は膨大な数にのぼっている。

　もっとも，人道的救援と人道的介入とを一体のものととらえる学者もいないわけではない[14]。たしかに，人道的介入のもとで多くの非政府団体が救援活動を展開していることは紛れもない事実である[15]。けれども，だからといって，非軍事の人道的救援の問題を人道的介入の枠組みでのみ考えればいいということにはならない。人道的介入は国連憲章第7章にもとづく安保理決議を根拠としている点で国家主権に由来する領域国の同意原則がもはや問題にならない(国連憲章2条7項但し書き参照)のにたいして，人道的救援はそのような法的根拠をもたないからこそ，「領域国の要請・同意の原則」の是非が問題となるのである。したがって，現実には人道的救援と人道的介入との相互補完的重複が頻繁に生じているものの，法的観点からは両者は別個の概念として区別されるべきである[16]。それは同時に，安全保障理事会の政治的決定に従属しない，非政府人道団体独自の存在理由を維持するためにも，必要な区別であると思われる。

　② 権利義務主体——人道的救援権の権利主体とそれに対応する義務主体は何か。人道的救援権の権利義務主体論は，人道的救援権を「犠牲者が人道的救援を受ける権利(=犠牲者の救援享受権)」ととらえるか，または「援助提供者が救援を行う権利(=犠牲者への救援提供権)」ととらえるかによって，その構成が異なってくる。前者は犠牲者の「生命への権利」の延長上に人道的救援権を位置づけるものであり，権利主体である犠牲者にたいして援助提供者(=国，政府間団体，非政府団体)が救援義務を負うことになる。これは上にみた人道的救援権の提唱者の考えにほかならない。また，コルタンとクランは，このような権利義務が十分尊重される段階に現在の国際社会が達しているとは考えていないものの，規範レヴェルでは，この構成が基本的に現行国際法上すでに成立しているとみる[17]。これにたいして後者では，犠牲者の救援享受権が潜在化し，援助提供者が権利主体になり，領域国と隣接国が「救援の実施を妨げてはならない」義務を負った義務主体になる[18]。

いずれの構成がより現実的妥当性を有するだろうか。思うに，前者の構成は倫理的にいかに正当であれ，法的にはすべての国に救援の実施を義務づけることになり，それは明らかに現実の諸国の法意識から乖離している。コルタンとクランの主張が理論的にはいかに魅力的であっても，その主張と現実との乖離は認めざるを得ない。したがって，後者のように「犠牲者への救援提供権」に依拠して人道的救援権を構成する方が義務内容の負担が軽減し，かつ義務主体の数も減少するのでより現実的であるといえよう。ただし，それでもなお人道団体が有する「犠牲者への救援提供権」の背後には「犠牲者の救援享受権」が倫理レヴェルで横たわっているとみなければならない。それ以外に「犠牲者への救援提供権」を正当化し得る根拠はないからである。倫理レヴェルでの「犠牲者の救援享受権」を背景に「救援提供権」の権利主体である領域国以外の国，政府間団体，非政府団体にたいして，「救援を受け入れる義務」を負った義務主体である領域国，隣接国が対応しているとみるのが，現実的な権利義務主体論であろう。後述する権利行使のための諸条件のうち，とくに領域国の同意と補完性原則について領域国の裁量を広く認める解釈に立つならば，このような権利義務主体論は現行国際法の枠内ですでに十分成立しているといえよう。

(ii) 権利行使のための諸条件

国連総会決議，国際司法裁判所判決，国際法学会（Institut de droit international）決議および諸学説に照らせば，権利行使のための諸条件は，救援団体が救援活動を行うさいの順序の観点から，以下の四つに区分することができる。

第一段階は，権利主体である救援提供者が満たすべき条件である。すなわちそれは，強制的手段の禁止，救援の付与・分配における無差別，それに赤十字諸原則（＝人間の苦痛を防止・軽減し，生命と健康とを保護し，人間としての尊厳を確保することだけのために活動すること）の遵守である。これらの条件は，I(ii)で扱った二つの国連総会決議のほか，人道的救援権に触れた国際司法裁判所ニカラグア事件判決，国際法学会の1989年サンチャゴ・デ・コンポステーラ決議のいずれもが言及しており[19]，人道的救援権を論じるどの学者も，ニュア

ンスこそあれ，これらを全面的に支持している。

　第二段階の条件が，補完性原則である。I(ii)で検討したように，犠牲者の救援における被害発生国の主要な役割と国外からの救援団体の二次的役割を謳うこの原則は，人道的救援権の実定法化のために不可欠な領域国主権への配慮を示すものとして，基本的に諸学説により支持されている。ただし，外からの救援団体の二次的役割が行使されるのは領域国が主要な役割を「果たせない場合」だけなのか，あるいはそれだけでなく「果たせるにもかかわらず果たさない場合」にも同様に行使が許されるのかについては，見解が分かれている[20]。人道的救援権が法もしくは倫理のレヴェルでの「犠牲者の救援享受権」にもとづいて提唱されてきたことを考慮するならば，外からの救援活動が認められるのは領域国が主要な役割を「果たせない場合」にかぎられるとする見解は，結局は救援権にたいして領域国の主権を全面的に優位させることとなり，この権利の意義を大幅に減じてしまうだろう。もっともどちらの見解をとろうと，国外からの救援活動はこの補完性原則のチェックを受けた後に，あらためて領域国の同意を得なければ，実際には行使できない。

　そこで第三段階の条件として，領域国の同意原則があげられる。補完性原則と同様，この原則もまた領域国の主権的意思を尊重する趣旨のものであることはいうまでもない。ここできわめて微妙な問題となるのが領域国の同意の性質である。それは領域国のまったくの自由裁量的なものであって，領域国はその理由を問われることなく同意を付与するか否かを自由に決定することができるのだろうか。あるいは逆に，それは領域国のまったくの自由裁量を意味するのではなく，領域国みずからが犠牲者の救援を行うことができず，かつ，国外の救援団体から真正な救援が申し出られた場合には，領域国はもはや同意を恣意的に拒絶することができないのだろうか。ここでも学説は収斂していない[21]。しかしながら，領域国の同意をまったくの自由裁量的なものと解釈するならば，その場合の人道的救援権は領域国の主権をいささかも制約せず，現行の実定国際法秩序に何の変更ももたらさない。したがってその場合には，人道的救援権を新たに論じることの意義はその大半が失われてしまうだろう。犠牲者の生命

への権利を確保するという人道的救援権本来の意義に照らせば，領域国の何らかの政治的思惑にもとづいた恣意的な同意の拒絶とその結果としての犠牲者の放置は許されるべきではない。その意味では，前述の補完性原則の場合と同様，この同意原則における領域国の意思もまた無制約のものではないと解釈すべきだろう。もっともそのような解釈が現時点ですでに実定法上のものになっているとはいいがたい。国連総会決議43/131の審議のさいの諸国の法意識や，決議46/182で救援活動を行うための前提条件として「被害発生国の要請・同意の原則」が明記されたこと[22]などからは，このような解釈の実定性を認めることはなお困難である。

最後にあらわれる条件が，犠牲者への自由接近の原則である。以上の諸条件を満たした上で救援団体の犠牲者への自由な接近を確保することは，救援活動を効率的かつ迅速に行うために不可欠の条件と考えられ，このことにかんしては諸学説の間にとりたてて異論はない。もっとも，この条件がすでに実定法上確立しているとみるか否かについて，議論は依然として開かれたままである[23]。

なお，以上の諸条件とは別に救援権が行使される対象としての災害の性質の問題がある。そのような災害は自然災害に限定されるのか，あるいは内戦などの政治的災害も含まれるのだろうか。ここでも犠牲者の生命への権利の実現という観点からは，災害の性質により救援権の行使が制限されてはならないだろう。ただし，法の現状がそのような段階に達していないことは明らかである。

III 人道的救援団体への保護

(i) ジュネーブ諸条約による保護

たとえ人道的救援活動への領域国の同意が得られたとしても，それは救援活動にともなう危険を除去するわけではない。国連事務総長報告によれば，ここ10年間に生じた旧ユーゴ，ソマリア，ルワンダ，ザイール（コンゴ民主共和国）などでの紛争では，人道団体の要員が拘禁，略奪，強姦，殺害などの直接の対象となる事例が増えている[24]。もっとも，これまでの国際法がこのような事態にまったく関心を払ってこなかったわけではない。たとえば1949年ジュネーブ

四条約とそれへの追加議定書(以下ジュネーブ諸条約という),国連および専門機関特権免除条約などは,いずれも人道活動に従事する要員への保護規定を含んでいる。

けれどもそれらの規定には,最近の紛争形態に適合しないものが少なくない。これらの条約は,当然のことながら条約当事国に義務を課している。しかし現代型武力紛争は,同定しがたく,かつ確固とした領域的支配を欠いた武力集団間の戦闘となる場合が多い。その場合に,条約適用の義務を負った武装勢力を確定することは著しく困難になる。また,今日の紛争は,エスニック,部族,宗教,過激な民族主義などを背景にした「敵対の多辺性(multilatéralité des affrontements)[25]」を特徴とする。したがってそこでは信頼できる交渉相手がきわめて得にくい。さらに,往々にしてこれらの武力紛争は,公の秩序や外国人への最小限の安全すら確保できない「衰退国家」のなかで展開する。そのような国の内部で行われる人道的救援活動に被害が生じた場合,領域国政府の相当の注意義務違反を問うことも,また外交的保護などの伝統的規則に訴えることも,現実的ではない。

以上を踏まえた上で,ジュネーブ諸条約が与える保護の中身を確認しておこう。ジュネーブ法は,戦闘員と非戦闘員との区別をその基本にしている。軍事的手段を用いることなく犠牲者の救援を行う人道団体は,当然,この非戦闘員のカテゴリーに属する。けれども,現代型紛争においては,しばしば民間人が害敵行為の対象となり,その排除が戦闘目標となっている。そのような場合,上述の区別はもはや実際上,意味をなさなくなる。それはともかく,同法における人道団体への保護規定は,衛生要員にかかわるものである。

ジュネーブ第1条約によれば,衛生要員とは,傷病者の捜索,収容,輸送,治療等にあたる者をいい,すべての場合において尊重・保護される(同条約24,26,27条)。この保護を享受するために,衛生要員は特殊標章(白地に赤十字,赤新月,赤のライオンまたは太陽)を左腕につけなければならない(同38–40条)。さらに同条約18条は,軍当局にたいして,傷病者の看護にあたる一般住民に必要な保護・便益を与えること,および,看護したことを理由としてこれを迫害

し有罪としてはならないこと，を定めている。第1追加議定書は，この衛生要員(およびそれへの保護)の範囲を拡大し(同8条c項)，医療任務の一般的保護を規定した(同16条)。この医療任務の一般的保護とは，傷病者が医療を受けなければならない原則(同10条)のコロラリーである。同16条は，何人であれ，医療倫理に合致した医療活動(受益者のいかんを問わない)を行ったことを理由に処罰されてはならない旨を定めている[26]。

　救援活動を行う人道団体が，ここにいう広義の衛生要員にあたることは明らかである。けれども，ジュネーブ法による人道団体への保護には以下のような限界がある[27]。

　第一に，人道団体が衛生要員にあたるといっても，それは本国(紛争当事国)政府が正当に認め，または承認したものでなければならない(第1条約26, 27条，第1追加議定書8条c項ii)。したがって，そのように認められていない政府間・非政府間組織の要員はここでの衛生要員に含まれない。また，衛生要員には軍隊の衛生要員と民間の衛生要員の2種類がある。ジュネーブ四条約は前者に手厚い保護を与えており(第1条約19条，24条，第4条約20条)，それに準ずるとみなされる各国赤十字社等の職員も同様である(第1条約26条)。これにたいして，民間衛生要員への保護はジュネーブ四条約では与えられていない。この空白は追加議定書により部分的に埋められたが(第1追加議定書12, 13, 15条)，ここで保護の対象となるのは，「医療目的のために紛争当事国が割り当てた者」「紛争非当事国により紛争当事国の利用に供された者」または「紛争非当事国が承認する救済団体または公平な人道団体により紛争当事国に供された者」にとどまっている。

　第二に，以上のように制限的ではあれ，この第1追加議定書は人道的救援にかんする多くの規定を含んでいるが，人道的救援の提供国および対象国のうち同議定書の当事国となっていない国が少なからずあり，それらの国は同議定書に拘束されない[28]。さらに，上述したように，国家以外の武装勢力にたいしてこのような法規の遵守を求めることは困難と言わざるを得ない[29]。

（ii）　国連要員等保護条約による保護

1994年12月に国連総会は「国連要員および関連要員の安全にかんする条約」（以下国連要員等保護条約という）を採択，同条約は1999年1月に発効した（2001年2月1日の時点で当事国数は40）。この条約は，1990年代前半に平和維持活動や人道任務に従事する国連要員の犠牲者が続出したために，これら要員の安全確保を目的として作成された。同条約の趣旨は，要員やその装備・施設の暴力的侵害を禁止し，容疑者を「引き渡すか処罰するか（aut dedere aut judicare）」の原則にもとづいて処罰することにある[30]。

国連要員等保護条約によって，人道的救援を行うNGO要員は保護されるのだろうか。同条約により保護される要員には2つのカテゴリーがある。1つが「国連要員」である（同条約1条a）。国連軍の隊員やUNHCR職員などがこれに該当する。もう1つが「関連要員」である（同1条b）。条約草案を準備したアドホック委員会では，NGO要員をこの条約の適用範囲に含めるか否かをめぐり意見が対立した。一方では，正規に国連活動に参加するNGOにたいして条約上の利益を否認しなければならないいかなる理由もなく，とりわけ人道分野でのNGOの承認された役割に照らせば，そのようなNGO要員を条約の適用範囲に含めることが望ましい，との積極論があった。他方では，諸国の行動を規律しようとする条約のなかに私的団体の行動を規律する規定を含めるのは微妙すぎる，との慎重論があった。結局，アドホック委員会では前者の積極論が優勢となり，その結果「関連要員」の規定（1条b）が設けられたのである[31]。同規定から明らかなように，NGO要員は国連活動の任務遂行を支援するかぎりにおいて条約上の保護を享有する。したがって，国連活動との絆の有無がNGO要員への条約上の保護の供与を条件づけることになる。

しかしながら，実際にこの条約をNGO要員に適用する上でいくつかの困難が立ちはだかっている。そのひとつが「国連活動」という用語の不明確さである。「国連活動」とは，1条cによれば，国連の権限ある機関により設けられ国連の権威と管理のもとで遂行される活動をいう。このうち，「国連の権限ある機関により設けられた活動」という表現からは，憲章22, 29条にいうところの補

助機関——いわゆる平和執行型のものも含む広義の平和維持活動——が想定される。しかし，安保理が許可するものの指揮命令権限が加盟国の側に属する多国籍軍型の強制行動は，ここでの活動には含まれないだろう。他方，「国連の権威と管理のもとで遂行される活動」という表現からは，広義の平和維持活動のみならず安保理の許可を得た多国籍軍型の強制行動も含まれることになろう。1条cの文言は，本条約の適用範囲を広義の平和維持活動だけに限定しようとするミニマリストと，それを安保理の許可するすべての活動にまで拡大しようとするマクシマリストとの間の妥協の産物である[32]。この「国連活動」の範囲を確定するには，今後の国家実行を待つしかなく，それに応じて，はじめて本条約上の保護を享有するNGO要員の範囲も定まることになろう。

この問題と並んで本条約の適用範囲を不明確にしているのは，本条約の適用除外を定める2条2項である。それによれば，憲章第7章にもとづく強制行動として安保理が認めた活動であって，かつ，要員が戦闘員として従事し国際武力紛争法が適用されるものは，本条約の適用範囲から除かれる。この規定によって，実際にどのような紛争カテゴリーが本条約の適用外に置かれ，ジュネーブ諸条約などの武力紛争法によって規律されることになるのかについては，すでにいくつかの研究がなされている[33]。いずれにしても，最近の人道活動は複合化しており，そこには多様な要員が参加していることを考慮すれば，2条2項の紛争区分を実際に適用することは，必ずしも容易ではない[34]。それゆえに，今後の2条2項の運用次第では，人道NGOの救援活動それじたいとは無関係な事情の変化によって，人道NGOにたいして本条約の保護がおよばなくなる事態も生じ得る。

最後にもう一点指摘しよう。本条約の諸規定は，統治能力を備えた国家をその名宛人として想定し，そのような国家にたいして要員保護のための予防・処罰の義務を課すものである。したがって，ある紛争がIII (i)で述べた「敵対の多辺性」や「衰退国家」によって特徴づけられる場合，そこにおいて，本条約の定める予防規定——要員の安全確保(7条2項)や要員への犯罪防止(11条)など——，および，処罰規定——科すべき刑罰の整備(9条2項)や aut dedere aut judicare を実現するための裁判権の設定(10条1,4項)など——を実現することは，困難なものとならざるを得ない。このことは，現代型武力紛争の規律にとって，国家を名宛人とする多国間条約が有している本質的限界ということができよう。

結

自然的・人為的災害により危険に瀕している人々を公平かつ中立的に救援しようとする人道団体の活動は違法な干渉にあたらない。したがって，災害の犠牲者を自国領域内に有する国は，そのような人道団体の活動を恣意的に拒否することはできず，その意味で，領域国(被害発生国)の要請・同意の原則は克服されなければならない，というのがクシュネールやベタティの提唱する人道的救援権の核心だった。実はこのような考え方はすでに権威ある国際機関により表明され，いくつかの現行国際法規に具現しているのである。

まず，国際司法裁判所はニカラグア事件判決において，人道的救援が違法な干渉にあたらない旨を次のように述べる。「他国にいる人々または勢力集団への厳密に人道的な援助の提供は，それらの人々または勢力集団がどのような政治的傾向や目的を有していようとも違法な干渉とみなすことはできない。それはまた，他のいかなる点からみても国際法に反するものとみなし得ない[35]。」「...人道的救援の提供がニカラグアの国内事項への干渉であるとの非難を免れるためには，赤十字の実行のなかで尊重されてきた援助提供の諸目的，すなわち人間の苦痛を防止・軽減し，生命と健康を保護し，人間としての尊厳を確保するためにのみ援助が提供されなければならない。そのうえ...援助を必要としているすべての人にたいして，とりわけ無差別に援助が与えられなければならない[36]。」

また，国際法学会は，1989年のサンチャゴ・デ・コンポステーラ会期で「人権の保護と諸国の国内事項への不干渉の原則」と題する決議を採択したが，その5条も，次のように人道的救援が違法な干渉にあたらないと明言している。「一国，国家群，国際組織または赤十字国際委員会のような公平な人道団体によ

る，住民の生命または健康が重大な脅威にさらされている国への食糧または医療の提供が，その国の国内事項への違法な干渉とみなすことはできない。ただし，そのような援助の提供は，とりわけその実施方法において，武力干渉の威嚇または他のいかなる脅迫手段の形態もとることはできない。また，援助は無差別に付与され，かつ分配されなければならない。そのような窮迫状態がその国の領域内に生じている国は，このような人道的援助の申し出を恣意的に拒むことはできない[37]。」

　他方で，犠牲者を領域内にかかえる国が彼らに向けられた救援を恣意的に拒むことは認められないという考えは，既存の武力紛争法のなかに明らかに見出される。たとえば，戦時における文民の保護にかんするジュネーブ第4条約59条は，人道団体が占領地域住民の救済のために食糧や医療品を送付するさいに，すべての締約国はそれらの送付品の自由通過を許可し，かつ，それらの保護を保障しなければならない旨を規定している。また，非国際的武力紛争の犠牲者の保護にかんする追加議定書（第2追加議定書）14条は，戦闘手段として飢餓を用いることを禁止している。同18条は，「当該締約国の同意を条件として」困窮に苦しむ文民への救済活動を認めるものであるが，赤十字国際委員会刊のコメンタールによれば，ここでの国の同意とは当該国の自由裁量的権能を意味するものではなく，当該国は，戦闘方法しての飢餓使用の禁止を破るに等しい根拠のない「同意の拒絶」によって救済活動を阻むことはできないと解釈されている[38]。

　このような法状況を踏まえるならば，人道的救援権の提唱は，武力紛争法の分野において規範レヴェルではあれすでに部分的に実現している「同意原則の克服」を，犠牲者の発生するあらゆる状況において諸国に全面的に承認させることをめざすものといえよう。国際社会と国際法の現状からみて，この目的は達成されたと果たしていえるだろうか。

　総会決議43/131，45/100の採択のさいに，メキシコ，エチオピア，ペルー，ニカラグア，ブラジルなどの国は領域国の要請・同意を重視し，それを欠いた救援活動は違法な干渉になると警告した[39]。さらに「国連の人道的緊急救援の

調整の強化」と題する決議46/182（1991年）の審議のさいには，日本，ガーナ，インドなどが領域国主権尊重の立場から「要請・同意原則」の遵守を主張した[40]。その結果採択された決議では「補完性原則」と並んで「被害発生国の要請・同意の原則」が明記された（指導原則3項）。その後の国連総会では，常に決議46/182を確認しながら同種の決議が採択されてきている。このような状況からは，上述の目的が達成されたとは残念ながらいえない。同意の性質が自由裁量的なものでなくなりつつあることは確かだが，国家主権の壁はなお厚いのである。

人道的救援権は今後どのような道を辿るのだろうか。II(ii)で考察した諸条件を満たす救援活動，とりわけ領域国の要請・同意を得た上で行われる救援活動は，今後いっそう活発になるだろう。それは人道的介入とは別個の法的根拠を維持し続けるだろう[41]。他方，そのような要請・同意が得られない場合はどうか。この場合に救援活動の遂行とそこでの要員の安全を確保するには，当該活動が人道的介入に包摂される以外に道はない。両者を一体視する学者がいることはII(i)で述べた。救援を安全に行うには国家の後ろ盾が不可欠だとの彼らの主張じたいは誤っていない。それが安保理の政治的意思への人道団体の服従を招き，他方で安保理が関心を抱かない事態が法的保護の埒外に置かれてしまうという人道団体側の危惧[42]はわかるが，現状では国家主権の壁を適法に突破するには安保理決定に依拠するほかないことも確かである[43]。

20世紀前半のフランスの優れた国際法学者であるジョルジュ゠セルは，実定法の要素について次のように述べている。「倫理は法の大切な要素だが，それだけでは実定法はつくりだせない。実定法は，倫理と権力とが結びついてはじめて実現する[44]。」人道的救援権の射程には，このジョルジュ゠セルの言葉がまさにあてはまるといえよう。

注

1) ジュネーブ第1―第3条約共通9条，同第4条約10条，国際的武力紛争にかんする第1追加議定書81条，非国際的武力紛争にかんする第2追加議定書18条。因

みにわが国の「国際緊急援助隊の派遣に関する法律」(1987年9月16日施行/法93)は，海外で発生した大規模災害に国際緊急援助隊を派遣するための必要措置を定めるものであるが，ここでも「当該災害を受け，若しくは受けるおそれのある国の政府又は国際機関…の要請に応じ…(1条)」という文言に表れているとおり，要請主義が採用されている。

2) 本稿は，筆者がこのテーマについて書いた以下の論文に多くを依拠している。「人道的救援権の提唱」(『熊本法学』81号，1994年)，「人道的救援権論」(『法学新報』102巻3・4号，1995年)，「人道的救援権の法的構成の試み」(同上，102巻5・6号，1996年)，「人道的救援権」(『国際人権』12号，2001年)

3) Bernard KOUCHNER, "Préface Le devoir d'ingérence", in Mario BETTATI et Bernard KOUCHNER, *Le devoir d'ingérence,* Editions Denoël, 1987, p. 11; "La morale de l'extrême urgence", *ibid.*, p. 272.

4) KOUCHNER, "La loi de l' oppression minimale", *ibid.*, p. 18. なお，第二次世界大戦中のナチスによるユダヤ人迫害への赤十字国際委員会の対応と限界について，次を参照。Jean-Claude FAVEZ, *Une mission impossible?*, Payot Lausanne, 1988. 「国境なき医師団」の前理事長ロニー・ブローマンも同委員会とドイツ赤十字社のナチスへの屈服を批判している(ロニー・ブローマン(高橋武智訳)『人道援助，そのジレンマ』産業図書，2000年，6–10頁)。

5) "Préface Le devoir d'ingérence", *op. cit.*, p. 10.

6) "La loi de l' oppression minimale", *op. cit.*, pp. 19, 21.

7) *ibid.*, pp. 17–18; "Préface Le devoir d'ingérence", *op. cit.*, pp. 9–10; "La morale de l'extrême urgence", *op. cit.*, p. 277.

8) "La loi de l' oppression minimale", *op. cit.*, p. 21.

9) "La morale de l'extrême urgence", *op. cit.*, pp. 271, 276.

10) BETTATI, "Un droit d'ingérence humanitaire?", *Le devoir d'ingérence, op. cit.,* p. 26.

11) BETTATI, "Un droit d'ingérence?", *Revue générale de droit international public,* tome 95/1991/3, p. 654.

12) この原則をベタティは「革命的」と評価する。なぜならこの原則は，彼によれば，あらゆる場合に犠牲者への接近を確保することをその目的としており，したがって，同原則のもとでの人道的救援権の行使は，領域国の事前の同意がある場合に限られないことになるからである("Un droit d'ingérence?", *ibid.*, p. 657; "Souveraineté et assistance humanitaire", *Humanité et droit international* (mélanges René-Jean DUPUY), Pedone, 1991, pp. 39–41; "Ingérence humanitaire et démocratisation du droit international", *le Trimestre du monde*, 1e/1992, p. 31)。ただし，このような解釈が諸政府

や他の国際法学者により広く共有されているわけではない。本稿 II (ii) を参照。

13) 領域国がその主要な役割を果たせるにもかかわらず「果たさない」場合, つまり政府が故意に犠牲者の救援を行わない場合, 「補完性の原則」は人道団体の介入を許すのだろうか。両決議の文言は, 「主要な役割」が被害発生国に帰属する旨を述べるにとどまっている。ベタティは, 「主要な役割」が果たされなかった以上, 人道団体の担う「二次的役割」が自動的に果たされることになると考える ("Un droit d'ingérence?", op. cit., pp. 656–657; "Ingérence humanitaire et démocratisation du droit international", op.cit., p. 31)。ただし, このような解釈も広く認められているとはいいがたい。本稿 II (ii) を参照。

14) 両者を区別することなく論じている学者として, Dominique CARREAU (*Droit international*, Pedone, 1994, pp. 386, 534), Denis ALLAND (*Droit international public*, p.u.f., 2000, pp. 143–144) がいる。ベタティも, 人道的救援の倫理的基礎が人命の保護であり, 法的基礎が安保理による権限付与である, と述べ, 両者をむしろ一体としてとらえている (BETTATI, "Droit d'ingérence ou droit d'assistance?", *le Trimestre du monde*, 2e/1993, p. 14)。さらに人道的救援権および人道的介入にかんする近著のなかで, 彼は, 報告・審査・勧告といった形態をとる人権諸条約の実施を「非物理的介入 (ingérence immatérielle)」, 犠牲者のいる現場における人道団体の活動を「物理的・慈善的介入 (ingérence matérielle et caritative)」, 承認された軍事展開に依拠する人道活動を「強制的介入 (ingérence forcée)」, 人道上の災厄を防止し殺害の企図を阻止する活動を「抑止的介入 (ingérence dissuasive)」と称し, 「介入 (ingérence)」という言葉をきわめて広い意味で用いている (BETTATI, *Le droit d'ingérence — mutation de l'ordre international*, Odile Jacob, 1996)。

15) 国連機関や人道団体による救援活動の保護・確保を目的に含めた安保理決定にもとづく人道的介入の例は, 安保理決議 688 (イラク政府に迫害されたクルド人の保護), 770 (ボスニア・ヘルツェゴヴィナ), 794 (ソマリア), 834 (アンゴラ), 863 (モザンビーク), 911 (リベリア), 929 (ルワンダ)など, 枚挙に暇がない。これらの一覧は, BETTATI, *Le droit d'ingérence — mutation de l'ordre international*, ibid., pp. 329–340 を参照。

16) 両者の法的根拠の違いを明確に意識しているものとして, 以下を参照。Pierre-Marie DUPUY, *Droit international public,* 2000, dalloz, pp. 110–111; Orivier CORTEN et Pierrre KLEIN, "Pour une assistance humanitaire efficace sans droit d'ingérence", Marie-José DOMESTICI-MET, *Aide humanitaire internationale: Un consensus conflictuel?*, Economica, 1996, pp. 284–297; Françoise BOUCHET-SAULNIER, "Point de vue d'une juriste appartenant au monde des ONG", *ibid.,* pp. 196–209. また, 両者の峻別にもと

づいて，国家が人道危機に際してなし得る事柄を，豊富な資料に依拠しながら考察した著書として，次を参照。Olivier Paye, *Sauve qui veut? — Le droit international face aux crises humanitaires,* Bruylant/l'Université de Bruxelles, 1996.

17) BETTATI, "Un droit d' ingérence humanitaire?", *op. cit.*, pp. 25–26.; Olivier CORTEN et Pierre KLEIN, *Droit d'ingérence ou obligation de réaction?*, Bruylant/l'Université de Bruxelles, 1992, pp. 244–245; PAYE, *op. cit.*, pp. 39–84; Marie-José DOMESTICI-MET, "Propos sur le droit à l'assistance", *Le droit face aux crises humanitaires-l'acces aux victims: droit d'ingérence ou droit à l'assistance humanitaire?*, Vol. II, Comission Européenne, 1995, pp. 132–133, 141–146（DOMESTICI-MET は，1989 年論文—注 18）参照—ではこれら二つの構成を並置しながらも後者のほうがより現実的であるとの立場をとっていたが，この 1995 年論文では明らかに前者を支持している); Karel VASAK, "Eléments pour une définition du droit de l'homme a l'assistance humanitaire", cité dans *ibid.*, pp. 165–166.

18) DUPUY, *op. cit.*, p. 110.; Marie-José DOMESTICI-MET, "Aspects juridiques récents de l'assistance humanitaire", *AFDI,* 1989, pp. 124–125; Claude RUCZ, "Les mesures unilatérales de protection des droits de l'homme devant l'Institut de droit international", *AFDI,* 1992, p. 614; Juan Antonio Carrillo SALCEDO, "Le droit à l'assistance humanitaire: à la recherche d'un équilibre entre les devoirs des autorités territoriales et les obligations des donateurs des secours humanitaires, *Le droit face aux crises humanitaires, op. cit.,* pp. 98–100; Dietrich SCHINDLER, "The right to humanitarian assistance: right and/or obligation?", cité dans *ibid.*, pp. 106–107.

19) 決議 43/131 前文最終段，45/100 前文最終段; CIJ affaire des activités militaires et paramilitaires au Nicaragua et contre celui-ci, Arrêt du 27 juin 1986, *Recueil 1986,* p. 125, § 243; *Annuaire de l'Institut de droit international,* vol. 63, 1990, p. 287. なお，ニカラグア事件判決と国際法学会決議については，本稿「結」を参照。

20) レクス・ラータのレヴェルで前者を DUPUY (*op. cit.*, p. 110), NGUEN QUOC Dinh/Patrick DAILLIER/Alain PELLET (*Droit international public,* L.G.D.J., 1999, pp. 444–446), RUCZ (*op. cit.*, pp. 613–614) が，後者を CORTEN/KLEIN (*op. cit.*, pp. 139–145) がそれぞれ支持している。レクス・フェレンダのレヴェルでは，BETTATI（本稿注 13）参照）と RUCZ (*op. cit.*, pp. 614–616) が後者の意義を認めている。

21) レクス・ラータのレヴェルで前者を DUPUY (*op. cit.*, p. 110), NGUEN QUOC/DAILLIER/PELLET (*op. cit.*, pp. 444–446), DOMESTICI-MET (*op. cit.*, pp. 136–137), RUCZ (*op. cit.*, pp. 616–617)が，後者を CORTEN/KLEIN (*op. cit.*, pp. 139–145),

PAYE (*op. cit.*, pp. 97-117), SALCEDO (*op. cit.*, pp. 111-112) がそれぞれ支持している。レクス・フェレンダのレヴェルでは，BETTATI（本稿注 12）参照）と RUCZ (*op. cit.*, pp. 614-616) が後者の意義を認めている。

22) これらの決議の事情については，本稿「結」を参照。
23) ただし，コルタンとクランは，この原則がすでに実定法上確立していると考えている (CORTEN/KLEIN, *op. cit.*, pp. 139-145.)。なお，文脈は異なるが，安保理諸決議のなかで「犠牲者への自由接近の原則」がどのように扱われてきたかを考察するものとして以下を参照。BETTATI, "Le principe de libre accès aux victimes dans les résolutions humanitaires du Conseil de sécurité", *Les nations unies et le droit international humanitaire,* Pedone, 1996, pp. 285-296.
24) Rapport du secrétaire général sur l'activité de l'Organisation, Supplément no. 1 (A/52/1), 1997, pp. 16-18.
25) BETTATI, "La protection des organisations humanitaires en mission périlleuse", *Mélanges Hubert THIERRY l'évolution du droit international,* Pedone, 1998, p. 24.
26) 藤田久一『国際人道法』有信堂高文社，1993 年，131-136 頁。
27) BETTATI, "La protection des organisations humanitaires en mission périlleuse", *op. cit.*, pp. 27-29.
28) 『国際条約集 2001 年版』（大沼保昭・藤田久一編，有斐閣）によれば，2001 年 2 月 1 日の時点での非当事国には，以下の国がある。アフガニスタン，アゼルバイジャン，ブータン，アメリカ合衆国，フランス，ハイチ，インド，インドネシア，イラク，イラン，イスラエル，日本，マレーシア，モロッコ，ミャンマー，パキスタン，フィリピン，ソマリア，スーダン，スリランカ，タイ，トルコ。
29) 同趣旨の見解として次を参照。鈴木淳一「国連軍による人道的団体への保護―紛争犠牲者への継続的援助を求めて―」（『筑波法政』20 号，1996 年），185-187 頁。これ以外にも，特殊標章の問題がある。ジュネーブ諸条約のもとでは，法的保護の享有を意味する特殊標章を表示できるのは当局の同意を得た人道団体だけである。したがって，正規の承認を得ていない人道団体の要員は，特殊標章なしに救援活動を行うしかなく，それは当然のことながら，それらの団体への保護の程度を低下させてしまう。次を参照。BETTATI, "La protection des organisations humanitaires en mission périlleuse", *op. cit.,* pp. 29-30.
30) 国連要員等保護条約にかんする文献として，以下を参照。森英明「国際連合要員及び関連要員の安全に関する条約」（『ジュリスト』1076 号，1995 年）; 鈴木淳一，前掲，193-195 頁; 新井京「『国際連合要員及び関連要員の安全に関する条約』の適用範囲――戦争法との関係を中心として――」（『同志社法学』49 巻 255 号，

1998 年); Claude EMANUELLI, "La Convention sur la sécurité du personnel des nations unies et du personnel associé: des rayons et des ombres", *Revue générale de droit international public,* Tome 99/1995/4.

31) *Document offciels de l'Assemblée générale,* 49e session, Supplément no. 22, A/49/22/Annex I (1994), para. 5; BETTATI, "La protection des organisations humanitaires en mission périlleuse", *op. cit.,* pp. 32–33; Claude EMANUELLI, *op. cit.,* p. 855.
32) Claude EMANUELLI, *ibid.,* pp. 866–867.
33) 鈴木淳一, 前掲, 196–197 頁; 新井京, 前掲(とりわけ 250 頁以降); Claude EMANUELLI, *op.cit.,* pp. 868 et s.
34) BETTATI, "La protection des organisations humanitaires en mission périlleuse", *op. cit.,* p. 33.
35) CIJ, *Recueil,* 1986, *op. cit.,* p. 124, § 242.
36) *ibid.,* p. 125, § 243.
37) *Annuaire de l'Institut de droit international, op. cit.,* p. 287.
38) S. JUNOD, article 18, *Commentaire des protocols additionnels,* Genève, CICR-Nijhoff, 1986, pp. 1501–1502. 第 1 追加議定書 69, 70 条も同趣旨である。
39) A/C. 3/43/SR. 49, para. 79–87; A/C.3/45/SR. 45.
40) A/46/PV. 39, pp. 58–59; A/46/PV. 41, pp. 17–19, 34–36.
41) ただし, この場合でも, 救援活動に従事する人道団体要員の安全を確保するための法的整備が求められる。領域国の同意が得られても, それが救援活動の安全を意味するとは限らないからである。その意味で, さらに多くの諸国が本稿 III で検討した第 1 追加議定書および国連要員等保護条約に加入することが求められる。
42) Françoise BOUCHET-SAULNIER, *op. cit.,* pp. 203–209; ブローマン『人道援助, そのジレンマ』, 前掲, 27–29, 124–127 頁。
43) ソマリアで人道団体が任務遂行のため武装勢力から「均等に」私兵を雇ったことが暴力的抗争を激化させたとの批判を招いた (BETTATI, "La protection des organisations humanitaires en mission périlleuse", *op. cit.,* pp. 39–41)。それに比べれば, 国際的合法性を備えた軍事力に依拠するほうがまだ増しといえよう。
44) Georges SCELLE, *Droit international public,* Domat-Montchrestien, 1944, p. 13.

第2章

インターアクション・カウンシルの「世界人間責任宣言」草案とその歴史的意義について

眞 田 芳 憲

「人間の責任について語る時がきた。」(*It is time to talk about human responsibilities.*)

I　はじめに

1.　1998年,「世界人権宣言」(The Universal Declaration of Human Rights) は50周年を迎えた。この年,世界の各国で,この歴史的文書の世界史的使命を寿ぐため各種各様の記念の行事が開催され,また種々様々な出版物も刊行された。まさにこの年は,20世紀最後の歴史の歩みの中で貴重な一歩を刻むことになった。

世界の各地で祝賀された数々の記念事業の中でも,特に特異な,そしてキリスト教的意味での預言者的地位を占めているのが,インターアクション・カウンシル (InterAction Council)——わが国では,通常「OBサミット」と呼ばれている——によって提案された「世界人間責任宣言」(A Universal Declaration of Human Responsibilities) である[1]。

インターアクション・カウンシルは,1982年,日本の福田赳夫元首相の提唱に基づき,H.シュミット元西ドイツ首相,V.ジスカール・デスタン元フランス大統領,およびキャラハン元英国首相等が相諮り,翌83年に東西南北陣営に属する世界の24人の元首相と元大統領によって設立された(現在は,33人の元政治指導者によって構成されている)。

言うまでもなく，国際連合は主権国家で構成されている。それ故，世界の政治指導者であっても，現役の首相や現役の大統領である限り，自国の国益や短期的問題の解決を優先せざるを得ず，自由な立場で国益を離れた地球的・人類的課題に取組むことが困難であり，現実にそうした場は極めて限られている。こうした政治的現実の下に，一国のトップを経験した世界の政治指導者が国益を離れて，自由な立場で長期的な地球的・人類的諸問題を論議し，現役の政治指導者に対して提言を打ち出していくという極めて斬新なアプローチで設立されたのが，このインターアクション・カウンシルであった[2]。

　インターアクション・カウンシル設立の1983年当時は，核戦争の恐怖が世界を重く覆っていた米ソ対決の冷戦の最盛期であった。それ故に，インターアクション・カウンシルの活動は平和と軍縮に焦点が絞られ，軍縮に関し数多くの提言を行ない，その成果の一つが1986年のアイスランドにおけるレーガン＝ゴルバチョフ会談となって結実した。さらにまた，インターアクション・カウンシルは環境問題にもいちはやく着目し，世界中に警鐘を鳴らし，1992年のリオ・デ・ジャネイロでの「国連環境開発会議」(通称，地球サミット)を実現させた。このようにして，インターアクション・カウンシルは20世紀最後の20年間に世界の流れを変えることに大きく貢献してきたのであった。

　2. インターアクション・カウンシルの「世界人間責任宣言」の構想は，後に詳述するように，1987年にまで遡る。現代は，良きにつけ悪しきつけ，いわゆる「グローバリゼーション」の世界である。経済の分野で特に著しい経済活動のグローバル化は人口爆発，地球温暖化，地域紛争や内戦，武器の生産と輸出の加速化，道徳や文化の衰退等の深刻な問題をグローバル化させている。グローバルな問題は，グローバルな解決策によらなければこれを克服することはできない。グローバルな問題は，あらゆる地域の，あらゆる社会とあらゆる文化によって遵守されなければならない理念・価値観・規範を基盤とした解決策，すなわちグローバル化した地球的課題に対応し得る普遍的な共通倫理，換言すれば地球倫理（global ethic）を基礎に据えた解決策によってはじめて解決の道が切り開かれることになろう。

このような基本的認識の上に立って，インターアクション・カウンシルは「すべての人々の平等かつ不可侵の権利の承認は，自由と正義と平和の基盤が前提となるが，それはまた，権利と責任に同等の重要性が与えられなければならない」と論じ，「人間の責任について語る時がきた。」(It is time to talk about human responsibilities.)と訴え，人間性の基本原則・非暴力と生命の尊重・正義と連帯・真実と寛容性・相互尊敬とパートナーシップの5項目を掲げた19か条から構成された「世界人間責任宣言」(A Universal Declaration of Human Responsibilities)を起草し，25人の元首相と元大統領がこれに署名した。そして，国連の「世界人権宣言」(The Universal Declaration of Human Rights)採択50周年の1998年に，人権宣言を強化するためにも「権利」の裏側にある「責任」を国連の場で論議し，「世界人間責任宣言」の採択を要望したのであった[3]。

しかし，「機は未だ熟さず」と言うべきか，特に西洋の人権運動家の理解を得られず，この草案を国連の場に送ることを見合わせざるを得なくなったのである。プロジェクト・コーディネーターとしてこの間の事情を具に悉知しているインターアクション東京事務局の渥美桂子女史は，次のように語っている。すなわち，

「残念ながら，責任宣言の主旨を『人権の弱体化に繋がるもの』と誤解してしまった西欧の人権擁護者たちが猛反対を展開しました。それで，西欧の政府はこの責任宣言の議論を国連に提案しにくくなってしまったのです。実は，その逆で，責任宣言は人権を強化することも目的としているのです。アジア諸国のなかには国連でのイニシャチブを取りたいという政府もあるのですが，カウンシルの戦略は『人権問題に優れた実績のある国に先に動いてもらいたい』ということです。」[4]

3. インターアクション・カウンシルが提案した「世界人間責任宣言」草案は，このようにして国連の場での採択の日の目を見るには至らなかった。しかし，これをもってこの「人間責任宣言」草案の命運が永遠に尽きたと断定することはあまりにも早計と言わねばならない。渥美女史は，この「宣言」の策定を提唱し，その作成に指導的役割を演じたインターアクション・カウンシルの

名誉議長ヘルムート・シュミット元西ドイツ首相の言葉を次のように紹介している。すなわち,

「さらにシュミット首相は,このような抽象的な概念が一般的に受け入れられるまでには,地味な活動を長年続けなければならない,と指摘していらっしゃいます。ヨーロッパ統合に1950年代初期から関わってこられ,通貨統一までの半世紀近い年月の重みを実感されたシュミット氏ならではのご見解だと思います。カウンシルは,年月をかければ人権擁護者達の誤解も解け,いずれは責任宣言に対する世界的な支持が得られると確信しています。」[5]

事実,シュミット元首相は,2000年11月28日,国連NGOのカテゴリIに属する「世界宗教者平和会議」(WCRP, World Conference on Religion and Peace)日本委員会の創立30周年記念式典(京都)において「新たなる世紀における人間の責任の確立に向けて」(Toward Establishing Human Responsibility in the New Century)と題する記念講演を行ない,古代ローマの哲人政治家キケロ(Cicero)の「公共の安寧が至高の法である。」(Salus publica suprema lex.)という言葉を引用し,「公共の安寧こそが最高の道徳的または最高の法的原理と呼びたい」と論じて,次の諸原則を強調したのであった[6]。

・私たちに生命の権利があるとすれば,私たちには他の一切の存在の生命を尊重する義務がある。
・私たちに自由の権利があるとすれば,私たちには他者の自由を尊重する義務がある。
・私たちに安全の権利があるとすれば,私たちにはすべての人間が人間としての平和を享有できる条件を創出する義務がある。
・私たちに自国の政治過程に参加し,指導者を選挙する権利があるとすれば,私たちにはそれに参加し,最良の指導者を選ぶことを保証する義務がある。
・私たちに思想の自由,良心の自由,信仰の自由の権利があるとすれば,私たちには他者の宗教や他者の思想を尊重する義務がある。
・私たちに地球の恵みを享受する権利があるとすれば,私たちには地球の天然資源を尊重し,保護する義務がある。

第2章　インターアクション・カウンシルの「世界人間責任宣言」......　*31*

　これらの諸原則は，後に詳論されるように，いずれも「世界人間責任宣言」草案の出発点となっている原理であり，シュミット元首相は国連での採択を見送らざるを得なかったこの「宣言」の重要性と必要性を力強く訴えたのであった。

　4.　「世界人間責任宣言」は，本論で詳論されるように，「世界人権宣言」を補完し，強化することを目的とするものである。世界人権宣言は，その採択当初においては法的拘束力のない文書であったが，今日ではこの宣言の法的規範性を否認する国際法学者はほとんどいないであろう[7]。事実，政府や国連その他の国際機構が人権規範を援用し，あるいは人権規範の違反を非難しようとするときは，いつでも世界人権宣言が適用されるべき有権的基準として引用され，また依拠されてきたのである。世界人権宣言のこのような意義を考えるとき，「世界人間責任宣言」が正確に理解され，いささかなりとも人権を弱体化させることを目的とするものではないことの認識が徹底されなければならない。

　その意味で，以下において，「世界人間責任宣言」草案の全正文と付属関係文書を邦訳し，この「宣言」起草の経緯ならびに背景を説明して，その世界史的・人類史的意義を明らかにしたいと思う。なぜなら，主権国家の枠内では解決不可能な「地球規範的窮状」の打開を目的とするパラダイム・シフトの方向性を提示した「世界人間責任宣言」なる文書が21世紀を目前にして作成され，「世界人権宣言」採択の50周年に際して世界に広く公表されたことを青史にとどめ，不幸にしてここ近年における採択の実現が不可能であるとしても，起草に参画した先人の勇気と叡智を称え，その実現を将来の世代に託す縁としたいと思うからである。

II　「世界人間責任宣言」の正文と関係付属文書

　1.　1997年9月1日にインターアクション・カウンシルによって提案された「世界人間責任宣言」は，本宣言起草の構想に言及した序言，そして次に前文と19か条の条項から構成されている[8]。前文と30か条から成る「世界人権宣言」と比較すると，「世界人間責任宣言」はやや簡要な文書となっている。後者に

は，さらにこの宣言を策定し，起草する作業を行なった専門家会議の報告書も添付されている。この報告書は本宣言の立法趣旨と立法理由を理解する上で極めて重要であるので，これも併せて全文を邦訳し，紹介することにする。

2. 先ず，「世界人間責任宣言」の序言，そして前文および本文を見てみることにしよう。

「世界人間責任宣言」

(提案: インターアクション・カウンシル)

1997年9月1日

序言としてのコメント

「人間の責任について語る時がきた」

世界経済のグローバリゼーションの結果，それと歩調を合わせて，多くの地球的規模の問題が生じている。地球的規模の問題は，あらゆる文化とあらゆる社会から遵守される理念・価値・規範を基盤とした地球的規模の解決策を強く求めている。すべての人々の平等にして譲ることのできない権利を承認することは，自由と正義と平和の基礎を必要とするが，それはまた，権利と責任とに同等の重要性が与えられ，すべての男女がともに平和に暮らし，その持てる能力を十分に発揮できるような倫理的基盤を確立することも要求している。より良き社会秩序は，国内的にも国際的にも法律や規則や条約だけで達成できるものではなく，地球倫理こそを必要としている。進歩を希求する人類の願望は，いかなる時にも，いかなる人にも，いかなる組織にも適用され得る万人の一致した価値と基準によってのみ実現され得るのである。

来年は，国際連合が採択した「世界人権宣言」の50周年の年にあたる。この記念の年は，世界人権宣言を補完，強化して，より良き世界に導く助けとなる「世界人間責任宣言」を採択するにふさわしい機会である。

以下の「世界人間責任宣言」の草案は，自由と責任を均衡のとれたものとし，無関心であることの自由から関わり合いを持つことの自由への進展の促進を求めるものである。もしもある個人，あるいはある政府が他者の犠牲をかえりみずに自己の自由を極限まで求めたらば，多くの人々が苦しむことになろう。もしも人類が自己の自由を極限まで広め，地球の天然資源を収奪したならば，将来の世代が苦しむこ

とになろう。

「世界人間責任宣言」を起草しようとする構想は、自由と責任を均衡あるものとする方策であるだけでなく、過去において敵対的のものと見なされてきたイデオロギー、信条および政治的見解を和解させる手段でもある。ここに提案された宣言は、権利のみを固執すると、際限ない紛争と抗争をもたらすということ、そしてまた、宗教団体には自らの自由を主張するにあたって他者の自由をも尊重する義務があるということを指摘している。ここにおける基本的前提は、最大限可能な自由を目標としつつも、同時に自由そのもののさらなる発展を可能にするような最大限の責任感を涵養することにある。

インターアクション・カウンシルは、1987年以来、人類の責任に関する倫理基準の起草を進めてきた。しかし、この仕事は、責任を負わぬ自由は自由そのものを滅ぼすが、権利と責任を均衡のとれたものとすれば、自由はさらに力を増し、より良き世界が創りだされるであろう、と警告してきた古来の宗教指導者や哲人たちの叡智の上に築かれたものである。

インターアクション・カウンシルは、以下の宣言草案を諸賢の検討に委ね、支持を請うものである。

*　　*　　*

世界人間責任宣言

(提案: インターアクション・カウンシル)

前文

人類家族のすべての構成員の固有の尊厳および平等にして譲ることのできない権利を承認することは、世界における自由・正義・平和の基礎であり、義務または責任を意味するものであるので、

権利を排他的に主張することは、抗争、分裂および際限のない紛争を招来し、また人間の責任を無視することは、無法と無秩序を引き起こすことになるので、

法の支配と人権の促進は、進んで公正な行動を行なうという男女の意思にかかわるものであるので、

地球的規模の諸問題は、あらゆる文化およびあらゆる社会によって遵守される理念、価値および規範によってのみ達成され得る地球的規模の解決を要求しているので、

すべての人々には、その知識と能力の最善を尽くして、自国と地球全体においてより良い社会秩序を育成する責任があり、この目標は法律、規則および条約のみで

は達成できないので,

　進歩と改善を希求する人類の願望は，いかなる時にも，いかなる人にも，いかなる組織にも適用され得る万人の一致した価値および基準によってのみ実現され得るものであるので,

よって，ここに，国際連合総会は,

　すべての個人および社会のすべての機関が，この「世界人間責任宣言」を不断に念頭に置いて，共同体の前進とそのすべての構成員の啓発に寄与するように，あらゆる人とあらゆる国の共通の基準として，この宣言を公布する。かくして，我ら世界の人々は，すでに世界人権宣言が宣明している誓約，すなわちあらゆる人の尊厳，あらゆる人の譲ることのできない自由と平等，およびあらゆる人の相互の連帯を全面的に容認することを，改めて確認し，これを強化するものである。これらの責任の自覚と容認は，世界のすべての地で教育に供され，その発展が促進されなければならない。

人間の基本原則
第1条

　すべての人は，性，人種，社会的地位，政治的見解，言語，年齢，国籍または宗教のいかんを問わず，すべての人を人道的に取り扱う責任を負っている。

第2条

　何人も，いかなる形の非人間的な行為であれ，これに支持を与えてはならず，すべての人は他のすべての人々の尊厳と自尊のために努力する責任を負っている。

第3条

　何人も，いかなる集団もしくは団体も，いかなる国家も，またいかなる軍隊もしくは警察も，善悪を超越した存在ではない。すべてが倫理的基準の対象である。すべての人は，あらゆることにおいて善を推進し，悪を避ける責任を負っている。

第4条

　理性と良心を授けられたすべての人は，各々すべての人に対して，家族と地域社会に対して，そして人種，国家および宗教に対して，連帯の精神によって責任を負わなければならない。自分自身が他者からされたくないことは，他者に対しても行なってはならない。

非暴力と生命の尊重
第5条

　すべての人は，生命を尊重する責任を負っている。何人にも，他人を傷つけ，拷

問し，または殺す権利はない。これは，個人または地域社会の正当な自衛の権利を除外するものではない。

第6条

国家，集団または個人の間の抗争は，暴力によることなく解決されるべきである。いかなる政府も，集団虐殺またはテロリズムを黙認または加担してはならず，また戦争の手段として女性，児童またはその他のいかなる市民も虐待してはならない。すべての市民および公務員は，平和的に，非暴力的に行動する責任を負っている。

第7条

すべての人は，限りなく尊い存在であり，無条件に保護されなければならない。動物および自然環境も，保護を求めている。すべての人は，現在生きている人々および将来の世代のために，空気，水および大地を保護する責任を負っている。

正義と連帯

第8条

すべての人は，高潔，誠実および公正に行動する責任を負っている。何人ももしくはいかなる集団も，他人もしくは集団の財産を強奪し，または恣意的に収奪してはならない。

第9条

すべての人は，必要な手段が与えられているならば，貧困，栄養失調，無知および不平等の克服に真剣に努力する責任を負っている。すべての人々に尊厳，自由，安全および正義を保証するために全世界で持続可能な開発を促進すべきである。

第10条

すべての人は，勤勉な努力によって，自らの才能を開発する責任を負っている。すべての人は，教育および有意義な仕事への平等な機会を与えられるべきである。何人も，困窮者，不遇者，障害者および差別被害者に支援を与えるべきである。

第11条

あらゆる財産と富は，正義に則し，人類の進歩のために責任ある使用に供されなければならない。経済的および政治的権力は，支配の道具としてではなく，経済的正義と社会的秩序に役立つように行使されなければならない。

真実性と寛容性

第12条

すべての人は，真実を語り，誠実に行動する責任を負っている。何人も，その地位がいかに高く，またいかに権限が強大であっても，偽りを語ってはならない。プ

ライバシーと個人的および職業上の秘密保持の権利は，尊重されるべきである。何人も，常にすべての真実をすべての人に語る義務はない。

第 13 条

いかなる政治家，公務員，実業界の指導者，科学者，著述家または芸術家も，一般的倫理基準から免責され得ないのであり，依頼者に対して特別な義務を負う医師，弁護士その他の専門職もまた同様である。職業その他の倫理規定は，真実性および公正性などの一般的基準の優先性を反映すべきである。

第 14 条

公衆に情報を提供し，社会制度および政府の行動を批判するメディアの自由は，公正な社会にとって不可欠であるが，責任と分別をもって行使されなければならない。メディアの自由は，正確で真実な報道への特別な責任を伴うものである。人間の人格または尊厳を貶める扇情的報道は，いかなるときも避けなければならない。

第 15 条

宗教の自由は保証されなければならないが，宗教の代表者は，異なる信仰の宗教に対する偏見の表明および差別行為を避けなければならない特別な責任を負っている。宗教の代表者は，憎悪，狂信および宗教戦争を煽り，または正当化してはならず，むしろすべての人々の間に寛容と相互尊重を涵養すべきである。

相互の尊重と協力

第 16 条

すべての男女は，相互に尊重し，理解し，協力し合う責任を負っている。何人も，他人を性的搾取または隷属の対象としてはならない。むしろ性的パートナーは，相互の幸福に配慮する責任を認容すべきである。

第 17 条

あらゆる文化的および宗教的多様性の中で，婚姻は愛情，忠実および寛容を必要とするものであり，安全と相互扶助の保証を目指すべきである。

第 18 条

賢明な家族計画は，すべての夫婦の責任である。父母と子の関係は，相互の愛情，尊敬，感謝および配慮を反映すべきである。いかなる父母またはいかなる他の成人も，児童を搾取し，酷使または虐待してはならない。

結論

第 19 条

本宣言のいかなる規定も，いかなる国家，集団または個人に対しても，本宣言お

第2章 インターアクション・カウンシルの「世界人間責任宣言」...... 37

および1948年の世界人権宣言に定める責任，権利および自由の破壊を目的とする活動に従事し，またはそのような目的を有する行為を行なう権利を認めるものとこれを解釈してはならない。

インターアクション・カウンシル・メンバーの宣言署名者

ヘルムート・シュミット（Helmut Schmidt）（名誉議長）	西ドイツ前首相
マルコム・フレーザー（Malcolm Fraser）（議長）	オーストラリア元首相
アンドリース・ファン・アフト（Andries A. M. van Agt）	オランダ元首相
アナン・パニャラチャン（Anand Panyarachun）	タイ元首相
オスカル・アリアス（Oscar Arias Sanchez）	コスタリカ元大統領
キャラハン卿（Lord Challaghan of Cardiff）	英国元首相
ジミー・カーター（Jimmy Carter）	米国元大統領
ミゲル・デラマドリ（Miguel de la Madrid Hurtado）	メキシコ元大統領
クルト・ファーグラー（Kurt Furgler）	スイス元大統領
ヴァレリー・ジスカール・デスタン（Valery Giscard d'Estaing）	フランス元大統領
フェリペ・ゴンザレス・マルケス（Felipe Gonzalez Marquez）	スペイン元首相
サリム・ホス（selim Hoss）	レバノン元首相
ケネス・カウンダ（Kenneth Kaunda）	ザンビア元大統領
リー・クアン・ユー（Lee Kuan Yew）	シンガポール元首相
宮澤喜一	日本国元首相
ミサエル・パストラナ・ボレロ（Misael Pastrana Borrero）（8月死去）	コロンビア元大統領
シモン・ペレス（Shimon Peres）	イスラエル元首相
マリア・デローデス・ピンタシルゴ（Maria de Lourdes Pintasilgo）	ポルトガル元首相
ホゼ・サルネイ（Jose Sarney）	ブラジル元大統領
申鉉碻	韓国元首相
カレビ・ソルサ（Kalevi Sorsa）	フィンランド元首相
ピエール・エリオット・トルドー（Pierre Elliott Trudeau）	カナダ元首相
オラ・ウルステン（Ola Ullsten）	スウェーデン元首相

ヨルゴス・バシリウー（George Vassiliou）．	キプロス元大統領
フランツ・ブラニツキー（Franz Vranitzky）	オーストリア元大統領

初期賛同署名者

	（アルファベット順）
アリ・アラタス（Ali Alatas）	インドネシア外務大臣
アブドラジズ・アルクライシ（Abdulaziz Al-Quraishi）	サウジアラビア元通貨庁総裁
コフィ・アナン（Kofi Annan）	国連事務総長
レスター・ブラウン（Lester Brown）	ワールドウオッチ研究所理事長
アンドレ・シュラキ（Andre Chouraqui）	イスラエル大学教授
ジョン・コッブ（John B. Cobb Jr.）	クレアモント神学校
土井たか子	社民党党首
エルハッサン・ビンタラール（El Hassan bin Talal）	ヨルダン皇太子
加藤寛	千葉商科大学学長
ヘンリー・キッシンジャー（Henry A. Kissinger）	米国元国務長官
テディー・コレック（Teddy Kollek）	エルサレム知事
ウィリアム・ロックリン（William Laughlin）	米国実業家
チュワサン・リークアン・ジュン（Chwasan Lee Kwang Jung）	ウォン仏教ダルマ・マスター
フェデリコ・マイヨール（Federico Mayor）	ユネスコ事務局長
ロバート・マクナマラ（Robert S. McNamara）	世界銀行元総裁
ラビ・マゴネット（Rabbi Dr. J. Magonet）	ユダヤ教聖職者
ロバート・ミューラー（Robert Muller, Rector）	平和大学学長
コンラッド・ライザー（Konrad Raiser）	世界教会会議
ジョナサン・サックス（Jonathan Sacks）	英国ユダヤ教最高ラビ
塩川正十郎	元自治・文部・運輸大臣
ルネ・サミュエル・シラー（Rene Samuel Sirat）	フランスユダヤ教最高ラビ
シグモンド・スターンバーグ（Sir Sigmund Sternberg）	キリスト教・ユダヤ教徒国際カウンシル
スハルト（Suharto）	インドネシア大統領
竹村正義	元大蔵大臣
ポール・ボルカー（Paul Volcker）	米国元連銀総裁
カール・フリードリッヒ・ワイゼッカー（Carl Friedrich v. Weizsäcker）	科学者
リヒヤルト・ワイゼッカー（Richard v. Weizsäcker）	西ドイツ前大統領

第 2 章　インターアクション・カウンシルの「世界人間責任宣言」...... 39

マフムード・ザックズク（Mahmoud Zakzouk）　　　エジプト元宗教大臣

3. 次に，本宣言草案の起草作業に従事した専門家会議の報告書の全文を見てみることにする。

「世界人間責任宣言」
インターアクション・カウンシル専門家会議報告書

議長: ヘルムート・シュミット

オーストリア，ウィーン，1997 年 4 月 20 日～22 日

人間の責任について語る時がきた

　インターアクション・カウンシルが人類の責任に関する世界宣言の呼びかけを行なったことは，時宜にかなっている。私たちは，伝統的にこれまで人権について語り，実際，1948 年に国連によって世界人権宣言が採択されて以来，世界は人権の国際的な承認と擁護に尽力してきた。しかし今，人間の義務または責務の容認という，これと同様に重要な探求に立ち上がる時がきている。

　このように人間の責務を強調することが必要になった背景には，幾つかの理由がある。勿論，こうした考えは，世界のある一部の地域においてのみ新しいのであって，多くの社会は伝統的に人間関係を権利よりも義務の面で捉えてきている。例えば，一般的に東洋の考え方がそうである。伝統的に西洋では，少なくとも 17 世紀の啓蒙時代以来，自由と個人性の概念が強調されてきたのに対し，東洋では責任と共同体の観念が支配していた。人間の義務に関する世界宣言ではなく，人権に関する世界宣言が起草されたのは，周知のように，起草者が第二次世界大戦の勝者となった西側諸国の代表者であり，そこに彼らの哲学的・文化的背景が反映されていることは疑い得ないところである。

　また人類の義務という概念は，自由と責任の観念を均衡あるものとするのに役立つ。権利は，どちらかと言えば，自由とより深い関わりがあり，義務は責任と関係がある。しかし，こうした違いはあっても，自由と責任は相互依存の関係にある。責任は，道徳的資質として自由を自然的，自発的に抑制する機能を持つ。いかなる社会においても，自由というものは，無制限にこれを行使することができるものでは決してない。したがって，私たちが享受する自由が大きければ大きいほど，私たち自身に対して，また他の人々に対して負わなければならない私たちの責任も重く

なる。また私たちの持てる能力が多ければ多いほど、それを最大限に開発しなければならない私たちの責任も大きくなる。私たちは、無関心であることの自由から関わり合いを持つことの自由へと身を転じていかなければならない。

そして、その逆もまた真実である。私たちが私たちの責任感を強めていけば、私たちは道徳的資質を強化することによって私たちの内面的自由を拡大していくことになる。自由が、善と悪の選択肢も含めて、多様な行動の可能性を私たちに与えてくれる場合も、責任ある道徳的資質は必ず善が悪に勝つことを確実なものとするであろう。

しかし悲しいことに、この自由と責任の関係は、必ずしも常に明瞭に理解されているわけではない。一部のイデオロギーにおいては個人的自由の観念を重要視するものもあれば、また他方では、社会的集団に対する無条件の献身を絶対視するイデオロギーもある。

適正な均衡を欠くと、無制限の自由は、強制される社会的責任と同じように、危険なものとなる。極端な経済的自由と資本主義者の強欲さから深刻な社会的不正がもたらされてきた一方で、同時に、社会の利益または共産主義者の理想という美名のもとに、人民の基本的自由の苛酷な抑制が正当化されてきた。

どちらの極端も望ましいものでない。今日、東西間の紛争の消滅と冷戦の終焉によって、人類は自由と責任の望ましい均衡に近づきつつあるように思われる。私たちは、自由と権利のために闘ってきた。今や、責任と人間の義務を促進する時がきたのである。

インターアクション・カウンシルは、世界経済のグローバリゼーションが世界的諸問題のグローバリゼーションと歩調を合わせていると考える。グローバルな相互依存性によって、私たちは相互に調和の中で生きていくことを余儀なくされているために、人類は規則と制約を必要としている。倫理は、集団生活を可能にする最低限の基準である。倫理とその帰結である自己抑制がなければ、人類は弱肉強食の世界に逆戻りしてしまうだろう。世界は、その上によって立つことのできる倫理的基盤を必要としているのである。

こうした必要性を認識した上で、インターアクション・カウンシルは、1987年3月、ローマのラ・チビルタ・カトリカ（La Civiltà Cattolica）において宗教指導者と政治指導者の会合を開き、普遍的な倫理基準の探求を開始したのである。これを提唱したのが、1983年にインターアクション・カウンシルを創設した故福田赳夫元日本国首相であった。そして1996年、カウンシルは再び世界の幾つかの宗教の宗教指導者および専門家によって構成された専門家会議に対して、グローバルな倫理基準に関する報告書の作成を要請し、同会議の報告書を同年5月のバンクーバー総会で

歓迎の喜びの中で受理した。「地球倫理基準を探し求めて」(In Search of Global Ethical Standard) と題するこの報告書は，世界の諸宗教には多くの共通性が存在することを明らかにした。そしてカウンシルは，「世界人権宣言の50周年にあたる1998年に，国連は，人間の義務に関する宣言を検討する会議を招集し，権利のために努力した初期の重要な仕事を補完すべきである。」という提言を支持したのである。

世界人間責任宣言を起草しようという構想は，自由と責任を均衡あるものとする方策であるだけでなく，過去において敵対的なものと見なされてきた諸イデオロギーと政治的見解を和解させる手段でもある。したがって，基本的前提は，人間には最低限の自由が許されるべきではあるが，同時に，その自由を正しく行使するためにも，その責任感を最大限に涵養しなければならないということにある。

こうした考えは，決して新しいものではない。数千年にわたり，諸々の預言者・聖者・賢者たちは，人類に対して責任について真剣に考えるよう懇請してきた。今世紀では，例えばマハトマ・ガンジー (Mahatma Gandhi) が7つの社会的罪を以下のように説いている。

1 原則なき政治 (Politics without principles)
2 道徳なき商業 (Commerce without morality)
3 労働なき富 (Wealth without work)
4 人格なき教育 (Education without character)
5 人間性なき科学 (Science without humanity)
6 良心なき快楽 (Pleasure without conscience)
7 犠牲なき信仰 (Worship without sacrifice)

しかしながら，グローバリゼーションは，今や，ガンジーやその他の倫理指導者たちの教えに新たな緊急性を与えている。テレビ画面では，暴力が衛星中継によって地球全体に伝達される。はるか遠く離れた金融市場での投機が，ある地域の共同体を破壊することもできる。民間の実力者の影響力が，政府の権力に近づき，しかもその者の個人的な権力に対しては，選挙で選ばれる政治家と異なり，本人の自覚に基づく責任感以外に責任が問われることがない。人間の責任に関する宣言が世界で今日ほど必要とされた時はないのである。

権利から義務へ

権利と義務は分かち難く結びついているのであるから，人権という観念は，すべての人がそれを尊重する義務を承認することによってはじめて成立するのである。特定の社会の価値観にかかわらず，人間同士の関係は普遍的に権利と義務の双方の存在に基づいているのである。

人間の行動を導くために，複雑な倫理システムは必要ではない。古来からの規則，すなわちこれさえ誠実に守っているならば，公正な人間関係を保つことができるという規則，すなわち黄金則がある。黄金則は，否定形表現を用いれば，「自分が他者からされたくないことは，他者に対しても行なってはならない。」ということである。その肯定形表現では，もっと積極的で，もっと連帯的な役割を意味し，「自分にしてもらいたいことを他者にしなさい。」ということになる。

この黄金則を念頭に置くと，世界人権宣言は，人権を補完するために必要な主要義務を検討する上で理想的な出発点を提供している。

- 私たちに生命の権利があるとすれば，私たちには生命を尊重する義務がある。
- 私たちに自由の権利があるとすれば，私たちには他者の自由を尊重する義務がある。
- 私たちに安全の権利があるとすれば，私たちにはすべての人間が人間としての安全を享有できる条件を創出する義務がある。
- 私たちに自国の政治過程に参加し，指導者を選挙する権利があるとすれば，私たちにはそれに参加し，最良の指導者を選ぶことを保証する義務がある。
- 私たちに自分自身と家族のために一定水準の生活を得られるよう，公正で好ましい条件の下で働く権利があるとすれば，私たちには自己能力の最善を尽くす義務がある。
- 私たちに思想・良心・信仰の自由の権利があるとすれば，私たちには他者の思想または宗教上の原則を尊重する義務がある。
- 私たちに教育を受ける権利があるとすれば，私たちには能力が許すかぎり学習し，さらに可能であれば，私たちの知識と経験を他者ともわかち合う義務がある。
- 私たちに地球の恵みを享受する権利があるとすれば，私たちには地球とその天然資源を尊重し，保護し，再生させる義務がある。

私たちは，人間として無限の自己実現の可能性を持っている。それ故に，私たちには肉体的，感情的，知的，そして精神的能力を最大限に涵養させる義務がある。自己実現の達成に向けての責任という観念の重要性は，見過されてはならない。

＊　　＊　　＊

1997年4月にウィーンで開催された専門家会議は，「世界人間責任宣言」の草案の起草作業を行なった。この作業の結果は，3名の専門家，トーマス・アクスウォーシー（Thomas Axworthy）教授，キム・キョドン（Kim Kyongdong）教授およびハン

第 2 章　インターアクション・カウンシルの「世界人間責任宣言」......　43

ス・キュンク（Hans Küng）教授によってまとめられ，要約された。キュンク教授は，有益な議論の出発点となった第一次草案を提出してくれた。上記専門家は，ヘルムート・シュミット（Helmut Schmidt）専門家会議議長，アンドリース・ファン・アフト（Andries van Agt），およびミゲル・デラマドリ・フルダト（Miguel de la Madrid Hulrtado）に様々な提言を行なった。カウンシルのメンバーであるオスカル・アリアス（Oscar Arias）は，同会議に参加できなかったが，貴重かつ内容の濃い論文を提出してくれた。

　この作業結果は，添付の「世界人間責任宣言」の国連提出草案に明らかである。専門家のグループはインターアクション・カウンシルおよび国際社会全体にこの宣言案を提出することを喜びとするものである。

「世界人間責任宣言」専門家会議参加者

インターアクション・カウンシルのメンバー
　ヘルムート・シュミット（Helmut Schmidt）閣下
　アンドリース・ファン・アフト（Andries van Agt）閣下
　ミゲル・デラマドリ・フルダド（Miguel de la Madrid Hulrtado）閣下

専門家
　フランツ・ケーニッヒ（Franz Koenig）枢機卿（オーストリア，カソリック枢機卿）
　ハッサン・ハナフィ（Hassan Hanafi）教授（カイロ大学）
　A.T. アリヤラトネ（Ariyaratne）博士（スリランカ，サルヴォダヤ運動総裁）
　ジェームス・H・オットリー（James Ottley）師（英国国教国連オブザーバー）
　M. アラム（Aram）博士（宗教と平和世界会議総裁，インド国会議員）
　ジュリア・チン（Julia Ching）博士（トロント大学）
　アンナマリー・アーガード（Anna-Marie Aagaard）博士（世界教会会議）
　テリー・マクルーハン（Teri McLuhan）博士（作家）
　イェルス・キム（Yersu Kim）博士（ユネスコ）
　リチャード・ローティ（Richard Rorty）教授（スタンフォード大学）
　ピーター・ランデスマン（Peter Landesmann）教授（欧州科学アカデミー）
　渡邊幸治（前駐ロシア日本大使）

学術アドバイザー
　ハンス・キュンク（Hans Küng）教授（チュービンゲン大学）
　トーマス・アクスウォーシー（Thomas Axworthy）教授（ハーバード大学）

> キム・キョンドン（Kim Kyong-dong）教授（ソウル大学）
> ジャーナリスト
> フローラ・ルイス（Flora Lewis）女史（インターナショナル・ヘラルド・トリビューン）
> ウー・セウンヨン（Woo Seung-yong）氏（韓国文化日報）
> プロジェクト・コーディネーター
> 渥美桂子女史（IAC東京事務局）

III 「世界人間責任宣言」起草の歴史的背景とその軌跡

1. 「世界人間責任宣言」は，「世界人権宣言」採択50周年を機として突如，出現したものではない。すでに先の「専門家会議報告書」に言及されているように，1987年，ローマで開催されたインターアクション・カウンシルの会議で「普遍的な倫理基準の探求」が提唱されたことにまで遡る。しかし，このインターアクション・カウンシルの提唱も時代の要請によるものであった。

「地球が危ない!」という警告が明確な形で発せられ始めたのは，1970年代に入ってからであった。1972年，世界各国の科学者・経済学者・プランナー・教育者・経営者等から構成される民間組織であるローマ・クラブは「人類の危機レポート」・『成長の限界』[9]を発表した。そこには，食糧・天然資源・環境の3つの主要な制約要因の下で人口と工業生産が幾何級数的に成長を続けていくと，破局の到来は必至であると論じられ，成長には限界があり，「成長から均衡へ」の方向転換，およびそのための国際的な行動と共同の長期計画の必要性が強調されていた。この『成長の限界』は，世界中に大きな反響を呼び，賛否両論がたたかわされた。しかし，成長に限界があるということを世界の人々に想起させ，環境問題を地球的規模で認識する上で，このレポートは一つの大きな里程標となった。

同年6月，ストックホルムで「国連人間環境会議」が開催された[10]。この会議では，「かけがえのない地球」というスローガンが掲げられ，人間環境保全の基本理念を謳った「人間環境宣言」が採択された。この「人間環境宣言」は，

地球的規模の環境問題についての重要な歴史的文書であり、その意味でこれを採択した国連人間環境会議も、先のローマ・クラブの『成長の限界』と並んで地球的規模の環境問題を認識する上で一つの大きな里程標となるものであった。その後、1974年のブカレストでの「世界人口会議」、同年ローマでの「世界食糧会議」、1977年のアルゼンチンでの「国連水会議」、同年ナイロビでの「国連砂漠化防止会議」等の地球規模の人間環境の問題に関する一連の国際会議が国連の主催によって開催され、環境保全の処方箋ともいうべき宣言や行動計画が採択されていくとともに、地球的規模の諸種の環境問題についてのレポートも数多く発表されていった。

1991年、翌92年の開催が決定されているブラジルのリオ・デ・ジャネイロでの「国連環境開発会議」を視野に入れて、Stockholm Initiative Global Security and Governance が『1990年代の共通の責任』(Common Responsibilities in the 1990's) と題する報告書を世に問うた。この報告書は、その中で「われわれ人類生き残りの倫理的基礎を発展させなければ、いかなる技術上の解決策であっても、結局は、役に立たないことになろう。このことは、すべからく人類を危機に陥れているものが本質的にわれわれの有する地球道徳 (global morality) の未発達な性質、すなわちわれわれの貪欲、われわれの傲慢、われわれの洞察力の欠如であることから生じるものである。」と論及し、「持続可能な生活様式」の倫理の重要性を強調して、翌年の国連環境開発会議を「持続可能な開発」を達成するための突破口として、「人類生き残りの倫理的基礎としての環境にやさしい行動基準である地球憲章」を提言したのであった。

2. しかし、国連環境開発会議では「環境か開発か」をめぐって地球的利益と国益の対立、南北そして東西の諸国の思惑や利害の対立をめぐって激しい論議が展開され、期待されていた「地球憲章」は制定されずに終わった。だがその一方で、人類生き残りの倫理的基礎としての「地球倫理」の実現の努力は精力的に続けられていたのである。

1993年9月、アメリカ合衆国シカゴにおいて百周年を記念して「万国宗教会議」(The Parliament of the World's Religions) が開催された。この会議で採択さ

れた宣言は冒頭,「世界は苦悶している。」という言葉で始まる。これに続く宣言項目の第1点において,「われわれは,相互依存の中に存在している。われわれ一人一人の存在は,全体の安寧のいかんにかかわっている。それ故,われわれは,生きとし生けるものの共同体を,人間・動物・植物と,そして地球・空気・水・土地を尊重するものである。」と論じる。そして,結びに「...地球より良き方向に改善するためには,先ず個人個人の意識を変えなければならない。(中略)危険を冒すことがなければ,進んでわが身を犠牲にする心がなければ,われわれの根本的な改変はあり得ない。それ故,われわれはこの地球倫理 (global ethic) に生きることを,互いに理解し合って生きることを,そして社会の利益に役立ち,平和を育み,自然に優しい生活様式に生きることを誓う。」と態度表明を明確にし,「われわれは,宗教者たると否とを問わず,すべての人々と共に行動を同じくすることを呼びかける。」と論じ,この宣言を閉じている[11]。

「新しい地球倫理なくして新しい地球秩序は存在しない。」(No new global order without a new global ethic.) と提唱する万国宗教会議の「地球倫理宣言」の目指す目的は,W. ブラント元西ドイツ首相が I. カールソン元スウェーデン首相等と話し合って作った「グローバル・ガバナンス委員会」(The Commission on Global Governance) によってさらに強化されていくことになる。1995年,グローバル・ガバナンス委員会は『我ら地球の隣人』(Our Global Neighbourhood) と題する報告書を公表し,その中で「地球市民倫理」(global civic ethic) 形成の緊急性を次のように強調したのであった。すなわち,「それ故,われわれは,共通の権利と共に分かち合う責任から成る地球倫理の力をかりて国際共同体を一つに結びつけることを要求する。われわれの見解によれば,このような倫理——すでに国際社会の規範構造の一部となっている基本的権利を強化する——は,グローバル・ガバナンスのより効果的な体系を構築するための道徳的基盤を提供するであろう。」[12]

1996年5月,インターアクション・カウンシルは『地球倫理基準を探し求めて』(In Search of Global Ethical Standards) と題する報告書を世に問うた[13]。すでに言及したように[14],インターアクション・カウンシルは1983年,すでに世

界の宗教指導者と政治指導者が協力して普遍的な倫理基準の探求を開始していた。1996年，カウンシルは再び世界の幾つかの宗教の宗教指導者および専門家によって構成された専門家会議に対して地球規模の倫理基準に関する報告書の作成を要請したのであった。このようにして作成され，カウンシル総会で受理された報告書『地球倫理基準を探し求めて』は，その具体的提言の一項目に「『世界人権宣言』の50周年記念にあたる1998年に，国連は権利のために努力した初期の厳しい試練の仕事を補完する「人間の義務宣言」（a Declaration of Human Obligations）を議論するための会議を招集すべきであることを世界の指導者に提言すること」を掲げていたのである。

この歴史的な報告書が公表された後でも，例えば1997年の1年間を見ただけで，Third Millennium Project in Valencia の報告書 Proposals for Future Orientation and Activities (1997), The World Economic Forum 1997 (Davos, Switzerland) の新聞発表(1997年2月4日)，UNESCO Universal Ethics Project (Paris) の勧告，Sixth Indira Gandhi Conference: Post Colonial World: Interdependence and Identities (New Delhi) の草案等が続出してくることになる。これらの文書については，ここでは論及の範囲の外に置いておくことにする[15]。

3. 『地球倫理基準を探し求めて』と題する報告書は，大きく「はじめに」・「具体的提言」・「地球倫理基準の必要性」・「地球倫理の核心」から構成されている。この報告書は，先に紹介した1997年の「世界人間責任宣言」専門家会議報告書の出発点とも言うべき枠組み的な基礎文書であるので，報告書の順序にとらわれずに，その内容を概略的に見ておくことにしよう。

(1) 地理倫理基準の必要性として，次の3点が指摘される。

① 「人間は社会的動物である」とアリストテレスは説いた。私たちは社会の中に住んでいるが故に，相互に調和の中で生きてゆかねばならないが故に，人間には規則や制約が必要である。倫理は，集団生活を可能にする最小限度の基準である。倫理とその帰結である自己抑制がなければ，人間はジャングルに戻るということになるであろう。未曾有の変化を経験している世界にあって，人間は自己の生存を賭して立脚すべき倫理の基盤を必要としている

のである。

　②　世界の諸宗教は、人間にとって叡智の偉大な伝統の一つである。はるか古代に起源を発する叡智の宝庫が、今日ほど必要とされる時代はない。政治活動は価値や選択と関わりが深いが故に、倫理は政治や法律より優先されなければならない。したがって、倫理は私たちの政治指導者を啓発し、彼らの魂を鼓舞しなければならない。最良の教育とは、理解や寛容に対して人間が持つ潜在能力を切り開くものである。倫理や正邪の教えがなければ、私たちの学校は、すぐに不必要になる労働力を大量生産するだけの単なる工場と化してしまう。マスコミは、人の心や行動に影響を及ぼす最も強力な手段の一つである。しかし、多くのマスメディアに見られる暴力・堕落・陳腐さは、人間の精神を向上させるどころか、むしろ堕落させている。

　③　このように変化する世界に対応するためには、各機関が再度、倫理規範に専心することが必要である。私たちは、世界の宗教と倫理的伝統の中に再びそのような専心を行なう源を見出すことができる。そこには私たちの民族的・国家的・社会的・経済的・宗教的緊張を解決に導く倫理的手本を提供する精神的な力がある。世界の宗教の教義はそれぞれ異なるものの、すべてが基本的な規範を享有する共通倫理を唱導している。世界の諸宗教を一つに結合することのほうが、これらをバラバラにすることよりもはるかに偉大なのである。すべての宗教が、自己抑制、義務、責任そして分かち合いを唱導しているのである。すべての宗教が謙譲・慈悲・正義の徳を唱導しているのである。それぞれの宗教が、人生の不可思議を省察し、全体に意味を与えている規範をそれぞれの宗教の立場で識別している。私たちが直面しているグローバルな問題を解決するためには、私たちはまず共通の倫理基盤から始めなければならない。

(2)　次いで、このようにして定立されるべき地球倫理の核心になるものとして、次の9点が考慮されねばならないと論じられている。ここでは、6項目のみを紹介するにとどめる。

　①　今日、人類は、より良い地球秩序を導入するに十分な経済的・文化

的・精神的資源を有している。しかし，新旧様々な民族的・国家的・社会的・経済的・宗教的緊張が，より良い世界を平和裡に構築することを脅かしている。このように劇的な地球状況にあって，人類は，人々が平和な共生の生活を営むことのできるビジョン，地球保護の責任を分担する種々の民族集団や種々の倫理集団，および諸宗教のビジョン，希望・目標・理想・価値基準に基づくビジョンを必要としているのである。それ故，私たちは，1993年にシカゴで開催された万国宗教会議が，私たちも原則として支持する「地球倫理に向けての宣言」を表明したことに謝意を表する。

② 国連が「世界人権宣言」を採択したことから始まった国際法および国際正義に基づく人権の強化は，さらに「市民的及び政治的権利に関する国際規約」および「経済的，社会的及び文化的権利に関する国際規約」の2つの人権規約によって強化され，加えて「人権と行動計画のためのウィーン宣言」によって精密に練り上げられ，画期的な進歩を遂げている。国連が権利のレベルで宣言したものを，シカゴ宣言は義務という視点から確認し，これを深化させた。すなわち，人間の固有の尊厳，原則としてすべての人間の不可譲の自由と平等，個人たると団体たるとを問わず，すべての人間相互の不可欠な連帯と相互依存がこれである。また私たちは，よりよい地球秩序が法律・規則・条約のみによって創造され，あるいは実効力あるものとされるものではないこと，権利と自由のための行動には責任感と義務感が伴うこと，そのためには男女双方の精神や心に呼びかけがなされなければならないこと，義務を伴わない権利は永続しないこと，そしてまた地球倫理がなければ，より良い地球秩序も存在し得ないことを確認している。

③ 地球倫理は，トーラー・福音書・クルアーン・バガバッドギター・仏陀の教え・孔子その他の教えに取って代わるものではない。地球倫理は，最低限必要な共通の価値，共通の基準および共通の基本的態度を与えるものである。換言すれば，それは，教義がそれぞれ異なるものの，すべての宗教にも肯定され，かつ無神論者にも支持され得る拘束力のある価値，不変の基準および不変の道徳的態度に関する最低限の基本的合意である。

④　宗教史上初めてこの最低限の基本的合意を明確にしたシカゴ宣言を確信をもって確認するにあたり、私たちはすべての個人的・社会的・政治的倫理に必要不可欠な二つの原理を提言する。
1)　すべての人は、人間らしく扱われなければならない。
2)　自分にしてもらいたいことを他者にしなさい。この原則は、あらゆる偉大な宗教的伝統の一部である。
⑤　この2つの原理を基本として、すべての宗教が合意し、私たちも全面的に支持し得る不変の4つの誓約がある。
・非暴力と生命尊重の文化への誓約
・連帯と公正な経済秩序の文化への誓約
・寛容と誠実な生活の文化への誓約
・男女の平等な権利と協力の文化への誓約
⑥　生命の尊重は、倫理的誓約の中核をなすものであるから、戦争や暴力による惨害との闘いを世界の最優先課題としなければならない。とりわけ、早急に次の2つの問題に関心を寄せなければならない。1)小型兵器・半自動兵器の取引は抑制されなければならず、このような兵器が簡単に入手されることがないようにしなければならない。2)小型兵器と同様に、地雷も多数の無実の生命を奪ってきた。これは、カンボジア・旧ユーゴスラビア・アフリカ・アフガニスタンでとりわけ深刻な問題となっている。地雷の組織的な除去と破壊は急を要する。
(3)　具体的な提言として、5項目の提言がなされている。ここでは、「世界人間責任宣言」との関連で最も直接的に言及している項目を一つだけ取り上げておこう。

　宗教指導者がインターアクション・カウンシルの招聘を受諾して出会えるならば、世界は地球倫理の普及を推進するための具体的な行動計画について語り合うことを歓迎するであろう。こうした行動計画の要素には、これらのものに限られるわけではないが、以下のものが含まれることになろう。
・共通の倫理規約を作成し、小冊子に収め、世界中に配布すること。

第2章　インターアクション・カウンシルの「世界人間責任宣言」……　51

・この一般的な倫理規約に加えて，特定の倫理規定の作成が，諸種の職業・実業・政党・マスメディア・その他の重要な関係者に向けて進められること。こうした倫理規約は，自己規律に貢献することになろう。
・「世界人権宣言」の50周年記念にあたる1998年に，国連は権利のために努力した初期の厳しい試練の仕事を補完する「人間の義務宣言」を議論するための会議を招集すべきであることを世界の指導者に提言すること。
・世界の宗教および哲学の最良の貢献を含む地球教育カリキュラムを開発すること。このようなカリキュラムは，あらゆる教育機関に提供されるべきであり，インターネット・教育テレビ・ビデオ・ラジオなどの最新の情報技術を通したアクセスを可能にすべきである。
・このようなカリキュラムの開発に必要な知的資源を結集させ，これらへの理解を広めるためにも，国連は国連大学の一部として，学者・学生・世界の宗教指導者が一堂に会する「世界諸宗教者対話アカデミー」の設立を考慮すべきこと。

IV　「世界人間責任宣言」の歴史的意義

1.　世界人権宣言は，その前文の冒頭を「人類社会のすべての構成員の固有の尊厳と平等で譲ることのできない権利とを承認することは，世界における自由，正義及び平和の基礎であるので」という言葉で始めている。ここに謳われている「平等で譲ることのできない権利」がいわゆる「人権」であることは，論を俟たない。

「人間の尊厳」(human dignity)を実現する手段として「人権」(human rights)という観念を創出したのは，言うまでもなく17・8世紀の西洋であった。「合理主義的・個人主義的・急進主義的人権理論」[16)]と特徴づけられるこの人権思想は，かつての絶対主義の独裁的な政治システムを打倒し，民主主義の政治的構造を持つ市民社会を生み出した。そして，法的には人権，政治的には民主主義，経済的には資本主義，社会的には自由・平等の思想で特徴づけられる市民社会が成長していく中で，個人の生命，自由および幸福追求という価値原理に基礎

づけられた西洋特有の民主主義的な政治文化が育まれていった。この意味において，人権思想が世界の文明に寄与した貢献は，まことに偉大なものがあり，高く評価されなければならない。しかし，すべての制度がそうであるように，人権思想にも功罪の二面を内蔵していることもまた看過してはならない。

　確かに，西欧は人権の尊重を通して市民各個の人間としての尊厳を実現していった。しかし，それはあくまでも西洋世界の内部でのことであり，一歩西洋世界の外に出るや，そこに住む人々の人権を無視または軽侮し，人間としての尊厳を剥奪していった。例えば，アメリカ大陸や南洋州における原住民の殺戮やアフリカ大陸における黒人の奴隷貿易，さらにはアジアやアフリカやラテンアメリカでの西洋諸国の帝国主義的植民地主義は，歴史上未曾有の，大量かつ組織的な人権侵害を繰り広げていったことは，周く知られている歴史的事実である。

　第2次大戦後，確かに西洋の植民地支配は，終焉したかに見えた。しかし，現実には世界の警察官を自認するアメリカ合衆国とその同盟国は，パレスティナ・エジプト・アルジェリア・イラン・リビア・サウディアラビア・その他の中東諸国における自由と正義を求める民衆運動を自国の国益に対する脅威と見て，その反対の権力保持勢力を支援し，一般民衆の人権侵害状況を生み出している。

　それのみならず，こうした露骨な直接的・間接的支配を隠蔽した，もっと巧妙で，もっと洗練された西洋の世界支配が，様々な様相を呈しつつ，いたるところで繰り広げられていることも事実である。

　その第1が，国連安全保障理事会を通しての西洋強大国による国際政治の世界支配である。ある西洋強大国が彼らの意思に従わない国家に軍事的・経済的制裁を加える必要があると欲すれば，たとえその制裁が国際的基準に照らしていかに公正を欠くものであっても，安全保障理事会の場を利用して制裁を強行している。

　第2に，西洋強大国による国際経済の世界支配がある。これらの強大国は，国際通貨基金（IMF）・世界銀行・世界貿易機関（WTO）・G8などを通して自

国の国益中心の経済政策を展開し,結果的に非西洋世界の人民に人権抑圧状況という犠牲を強要している。

第3に,西洋の新聞・雑誌・放送などのマスメディアを通しての文化の世界支配が挙げられる。音楽・映画・ファッション・食物をはじめ,個人主義に基礎を置く西洋の価値観や世界観が,人間・人間関係・人間と社会との紐帯関係についての非西洋世界の価値観や世界観を周辺化させている。こうした非西洋世界の文化の周辺化によって,これらの世界に住む人々は自己のアイデンティティを喪失し,道徳的堕落と精神的貧困に蝕まれ,結果的に人間の尊厳を軽侮する非人権的状況を招来させている。

西洋によってもたらされた非西洋世界の人権侵害状況は,必然的に西洋の人権の性質や性格そのものに重大な疑義を生じさせることになった。曰く,人権思想の草創期において創造的であった個人の尊重という個人主義が,今や西洋社会の構造そのものに崩壊の脅威を与える俗悪で,野卑な個人主義になっているのではないか。曰く,権利の観念と結びついた個人の自由は,いわば自己目的となり,責任ということの重さを否認しているのではないのか。曰く,西洋の人権論は,市民的・政治的権利を強調しても,経済的・社会的・文化的権利を軽視しているが故に,その人権の観念は,特殊的かつ局部的なものでしかないのではないか。

西洋の人権論に対するこうした批判から,非西洋世界は人権の普遍性を否定し,それぞれの民族の自然的・政治的・社会的・文化的伝統に根源を置く人権の相対性を強調する。その典型的な事例が,西洋の個人主義的人権の解毒剤として,家族や部族やその他諸種の共同体を強化し,むしろそのために個人の責任の重要性を強調する主張となって現われてくる。しかし,短絡的にこの主張に与することは,いささか危険なしとはしないであろう。なぜなら,いかなる環境の中にあっても尊重されるべきものは,人間各個の人間としての尊厳であるからである。このことは,アジアの諸宗教において神仏のメッセージがすべて各個の人間に向けられていることからも明らかである。

まさに,それ故にこそ,人権と人間の尊厳とは区別されねばならない。人権

の観念は相対的であっても，人間の尊厳は時間と空間を超え，すべての個人において尊重されるべき普遍性を有している。地球上のそれぞれの地域において，人々は人間の尊厳を尊重し，これを実現するための思想をどのように構築し，それを具体化するための諸種の法的・社会的制度をどのように確立してきたのか，そして近い将来，世界の各地域に共通の観念から人類共通の観念を形成していく可能性と現実性をどのように模索しようとしているのか。

　2．地球秩序そのものが危険に瀕しているにもかかわらず，その解決に寄与すべき人類の文明がいわゆる「文明の衝突」（clash of civilizations）の様相を呈している深刻な現代の世界的状況の下で，「世界人間責任宣言」が提唱された。そのこと自体に，すでにこの宣言の歴史的意義が看取され得るが，以下においてより具体的に敷衍して論じることにしよう。

　（1）「世界人間責任宣言」草案は，人類の運命共同体である宇宙船「地球号」に乗り合わせた人類が，その所属する地域・民族・国家・文化・宗教のいかんを問わず，いかにして共存共生するか，人間と人間との共生，人間と自然との共生，現世代と未来世代との共生という人類史的課題に向かって，世界中の，そしてすべての世界宗教からのトップレベルでの宗教的・思想的・政治的指導者が約20年間の歳月をかけて完成させた努力の結晶ともいうべき所産である。

　「世界人権宣言」は，「われら一生のうちに二度まで言語に絶する悲哀を人類に与えた戦争の惨害から将来の世代を救い」（国際連合憲章前文），そして「人類社会のすべての構成員の固有の尊厳と平等で譲ることのできない権利とを承認することは，世界における自由，正義及び平和の基礎であるので」（世界人権宣言前文）に見られるように，大戦後の世界平和の樹立という世界史的認識の下で公布された。これに対し，「世界人間責任宣言」は，今日の人類が直面している数多くの「地球的規模の問題は，あらゆる文化およびあらゆる社会によって遵守される理念，価値および規範によってのみ達成され得る地球的規模の解決を要求しているので」という文言から明らかであるように，前者の視野よりはるかにこれを拡大し，市民という個人とか，人民という集合体を内含しつつこれらに超出し，人類そのもの，地球そのものの命運をいかに救済するかという全

人類的・全地球的世界観がこの宣言の基調となっている。この意味において,この宣言は「世界人権宣言」の世界観を基礎に据えつつも,これよりも大きな宇宙的展開をしているのである。

(2) 「世界人間責任宣言」の序言の冒頭を飾る「人間の責任について語る時が来た」という言葉は,まことに短い言葉であっても,世界の人権宣言文書の歴史の中では金字塔的重みを持っている。

「世界人権宣言」は,前文と30か条から構成されているが,義務に関してはただ1か条のみ規定しているにすぎない。すなわち,第29条は第1項において「個人は,自己の人格の自由かつ完全な発展がその中にあってはじめて可能とせられる社会に対して義務を負う。」,続いて第2項において「何人も,その権利と自由を行使するに当っては,他人の権利と自由に対する正当な承認と尊重とを確保しかつ民主的社会における道徳,公の秩序および一般的福祉の正当な要求を保障することをもっぱら目的として法律が定めている制限にのみ従うものとする。」と定めるにとどまる。この宣言の規定の様式は,これまでの諸種の西洋の人権宣言文書の典例を踏襲するものであった。

それでも,いわゆる人権宣言文書の先駆者と称されている1776年の「ヴァジニア権利章典」は,第1条において,「すべて人は生来ひとしく自由かつ独立しており,一定の生来の権利を有するものである。」と定めつつも,その最後の条項である第15条・第16条において義務に関し次のように定めていた。すなわち,第15条は,「およそ自由なる政治を,あるいは自由の享受を,人民に確保するには,ひとり正義,中庸,節制,質素,および廉潔を固守し,人権の根本的原則をしばしば想起すること以外には方法がない。」,次いで,第16条において,「…それ故,すべて人は良心の命ずるところにしたがって,自由に宗教を信仰する平等の権利を有する。お互いに,他に対してキリスト教的忍耐,愛情および慈悲をはたすことはすべての人の義務である。」と定めていたのである。しかし,この第15・16条の基調となっている法的精神を持つ規定は,この章典の約1か月後に決議,公表された「連合会議における13のアメリカ連合諸邦の全員一致の宣言」(独立宣言)においても,さらにまた1789年のフランスの

「人および市民の権利宣言」（フランス人権宣言）においても全く等閑に付されていくのである。

　しかし，言うまでもなく，「世界人間責任宣言」は責任の強調を突出させて，人権の力を弱めることを意図するものでは決してない。権利と義務，自由と責任は相互依存の関係にあってみれば，両者の関係を均衡のあるものにしなければならない。「世界人間責任宣言」は「世界人権宣言」を倫理的角度から支持し，これを強化しようとするものなのである。それ故に，全文において特に「かくして，我ら世界の人々は，すでに世界人権宣言が宣明している誓約，すなわちあらゆる人の尊厳，彼らの譲ることのできない自由と平等，および彼らの相互の連帯を全面的に認容することを，改めて確認し，これを強化するものである。」と宣明しているのである。

　（3）　人権論の前提となる「人間」の本質についての理解に関し，「世界人権宣言」の人間観と「世界人間責任宣言」の人間観との間に世界史的なパラダイム・シフト，いわゆる人間観のコペルニクス的転回がなされていることは，まことに特筆すべきことと言わねばならない。

　「世界人権宣言」は，第1条において「すべて人間は，生まれながら自由で，尊厳と権利において平等である。」と定めている。これらの規定は，世界人権宣言が18世紀の啓蒙自然法論の人権論の直系卑属であることを物語るものである。すなわち，「ヴァジニア権利章典」は，第1条において次のように規定している。すなわち，「すべて人は生来ひとしく自由かつ独立しており，一定の生来の権利を有するものである。」また，アメリカ独立宣言も，「われわれは，自明の真理として，すべての人は平等に造られ，造物主によって，一定の奪いがたい天賦の権利を付与され…」と規定している。ここにおける人間観は，各個人の人間が無条件に他者から負荷なき存在という意味で，他者から独立した「最高の存在」ということが「自明と真理」（self-evident truth）として，すなわち無条件に位置づけられている。

　しかし，こうした人間観は自然の摂理に反する見解である。人間は，本来的に他者なくしてはあり得ない存在である。われわれがここに存在するのは，時

間的には父と母のお蔭であり，それ故にそれぞれの祖先へと無限に拡大された永遠の生命の断絶なき現在がわれわれの今日である。また，空間的にも，衣食住のすべてにおいて他者に負うているのであり，われわれの生存を可能にしてくれる空気ですら緑の植物のお陰であり，生態的に見れば人間は「緑の植物の寄生虫」以外の何物でもない。帰するところは，人間は「生かされて，生かして，生きる」存在であって，時間的にも空間的にも他者との相互依存の関係に存在しているのである。

「世界人間責任宣言」は，こうした人間観に立つが故に，各人の積極的な連帯と責任を強調することになる。その具体的な条項が，第4条の「理性と良心を授けられたすべての人々は，各々すべての人に対して，家族と地域社会に対して，そして人種，国家および宗教に対して，連帯の精神によって責任を負わなければならない。」となって結実しているのである。

さらにまた，人間各人が過去の世代によって生かされている以上，将来の世代に対して生存を保障する責務があるのみならず，われわれ人間を生かしてくれている動植物や空気・水・大地等の自然環境の保全についても責務を負うことになる。その具体的表現が，第7条となって明定されている。すなわち，「すべての人は，限りなく尊い存在であり，無条件に保護されなければならない。動物および自然環境も，保護を求めている。すべての人は，現在生きている人々および将来の世代のために，空気，水および大地を保護する責任を負っている。」ここにおいて，「人間の尊厳」を超克して，生きとし生けるもの一切の存在の「生命の尊厳」が謳われているのであって，「世界人権宣言」には見ることのできない生命観が躍動していることに気付くであろう。

（4）「世界人間責任宣言」は，単に自由と責任との均衡を図るという目的にとどまらず，西洋世界と非西洋世界との間で敵対していると思われるイデオロギーや政治的見解との和解を図ることも目的としている。「地球が危ない！」と叫ばれている今日，人類の進むべき道は，民族や国家の共生，文化や宗教の共生でなければならない。人類が「共に生きる」ためには，人類共通倫理，すなわち地球倫理に裏付けられた原理が提示されなければならない。「世界人間責任

宣言」は，まさにこうした原理を宣言として明文化したものにほかならない。

すでに言及したように，非西洋世界の論者には西洋世界の人権論を批判し，これを西洋の優位性に拡大するためのプロパガンダ的な手段と看做す者もいるのである。現に西側の政治家の中にも，例えばこの宣言草案の起草に政治家の立場から指導的な役割を演じたシュミット元首相のように，「『人権』という用語は，西洋の政治家，特にアメリカ合衆国の政治家の中には人権を外交政策で圧力を加えるための『鬨の声』として，そして攻撃的な手段として用いる人もいる。こうしたことは，通常，全くご都合主義的であって，中国，イランあるいはリビアに対して行なわれることがあっても，サウディアラビア，イスラエルあるいはナイジェリアに対して行なわれることはない。このように一方に偏したことが行なわれるのは，ひとえに経済的かつ戦略的な利害関係によるのである。」[17]といった厳しい批判を投げかけている政治家もいるのである。

人権観念をめぐるこうした西洋世界と非西洋世界の対立は，いわゆる「文明の衝突」を想起させるものであって，相互の増悪と敵意を増幅させ，両世界のいわゆる「原理主義者」や集団ヒステリーの煽動者によって付け込まれる格好の口実を与えることになる。それ故に，インターアクション・カウンシルは，「グローバルな相互依存性によって，私たちは相互に調和の中で生きていくことを余儀なくされているために，人類は規則と制約を必要としている。倫理は集団生活を可能にする最低限の基準である。倫理とその帰結である自己抑制なしには，人類は弱肉強食の世界に逆戻りしてしまうだろう。世界はその上によって立つことのできる倫理的基盤を必要としているのである。」と考え，その結実が「世界人間責任宣言」なのである。

3. 「世界人間責任宣言」草案は，国連で論議される機会が与えられずに終わった。これには，少なくとも3つの大きな理由が考えられる。第1は，リアルポリティック論者の反対論であった，この宣言草案は理想に走り，一般に受け入れられ，あるいは実際に適用され得る現実的妥当性がない。第2は，この宣言草案は「世界人権宣言」の補完物であるとすると，各種各様の数多くの人権侵害が絶えることのない今日，人権そのものが単なる道徳レベルに流される

危険がある。第3は、アジアの文化伝統の尊重の論者から、この宣言の草案は基本原理は賛成であるが、それが「世界人権宣言」の単なる付属物であれば、必要でないばかりか、損傷の原因になる虞がある。

　第2と第3の反対論が、「世界人間責任宣言」草案の基本理念と基本原理を誤解しているものと言わねばならない。第1の反対論は、現実政治が理想を失うと、直ちに暴走し、非人間的な政治に墜落することは世界のいたるところで散見できるものである。マハトマ・ガンジーが7つの社会的罪を挙げた中で、例えば「原則なき政治」とか「道徳なき商業」等は、何人も否定し得ないものであろう。稿を閉じるにあたり、再度、「世界人間責任宣言」の草案の序言の劈頭の言葉を掲げておくことにする。

「人間の責任について語る時がきた」

　世界経済のグローバリゼーションの結果、それと歩調を合わせて、多くの地球的規模の問題が生じている。地球的規模の問題は、あらゆる文化とあらゆる社会から遵守される理念・価値・規範を基盤とした地球的規模の解決策を強く求めている。すべての人々の平等にして譲ることのできない権利を承認することは、自由と正義と平和の基礎を必要とするが、それはまた、権利と責任とに同等の重要性が与えられ、すべての男女がともに平和に暮らし、その持てる能力を十分に発揮できるような倫理的基盤を確立することも要求している。より良き社会秩序は、国内的にも国際的にも法律や規則や条約だけで達成できるものではなく、地球倫理こそを必要としている。進歩を希求する人類の願望は、いかなる時にも、いかなる人にも、いかなる組織にも適用され得る万人の一致した価値と基準によってのみ実現され得るのである。

注

1) 「世界人間責任宣言」草案とその関係付属文書については、インターアクション・カウンシル東京事務局の渥美佳子女史からご提供いただいた。女史のご好意に心よりお礼を申し上げるものである。

　　また、多年にわたり、「宗教と平和」「宗教と人権」等のテーマについての各種

のシンポジウムの企画と開催の共同作業の中で,さらにまたパネリストとしての討論の場で数々の有益な示唆をいただいた(財)世界宗教者平和会議(World Conference on Religion and Peace; WCRP)日本委員会平和研究所長の聖学院大学学長 飯坂良明教授,そして同研究所の同僚としての共働の中で裨益するところ多大な討論で数々のご教示をいただいた故安斎伸 上智大学名誉教授および故山岡喜久男 早稲田大学名誉教授をはじめとして,前國學院大学学長 上田賢治名誉教授および上智大学 山田經三教授の各氏に深甚の敬意と感謝を申し上げるものである。

2) 渥美佳子「人間の責任と宗教」平和のための宗教者研究集会〈報告書〉1999年, 8頁以下。

3) オランダ外務省の後援を受けて出版された "Barend Van Der Heijden & Bahia Tahzib-Lie (eds.), Reflections on the Universal Declaration of Human Rights: A Fiftieth Anniversary Anthology, 1998" は,世界の様々な分野で人権問題に関与している50人の理論家,運動家,政治家,作家,詩人等の論稿を選集したものであるが,この中で「世界人間責任宣言」について特に言及している論者として,Ali Alatas, An Indonesian View on Human Rights; Theo van Boven, A Universal Declaration on Human Responsibilities?; Hans Küng, Human Responsibilities Reinforce Human Rights: The Global Ethic Project; William Pfaff, Everyone has a Responsibility; Helmut Schmidt, The Interdependence of Freedom and Responsibility が挙げられる。

4) 渥美佳子「前掲」13頁。

5) 渥美佳子「前掲」13頁。

6) この講演は,後に,Helmut Schmidt, Toward Establishing Human Responsibility in the New Century, Dharma World vol. 28, p. 8. Mar/Apr. 2001. として収録された。

7) トーマス・バーゲンソル(小寺初世子訳)『国際人権法入門』1999年25頁。

8) Documentation of the InterAction Council; A Universal Declaration of Human Responsibilities.

9) D. H. メドウズ/D. L. メドウズ/J. ラーングズ/W. W. ベアランズ3世著(大来佐武郎監訳)『成長の限界──ローマ・クラブ「人類の危機」レポート──』1972年。

10) 眞田芳憲「人権としての『環境の権利』・『発展の権利』と地球の運命」平和と宗教,No. 11, 1992年,45頁以下。

11) この「万国宗教会議宣言」(The Declaration of the Parliament of the World's Religions)の制定の経緯と全文,およびその歴史的意義については,Hans Küng/Karl-Joseph Kusch (eds.) A Global Ethic: The Declaration of the Parliament of the World's Religions, 1993. Hans Küng/Helmut Schmidt (eds.), A Global Ethic and Global Responsibilities, 1998, p. 7.

第 2 章　インターアクション・カウンシルの「世界人間責任宣言」......　*61*

12)　The Commission on Global Governance, Our Global Neighbourhood, 1995, p. 56.
13)　Report on the Conclusion and Recommendations by a High-level Expert Group on 'In Search of Global Ethical Standards' Vienna 22–24 March 1996.
14)　前出 28 頁以下。
15)　インターアクション・カウンシルの『地球倫理基準を探し求めて』以後に発表された諸国際機関による提案や報告については，Johannes Frühbauer, From the Declaration of the Religions to the Declaration of the Statesmen, Hans Küng/Helmut Schmidt (eds.) op. cit., pp. 95.
16)　A. P. ダントレーブ（久保正幡訳）『自然法』1952 年，71 頁以下。
17)　Helmut Schmidt, op. cit., p. 76.

〔追記〕

　本稿の初校後数か月経た 2001 年 10 月，インターアクション・カウンシル東京事務局から「宮澤喜一監修・宮崎勇編『普遍的な倫理基準の探求——福田赳夫と OB サミット』日本経済新聞，2001 年」の恵贈を受けた。本書には，OB サミット創設の経緯，1983 年の第 1 回 OB サミット　ウィーン総会以来 2000 年の第 18 回ヘルシンキ総会までの活動記録，そしてとりわけ「世界人間責任宣言」作成の背景，経緯そしてその理念と目的などが論じられている。その意味で，本書は「世界人間責任宣言」の歴史的意義を知る上で貴重な文献である。

第3章
地域機構の人道的介入と国連の統制
―――「コソボ」の教訓―――

広 瀬 善 男

はじめに
―――第二次(2001年)アフガン戦争をどうみるか―――

　(a) 2001年9月11日，米国で同時多発テロが発生した。国連安保理事会は，「国連憲章の原則と目的」を確認すると共に，テロ攻撃を「国連の平和と安全に対する脅威」と認定し強く非難した。そして個別的，集団的自衛権を承認した上で，必要なすべての措置をとる用意がある，と決議した(決議1368, 2001・9・12)。続いて採択された決議では，憲章第7章を援用して「テロ組織資産の凍結とテロ関与者の移動の防止」等を各国に要請し，強制措置として監視委員会の設置と活動を決定した(決議1373, 2001・9・28)。

　NATO(北大西洋条約機構)もNATO条約5条を援用し，米国の要請があれば，NATO加盟国による集団的自衛権の発動があることを承認した。事件発生後約1ヶ月の10月7日，米国は右テロの首謀者と目されるオサマ・ビンラディンの引渡し要求に応じないアフガニスタン・タリバン政権の打倒とテロ訓練施設の破壊そしてビンラディン自身の拘束を目的に武力行使(空爆)を開始した。

　こうした米国の行動をどう法的に評価するか。まず国連安保理事会の対応についてである。アナン国連事務総長はテロ事件発生の直後に，米国が主張する(個別的)自衛権に基づく武力行使の決意を支持する見解を発表したし，また米国のアフガン空爆実施後の安保理への報告に際しても，国連憲章51条による米国の個別的自衛権の行使にあたることを確認している。また安保理の議論でも理事国から，米国の主張を否定する見解は全く出されなかった。つまり安保理

は，米国の自衛権行使の報告に対し，憲章51条上の統制措置はとらず受認したにとどまったと言えよう。

(b) 考えてみると，国連の平和と安全維持上の役割と責任を重視した前国連事務総長のB.ブトロス・ガリがもし職にとどまっていたならば，そう簡単に米国の一方的行動(自衛権での対応)を支持するということにはならなかったであろう。なぜなら，国際テロリズムのような重大な国際犯罪の防止と抑止更には制裁のためには，かりに特定国が武力を行使する場合でも各国が自主的に行える個別的(或いは集団的)自衛権での対応ではなく，国連という世界機構が責任をもつことが適切であり，且つ必要だと考えたであろうからである。その意味では，事件後，ノーベル平和賞がアナン氏及び国連に授与されたのは，アナン氏と国連機構に平和の守護者としてのいっそうの役割を果すようにとの激励とみるべきものなのであろう。

むしろ問題の重要性に関するグローバルな認識を高め，テロ抑圧のための共同対拠の意識体制づくりを広く喚起するためには，国連わけても総会での討議と決議(武力行使決議を含めて)が望ましいといえよう。テロ抑圧の共同行動を西欧十字軍対イスラム勢力の対決の方向に質的変化させないためにも，そうした国際社会全体による共通認識の確保が必要なのである。この場合，総会の討議では，テロリズムの定義をめぐり当然，イラク制裁との比較におけるパレスチナ問題でのイスラエル寄りの米国の「二重基準」外交への批判が出るであろうし，イスラエルの過剰なパレスチナ過激派への攻撃を「国家テロ」とする非難も出るであろう。しかしそうした批判の克服なしには，米国の国際テロに対する非難キャンペーンは広範な説得性を得られないと思われるからである。

(c) もっともこの米国の一方的軍事行動に対して，個別的(他の軍事協力国に関しては集団的)自衛権で説明できる法的余地がないわけではない。同時テロ後1ヶ月を経ての米国の武力行使は，一般的には国連憲章体制で禁止された軍事報復すなわち「武力復仇」(armed reprisal)とみなされるだろう(武力復仇禁止の法観念の成立について，広瀬善男，力の行使と国際法，1989年，信山社，135頁以下，参照。)。ブッシュ米大統領が事件直後「これは戦争だ」と叫んだ

第3章　地域機構の人道的介入と国連の統制　65

のはこの趣旨のものと考えてよいだろう。

　しかしオサマ・ビンラディン一派による国際テロ行為が連続して行われ——たとえば1998年にはケニア，タンザニアの米大使館の爆破事件があり，それに対する安保理事会の非難決議もある。但しスーダンに対する米国のミサイル攻撃は，テロへのスーダン政府の加担という誤解に基づくことが明白になっている（ASIL, Proc., 2000, p. 305.）。更に2000年10月，イエメンでの米艦爆破行為も続いた。——），今回の大規模テロ攻撃もその一環を構成するという（それに関する信用力のある一定の証拠の提示が必要だが），いわゆる「事件の累積」（accumulation of events）理論（隣国領域を利用するパレスチナ・ゲリラの攻撃に対するイスラエルの自衛権主張の理論的根拠とされた。広瀬善男，力の行使と国際法，前掲書，204〜208頁。）が正当性をもつとすれば，今回の同時多発テロに対する米国の軍事報復を自衛権で説明できないことはないだろう。次のテロ攻撃の差し迫った危険（imminent danger）の存在が認定される余地があるからである。

　またタリバン政権支配のアフガン領内でのビンラディン派（国際テロ組織アルカイダ）による訓練活動を許容し支援してきたタリバン政権の行為が，一連のテロ活動に関する「実質的関与」（1974年の「侵略の定義」に関する国連総会決議3条（g））に相当するとみなされる限り，タリバン政権のいわゆる「間接侵略」行為に対する米国の自衛権発動という主張を容認しうる余地はあるであろう。また1970年の国連総会決議「友好関係宣言」でも，「すべての国家は，テロ行為を組織し，教唆し，援助を与え，…自国領域内における組織活動を黙認することを，上記の諸行為が武力による威嚇または武力の行使を含む場合には慎む義務を有する」と規定しているから，今回の事件は，アフガン・タリバン政権に対する米国の武力による対応自衛権行使を肯定しうる国家責任の発生を認めざるをえない状況も存在すると言えよう。

　しかし自衛権行為である限り「均衡性」（proportionality）の制約原則からの逸脱は許されないから，タリバン政権の打倒を直接の目的とする武力行使は，安保理の許可がない限り「自衛権」の限界を越えるものとして許されないだろう。

(間接)侵略政権の打倒は，国連(安保理)の平和と安全の維持と確保のための権能と責任の範囲にもっぱら属するからである。但しテロ組織の根絶をめざす武力行使の結果として，タリバン政権の自壊が進んだ場合は別である。なぜなら，テロ集団による攻撃は，国際社会の合法政権軍隊による違法な越境攻撃とは異なり，proportionality としての領土保全や政治的独立という条件の制約になじまないからである。従ってテロ組織壊滅のためのテロ支援国全土の制圧も，proportionality の範囲に入るとみてよいであろう。しかし軍事力の乱用防止のためには，安保理の介入が望ましいことは言うを俟たない。なおアフガン・タリバン政権の事件関与(重大な不作為を含む)が証明されない限り，安保理は「地域の平和」への「脅威」(旧ユーゴ，アフリカ地域での内戦の例)や「国際社会全体」への「脅威」は認定できない。なぜならばアフガニスタン領内やその周辺で武力紛争が発生しているわけではないし，多発テロも米国内で発生したにすぎないからである。従ってアフガニスタン国への軍事行動も許されない。この場合は，テロ防止関係諸条約や犯罪地(被害国)ないし犯人国籍国等の国内法での対処が可能となるだけである(米本国での炭疽菌事件の処理をみよ)。

　ところで上述の「事件の累積」理論に基づく「自衛権」の発動は，しばしば現実の危険性の証拠がないにもかかわらず「急迫した危険」の存在を意図的に作り出したり，誇張的に主張したり，国家的(民族的)憎悪からの報復意識に支配されることが少なくなく，従って「過剰防衛」に陥り易い欠陥をもっていることを否定できないのである(たとえばイスラエルの周辺諸国に対する武力攻撃がそうした傾向をもっていた)。いわゆる「先制的」自衛 (anticipatory self-defense) という個別国家(それも強力な軍事力をもつ国)の主観的な判断による武力行使の機会を増やす危険が大きいのである。従ってこうした「事件の累積」状況に対しては，客観的で中立的な判断の可能な国連の平和と安全の維持という役割，権能の充実と強化によって対拠すべきが第一義的に重要だと考えなければならない。憲章の「目的」(1 条 1 項，「共通の利益」例外を強調した前文 6 文)と機構権能(24, 39 条)を定めた規定は，それを安保理事会に要求しているからである。

第 3 章　地域機構の人道的介入と国連の統制　67

（d）　ところで，米国や英国或いは NATO 機構によるタリバン政権に対する武力行使を，国連の許容する憲章第 7 章上の「制裁」行動とみることができるかどうかである。そうみることができれば自衛権による正当化の必要はなくなる。同時多発テロの発生した時点での安保理決議 1368（2001・9・12）は，右の米国に対するテロ行為を憲章第 7 章は援用しないながらも，「国際の平和と安全に対する脅威とみなす（regards）」としている。しかし右決議は，湾岸戦争時の安保理決議（決議 678, 1990・11・29）のように，明確に「あらゆる必要な手段を行使する権限を...加盟国に付与する」とは言っていない。武力行使発動の権限を国連加盟国に許容する内容まではもっていないのである。単にそうした（武力行使）手段の選択の用意と可能性があることを示唆した（"Express its readiness to take all necessary steps"）だけで，その必要があれば改めて安保理の決議が必要であることを表明したものとみるのが妥当であろう。武力行使のような重大な実力行使については，自衛権の場合を除き，安保理による「明示的な」許可が必要だと考えるべきが，国連の平和維持と集団安全保障体制のコロラリーと言えるからである。

　しかしながら，この事件での安保理の取り組み活動は，少なくともタリバン政権の崩壊後，アフガニスタン各派による暫定行政機構の設立と，首都カブール中心に多国籍の国際治安支援部隊（ISAF）の駐留を決定することで役割を得られるまで，必ずしも活発とは言えなかった。すなわち米国のタリバン政権に対する武力行使開始後においても，米国の軍事行動に対しては，全理事国が無批判的に同調的で，たとえばロシアも（チェチェンなど自国領内での反政府テロ活動対策との同調性の見地から）米国への直接の軍事協力はしなかったものの，周辺旧ソ連圏諸国（ロシアと集団防衛条約を結んでいる）の領空の米軍機通過や軍事基地における資材集積等の一定目的での米軍の使用は是認したし，中国もまた（ロシアと同様の辺境地域の国内状況から）アフガン住民の被害の最少化を条件としながらも，また国連安保理機能の強化を主張しながらも（それならば，コソボ紛争時と同様に，明確な武力行使容認決議の前置をめざして積極的に動くべきであった。それが国際の平和と安全に関する安保理わけても常任理事国

の責任だからである),米国の一方的軍事行動を是認したのである。なるほど安保理は,米国の軍事行動(空爆)によりタリバン政権が事実上崩壊した2001年11月14日の決議で,「タリバン支配を脱した地域の治安維持と人道支援活動の安全確保並びに反タリバンのアフガン国内勢力間の紛争抑止」を目的に,多国籍軍の派遣要請を盛った決定を行い,それに基づいて憲章第7章下で結成される多国籍部隊の指揮監督権を確保した(12月に実際に派遣されたISAF部隊の指揮は,当初3ヵ月間は英軍司令官が握った)。しかし米国は,タリバン残存部隊とビンラディンのアルカイダ部隊の掃討作戦への障害の可能性を懸念し,ISAFの活動をカブール周辺に限定し,明確な役割分担を求めたのである(ネグロポンテ米国国連大使の説明。朝日新聞,2001・12・22)。また英国のストロー外相も,アナン国連事務総長に書簡を送り,ISAFと米軍の意見が分かれた場合は,最終的に米軍の指揮に従うことを明言した(朝日新聞,2001・12・22)。こうしてみると,今回のアフガン戦争では,国連安保理の平和活動(一定の軍事行動を含むISAFの活動)は,憲章第7章の下の行動ではあるが,極めて自己抑制的で,米国(及びNATO諸国等)の個別及び集団的自衛権行動の補完活動としての位置づけしかなく,むしろ実体としては米国軍事行動への従属的機能を求められていたとみるべきであろう。そして米国の自衛権の行使は,米国自身の作戦終了宣言まで続いたとみる以外にないだろう。そこには一国の自衛権行使に対する国連憲章上の安保理の統制権能が全く及ばない(安保理の権能不行使という不作為)状況が存在したと言って,過言ではないであろう。

(e) こうしてみると,法理的には,コソボ紛争(1999年)とは異なり,本論文でも後述するように,リベリア,シエラ・レオネ内乱に際しての1990年代の西アフリカ諸国経済共同体国家による武力介入への安保理事会の対応措置と同様に,米国及びNATO諸国等による対アフガン軍事行動は,安保理の「黙認」ないし「追認」が存在したとみられる法的状況を観取できるかもしれない。言いかえれば,本事件での米国のタリバン政権に対する武力行使についても,国連憲章上での(手続的)違法性までは主張できない,すなわち憲章上で容認された行動と言うべき一応の根拠が存在したとみてよいかもしれない。但し冷戦時

の安保理の機能マヒ状況の下で行われた1960年代のヴェトナム戦争への米国の軍事介入や1979年のソ連によるアフガン侵攻（第一次アフガン戦争）のように，集団的自衛権を法的根拠とする軍事行動が，国連憲章体制内で承認を必ずしも得られず従って国連慣行化したとは言えないと同様に，今回の米国とNATO諸国等の対アフガン軍事行動（実質的には「軍事復仇」）を「自衛権」法理の「拡張」概念として国連憲章上で新たに容認したとみることは，なお困難と思われる。なぜならば多くの途上国を含め国連総会決議などで表明される「国際社会全体によって受諾され承認された」（武力行使禁止というユス・コーゲンスに関する条約法条約53条の規定，参照）規範変更とみられるほどの一般的定着性は，なおないからである。こうした一方的武力行使は，テロ等重大非人道行為に対してのみ認められるのか（対象の限定性），軍事力に勝る超大国（たとえば米国）だけの特権として認められるのか，すなわちケース毎の安保理の明示的委任（delegate）ではなく，一般的な国連憲章上の代行（subrogation or substitute）機関的地位を特定国に認めるのか，等々，憲章51条で定められた自衛権概念の制限性がもつ国際社会の近代化の意義（集団的安全保障という国連体制の今日的意義）を再度問われる事態であることを忘れてはならないからである。

(f) ところで前述したように，米国やNATO諸国及び国連事務総長は，米国等による右の軍事行動を個別的及び集団的自衛権の行使だと主張した。しかしタリバン政権崩壊後のアフガニスタンの政治体制の再興と安定には，国連主導による国際管理の構想が不可欠だとも言う。タリバン政権崩壊後のアフガン各派の混成による「暫定行政機構」の設置は一応その具体化とみてよいのだろう。しかし実体は大国の意思による恣意的な国連の使い分け現象がここにはあるように思われる。――戦後復興支援についても，日本等に「人道」援助中心の支援を望む一方，米国は自国の発言力の強い世界銀行などによる「開発」支援（米国石油資本の利益重視）に力点を置く政策を進めるだろう。――

しかしこうしたいわば身勝手なご都合主義ともいえる認識では，個別国家の緊急の必要の範囲に厳しく限定された第二次大戦後の自衛権概念（憲章51条）と国連の集団安全保障体制（戦闘終了後の当該国家の国際管理体制の確立までを

含む)との法観念上の区別を(大国のその場の都合での操作によって)あいまいにし，結果として，憲章作定時に何よりも優先された安保理権能の強化による自衛権の制限化の理念枠組が崩壊する可能性が強く現われている状況を，懸念せざるをえないのである。

　換言すればこう言えよう。本来国連憲章上，最終的に統制さるべき「力の行使」として，例外的にのみ許容されていた個別国家による自衛権行使が，国連の集団安全保障体制と無媒介に結合されて拡大し，その結果，国連の集団(総合)安全保障体制そのものの変質を呼び込むという危険状況が現出しつつあるということである。すなわち問題とさるべきは自衛権の変質というよりも，国連の集団安全保障機能そのものの衰弱と変質であろう。

　これでは交戦(jus in bello)上の統制に関する国連(安保理)関与の機会の喪失(たとえば空爆による多大の民間人被害に対する安保理の無関心と不作為)や，jus ad (post) bellum 上の交戦(戦争)終了に関する国連(安保理)決定権の放棄が安易に是認されてしまうことになろう。のみならず，戦闘終了後の紛争の根源的解決と関係国家(地域)の新たな政治体制の創造に関しても，自衛権行使国(軍事強国)の意思の圧倒的優位とそれへの国際社会の依存の状況は避けられず，国際の平和と安全の維持に関する国連の実質的な無力化(国連の存在は単なる形式だけ)が進むことは否定しようがないのである。このことに我々は深く思いを至さねばならないであろう。

　テロという人類的平和と安全(人間の安全保障)の危険に対するすべての国家と市民による共同対処の観念と思想を育成し定着させるためにはどうすればよいかの観点からみるとき，軍事力に勝る一国の指導と，しばしばその国益的主張にいっさいを任せて事足りるとする限り(今回のアフガン戦争後もイスラエル・パレスチナ問題に対する米国の二重基準政策は基本的に変更されていない)，そこに新たな反逆的テロの土壌が生まれることは避け難いと思われるのである。こうして国際社会の(平和と人権に関する)責任意識(と体制)の衰弱が進むことが懸念されるのである。

　こうしてみると，本件の同時多発テロに対するする対処行動は，当初から重

大国際犯罪の捜査と科罰を重点目標とし，方法としての軍事行動を含め，個別国家の自衛権行使ではなく，国連の主導による国際社会の集団的安全保障の見地から行なわれるべきものである。「人間の安全保障」は国家の自衛権ではなく，普遍的な集団安全保障の思想と理念によって支えられなければならないのである。

　（g）　日本は9・11事件後，急遽「テロ対策特別措置法」を作定し(2001・11)，自衛艦を南西インド洋に派遣して米国の軍事行動の「後方支援」を行った。しかし「後方支援」であっても，米国の個別的自衛権行動とは一体化しているか，少なくとも連帯性はもつから，日本と同様に独，仏，伊等のNATO諸国の「後方支援」活動が，NATO条約上の集団的自衛権の行使とみなされていることからみて，米国の(個別的)自衛権行使に対する支援形態がどのようなものであれ(英国だけは直接の武力行使をした)，日本の支援行動についても，その corpus (態様)と animus (目的意思)の点で，日本自身の集団的自衛権の行使とみなされ(集団的自衛権概念について，広瀬善男，日本の安全保障と新世界秩序，1997年，信山社，203〜222頁，参照)，従って現行解釈での憲法9条違反を構成するとみるべきが常識であろう。こうしてみると，米国の軍事行動への自衛隊の協力がどうしても政策的に必要と考えるのであれば，上記の「テロ対策特措法」には自衛隊の出動条件として国連(安保理もしくは総会)の決議を前置することを明記すべきであった。それにより「人類的公共利益」の確保のための自衛隊の活動を中心とする日本の貢献が憲法上も可能となったと思われる(憲法9条解釈を含めて，広瀬善男，21世紀日本の安全保障，2000年，明石書店，5〜16, 33〜36頁，参照。)。

　21世紀の日本の安全保障は，上記「特措法」などによる日本の「集団的」自衛権の「行使」を可能とすることによって得られるものではなく，「人間」中心の平和と安全の新たな時代状況を勘案しつつ，国連による平和と安全の維持活動への積極的参加(在来型PKOへの参加のみならず，使命遂行上の武力行使をも視野に入れた活動への参加)によって担保されるべきなのである。それによって憲法前文が示す「国際社会において名誉ある地位を占める」ことも可能とな

るであろう。"show the flag" とは，米国の軍事外交への盲目的追従ではなく，戦後日本の外交スローガンであった「国連中心主義」への立ち戻りと再構築(実質化)にあろう。

　こうしてみると，日本は今回の第二次アフガン戦争後における国連主導のアフガン復興構想の主要な担い手となることも確かに必要であろう(2002年1月のアフガン復興会議の東京開催はその意味で評価できよう)。しかし日本は，今日なお頻発する途上国の武力紛争の発生根源への(冷戦時代における)大国の責任を明確にするために，今回のアフガン復興のプロセスの中で，第1次アフガン戦争後今日までのアフガン内戦の長期化に責任あるソ連(ロシア)と米国に，アフガン復興の基盤整備(秩序維持)への特別責任として，アフガン内の武器の回収と地雷や不発弾処理の義務を認めさせ，そのための資金と人員の提供を行うよう強く要求すべきであると考える。すなわち環境法上の汚染者負担原則(Polluters Pay Principle)の戦争(戦後処理)法における適用を主張することである。

はしがき

「地域機構の人道的介入と国連の統制」という本テーマについての私見は，拙著「21世紀日本の安全保障——新たな日米同盟とアジア——」(明石書店，2000年)第一章，II[1]で述べた。そこで参照ないし引用した文献の他，その後多くの内外の論稿に接し，更に検討を加えたみた。その結果での本稿である。いわゆる「人道的介入」の問題については，法のみならず広く政治的視野からの分析をふまえて，21世紀の人類秩序にとってどうあるべきか，どうあってはならないかという思考からの吟味が重要である。しかし現実に生起した事件についての「法的」評価については実証主義法学の立場を維持する限り，現行の国連憲章や国際法の基盤を越えることなく——立法論ではなく——その確立した評価の枠組の中で，実際に選択された政治的手段に関する当否(適法・違法)の判断が必要であると考えている。こうして「コソボ」事件に関連した本テーマの結論は，上記拙著での見方が妥当な評価であり，またそれが実定法上の理解であると考えざるを得ない。また，21世紀の見通しうる将来における人類秩序でのあり方としてもそうであると考えるものである。

I. 介入肯定論

（a）コソボ紛争で国連安保理事会の事前の許可なく，北大西洋条約機構（NATO）軍がユーゴ爆撃を行った行動を適法且つ妥当だと見る見方は，ストレートにそれを肯定する議論は少ないが，とまどいながらもやむをえなかったという議論はけっこうある。

その論拠には次の思考や配慮が，正当化の筋道としてあるように思われる。① 形式的にみれば，NATOの行動は国連憲章53条1項(地域機構が「強制行動」をとる場合は，安保理事会の許可が必要との規定)や2条4項(主権国家の「政治的独立」を棄損する武力行使は禁止されるとの条項)に違反するとすべきかもしれない。② しかし重要なことは国連憲章が実現を要請している基本的な国際秩序として「人権が尊重される社会」という目標があることを忘れては

ならない(憲章前文, 1条2, 3項)。

　従って, そうした国連が樹立をめざす基本的人権秩序が, ある国の国家権力によって侵害されている国内状況がある場合に, 国連(安保理)が有効な対応措置をとることができない場合, 武力を行使して一方的ではあれ, 救済措置を講ずることは, 国連憲章の目的や精神からみて, 禁止されているとみるべきではない。むしろ国連憲章の原則にかなう行動というべきであろう。

　わけてもNATOのように, 国際の平和と安全への脅威に対して特別の責任を課されている国連安保理事会構成の三常任理事国が含まれている地域機構による「集団的介入」(コレクティブ・インターベンション)(collective intervention)は, 一国の利益に偏らない公平な集団的判断に基づく国際社会の共同利益性が保障される介入となる可能性が高い[1]。このようにみてくると, 形式的な国連憲章条文にとらわれすぎて, 人権の重大な違反を放置し人道侵害の継続を放置することの方が, 今日の人権秩序にとって逆に正当性(道義性)を欠く重大な不作為となるといわなければならない。こうした議論である[2]。

　また今日の国際社会での情報伝達手段の画期的な発達と非政府組織(NGO)や政府機関の多様な監視装置の存在を考慮すれば, 大国が自国の利益だけで行動するということはもはやありえない。そうした国際社会生活の緊密化に伴う多角的な相互依存と相互監視の文脈からみても, コソボ紛争でのユーゴに対するNATOの軍事行動は, いわゆる違法な他国政府への武力行使とはなりえない。すなわち自国民などの人道的利益の確保を主張しながら, 武力行使国の国益に奉仕することが実体であった従来の伝統的な「人道的干渉」とは客観的条件も意図も性質も全く異なることを見落としてはならない[3]。こういう意見である[3a]。

　要するにここでは, 緊急に救済(救出)の必要のある人道迫害の制止や防止という人道目的(普遍人類的価値)がある限り, 軍事大国や地域機構が武力行使を最終的な救済方法として選択しても, それは正当性をもちえ違法とは決していえない。そういう国際法秩序が今日では存在するし, 少なくともそうした秩序が形成されつつあるとみなければならない。こういうことである。

従ってこうした法信念を判断基準に据えれば，「コソボ」紛争について国連安保理事会が累次の決議（決議1160 (1998・3・31)，1199 (1998・9・23)，1203 (1998・10・24)）を採択し，また欧州安保協力機構 (OSCE) が停戦監視団を派遣し，この紛争の「国際事項化」を積極的に進め，それはもはや単なる国内問題ではないとの意識を一般化する状況が醸成されていた以上，そうした前段階としての努力（国連手続の履行）を正当に評価する限り，それをその後のNATOの軍事介入の正当性，合法性の推定基準ないし判断根拠とすることは決して不当とは言えず，むしろ十分な合法性を持つという国際的確信が存在する指標とみるべきではなかろうか。イギリスがNATOによるコソボへの軍事介入に安保理の事前許可は不要だと考え，米国もまた上記の前段階の安保理決議を背景に「黙示的」許可があったものと推定できるとみていたことも，決してまとはずれとは言えない。こうした見方である[4]。

(b) もとよりこうした見方とは全く立場を異にする立場も少なくない（この点につき，湾岸戦争後のイラクに対する米英の武力行使の適法性問題と比較して論じた，広瀬善男，21世紀日本の安全保障，前掲書，75～82頁，参照。）。シンマ (B. Simma) も次のように述べる。「一国内の重大な人権侵害が国際の（地域の）平和の脅威を構成すると安保理事会が決定すれば，武力行使を含む「人道的介入」は可能とされよう。しかしそうした安保理の決議がない限り地域機構といえども強制行動はとれず，それを敢えて行えば憲章2条4項の違反とならざるをえない。」と。[5]。

またグレイ（C. Gray, International Law and the Use of Foree, 2000, pp. 193～194.）は，NATOの「コソボ」空爆前の1998年に採択された3つの安保理決議（1160・1199・1203）を分析し，「コソボ」状勢が「地域の平和と安全に対する脅威である」ことを安保理は確かに認定しているが，しかし武力行使については，安保理の「明示的許可」（clear authorization）なしには可能でない。すなわち「黙示的許可」（implied authorization）は認められないというのが，決議案審議における安保理事国の一般的雰囲気であったと述べているのである（上述Simmaの見解と，R. Higgins, International Law in a Changing International System,

Cambridge Law Journal, Vol. 58, 1999, p. 78 を引用。その他に第三世界諸国の反対意見をも加えて，同旨の消極的見解を述べる P. Hilpold, supra note 1, p. 460, も参照。)。その上で，もし「黙示的許可」の理念がまかり通れば大国の一方的武力行使が容易となり，心ある安保理事国は安保理での「平和と安全に対する脅威」の認定や，非武力的制裁の決議の採択に及び腰になるだろう，と警告しているのである (C. Gray, op. cit., p. 195.)。

しかしこれに対し，こうした批判論は，往々にして形式的なリーガリズムに陥り，逆に人権の尊重をめざすはずの国連の憲章体制そのものを崩壊させて，憲章の自殺規範 ("suicide pact") 化を促進し，機構の挽歌を奏でることに奉仕するだけである。こうした反論もある。つまり，むしろ「コソボ」のような事態では，国連体制の文字通りの維持よりも，正義 (justice) の尊重を優先する国際法の追求こそが，肝要であるいう見方すら提示されているのである[6]。同様に拒否権制度の欠陥を越えうる「集団的介入(コレクティブ・インターベンション)」の新たな形態としてこれを理解し，そこから憲章の活性化 (living Charter) の試みを読みとることが必要であろう。こういう意見もあるのである[7]。

II. 介入懐疑的肯定論(容認論)と肯定論一般の問題点

(a) I.でみた人道的介入肯定論とは異なるが，次のような若干ストイックなNATO のコソボ軍事介入容認論がある。フランク (Th. M. Franck) のそれである[8]。すなわちコソボ紛争を収拾した 1999 年 6 月 10 日の安保理決議(決議 1244)にもみられるように，——この決議については，国連憲章第 7 章に基づく国連の権威を強調し，その下での政治的解決の仕組みや国際安全部隊の設置を決める一方，この国際部隊の中心は NATO 軍であり，ユーゴ軍の撤退等ランブイエ合意 (Rambouillet Accords) を実質的にとり入れて NATO 諸国の意向も反映されている，という主として介入肯定派の見方がある (cf. R.A. Falk, supra note 10, A.J.I.L., Vol. 93, No. 4, p. 851.)——NATO の「コソボ」への軍事介入をどう評価すべきかは，安保理の許可のない武力行使の結果生じた状態を基礎として，これを背景に新たな国連の管理体制を構築しなければならない("Ex injuria jus oritur" の状態か)というアンビバレントな状況に陥らざるをえない一面がたしかにある。

　つまりこう言えよう。今日の国際社会で普遍的に承認された人権法，人道法の履行と実現のために是非とも必要な国際的介入の先導的行動として「コソボ」における NATO の武力行使を理解すべきか，或いは逆に国連の現行法秩序を無視した特定国家(群)の違法な軍事干渉に国際社会は結局道をゆずらざるをえない無力さを示した，とみるべきかという困難な評価を迫られているということである。

　すなわち，今日の国際社会における民主人権観念の急速な普及の動向(グローバリゼーションの一現象)を見据えながらも，一方，この新たな国際秩序の履行と推進のためであっても，強力行使については，安保理常任理事国一致の現行の国連体制規範の価値と権能を無視することは危険であるし，また許されないとする国際社会の強い意向があることもまた見落とすことができないからである。今日，国際社会はこうした対立する主張をどう調和させ，両者の折り合いをつけるべきかの回答を迫られているといえよう。

　こうしてフランクは結局のところ，「コソボ」の評価は「手段と目的」との関係から判断する以外にないとする。つまりシンマの言うように，NATO の軍事行動は法技術的に(国連憲章の規定する手続からみる限り)違法であることは疑いないだろう。しかしカッセーゼ(A. Cassese)も言うように，「人権は今日，国際社会全体 (the world community as a whole) の重要な関心事となりつつあるのである。つまり人権は世界のどの地においても懲罰なしにふみにじられてはならないという広範な人類意思が形成されていることを忘れてはならない。」「従って国際社会は重大な人権侵害が発生している国内紛争に対しては，国際機構を通じて (through international bodies) 介入の度を強めているのが現状と言えよう。[9]」こういう状況が展開しつつある以上，NATO の軍事介入は結局のところ，人権を保護し人道法の強化に役立ったとみることが妥当ではないだろうか。もし NATO がコソボで行動しなかったならば，ユーゴ・ボスニアの国内紛争で既に実証済みの大災厄がふたたび発生しないという保証はなかったであろう。こ

のようにフランクは介入容認論を展開するのである。

　ところで，フォーク (R. A. Falk) も旧ユーゴ紛争初期のボスニア紛争で生じたスレブニツァ (Srebenica) の悲劇(1995年)をあげ，コソボ地域におけるアルバニア系住民の緊急の庇護の必要性のあったことは認める[10]。——もっとも私見では，このスレブニツァの悲劇は既に派遣されていた国連 PKO の失態として今日では知られている。アナン国連事務総長も調査報告でそれを認めている。明石康(「スレブニツァ悲劇と PKO」朝日新聞・論壇 (1999・12・6))が言うように，「スレブニツァ」は国連 PKO 部隊が駐留していても，違法な殺戮を防止するためには強力な地上部隊の増派なしには不可能なことを示した事例にすぎないかもしれない。しかし 1994 年のルワンダの大量虐殺事件と同様に，真相は国連安保理(及び現地 PKO)の対応の不手際が原因であったと見ざるをえないように思われる[11]。——

　以上のように観測しながら，フランクは若干の懐疑的論旨を展開しながらも，目的は手段を常に正当化すると言うことはできないし，従って「コソボ」への外からの軍事介入の正当化は困難であるとしても，コソボ住民の苦痛を軽減するために行われた——もっとも私見では後述するように，NATO の介入によってより大きな人的被害が発生したから，安易な苦痛軽減という人命救済論を展開することは「コソボ」については妥当ではないと考えている。——NATO の軍事的介入は一定の「容認」の枠内に入れてよいだろう。このようにフランクは結論するのである。

　要するに，フランクによれば「コソボ」紛争への NATO の軍事介入は，国家や地域同盟が無制限の武力干渉を試みたかつての「人道的干渉」とは性格を異にし，これによって国連憲章以前の時代(の法秩序)へ回帰した(回帰する意味をもつ)というわけではない。つまり 19 世紀的「人道的干渉」の法理の復活を意味するわけではない。国連の法システムはそのまま生存し続け，従って国連のルールは生き残り，ただその例外として(国連秩序の許容の範囲内で) NATO のコソボ介入の正当性を位置づけることができるように思う。フランクはこのような議論を展開しているのである。

(b) (1) しかしながらこの種の議論は，たしかに一応の説得力をもちうるとしても，今日と将来の国際秩序を展望するとき，分析の緻密さを欠いているとしか言いようがない。なぜならば，第一に，フランクはNATOの武力行使を，国連体制の中で「例外」として何とか容認しようと論旨を組み立てているが，武力行使の統制（control）が国連憲章の主要な目的であり原則であることとの対比からみるならば，法理上で十分な根拠を示しえているとは到底言えないからである。のみならず人権思想の普及の顕著な今日の国際社会にあっても，なお軍事力を背景とした権力政治(パワー・ポリティクス)の横行する地球社会の現状に思いの至らない現実認識の不十分さがあるように思われるからである（注 3a）参照。）。

こうしてたとえばチャーニー（J. I. Charney）が，次のように述べていることを忘れてはならないだろう。すなわち憲章制定過程からみても，憲章2条4項の「武力行使禁止（武力不行使）」原則が対象とする「領土保全と政治的独立」並びに「憲章の目的と両立しない他のいかなる方法」という文言は，もともと武力不行使の徹底化という包括的制限機能をもつ趣旨で，例示的に付け加えられたもので，この原則の潜在的抜け道（potential loopholes）を用意したわけでは決してないことである。つまり新たな武力行使に道を開く方向で利用すること（反対解釈的利用）を禁じたものであることは明らかであることである[12]。

(2) もとよりこうした理解は国連憲章制定のさいの作業文書（travaux préparatoires）からも明らかであるが，しかし憲章2条4項は法律文書の規定文言としてそれ自体で自明だというわけにはいかないから，その後の国連の実践過程の中で解釈や再定義の必要は出てくる。その場合の憲章規定の内容を決める責任機関は，事案ごとの処理に多忙な安保理事会よりも国連加盟国の総意を体現する総会であり，総会の審議と決議が憲章規定の解釈の基準として重要である。たとえば，「侵略の定義」決議（1974年）や友好関係宣言（1970年）のような総会決議は，憲章2条4項の解釈基準として無視できない効力をもっているといえよう。たしかに総会決議自体には法的拘束力はない。しかし一定の法形式をもつ総会決議には，subsequent practice を通じて一種の「立法」機能が具備されていると言って過言でないであろう（広瀬善男，現代国家主権と国際社会の統合

原理, 1970年, 佑学社, 第4章第3節, 参照。)。

なお, 安保理事会の決定も, 「国連(憲章)の目的と原則に従う」義務がある(24条2項)以上, こうした総会の決議(憲章の解釈)を尊重せざるをえないであろう。そしてこうした国連の実践活動を支配し拘束する憲章条文は, 個別的に(他の条項と切り離して)解釈されるものではなく, 憲章構造の全体的文脈の中で体系的に理解されることが要求され, 慣行的にもそのように行われてきた(1986年の「ニカラグアの軍事, 準軍事活動事件」に関する国際司法裁判所判決, たとえば188, 202, 203項, 参照)。その結果, 憲章2条4項の理解として, たとえば「領土保全」(territorial integrity)は「領土の不可侵」(territorial inviolability)を含むとされて, これは武力不行使原則の包括的解釈(抜け道禁止)の適用を示し, 「間接侵略」概念の定立や在外自国民の救出を含む一般的な人道的干渉問題についても, 国連総会を中心とする国際社会の意思は, 武力の安易な行使を否定する立場を明らかにしてきたのである。たとえば1976年のウガンダ・エンテベ空港事件でのイスラエルの武力救出行動というウガンダ政府の同意をえない人道的干渉に対する国連討議での多数国の非難は, 人道的干渉行動の一般的適法化の効果を防ぎだし, また米国の1983年のグラナダ及び1989年のパナマ侵攻に対する国連総会の非難決議も, 同様な効果を示したのである(広瀬善男, 力の行使と国際法, 1989年。信山社, 278〜279頁。同, 日本の安全保障と新世界秩序, 1997年, 信山社, 89〜90頁, 参照。)。

また友好関係宣言等で明らかにされた自決権の議論についても, 民族自決を支持する外部からの武力行使を集団的自衛権で肯定する議論は少数派で, 国連の関与なしにはやはり正当化されえないとする立場が, 国連体制下での多数の見解であり, 民族自決権といえども「武力不行使」原則の支配し許容する範囲内での方法手段で行使されるべきであるとされてきたのである。[13] 1982年のフォークランド紛争におけるアルゼンチンの自決権に基づく「武力行使」を否認した安保理決議もまたこれを示そう。(広瀬善男, 力の行使と国際法, 前掲書, 329頁, 参照。)。

(3) のみならず, 後述もするが, 安保理事会の行動すらオールマイティでは

なく，国際司法裁判所（ICJ）による一定の事後的統制に服すると考えるのが定着した見解である。たとえばブラウンリー（I. Brownlie）は次のように述べて，ICJ の統制権能を肯定する。「国連憲章上で，安保理事会の第 7 章上の裁量権（discretionary power）とルール・オブ・ローの二分化(分裂)(ダイコトミー)はありえない。国連機関の裁量権は法の枠組の中でのみ存在しうるものだからである。結論はこうである。安保理事会は自己に課せられた制度的権限（designated institutional competence）上の合法性基準に服さねばならない。」また「安保理事会は憲章第 6，7 章で広範な権限を有しているが，権限執行上の形態の選択（the selection of the modalities of implementation）も法的に無制約ではありえない」と[14]。

フランクもまた次のように述べている。「平和の脅威等の決定やとるべき措置の決定というような安保理事会の専権の代行（substitute）はできないが，とられた安保理の措置や決定の審査を一定範囲で行う権限は ICJ に与えられている。それによってのみ，国連という超国家機関に主権国家の権限の一部を委譲した加盟国の信頼も確保されうるのであって，そうした権限は重要な ICJ の権能である」と[15]。

同様にサルーシ（D. Sarooshi）も，「安保理事会は，憲章第 7 章上で一定の裁量権をもっている。しかしこの裁量権の行使は法的枠組の外にあるわけではない」。従って，その担保として，たとえば「ICJ は，憲章第 7 章上の安保理権限の委任（delegate）による他の国連機関或いは加盟国または地域取極(機関)の安保理授権に基づく権限行使の合法性を審査できるのである。それによって平和と安全の維持と回復に関する国連システムの正当性（legitimacy）を防衛することが可能となる重要な役割が，ICJ には与えられているのである」と述べている[16]。

以上にみた国連慣行と多くの学者の所説からもわかるように，国連の法体制に底礎するルール・オブ・ローの法観念は，国際社会の平和と安全の維持に関して，強固な拘束的規範力を今日でも十分に確保し，パワー・ポリティクス至上の国家(地域機構)行動の抑制力として作動していると言ってよいのである。

このようにみてくると，「人権保護」を強調して特定の国家(群)或いは地域機

構が一方的に武力行使することを「国連の目的と両立する方法(manner)」での行為であって，相手国の領域保全や政治的独立という重要法益を棄損する目的をもつものではないから，憲章(2条4項)が禁止した武力行使に当たらないと主張することは，自衛権の場合を除き，武力の行使をその開始の決定を含め，一元的に安保理事会の統制に服せしむべきことを明確にした国連の安全保障体制に風穴をあけ，国連の基本秩序の侵食と崩壊を招く抜け穴としての濫用に陥ることは，疑いようもない事実である。こうしてチェスターマン(S. Chesterman)も，NATOの「コソボ」への武力行使を批判し，「目的(人道目的)は手段を選ばない」の方式では，人道救援は単なる口実化し，その武力行使は国益という主観を根拠とした人道干渉に変質して，国際的ルール・オブ・ローの観念は形骸化する，と述べているのである(S. Chesterman, Just War or Just Peace, 2001, p. 236.)。

それは結局，憲章の第一目的である「戦争の惨害から将来の世代を救い」(憲章前文第1パラグラフ)「国際の平和と安全を維持すること」(1条1項)という，今日と将来における最も重要な普遍的人類秩序——因みに，「人権の保護」は憲章の第2目的である(1条2項, 3項。L.M. Goodrich, E. Hambro and A.P. Simons, Charter of the United Nations, 1969, pp. 26, 45.; 広瀬善男，日本の安全保障と新世界秩序，前掲書，37頁。)——を害する結果をもたらすだろう。こうした厳しい原理面からの批判が出されているのである。

(c) 第2の批判はこうである。国連憲章は，武力行使の統制機関として安保理事会に専権を委ねる体制をとっていることである。憲章前文の第6パラグラフに「共同の利益 (the common interest) の場合を除く外は武力 (armed force) を用いない」とうたったことも，「共同の利益」——人権価値(の擁護)がその一つだろう。——の判断機関として，武力行使の場合は安保理事会を予定していることである。

それだけに憲章体制の中に武力行使に関する「例外」的許容行為を認めようとするのであれば，それは憲章規定の中に正規の特別条項か或いは「但し書き」の形ででも，明文の規定が存在する必要があるだろう。たとえば51条の自

第3章　地域機構の人道的介入と国連の統制　83

衛権の規定や53条の旧敵国条項或いは2条7項の但し書きがそれである。そうでなければ濫用の危険が生ずるからである。――国連体制とは別に一般(慣習)国際法があり，その中にそうした例外行動が許容される場(と条件)があるとする議論がある。しかし，そうした一般慣習法が武力行使原則に関する限り存在しないことについては後述する。ここでは，自衛権(個別的，集団的)に関して，憲章と慣習法上の概念に分裂(dichotomy)はなく，両者は一体性を保っているという「ニカラグア軍事，準軍事活動事件」に関する1986年のICJ判決，193項を指摘しておこう。――

(d)　(1) 第三に，フランクと同様に，若干スケプティックないしストイックな態度をとるカッセーゼの前述の議論にしても，「国際機構を通じての(through international bodies)」軍事介入の手続，方法が，国連体制発足後は，明白に，たとえば憲章第8章上の地域機構(取極)についても，安保理の事前の許可が原則的な条件とされている(53条)ことを見落としている点で，重大な誤りを犯していることである(カッセーゼの議論には，NATO単独の軍事行動をも「国際機構を通じて」に含ませるニュアンスがある)。

拒否権をもつ常任理事国の明確な反対がある(予想される)場合に，否決を恐れて安保理の審議事項（アジェンダ）としての登録を行わず，従ってそこでの審議を敢えて避けて，憲章が明確に要求している手続を素通りすることは，脱法行為であり許されないという信念が，発足以来の国連体制の基軸として定着していることを忘れてはならない。「法の正当手続」原則ないし「法の支配」原則がすなわちこれであり，この原則の支配は国際機構の運営上，今日でも変わりはなく，否，むしろ冷戦終結後の今日は，いっそうそれが要求される時代であることに注意しておかなければならないことである。

フランクにしてもカッセーゼにしてもそうした実定の憲章条項を，殊更に(或いは結果として)無視ないし軽視することの重大性を，十分理解していない点でやはり問題があるのである。

いわゆるジェノサイドやエスニック・クレンジングなるものの実体について，正確且つ十分な認識と吟味を行った上での緊急の救済を要する重大な人道破壊

行為が，1999年3月の時点でコソボ地域に発生していた(或いは起こりうる状態であった)かどうか，——これを否定する当時コソボで活動していた欧州安保協力機構(OSCE)の停戦監視団員の談話があるが，それを含め解説記事として，朝日新聞，2000年3月24日朝刊，参照。——わけてもNATOの武力行使の専らの手段となった「空爆(air campaign)」の意味と性質そして効果が，人道的のみならず戦術的観点からも事前に十分に検討されたかどうか，或いは近代国家としてのガバナンス能力をかなりにもつユーゴ連邦政府という正統政府に対する懲罰手段として(それは緊急の人道救済とは別次元の問題だが)，制止ないし政策変更を求める方法が他になかったかどうか，NATO首脳の分析と予測の能力に疑問がある(あった)のである。のみならず前記引用した若干の批評家について思考の浅さ(国際法を含めて法律専門家にしばしばその傾向がある)がみられるのである。

　地域機構(取極)が安保理事会の許可なく，わけても拒否権をもつ複数の安保理常任理事国(ロ，中)の強い反対(「黙認」はまったく推定しえない状況があった。T. Gazzini, NATO Coercive Military Activities in the Yugoslav Crisis (1992–1999), E.J.I.L., Vol. 12, No. 3, 2001, p. 406.; 1998年における3つの安保理決議すなわち決議1160, 1199及び1203の審議過程から，ロ，中の他にもコスタリカの明確な警告をあげて，明示的な安保理の承認がない限り，NATOの一方的武力行使を認めないというのが，安保理の雰囲気であったとする，C. Gray, op. cit., p. 193, 参照。)にも拘わらず，従ってそうした常任理事国の反対により安保理の許可を得られないことを恐れて，安保理事会での審議と決議採択の手続を意図的に放棄し，一方的に軍事力を行使して強制行動を強行することを，国際連合は人権思想の急速な普及をみている今日でも，容認しているとはとうてい言えない状況にあることへの考慮が，フランクやカッセーゼのような穏健派にすら不十分であると思えるのである。

　(2)　なるほど，1990年代のアフリカにおける国内武力紛争で，たとえばリベリア(1990年)やシエラ・レオネ(1997年)の内乱(軍事クーデター)に際し，西アフリカ諸国経済共同体(ECOWAS)が，ナイジェリアやガーナの軍隊を中心とし

第3章 地域機構の人道的介入と国連の統制 85

て停戦監視団(ECOMOG)を送り込み，安保理事会の「事前の(明示的)許可」を得ることなく軍事介入に踏み切った事例はある[17)17a)]。しかしながらこの場合でも，安保理事会は民主的手続によって成立した政府の原状回復(政権復帰)をめざす周辺アフリカ諸国の自主的解決の意思を尊重しつつ，議長声明や国連事務総長活動を通じての憲章義務の遵守を要求して黙認ないし追認したものであって，そこではコソボ紛争の場合のような地域機構による軍事介入についての安保理常任理事国(ロ，中)の明確な反対意見はなく，全会一致でECOWASの(ECOMOGを通じての)武力行使を容認したと言ってよいのである[18)]。

　もとよりこの場合でも事前の明示的な安保理の許可決議の裏付けが憲章上は望ましいし，今日でも上記のアフリカの事例を「一般的慣行」(地域機構の武力行使は，安保理による何らかの「黙認」が推定されればそれで必要かつ十分であるとの法的信念(オピニオ・ユリス))が形成されたとみなす証拠とすることはできないであろう。いわんやこうしたアフリカの事例を先例に，「コソボ」へのNATOの軍事介入を安保理の許可なしに(むしろ明確なロ，中二ヶ国の常任理事国の反対が事実上存在したにもかかわらず)法的に可能だとする国連慣行の成立があるとして，これを援用することは全く説得力を欠く安易過ぎる議論と言わざるをえないであろう。

　つまり地域機構の「強制行動」は，それがとられる場合の条件として，安保理の事前の許可を必要としないルールが今日では成立しているという主張は，実定法の見方として決して妥当とは言えないということである。従って1999年3月26日(空爆開始2日後)に，「コソボ」へのNATOの軍事介入を停止するよう安保理事会に求めたロシア，インド共同提案の審議の際，上記のアフリカの事例をあげて，NATOの行動を弁護したスロベニア代表(Danilo Türk)の主張(UN Press Release SC/6659)は，全く是認できないと言わなければならないだろう。

　重要なことは，国連憲章上の「武力不行使」原則はユス・コーゲンスであって，こうした原則の修正変更は「国際社会全体(international community as a whole)の受諾と承認を必要とする(条約法条約53条)ということを忘れてはな

らないということである[19]。——「コソボ」への NATO の軍事介入が「国際社会全体」の同意を得ていないことは次の事実からも明白である。すなわち上記の NATO の空爆が開始された 1999 年 3 月 24 日に，アナン国連事務総長は声明の中で，「国連憲章の下では安保理が国際の平和と安全を維持する第一の責任を負っている。これは NATO 条約（7 条）でも明確に認識されているものだ。従って軍事的手段の行使を決定するにあたっては安保理が関与するべきであった」と，遺憾の意を表明しているし（M. Weller, The Crisis in Kosovo 1989–1999: From the Dissolution of Yugoslavia to Rambouillet and Outbreak of Hostilities, 1999, p. 498.），また NATO の軍事介入後の国連総会で，多くの途上国は軍事介入に関する決定過程や実施の一貫性に関し，懐疑的見解を表明しているからである（青井千由紀「人権・国家と二つの正統性システム——人道的介入の理論的考察」，国際政治 124 号，2000 年 5 月，「国際政治理論の再構築」，110 頁）。更にマンデラ前南アフリカ大統領も，安保理の同意なしにイラクやコソボに軍事行動をとる米英について，「両国の行動には腹が立つ。世界の検察官たろうとするのは，完全に間違っている」と述べている。（英ガーディアン紙＝時事 AFP＝朝日新聞，2000・4・7，ことば・ワールド）。——

(3) 因みに憲章 53 条の地域的取極（機構）の「強制行動」について，安保理事会の「事前の明示的許可」が原則的に必要であることは，従来，国際社会にほとんど異論がなかった。たとえばシンマ編「国連憲章・コメンタリー」は次のように述べている。「ミーカー（L. C. Meeker）は，1960 年のドミニカ共和国に対する米州機構（OAS）の制裁事例——ソ連は OAS の行動後に安保理に問題を提議した——や，1962 年のキューバ封鎖事件の例——米，ソの対立で安保理では投票が行われなかった——をあげて，これらの事例は安保理事会が地域機構の制裁行動を黙認した（implicitly authorize）先例とみるべきであると言う[20]。

しかし憲章 53 条の理解として，地域機構の強制行動は安保理事会の「事前且つ明示的な許可」がなくても可能であるという見解，言いかえれば「事後の或いは黙示の許可」が推定される限り，地域機構の軍事行動は許容されるという解釈は，きわめて危険であり賛成できない。なぜならばそうした理解は，安保

理事会による地域機構の「強制行動」に対する有効なコントロールを失いかねず，強制措置に関する国連憲章上の安保理事会のみがもつ優越性を崩壊させることになりかねないからである。

　従って，やはり安保理事会の許可は「明示的且つ事前の許可」(clear and prior authorization)によって担保されなければならない。そうでなければ結果として違法な武力行使を地域機構に勧奨することに繋がりかねず，こうして地域機構は，安保理事会の許可は事後に得られればそれで十分であると考えがちになり，安易に強制行動を開始する危険が増大しよう。国連憲章のような国際社会の立法文書(legislation text)は，関係国を棄損する遡及効を容認するたぐいの解釈を許してはならない，というのが法の一般原則であることを忘れてはならない」[21]。シンマ編「国連憲章・コメンタリー」はこのように述べて，安保理事会の事前の明示的許可のない地域機構による武力行使の憲章違反性を明確に指摘しているのである。

　またコット(J.-P. Cot)とプレ(A. Pellet)も，憲章53条の地域機構(取極)の強制行動について次のように述べている。「安保理事会が行動を起こすこと，またその権威の下で(他の機関または国家群に)行動を起こさせることが不可能な場合，その権限を委任できないことは明らかである」と[22]。このようにみてくると，地域機構の「強制行動」については，安保理事会の「事前且つ明示的な許可」を必要とするという見方は，今日でも一般的且つ多数の意見であると言ってよいだろう[23]。「事後の黙示的許可」容認論者の場合ですら多くは例外的緊急性等の特殊条件をあげ，「事前且つ明示的許可」の原則性そのものを否定する見解はほとんどないのである。

　(4) ところでNATOは本来，憲章51条上の集団的自衛権条約として締結され，憲章第8章の地域的取極としての性格をもたなかった(H. Kelsen, Is the North Atlantic Treaty a Regional Arrangement?, A.J.I.L., Vol. 45, No. 1, 1951, pp. 162〜166.)。従ってその武力行使は，NATO加盟国に対する武力攻撃があった場合の(集団)自衛に限られ，加盟国への武力攻撃がない場合のNATO条約領域外への機構の武力行使(非NATO5条の適用)は可能ではないという見解があった(P.

Vellas, Le Régionalisme International et l'Organisation des Nations Unies, 1948, p. 206.)。

　しかし安保理事会は憲章24条および第7章で，国際の平和と安全に対して主要な責任を負い，そのための権能を保持しているのであるから，その目的実現のため，加盟国のみならず特定の地域取極(機構)を利用することはできる。憲章103条で規定する「憲章義務の優先」という建前は，安保理決議のNATOへの直接的な義務負課までは意味しないとしても(但し，憲章53条による安保理の強制行動上の利用はある)，NATOの行動の範囲拡大の許容機能はもつ。従ってNATOもそうした安保理事会の権能行使(武力行使の許容決議)に従うこと(自主的受入れ)は，別段（NATOの機関決定さえあれば）NATO条約の違反ということにはならない(H. Kelsen, The Law of the United Nations, 1951, p. 327.; B. Simma (ed.), The Charter of the United Nations, op. cit., p. 731.)。

　そこには国連(安保理)の平和と安全保障機能に対する「協力」という国連憲章上の集団的自衛権条約や地域取極の新たな活動の場(発展形態)がみられると言ってよいだろう。すなわち，NATO条約の原初的合意に，新たに憲章第8章上の地域取極としての役割を導入し，安保理事会の要請に応えうるように改組する(した)ものと言ってよいだろう。ソマリアでの国連平和維持活動などへのNATO軍の参加要請決議などを通じて，安保理事会はNATOを憲章第8章上の地域取極(機構)として(集団的自衛役割だけでなく，地域安定化の役割としても)今日，取り扱っているのである (B. Simma (ed.), The Charter of the United Nations, op. cit., p. 730.)。旧ユーゴ・ボスニア紛争におけるUNPROFORなどへのNATO軍の参加は，これを示している。──ドイツは，1994年の連邦憲法裁判所の判決で，国連安保理事会の決定に基づく国連平和維持(軍事)活動に，NATOの一員としてドイツ国防軍がNATO地域外(ソマリア)に出動することは，ドイツ基本法に違反しない(但し，国会の承認を条件)とした。BVerfGE, 90 (1994), p. 286.──。更に安保理は，WEUとEC, CSCE (OSCE)も憲章第8章の地域的取極であるとして承認し，こうした地域組織が憲章上の強制権能をもつかどうかは，その組織のnatureではなく，安保理が要求する行動のtypeによるとして，常設の組織だけでなく，ad hocな国家間グループ(たとえば中央ア

第3章　地域機構の人道的介入と国連の統制　89

フリカの停戦監視を担う MISAB)もこの範疇に属するとしている (C. Gray, International Law and the Use of Force, 2000, pp. 205〜206.)。

　しかし問題は，NATOのような地域機構は強制(軍事)行動をとりうるための前提条件として，安保理事会の「事前の明示的な承認」を必要とするか，のそれである。既述もし，また後述もするように，憲章53条の立法趣旨と平和と安全に関する国連体制の一般的文意からみて，そう(必要とすると)いわざるをえないであろう。憲章第8章は安保理事会の第7章の権限に，別の新たな権能を付与したものではなく，「強制行動」はすべて，第7章上の安保理事会の権能の枠組の中でとられなければならないからである (B. Simma (ed.), The Charter of the United Nations, op. cit., p. 731.)。

　こうしてみると，憲章52条1項が「国際の平和及び安全の維持に関する事項で地域的行動に適当なもの (appropriate for regional action) を処理するため」に地域機構を活用することができるとしていることの趣旨は，少なくとも国連の「強制行動」の実行機関としての役割である限り，どの地域機構が「適当」かどうか，またその行動内容として「適当なもの」とは何か等は，すべて安保理事会(の責任)によって最終的に決定されなければならないとみなければならないだろう(53条も参照)。地域機構が独自に専断的に決定はできないのである。こうしてはじめて，安保理事会の第7章上の決定(決議)による特定地域機構への強制行動上の権限委任 (delegation of power)——安保理の最終的な監督権限の保持は必要——が憲章上で合法的に行われうるのである。つまり，強制行動(軍事作戦)の開始，作戦内容，作戦の経過報告と説明責任，作戦の終了等の強制行動の全般に亘っての安保理事会の監督権限の行使が，強制行動を地域機構或いは国家(群)に委任した場合の憲章(第7章)上の無視できない法的要請なのである[24]。

　(5) もう一つ，地域取極(機構)が国連の委任に基づく「強制行動」上の正当性を確保するために，ぜひ考えておかなければならないことがある。

　1992年，国連事務総長ブトロス・ガリ (B. Boutros-Ghali) は，安保理へ提出した報告書「平和への課題」(An Agenda for Peace) の中で次のように述べてい

る。強制行動というような重要な国連の役割を地域取極(機構)に委任しこれを活用するということの意味は,「国際問題への参加やコンセンサスの形成更には民主化という事業に国際社会全体の深い理解(a deeper sense)を得る」ことに,こうしたプロセスが貢献しうるからであると[25]。

従って,国際社会の民主化・人権化(国家の内部秩序の民主化のみならず,先進国と途上国間の関係を含めた国際秩序全体の平等化・民主化)をめざす国連の強制行動の執行には,できるだけ多くの国や地域機構の参加が必要だということである(量的関心の増大によって,個別地域機構や特定国家の利己的行動に対する全体的抑制機能が作用する)が,他方,人権感覚の発達や民主的正統性の実現に責任をもちうる有資格国家や地域機構の積極的関与もまた,強く要請されるのである[26]。

そうした意味では,西アフリカ諸国経済共同体(ECOWAS)の1990年代におけるリベリアやシエラ・レオネ内乱への介入は,同共同体諸国の多くが人権意識の希薄な軍事専制体制の国であったことで,国連の委託をうけた介入としての正統性を必ずしも発揮することができなかったという問題を惹起したのである(事実,介入軍による略奪と住民への人権棄損の行為がしばしば発生した)[27]。

一方また,NATOのような先進民主主義国家で構成される共同体への,強制行動の一方的授権もまた,特定地域機構(NATO)への単独委任である場合には,国連の「集団的安全保障」行動の一環としての地域機構行動(軍事介入)であるという使命と性格をしばしばふみ越えて,その地域機構を構成する主要国の(共同)国益の確保が主目標化する危険がある(あった)のである[28]。

憲章43条が,「国際の平和と安全の維持に貢献するため,すべての国連加盟国(all menbers of UN)は,...約束する」(傍点・広瀬)として,国連の強制行動への全加盟国の普遍的参加を要請した立法趣旨もまた,こうした特定国または特定地域機構による国連(強制)行動の独占的支配を排除する意義をもっていたといえよう。その意味では「コソボ」への地域機構による軍事介入が,かりに必要だとしても,NATO単独ではなくNATOとロシアによる協同行動(それによりチェック・アンド・バランスが確保される)或いは欧州安保協力機構

(OSCE)を背景とした強制行動であるべきであったであろう(いずれも国連安保理の統制が必要)。

(6) ところで武力行使の「手段と目的」についての前述のフランクの議論にも前後一貫しない点がある。この点にもふれておきたい。すなわち彼は『コソボの教訓』として「かりに価値ある目的を追求する場合であっても，地域機構が一方的武力行使にふみ切る場合には，合法的で一般的に存在するすべての可能な手段を尽くした後にすべきであり，現にロ，中が安保理事会でNATO行動を非難した際，彼らが少数派にすぎないとしても(拒否権が認められている以上，提議が否決されることはあるのだからその場合には)，改めて国連総会を召集してそこに議論の場を移し，ユーゴ・ミロシェビッチ政権への弾劾を行うべきが妥当で，そうした審議の余地が残されていたはずだと述べている点である[29]。──なおチャーニーも，1971年の東パキスタン紛争(バングラデシュのパキスタンからの分離独立紛争)で，ベンガル人の保護を目的とする人道的干渉であると主張したインドの東パキスタンへの軍事介入を，国連総会が非難する決議を採択した事例をあげている[30]。──

更にフランクはNATOの「コソボ」介入を収拾するために最終的には結局，安保理事会の介入が必要であった(1999年6月10日の安保理決議1244の採択)事実も，今日の国連(秩序)の存在意義を明確に示すものであるとまで明言して，国連での紛争解決手続の重要性を指摘していることを見落とせないのである[31]。つまりこうした国連体制の下でのルール・オブ・ローないしデュー・プロセス・オブ・ローの認識的立場(国際社会に対して説得力をもちうるための説明責任を要求する立場)がきわめて重要であることをフランク自身承知していることである[32]。そうであるとすれば，そうした(武力行使という重大な意思の決定にはぜひ必要だといわれる)手続の選択を放棄したNATOの軍事行動を，(かりに正当化しないとしても)容認しようとする彼の態度には疑問がやはり残らざるをえないのである。

またNATOの武力行使によってコソボ住民の「苦痛が軽減された」(Th. M. Franck op. cit., p. 859.)とみることも，事実認識としては単純であり，あまりに

も安易な見方であろう。後にも指摘するように，NATO 行動(空爆開始)後にセルビア軍や民兵によるアルバニア系住民の虐殺と出国難民の急増があった事実を見逃せないからである[33]。のみならず戦争(空爆)終了後，セルビア軍の撤退が開始されるや，今度は逆にセルビア系のコソボ住民の難民化が急速に始まり，アルバニア系武装組織(KLA)による報復的殺戮が発生したことも軽視できない事実である。更に NATO の空爆による多大な民間人の人命棄損と財産破壊及び環境汚染が発生し，——国連環境計画(UNEP)の報告によれば，コソボ紛争中の NATO の空爆で劣化ウラン弾約 31,000 発(約 10 トン)が使用され，地域住民の健康や環境への被害が懸念されるとしている(朝日新聞，2000・3・22)。——セルビア系，アルバニア系を問わず地域住民の「苦痛は(NATO の軍事行動によって)倍加した」とみるべき事態があるのである。こうしてみるとフランクの事実認識は，人間的苦痛に関する「費用対効果(コスト・アンド・ベネフィット)」の観点が完全に欠落していることが問題なのである。

また NATO の軍事介入は，人権迫害に対して国際社会は決して座視しないという明確な警告を迫害者に対して発したことに意義があり，そこにもう一つの教訓を見出すべきとする見方 (Th. M. Franck op. cit., p. 859.) もまた無条件には或いは留保なしには承諾しがたい議論であろう。なぜならこうした教訓は，ロ，中をふくめた安保理事会の一致した行動による国際社会の総意として表現された場合にのみ(国連総会の決議があるならばなおよい)十分な説得力を持つものであり，国連の許可のない一方的な欧米諸国の武力威嚇(武力行使)の形態では，逆にセルビア国民の自尊心からの敵対感情をあおり抗戦意思を高め，民族的反感(反西欧感情)を強化するだけであり，現にそうであった(ミロシェビッチ政権の武力抵抗が予想外に長期に及んだ事実がこれを示す)ことを忘れてはならないであろう。

停戦後のコソボ地域におけるセルビア系，アルバニア系両民族間のエスニックな対立は，NATO の介入以前よりむしろ激化し，国際部隊の駐留があるにも拘わらず両者の暴力紛争が頻発し，民族融和の下でのコソボの政治的将来の決定は，「コソボ」空爆 1 年後の 2000 年 3 月においても，極めて困難な状況が続

いていた(むしろ住民間の対立感情は憎悪にまで高まった)と言ってよいのである。人道のための軍事介入の意味が問われているといってよいだろう(朝日新聞，2000・3・24)。更に2000年末の段階では，武装解除され新編成されてコソボの治安の責任を負ったはずのアルバニア系武装組織(KLA)の一部が，アルバニア人穏健派勢力に対抗し，武装抵抗の新組織を結成して，コソボ内でのセルビア系住民への殺傷事件をくり返す情況が新たに発生した。国連の統治能力が問われたと言ってよいだろう。その後KLA系の一部過激派は隣国マケドニアにも進出し，反マケドニア政府運動の中核武装勢力ともなった。

　ところで，2000年9月に「コソボ」紛争後初めて行われたユーゴの大統領選挙では，選挙後の争乱を経てミロシェビッチの大統領職からの追放が実現し，野党のコシュトニツァが新たに大統領に就任した。西側諸国はこの事態を，ユーゴに人権と民主主義の政治体制を確立する新たな一歩であると歓迎する見方が一般であるが，当時，米大統領選を闘っていたブッシュ共和党候補(現米大統領)は，この事態をユーゴにもたらしたのは，一年半前のNATOの対ユーゴ軍事行動であったとして，NATOの人道的軍事介入の成果を強調した。しかしイラクのフセイン大統領が湾岸戦争後も長期に亘って政権を維持し続けていることとの比較で言えば，ユーゴとイラクとの国民の文化的土壌の相違が重視されるべきで，市民的自治意識の強い多党制のユーゴ社会では，遅かれ早かれ市民の抵抗運動の成果がミロシェビッチ独裁政権の崩壊として結実したことは確実で，NATOの武力行使によらずとも(コシュトニツァはこのNATO軍事行動に強く批判的である)，経済封鎖の強化など，他の平和的手段での国際圧力(ロシアを含む国連主導)で，十分，ミロシェビッチの退場は可能としえたであろう。──2001年には，ミロシェビッチは，ユーゴ国民の手により，旧ユーゴ国際刑事裁判所に人道上の戦争犯罪容疑で引き渡されている。イラク国民の精神風土との違いがここにはあるように思われる。──

III. 介入否定論──人道迫害に国際社会はどう対応すべきか

　(a) (1)「コソボ」の場合は緊急の人道救済の必要があったという主張が少

なくない。しかし正確な情報によると，そうした状況が存在したかどうかは極めて疑問である（『朝日新聞』2000年3月24日，朝刊記事「『人道介入』は敗れた。コソボ紛争・ユーゴ空爆から1年」，参照。）。つまり第三国或いは地域機関が武力行使によって対応すべきほどの人権の重大な棄損が発生していたとは，とうてい言えない状況が当時の「コソボ」情勢であったと言ってもそう大きな誤りとはいえないように思われる。

わけてもユーゴ・ミロシェビッチ政権がアルバニア系住民という民族的，宗教的集団（の一部）を破壊する目的をもって集団虐殺を行っている，或いは行うべく行動している（ジェノサイド条約1，2，3条）状況があったかどうか，言いかえれば「民族浄化」（エスニック・クレンジング）（宣伝的要素が強い用語で「集団殺害」（ジェノサイド）に比べると概念の実体が明確ではないが）や「アウシュヴィッツ」の状況が現存していたか，或いはそうした危険が差し迫っていたと言える状況が存在していたかは，極めて疑問であったということである。

すなわち，客観的情報から判断する限り，ユーゴ政権によるアルバニア系住民に対する植民地政策的支配（自治共和国から自治州への政治的地位の一方的変更はその一つ）があったことは否定できないであろう。従って，反政府活動を行うアルバニア系武装勢力に対するみせしめ的処刑等の過酷な政治的弾圧があったことは，否定できない事実であったといってよいだろう。

しかしユーゴ政府（軍）による一般住民に対するジェノサイドや民族浄化という非人道的行為の組織的活動はなかったと見るのが，正確な事実認識ではないかということである。この点については，NATO行動を弁護するリースマンですら，「コソボ」にホロコースト（Holocaust）はなかったという事実認識を前提として，「コソボ」へのNATOの軍事介入の意義は，人権侵害状況が国際関心事項化するのは，「ホロコースト」を最低（ミニマム）の条件とするのではない，という先例を示したことにあるとしている議論からもうかがえるところである[34]（但し私見では，このリースマンの議論すなわち人道違反を理由に国内武力干渉が正当化されうるためには，国連安保理の決議の前置が絶対的必要条件だということを無視している点で問題があると考えている）。

(2) しかしいずれにせよリースマンによれば,「コソボ」の人権迫害状況を除去する目的のためにNATOが軍事介入したのであって,しかもその交戦手段として市民への付随的損害を少なくする必要上,地上戦(ground campaign)が避けられ空爆(air campaign)が選択されたのだという説明をしているのである[34a]。

　しかしこの主張には目的と手段との間に越え難い乖離がある。なぜなら,作戦形態から判断する限り,NATOの軍事行動の目的は,ユーゴ・ミロシェビッチ政権の打倒或いは同政権のコソボ・アルバニア系住民への抑圧政策の変更を,もっぱら目指すものとみるほかなかったからである。組織的虐殺の危機に瀕している住民の緊急の保護手段としては,空爆という軍事手段は何の役にも立たない(なかった)だけではなく,——「旧ユーゴ国際刑事裁判所(ICTY)」の主任検察官が国連安保理に提出した報告書(June 2, 2000)では,NATO軍の空爆により住民の生命財産の棄損はあったが,故意の行為によるものではなく,偶発的,附随的な結果(collateral casualties)であるから,ジュネーブ人道法条約追加第1議定書の違反はないとした。これに対し,Amnesty Internationalの報告書(June 8, 2000)では,NATO空爆には重大な瑕疵があり,15000フィート以上の高空からの爆撃は下底地の一般住民の生命財産への損害を十分予想させるものであり,従って住民や非軍事目標への攻撃の禁止を要求し附随的であっても軍事利益に比して過度な住民への損害の明白な発生を防止する義務を定めた追加第1議定書52条1項と57条2項(b)に違反する,というものであった(A.J.I.L., Vol. 94, No. 4, 2000, pp. 690〜692.)。因みにW.J. Fenrickは,NATO空爆による民間人の被害は附随的ではあったが,投下爆弾量の1トン当たりの死者の割合いは,ピン・ポイント爆撃技術の幕開け時代の1972年における北ベトナム爆撃と同じであったと述べる。更に空爆技術の革新による目標捕捉の正確性は増したが,目標リストが拡張され,たとえば放送局などメディア施設が対象とされたことに疑問を呈している(W.J. Fenrick, Targeting and Proportionlity during the NATO Bombing Campaign against Yugoslavia, E.J.I.L., Vol. 12, No. 3, 2001, p. 502.)。
——また前述したように,NATO空爆の開始後にユーゴ軍と民兵による住民の虐殺の急増と多量の難民の流出が始まり,NATO軍は全くこれを阻止できな

かったのが実情だったのである。

　つまりコソボ地域のアルバニア系住民の「民族浄化」（虐殺）を防止する緊急の必要性（「緊急避難」の要件成立）があり，[34b] そのための武力行使であったというのであれば，住民保護のために地上部隊の緊急派遣こそがまず第一に選択されるべき手段であり，空爆だけでは住民の保護（とくに緊急の保護）が可能になるとはとうてい考えられない（なかった）ことである。こうした見方は軍事的知識をもつ者のいわば常識である。──たとえば「コソボ」空爆作戦を指揮したNATOのクラーク欧州連合軍最高司令官が任期半ばで退任させられたのは，同司令官が市民の安全確保のため，再三，地上軍投入を要請したことが米政府の不興を買ったためだとされている（朝日新聞，2000・5・4）。──

　たしかに軍事行動には交戦の際における戦時人道法規の遵守が要求される他は，自軍（自国兵員）の損害の最少化をはかる手段（地上部隊を送らず空爆だけに限定）を選択することが許されることは，否定しえない作戦要諦ではある。

　しかし重大な人道迫害が現存するとされる状況の中で，住民の住む地域の空爆だけで，被害住民の緊急の隔離が達成され保護が可能となるとみる見方が非常識であることは，ほとんど疑う余地がないものである。──地上部隊の派遣という危険負担を忌避し空爆に頼ったNATOの行動を武力紛争の"女性化"（feminisation）を示すものだと皮肉ったコメントとして，A. Marr, War is hell — but not being ready to go to war is undignified and embrrasing, Observer, Apr. 25, 1999, at 28, cited by Ch. M. Chinkin, Kosovo: A "Good" War or "Bad" War?, Editorial Comments: NATO's Kosovo Intervention, A.J.I.L., Vol. 93, No. 4, 1999, p. 846, n. 26.──ここに，NATOの武力行使の真の目的（政策）を考える場合の要素があると言えるのである。要するにNATOの選択手段としての武力行使の形態が「空爆」に限定されたことは，武力行使の真の目的が「緊急」の「住民救出（保護）」にあったのではなく，ミロシェビッチ政権への打撃による「政権転覆か，政策の強制的変更」にあったとしか言いようがないといってよいのである。チャーニーも「NATOの空爆はアルバニア系住民の保護よりも，ユーゴ政府の降伏が目的であった」と述べているのである[35]。クリントン米大統領すらその声明（1999・3・

24)³⁶⁾で，コソボのアルバニア系住民の人道的破滅を回避する目的であることを主張しながらも，但し誤解してはならないことは，この含意は危険にさらされた住民の隔離保護のための緊急の人道支援行動というのではなく，ユーゴ政府の政策変更を狙って圧力をかけたという趣旨に理解すべきであろうと述べ，更にこの軍事行動の主要目的が「ヨーロッパの重要な地域の安定の確保とNATOの信頼性の維持」にあったことを率直に明言していることを見落としてはならないであろう。こうしてコーエン国防長官も1999年7月20日の米上院軍事委員会で証言し，「ミロシェビッチの追放と南東欧の地域的安定がコソボ介入の目的であった」と述べているほどである。しかし，もしそうしたNATOの信頼性誇示が行動の主要目的であったのであれば，コソボ地域のユーゴ軍事拠点に限定した攻撃ではなく，はじめからベオグラード等ユーゴ本土(の軍事拠点)を空爆の対象とすべきであったであろう。ここにも国連安保理をバイパスした武力行使に関するNATO側の心理的躊躇と後ろめたさが表れていると言って過言でないのである(1991年の湾岸戦争と比較せよ)。

　これは丁度，池でならず者(ミロシェビッチ政権)に舟からつき落とされ溺れかかった者(コソボ・アルバニア系住民)を救出するため，水練にたけた通行人(米，NATO)が救出能力をもちながらも，自ら飛び込んで救出行動を行うことはせず，ならず者の懲罰のために舟に一斉射撃を加えて相互に応戦し合う状況(最終的にならず者は多くの損害を出し他の仲介人(国連)を通じて和を講じたが，しかし両者とも水死者の大量続出はこれを放置という構図)を想像させよう。

　こうした武力行使による一国の政権転覆や強制的政策変更を目的とする行為は，憲章2条4項の禁止するところの，武力行使によって主権国家の「政治的独立」を侵害する行為という以外には説明のしようがない行動と言えよう³⁶ᵃ⁾。こうした第三国または地域機構による武力行使は，それが違法行為者(人権侵害政権)への懲罰ないし制裁の目的をもてばもつほど(それは緊急避難や自衛権の行使とは誰も考えないであろう)，国連安保理事会の決定による憲章第7章上の(2条7項但し書が明記する)「強制行動」以外は許されない行動と言わなければならないはずである。

ユーゴ・コソボの紛争事態は，ロシア・チェチェン共和国の反政府武装勢力に対するロシア軍の空爆及び地上戦という，政府対ゲリラ部隊のいずれの側にも被害が甚大であった軍事作戦(2000年2月に，ロシア軍の勝利で一応の終熄をみたが，ゲリラ戦はその後も散発している)とは内容も性質も全く異なるのである。つまりコソボ紛争でのNATOの攻撃対象は，ユーゴ正統政府であり，ミロシェビッチ政権の統制のきいたユーゴ正規軍(及び民兵)そのものであり，不正規の反政府武装勢力(統制の取れないいくつかのゲリラ組織)ではない(なかった)のである。最初にNATOの地上部隊の派遣さえあれば，ミロシェビッチ政権は，NATOの軍事行動の目的の限定性(アルバニア系住民の庇護が目的でミロシェビッチ政権の打倒が目的ではないこと)を理解し承知し，早期にランブイエ合意(国連承認)の条件を受諾し戦闘は終熄したであろう。

ボスニア紛争で1995年，国連PKO (UNPROFOR) 隊員が拘束された事件を契機に，国連が「緊急対応部隊」(RRF) を急遽派遣した(後にNATO主体のIFORに引き継ぐ)ことにより，ミロシェビッチ政権の早期の譲歩を勝ち取った先例はこれを実証するであろう。こうしてコソボ住民の人的損害と地域の物的被害を，もっぱら「空爆」に頼った作戦よりもよほど少なくおさええたと言ってよいだろう。つまり地上部隊の派遣によって戦闘を短期間で終了させえ，アルバニア系住民の緊急保護の目的も最短時間で確実に達成しえたであろう，ということである。

(3) ところで「民族紛争」では，停戦のため仮に外部から武力行使が必要な場合でも，その目的と武力行使の範囲や方法を極力限定し明確にしない限り，その後の政治的収拾が満足に行われえず，紛争状態が長期化する傾向があることに注意しておかなければならないことである。イラクとコソボの事例がこれを教えていると言えよう。そのためにこそ，国連(安保理事会)の権限と責任の完全履行(地域機構や一定国家群に強制行動を委任する場合にも)が強く望まれているのである。

外国国家或いは地域機構の不用意な武力行使は，それが紛争当事者の一方に加担することが明確な場合にはとくにそうであるが，民族対立の憎悪感をあお

り(1990年代のECOWASによるリベリア，シエラ・レオネ内乱への介入は，その傾向があった)，わけても攻撃の対象となった相手当事者の怨念を生み，国際社会が制裁対象とする国家(政権)或いは民族グループの政治的基盤を逆に強化する方向に作用する傾向すらある。これは経験の教えるところである。制裁対象民族の心理的結束をますます強化させる結果があることを忘れてはならないのである。イラク(湾岸戦争)の場合は，多国籍地上部隊の行動範囲をクウェートの解放(占領状態の強制排除)に地理的に限定したことは評価できるが，──なお安保理の承認があれば，バクダッドの占領とフセイン・イラク大統領の逮捕も法的には可能であった。──停戦後も長期に亘って，イラク本土の空爆を停戦条件違反(国連大量破壊兵器廃棄検証委員会の活動妨害など)を理由にしばしば実行し，主要な経済手段である石油資源の利用を制限して，今日まで恒常的に一般住民の生活困難を外部から強制してきたことは，一転して国際社会の主張の正当性(たとえば小数民族の人道的救済という主張根拠)を失わせる結果をもたらしたし，一般民衆の国際社会への不満をかきたてる状況を現出しつつあるのである (Remarks by L. Hilal, Rethinking the Enforcement of Human Rights, ASIL, Proceedings of the 93rd Ann. Mtg., 1999, p. 243.)。

化学・生物或いは核兵器の生産禁止の監視は，国連制裁の解除による多くの国々とイラクとの国交正常化後においても可能であり，通常の(強制性をもたない)監視手段でも或る程度は(隣国に再侵略を許さない保障の程度には)可能なのである。従って十年にも及ぶ対イラク経済制裁は，「戦争後」(この点が，1960年代から長期に亘って続けられたアパルトヘイト政策の撤廃を求める通常時における国連の対南ア制裁と異なる)の疲弊した国民に対する国際社会の対処法としては疑問なのである。人道制裁の濫用の傾向が現れているからである。このようにみる限り，イラクに対する経済制裁は早急に解除されるべきなのである。

しかし制裁の全面解除とともに，イラク・フセイン政権首脳に対する「戦争犯罪」責任追及だけは明確に打ち出す必要があろう。この場合，1990〜91年におけるイラクのクウェート侵略の責任(占領地クウェート住民への拷問や虐殺の犯罪を含め，平和と人道に対する罪)の他に，戦争終了後今日でも存在するフセ

イン政権の存続とその政策のもたらす「周辺地域の平和への脅威」或いは「国内少数民族に対する迫害行為」(イラン・イラク戦争時のクルド人への化学兵器使用の罪を含む)を根拠に，安保理事会が新たに特別国際法廷の設置を決議し「国際犯罪」の弾劾の手続をとる決定も可能であろう。——カンボジアの旧ポル・ポト派最高幹部を「人道の罪」で裁く国際社会関与の国内法廷が，カンボジアに2000年に設置されたことを背景に，米国はイラク指導者を裁く国際法廷の設置を国連安保理事会に強く働きかける活動を開始したという報道もある(日経新聞，2000・8・3)。——それによってイラク国民の人道救済，市民的生活の経済的安定を確保しつつ，彼ら(イラク国民)の政治責任を問い続けることが可能となり，またそれが国際社会のデモクラティック・ガバナンスの風潮の定着のためにも必要だと思われるからである。こうして平和で通常の経済活動を営む市民が，やがて自らの手で戦争犯罪者の弾劾を開始する政治的環境を作り出してゆくことが可能となるであろう(コソボ紛争終了後のユーゴにおけるミロシェビッチの失脚と国際戦争犯罪法廷への引渡しの事例を参考にせよ)。

(b) (1) 第1に，安保理事会は人道の重大侵害状況に対して，強制措置を発動してでもこれを抑止すべき憲章上の責任があるということである。しかし安保理がこの責任を果たせず，従って機構的コントロールが機能しない場合には，憲章手続の外側で個別国家(または地域機構)の実力行使が例外的に許容されるべきだという見方はたしかにある[37]。しかしそうした見方は，しばしば短絡的行動を容認する法理として働きがちで極めて疑問である。

なぜならばこうした場合，安保理事会の機能不全(特定常任理事国による拒否権の行使が直ちに機能不全と言えないことを別にしても)を補完する手続方法(たとえば「平和のための結集決議」を利用しての国連総会の活用)が既に憲章体制の中に(外側ではなく体制そのものの中に)実践的に確立していることを見落としてはならないからである。そしてこのことについては既に述べた。[37a]

第2には「武力行使禁止(武力不行使)」規範については，今日では国連憲章規範(国連慣行を含めて)とは別の(その効力を限定づけ，場合により弱体化させる)一般(慣習)国際法規範は存在しないことである。憲章規範(実践的に形成さ

れた憲章規範)が禁止している限り，一般(慣習)国際法規範でもそれは禁止されているとみるべきなのである。「武力行使」の統制に関する規範は国連憲章でも一般(慣習)国際法でも両者とも一体化されており，国連憲章では禁止されているが一般(慣習)国際法では(一定の条件があれば，例外的にせよ)許容されているということはありえないのである。つまり両者に範囲と内容について規範効力上の離齬，矛盾はないのである。またそれはあってはならないのである。武力行使に関して，憲章では禁止されているが一般(慣習)国際法では許容されているというのであれば，そこに「抜け道」ができるからである。それでは平和と安全の維持を目的として設立された国連の機構的存在意義が大きく阻害され失われることになる。

　この点で「ニカラグアにおける軍事，準軍事活動事件」に関する1986年の国際司法裁判所の判決が参考になる。すなわち判決は次のように述べているのである。「憲章は51条で慣習国際法上の個別的及び集団的自衛権の存在を認証し(testifies)，更に「友好関係宣言」等の総会決議も憲章規範上の武力行使禁止原則及びその例外としての自衛権概念を国際慣習法上のものとして宣言し，両者に範囲上の相違はない」と[38]。つまり武力行使に関する憲章規範と一般(慣習)国際法規範の分離(による後者の優先適用の法理)は，今日の国際秩序上の法的信念として可能でもなく妥当でもないことを明らかにしているのである。

　また一国内の重大な人権侵害を制止するために，国連機関として主要な責任を負う安保理事会が機能しない以上，憲章は「自殺規範」(suicide pact)化したとみる以外にはなく，従ってこうした場合には例外として，憲章2条4項で保障する国家の「政治的独立」の範疇から主権事項権限を外し，第三国(または地域機構)による武力干渉を認めるべきだという見方(W. M. Reisman, op. cit., pp. 861〜862.)もまた，今日の国際秩序のミスリーディングな理解でしかないであろう。たしかに人権原則の作動による人権事項の「国際関心事項」化，すなわち重大人権違反に対して国際社会は座視しないという国内問題不干渉原則(憲章2条7項)の限定化を要求する法意識が，今日の国際秩序の中に既に明確に定着していることについてはほとんど異論がない。しかしそのことと「平和に対す

る脅威」を基礎とする安保理事会の制裁上の専権(2条7項但し書，第7章)から人権事項を除外することとは，全く別のことである。

個別国家の行動の前提として安保理事会の介入前置の必要のない「緊急避難」或いは「自衛権」というとっさの主権国家の武力行使権限の行使の場合ですら，今日では安保理事会の事後的統制をうけるという，憲章規範の適用範囲の枠内に入っているのである。

(2) たしかに憲章の規定が文字通り作動しない或いは死文化の状況をたどった歴史は，冷戦期の特徴として無視できない現象である。たとえば憲章43条以下47条までの規定の死文化の状況(湾岸戦争時に国連に「軍事参謀委員会」がad hocに設置されたが，実効的な活動はしていない)や，安保理の拒否権の作用による武力抗争の制止不能事件の度重なる発生(米国のベトナム戦争への介入や中南米諸国への干渉，ソ連のアフガニスタン侵攻等)は，国連によるガバナンスの重大な後退と言えるかもしれない。しかし国連わけても総会に結集し多数意見によってしか国益を保全しえない中立非同盟諸国等の中小国家の集団は，憲章規定が文字通り作動しない場合でも，代替，補完措置を構じて或いは新たな解釈を通じて憲章規範の発展をはかり，——たとえば1950年の朝鮮戦争時における「平和のための結集」決議による総会権限の強化，国連平和維持活動(PKO)の設置或いは植民地独立付与宣言や友好関係宣言更には経済権利義務憲章等の採択を通じて，——憲章目的の全体としての維持と活性化をはかり，平和と安全の維持と自決権を含む人権の伸張という国連原則の実現を，しばしば障害にぶつかりながらも確実に前進させてきた。こうして第2次大戦後の国際社会の秩序形成に果たした(且つ今日も果たしつつある)国連の存在意義は極めて大きく，そうした機構の時代的状況に即応した運用を憲章規範の発展的理解とその定着のために，加盟国は努力と工夫を行ってきたと言えるのである。

そうした国連憲章のconstitutive treatyとしての規範要請に応える法理として，国連(機関)の「黙示的権限」(implied power)という国際社会の組織機構法(すなわちconstitutive treaty)としての性格を明確にする解釈原理が提唱され定着してきた事実を見落としてはならないであろう[39]。従ってこうした見方から

第3章　地域機構の人道的介入と国連の統制　103

すれば武力行使の専権を容認する絶対主権国家並存社会の復活を肯定するような議論，言いかえるならば国連の法秩序の外に一般(慣習)国際法規の存在を(武力行使に関して)認めようとする主張は，やはり説得力を欠く議論と言わざるをえないのである[39a]。

(3) いわんや冷戦終了後の今日，国際環境は国際社会の平和維持に5常任理事国の一致を得易い状況が明白に形成されてきており，冷戦時のような平和維持や人道救援の問題で安保理機能のマヒはほとんど考えられない社会基盤が定着しつつあるのである。わけても人権，人道の重大な侵害状況への国際社会の対応についてはそうである。そこには事実認識さえ一致すれば，国益による分断を許さない国際世論の存在(グローバルなマスコミュニケーションや広範なNGO活動などが支える)が明確化しつつあるのである。

こうしてみると，地域機構が安保理事会での審議とその許可を得べき(そして得うる)条件が存在するにも拘わらず，自国(或いは一地域機構)の意思(提議)がそのまま通らないとして，国連(安保理)での審議を嫌いそこでの決議をバイパスしようとするのであれば，そのこと自体がそもそも脱法行為といわざるをえないだろう。そしてそうみる国際世論の成熟が今日では十分認められると言ってよいのである。

のみならず更に問題なのは，自己の手続違反の行為で安保理事会の機能不全(権限不行使ないし責任回避)を招いたにも拘わらず，その後に生じた事態すなわち停戦決議案(1999年3月26日のロシア，ベラルーシ，インド提案)の安保理での否決という法的事態を根拠に，最初の自らの作為(一方的軍事行動)の違法性を免責し，更に安保理事会の支持とお墨つきを得られたという積極的正当化と合法化の道具としてそれを利用して，提議否決の意味を強引に読み変える解釈[40]は，到底肯定しえない議論である[40a]。「不法から権利は生じない」("Ex injuria jus non oritur")の格言がまさに該当すべき事態でもあるにもかかわらず，逆に「不法から権利が生ずる」("Ex injuria jus oritur")の結論を導きだすアウトロー思考では，時代錯誤も甚だしいと言わざるをえないだろう。

ところで国連憲章は，国際の平和と安全の維持に関し，安保理事会に「主要

な責任」(primary responsibility) を負わせた(憲章24条1項)。——"primary" であって "exclusive" ではないという理由から，直ちに国連システムを離れた個別国家や地域機関の一方的武力行使を是認する議論は乱暴であるが。——そのためには安保理事会の中核となる「常任理事国の一致」の原則が不可欠であり，そこに戦後の国際社会の平和と安全秩序確保のための前提が置かれていたと言ってよい。憲章27条3項が重要事項に関する安保理の決議方式として，常任理事国の「同意」投票 (concurring vote) を要求したのもこの趣旨からである。憲章106条が戦争直後の過渡期に限ったとはいえ，5大国の「共同行動」(joint action) を平和と安全維持のための特別の行動方式と定めたのもこの趣旨である。

ところが長い冷戦期を通じて，右の「常任理事国一致」(concurring vote) 原則は，立法趣旨とは裏腹に，組織体合意の不成立，不一致を意味する拒否権 (veto) 制度に変質して定着したといってよい。それによって平和と安全の主要な責任を果たせなくなった安保理に代って，総会が憲章10, 11, 12条の活用を通じて補完機能を果たした(1950年の朝鮮戦争時における「平和のための結集」決議の総会による採択がこの例)のは評価されるだろう。しかし，総会も影響力をもちえない状況下では，ベトナム戦争(1960年代，米国が戦争当事国)，第一次アフガン戦争(1980年代，ソ連が戦争当事国)に代表されるように，安保理事会の完全な機能マヒの下で，戦争は長期化し，住民を含め膨大な損害が生じたにも拘らず，国際社会はこれを放置するほかなかったのである。

そうした意味から言えば，常任理事国の関与する武力行使は，その停止を求める決議案が安保理に提出されても当該常任理事国の拒否権行使で簡単に葬り去られ，それは逆に進行中の武力行使に対する安保理の(黙示的)承認が得られるべき法的状況が成立したと言えるか，という問題が生じよう(松井芳郎「NATOによるユーゴ空爆と国際法」国際問題，493号，2001年，38頁。)。——「コソボ」紛争では，NATOの空爆開始直後 (1999.3.26) に出されたロシア主導の武力行使停止決議案が否決されたのは，米国等の拒否権によるものではなく，安保理事会全体の多数決によるものであった。しかし問題は，NATO空爆(武力行使という重要事項)に対するロシア，中国という常任理事国の「明確な反対」意思の

表明がある以上，憲章の本来の立法趣旨である平和と安全に関する「常任理事国一致」の原則が成立していないものとして，上述の停戦決議案の否決によっても，NATOのコソボ空爆の憲章適合性(合法性)は得られていないというべきであろう(注40a)も参照のこと。)。

(4) また「コソボ」へのNATOの軍事介入を収拾した1999年6月10日の安保理決議(決議1244)もまた，NATOの武力行使を遡って適法化(正当化)ないし追認したわけでは決してないこと[41]を忘れてはならない。この決議のもつ意味は，事実状態としてのユーゴとNATO間の武力抗争を一定条件下で終結させ，且つその中でコソボ紛争の政治的解決の新たな方向を国連(安保理)の承認の下で発進させただけである。ここでも"Ex injuria jus oritur"の効果を決議1244から読みとろうとする立場は妥当でない，と言わざるをえないのである。

またNATOの軍事作戦中に開かれた1999年5月のケルン・先進8ヶ国サミットの「コソボ」に関する声明の作成には，日，ロも加わっていたが，それによってNATOの武力行使の正当性が国際的に承認されたわけではない。ロシアは停戦後のコソボの国際管理の方式の中に，駐留兵力のNATO軍的色彩を弱めることを目的に，「国連の主催の下での(under United Nations auspices)国際民間団体及び国際安全部隊のコソボにおける展開」(UN./Doc. S/Res/1244 (June 10, 1999))という文言を盛り込むことに意を用い，NATO構成のサミット参加国もこれに同意したのである。それなしにはNATOの「コソボ」軍事介入の収拾時期は更に遅滞することになったであろう。

つまり安保理決議1244は「ランブイエ合意」(Rambouillet Accords)に比してNATOの立場を弱め，逆に国連の権威を高めることを強く打ち出したものであって，湾岸戦争における安保理の停戦決議(決議687，1991・3・4)——停戦条件として，大量破壊兵器の廃棄と査察，非武装地帯の設定，国境線の画定，抑留者の送還，損害賠償等の実質的な「降伏」条件が盛込まれた。——のようなイラクに対する国連(安保理)の強制という性質のものとしてではなく，ユーゴ政府の同意受諾の性格の濃い合意形式であったといってよいであろう(政治的には国連がNATOとユーゴの戦争を仲裁したという意味で)。

しかしより対比的に言えば、憲章第7章を援用し、国連（安保理）のコントロールをユーゴ領土であるコソボ地域の治安機能として認めさせた（従ってコソボ駐留国際部隊＝KFOR＝は任務妨害排除権をもつ）点で、国連機能の優位性をユーゴ連邦共和国の主権権限を超えて承認させていることも過小評価すべきではないだろう。この点で朝鮮戦争を終結させた「国連軍総司令官と北朝鮮軍最高司令官及び中国人民義勇軍司令との間で締結された休戦協定」（1953・7・27）とも異なると言えよう。この朝鮮休戦協定は、軍事休戦の合意と休戦委員会並びに中立国監視委員会の設置が中心で、協定手続も協定内容も全く平等対等の立場でのものであったからである。

　このようにみてくると、NATOの「コソボ」軍事介入を終熄させた安保理決議1244は、対イラク安保理決議687と朝鮮休戦協定との中間に性格上の位置を占めるものと言え、従ってフォーク（R. A. Falk）も言うように[42]、NATOの勝利を国連が確認したものとは言い難いのである。

　（5）ところで、NATOの「コソボ」軍事介入を人道確保のための成功例として賞賛するリースマンのような議論は米国に少なくない。リースマンは言う。「この作戦は最終的には、ロ、中をも取り込み安保理決議（決議1244）で事態の収拾を可能にした。流出したアルバニア系住民の多くも帰還できたし、ユーゴ政権によるコソボにおける抑圧政治をも停止させた。米国の熟練した外交がそこにみられる」[43]と。

　しかしこれに対し、フォークのような強い非難を伴う全く逆の批判もある。フォークは言う。正確な「コソボ」評価のためには、介入に至った背景を説明する詳細な公文書の公開が必要だとした上で、介入前のミロシェビッチ・ユーゴ政権と欧米（NATO）との交渉では、専ら米国代表に頼り切りであった。外交的解決を重視しようとするならば、より重要な役割を果たしうるロ、中を排除すべきではなかった。あまつさえ「コソボ」でのNATOの役割を強調する解決案にこだわっては、ミロシェビッチ・ユーゴの受諾が困難であることは当初から明白であった（「コソボ」を収拾した安保理決議1244の内容を始めから交渉の基礎に置くべきであった）。その点で、NATOには国連を活用する意思が当初

から欠如していたのである。こうした交渉方針を主導したオルブライト米外交の非柔軟性は全く評価できない。オルブライト国務長官(当時)は事案を安保理審議にかけた上で,ロ,中の棄権にまでもってゆく外交努力をすべきであったが,始めからそうした努力を放棄していたのである,と[44]。更に次のようにも言う。そのくせ軍事行動が長期に及び問題化すると(たとえば地上部隊の派遣必要論が浮上),収拾のためにロシアを利用せざるをえなくなり,且つ交渉形式としても国連体制への復帰をはからなければならなかったのである。これは紛争処理形態としては,「コソボ」へのNATOの軍事介入の失敗を物語る以外の何ものでもない[45],と。

またフランクの言うように,「コソボ」の事態は,NATOも結局は国連の力を借りなければ国際社会の広い同意を得ることができないことを示したもので,今日の国際社会の平和の維持と人権の保障に関する国連体制の存在意義の重要性を改めて認識させたもので,これが「コソボの教訓」ということになろう,と[46]。こうした評価を軽視すべきではないであろう。

のみならず,NATOの武力行使の「結果」として,人権が守られ人道法の実現にも貢献できたのであるし,またNATO行動の前に安保理事会も基本的に承認していたランブイエ合意(和平案)の内容が大よそで実現できた——もっともフォークは,ランブイエ合意では「コソボ」への即時の自治権付与と3年後の住民投票で分離独立を含む選択が明確にされていたから,安保理決議1244がこれを落している点で両者は異なると述べる (R. A. Falk, op. cit., p. 855.)。——のだから,「良い戦争」と評価してもそう間違いではないのではないかという主張もある[47]が,これもまた疑問である。なぜならそこには「結果よければすべてよし」という単細胞的な強者の「おしつけの論理」が見えかくれし,「目的と手段」との関係に関する慎重で深い考察がみられない点で,簡単に同調することができない内容があるからである。たとえばチンキンは次のように述べている。武力行使の場合にはnecessityとproportionalityという厳格な制約が国際慣習法や人道法で課せられており,従って迫害をうけている住民の生存状況をいっそう悪化させないよう,且つすべての市民の社会的,経済的,文化的権利を尊重

する義務を，武力を行使する当事国は負っていることを忘れてはならない[48]，と。

すなわち「コソボ」について言えば，NATOの武力行使とその結果に関する「費用対効果」(コスト・アンド・ベネフィット)（NATO軍等の費消軍事費は別としても，多数住民の人命の棄損並びに多大の物的資源の損失と，被害住民の救出及び人権抑圧政策の阻止効果との比較）の真剣で正確な勘案作業があったとは思われないこと，またアルバニア系，ユーゴ系というコソボ州の両住民の将来の「共生」のための心理的条件に，空爆が与えるであろう決定的打撃に全く思いを及ぼさなかったこと，更に両者間の絶えざる暴力紛争状態の継続という，合理的な判断をすれば当然予想しうる事態との関係での「空爆」（武力行使）手段選択の効用，その他必要とされる様々な判断基準をふまえての慎重な効果計算が見られなかった点で，NATOの「コソボ」軍事介入は配慮の乏しい政策決定過程を露呈しているように思われるのである（東郷育子，「人道的介入の新たな潮流とその意義」，国際政治，125号，2000年，128頁，参照。）。

拙著（「21世紀日本の安全保障」第1章II)で述べたように，コソボ紛争の収拾は，時間はかかっても国連主導下でのミロシェビッチ政権への徹底的な経済制裁と，かりに緊急の武力行使の必要があったとしても（ユーゴ政府の弾圧から緊急の住民救出が必要とされるほどの「ジェノサイド」ないし「民族浄化」がなかったことは前述した），国連安保理事会の常任理事国一致の決議を前置することが法的に要求されただけではなく，ミロシェビッチ政権への圧力を高め，その抑圧政策の変更を実現するためには，広く国際社会の世論を喚起する必要があり，そのためには国連総会の招集とそこでの決議の採択も効果的であったと思われるのである。またそうした広範な国際社会の討議を通じての人権問題に対する認識の深化が世界になお少なくない抑圧政権への圧力ともなり，民主的ガバナンスの普遍化に役立つものと考えられるのである（従ってその間，防止不能の犠牲が生ずる可能性のあることは「不可抗力」事態として受忍しなければならないが）。またそのためには，中間過程として，NATOの軍事行動に強く反対した安保理常任理事国であるロ，中への交渉権限の暫時の委任によるロ，

中主導の平和的解決の機会が設定されるべきであったであろう(この点については，広瀬善男，21世紀日本の安全保障，前掲書，15～16，84頁，参照。)。

(c) なるほど次のような主張はある。人道的武力介入の正統性と道義性を担保するのは，法の形で明確に制度化された規範に基づく合法性では必ずしもない。NATOのような集団的な意思決定手続を経ている限り，それは一定の共同体意思を反映させるものとして正当性を保持しているとみて差し支えないであろう。つまり国連安保理事会の決議の有無で合法，違法を判断するような単純な思考は捨てるべきだ，という意見である[49]。

こうした見方は，まず「法」わけても「実定の法」の意義，機能を理解していない，いいかえれば法と政治の安易なダイコトミー観がみられる点で疑問があるが，更に一軍事機構(NATO)とくに特定国(米国)の軍事能力に安易に依存し追随する地域機構の(共同体)意思に簡単に正統性を与えがちな思考が問題なのである。つまり重層的な政治的視角からの価値判断を欠き，多角的な(途上国等，欧米先進国とは異質の価値観を含む総体としての (as a whole))国際世論の存在をしばしば無視して，欧米先進国の価値観(それもしばしば現状維持の自己擁護的価値観)に安住する分析態度に問題があるのである。

「コソボ」へのNATOの軍事介入の動機と目的を，「西欧覇権者(a Western hegemon)として新世界秩序を誇示しようとする米国の意図に基づくものである」と断ずるチンキンの主張や，「人道救済に真の目的があったかは疑問で，NATOの活性化と米国の新兵器による新戦争手段の実験がほんとうの理由であり」，「冷戦後，外部からの脅威がなくなったNATOという一軍事機構の存在意義と新たな信頼性を確保するための『コソボ』情勢の利用に過ぎない」とのフォークの見解は十分な考慮に値しよう[50]。「コソボ」軍事介入に際してのクリントン米大統領声明(1999・3・24)が，介入目的を「ヨーロッパの重要地域における安定を維持し，NATOの信頼性を保持することにある」[51]と，率直に述べていることも，上述のチンキンやフォークの主張を裏付ける証言と言えよう。

私見では，NATOの「コソボ」軍事介入の真の目的(真相)は，米国のNATO内での対西欧覇権の意図が背景にあり，従って人道は名目で米国益が中心で

あったとみるべきが正確であると考えている[52]。それを実証する動きが「コソボ」後の西欧（EU）の軍事機構再編の動きに明確に現れている。すなわちEUは1999年秋以降，米国抜きのEU独自の5万ないし6万人規模の「緊急対応部隊」の設置を2003年までに完了する合意を成立させた。これに対し，米国はNATOとの関係が不明確になるとの理由で消極的態度を示したが，EUは米国が軍事的に手一杯の場合の欧州独自の対応策として必要だと説明して切り抜け，当初米国に同調していたイギリスもEU側に態度を変えたため，米国も反対姿勢を後退させた経緯がある[53]。つまりEU独自の「緊急対応部隊」構想の実体は，「コソボ」での米国の軍事的支配（覇権）へのEUの違和感（NATO内軍事優越感への抵抗）が基底にあったとみるのが妥当であろう（朝日新聞，2000・2・22，3・24；日経新聞，2000・3・24；なお2000年12月のニースでのEU首脳会議では，EU緊急対応部隊の作戦指揮でのEUの独自性を主張するフランスと，NATOとの連携を重視し米国に理解を示すイギリスとの間で対立があらわになった。朝日新聞，日経新聞，2000・12・9）。

さてたしかに，前述の法学的思考への批判すなわち法や制度の形式或いは手続のみを重視し，実体を顧慮しない悪しきリーガリズムは批判を免れないだろう。特に集権的権能が十分確立されていない国際社会においてはそうと言えよう。そういう意味では，今日の国際社会で要求されるルール・オブ・ローやデュー・プロセス・オブ・ローの原則や観念もまた，悪しきリーガリズムとは無縁でなければならないだろう。つまり抽象的，形式的な法論理ではなく国際社会で通用する実質的な正義を求めて政策を決定し行動することを，関係国や関係国際機関に対して，国連法（国連体制）は本来要求していると言ってよいであろう。そうでなければ機構発足以来，半世紀以上に及ぶ国連体制の運営実行の中で新たな機構実践が始まり，それが積み重なって既存の憲章規範の下で「憲章慣行」が形成されてきた実状を説明できないからである。

今日の（わけても冷戦後の）国際社会で「平和の維持」と「人権の保障」を秩序価値の中心におき，——そしてそこでは第1順位として「平和の維持」を目的として掲げている（憲章1条1項），——従って合法性のみならず道義性と正

統性の価値もまた，そこに見出だすべきことを要求している国際社会(国連)の体制を背景に，その実現のための機構的手続を総合的な条件判断を基礎として定めている国連の現状としての体制がある以上，それを(その国連手続を)無視して別の手続や基準を一地域機構だけの便宜的判断で行おうとするのであれば，それを正当性をもつものとして説明しうる特別な条件の存在を対世的に説得力のある形で提示する必要があるだろう。そうした説明責任をNATOの「コソボ」軍事介入肯定論は，今のところ十分果たしているとはいえないように思われる。

「緊急避難」や「自衛権」の行使というような主権国家の判断に第一次的優位性を認める行動すら，最終的な正統性，合法性或いは道義性の判断権限を国連機構(第一次的には拒否権制度のある安保理事会，次いで第二次的に総会)に委ねている法秩序の現状が今でも厳として存在するのである。こうした国際社会の現状としてのルール・オブ・ローの秩序状態を過小評価してはならない。安保理事会の手続をふまず，一方的に武力行使を実行したことが少なくとも違法であり正統性をもたない(星野俊也，注49）論文，27頁)という認識が基本的にあるのであれば，そういう行動は「道義性」をもたない行動ということであり，そこには合法性，正統性と区別された道義性の概念の入りこむ余地はない。それにも拘わらず，一転して「違法であっても道義的に正しい」(「安保理決議の有無によって合法違法を判断できない」)と結論づけることは，国際法学においてのみならず国際政治学の分野においても，学問的な思考の分裂を意味することにならないであろうか。こうして単に法理的文脈からだけではなく政治的観点から見ても，紛争の発生と解決のプロセスを冷静に判断する限り，「不法から権利は生じない」("Ex injuria jus non oritur")と結論づけるべき状況が，「コソボ」には十分に存在する(した)のである。ドイツでも「コソボ」紛争でのNATOの軍事行動につき，「人権という普遍的モラルの正当性(Gerechtigkeit)を持ち出して，現行国際法秩序の合法性(Legalität)を相対化し失効させてしまった」という厳しい批判があるのである(Vgl. U. K. Preuss, Zwischen Legalität und Gerechtigkeit, in D. S. Lutz (Hrsg.), Der Kosovo-Krieg Rechtliche und rechtsethishe Aspekte, 2000, S. 51.)。

(d) ミロシェビッチ・ユーゴ政権の反人道的・非民主主義的政策打破の行動を，特定の国家や関係地域機構が国際社会に呼びかけることは良い。しかしその手続や手段方法は，結果として生ずるあらゆる効果を総合的に勘案して決定(デシジョン・メイキング)すべきものでなければならない。それがルール・オブ・ローでありデュー・プロセス・オブ・ローの原則であって，主権国家並存の基本構造を維持しながら人権規範の定着をめざす今日の国際社会秩序の現状は，特にそうでなければならない。

国際社会にデモクラシーや人権価値を確立しようと主張する(国際社会におけるデモクラティック・ピースの樹立を試みようとする)のであれば，欧米諸国に現在確立しているガバナンス(説得手続の重視)の態様に一歩でも近づけることが，国際社会でも肝要であり，そのために最大限の努力を国連(安保理)中心の紛争解決権能の行使に際して費し，力の行使の恣意性からの脱却のための集権行動をめざすべきことが要求されているのである。

かりそめにも安易な先進国意思の押しつけや強制力の行使に走ることは，彼らが自由民主主義国の集団でありその総意に基づく政策であるからとの理由だけでは許されず，民主主義先進国の無謬性は国際社会(国連体制)では保証されていないのである。そしてそれとは全く逆に，途上国一般からの国内紛争への介入要請があれば(或いは途上国の国内に重大な人権侵害が進行していると認められる限り)，先進国は自らの犠牲を覚悟してでも，途上国や非欧米諸国の参加する組織機構である「国連の承認の下に」介入を躊躇すべきではないことが要請されているのである。──米国的価値観の典型的イデオローグであるリースマンすらルワンダ事件への不介入は，繰り返されてはならないと述べているのである[54]。──

(e) かつて一国共産主義(ソ連のレーニン主義)が結局，国際共産主義(コミンテルン)に転化したように，どこの国であれ(閉鎖社会として生存可能な民度の低い国家の場合を除き)，或る政治体制が長期的に維持継続されうるためには，その体制をその一国だけでの確保では可能とはされえず，必ず増殖(友国の

確保)の外交を試みざるをえなくなる(19世紀的軍事同盟の形成と相互対立はその歴史的先例)。

　ましていわんや自由主義の政治原理を掲げて「グローバリゼーション」を自国国益の確保と伸張のための基幹政策として，そのための多辺的な(貿易のみならず金融，通貨更には通信技術でのデ・ファクト・スタンダードの確立をめざす)経済外交を展開する先進国が軍事大国化した場合に，その軍事政策が「一国防衛主義」という受身の保全策に限定適用されることがありうるだろうかという問題がここにはあるのである。デモクラティック・ピース[55]の意味と機能を今日の国際社会体系の中で深く検討する必要があるのはこのためである。

　米国が建国とその後の西部開拓の歴史以来の自己防衛信念を維持しつづけ，今日既に国内で戦うべき敵(開拓時代の移民白人とインディアンの闘いなど)が存在しないにも拘わらず，法体制上で個人の護身用としての銃器保有を容認する政策をとり続け，逆に結果的に銃器による殺傷事件を頻発する社会環境を造り出している事実は，国際社会の秩序構造に重大な影響力をもつ大国であるだけに看過できない特有の政治現象といわなければならないであろう。

　すなわち米国の政治の体制が，そうした銃器の無規制(ないし規制の不徹底)が莫大な社会的損失を生み出していることに寛容で，そうした体制に批判的な声を容易に封殺してしまう国民的資質の存在(銃器の魔力，怖さへの無頓着さ)――「銃が悪いのではなく扱う人間が悪いのだ」という全米ライフル協会の主張に，抗弁し抵抗する運動をもちえない世論の弱さ――は，国際社会での軍事力の盲信(米国の軍事ユニラテラリズム)を容易に培う心理的基盤として作動しているように思われるのである。

　たとえば1998年，東アフリカ(ケニア，タンザニア)における米国大使館爆破事件に対するテロ支援国家(と米国が主張する国)への軍事報復として，安保理事会の決議なしに「自衛権」を根拠に(因みに米国はこの自衛権行動と自ら称する武力行使を安保理に報告していない)，スーダン及びアフガニスタンの施設をミサイル攻撃した例は，前述の米国民の心理に深く沈殿する武力信仰に心情的に通底しているものがあるように思われるのである。2001年9月11日の

ニューヨーク等を襲った同時多発テロに対する国民的激情——「はじめに—第二次(2001年)アフガン戦争をどうみるか—」でみたように，「自衛権」でのアフガンへの武力行使でも発現された——も，同様の性格をもとう。

換言すれば，米国の受身の「一国防衛主義」(自己防衛のための武器への依存に，安易に傾倒する開拓民族国家米国に特有の国民心理を背景にする)が，やがて対外的には「一国軍事(覇権)主義」を生み出す国家政策の基盤として作動している状況を否定できないように思われるからである。

こうして今日，米国の「一国防衛主義」は，長距離ミサイルを迎撃する米本土ミサイル防衛(NMDまたはMD)システムの開発と配備に軍事政策上の重点を移していると言ってよいだろう。しかしそれを可能とするためには，米ロ間に既にある弾道弾迎撃ミサイル(ABM)制限条約の修正ないし廃棄が必要である。ロシアは，こうした米国の新たな防衛システムがロシア自体の核(兵器)を無力化することを恐れ，長らく批准が停滞していた米ロ間の第二次戦略兵器制限条約(START II)を2000年4月に下院で批准承認することを漸く決めたさいにも，米国によるABM条約の遵守を批准書交換の要件としたほどである。ロシアのプーチン大統領(当時，代行)は，米国がABM制限条約を離脱すればSTART IIの規制を離れ，対抗措置をとることを警告(朝日新聞，2000・4・6)し，2000年7月のG8沖縄サミット出席の直前に訪問した中国及び北朝鮮とは，NMD及びTMDへの反対を合意しているほどである。ここにも米国の「一国防衛主義」が，国際社会全体の緊張緩和の障害となっている事実があることを軽視することができない状況がある。2001.9.11の同時多発テロを経験した米国は，漸く国連を中心とした多国主義の価値に目を向け始め，ユニラテラリズムから脱却する傾向もみせ始めたかにみえた。しかしそれも束の間であり，同年12月には，米ロ間のABM制限条約からの脱退をロシアに通告した。それに対し，ロシア下院はこれを「誤り」と非難する決議を採択し，「米国の同条約からの一方的脱退は，世界の戦略的安定を破壊し，新たな軍拡競争(核の多弾頭化)をつくり出す」との声明を発表した(朝日新聞，2002・1・17)。

また北東アジアにおける地域ミサイル防衛システム(TMD)配備の問題につ

いてみても，──NATO諸国はNMDには批判的であるが，TMDには抵抗感が小さいが，──そうした米国の対東アジア軍事政策は当然のことながら台湾海峡での中国（台湾領有主張）との軍事的緊張を高め，中台軍事紛争のさいの米軍の「後方支援」を確実にするための日米安保条約の「再定義」に日本政府（保守層）をいざなって，日米安保共同宣言の締結（1996年）とその確実な運用をはからざるをえない道に日本を追い込んだ（1999年の周辺事態法の制定）のである。しかしそれは沖縄住民に新たな不安を持ち込むこととなったため，日本政府は住民懐柔策として経済振興のアメを供与して，普天間米軍基地の島内（名護地区）移転に全力をあげる政策に転換したのである。しかしこうした日本政府の対沖縄政策は，沖縄の基地経済依存の体質からの脱却をいっそう困難にしただけではなく，結果として冷戦後の東アジアにおける平和環境の形成にもほとんど奉仕していない状況があると言って過言ではないであろう[56]。

そこには今日なお，米国が自由（民主）主義と軍事主義との思想的相剋を克服できず，両者のアンチノミーからの脱却の困難な心理状況に深く埋没して，人類の将来への洞察と展望を画くべき責任国家としての精神構造を造成しえていない状況があるように思われる。

注

0) 同書77頁16行目「ナイジェリア」は「リベリア」の誤記なので，そのように訂正する。

1) R. Wedgwood, NATO's Campaign in Yugoslavia, Editorial Comments: NATO's Kosovo Intervention, American Journal of International Law (A.J.I.L.), Vol. 93, No. 4, 1999, p. 832.; L. Henkin, Kosovo and the Law of "Humanitarian Intervention", A.J.I.L., ibid., pp. 825～826; P. Hilpold, Humanitarian Intervention; Is There a Need for a Legal Reappraisal?, European Jouranl of International Law (E.J.I.L.), Vol. 12, No. 3, 2001, pp. 448～449.

2) W. M. Reisman, Kosovo's Antinomies, A.J.I.L., ibid., p. 862. なお村瀬信也「武力不行使に関する国連憲章と一般国際法との適用関係──NATOのユーゴ空爆をめぐる議論を手掛かりとして──」上智法学論集，43巻3号，1999年，1～41頁も，リースマンの上述論文とトーンは近似するが，リースマンとの違いは，村瀬論文

が武力行使に関して国連憲章とは別に一般国際法の存在を肯定していることである。

3) ヘンキンは言う（L. Henkin, op. cit., p. 824.）。一国の内政に対する武力による外国の一方的人道干渉は（紛争両当事者に対して）禁止したとみるべきが，既に1945年段階での国際社会の規範意識であったと言わなければならない。憲章2条4項（「加盟国は，その国際関係において，武力による威嚇または武力の行使を，如何なる国の領土保全又は政治的独立に対するものも慎まなければならない」の規定）はその表現である，と（同旨，広瀬善男，力の行使と国際法，1989年，信山社，236～264頁。同「内戦と国際法」国際法外交雑誌，65巻3号，1966年，参照）。

もっとも1998～99年の「コソボ」事件での，コソボ一州における国内武力紛争が，規模，形態等からみて「内政不干渉（不介入）」原則の適用要件を満たしていたかどうかは疑問である。なぜならコソボはユーゴの一州であるが，そこでの紛争がユーゴ全域における大規模な内乱状況を生み出していたとは言えないからである。従って「コソボ」紛争程度の散発的武力紛争ではむしろ反乱団体（コソボ解放軍）への外部からの（軍事的・経済的）支援は違法ではあっても，逆に正統政府たるユーゴ連邦政府（軍）に対する外国からの支援は違法とは言えないというべき状態であったであろう。従ってここでの問題は国内（紛争）における重大人権侵害に対する国際社会の対応態度，いいかえれば国内武力紛争という客観的状況への外国のとるべき立場のそれではなく，人権の重大棄損という，すでに国際法上の違法性が確立している（たとえばジェノサイドの禁止）行為の防止のための国際社会の対応態度のそれである。すなわち国連憲章2条7項但し書き（憲章第7章の強制措置）及び2条4項末文（国連の目的との両立性）の適用の問題である。なお民族自決権を根拠とする内戦に関し国際社会の対応態度を詳細に論じた，広瀬善男，国家責任論の再構成―経済と人権と―，1978年，有信堂，第2編第3章，121～170頁，も参照のこと。

3a) しかしながら，国際社会の実体は今日でも，いわゆる「人道的干渉」という国家行動が干渉国の国益実現的役割（人権救済よりも特定の政治体制の強制）の性格を濃厚にもっていることを示している。たとえばニカラグア事件に関する国際司法裁判所の判決は，米国によるニカラグア港湾への機雷の敷設や石油施設の破壊更には反政府勢力（Contra）の武装化や訓練は，ニカラグア政権の民主化と人権尊重体制の確立のための人道的介入の行動であるという米国の主張とは，明確な乖離相違を示している。それは厳格な意味で，人道援助とは言えず国際法上で違法な行動であると断じていることを見落としてはならないだろう（ICJ Reports, 1986, paras. 242, 268.; C. Gray, International Law and the Use of Force, 2000, p. 28.）。またJ.

第 3 章　地域機構の人道的介入と国連の統制　*117*

　　Lobel は,「コソボ」紛争での NATO の空爆を正当化すれば, コソボと同様の人権侵害状況の存在するトルコやコロンビアに対する空爆も適法化されるだろう。歴史的に検証すれば, 真正の人道目的をもった武力干渉は存在しない, と述べている (American Society of International Law (ASIL), Proceedings, 94th Ann. Mtg., 2000, p. 305.)。

4)　R. Wedgwood, op. cit., pp. 829～830.; L. Henkin, op. cit., pp. 825, 827.

5)　B. Simma, NATO, the UN and the Use of Force: Legal Aspects, E.J.I.L., Vol. 10, No. 1, 1999, pp. 5～6.; E. McWhinny, The United Nations and a New World Order for a New Millennium, 2000, p. 33.;「コソボ」への軍事介入は, 国連憲章第 7 章に基づく安保理事会の決定が必要だったという主張として, Th. Meron, The Humanization of Humanitarian Law, A.J.I.L., Vol. 94, No. 2, 2000, p. 277.; また安保理決議にも大国支配の不公平さはあるとしても, 地域同盟的な多国制度の独善性, 恣意性より危険は少い, との主張として, S. Chesterman, Just War or Jsut Peace? Humanitarian Intervention and International Law, 2001, pp. 233～234.

6)　M. J. Glennon, The New Interventionism: The Search for a Just International Law, Foreign Affairs, May/June, 1999, p. 2.

7)　L. Henkin, op. cit., p. 828.; 同様に, 重大な人権侵害の状況がある場合の "collective intervention" の正当性を主張する国際政治学者の意見として, Stanley Hoffman, Sovereignty and the Ethics of Intervention, in "S. Hoffman et al. (eds.), The Ethics and Politics of Humanitarian Intervention, 1996", p. 23.

8)　Th. M. Franck, Lesson of Kosovo, Editorial Comments: NATO's Kosovo Intervention, A.J.I.L., Vol. 93, No. 4, 1999, pp. 857～860.

9)　A. Cassese, Ex iniuria ius oritur: Are We Moving towards International Legitimation of Forcible Humanitarian Countermeasures in the World Community?, E.J.I.L., Vol. 10, No. 1, 1999, p. 26.

10)　R. A. Falk, Kosovo, World Order, and the Future of International Law, Editorial Comments: NATO's Kosovo Intervention, A.J.I.L., Vol. 93, No. 4, 1999, p. 849.

11)　広瀬善男, 日本の安全保障と新世界秩序, 1997 年, 信山社, 51 頁, 154 頁注 (13)。S. Ryan, United Nations Peacekeeping: A Matter of Principles?, in "T. Woodhouse and O. Ramsbotham (eds.), Peacekeeping and Conflict Resolution, 2000", p. 41.; R. Higgins, Second-Generation Peacekeeping, ASIL Proceedings, 89th Ann. Mtg., 1995, p. 278.; J. N. Moore, Towards a New Paradigm: Enhanced Effectiveness in U.N. Peacekeeping, Collective Security, and War Avoidance, Virginia Journal of International Law, Vol. 37, No. 4, 1997, pp. 867～873.; F. Henn, Keeping the Peace: Military Perspective, in

"D. Bourantonis and M. Evriviades (eds.), A United Nations for the Twenty-First Century: Peace, Security and Development, 1996", p. 208.

12) J. L. Charney, Anticipatory Humanitarian Intervention in Kosovo, Editorial Comments: NATO's Kosovo Intervention, A.J.I.L., Vol. 93, No. 4, 1999, p. 835.

13) L. M. Goodrich, E. Hambro and A. P. Simons, Charter of the United Nations: Commentary and Documents, 1969, pp. 43〜55.; J.-P. Cot et A. Pellet (eds.), La Charte des Nations Unies: Commentaire article par article, 1985, pp. 113〜125.; B. Simma (ed.), The Charter of the United Nations: Commentary, 1994, pp. 106〜128.; 広瀬善男、国家責任論の再構成——経済と人権と——、前掲書、134〜135, 146頁。

14) I. Brownlie, The Decisions of Political Organs of the United Nations and the Rule of Law, in "R. St. J. Macdonald (ed.), Essays in Honour of Wang Tieya, 1993", pp. 95〜96, 102.

15) Th. M. Franck, The United Nations as Guarantor of International Peace and Security, in The United Nations at Age Fifty: A Legal Perspective, 1995, p. 37.

16) D. Sarooshi, The United Nations and the Development of Collective Security: The Delegation by the U.N. Security Council of its Charter VII Powers, 1999, pp. 47〜48.; 広瀬善男、21世紀日本の安全保障——新たな日米同盟とアジア——、2000年、明石書店、86〜87, 138〜140頁。

17) D. Wippman, Enforcing the Peace: ECOWAS and the Liberian Civil War, in "L. F. Damrosch (ed.), Enforcing Restraint: Collective Intervention in Internal Conflicts, 1993", p. 182.; J. Levitt, Humanitarian Intervention by Regional Actors in International Conflicts, and the Cases of ECOWAS in Liberia and Sierra Leone, Temple International and Comparative Law Journal, 1998, p. 347.; K. Nowrot and E. W. Schbacker, The Use of Force to Restore Democracy: International Legal Implications of the ECOWAS intervention in Sierra Leone, American University International Law Review, Vol. 14, 1998, p. 321.

17a) シアラー（D. Shearer）やウッドハウス（T. Woodhouse）は、シエラ・レオネの例をあげて、いわゆる破綻国家における将軍たち（war loads）による内戦に関しては、通常の責任ある政府の存在する国家間の武力紛争とは異なり、同意による紛争の解決という戦略には限界があり、紛争解決の役割の一端を担うPKO活動は、軍事力による対応がより重要になるという。但し紛争当事者の一方のみの勝利に、PKOの軍事行動が寄与することは危険で、公平な人道基準による実力行使が必要である。それが紛争解決プロセスの重要な一環として作用する、と述べている。そしてこうした理解はソマリアやルワンダ等の事例からの教訓であり、結論は「軍事的PKOと紛争解決戦略との結合である」と言う（D. Shearer, Exploring the Limits of Consent: Conflict Resolution in Sierra Leone, Millennium: Journal of International Studies, Vol. 26, No. 3, 1997, pp. 845〜860.; T. Woodhouse, Conflict Resolution and Peacekeeping: Critiques and Responses, in "T. Woodhouse and O. Ramsbotham (eds.), Peacekeeping and Conflict Resolution, 2000", pp. 9, 14〜16.)。

なお，冷戦後に顕著にみられるようになった民族間の武力紛争（エスニック紛争）の解決方法として，停戦後のいわゆる peacemaking (peace-building) の国連活動が重視されるが，その場合重要なことは，選挙の施行による政権の樹立という形式的な民主的手続をふむこと，そのことではなく（それでは紛争当事者の長い融和のない単なる多数支配に終わりがちで，武力紛争の再燃が必至となる），国連管轄による保護地域の設定を含め，関係住民の共同生活区の設置等による cross-community contacts（最近のキプロスの事例）の維持というような共通の市民経験が重要となる。そしてそのためには NGO の協力が必要不可欠となろう（S. Ryan, United Nations Peacekeeping: A Matter of Principles?, in "T. Woodhouse and O. Ramsbotham (eds.), Peacekeeping and Conflict Resolution", ibid., pp. 27〜47.)。アナン国連事務総長も，PKO の強制力による暴力の抑止も重要であるが，それだけでは一時的な平和にとどまろう。従って，根本的で永続的な平和確立のためには，敵対住民間の善意の醸成と協力気運の形成に奉仕する "civil action" の展開が，"peace incentive" の役割を果たすと述べる (K. Annan, Peace Operations and the U.N. Conflict Resolution Monitor, 1, Bradford: Center for Conflict Resolution, Department of Peace Studies, 1997, pp. 27〜28.; T. Woodhouse, Conflict Resolution and Peacekeeping, op. cit., p. 17.)。

18) 1997 年のシエラ・レオネにおける軍事クーデターで正統政権が倒れたさい，国連安保理事会は民主的に選ばれた政府を暴力で転覆することに強い懸念を表明し，西アフリカ諸国経済共同体 (ECOWAS) の努力による正統政府復帰の方向を支持した。その後，安保理決議 1132 で，安保理は ECOWAS を国連憲章第 8 章の地域取極として行動することを承認した (C. Gray, International Law and the Use of Force, 2000, pp. 228〜229.)。1991 年〜94 年のハイチ事件の教訓が背景にあったからである（ハイチ事件に関する安保理の関与について，広瀬善男，日本の安全保障と新世界秩序，前掲書，83〜86 頁，参照。)。同時に，正統政府の政権復帰が進展しないため，安保理はシエラ・レオネの状況を「周辺地域の平和と安全への脅威」と認定し，憲章第 7 章を援用し，シエラ・レオネの軍事反乱政権に対して経済制裁（海上封鎖）を課す決議 1132（1997・10・8）を採択したのである。しかしその際，武力行使容認の決議はなかった。討議の中で，ロシアは，武力行使は安保理の許可なしにとられてはならない，と述べた (Security Council Press Release, SC/6425, 8 Oct. 1997, p. 10.)。しかしその後（1998 年）ECOWAS の武力介入があった際，安

保理はこれを黙認したのである (D. Sarooshi, op.cit., pp. 267〜268, n. 76.)。

19) 広瀬善男，21世紀日本の安全保障——新たな日米同盟とアジア——，前掲書。93頁。J. I. Charney, op.cit., p. 837.

20) L. C. Meeker, Defensive Quarantine and the Law, A.J.I.L., Vol. 57, 1963, pp. 520, 522.

21) B. Simma (ed.), The Charter of the United Nations: A Commentary, 1994, pp. 733〜734.

22) J.-P. Cot et A. Pellet (eds.), La Charte des Nations Unies: Commentaire article par article, 1985, pp. 824〜825.; 中原喜一郎，斉藤恵彦監訳，コマンテール国際連合憲章，1993年，東京書籍，1000頁。

23) J. Wolf, Regional Agreement and the UN Charter, in "R. Bernhardt et al. (eds.), Encyclopedia of Public International Law, No. 6, 1983", p. 293.; M. Akehurst, Enforcement Action by Regional Agencies with Special Reference to the OAS, British Yearbook of International Law, Vol. 42, 1967, p. 214. マックウィニー (E. McWhinney) は，国連憲章下では既に違法化されている19世紀以来のいわゆる伝統的な「人道的干渉」とは異なる適法な「人道的介入」であるための条件として，国連憲章2条7項と第7章をあげて，「安保理による事前の承認」(the prior legal authorisation) が必要であると言う。しかし冷戦中は，米ソによる自陣営への勢力囲い込みを目的とした違法な「覇権的干渉」(hegemonial intervention: G. Schwarzenbeger の言葉を引用) があり，その例として，ソ連によるハンガリー事件(1956年)，チェコ事件(1968年)への軍事干渉や，米国によるニカラグア内戦への干渉(1986年に ICJ による違法判決があった)やカストロ・キューバ政権の転覆を狙った Bay of Pigs 事件(1961年)がある，という (E. McWhinney, The United Nations and a New World Order for a New Millennium, 2000, pp. 33〜34.)。

24) D. Sarooshi, op. cit., pp. 248〜253.; T. Gazzini, NATO Coercive Military Activities in the Yugoslav Crisis (1992–1999), E.J.I.L., Vol. 12, No. 3, 2001, p. 420.

25) B. Boutros-Ghali, An Agenda for Peace, 1992, para. 64.

26) R. Higgins, The United Nations Role in Maintaining International Peace: The Lesson of the First Fifty Years, New York Law School Journal of International and Comparative Law, Vol. 16, 1996, p. 143.

27) W. Ofuatey-Kodjoe, Regional Organizations and the Resolution of International Conflict: the ECOWAS Intervention in Liberia, International Peacekeeping, Vol. 1, 1994, p. 295.

28) D. Sarooshi, op. cit., pp. 281〜284.

29) Th. M. Franck, op. cit., p. 859.; 同旨，広瀬善男，21世紀日本の安全保障，前掲書，109頁。神余隆博，「国連とユーゴスラヴィア」，国際問題，496号，2001年，74頁。

30) J. I. Charney, op. cit., p. 836.
31) Th. M. Franck, op. cit., p. 860.
32) 国際社会においても武力行使の容認のためには、ルール・オブ・ローないしデュー・プロセス・オブ・ローの原則の支配が欠かせないことにつき、広瀬善男、21世紀日本の安全保障、前掲書、85、97頁。
33) R. A. Falk, op. cit., pp. 851～852.; 青井千由紀、「人権・国家と二つの正統性システム」、国際政治、124号、2000年、117頁。
34) W. M. Resiman, op. cit., p. 861.
34a) W. M. Reisman, ibid.
34b) S. Chesterman, は次のように述べて、「コソボ」空爆を「緊急避難」(necessity)の法理で適法化するベルギーの主張(ユーゴのICJへの提訴に対するNATO諸国の審述の一つ。Pleadings of Belgium, 10 May 1999, CR99/15)をしりぞける。すなわち ① コソボ住民の生存状況が "grave and imminent peril" に陥っていたとは言えないこと。② 空爆以外に緊急救助の方法や手段がなかった、とは言えないこと。③ ランブイエ合意までのNATOの交渉態度は、NATO自らがコソボにおける "necessity" の状態の発生に寄与した疑いがあること。④ 78日間に及ぶ空爆は、ユーゴの "an essential interst" に重大棄損を生じせしめ、"necessity" の適法要件としての "proportionality" に反すること、がその理由である。その際、Gabcikovo—Nagymaros case で、ICJ が、ILC国家責任条約案(1980年) 33条で示した "necessity"(慣習法化と認定)の成立条件を引用して判決した趣旨をも根拠としている (S. Chesterman, Just War or Just Peace, 2001, pp. 213～214.)。
35) J. I. Charney, op. cit., p. 840. また R. Müllerson は、人命救助に限定された武力行使であれば、その modality は jus in bello (ジュネーブ人道法条約追加第1議定書)の枠内にとどまるべきであり、jus ad bellum の支配する違法な人道的干渉の purpose をもつべきではない、と述べる (R. Müllerson, Ordering Anarchy: International Law in International Society, 2000, pp. 303, 316.)。
　米国は、南北戦争時の1863年に、リンカーン大統領が制定した「陸戦における米国軍隊への訓令」General Orders No. 100 (いわゆる Liever Code)で、戦闘における人類的理性による制約を命じたが、更にリンカーン大統領は同法の適用上で、政治手段と軍事手段を明確に区別した。しかし1世紀を経たベトナム戦争では、この政治と軍事の区別が忘れられ、たとえば1972年の米国による北ベトナムに対するクリスマス爆撃は、「軍事的必要性」よりも北ベトナムを平和交渉に引き出すための政治戦略の手段として利用されたと言う (B. M. Carnaham, Lincoln, Liever and the Law of War: The Origins and Limits of the Principle of Military Necessity, A.J.I.L.,

Vol. 92, No. 2, 1998, pp. 213, 221.; 広瀬善男,「核兵器使用の違法性に関する考察」, 明学・法学研究, 60 号, 1996 年, 22～27 頁。).

36) Statement by President Bill Clinton Confirming NATO Air Strikes on Serb Military Target, Fed. News Serv., Mar. 24, 1999.

36a) 1998 年 10 月のコソボへの OSCE 停戦監視団 (OSCE Kosovo Verification Mission) の派遣に関する OSCE とユーゴ政府の協定は, NATO の軍事的威嚇を背景として締結された条約である(米国もこれを肯定)から, 条約法条約 52 条により無効であるとみる見方として, T. Gazzini, NATO Caercive Military Activities., op. cit., pp. 405, 430.

37) W. M. Reisman, op. cit., p. 861. もっともリースマンは「憲章手続の外側で (outside the UN procedure)」と述べるにとどまり, 従って実体法上は憲章の内容(起草時ではなく憲章の実践過程の中で形成された「生きている」規定)に底礎された例外的行動として NATO 空爆を理解しているようである。

37a)「人道的干渉にあっては,... イスラム文明, 儒教文明, 近代ヨーロッパ文明など, 文明圏を貫通するレベルで(文際的正統性), どれほど広範な支持があるか, という視点が重要となる」との意見がある(大沼保昭,『人道的干渉』の法理——文際的視点からみた『人道的干渉』——, 国際問題, 493 号, 2001 年, 10 頁。)。そうであるとすれば,「制度」的には, 各文明圏のすべての国を網羅した国連総会への事案付託が「文際的正統性」を確保するために必要な国際社会の手続きであろう。注 29, 参照。

38) ICJ Reports, 1986, para. 193.; B. Simma (ed.), The Charter of the United Nations, op. cit., p. 124.

39) 佐藤哲夫, 国際組織の創造的展開, 1993 年, 勁草書房, 64～98 頁。

　国連安保理事会の権能(憲章 6, 7 章が中心)行使は,「黙示的権限」(implied power)という国際組織法上の特有の権能行使を通じて subsequent practice を構成し,(総会同様)具体的事案への単なる憲章規定の適用という性質と範囲を越えて, 三権分立の明確化された国内法体制とは異質の立法機能を果たしつつあると言ってよいであろう。但しユス・コーゲンスとしての慣習法の形成については, 総会の関与等「法信念」の別の重層的認識プロセスが必要。

39a) そうした議論の一つとして, いわゆる「人道的干渉」という伝統的慣習法の「消滅」を認めない議論がある。すなわち「濫用の危険」があるからという理由で, 或るルールの存在を否定するのは不合理だという立場である。どのような規範でも「濫用の可能性」はあるからだという(たとえば, R. Higgins, Problems and Process: International Law and How We Use It, 1994, p. 247.; D. Kritsiotis, Reappraising

Policy Objections to Humanitarian Intervention, Michigan Journal of International Law, Vol. 19, 1998, p. 1005.)。しかしながら「人道的干渉」という個別国家の武力行使については，武力行使の規制に関するユス・コーゲンスとしての国際規範の成立に伴う国際的コントロールの多層で多角的なシステムの形成があり（国連安保理のみならず総会，その他の組織的統制，監視の機能），そのすべての活用努力を放棄して，一国（一地域機関）の武力行使を安易に是認する事は許されない，というのが，今日の国際社会の規範意識であろう。そうとすれば始めから国際的コントロールのメカニズムを無視する「人道的干渉」は，どのような口実を構えてもルールの「濫用（違法）そのもの」であり，濫用の「危険や可能性」ではない（P. Hilpold, Humanitarian Intervention, op. cit., pp. 454～455.)。

40) L. Henkin, op. cit., pp. 826～827.
40a) 「或る機関での提議採択の失敗（否決）は，反対の行動のその機関による承認を当然には意味しない」とする南西アフリカ事件に関するICJの勧告的意見（ICJ Reports, 1971, at 36.）を参照のこと。
41) Th. M. Franck, op. cit., p. 858; C. Gray, op. cit., p. 35.
42) R. A. Falk, op. cit., p. 851. フォークは安保理決議1244は文言的にもdispositive language が使われ，ランブイエ合意のユーゴ政府に対する強制的な表現（dictatorial language）とは異なると述べている。
43) W. M. Reisman, op. cit., p. 860.
44) R. A. Falk, op. cit., pp. 850～851.
   1999年2月のランブイエでの和平交渉は，主導権を握った米国が最終段階でセルビアの受入れ困難な新条件（付属文書B＝コソボ州でのセルビア治安部隊とアルバニア系過激派KLAとの停戦後に，同地域に駐留する国際部隊はNATO指揮下のNATO軍を主体とし，コソボだけでなくユーゴ全域に展開し，その要員には治外法権の地位が与えられる，という提議）を突きつけ，セルビア政府を合意拒否の道へと敢えて追い込み，交渉決裂の責任をセルビアに負わせて，悪玉セルビアに空爆をしかけるシナリオを実現したという（M. Mccgwire, Why did we bomb Belgrade?, International Affairs, Vol. 76, No. 1, 2000, pp. 7～8, 13.; 定形衛，「コソヴォ紛争とNATO空爆」，国際問題，483号，2000年，31～32頁。勝俣誠，「地域紛争からみたグローバル化と人間の安全保障——介入の時代再考——」，PRIME, No. 11, 2000, 明治学院大学国際平和研究所，3頁。Le Monde Diplomatique, Mars, 2000.)。
45) R. A. Falk, op. cit., pp. 850, 854～855.
46) Th. M. Franck, op. cit., p. 860.

47) Th. M. Franck, op. cit., p. 859.; A. Cassese, op. cit., pp. 23ff.; cf. R. A. Falk, op. cit., p. 855.

48) Ch. M. Chinkin, Kosovo: A "Good" or "Bad" War?: Editorial Comment: NATO's Kosovo Intervention, A.J.I.L., Vol. 93, No. 4, 1999, p. 844.

49) 星野俊也,「米国のコソボ紛争介入——その道義性・合法性・正当性——」,国際問題,479号,2000年,27〜28頁.

50) Ch. M. Chinkin, op. cit., p. 843.; R. A. Fark, op. cit., pp. 850, 856.

51) President Clinton Address to the Nation Regarding NATO Air Strikes against Serbia, Fed. News Serv., Mar. 24, cited by R. Wedgwood, op. cit., p. 829, n.1.

52) 広瀬善男,21世紀日本の安全保障,前掲書,13,84,95頁.同旨,マクシム・ギラン,「ユーゴスラビアで失敗に終わった大陰謀」,PRIME, No. 11, 前掲,33頁.定形衞,「コソヴォ紛争とNATO空爆」,前掲,33頁.マッグワイアは,米国が戦争を急いだ背景には,99年4月に迫ったNATO 50周年式典で,NATOの新たな存在理由を打ち立てたいとの計算があったと言う(M. Mccgwire, op. cit.; 紹介,田島晃,国際問題,485号,2000年,78頁).

53) 木村崇之(EU日本政府代表部大使)は言う.EU独自の緊急対応部隊の創設について,英国が最終的に賛成にまわった背景には,米国の孤立主義とユニラテラリズム(自国の決定を他国に押しつけること)に対する危惧があり,一方,コソボ紛争の過程で欧州側の軍事能力が非常に低いことが明らかになったことがあると(「21世紀の運命共同体をめざして.特集・未来へ回帰するヨーロッパ」外交フォーラム,142号,2000年,36頁.).同様に,神余隆博(外務省欧亜局審議官)も,「(EUの緊急対応部隊の創設は)欧州の対米依存からの脱却」をめざす「EU(独自の)軍事カルチャーの導入」の試みであると言う(「深化と拡大のパラドックス」同,46頁.).

54) W. M. Reisman, op. cit., p. 861.; T. Woodhouse, Conflict Resolution and Peacekeeping, op. cit., p. 18.

　この点で人道的介入の二重基準性を厳しく批判するチンキンは,国連(安保理)がインドネシアの同意を得るまで東チモール住民の保護を先送りしたことや,アフリカとヨーロッパ(東欧)の難民救済の地域的格差の大きさを指摘し,次の数字を提示する.国連難民高等弁務官事務所(UNHCR)の予算費消額は,アフリカでは1日11セントであるのに対し,東欧のバルカンでは1日1ドル23セントであって,アフリカの11倍に上る.また,コソボに対しての人道救済のための費用要求額は6億9000万ドルであり,その58%が認められ,更にその上に戦後復興として21億ドルが計上されたが,一方,シエラ・レオネに対する2,500万ドルの

支出要請に対しては，その32%しか認められなかった，と (Ch. M. Chinkin, op. cit., p. 847, ns. 31, 32.; Quoting T. Ch. Miller & A. M. Simmons, Relief Camps for Africans, Kosovars Worlds Apart, L. A. Times, May 21, 1999, at A1.; V. Brittain, Unrealistic Humanitarians, Guardian, Aug. 4, 1999, at 16.)。なお(軍事)介入の二重基準問題の指摘として，東郷育子，「人道的介入の新たな潮流とその意義」，国際政治，125号，2000年，123頁，参照。

55) デモクラティック・ピースについて，広瀬善男，21世紀日本の安全保障，前掲書，132頁。

56) 沖縄米軍基地わけても普天間基地の移転については，韓国済州島が移転先として適当であると考える。朝鮮半島状勢は，2000年6月の金大中韓国大統領の訪朝による金正日北朝鮮総書記との会談を契機に，軍事的緊張が大幅に緩和された。最近では，韓国，北朝鮮共に将来の米軍の朝鮮半島駐留の継続を拒否しておらず，むしろ地域の「安定力」として肯定的である。従って38度線南側の米地上軍の撤退と，その代替としての国連平和維持軍の駐留を前提に，21世紀初めの暫定期間，北東アジアの軍事的安定化のため，普天間を始め在沖米軍兵力(航空，海兵隊が中心)の一定部分を韓国(地理的に済州島が適当)への移駐を検討すべきであろう(詳細は，広瀬善男，21世紀日本の安全保障，前掲書，第1章，IV，参照。)。

〔後記〕

　2001年12月，奄美大島沖の東シナ海で，いわゆる不審船(沈没)事件が発生した。事件の発生場所は日本の排他的経済水域(EEZ)であって，領海ではなかった。日本の領海内であれば，密漁(漁業法違反)の疑いだけでなく広く日本の治安に影響があるとみなされる限り，当該船に対して停船，臨検を要求し，応じない場合は強制力の行使(たとえば危害射撃等)が許されただろう(海上保安庁法20条1,2項)。しかしEEZにおける沿岸国の強制管轄権は，資源(漁業，海底資源)の管轄に権限行使の範囲が限られる(国連海洋法条約73条)。つまりEEZはあくまでも公海内に一定の限定目的のために設定された沿岸国管轄権行使の特別水域であるから，他国船舶の航行(公海)自由への最大限の配慮を要する(海洋法条約58条1,2項)。この趣旨から公海における国際犯罪(正確には「国際法上の犯罪」)として知られる(erga omnes性がある)「海賊」行為についてすら，その船舶の拿捕につき「拿捕が十分な根拠なしに行われた場合には」，拿捕国が損害賠償責任を負うことを国連海洋法条約(106条)は定めているのである。従っていわんや沿岸国の漁業法違反のような一国だけの権益侵害を理由とする強制力の行使が適法性をもちうるためには，法令違反の「十分な根拠」が沿岸国によって提示しえなければならない。それだけこの海域(EEZ)での航行(公海)自由の一般的利益の優越性は高いのである。

　しかしながら本件事件発生時に，日本の関係機関は「当該不審船は外観は漁船だが，魚網がみられず，従って日本の情報収集や密入国などの違法行為目的の航行の疑いが強い」「1999年3月の能登半島沖の不審船と同様の北朝鮮船の可能性が高いと判断した」と述べている(海上保安庁，防衛庁長官所見; 朝日新聞，2001・12・23, 24．)。そうとすれば，日本の行為は国際的に容認される資源管轄権上の沿岸国の強制権限の行使とは言えない。かりに弁明的に「漁業法」の適用を主張しても，漁業法の「濫用」的適用とみる以外になく，日本の"ultra vires"の権限行使とならざるをえない。つまりEEZにおける沿岸国の「制限的」管轄権を「越えていることを了知しながら」日本は強制力を行使したことを意味し，かりに日本の最初の「威嚇射撃」に対する不審船の対応にも過剰防

衛的要素があったとしても，日本の武力行使を「正当防衛」の法理で適法化することは困難であろう。要するに両者の衝突は，法的には武器を使った単なる「けんか」とみる以外にないだろう。

こうしてみると本件では，EEZ内での事件であることを十分配慮し，停船，臨検への任意の協力要請にとどめる(従って逃走した場合は強制力は行使しない)のが，公海自由原則を基本とする海洋法条約体制下での沿岸国のあり方であったであろう。──因みに，軽い犯罪(漁業法違反)を理由とした逮捕で，重い犯罪(治安侵害)での処罰にもってゆこうとした「別件逮捕」的要素があるという比喩的説明は，前段が始めから成立しない以上，成り立たない。──

第4章
内陸国をめぐって生ずるであろう漁業紛争と国連の紛争解決手続

川 上 壯 一 郎

I. はじめに

　紛争は，法又は事実に関する見解の相違から生ずる[1]。紛争解決の制度が確立していなければ紛争はいつまでも続くこことになろう。

　筆者に与えられたテーマは，内陸国と沿岸国に発生するであろう排他的経済水域における漁業紛争である。

　内陸国が，海洋生物資源に対して強い要求をだしてくるのは，排他的経済水域という制度が新たに登場してくることと軌をいつにしている。この時までは，内陸国の興味の対象領域は，もっぱら海へ出入する権利の問題にしぼられていた。

　しかし海の憲法といわれる1982年の海洋法に関する国際連合条約（国連海洋法条約）は，第69条で，内陸国が，自国と同一の小地域又は地域の沿岸国の排他的経済水域における生物資源の余剰部分について内陸国に開発に参加する権利を認めた（他の地理的不利国については第70条）。こうなると，内陸国と沿岸国との間で海洋生物資源をめぐり対立が生じ，それらが紛争に発展する可能性がある。

　沿岸国は，第3次国連海洋法会議で，海洋に対して多くの権利をえた。内陸国は，狭いながらも条約によって権利を認められた。沿岸国も排他的経済水域に関して多くの権利をえた。いずれも血みどろの戦をして手に入れた権利なのである。後述するが，沿岸国は，内陸国のえた権利を保障するために第三者による強制手続を主張した。沿岸国は，拘束力を有する決定を伴う義務的手続の必要性を認めながらも，一定の事項については，強制手続きから外そうとした。

いずれも自己の主張を展開しつつやっと手に入れた権利を保護しようとする。

国連海洋法条約第 15 部に規定されている紛争解決手続は，紛争の事柄や性質に応じて，対応の仕方は異なるが，それでは，内陸国と沿岸国の間で発生するであろう紛争に，国連海洋法条約は，どう対応しているのであろうか。

II. 国連海洋法条約第 15 部に規定されている紛争解決の素描

1. 基本理念

国連海洋法条約第 15 部は，紛争の解決としてこの条約の解釈又は適用に関する紛争を解決するための法規範を提示している。同部は，まず締約国は，国連憲章第 2 条 3 の規定に従い，この条約の解釈又は適用に関する締約国間の紛争を平和的手段によって解決するものとし，このため同憲章第 33 条 1 に規定する手段[2]によって解決を求めると規定していて（第 279 条），すべての加盟国に，紛争の平和的解決義務を課している。

内陸国であれ又沿岸国であれ，国連海洋法条約に加盟している国は，この義務を負うている。たとえば，スイスは内陸国であって海をもたない。海がないからといってこの義務を免れることはできない。又国連に加盟していなくても，国連海洋法条約の暫定適用国[3]であるならば，当然この義務を負う。

国連憲章第 2 条 3 は，更に国際の平和および安全ならびに正義を危うくしないように紛争を解決しなければならないことをあわせて規定している。つまり国際の平和および安全のみならず，「正義」を危うくしないという義務も併せて規定している。「正義」という概念は，抽象的ではあるが，法の側からこれを取り上げた場合，法を発展させてきた法の諸原則や衡平の原則だといってよい。

2. 紛争解決手続

さて次にどのような手続によって紛争を平和的に解決するのか，国連海洋法条約第 279 条は，解決手段として国連憲章第 33 条に掲げられている手段を提示する。すなわち，交渉，審査，仲介，調停，仲裁裁判，司法的解決，地域機関又は地域的取極の利用を紛争当事国が選ぶ平和的手段にあげている。

第4章　内陸国をめぐって生ずるであろう漁業紛争と国連の紛争解決手続　*131*

又紛争を平和的に解決するのに，紛争解決当事国の合意に基づく紛争解決方法選択の自由が認められている(第280条)。選択する平和的手段につき，紛争当事国は，いつでも合意する権利を有する。この方法で紛争が解決されれば，紛争解決の手続はこれで終わる。

しかし以上のべた手続で解決されず又紛争当事国が，他の別段の合意をしていない場合は，第15部に規定する手段が適用されることになる(第281条1)。

第15部で規定する紛争解決手続を大別すると，裁判手続と非裁判手続の2つになる。

　イ．裁判手続

裁判手続について述べる「拘束力を有する決定を伴う義務的手続」が，第2節に入れられている。第286条は，次の如く規定している。

「第3節の規定(第2節の規定の適用に係る制度及び除外＝筆者注)に従うことを条件として，この条約の解釈又は適用に関する紛争であって第1節に定める方法によって解決がえられなかったものは，いずれかの紛争当事国の要請により，この節に基づいて管轄権を有する裁判所に付託される。」紛争当事国は，自分たちが付託した裁判所の管轄権に服する義務がある。裁判所として次の4つの裁判所が列記されている。付属書VIによって設立される国連海洋法裁判所，国際司法裁判所，付属書VIIによって組織される仲裁裁判所，付属書VIIIに規定する一又は二以上の種類の紛争のために同付属書によって組織される特別裁判所。

又第287条は，「いずれの国も，この条約に署名し，これを批准し若しくはこれに加入する時に又はその後いつでも，書面による宣言を行うことにより，この条約の解釈又は適用に関する一又は二以上の手段を自由に選択できる。」とし，そして「右の宣言による手続選択の結果，紛争当事国が，同一手続を受諾している場合，別段の合意をしない限り紛争は，当該手続に付託することができる。」[4] と規定する。

うえのような強制管轄権が適用されるのは，第1節に定める方法で紛争が解決されなかったものに限られる。

ところが当事国が, 異なる手続を受諾した場合又は一方の当事国が異なる手続を受諾しなかった場合には, 付属書VIIに規定されている仲裁に付託されることになる(第287条3・5)。

このように強制手段により実効的な紛争解決のための手続が制度化されているが, しかし強制手段といっても, すべての紛争が強制手段に付託されるのではなく, いくつかの特定の紛争は, 一定の条件のもとで, 強制手段によらず, 他の手続によって解決されるものとしている。これが第3節に規定する「第2節の適用に係る制度及び除外」である。内陸国に関係するのは, 第279条3(iii)及び同条同項(e)である。

もっとも適用の制限及び除外が認められたからといっても, それは第1節で規定されている一般的義務からの解放を意味するものではない。

ロ. 調停＝非裁判手続

国連海洋法条約第15部は, 裁判手続と非裁判手続の2つを併存させているが, 非裁判手続は, 調停である。第15部に規定する調停は, 任意的調停(voluntary conciliation)と義務的調停が併存させられている。つまり第284条で規定する調停は, 任意的調停[5]であり, 第297条の下における調停は, 義務的であってかつ自動的である。

III. 排他的経済水域をめぐって生じるであろう内陸国と沿岸国の見解の対立

1. 内陸国の主張

前章で, 国連海洋法条約第15部のスキームを概観したが, このスキームを作るにあたって内陸国は, どう対応したか。

内陸国の代表であるスイス代表[6]は, 次のように述べている。

「スイス代表は, 漁業, 汚染, 科学調査に関連する紛争を, 特別の手続に従わせるべきであるとは考えていない。漁業に関する紛争は, 現在有効であるか, 又, 将来有効となろう地域的取極で規定される機関に付託されるべきである。もしもこのような取極のない地域に関連する場合は, このような紛争を扱うた

第 4 章　内陸国をめぐって生ずるであろう漁業紛争と国連の紛争解決手続　133

めに特別に設置される国際司法裁判所特別裁判部もしくは，仲裁裁判所に付託されなければならない。」

　ハンガリー代表[7]も，次のように述べている。

「効果的な紛争解決手続をつくるにあたって留意せねばならないことは，極端と危険という 2 つの点を回避せねばならないことである。極端に厳重で蟻のはいでるすきもないような強制的紛争解決手続を規定しても，このような手続は，一般的に受けいれられないであろう。1975 年 9 月，もっともよく知られている強制的紛争解決手続＝国際司法裁判所規程第 36 条に規定する国際司法裁判所の強制的管轄権＝を受け入れている国は，たった 45 ヵ国にすぎず，このうちの多くの国は，留保を付して受けいれている。現在このような強制管轄を受けいれる行き方を示す動向はない。

　第二に気を付けなければならないことは，特別の規定を設け，この条約の下で，法令及び執行管轄権に基づく沿岸国の裁量権から生ずる紛争について沿岸国に免除を与えている点である。

　内陸国を代表して，ハンガリー代表は，沿岸国の管轄権の拡大を受けいれることはできない。すべての国の権利及び義務は，正当にバランスされ，そして条約は，権利の濫用に対して適当な保障を規定すべきである。以上の理由から，領海を越えた水域において生ずる紛争は，もっぱら沿岸国の管轄権内にあるという見解に支持を与えることはできない。」

　ネパール代表[8]の意見であるが，彼は次のようにいう。

「私は，A/CONF/wp.9（非公式単一交渉草案＝以下 ISNT ＝筆者注）の第 14 条 1 項及び第 18 条に留保を付したい。第 18 条で規定されている除外は，非常に幅が広く，そしてもし改めずにそのまま放置しておくと，紛争の強制的解決を効果のないものにし，条約全体を毀損する恐れがある。法によって保護された権利でない限り法的権利ではないのである。従って他国の権利及び国際社会の権利は，関係する国の一方的解釈に委ねるべきではない。」

　オーストリー代表[9]は次のようにいう。

「このマシナリーの形態についてオーストリー代表は，単一の司法制度の方が

よいと思う。

　将来の条約の相異なる諸々の構成のために，ISNT にもあらわれているように，マシナリーを柔軟にする必要がある。限られた機能的アプローチを生みだす柔軟性は，必然的に裁判所にアクセスすること又は適用されるべき法の問題にとって必要になる。…頭に浮かんでくる好例は，経済水域である。経済水域は，強制的管轄権より除外されるもののうち，一番上位にランクされている。経済水域は，新たな法制度であり，条約のなかで明確に規定しておかなければならないものである。経済水域に関する解釈は，沿岸国の裁量に委ねることはできない。この件は，むしろ国際裁判所で取り扱われるべきである。…条約そのものの中に選択条項といった形ではなく，重要な条項として入れられるべきである。過去の経験にてらし，わずかな国が選択条項の当事国となり，他の多くの国は，条約の批准を拒む場合が多い。

　最後に国際司法裁判所に海洋紛争の仲介の仕事を負わせるのか，それとも独自の海洋法裁判所を新たに設置するか決めなければならない。

　オーストリー代表は，解決の糸口を見出すため，いかなる提案にも耳を斜ける用意がある。これらの提案は，考慮されるべき側面をもっている。多くの可能性は，すでにだされている。」

　同様の見解がその他の地理的不利国の側からだされている。シンガポール代表[10]は，次のように述べている。

「条約は，経済水域に関する権利及び義務，国際海峡における通航の権利，内陸国及び他の地理的不利国の権利，人類の共同財産を管理するオーソリティの機能又は権限といったパッケージをうまくバランスさせている。最も重要なことは，バランスしているものを一方的かつ専断的な解釈によってこわしてはならないということである。従ってシンガポール代表は，紛争を解決するにあたって強制的手段の考え方を支持したい。よくできた法的手続は，大国に対して小国の権利を擁護する効果的な手段を提供する。大国も紛争の平和的解決に関心を抱いている。小国も大国も法の前の平等原則の下で，合意されたルールを実効的に適用することによって，得ることは多い。紛争を強制的に解決する

ことによって解釈の統一性を確保できよう。又紛争の悪化も防止することができよう。そうすれば，国際関係において法の役割を拡大し，新しい海洋法の合理的かつ効果的実施を行うことができよう。…重要なことは，条約の解釈又は適用に関する国家間の紛争は，条約によって設けられた手続によって解決されるべきであって，沿岸国の国内裁判所で解決されるべきものではない。紛争解決の手続は，命令的なものであり，選択的ではない。紛争当事国が選ぶ手続の結論には拘束力を伴う。」

内陸国は，海に対して弱いということから，第三者による拘束力を有する決定を伴う義務的手続を主張するのである。

2. 海洋法会議の流れ

うえのような内陸国の考え方に対して，国際裁判所，特に国際司法裁判所の事件への介入を嫌う立場がある。とくに沿岸国の間では，この考えは強い。かつて1958年に第一次国連海洋法会議が開かれた際に，海洋法に関する諸条約の解釈又は適用から生ずる紛争解決条項は，「漁業及び公海の生物資源の保存に関する条約」の第9条に規定されたのみにとどまり，他の3条約については，選択議定書が成立したのみにとどまった例をみても容易に理解できる。

つまり第一次国連海洋法会議で採択される条約そのもののうちに，条約の解釈と適用に関する紛争を国際司法裁判所に付託すべきことを定めるのでなく，条約とは別に1つの議定書を設け，そこで，海洋法会議で採択される条約の解釈又は適用に関する紛争を国際司法裁判所に付託すべきことを定めるというのである。このことは，条約を批准しても議定書を批准しなければ，紛争を国際司法裁判所に付託する義務は生じないことを意味する。1958年の第一次国連海洋法会議で多くの国々は，国際司法裁判所の事件への介入を嫌ったのである[11]。

第三次国連海洋法会議では，第三者による紛争の強制的解決の必要を認めながら，一定の紛争を拘束力のある解決手続から外すべきであるという考えが支配的であった。この考えをよく表しているのが，エルサルバドルのガリンド・ポール（Galindo Pohl）の考えである。ガリンド・ポールは，国家の領土保全と

直接関係する問題は，義務的裁判管轄より外すべきことを主張している[12]。

又第二会期に提出されたオーストラリア，ベルギー，ボリビア，コロンビア，エルサルバドル，ルクセンブルグ，オランダ，シンガポール，アメリカによる九ヵ国共同提案[13]もこの考え方をとっている。この提案は，A方式，B1方式，B2方式，C1方式，C2方式とオータナティヴの形をとっているが，この提案も又，ある一定の紛争を拘束力ある決定を下す義務的裁判手続から除外している。除外される主なものをひろってみると，

(a) 通常の沿岸国の法令管轄又は執行管轄から生じる紛争。
(b) 国家間の海洋境界画定に関する紛争。
(c) 歴史的湾もしくは領海の幅に関する紛争。
(d) 国際法により主権免除を受けている船舶・航空機に関する紛争。同様に国際法により主権免除を受けている者に関する紛争。
(e) 軍事行動より生ずる紛争。

第三会期に非公式グループが出した提案も除外する事項を特定化している[14]。

この点についてオーストラリアのハリー（Ralph L. Harry）は次のように述べている。

「新海洋法は，できるだけ理解しやすく，又あいまいなものであってはならない。…主要な目的は，紛争を防止するために必要なメカニズムを作ることにある。そうすれば，解釈上の重要問題が，最終的かつ権威的決定がないからといって永く放置されることはない。紛争解決手続に関する条項を起草するにあたって，条約の重要な部分について合意に達しないからといって，そのままにしておくべきではない。なぜならば，条約の多くの条項はすみやかに行なわれるべきである。又衡平でかつ拘束力を有するものでなければならない。

もっとも困難な問題は，紛争当事国が自由に強制手続のシステムから除外したり，留保を付したりする紛争のタイプである。

例外が多く又非常に広範である場合，システムの価値は減ぜられ，そして妥協点について合意を確保する可能性は消滅してしまうであろう。

紛争解決の問題をどう処理をしたらよいのか，それは資源に対する沿岸国の

権利と他の国の権利との間に均衡がとれたものでなければならない。他の国の権利がかかわってこないような場合，沿岸国には，絶対的な裁量を行使するにあたり排他的権利が与えられるであろう。又代替水域があるような場合，もしくは一定水域を競争で使っている場合，あるいは国際社会や他の国の権利が関連する場合，排他的経済水域という革命的な新しい法概念の意味合いが考慮されなければならない。」[15]

　いずれにしても，一般的な考え方としては，除外を設けないほうが好ましいことだが，もし除外が必要ならば，その除外されるべき事項が明確に規定されなければならないこと，そして除外の適用範囲は，制限的に解釈されなければならないというものであった。

3.　排他的経済水域をめぐる条約の解釈又は適用より生じる紛争
　イ．排他的経済水域とは
　内陸国の漁業問題を考えるにあたってまず問題にしなくてはならないのは第三次国連海洋法会議が生んだ全く新規の法制度とのかかわり合いである。国連海洋法条約第56条は，排他的経済水域について次のように規定している。
1.　沿岸国は，排他的経済水域において，次のものを有する。
　(a)　海底の上部水域並びに海底及びその下の天然資源(生物資源であるか非生物資源であるかを問わない。)の探査，開発，保存及び管理のための主権的権利並びに排他的経済水域における経済的な目的で行われる探査及び開発のためのその他の活動(海水，海流及び風からのエネルギーの生産等)に関する主権的権利
　(b)　この条約の関連する規定に基づく次の事項に関する管轄権
　　(i)　人工島，施設及び構築物の設置及び利用
　　(ii)　海洋の科学調査
　　(iii)　海洋環境の保護及び保全
　(c)　この条約に定めるその他の権利及び義務
　いってみるならば，排他的経済水域とは，以前この水域が公海であったとき

に認められていた公海の自由(航行及び上空飛行の自由並びに海底電線および海底パイプラインといったもの)を除いたものすべてについて沿岸国が主権的権利並びに管轄権を有するというものである。

　ロ．強制手続よりの制限及び除外

　ここで次のような問題が生じてくる。つまり排他的経済水域をめぐる条約の解釈又は適用から生ずる紛争を，拘束力を有する決定を伴う義務的裁判に付託すべきであるか否かである[16]。

　漁業問題は，沿岸国の裁量事項であるから，排他的経済水域をめぐる紛争については国際裁判所に付託すべきではないという考え方とそれを否定する考え方がある。アイスランド代表アンダーセン (Hans G. Andersen) は，前者の立場にたって次のように述べている。

　「多くの国は，排他的経済水域の考え方を指示する一方で，いろいろなやり方で，この考え方を弱めようとしている。特に沿岸国の決定を争う可能性に道を開こうとしている。

　もしこのようなことが生ずれば，排他的経済水域の概念は，幻想的なものになってしまい，意味のないものになる。これを避けるためにも，排他的経済水域の資源と関連する沿岸国の決定は，最終的なものでなければならない。」[17]

　このような意見に対して，サイプラス代表は全く逆の考えを述べる。サイプラス代表は，次のようにいう。

　「小国であり軍事的に弱い国は，国の正当な権利を守るために公平かつ効果的に作られた法による保護を必要としている。会議が作成しようとしている諸条文は，専断的かつ一方的に解釈される危険性がある。その結果法の体系は，バラバラになり，完全な無秩序を招来するであろう。もしも第三者による紛争解決のシステムに幅広い例外を設けたならば，弱小国は，自己の意思を有無を言わさず押しつけてくる大国の専断的解釈や一方的措置のいいなり放題になってしまう。」[18]

　内陸国の考え方は，後者の立場であった。

　条約の解釈及び適用から生ずる紛争解決の制度を作るにあたって，内陸国も

沿岸国も，せっかくえた権利を必死になって守ろうとする。沿岸国は，排他的経済水域という制度を海洋法会議で認めさせ，この水域に関する諸権利を苦労してえたのである。内陸国は，内陸国で，沿岸国との闘争のなかで，制限的であるが，まがりなりにも漁業の権利をえたのである。両者共に血みどろの戦いでえた権利を十分保護する制度が必要であったのである[19]。

　ハ．諸交渉用草案の流れ

　このような議論をまとめてだされたのが，ISNT/PART IV[20] である。同草案第18条1は，次のように規定している。

　この条約は，この条約の下で，沿岸国の排他的管轄権の行使から生ずるいかなる紛争も，この条約に規定する紛争解決手続に付託することを締約国に要求するものではない。ただし以下のような違反が申立てられている場合はこの限りではない

(i)　航行及び上空飛行の自由並びに海底電線及び海底パイプライン敷設の自由を妨げたと申立てられた場合

(ii)　この条約又はこの条約に従って設けられた国際基準が，もしも明確に規定されねばならないものであるならば，その基準を拒否したと申立てられた場合

　このISNT/PART IV の第18条1の修正版[21] では，この部分をかえて，「以下の場合を除いて，沿岸国の主権的権利，排他的権利および排他的管轄権に関連する紛争をこの条約に規定する紛争解決手続に付託する権限を締約国に与えるものではない」とし，そして「以下の場合を除く」の内容を更に次のように具体化している。

(a)　沿岸国が，航行及び上空飛行の自由，並びに海底電線及び海底パイプライン敷設の自由を妨げることにより，他国のためにこの条約が特に定めた本質的権利に相当な考慮を払わなかったことにより，この条約の下における義務違反があったと申立てられている場合

(b)　前記した自由を行使するにあたり，いずれかの国が，この条約又はこの条約に合致する沿岸国の法令の下で義務違反があったと申立てられてい

る場合

(c) 沿岸国が，この条約により又はこの条約に従った権限ある国際機関によって定められた国際基準を適用しなかったといってこの条約の義務に違反したと申立てられている場合 ... （以下は省略する）

アメラシンゲ議長は，この点について，大要を次の如く述べている。

「沿岸国に与えた譲歩の見返りとして，この条約によって設けられる国際裁判所の管轄に入る事項を詳細に規定することによって，除外からの例外をより具体的に規定した。特にISNT/PART IVの修正版では，航行及び上空飛行の自由のみならず，他の国のために条約が特に規定した権利に相当な注意を怠った場合も国際裁判に付託することが規定されている（第18条1(a)）。又沿岸国が，国際基準や条約によって定められた基準の適用を拒んだ場合の国際裁判への付託の例外を，海洋環境の保護に関する基準にかぎって規定している（第18条1(c)）[22]。」

1976年の第五会期の非公式総会で，自動的に適用されるものの制限の場合と選択的かつ特別の宣言を要する場合の混同を避けるため，両者の間に区別をつけるべきかが議論された。そして両者は，別々の条文で規定されることが決定された。改訂単一交渉草案第四部（RSNT/PART IV）の第二修正版では，第17条が，「第2節の適用の制限」となり，第18条が，「選択的除外」となった[23]。

RSNT/PART IV第二修正案第17条の大要は，次のようになった。

1. この条約によって認められた沿岸国による主権的権利，排他的権利もしくは排他的管轄権の行使と関連する紛争は，次の場合のみ第2節に規定する手続に従う。

    (a) 沿岸国が，航行，上空飛行もしくは海底電線及び海底パイプラインの敷設の自由もしくは航行もしくは通信について，他の国際的に合法な海の使用と関連して，この条約の規定に違反していると申立てられている場合

    (b) 前項に規定した自由を行使するにあたり，この条約，この条約に合致するよう沿岸国が制定した法令，又はこの条約に合致する他の国際法

第4章　内陸国をめぐって生ずるであろう漁業紛争と国連の紛争解決手続　141

のルールに違反していると申立てられている場合
(c) 沿岸国が，海洋環境保護及海洋科学調査と関連して国際基準に違反して行動したと申立てられている場合
(d) 沿岸国が，明らかに生物資源と関連して権利の行使又は義務の履行にあたり，この条約によって規定された条件に従っていないと申立てられている場合。ただしいかなる場合でも沿岸国の主権的権利が問題とされている場合は，この限りではない。
2. 第1項の規定によって除外された紛争は，当該沿岸国の明白な同意に基づいてのみ，第2節に規定する手続に付託される。

ISNT/PART IV の修正版と比較すると次のような違いがみられる。

(i) ISNT/PART IV の修正版では，「違反する」(violation) という文言が用いられていたが，RSNT/PART IV の第二修正版では，contraventions と，よりソフトな表現にかえている。

(ii) ISNT/PART IV の修正版では，「他国のためにこの条約が特に定めた本質的権利に相当な考慮を払わなかった」と規定していたが，RSNT/PART IV の第二修正版では，この文言は落され，「航行及び通信について国際的に合法な海の使用」にかえている。

(iii) 「他国を拘束するような法令制定について沿岸国の権限は，この条約のみならず，この条約と一致する他の国際法のルールにも従う」と RSNT/PART IV の第二修正版ではしてある。

(iv) RSNT/PART IV の第二修正版では，「生物資源と関連して沿岸国の権利の行使又は義務の履行」という文言を加えて，国際裁定の幅をひろげている。

第六会期(1977年)にアメラシンゲ議長は，非公式な会合を開いた。その模様を議長報告書として大要を次の如くまとめている。

「17条と第18条について一つの問題がある。それは，強制的紛争解決の制限(第17条)及適用の除外(第18条)が，第2節に規定する紛争解決手続だけではなく，条約全体に規定されている紛争解決手続に適用されるかどうかといった点である。

第17条は，もっとも議論の余地がある条文で，主な問題は，沿岸国の主権的権利，排他的権利又は管轄権の行使に挑戦するものであるのかどうか，又管轄権に対する例外が広範なものであるかどうかである。

　第17条1(a)と(b)は，1つの見解によれば，第2節の下での強制的紛争解決の手続によってすべての航行又は沿岸国の権利が認められるのだと説く。これに反対する側からは，非常に制限的であるという主張がなされている。...第17条1(d)は，生物資源について規定している。この条文をまったく削除してしまうか，あるいは妥協の問題として沿岸国による権利の濫用がある場合に，強制的な調停への付託が，裁判所の管轄権にかえられうるのか。」[24]

　この会期で更なる議論がなされた。海洋法のすべてをまとめた非公式総合交渉草案(ICNT)の中では，RSNTの第17条の規定は，第296条(後に第297条，以下同様)となった。

　議長は，次のように述べている。

　「第296条(第297条)は，沿岸国による権利の濫用に対するセーフガードを提供することを意図している。同時に他国による法的手続の濫用を防ぐことも意図している。この条文の一項は，法的手続の濫用を回避するための手続に工夫がこらしてある。又生物資源や科学調査に関する裁量の権限にチャレンジすることについて抑制がなされている。」[25]

　ICNT第296条(第297条)は，ICNT第15部第1節の規定を明確化している。そして生物資源については，第296条(第297条)4に規定がある。そこには裁判に付託できないものをあげている。

(a)　第61条，第62条，第69条又は第70条の下で生ずる義務の履行を怠っていると申立てられた場合。第61条及び第62条に従う裁量権の行使はいかなる場合においても異議をはさまれない。

(b)　裁判所(Court or Tribunal)は，沿岸国の裁量権にかわるものであってはならない。

(c)　いかなる場合でも，沿岸国の主権的権利は問題にしてはならない。

ここではじめて裁判に付託できないケースを明らかにしている。

第4章　内陸国をめぐって生ずるであろう漁業紛争と国連の紛争解決手続　143

　1978年の第7会期に沿岸国の主権的権利の行使に関する紛争は，ハード・コア・イシュ（hard-core-issue）と認定され，この問題を扱うために交渉グループ5（NG-5）が構成された。委員長はギリシアのスタブロプーロス（Stavropoulos）である。委員長は，その報告書で，委員会には，2つの方向性があったとしている。「一は，もしも国の主権的権利が，法的手続によるいやがらせや，紛争解決手続を拡張して適用すべきものであるならば，沿岸国の主権的権利や裁量を効果的に行使することができない。だからそれ故に裁判への強制付託を受けいれようとはしないのである。二は，この考えとはまったく逆で，すべての権利の効果的な保護を確保したいという考え方であって，この考えにたつと強制解決に付託すべきことを主張する。このような事情が背景に浮かびあがってきたのは調停への強制付託という考え方である。これは，紛争を調停に付託することを義務づけるが，しかし調停委員会の報告書には拘束力なしとするものである。」[26]

　非公式交渉グループ5が提示した妥協案[27]の大要は，次の通りである。紙数の関係上生物資源に関する部分のみについて述べる。

第296条

この節の適用の制限

1. 第286条の規定に拘わらず，この条約に規定する主権的権利もしくは管轄権を沿岸国が行使するについて，この条約の解釈又は適用に関する紛争は，次のものについて，この部の第2節に規定されている手続に従う。

   (a) 沿岸国が，航行，上空飛行もしくは海底電線及び海底パイプラインの敷設の自由もしくは権利又は第58条に規定するその他の国際的に適法な海洋の利用について，この条約の規定に違反して行動したと主張されている場合

   (b) 国が，(a)に規定する自由もしくは権利を行使し又は(a)に規定する利用を行うにあたり，この条約の規定に違反して又はこの条約及びこの条約に反しない国際の他の規則に従って沿岸国の制定する法令に違反して行動したと主張されている場合。

(c) 省略
2. 省略
3. (a) 当該当事国による合意もしくは決定がない限り，この条約の解釈又は適用に関する紛争であって，漁業にかかるものについては，第2節の規定に従って解決する。ただし，沿岸国は，排他的経済水域における生物資源に関する主権的権利又はその行使（これには漁獲可能量，漁獲能力及び他の国に対する余剰分の割当てを決定するための裁量権ならびに保存及び管理に関する自国の法令に定める条件を決定するための裁量権をふくむ。）にかかるいかなる紛争についても，この条約の第15部第2節の規定による解決のための手続に付すことを受けいれる義務を負うものではない。

(b) この条約第15部第1節の規定によって解決がえられなかった場合，次のことが主張されている時は，紛争は，第284条の規定にかかわらず，いずれかの紛争当事国の要請により，付属書 IV に定める調停に付される。

   (i) 沿岸国が，自国の排他的経済水域における生物資源の維持が著しく脅かされないことを適当な保存措置及び管理措置を通じて確保する義務を明らかに遵守しなかったこと。

   (ii) 沿岸国が，他の国が漁業を行うことに関心を有する資源について，当該他国の要請にもかかわらず，漁獲可能量及び生物資源についての自国の漁獲能力を決定することを恣意的に拒否したこと。

   (iii) 沿岸国が，自国が存在すると宣言した余剰分の全部又は1部を，第62条，第69条及び第70条の規定により，かつ，この条約に適合する条件であって自国が定めるものに従って，他の国に割り当てることを恣意的に拒否したこと。

(c) 調停委員会は，いかなる場合にも，調停委員会の裁量を沿岸国の裁量にかわるものとしない。

(d) 調停委員会の報告は，適当な世界的，地域的，小地域的な政府間機関

に送付する。

(e) 第69条及び第70条の規定により協定を交渉するにあたって，締約国は，別段の合意をしない限り，当該協定の解釈又は適用にかかる意見の相違の可能性を最小にするために当該締約国がとる措置に関する条項及び当該措置にもかかわらず意見の相違が生じた場合に当該締約国がとるべき手続に関する条項を当該協定にふくめる。

第七会期(1978年)の会合では，いくつかの国は，しぶしぶながら妥協案を受けいれた。しかし他の多くの国は，ICNTのテキストは，まったく受けいれ難いとした。

その後ICNTの規定は幾度か修正され，第三修正版に至り，海洋法条約にとりいれられることになった。後に第2節の規定の適用の制限の条文番号は第297条となった。

第297条3は，生物資源と関連して生ずるであろう紛争の解決を規定しているが，これは大方前に述べたスタブロプーロスの案と同じである。

第297条は，沿岸国の利益と，主要な海洋国並びに内陸国及び他の地理的不利国の利益との均衡をとることを目的としている。あとの2つのグループは，彼らが沿岸国との交渉で苦労して手に入れた権利が，第三者による紛争解決に付託できるということによって，保護されることを確保しておきたかったのである。

非沿岸国で，条約違反や沿岸国が制定した法令に違反した国は，このような法令が，この条約及びこの条約に違反しない他の国際法規に一致している限り，第15部第2節の規定に従うことになろう[28]。

IV. むすびに代えて

第297条3項によれば，沿岸国の排他的経済水域における生物資源に関する自国の主権的権利又はその行使にかかる紛争を除いて，漁業についての条約又は適用に関する紛争が，第2節の強制的手続によって解決されることになっている。ただし，沿岸国は，自国の主権的権利にかかる紛争を第2節の強制手続

に付す義務を負わない。

　さて内陸国の漁業紛争は，第2節の強制手続により解決されるのかという問題がある。まず，排他的経済水域をめぐって沿岸国と内陸国は，同水域内にある生物資源の配分者と被配分者の関係におきかえられる。つまり沿岸国は，自国の排他的経済水域における生物資源の漁獲可能量を決定する(第61条1)。沿岸国は，排他的経済水域における生物資源の最適利用の目的を促進する。又沿岸国は，排他的経済水域における生物資源についての自国の漁獲能力を決定する。沿岸国は，自国が漁獲可能量のすべてを漁獲する能力を有しない場合には，協定その他の取極により，...第69条及び第70条の規定に特別の考慮を払って漁獲可能量の余剰分の他の国による漁獲を認める(第62条1・2)。

　内陸国は，自国と同一の小地域又は地域の沿岸国の排他的経済水域における生物資源の余剰分の適当な部分をうける(第69条)というものである。

　この関係で沿岸国と内陸国との間に漁業紛争が発生した場合，どのような展開をみせるであろうか。実際に生じたケースは一件もないので推測の域を脱しえないがおそらく次のように考えてよいのではないか。

　つまり沿岸国は，第61条により漁獲可能量を決定する裁量権を有している。またもっとも紛争の生じやすい自国の漁獲能力の決定及び他の国への余剰分の割当といったものも，第297条の下では，強制手続にかからないことになる。

　つまり第297条3(b)は，このような場合，紛争は，付属書Ⅴ第2節に定める強制的調停に付すことになる[29]。つまり，

(i)　沿岸国が，自国の排他的経済水域における生物資源の維持が著しく脅かされないことを，適当な保存措置及び管理措置を通じて確保する義務を明らかに遵守しなかったこと。

(ii)　沿岸国が，他の国が漁獲を行うことに関心を有する資源について，当該他国の要請にもかかわらず，漁獲可能量及び生物資源についての自国の漁獲能力を決定することを恣意的に拒否したこと

うえのようなことから配分関係で内陸国と沿岸国の間で紛争が生じた場合，紛争は，うえの強制的調停に付託されることになろう。この付託は，一方的で

第4章 内陸国をめぐって生ずるであろう漁業紛争と国連の紛争解決手続

あって他の紛争当事国の同意は必要ではない。

それでは,沿岸国と他の非配分者との関係はどうなるであろうか。うえに述べたことがそのまま適用されることになろう。しかし,次の点は問題とされよう。つまり第297条3(b)(iii)に規定されている「沿岸国が,自国が存在すると宣言した余剰分の全部又は1部を,第62条,第69条及び第70条の規定により,かつ,この条約に適合する条件であって自国が定めるものに従って,他の国に割りあてることを恣意的に拒否したこと。」

排他的経済水域の生物資源をめぐる紛争の解決手続は,内陸国であるとなしとにかかわらず等しく適用されることになる。規定全体からみて,漁業に関する紛争は,第2節の強制手続によるという正反対の規定振りになったにもかかわらず,強制的手続に付される漁業紛争の範囲は,むしろ司法的解決の観点からすれば後退したとも考えられるので,このような規定上の体制が,単なる「リップ・サービス」と表されるのもあながち的外れではない[30]。

なお,内陸国及び他の地理的不利国と,沿岸国との間の漁業に関する協定には,当該協定の解釈又は適用について,意見の相違の可能性を最小にするためにとる措置に関係する条項及び当該措置にもかかわらず意見の相違が生じた場合に当該締約国がとるべき手続に関する条項を,当該協定に含めるという条項が第297条3(e)に入れられ,紛争の防止をはかっている。

又第299条には,適用の制限や除外の対象となっている紛争でも当事者が合意をすれば,拘束力ある決定を伴う第2節に規定する手続に紛争を付託できるとある。このことから沿岸国と内陸国との間の漁業紛争も当事者間の合意により裁判所の有権的解釈に委ねられる可能性はある。

注意せねばならないことは,この第15部最後の条文は,同部第1節の精神で結ばれている。紛争解決が制限されているケースにおいてさえ,紛争当事者には,合意により,紛争を友好的かつ平和的に解決しうる途が残されている[31]。

注

1) The Mavrommatis Palestine Concession Case, PCIJ, Ser. A, No. 2, p. 11.
2) 第279条では、国連憲章第33条1に規定する手段によって解決を求めると規定し、第33条1に従ってとはしていない。これについてロゼーヌ（Shabtai Rosenne）とソーン（Louis B. Sohn）のコンメンタリーは、このような表現になったのは、国際平和と安全の維持を危うくする紛争の継続のみが、国連憲章第6章の下における紛争であると解されることを回避するためであったと述べ、そして条約の適用又は解釈より生ずる紛争は、紛争が平和を脅かしているか否かを問わず、平和的手段によって解決しなければならないとする。Shabtai Rosenne and Louis B. Sohn, United Nations Convention on the Law of the Sea, 1982, A Commentary (A Commentary) Vol.V, p. 18.
3) Law of the Sea Bulletin, No. 36, p. 19 に掲げられている図表を参照。
4) 1998年4月1日の時点で国連海洋法条約加盟国は、125ヵ国。そのうちの46ヵ国が、条約によって拘束される同意を表明する際に宣言を付している。
5) この場合、調停への付託は、合意により実現する。
6) Third United Nations Conference Law of Sea, Official Records (以下、Official Records) Vol. V pp. 15–16, paras. 28 and 29.
7) Ibid., p. 49, paras. 60–66.
8) Ibid., p. 45, para. 18.
9) Ibid., pp. 27–28, para. 62.
10) Ibid., p. 10, para. 20.
11) この点については、小田滋、海の国際法下巻281頁以下を参照。この選択議定書（A/CONF. 13/L. 57）は、(First) United Nations Conference on the Law of Sea Official Records Vol. III, p. 145 に収録されている。
12) Official Records, Vol. I, p. 243, paras. 6–10.
13) A/CONF. 62/L. 7, Official Records, Vol. III, p. 85.
14) この提案は、以下のようなものである。
　「1. この条約を批准し、さもなければ、この条約に拘束されることに同意した時は、この条約の下での沿岸国の排他的管轄権の行使から生ずる紛争と関連して沿岸国が、この条約の下で以下の行為をすることによって義務に違反しているという事情に、この条約に定める紛争解決手続のあるものを受容することを制限する旨の宣言を行うことができる。
　　(a) 航行、上空飛行もしくは海底電線及び海底パイプラインの敷設の自由又はそれらの自由又は権利について他の国の権利及び義務を妨害している

第4章　内陸国をめぐって生ずるであろう漁業紛争と国連の紛争解決手続　*149*

   こと。
   (b) この条約の下で他の国の権利及び義務に相当な注意を払わなかったこと。
   (c) この条約に定める国際基準もしくはこの条約に定められる基準を適用しなかったこと。
   (d) この条条約により認められた権利を濫用して他の締約国に不便をかけること。
2. 紛争当事国の一が，かかる宣言をした場合又は紛争当事国が，前項に規定する条約違反を紛争が含むかいなかについて合意に達しない場合は，当初の段階でこの問題は，この条約の第9条および第10条に規定する管轄権を有する裁判所による決定に委ねなければならない。
3. この条の1項の下における宣言を行なったか否かに拘らず，国は，この条約を批准する時，あるいはそれに拘束されることの同意を表現する時に，以下に規定する一もしくは二以上の紛争のカテゴリーに関連して，条約に規定されている紛争解決手続の一部もしくは全部を受けいれないことを宣言することができる。
   (a) 法令もしくは執行管轄に基づく沿岸国の裁量権の行使から生ずる紛争。
   (b) 相近隣している国家間，歴史的湾及びタイトルの海の境界画定に関する紛争でこの宣言をなした国家が，紛争解決を受けいれた拘束的決定を伴う地域もしくは他の第三者手続を記載しているもの。
   (c) 軍事活動に関する紛争(以下省略)。
   (d) 国連の安全保障理事会が，国連憲章によって与えられた任務を遂行している場合(以下省略)。」

DSG/2nd Session/No. 1/Rev. 5 of 1 May 1975. Renate Platzöder, Third United Nations Conference on the Law of Sea: Documents（Platzöder Documents), Vol. XII, p. 108.

15) Official Records, Vol. V, pp. 9–10, paras. 12 and 18–19.
16) この点については，Shabtai Rosenne, Settlement of Fishery Dispute in the Exclusive Economic Zone, AJ. Vol. 73, 1979, p. 89 以下を参照。
17) Official Records, Vol. V, p. 28, para. 67. この点についてケニア代表は，次のように述べている。

　「排他的経済水域についての提案に関して，ケニア代表が理解していることは，沿岸国が，この水域の天然資源の探査，開発に関連するすべての事柄について排他的管轄権を行使しうるというものである。ケニア代表は，かかる管轄件の行使を，強制的な第三者による解決に付託するいかなる義務を受けいれるものではない。なぜならば，かかる行動は，排他的経済水域の性格を国際水域に変容せしめ

る口実として用いられるからである。この水域に関するすべての事柄は，排他的に沿岸国の権能の範囲内にある。そして強制的な第三者による解決を認めることは，事件を国際裁判所に付託することにより，沿岸国は，恒にいやがらせをされることを意味する。

　こうすることは，著しく時間も又金もかかるのである。同様に，沿岸国が条約により明白に定められた管轄権を認められている場合，特に海洋環境の保全について定められている場合，もしもその権限を行使するごとに強制的紛争解決のシステムに従うというのならば，このような権限は，否定されるにいたるであろう。もともとは，このような事柄は，地方の裁判所で取扱いうるものなのである。」Official Records, Vol. V, p. 34, para. 49

　又ブラジル代表は，紛争解決の方法として調停や仲裁に付託することも考えられるが，紛争当事国の事前の合意なくして決定は拘束的なものであってはならないと述べている。Ibid., p. 36, para. 63.

18) Ibid., pp. 25–26, paras. 44 and 49.
19) この点についてソヴィエト代表は次のように述べる。

「一定のカテゴリーに属する紛争を紛争解決手続より除外することは自明の理である。しかし，このような除外されるべきもののなかに，この条約で規定する法令及び執行管轄権に基づく沿岸国の裁量の行使から生ずる紛争を含ませるべきではない。

紛争解決手続の価値は，もしも沿岸国が，この条約の他の加盟国の正常な権利及び利益を保護しないというならば，著しく減ぜられるだろう。」Ibid., p. 11, para. 28.

20) A/CONF.62/WP.9 (ISNT, PART IV, 1975), Ibid.
21) A/CONF.62/WP.9 (ISNT, PART IV, Rev. 1, 1976), Ibid., p. 185.
22) Rosenne-Sohn, A Commentary, Vol. V, p. 94.

この（右の）コンメンタリーによると，ISNT/PART IV 第 1 修正案を作るにあたって，アメラシンゲ議長は，両極端の意見の真中を行こうとした。そして沿岸国の裁量に関する選択除外を削除した。これは，すでに草案第 18 条 (1) で義務的除外にふくまれているからである。後の規定は，2 つの方向性をもつものに修正された。1 つの方向は，除外条項の範囲を広げ，沿岸国の権利のすべてに適用することを明らかにした。すなわち沿岸国の主権，排他的権利もしくは排他的管轄権の行使に関する紛争についてこうした。他の方向性は，沿岸国に対してなした譲歩を補うために．．．（以下本文の記述へとつづく。）Ibid.

23) A/CONF.62/wp.9/Rev.2, Official Records, Vol. VI, p. 144.

第 4 章　内陸国をめぐって生ずるであろう漁業紛争と国連の紛争解決手続　*151*

24）Rosenne-Sohn, A Commentary, p. 98.
25）A/CONF.62/wp.10/Add.1, Official Records, Vol. VIII, p. 65.
26）Official Records, Vol. X, p. 117.
27）Official Records, Vol. X, p. 120.
28）Rosenne-Sohn, A Commentary, p. 105.
29）強制的調停については，Rosenne-Sohn, A Commentary, p. 309. 以下を参照．
30）栗林忠男　注釈国連海洋法条約　有斐閣 398 頁．
31）J. G. Merrills, *International Dispute Settlement*, Second Edition, Cambridge University Press, 1991, p. 163.

第5章

国境を越える組織犯罪と国連新条約採択の意義

——刑事司法管轄権問題の検討を中心に——

北 村 泰 三

I. はじめに

　現在，犯罪のボーダーレス化に伴い，国境を越える組織犯罪の防止が国際社会における共通利益のひとつとなっている[1]。従来より刑事司法は，刑罰を犯罪の抑止手段として，また犯罪者の訴追と処罰を適性に行うことによって犯罪の防止に取り組むことを目的としてきた。しかし，国境を越えて暗躍する組織犯罪集団の違法行為に有効に対処するためには，犯罪者の処罰にとどまらず，その者が属している犯罪組織（例えば，イタリア系のマフィア，日本のヤクザ，中国の蛇頭など）を解散させ，犯罪行為によって得られた収益の押収，没収を可能とする「資金洗浄」（マネー・ロンダリング）等の対策を，主権国家の壁を越えて実践することが重要な課題となっている。

　これまで国境を越える組織犯罪の取り締りのための対策は，国家の領域管轄権の原則にさえぎられてきたため，十分に機能してこなかった。そのため，先進国，特に米国は，従来から麻薬の不法取引の防止や犯罪人の逮捕を目的として，自国の刑事法の域外適用を主張してきた。またそれが国家間の紛争，軋轢の原因にもなっている。また，女性，子どもの人身売買や移住労働者の密航が世界の各所で国境を越えて行われるようになってきた。これらの人は，同時に組織犯罪の被害者でもあるため，被害者の人権を守り，被害発生を未然に防ぐためにも組織犯罪対策が求められている[2]。

　こうした諸国の実情を背景として，2000年11月15日に，国際刑事法の分野で特記すべき新たな条約が国連総会で採択された。その条約とは，「国境を越え

る組織犯罪防止のための国際連合条約」(United Nations Convention against the Transnational Organized Crime, 以下では便宜的に「国境を越える組織犯罪防止条約」または本条約という)である[3]。本条約は, 麻薬密輸の他, 資金洗浄, 人身売買, 窃盗などの犯罪が, 国境を越えて組織的背景の下で行われてるようになっている実態に対処するために, その防止と処罰のための国家間協力体制を構築しようとするものである[4]。また条約本体に加えて, 女性と子供の人身売買防止, 移住労働者の密輸防止に関する議定書が採択された。同時採択には間に合わなかったが, 銃器規制に関する議定書も採択される予定である。

以下では, 本条約採択の経緯を略述し(II), 次いで本条約の目的, 性格及び対象犯罪等について言及する(III)。さらに, 管轄権に関する諸問題のうち ① 領域主権原則との関係, ② 域外適用の可能性, ③ 外国判決の効力と一事不再理原則, ④ 海上における刑事管轄権の行使などの側面を抽出して検討を行う(IV)。国際紛争の予防と解決における国連の役割と限界という本共同研究の趣旨からみれば, 刑事司法管轄権の競合, 抵触をめぐる問題を広義の意味で国際紛争として捉え, 国連が本条約を介して, 領域主権から派生する諸々の限界を克服するためにいかなる方式を提示しようとしているか, という視点から議論を提示したい。管轄権に密接に関連している問題に犯罪人引渡の問題がある(つまり, 犯罪人引渡は, 刑事司法管轄権の移転の問題とみなしうる)が, 紙幅の制約もあるので, 本稿では扱わず, 近く別稿を予定したい。

なおわが国は, 本条約成立に先立ち, 1999年8月に国会において組織犯罪対策3法を成立させた。それらの法律は, 国際社会における組織犯罪対策の一部を先取りする形で制定されたが, 本条約の成立前に制定されたものであるために, 本条約規定との整合関係は詰められていない。今後, もし本条約の批准を検討するならば, 改めて国内法との関係を議論する必要がある[5]。ただし, 本稿では管轄権問題に焦点を置いたため, 国内法との関連について深くは立ち入らない[6]。

II. 本条約採択の経緯

　本条約の起草が求められるようになった背景には，個別国家が自国の領域内において犯罪防止に向けて取り組むことによって築いてきた従来の刑事司法制度では，国境を越える組織犯罪に対抗するためには十分でなくなってきたという事情がある。また，犯罪組織の台頭を許さないためには，資金の出所を探り，収益の押収 (seizure) と没収 (confiscation) を可能とする制度を必要とするとの認識が支持されるようになった[7]。その意味では，金融機関に対する監督権の強化や犯罪収益の押収と没収を認める資金洗浄条項は，組織犯罪に対する取り組みの「前段階的対応」として捉えることができる[8]。

　これまでに麻薬の不法取引の防止に限っては，国連は，1988年に「麻薬および向精神薬の不正取引の防止に関する国際連合条約」（麻薬新条約）を採択し，従来の薬物の製造，流通を中心とする規制に加えて不正取引による収益の保管，移転，不正蓄財などのマネー・ロンダリングを犯罪として定め，麻薬取引撲滅のための国際協力体制を築いてきた[9]。わが国も同条約を批准するとともに，関係国内法を制定している[10]。

　1990年代になると，東西冷戦体制の終焉により人の移動が自由化され，また移動手段の高速化が進むにつれ，人や物の移動がこれまでになく高速かつ容易となり，同時に金融市場のデジタル，ハイテク化により麻薬犯罪だけでなく，従来の通常の犯罪行為が国境を越えて行われるようになった。

　ヨーロッパでは，1990年にヨーロッパ理事会 (Council of Europe) において，「犯罪収益の資金洗浄，捜査，押収および没収に関する条約」を採択した[11]。また，ヨーロッパ連合条約（アムステルダム条約）第2条において犯罪防止を EU の目標のひとつとして掲げ，その第6編において刑事事件における警察および司法協力に関する規定を置いた。さらに1995年のユーロポール条約により域内の警察，司法機関の緊密な協力体制を構築してきた[12]。

　米州諸国間でも，国際犯罪に対処するための国際司法共助は，緊急な課題となっていた。特に米国は，国家管轄権の域外適用を主張して，麻薬不法取引に

絡む事件では，自国領域外の周辺国領域内において容疑者を逮捕し，米国内に強制的に連行して，起訴し裁判にかけるという強引な方法をとることによって近隣諸国との軋轢を深めてきた[13]。こうした強硬な手段がとられることもあったが，他方では米州諸国間でも米州機構（OAS）を中心として，1990年代には司法共助協定を締結して，諸国間の管轄権の調整や捜査協力のための体制作りを行ってきた[14]。

主要（かつては「先進」）国首脳会議では，1988年のアルシュサミットの経済宣言において，OECDメンバーを中心とする29カ国と2つの国際機関によって「資金洗浄対策作業部会」Financial Action Task Force on Money Laundering（FATF）を設置した。同部会は，1996年6月には，「マネー・ロンダリング対策に必要な40の勧告」を採択し，資金洗浄に対抗するための包括的な活動プログラムを纏めた。同部会は，参加国における勧告の実施状況について相互審査を行うなどの活動を行っている。

国連部内における組織犯罪防止条約の制定の動きは，1994年の国際組織犯罪世界閣僚会議において，国際的組織犯罪に関するナポリ政治宣言および世界行動計画が採択され，国連の犯罪防止刑事司法委員会（Commission on the Crime Prevention and Criminal Justice）に国際的組織犯罪防止条約の効果に関する各国政府の意見を求めるよう提案していた[15]。これを受けて，アジア，アフリカ，ヨーロッパ，米州等の地域的会合が開かれ，各国の意見を聴取した。ポーランドとアメリカはそれぞれ組織犯罪条約案を用意していた。

国連総会は，1998年12月9日に犯罪防止刑事司法委員会および経済社会理事会の勧告を受けて[16]，国際的組織犯罪の防止のための包括的条約を起草するために，開放型の政府間特別委員会（open-ended intergovernmental Ad Hoc Committee）を設立することを決定した[17]。それに基づいて「議長の友人」（friends of the Chair）と呼ばれる専門家の非公式グループが結成された。1998年7月に第1回の会合が開催された。同年9月には，非公式の準備会合がアルゼンチンのブエノスアイレスで開催され，条約作成のためのタイム・テーブルが定められ，2000年末までに採択することが承認された[18]。

総会は，1999年12月17日に一連の3決議を採択して同特別委員会に対して，条約及び議定書の起草を指示した。まず第1に，起草特別委員会に対して作業を継続し，2000年内に完了するよう要請した。また，人(特に女性と子供)の不法な取引の防止，処罰に関する議定書，海および陸からの移住労働者の密輸禁止に関する議定書，武器およびその部品の不法な製造および輸送を禁止する議定書案を審議するために，通常予算または特別財源を利用して，十分な審議時間を予定するよう特別委員会に求めた[19]。第2に，事務総長に対して予算の範囲内において，衡平な地理的配分の原則に従って，犯罪者による爆発物の不法な製造や取引を研究し，20名以内の専門家グループを招集するように求めた。そして，この研究の完了後，爆発物の製造および不法な取引に関する国際文書の起草を提案した[20]。第3に，公務員による汚職を罰する規定を含めて組織犯罪に関連した腐敗を禁止する措置を条約草案に挿入するように指示を行った[21]。

こうした準備段階を経て，1999年1月，国連総会の下に「国境を越える組織犯罪防止条約起草特別委員会」(Ad Hoc Committee on the Elaboration of a Convention against Transnational Organized Crime)が設置され，その第1回の会合がオーストリアのウィーンで開催された。以後，同特別委員会を中心にして，条約草案のたたき台が準備されることとなった[22]。

同特別委員会は，99年1月から2000年末にかけて約2年という短期間のうちに，11回の会期をウィーンの国連会議場において開催し，各会期ごとに約100カ国から120カ国程度の諸国家および国際機関の代表の参加を得て審議を行った[23]。会議の全般について主導的役割を果たしたのは，EU諸国とアメリカであった。わが国も銃器密輸禁止に関する提案国となったり，会議の運営資金の提供など面で重要な貢献を果たした。特別委員会は，各会期で逐条審議を順次重ねていき，2000年7月の第10会会期で条約本体の内容がコンセンサスによりほぼ確定した。続く第11会期で女性と子供の不法取引と移住労働者の密輸に関する2つの議定書の内容が確定し，国連総会に対して採択のために送られた。最終的に国連総会は，2000年11月15日の決議により条約本体と2つの議

定書を採択した[24]。その後, 同年12月12日から15日の期間, イタリアがスポンサーとなってシシリー島のパレルモで条約署名会議が開催され, 各国代表が全文40カ条の条約本文と, 女性と子どもの人身売買, 移住労働者の不法取引に関する議定書に署名した[25]。銃器, 弾薬等の密輸に関する議定書は, 同時に採択することができなかったので, その後の審議に委ねられた。なお, 本条約は国家と地域的経済機構(EUなどを指す)が加入することができる。また, 40番目の批准, 受諾, 承認または加入の文書が寄託されてから30日後に発効することになっている(38条)。

III. 本条約の概要

本条約は, 国境を越える組織犯罪対策のための効果的な国際協力体制を構築することに主眼が置かれており, そのために没収, 差押等の処罰方法, 国家管轄権の調整, 犯罪人の引渡, 捜査・司法共助, 共同捜査, 手続の移転, 被害者・証人の保護, 捜査協力, 訓練および技術支援, 予防等の多くの面における協力を定めている。以下では, それらのなかより管轄権に関連する事項を中心として検討を加える。

(1) 目的および適用範囲(国境を越える組織犯罪の意義)
① 本条約の目的

本条約の目的は, 「国境を越える組織犯罪を防止しおよび鎮圧するための協力をいっそう効果的に促進すること」(1条)とされている。すなわち, 国際協力により国際的組織犯罪の防止体制を築き, 資金洗浄やその証拠の隠滅, 利得の隠蔽などを許すような犯罪天国を消滅させるための基本的な基準を統一しようとすることに狙いがある。組織犯罪対策に関する立法は, 国により対策が進んでいるところとそうでないところとがある。本条約は, いまだ有効な法規制を構築していない国に対しては, 「犯罪天国」化することのないように包括的な措置を執るように働きかけるとともに, これらの問題に関する立法政策上の, 警察および刑事司法行政上の共同の対処方としての役割が期待されているのである。

② 本条約の性格

　国境を越える組織犯罪の意義は，マネー・ロンダリングや汚職等の従来の国内法上の普通犯罪が同時に２国以上の法益を侵害したり，複数国の司法管轄権に関連する国際的性質を有するようになった結果，国際社会の共通利益を侵害するものとして捉えられるようになったものである。一般的には，これは国際犯罪といわれるものに該当するが，その中でも「国際法違反の犯罪」というよりも「諸国の共通利益を害する犯罪」である[26]。すなわち，「国家が国際法上の義務を受容して制定した内国刑法の規定の介在をまって，個人の刑事責任を問う犯罪であって，『諸国の共通利益を害する犯罪』と呼ばれるもの」に該当するであろう。その意味での国際犯罪であり，条約は，犯罪として処罰すべき行為を一般的に定めており，実行行使者を処罰するためには，各国の国内法による条約の実施立法の制定を必要としている（34条）[27]。したがって，わが国が本条約（議定書を含む）を実際に批准するためには，国内法との整合性の検討が必要であり，国内法が対応していない場合には，新法の制定や現行法の改廃が必要となるであろう。

　また，条約が適用の対象とする主たる犯罪行為は，(i) 組織犯罪集団 (organized criminal group) への参加 (participation)，(ii) 資金洗浄，(iii) 汚職 (corruption)，(iv) 司法妨害，など４つの行為である（３条１項）。

　以上でいう組織犯罪集団とは，組織性，目的性および国際性という３つの基準によって定義づけられている。すなわち，「一定期間存在する３人以上の人の組織的集団であって，金銭的またはその他の物質的な利益を直接または間接的に得るために，１または２以上の重大犯罪もしくはこの条約に従って定められた犯罪を実行するために，共同して活動するものをいう。」と定義されている（２条 (a)）。組織犯罪集団は，単なる「組織的集団」(structured group) とは区別されている。これは，「犯罪を直接に実行するために任意に形成された集団ではなく，またその構成員のために形式的な役割を定めていること，構成員の継続性または高度な組織構造を有する必要はない。」とされる（２条 c）。条約上の参加罪を構成するのは，犯罪目的をもって，ある期間にわたって存続している組織

された犯罪集団への参加である。したがって，組織性が脆弱なグループは組織犯罪集団ではなく，それへの参加とは区別されることになる。また，これらの行為であっても1国内で行われたものであれば条約の適用対象とはならない。それらの行為が「国境を越える」性質を有する場合にのみ，条約の適用対象となる。ただし，国内法で組織犯罪を処罰するためには，条約の対象とする犯罪行為であっても，組織性および国境を越える性質を伴うことは必要とされていない[28]。

本条約では，「国境を越える」という用語の意義について，次の基準を設定している(3条2項)。

第1は，犯罪が2以上の国において行われた場合である。

第2は，1国内で行われた場合であっても，その準備，計画，指図または統制が他の国家において行われた場合である。

第3は，1国内で行われた場合であっても，2国以上における犯罪行為に従事する組織犯罪集団によって行われた場合である。

第4は，1国内で行われた場合であっても，他の国に実質的な影響を有する場合である。

これらの基準は，必然的に犯罪に対する管轄権の問題と関連している。特に，第4の基準は，いわゆる「効果主義」(effect principle)の規定である[29]。これは，曖昧で問題があるように思われるが，本条約の管轄権の問題については，条約4条および15条等が規定しているので，これらの規定を検討する箇所[IV-(2)]でふれる。

以上のように，これらの行為自体は本来の国内法上の犯罪であるが，組織的犯罪集団により2国以上において影響を及ぼすような形で行われた場合には，本条約の適用対象となる。その意味で，「国境を越える犯罪」なのである。

本条約の適用範囲との関係で，本条約上の組織犯罪とテロ行為との関係が問題となった。この点については，若干のアラブ諸国からの強い要望にもかかわらず，起草特別委員会は，1996年12月17日の国連総会決議51/210にしたがって設けられた別の特別委員会の下で国際テロリズムに関する包括的条約を検討

中の別の特別委員会が本条約を考慮すべきことを確認するに留めている[30]。

③ その他の特徴および議定書との関係

その他，本条約の特徴としては，犯罪人引渡(16条1項～16項)および捜査・司法共助(18条1項～29項)について非常に詳細な規定を用意していることである。これまで犯罪人引渡を含めて国際司法共助については，一般的な条約は存在せず，2国間の協定かまたはその都度ごとの交渉に委ねられてきた[31]。そのため，刑事事件に関する証拠・証言の収集の裁判資料の収集も，国際法の問題としてではなく，国際礼譲の部類として取り上げられてきた。しかし，本条約が，国際司法共助に関する一般的な枠組みを設定し，2国間または地域的な司法共助協定の締結を促進する役割を果たすことも考えられる。

また，本条約は，新たな捜査方法の導入を規定していることも特徴の1つである。例えば，監視付き移転(コントロールド・デリバリー，違法な物品等を捜査当局が事情を知った上で容疑者を特定するなどのために捜査の必要上その移動を監視しながら追跡すること(2条(i))の導入や電子的監視技術の導入，覆面捜査(undercover operations)がある(20条)。このうち監視付き移転は，新麻薬条約において規定され，わが国でも麻薬関連法において取り入れられてきたが，本条約では，対象を麻薬関係に限らず，一般の組織犯罪に対しても適用されることになる[32]。

本条約は，国際協力を通じて組織犯罪防止に取り組むことを目的としているので，特に途上国の犯罪防止能力の向上のために先進国が技術的，経済的支援を行うべきことを定めている(30条)。これは，いわゆるキャパシティ・ビルディング(能力構築・諸般の事情により国際法の遵守能力が十分でない国がある場合，その状態を放置せず，その能力を育成するよう先進国が技術的，経済的に支援すること)の考え方に立っている。

さらには，証人保護の観点から，最近わが国でも導入されるようになったビデオによる証人尋問(ビデオ・リンク方式―24条2項(b))の導入なども規定する。

本条約の実施方法としては，条約発効後3年以内に締約国会議の開催が予定

されている（32条）。締約国会議の主たる目的は，各国における警察官等の法執行職員の訓練プログラムを支援すること，開発途上国に対する犯罪防止のための支援の取り組みを促進することおよび情報交換である。

　3つの議定書は，条約本体に加えて組織犯罪の類型を追加するものである。条約本体と議定書とは，次のような関係にある。議定書は，条約本体を補足する性格のものである。議定書の締約国となるためには，条約を締結しなければならない。また，締約国は，議定書を批准しなければ議定書によって拘束されることはない。さらに，議定書は，この条約と一体のものとして解釈されることになっている[33]。

　(2)　対象となる犯罪

　締約国は，本条約上，次の①から⑤の行為を国内法により犯罪として定め，処罰する体制を構築する義務を負っている。また，犯罪類型が示されていないが，4年以上の自由刑を科しうる重大犯罪および議定書に定められた犯罪が，国境を越える性質を有する場合には，本条約の対象となる。(以上，3条)

　①　組織犯罪集団への参加 (participation)（5条）。

　締約国は，故意による組織犯罪集団への参加を犯罪とするために立法上またはその他の措置をとることが求められる。すなわち，ここで禁止されるのは，「犯罪行為の未遂または既遂に関わる行為とは区別される次の行為のいずれか一方または双方の行為」とされている（1項 (a)）。

　(i)　直接的または間接的に金銭的利益等を得るために重大な犯罪を実行することを他の者と合意すること，また国内法により必要とされる場合には，その合意をさらに助長させる行為または組織犯罪集団に加わること。

　(ii)　組織犯罪集団の目的や犯罪活動の概要または犯罪意図を知って，組織犯罪集団の犯罪行為に参加することまたは自らの参加が犯罪目的の達成を助長することを知って当該集団の活動に参加すること。

　さらに，組織犯罪集団が関与する重大な犯罪につき，これを組織し，指揮し，援助し，扇動し，助長しまたは助言を行うことも禁止される。

このように，本条約は，まず犯罪の共謀，組織犯罪集団への参加そのものを犯罪化する義務を負うという点において，特徴的である。

わが国の現行法制上，特定集団への参加をもって犯罪とする「参加罪」は存在しない。暴力団構成員については，「暴力団員による不当な行為の防止等に関する法律」(いわゆる暴力団対策法)があり，暴力団員による一定の行為について必要な規制を行うなどの措置を講じている。すなわち，集団的にまたは常習的に暴力的不法行為等を行うことを助長するおそれが大きい暴力団については，都道府県公安委員会が指定暴力団として指定を行うこととし(同法3条)，指定暴力団員に対して暴力的要求行為の禁止(同9条)，準暴力的要求行為の禁止(同12条の5)などの規定が置かれている。しかし，参加そのものを罰則化する規定は見られない。また，本条約では，犯罪の実行を「合意」することだけでも処罰対象としている点でもわが国現行法上馴染みがないであろう。もし本条約を批准するとなれば，現行の法体系と異質な犯罪類型を取り入れる必要がありうるので，十分かつ慎重な検討が必要である。

② 故意の資金洗浄(6条)

資金洗浄とは，一般には，犯罪によって不正に得た資金を金融機関等を利用して浄化し，その起源を隠蔽し，合法的な資金に偽装するプロセスをいう。本条約上の資金洗浄の定義では，「①財産が犯罪の利得であることを知りながら，その財産の不法な起源を隠匿しまたは偽装するために，または自己の行為の法的結果を免れる目的で基本犯罪の実行に関与した者を幇助するために，財産を転換しまたは移転すること。②財産が犯罪による利得であることを知っていながら，その財産に関する実際の性質，出所，場所，処分，移動を隠匿しまたは偽装すること。」をいう。また，その財産が犯罪の利得であることを知っている場合には，現金の授受も含まれる。各締約国は，自国の国内法の基本的原則に従って，故意に資金洗浄の行為が行われた場合には，これを犯罪として定める義務を負う。

資金洗浄に関する一つの問題は，不正な利得を生じさせる元となる犯罪[predicate offence](基本犯罪または前提犯罪)が，当該締約国の刑事管轄権の下

だけでなく，その「外」において実行された場合であっても規制の対象となるという点である。もっとも，締約国の管轄権外で行われた犯罪は，関連行為が犯罪の行われた国家の法の下で犯罪とされ，かつ犯罪が行われた場合に，この条を実施しまたは適用する締約国の国内法の下で犯罪となる場合にのみ，基本犯罪を構成する。この規定は，いわゆる「金融犯罪天国」(Financial Heavens)をなくすために，国家の規制，監督権を広く規定する。その結果，部分的には締約国に管轄権の域外適用の可能性を認めるものである。

これらの他に，あらゆる形態の資金洗浄を防止し摘発するために，締約国は，銀行および銀行以外の金融機関および適当な場合には資金洗浄に利用されやすいその他の機関について包括的な国内の規制監督制度を自国の管轄権内において設けることを義務づけられる[34]。この制度は，顧客の身元，記録保管および疑わしい取引に関する報告等の要請が強調されている。(7条)

わが国では，組織犯罪の処罰および犯罪収益の規制等に関する法律(平成11年)により，事業経営支配罪，犯罪収益等隠匿罪(10条)，犯罪収益等収受罪(11条)を設けて，従来からの麻薬特例法による資金洗浄の処罰や不法収益の没収，追徴の制度を薬物犯罪以外の一定の重大な犯罪によって得た収益にまで拡大した[35]。同法では，外国の刑事事件に関する没収，追徴等の要請が外国からあったときには，司法共助によって対処する規定も置いている。本条約では，資金洗浄について相談行為までも処罰対象に含めている。これも，故意によること，すなわち不法な利得の資金洗浄行為にあたることを知った上で相談する行為を対象としているものと理解される。

③ 汚職(corruption)(8条)

汚職すなわち贈賄，収賄は本来，国内犯罪として理解されてきた。しかし，近年では国外での汚職を国際犯罪とする具体的な動きが，経済協力開発機構(OECD)[36]および米州機構[37]においてみられた。本条約では，締約国は国際的組織犯罪との関連が認められる限りにおいて，汚職(贈収賄)も犯罪として処罰の対象とすべき義務を負う。本条約の定義によれば，それは，(a)公務員が自己の職務の行使に際して，行為させまたは行為させないよう，公務員本人また

はその他の者若しくは団体のために，不当な利益を直接または間接に約束し，申し出でまたは贈与することおよび(b)公務員が自己または他人若しくは他の団体のために，不当な利得を直接または間接に，懇請しまたは受諾することをいう。

わが国では，OECD条約を批准した際に不正競争防止法が改正され，外国の公務員および国際機関の職員に対する贈賄行為を処罰することが定められた(同法10条の2)[38]。

④ 司法妨害 (obstruction of justice) (23条)。

締約国は，証人に対して虚偽の証言を誘導することまたは宣誓証言若しくは証拠の提出に際して妨害を行うために，物理的な力，脅迫若しくは威嚇を用いまたは不当な利益を約束しまたは申し出ることなどを禁止するために必要な立法その他の措置をとることが求められている[39]。わが国刑法では証人威迫罪(105条の2)が規定されているところであるが，これは捜査上，裁判上，必要な知識を持っている者に対して威力を示して圧迫することによって成立する犯罪である。本条約23条は，証人の買収や利益の誘導も禁止対象としている点で禁止の対象が広い。

⑤ その他の重大犯罪

これらの他に，4年以上の自由刑に処しうる「重大犯罪」(serious crime)も含まれる。条約は，重大犯罪の意義内容を明確にしていないが，当初専門家グループの原案では，麻薬不法取引，人身売買，通貨偽造，文化財密輸，核物質の不法取引，爆薬・爆発装置の不正取引，自動車の不正取引，窃盗および汚職というような犯罪類型が列記されていた[40]。しかし，その後の第2会期の審議過程において，これらの犯罪類型の列挙が取り下げられた。その理由は，適用対象となる犯罪類型を細大漏らさず列挙することは不可能であり，また網羅方式をとるならば，網羅対象から除外された行為に適用がないと解釈されるおそれがあるので，一般的に「重大犯罪」と記すだけとしたのである。ただし，審議経過からみれば，上記のような行為が重大犯罪の範疇に含まれると理解されているといえよう[41]。

⑥ 議定書の定める犯罪行為。

本条約は，議定書が定める個々の犯罪行為についても条約上の国際的組織犯罪に含ませることとしている。女性および子供の不法取引防止に関する議定書では，締約国は，組織犯罪集団による人の違法取引について処罰の対象とする義務を負う。違法な取引の対象となる人の保護を含む[42]。

移住労働者の密輸に関する議定書は，移住労働者の密航を資金源とする組織犯罪集団を国際協力を通じて取り締まり，もってそうした犯罪を防止する体制を築くとともに，被害者の発生をくい止めようとするものである。

銃器，弾薬等の密輸防止に関する議定書は，審議が遅れたため，2000年末の採択会議での同時採択には間に合わなかった。これは，主として，わが国などの提唱によるものであるが，全米ライフル協会（NRA）などによる影響力もあり，米国をはじめとする若干の国が積極的でないように思われる[43]。

IV. 管轄権に関する若干の問題点

ここでは，本条約上の締約国の刑事司法管轄権に関する問題について，(1) 領域主権の原則，(2) 刑事司法管轄権に関する一般規定，(3) 一事不再理原則との関係，それに (4) 海上を経由した移住労働者の密輸の防止のための海上警察権に関する規定を検討する。

(1) 領域主権原則の位置づけ

条約の審議過程では，領域主権原則に固執する諸国の態度もみられたが，全体的傾向としては，領域主権の原則に配慮しつつ，できるだけ国際協力体制の下で効果的な組織犯罪対策を具体化するという方針がとられた。したがって，本条約上の国家管轄権の域外適用に関する議論も従来からある，航空機の不法奪取（ハイジャック），人質行為，拷問行為等に関する国際条約の管轄権規定の枠組みを踏襲している。すなわち，属地主義（犯行地主義）を基本としながらも従来の条約でも被害者が自国民である場合などでは，消極的属人主義を採用して国外犯としての処罰を可能とし，通貨偽造のような経済犯罪については保護

第5章　国境を越える組織犯罪と国連新条約採択の意義　167

主義の立場から，あるいは海賊や拷問行為などでは普遍主義の観点から，自国の領域外でおきた事件についても裁判管轄権を認めてきた。このようなタイプの犯罪を国際法上の犯罪としてきた。

　他方で，従来から国家管轄権の域外適用の主張と伝統的領域主権原則との間で摩擦と紛争が生じることもあった。特に米国は，麻薬不法取引に絡む事件では，国家の刑事司法管轄権の域外適用を主張して，自国領域外において容疑者を逮捕し，自国に強制的に連行して，起訴し裁判にかけるという領域管轄権の原則を無視した強引な方法をとることもあった。これが，近隣諸国との紛争となったこともある[44]。EU諸国も中東欧諸国を経由した不正規移民の流入や犯罪集団の跋扈に対して警戒的姿勢を強化してきており捜査協力関係を築いてきた[45]。

　本条約は，先進国のこうした経験を容れて組織犯罪の実態に応じた，効果的な国際協力の体制を構築することを基本目的としている。したがって，従来の犯罪に関する国家管轄権の競合や抵触の可能性をできるだけ調和，調整させ，あるいは変更を加えようとしていることが注目される。

　本条約上の国家の刑事司法管轄権については，いくつかの条項が定めている。まず，第4条では，領域主権の原則を本条約の基本原則として一般的に規定している。すなわち同条1項で「締約国は，主権平等の原則および国家の領土保全の原則および他国の国内事項への不干渉の原則に反しない方法により，この条約に基づく義務を履行する。」と定める。さらに2項では，「この条約中のいかなる規定も，他国の領域において当該国家の国内法によりその国家の当局に専ら留保されている管轄権を行使し，かつ遂行する権限を締約国に付与するものではない。」とも定める。この規定は，原案では2条(現3条)の条約の適用範囲の中に織り込まれていたが，最終的には，第3条から分離して独立の第4条となった。これは，伝統的な領域主権の原則を確認するために定められたものであるが，本条約上の基本原則としての地位を明確にしている。

(2)　国内法の域外適用の可能性
① 資金洗浄罪と域外適用

資金洗浄罪を定める第6条2項では，この条の1項を実施または適用するために，(a) 各締約国は，基本犯罪を最も幅広く適用するよう努めること，および(b) 第2条に定められたすべての重大犯罪および組織犯罪集団への参加，資金洗浄行為，汚職および司法妨害行為を「基本犯罪」(利得を発生する元となった犯罪のこと)に含めることを締約国の義務としている。自国の国内法が特定の「基本犯罪」の一覧を挙げている締約国の場合には，その一覧には少なくとも組織的犯罪集団と連携して行われる犯罪を包括的に含ませる。

　また第6条2項(c)によれば，この基本犯罪とは，当該締約国の刑事管轄権の「内」および「外」において実行された犯罪を包含する。ただし，「締約国の管轄権の外で行われた犯罪は，関連行為が犯罪の行われた国家の法の下で犯罪とされ，かつ犯罪が行われた場合に，この条を実施または適用する締約国の国内法の下で犯罪となる場合にのみ，基本犯罪を構成する。」と定めている。

　このように，資金洗浄の罪については，自国の領域外で実行された場合でも，処罰の対象としているので，締約国間の管轄権の競合は避け難いであろう。

　そもそも資金洗浄罪では，通常の犯行地という概念が機能しないのではないかと思われる。たとえば，日本に本拠を有する犯罪組織の日本人構成員が外国の銀行口座に犯罪による利得を隠していた場合，わが国の司法管轄権が及ぶとともに，右の口座開設地の外国の管轄権も同時に認められる。しかもそうした口座は，各国に分散していたり，移動が頻繁に行われる。したがって，没収措置が二重に執られたり，犯罪人が複数の国によって訴追されたり，ある国で確定判決が下された後に同一犯罪により他の国で訴追される可能性が否定できない。2項(c)但し書きは，その危険を回避しようとして設けられたものであろうが，外国が訴追，処罰を決定したことについて，その無効を主張することは困難であろう。

　② 管轄権に関する一般規定

　本条約第15条は，管轄権に関する包括的な条項である。まず，1項では，締約国が条約の対象となる犯罪について管轄権を有する場合として次の場合を掲げている。

(a) 犯罪が当該締約国の領域内で行われた場合，または，

(b) 犯罪が当該締約国の国旗を掲げる船舶内でまたは当該締約国の法律に基づいて登録された航空機内で行われた場合，

以上のうち，(a)は，属地主義に基づく管轄権に関する規定であり，(b)は船舶に対する旗国主義に基づく管轄権および航空機に対する登録国の管轄権を認めたものである。これらは，従来のハイジャックや人質行為禁止条約と同様の規定方式をとっている。

続いて2項では，属人主義の観点から次の規定を置く。

(a) 犯罪が当該締約国の国民に対して実行された場合，および

(b) 犯罪が，当該締約国の国民またはその領域を常住居住地とする無国籍者によって行われた場合

さらに2項(c)では，犯罪が次の状況で行われた場合にも管轄権を認めている。

(i) 組織犯罪集団への参加の罪に当たり，かつ締約国の領域内で重大な犯罪を実行するために当該締約国の領域外で行われた場合，

(ii) いずれかの形の資金洗浄の罪を実行する行為が当該締約国の領域外で行われた場合[46]。

すなわちこの規定は，自国内で重大犯罪を実行するために外国にある組織犯罪集団についても参加罪を問うことが可能であり，また海外での資金洗浄を教唆，指示し，これに荷担し，共謀した場合にも締約国の管轄権の対象となるとの趣旨である。これらの規定は，元来は属地主義の変形として米国やEU諸国が主張する「効果主義」の立場からの管轄権規定であるとみなされる[47]。これは，国内法の域外適用の可能性を認めるものである。

この規定が効果主義に立つものであることは，原案では，「犯罪が当該国家において実質的な影響がある場合」となっていたものが現規定のようにやや具体的な形に改められたことをみれば，明らかである[48]。

この効果主義とは立法管轄権の根拠として，国外で行われた行為であっても，内国の秩序に対し「実質的な効果」を現実に及ぼすものであれば，国内犯とし

て自国の刑法を適用し，処罰できるという考え方である。この立場については，学説上でも批判がある。すなわち，他国の領域内で完結した犯罪について効果主義を適用するのは，通常の属地主義の要件範囲を超えるものであるとか，効果主義の要件の認定については，各国の主観的な判断がはたらく余地が多く，一般に国外行為と内国領域に生ずる効果との間に現実かつ密接な関連を欠く場合が少なくないとも指摘されている[49]。

起草特別委員会の審議において，2項(c)の原案は，曖昧であるとの強い批判があり，現在のような規定に修正して可決されたものである。したがって，(c)号の元来の意図は域外適用を可能な限り広範に認めようとするものであるが，具体的な規定方式をとることにより，曖昧さを払拭しようする意図が込められている。

果たして，外国で行われた参加行為を国外犯として処罰するということは，日本の組織犯罪集団が外国で資金洗浄やその他の犯罪行為を犯した場合には，わが国の管轄権が及ぶとともに，当該領域国の管轄権も発生するということになる。この場合でも実際のわが国の捜査権まで当該国において行使することはできないであろうから，捜査共助という形により外国の警察・司法当局と協力する方法をとることになろう。

4項は，「引き渡すか，さもなければ処罰せよ」の原則に基づき，容疑者を引渡さない場合の管轄権設定を述べ，5項は，同一事件についての複数国の管轄権が予想される場合に，管轄権を調整するために協議義務を定めている。

「一般国際法の規範の適用を妨げない限り，この条約は，締約国が自国の国内法に従って定めた刑事管轄権の行使を排除するものではない。」と定める6項は，起草会議において議論が対立した部分である。

この規定の原案は，「この条約は，国内法に従って締約国が設定した刑事管轄権の行使を排除するものではない。」(3項)と規定していた[50]。会議参加国間では原案が域外適用を認める趣旨と理解できるので[51]，それに反対する立場から修正案が出され議論となった。すなわち，メキシコ代表は，本項が他国の領域内での捜査活動を認めるような意味に理解される虞があるとして，「この条約は

国内法の域外適用を認めるものではない」との文言を追加することにより，域外適用を認めない趣旨を明確にするよう提案した。メキシコは，草案2条4項(現4条)のテキストは，国内法により当該国家に留保された管轄権の行使を他国の領域内で行うことを禁止する趣旨であることにも言及した。

これに対して，提案国グループからは，本項は新麻薬条約4条3項と同一の趣旨のものであり，その目的は締約国が国際法に従って相互間の司法援助を求めることを可能とするように管轄権を定めることができるという意味であると説明した。またメキシコ案は，締約国が自国民による国外犯に対しても国内法による処罰を禁止しているという誤解を生じさせるので適当ではないという指摘もなされた。また，草案2条3項の主権平等，領土保全および不干渉の原則は，管轄権の行使についても適用されるとの説明があった。これは，メキシコの懸念を和らげようとする意味を持っている[52]。

結局第4会期で議論は収拾しなかったが，第8会期において提案された現在のテキストが最終的に採択された。以上の議論の経緯からみて，本条の趣旨を4条と併せて理解するならば，締約国が自国の法律に従って，属人主義に基づき国外犯の処罰を自国領域内で行うための域外管轄権の行使を認めていることは明らかである。しかし，相手国の同意なしに，他国の領域内で捜査権等を行使することは，4条の領域主権原則に抵触すると思われる。同時に，本条約は関係締約国間の協定等に基づき，国際司法共助の形による外国領域内での管轄権の行使を認める趣旨として理解できる。したがって，本条約は，領域主権の原則を修正したり，曲げるものではなく，国際協力による刑事司法管轄権の調整および共同行使を促す意味があると思われる。ただし，そうした前提を欠く場合においては，一方的に他国の領域内において捜査権を認める趣旨は盛り込まれていない。したがって，関係国間での管轄権の共同行使などを認める2国間もしくは地域的協定の締結が順調に行われるかどうかが，今後の本条約の成否を判断する材料となるであろう。

(3) 外国判決の効力と一事不再理の原則

犯罪が国境を越えて行われるようになると，外国において一度確定判決を受

けた者に対して再び他の国が同一事件により訴追し，処罰する可能性が生じる。仮にそうした可能性があるならば，一事不再理原則 (ne bis im idem) を曲げるおそれがある[53]。そこで本条約上，一事不再理の原則がどのように位置づけられ，また確保されるかが問題となる[54]。

諸国の国内法上，一般的に個人は，「一事不再理の原則」によって同一の行為について複数の訴追を受けないよう保護されている[55]。多くの国家では，有罪の宣告を受けた者は，たとえまだ判決に服していなくても，同一の事実により再度訴追されることはない。わが国憲法でも「何人も，実行の時に適法であった行為または既に無罪とされた行為については，刑事上の責任を問われない。また，同一の犯罪について，重ねて刑事上の責任を問われない。」と定めている[56]。また，刑訴法第337条では，確定判決がなされている場合には免訴の言い渡しをしなければならないと定める。米国憲法修正5条，ドイツ基本法103条3項もこれと同じ趣旨を定めている[57]。このように，各国の法体系の下では，一事不再理の原則が確立しているといえようが，それぞれの国家が独立の裁判管轄権を有している国際社会においては，外国で下された刑事事件判決の効果をそのまま自国において承認することはない[58]。わが国刑法第5条は，「外国において確定裁判を受けた者であっても，同一の行為について更に処罰することを妨げない。」と定めている。但し書きにおいて「犯人が既に外国において言い渡された刑の全部または一部の執行を受けたときは，刑の執行を減軽し，または免除する。」と定めるに止まる。つまり，外国判決を理由に裁判を免れるとはいえない。その判決が自国の領域内で行われた犯罪について下された判決であっても同様である[59]。

国際人権法上でも，一事不再理の原則に関する規定がみられる。自由権規約14条7項は「何人も，それぞれの国の法律および刑事手続に従って既に確定的に有罪または無罪の判決を受けた行為について再び裁判されまたは処罰されることはない。」と定めている。これは，自国の法の下での状況を言っているにすぎず，「外国の法律」に従って，確定判決を受けた行為については無言である。自由権規約委員会に対する個人通報案件としてはA.P.対イタリア事件がある。

本件では，通報者 A.P は，イタリア国内で実行した誘拐事件の容疑者であり，スイスで身代金を引き出したところ逮捕され，スイス国内で確定判決を受け服役した。その後，イタリアに送還されたところ，イタリア国内でも同一事件で訴追されたので，14条7項の一事不再理の規定に違反するとして通報を提出した。規約人権委員会は，同規定が一国内の判決についてのみ二重の危険（double jeopardy）を禁止する趣旨であるところ，本件では司法管轄権が異なる2国において訴追されたケースであって，14条7項は適用しないと解し，本件通報を非許容と判断した[60]。

ヨーロッパ人権条約第7議定書第4条でも，「何人も，その国の法律および刑事手続に従ってすでに無罪または有罪の確定判決を受けた行為について，同一国の管轄下での刑事手続において再び裁判されまたは処罰されることはない。」というように，一事不再理の原則が同一国の内部でのみ認める旨を明確に定める。

このように一事不再理の原則は，国内法上の一般的原則としては確立していると思われるが，外国の刑事判決も含めているとは解釈できない。しかし，一事不再理の原則が人権規定である限り，不再理主義を採用して，外国の確定判決に何らかの効果を与えることによって，「二重の危険」を回避するため訴追を認めないということも考えられる。

以前，ほとんどの諸国が領域管轄権の原則に固執していた時代には，複数訴追が行われる危険性は比較的に少なかったが，現代では人の移動が自由かつ容易になり，犯罪もボーダーレス化が進んで複数国家の管轄権を生じさせるようになった。また，本条約では，前述のように，一定の範囲で自国の領域外で実行された犯罪（参加罪，資金洗浄罪等）に対する管轄権の設定が可能とされているので，二重の危険の可能性が増大した。しかし，もし本条約が多くの場合に，これらの犯罪について下された外国の判決を考慮する義務を明記せずに，国家が領域外で行われた犯罪を訴追する新たな可能性を開いたにすぎないとするならば，二重処罰の危険性は広がるであろう。

このように，国際的組織犯罪との関係では，一事不再理の原則は複雑な面を

窺わせているように思われる。一事不再理の問題には，外国人受刑者の移送との関係，犯罪人引渡との関係等があるが[61]，本稿では一事不再理の問題についてどのようなアプローチを執ろうとしているかを確認するだけとしたい。

まず，本条約では，管轄権の競合問題が発生する可能性が予見される場合には，関係締約国間の協議を義務づける規定を置いている。すなわち，「締約国が，同一の行為について他の締約国が，捜査し，訴追しまたは司法手続を開始していることを通知されるかまたはその他の方法によりこれを知った場合には，関係締約国の権限ある機関は，適宜，それらの行動を調整するために相互に協議する。」と定める(15条5項)。これは，関係締約国間の協議によって，いずれの国が刑事司法管轄権を行使すべきかを取り決めることによって，競合を回避すべきことを述べている。まずは，当初からしかるべき管轄権を行使する国が関係国間の協議により決められているならば，いったん判決に服した後に，改めて他の国において同一犯罪につき訴追，審理を行うまでもないことになる。ただし，この規定は，管轄権の抵触，競合を解決する基準を述べたものではないので，これにより管轄権の競合が回避されるかどうかは不確実である。

一事不再理の原則は，犯罪人の移送とも関係している。本条約18条12項では，移送元の締約国が合意しない限り，犯罪人は，国籍のいかんを問わず，移送先の国の領域において，移送元の国の領域を出発する以前の作為，不作為または確定判決について，起訴され，拘禁されまたは処罰され若しくは身体の自由についていかなる制限も課せられることはない，と定めている。移送後に改めて同一の事件により刑罰を言い渡されることがないようにとの規定である。ただし，この規定も任意的な規定と解釈される。

また，第21条では，刑事訴訟手続の移転を規定している。すなわち，「締約国は，この条約が対象とする犯罪の訴追のために訴追手続の移転が司法の適切な運用の利益になると思われる場合には(とくに複数の管轄権が関わる場合)，訴追手続を集約するため手続の移転の可能性を考慮する。複数の容疑者の訴追を行う必要があるときには，一括してある国が訴追することが可能となる。」

その他の点では，第22条も関連性を有する。同条は，犯罪記録の作成につい

て「各締約国は，適当とみなす条件および目的の下で，この条約の対象とする犯罪に関する刑事手続において犯罪容疑者の他の国における過去の有罪判決を考慮するためにこれらの情報を利用するために必要な立法上のまたはその他の措置をとることができる。」と定める。この規定の趣旨は，訴追，審理の際に，外国の有罪判決を考慮する要素として利用できるように犯罪記録を整備する点にある。これは，いわゆる「算入主義」(外国判決を原則的には認めないが外国で執行された刑の全部または一部を国内裁判所で言い渡される刑に算入する立場)に立つ規定であろう。

以上，一事不再理問題に関連する本条約の規定を簡単に見ただけであるが，本条約は，まずは二重の危険が発生する可能性を事前の管轄権の調整により最小化するという立場がとられている。また，これらの規定をみる限り，外国判決に対して一定の考慮を払うことが本条約の立場に合致しているものと思われる。その場合，一事不再理を認めるならば，不再理主義をとり外国判決をそのまま承認することがもっとも完全であるだろうが，わが国のように周辺諸国との国内刑事法の制度がかなり異なる地域においてはやや早急にすぎるように思われる。わが国でも，以前から「算入主義」が提唱されてきた。本条約の立場は，そうした検討を促しているように思われる。

(4) 海上における刑事管轄権の行使

移住労働者の密輸防止に関する議定書は，国際的組織犯罪集団による金銭的またはその他の利益を目的とする移住労働者の密輸(smuggling)を条約上の組織犯罪の範疇に加えるために採択されたものである[62]。同議定書では，海上警察権の行使についても国際協力体制を構築することによって，その目的を果たそうとしている。

国際法上の沿岸国の海上警察権は，基本的には領水(内水と基線より12カイリ以内の領海)と接続水域(基線より24カイリ以内)に限定されている。継続追跡権の制度は，沿岸国の領水内で外国船が国内法令に違反したと信ずるに足りる十分な証拠があるときには，その追跡を領海外にまで行うことを認める制度

である。これを除いて，公海における海上警察権の行使は，海賊，奴隷取引などの国際法上の犯罪行為を行っている場合を除いて，一般的には外国船が犯罪に従事している疑いがあったとしても，右船舶に対して直ちに臨検等の警察権を行使することはできない。それが可能とされるのは，旗国主義の原則により，自国船籍の船舶に対してだけである[63]。

地方，現代では，衛星ナビゲーション装置（GPS）等のハイテク機器を搭載した船舶を用いることにより，公海上で麻薬等の取引や，密航者の「乗り換え」が可能となった。この種の行為を取り締まるためにだけ，公海上での不審船に対する海上警察権の行使を認めることも考えられよう。また，海上経由による移住労働者の密輸の問題は，遮蔽されたコンテナでの集団密航事件でも明らかにされているように生命の危険をも伴う。密航者の生命の保護という人権の面でも，不法な取引は放置できないであろう。

わが国周辺海域においても，中国の蛇頭と日本の暴力団とが連携して中国人の密入国を企てる例が絶えず，平成9年には，出入国管理難民認定法を改正し，悪質ブローカー対策として集団密航罪を新設した[64]。そうした対策が功を奏したせいか，より最近ではわが国周辺海域での大規模な密航事件は減る傾向にある[65]。しかし，この法改正によっても，船舶に対する管轄権の原則が国際法上の旗国主義に基づくものであることから，公海上にある密航船に対しては規制対象とはしていない。

本条約議定書の海上警察権の行使については，新麻薬条約17条および国連海洋法条約の関係規定を参考として，海上における移住労働者の密輸のため，不審船の臨検等の措置を規定する[66]。それによれば，締約国は，船舶が公海上において移住労働者の密輸に従事していると疑うべき合理的な理由を持つ場合には，他の締約国の支援を求める（8条）。そして，同船舶が他の締約国の旗を掲げているならば，当該締約国に対して登録の確認を請求し，その後，適切な措置をとることを旗国に求める。旗国は，船舶への乗船，船舶内の捜索を認めることができる（may authorize）。密輸に従事していることが確認された場合には，旗国の承認に従って，船舶，乗員および貨物について適切な措置をとることが

できる。この適切な措置とは，条文上の明確な規定はないが公海における海上警察権の行使に関する原則によれば，当該船舶を拿捕し，右船舶内の人を逮捕し財産を押収することが認められよう（海賊船舶に対する拿捕の規定，国連海洋法条約 105 条，臨検については同 110 条の規定を参照）。

　このような形により，本条約は，海洋法の基本原則である旗国主義を前提としつつ，国際協力により不法取引を規制しようとしている。議定書が実効的な効果を果たすかどうかは，不審船の登録の確認，乗船，捜査等に対する旗国の承認が迅速に行われるか否かに依拠している[67]。しかし，旗国側の対応は任意的規定となっているところからも，議定書がどこまで実効的な文書となりうるかは疑問が残る。議定書自体でも触れているように，こうした対策を具体的状況で実現可能とするためには，管轄権に関する国内法の整備，関係国間の情報交換，および 2 国間協定の締結などが必要であろう[68]。同時に，議定書は，移住労働者が組織犯罪集団の犯罪行為の被害者でもあることを念頭において，彼ら自身を処罰対象とするものではなく（7 条），送還に当たっても彼らの人権に対する配慮を求めている点についても十分留意する必要がある（8 条，16 条）。

　わが国は，新麻薬条約を批准するに際して，関係国内法を整備した。しかし，「輸送」を独立の犯罪行為として定めておらず，領海を越える海域での海上警察権の行使については何も規定していなかった[69]。また，平成 9 年に入管法を改正して集団密航罪を新設した際には，「自己の支配または管理の下にある集団密航者を本邦に向けて輸送し，または本邦内において上陸の場所に向けて輸送した者」を処罰の対象とした（74 条の 2）。ここでは「輸送」した者を処罰対象としている。したがって，おそらく輸送に従事した者が後に本邦に入国した際に国外犯として処罰することは可能であろうが，公海を航行中の船舶に対する臨検等の措置については何も規定していない。したがって，領海に入るまでは輸送者を取り締まることはできない。

　こうした観点から，わが国においても国際犯罪対策の一環として，領海外における刑事管轄権を定める法律の整備が必要であるとの主張がある[70]。ただし，本議定書は，一方的な国内立法を促すよりは，関係国間での協力を前提として，

共同の管轄権の行使によって事態に対処する方法を求めているように思われる。そのような周辺諸国と十分な協議を経た上での国内法の制定または2国間条約の締結が必要であろう。

V. おわりに

本稿では，国境を越える組織犯罪防止条約の管轄権に関する問題を中心にいくつかの論点を検討してきた。それぞれの論点自体が，より幅広い検討を要する問題であるが，本稿を締めくくるに当たって，筆者なりの所見をまとめておきたい。

まず，これまで犯罪のボーダレス化が進行するなかで，その対策が確実な効果を発揮してこなかった原因の一端は，犯罪の捜査，訴追等に関する原則がいわば「ボーダー主義」のままだからである。つまり，国境を越える組織犯罪の跋扈と拡散という実態に対して，領域主権＝属地主義に基づく刑事司法管轄権の原則をもってしては，有効に対処しきれない，それが犯罪対策システムとしては制度的限界を伴っていることを示しているともいえよう。したがって，組織犯罪の挑戦に対して効果的な対策をとろうとするのであれば，その限界を克服するなにがしかの制度的枠組みが必要であろう。

本条約は，資金洗浄対策，犯罪組織への参加の処罰等を徹底化することによってまずこれらの組織犯罪に対する国内法の間の取り扱い上の差異をできるだけ狭め，平準化し「組織犯罪天国」を除去しようとしている。しかし，本条約上の国家管轄権に関する立場は，従来のハイジャック等の国際犯罪に関する条約にみられる属地主義と属人主義および部分的に保護主義の併用という定式を踏襲しているにすぎず，領域主権原則を前提として属地主義を基本とした従来の国家の刑事司法管轄権の原則を大きく修正し，変更するものではない。本条約が認める域外適用のケースは，積極・消極双方の属人主義に基づく場合と保護主義に基づく場合に限られており，米国等の主張する「効果主義」に基づく一方的な域外適用の論理を認めていない。

本条約が採用したアプローチに何らかの意義を見いだすならば，(EU諸国間

で経験を積んできたような)国家間の協力と国際協定を通じた管轄権の調整と捜査権の共同行使(たとえば,公海上での密航船に対する措置)によって対処しようとしている点であろう。本条約は,複数国家の管轄権に係わる場合と組織的犯罪集団による行為で重大な性質を有するすべての行為を対象とするので非常に広範である。その点において,国際司法共助を推進するための新たな「枠組み条約」としての意味を有している。別言すれば,捜査機関および司法機関の間の国際司法共助を推進することによって国際社会における「法の支配」の確立に向けた有力な手段となることが期待されているといえよう。国境を越える犯罪対策のための「協力の国際法」をここに見いだすことができる。

　もっとも,本条約は枠組み条約としての性格を有するものであるから,今後本条約が国境を越える組織犯罪対策としての効果を発揮するかどうかは,関係国間の協議と協力関係が構築できるかどうかの如何にかかっている。そのためには,国内法の整備,関係国間の情報交換および2国間もしくは地域的協定の締結を含む国家間の協力が不可欠となる。本条約は,こうした措置の検討と導入に道筋をつけたところにも意味がある。他方で,組織犯罪対策と市民的自由および人権との関係については微妙にして重大な問題が介在している。例えば,本条約によって電話や電子メールなどに対する「電子的監視」や「おとり捜査」などの特別の捜査手法を推進する国際的なお墨付きが与えられたとして,人権を制約する国内法の制定が加速されるおそれもある。こうした市民的自由との関連では本条約は,十分慎重かつ抑制的に実施されるべきであろう。

　本稿は,国境を越える組織犯罪に関する多数の論点のうちほんの僅かな論点に触れただけである。本条約の規定と国内法との関係については,本稿では僅かしか触れていない。いずれわが国において本条約の批准が問題とされる段階では,組織犯罪対策関連法等およびその他の関係国内法も条約の視点をふまえて検討されるであろう。そうした問題についても,人権の視点を念頭に置きつつ,関心を持っていきたい。

注

1) 「国境を越える組織犯罪」という名称は,英語では transnational organized crime, (仏語では, criminalité transnationale organizée)という用語が与えられている。わが国では,「国際犯罪」という用語が定着している。国際犯罪の意義の一つとして,「外国性をもつ犯罪」(従来からの普通犯罪が国際的な関連性をもち,2つ以上の国の刑法と刑事司法管轄権に触れる場合をいう)という意味がある。同様の意味で transnational organized crime を捉えるならば,これを「国際的」組織犯罪と訳すことも可能であろう。本稿では,国際的組織犯罪と「国境を越える組織犯罪」とは同じ意味として,互換的に使用したい。なお,国際犯罪の意義については,山本草二「国際刑事法」(三省堂,1991 年)を参照。太寿堂鼎「国際犯罪の概念と国際法の立場」ジュリスト 720 号,67-72 頁。田中利幸「国際法益と国内管轄事項」『国際法と国内法』(山本草二先生還暦記念)勁草書房,1991 年,595 頁。Phil Williams and Dimitri Vlassis (eds.), Combating Transnational Crime; Concepts, Activities and Responses, Frank Cass, 2001.

2) 藤田久一「犯罪の国際化と国際法」国際問題 450 号,1997 年。

3) 本条約のテキストは次を参照。A/RES/55/25, 8 January 2001. 邦語訳は,北村「(資料)国連による国境を越える組織犯罪防止条約の採択」熊本法学 99 号,57-94 頁,2001 年。

4) ibid., Annex II & III.

5) 山口直也「越境組織犯罪対策に関する国連会議とわが国の組織犯罪対策法案―盗聴立法は国際的要請に基づくのか?」季刊刑事弁護 19 号,1999 年。

6) わが国では,本条約の内容を一部先取りした形で,1999 年 8 月の通常国会で組織犯罪対策 3 法が成立した。それらは,(1) 通信傍受法,(2) 組織的犯罪処罰・犯罪収益処罰法および (3) 刑事訴訟法一部改正法の 3 つである。(2) では,組織的犯罪の刑を加重し,犯罪収益の資金洗浄の取締を強化した。

7) 丸山雅夫「没収・追徴(ワークショップ)」刑法雑誌 37 巻 3 号,1998 年,366-370 頁。門田成人「マネー・ロンダリング罪,没収・追徴の拡大と刑罰法規の適正性(特集「組織的犯罪」対策立法の検討)」犯罪と刑罰 13 号,1998 年,59-81 頁。設楽裕文「組織的な犯罪における没収と憲法」日本法学 66 巻 3 号,2000 年,885-917 頁。

8) Christine Van Den Wyngaert, The Transformations of International Criminal Law in Response to the Challenge of Organized Crime, International Review of Penal Law, Vol. 70, 1999, pp. 133-221. CarrieLyn Donigan Guymon, International Legal Mechanisms for Combating Transnational Organized Crime: The Need for a Multilateral Convention, Ber-

keley Journal of International Law, Vol. 18, p. 53, 2000.

9) 平良木登規男「没収について——新麻薬条約, とくに利益没収理解のために」法学研究 63 巻 12 号（平成 2 年）, 283 頁。United Nations Office for Drug Control and Crime Prevention, Financial Heavens, Banking Secrecy and Money-Laundering, 1998. 従来の麻薬関係条約としては, 1961 年の「麻薬に関する単一条約」がある。

10) わが国では, 平成 4 年 7 月に施行された「国際的な協力の下に規制薬物に係る不正行為を助長する行為等の防止を図るための麻薬及び向精神薬取締等の特例等に関する法律」（麻薬特例法）により, 麻薬犯罪に係る不法な収益等の資金洗浄行為（不法収益等隠匿罪）が禁止されている。金融機関は, 一定額以上の取引に際して本人確認等の義務を負う。詳しくは, 古田佑紀, 本田守弘, 野々上尚, 三浦守「麻薬特例法及び薬物四法改正法の解説」法曹会, 平成 5 年。

11) Convention on Laundering, Search, Seizure and Confiscation of the Proceeds from Crime 同条約は, 93 年 9 月 1 日発効し, 締約国数 31（2000 年 8 月 28 日現在）である。

12) 小木曽綾「EU の警察政策」宮澤浩一先生古稀祝賀論文集第 3 巻, 成文堂, 2000 年, 415–441 頁。

13) 一般的には次を参照。Andreas F. Lowenfeld, U.S. Law Enforcement Abroad: The Constitution and International Law, Continued, AJIL, Vol. 84, No. 2., 1990, pp. 444–493. アルバレズ・メイチェン事件（United States v Alvarez-Machain）では, 米国の麻薬取締局の係官に対する拷問, 殺人の容疑で捜査を行うためにメキシコ国内において米国の連邦法執行官により被疑者の身柄が拘束され, 米国に連行した事件である。連邦最高裁は, 結局アメリカ・メキシコ間の犯罪人引渡条約には, 被疑者の誘拐を禁止する規定はなく同引渡条約違反にはならず, 容疑者らの本国への送還は行政当局の責任であるとした。Supreme Court Opinion in United States v. Alvarez-Machain, June 15, 1992, 31 I.L.M. 900, 1992. Rosemary Rayfuse, International Abduction and the United States Supreme Court: the law of the Jungle Reigns, 42 I.C.L.Q., 1993, 882–897. Agora: International Kidnapping, 86 A.J.I.L. 1992, 736–756. Geoff Gilbert, Transnational Fugitive Offenders in International Law, Martinus Nijhoff, 1998, pp. 348–352. なお, この問題は, 犯罪人引渡が中心の問題であるので, 別稿で検討する。

14)「刑事事件における相互援助に関する米州協定」（米州司法援助協定, Inter-American Convention on Mutual Assistance in Criminal Matters 1992 年 5 月 23 日採択, 1996 年 4 月 14 日発効。14 カ国が署名。批准国はカナダ, ペルー, ヴェネズエラの 3 カ国だが, 条約は 2 番目の批准書が寄託された後に発効することになっている。「銃器, 部品, 弾薬, 爆発物及びその他の関連品の不法な製造及び取引を禁止する

米州条約」(Inter-American Convention against the Illicit Manufacturing of and Trafficking in Firearms, Ammunition, Explosives, and Other Related Materials) も存在する。

15) Ecosoc Res. 1996/27. Implementation of the Naples Political Declaration and Global Action Plan against Organized Transnational Crime.

16) Ecosoc Res. 1998/14, 28 July 1998.

17) GA Res. 53/111, 9 December 1998.

18) Report of the Expert Group Meeting on Community Involvement in Crime Prevention, E/CN.15/1999/CPR.1, 3 March 1999. 全文30箇条の草案が用意されていた。

19) GA Res. 54/126, 17 December 1999.

20) GA Res. 54/127, 17 December 1999.

21) GA Res. 54/128, 17 December 1999.

22) 特別委員会は、1999年1月から2000年10月までの間に11回の会期を開催した。第1回(1999年1月19日から29日)、第2回(1999年3月12日から8日)、第3回(1999年4月28日から5月3日)、第4回(1999年6月28日から7月9日)、第5回(1999年10月4日から15日)、第6回(1999年12月6日から17日)、第7回(2000年1月17日から28日)、第8回(2000年2月21日から3月3日)、第9回(2000年6月5日から16日)、第10回(2000年7月17日から28日)、第11回(2000年10月2日から28日)。若干のNGOの参加もあった。筆者は、日本弁護士連合会一行の随員として、第3回会期と第5回会期を傍聴する機会を得た。その際お世話になった、吉峯康博弁護士をはじめとする関係諸氏には、この場を借りてお礼申し上げたい。

23) 第1回会期で審議のたたき台となった草案は、Draft United Nations Convention against Transnational Organized Crime, A/AC/254, 15 December 1998.

24) 起草特別委員会における本条約採択の経緯は、次の文書を参照。Report of the Ad Hoc Committee on the Elaboration of a Convention against Transnational Organized Crime on the work of its first to eleventh sessions, GAOR, A/55/383, Annex I, 2 November 2000.

25) 署名会議の席上で主要国のうち、英米ロ仏及びその他のEU各国は条約本体と2つの議定書のすべてに署名した。日本と中国は、条約本体を署名したが、2つの議定書については署名しなかった。本条約の起草過程については、以下の文献も参照。今井勝典「国連国際組織犯罪条約の実質採択について(特集 ミレニアム・イヤーにおける国際組織犯罪対策の推進)警察学論集53巻9号、2000年、46–101頁。青木五郎「国連国際組織犯罪対策条約(特集 国際組織犯罪対策の国際動向)」警察学論集52巻9号、1999年、16–40頁。

26) 山本草二, 前掲書(注1), 8–13頁。
27) 本条約1項は次のように定める。「1 各締約国は, この条約に基づく義務の実施を確保するために, 国内法の基本原則に従って, 必要な措置(立法的, 行政的措置を含む)をとる。(2項以下省略)」
28) A/55/383/Add.1, p. 11.
29) 山本草二, 前掲書(注1), 143頁。
30) テロ防止については, 国連は次の2つの条約を採択している。テロリストによる爆弾使用の防止に関する条約 (International Convention for the Suppression of Terrorist Bombings), 1997年12月15日, 2001年5月23日発効。テロ資金供与防止条約 (International Convention for the Suppression of the Financing of Terrorism), 1999年12月9日採択 (Resolution A/RES/54/109), 未発効。
31) わが国の犯罪人引渡しに関する取り組みは次を参照。戸田信久「犯罪人の引渡しと国際司法協力」国際問題450号, 1997年, 31–48頁。
32) 本条約第20条1項は, 次のように定める。「自国の国内法制度の基本原則により認められるならば, 各締約国は, 監視付き移転の適正な行使を認めるために必要な措置及び適当な場合には, 組織的犯罪に効果的に対処するために自国領域内の権限のある当局による, 電子的又はその他の形態の監視及びおとり捜査などのその他の特別の捜査手法の適切な使用を認めるために必要な措置をとる。」
33) 条約第37条は, 条約本体と議定書との関係について次のように定めている。
34) 準備作業によれば「その他の機関」株式仲買業者, 証券取引業者, 通貨両替商, 通貨仲買業者などの仲介業者を含むものと理解されている。op. cit., p. 4
35) 芝原邦爾「経済刑法」岩波書店, 2000年, 79頁。
36) OECDは, 「国際商取引における外国公務員に対する贈賄の防止に関する条約」Convention on Combating Bribery of Foreign Public Officials in International Business Transactions) を1997年11月21日採択した(1999年2月15日発効)。芝原, 前掲書, 43頁。
37) 米州機構は, 米州汚職防止条約 (Inter-American Convention against Corruption) を1996年3月29日に採択した。
38) 10条の2(外国公務員等に対する不正の利益の供与等の禁止)「何人も, 外国公務員等に対し, 営業上の不正の利益を得るために, その外国公務員等に, その職務に関する行為をさせ若しくはさせないこと, 又はその地位を利用して他の外国公務員等にその職務に関する行為をさせ若しくはさせないようにあっせんをさせることを目的として, 金銭その他の利益を供与し, 又はその申込み若しくは約束をしてはならない。」

39) 条約 23 条(司法妨害の犯罪化)は次の通り定める。「各締約国は，次の行為が故意に行われた場合には，刑事上の犯罪として定めるために必要な立法上の及びその他の措置をとる。
 (a) この条約の対象とする犯罪の実行に関する訴追手続において，虚偽の証言を誘導し又は宣誓証言若しくは証拠の提出に際して妨害を行うために，物理的な力，脅迫若しくは威嚇を用い又は不当な利益を約束し又は申し出ること。
 (b) この条約の対象とする犯罪の実行に関する司法又は警察官による公の義務の執行を妨害するために，物理的な力を行使し，脅迫又は威嚇すること。この項のいかなる記述も締約国が他のカテゴリーの公務員を保護する立法を行う権利を妨げるものではない。」

40) A/AC.254/4.

41) A/55/383/Add.1, pp. 2–3.

42) 3つの議定書の名称は次の通りである「陸，海からの移民の不法取引を防止するための議定書」(Protocol against the Smuggling of Migrants by Land Air and Sea,)，「人(特に女性と子ども)の不法な取引を防止し禁止するための議定書」(Protocol to Prevent, Suppress and Punish Trafficking in Persons, Especially Women and Children)，「銃器及びその部品と弾薬の製造及び不法取引を防止するための議定書」(Protocol against the Illicit Manufacturing of and Trafficking in Firearms, Their Parts and Components and Ammunition)。

43) 筆者が傍聴した 1999 年 5 月の第 3 会期では，全米ライフル協会の代表が NGO として会議の席上で発言し，銃砲にシリアルナンバーを付して一括登録制度を設ける案などについて主として技術的な観点から消極的な疑問を提示していた。

44) 前掲注 13) を参照。

45) EU 諸国は，1990 年代には東欧の犯罪組織による脅威にさらされてきた。犯罪収益の浄化をどのように摘発するかなどで頭を痛めてきた。また，わが国は中国の蛇頭を媒介とした，外国人の集団密入国対策に頭を悩ましてきており，入管法の改正により，集団密航罪(74 条)を新設した。こうした点で先進国首脳会議の場でも組織犯罪対策は主要な議題として扱われている。

46) この 3 項の規定の原案では，「犯罪が当該国に重大な結果をもたらす場合」というように抽象的な規定であったが，後の審議の過程でより具体的な規定に変更されたものである。

47) 山本草二，前掲書(注 1)，143 頁。これは，やや説明が異なるが渥美東洋教授がいう「影響法理」(米国の選択した基本政策と米国内での自由な人々の活動に不当な影響を及ぼす活動は，米国の法執行と法運用の主権の下に置くのが当然とする考

え方）と同じものであろう。渥美東洋「刑法とその周辺（第 22 回）—組織犯罪のクロス・ボーダの活動と国際司法共助」警察学論集第 51 巻 1 号，188–214 頁。

48) A/AC.254/4/Rev.1, Article 9, paragraph 2-(c)
49) 山本，前掲書（注 1），144–145 頁。
50) A/AC.244/4/Rev.1
51) 原案には無かったが，第 4 会期に際して，「この条約は，締約国が国内法に従って定める刑事司法管轄権の行使を排除しない。」との案文が挿入された。A/AC.254/4/Rev. 4, p. 20.
52) ノルウェーは，6 項の文末に「国内法及び国際法に従って」，という文言の挿入を提案した。またフィンランドは，「この条約は，国内法に従って締約国が刑事司法管轄権を定めることを妨げない。」との文言を提案した。ibid., p. 20. note 102.
53) 一事不再理の原則は，大陸法では，ne (non) bis im idem の原則と呼ばれる。英米法では，二重の危険 (double jeopardy) と呼ばれる。刑訴法との関連については，渥美東洋「二重危険禁止・一事不再理の法理」法学セミナー，338 号，1987 年，60–66 頁。
54) 森下忠「国際刑法の基本問題」成文堂，82–128 頁，1995 年。
55) van den Wyngaert, op. cit., p. 152.
56) 芦部信喜編「憲法 III」有斐閣，233 頁。
57) アメリカ合衆国憲法第 5 修正「何人も同一の犯罪について重ねて生命身体の危険に臨ましめられることはない。」ドイツ基本法 103 条 3 項「何人も，一般的刑法の根拠に基づいて，同一の行為ゆえに重ねて処罰されてはならない。」樋口陽一・吉田善明編「解説世界憲法集（第 3 版）」三省堂。
58) 外国の判決を認めるかいなかの点において国内法は，かなり方法にちがいがある。オーストリア，ドイツ，イタリア，ルーマニアなどのように，外国の判決に対してもいっさい一事不再理の効果を与えない国がある。被告人に対して並行的に訴追がなされる場合には，アメリカで本人出廷の形で訴追されているときに，イタリアで同一の犯罪について同時に訴追がなされる場合である。オランダとフィンランドでは，外国判決を認めるだけでなく，外国裁判所における免訴の決定や裁判外での和解も認める。スロベニアでは，一事不再理は憲法上の地位を有しており，外国の判決に対しても適用される。ベルギーは，中間的な立場をとる。つまり，認められる外国判決は，ベルギー国外で行われた犯罪について下された判決だけを認めるものである。Wyngaert, op. cit., p. 180.
59) わが国でも国際刑事法における一事不再理の原則についての詳細な研究がある。愛知正博「国際刑事法における一事不再理の問題」刑法雑誌，23 巻 3・4 号，

1982 年。同「外国判決と一事不再理(1〜3 完)」法政論集(名古屋大学)。森下忠，前掲書(注 42)，82-128 頁。

60) A.P v. Italy, (204/86). この決定については，外国において適切な刑罰に服しているならば，同一の刑罰による訴追を認めるべきではないという批判がある。Sarah Joseph, et al., the International Covenant on Civil and Political Rights, Cases Materials, and Commentary, Oxford, 2000, p. 337.

61) たとえば，ヨーロッパ犯罪人引渡条約第 9 条では，「引渡が請求された犯罪について，被請求国の権限ある当局によってすでに確定判決が言い渡されて場合には，引渡は認められない。被請求国の権限ある当局が同一の犯罪について訴追しないか，または訴訟手続を終了すると決定している場合には，引渡は，認められれない。」と定めている。

62) 本議定書上，移住労働者の「密輸」とは，直接的または間接的に金銭的またはその他の物質的利益を得るために，締約国の国民または定住居住者ではない者を締約国に不法に入国させること」である。(3 条)。平野和春「『人の密輸』——国際組織犯罪の現状と外事警察の対応」警察学論集 51 巻 9 号，33 頁，1998 年。同時に採択された女性と子どもの売買禁止に関する議定書については以下を参照。International Trafficking in Persons, Especially Women and Children (in Contemporary Practice of the United States Relating to International Law), AJIL, Vol. 95, No. 2., 2001, pp. 407–410. Hyland, The Impact of the Protocol to Prevent, Suppress and Punish Trafficking in Persons, Especially Women and Children, Human Rights Brief, Vol. 8, p. 30, 2001.

63) 海上犯罪の取締りについて，山本草二「海洋法」三省堂，1992 年，(特に第 7 章参照)。イギリスのホバーリング・アクト (hovering Act) や米国がイギリスなどと締結した Liquor Treaties によって，自国領海周辺での密輸等の容疑のある不審船舶に対して臨検，捜索，拿捕等の措置を可能としている。安富潔「海上警察権の行使と国内法」『国際法と国内法』(山本草二先生還暦記念)勁草書房，595 頁，1991 年。古賀衞「米国の麻薬取締にみる公海制度の発展」法学新報，102 巻 3・4 号，31 頁，1995 年。村上歴造「領海警備の法構造」海保大研究報告第 45 巻 1 号，1999 年，45 頁。

64) 入管法第 74 条(集団密航罪) 自己の支配又は管理の下にある集団密航者(入国審査官から上陸の許可等を受けないで，又は偽りその他不正の手段により入国審査官から上陸の許可等を受けて本邦に上陸する目的を有する集合した外国人)を入国させ，又は上陸させた者を処罰の対象とする。営利目的で同様の罪を行った者は，加刑している。集団密航者をわが国に向けて輸送し，又は上陸の場所に向けて輸送した者，そのために船舶等を準備した者，外国人を輸送，蔵匿若しくは隠避させ

た者も処罰の対象とする。武田典文「密航ブローカー対策」時の法令 1550 号，1997 年，6–17 頁。
65) 最近の密航事件の検挙数は，平成 9 年(73 件 1,360 人)を頂点としてその後減っている。統計的資料は，次を参照。高橋克郎「最近における密航情勢と今後の取り組み」警察学論集 35 巻 11 号，2000 年，16–37 頁。
66) A/AC.254/4/Add.1/Rev.2, p. 10.
67) デンマークは，旗国の承認との関係で自国船籍の船舶への乗船のためには，デンマークの許可を必要とすることを確認し，そうした要請に対してケースバイケースで対応すると表明した。カナダは，自国船籍の船に対する外国の乗船を許可しない慣行をとっているが，本議定書に基づく要請については，それが議定書に従っている限り，そうした措置に意義を唱えるものではないと発言した。A/55/383. pp. 20–21.
68) 本議定書の 17 条では，2 国間協定の締結を考慮することを謳っている。
69) 麻薬新条約との関係で，わが国では，従来から規制薬物の輸出入をはじめ各種の行為類型については，領海または領土での実行を条件として犯罪行為として定めているので，そこに至るまでの海上輸送はカバーされず，そのままでは同条約の義務の履行に脱落が生ずることになるとの指摘がある。山本，前掲書，252 頁。
70) 外国の立法例のように密航や密輸の容疑がある場合など，領海を越える水域内で外国船舶に対する警察権の行使を認める立法の検討が必要であるとの意見がある。村上，前掲論文(注 53)参照。

第6章

法原則としての人民自決

内ヶ崎善英

I. 国際法学における実証性と論理性

　一般的に国際法学の方法論においては，法実証主義的方法と自然法主義的方法が対置されて議論される。この対置は，歴史的分析に基づいて論じられる。すなわち，17～18世紀のいわゆる国際法学の黄金時代に用いられた自然法主義的方法（折衷主義的方法を含む）に対して，18世紀後半から徐々に優越的地位を獲得した国際法学上の法実証主義との対立に基づいている[1]。前者においては，神学から自然法が分離された後には，多くの分野でローマ法による知的体系に依拠しつつ議論が展開された（戦時法を除く）[2]のに対し，後者においては，慣習法と条約という二大法源に基づくものが実証的とされた。慣習法の背景となる国家実行と条約文の存在に照らすという形でまさに「実証」であるとされたのであろう[3]。

　厳密には法実証主義と実定法主義とは異なる概念であろうが，国際法学上は，ほとんど両者の区別はなされていない。一般に法実証主義といわれる学説では，道徳と法の分離，解釈論と立法論の峻別，規範決定のための客観的方法などを強調し，実定法主義と呼ばれるものは，法決定の方法がすでに確定していることを前提として展開される。国際法学においては，もっぱら神学及び自然法主義の否定として実証主義は登場してきたし，私法原理への安易な依拠の拒絶がその特徴となった。その結果，法と道徳の分離はせいぜい国際法と国際礼譲の峻別に留まり，解釈論と立法論の峻別に関しては，慣習国際法の認定において困難な問題を生じる[4]。19世紀には，原子論的国際社会観からもたらされた主意主義的な法実証主義が優勢となり，その結果，国際法学上の法実証主義は，国家意思を確認することにのみ集中した。かくして，国家実行に基づく慣習法

と国家間で締結される条約のみが国際法の法源とされてきたのであり，国際法学における法実証主義とは，理論的には二大法源に束縛される実定法主義へと転化した。

　国際法学上の実定法主義は，個々の規則の成立に関してはその方法を貫徹できるとしても，それらの規則の体系化においては二大法源はほとんど機能しない。これは，意思主義の限界でもあり，知的方法による体系化を余儀なくされよう。ここで言う体系化とは，必ずしも上層に向かう体系化のみを意味するものではなく，下層に向かう体系化も含む概念である。上層に向かう体系化とは，複数の規則から導かれ，それらの上層に位置する原則を明らかにしていく作業であり，下層に向かう体系化とは特定の規則を具体的な状況に適用する際に用いられる「解釈作業」を含む。解釈作業においては，もっぱら下層に向かう体系化のみが用いられるのではなく，下層に向かう体系化の必要性から上層の原則を導入するために上層に向かう体系化も同時に用いられることもあろう。

　知的方法による体系化では，概念の意味・機能を限定し，それによって個別規則の機能範囲を限定することがある。二大法源の機能は，もっぱら形式的に規則を成立させることに集中し，当該規則の機能・制度目的などは二大法源から導けるものではない。

　国際社会において承認された規範を明らかにしていくという意味での実証性の要請と，体系的整合性を重視し，規範相互間での矛盾を解消しようとする論理性の要請との間で，いかなるところに均衡点を見いだすかは大きな問題である。現行規則の証明には二大法源による厳密な実証性が要求され，その他の点では論理性を貫徹してよいとする態度が現代国際法学の基本的な態度なのであろうか。実証された規則を材料として体系化を進めた結果，特定の規則が体系的整合性に一致しないとの結論が得られた場合に，当該規則の存在を否定するのか，修正が必要であるとの提言を成すに留めるのか，当該規則の機能範囲を限定することにより体系性との一致を求めるのか。きわめて困難な問題となる。

　しかも，現代国際法現象においては，次々と新たなる条約規則が登場し，それらが慣習法化したかに関して常に争われる状況にある。実証されたと主張さ

れる規則間の抵触を処理するための体系化の要請は日増しに増大するものである。自然法としてローマ法を国際法学に導入した際には，個々の規則をローマ法から輸入するだけでなく，上層の原則，概念，制度目的といった体系的要素を同時に輸入した。自然法の場合には，実証性と論理性の衝突可能性がない。しかし，自然法主義を否定し，実証主義を取った場合には，必然的に衝突可能性が生じる。しかも，自然法主義を否定したと言っても，その否定は新たなる法規則の証明の際に実証主義を採用するに留まり，自然法主義の時代に導入されていた基本的概念や原則などの体系的要素は，意識されぬまま国際法学の中に残存し続けたのではないかとの問題もある[5]。

現代国際法学では，実証性と論理性との均衡をどのように処理しているのだろうか。また，どのように処理すべきなのであろうか。論理性を重視する知的方法による体系化は，伝統的な「学説」の手法であったにもかかわらず，その方法の客観化に関しては従来は無自覚な要素が大きかった。すなわち，論理性を重視する知的方法とは実際には何を意味しているのか，実証性と論理性とが衝突した場合にどちらを優先するかという問題である。

実証性と論理性との均衡の問題は，現代国際法学に固有の問題ではなかろう。にもかかわらず，とくに現代国際法学においてこの問題を意識せねばならない理由がある。第一に，国家間関係の緊密化に伴い，新しい国際法規則が著しく増加し続けているという状況がある。個別の状況に応じて国家間合意として形成される法規則は，当該状況についてのみ機能するために形成されるものであるにもかかわらず，一般法規則として結晶化する結果，予想されていなかった状況にも適用され，また他の法規則との抵触を生じる可能性がある。

第二に，20世紀に入ってから進展した国際社会の組織化の問題がある。法体系の背景となる社会が組織化されたものであるか，組織化に至らない社会であるかは，当該法体系の本質に重大な影響を及ぼすものである。合意により成立する規範は，合意当事者自身により解釈・運用されていくものであるが，組織化の進展は，合意に加わる当事者の数を増やすと同時に，合意当事者でない組織がある意味で第三者として運用していく状況を作り出す。合意した意思の内

容を表意者自身が実施する場合と，第三者が実施する場合では，結果として大きく異なる可能性が生じる。合意者は，当該合意を第三者がどのように解釈するのかをある程度予見する必要性に迫られる。第三者が裁判所として，当事者間の紛争を裁くために合意内容を用いる場合には，合意から生じる規範は行為規範から裁判規範に転化する。このとき，当該裁判所の有する裁判規範の体系の中に当該合意内容は位置づけられることとなり，裁判規範への転化が日常的現象となれば，裁判規範の体系の中で合意を構成する必要が生じる。

　第三に，国際社会の地球化現象である。欧米が国際社会のすべてであった時代には，法体系の背後に存在する社会の共有する法意識，法文化にある程度の同一性があった。ローマ法が共通の知的遺産であったがゆえに，大胆に輸入してくることが可能であった。非ヨーロッパ圏の多数の国々が国際社会に登場した1960年代以降には，国際社会全体に共通の法意識，法文化が消滅したと考えるべきであろう。現時点においては(2000年9月)，欧米諸国の政治的・経済的影響力のゆえに，さほどは顕在化していないように思われるが，非ヨーロッパ諸国が力を付けて来るにつれ，本質的な法文化の差異が意識されるようになる可能性がある。

　かくして，現代国際法学においては，論理的体系化の要請が増大しており，伝統的な実証性への要請との間で軋轢を生じる可能性が高い。

　現代国際法学における論理性と実証性の均衡という問題は，あまりにも大きすぎる問題であり，筆者の力量をはるかに越えるのはもちろん，単一の論文で議論し尽くせるものでもない。本稿の目的は，この問題への議論の糸口を見いだすことにある。キーコンセプトとして，本稿においても「法原則」を用いる。法原則の概念こそ，体系化の際の最大の道具であるとともに，同時にきわめて無批判に駆使されてきた手法である。これが第一の理由である。厳密な実証を要求される国際法規則と，論理性，体系性の名の下にほとんど実証の必要性を認められていない国際法原則。この方法論的一貫性の欠如には大きな問題がある。

　法原則をキーコンセプトとして用いるもうひとつの理由は，20世紀後半にお

ける法原則概念の濫用の疑いがあることにある。Michel Virally は，古典的国際法は原則の概念にアレルギーがあったとする。Virally によれば，法規則は「20世紀中頃まで国際法を支配してきた法実証主義および主意主義的法の概念に確かにふさわしい唯一のものである。」とされ，さらに「法の内容と，法となるべき内容に関する新しい観念との現実の不一致が，現代国際法の中で原則に，より高度に既述されたその性格のまさにそのゆえに，結果として高い地位を与えたのであった。」という[6]。Virally のいう古典的国際法の典型的学説が，Schwarzenberger の Inductive Approach であると見てよかろう[7]。Schwarzenberger は，国際法の基本原則として七大原則を挙げているが，それらには体系的叙述の際の表題としてあるいは法学教育のための概念としての意味しか与えられていない。Schwarzenberger にとっては，体系的解釈による実定法規則の機能限定など論外の方法なのであろう[8]。他方，Virally は，20世紀後半において国際法原則が国際法規則よりも高い地位を与えられたということを認め，さらに，「原則は，可塑性が高く，かつ潜在的にダイナミックな規範的要素を構成し，これは，実行によって支えられる必要のない演繹的方法による規範の形成をも容易にするものである。」とまで指摘している[9]。

たしかに，20世紀後半に著しい発達を見せた国際法学のいくつかの分野においては，新しい国際法の基本原則が登場したことが見て取れる。とくに，人民自決権と武力行使禁止原則が今日すでに確立した国際法原則となっていることを否定するものはなかろう。だが，これらの原則はいかにして国際法規範となり得たのか。これらの原則は，国際法体系の中でいかなる位置を占め，いかなる機能を果たすものなのか。本稿では，人民自決権の形成過程を素材として取りあげ，伝統的な二大法源に基づく実証主義的方法が克服されたのか，それとも新しい発展を遂げたのかを検討したい。

II. 法原則と法規則

人民自決権という具体的素材を取りあげる前に，法原則と法規則という区分について若干考察しておく必要がある。Dworkin は，法原則と法規則の区別基

準のひとつとして要件の有無を取りあげている。Dworkin によれば，法規則には適用のための前提となる要件が存在しており，要件が満たされれば自動的に特定の決定が指示されるが，法原則においてはそのような前提となる要件自体存在しないとする。「法規則は，白か黒かはっきりした形で適用される。つまり法規則に規定された事実が存在するとき，当該法規則が効力あるものであれば，法規則が指示する解決はそのまま受容されるべきであり，逆に法規則が効力なきものであればこれは判定に何の寄与もしないことになる。」「法規則に最も近いと思われる原則でさえも，規定された前提条件が満たされると法的効果が自動的に生ずるようなことはない。」「論証を一定方向へと導く根拠を提供するものであり，特定の決定を必然的に生み出すようなことはない。」[10] Raz が法原則と法規則の差は，程度問題に過ぎないとしているのに対し[11]，Dworkin は明瞭に区別できると主張している。Dworkin と Raz の議論に立ち入ることは本稿の目的ではなく，本稿においてはもっぱら国際法学において法原則と法規則がどのような関係にあるのかに焦点が当てられる。

　国際法学において，法原則と法規則を分かつ基準は相対的なものに留まり，両者は本質的に同一の範疇に含まれるものなのか。それとも，法原則と法規則との間には質的な相違が存在するのか。この点をまず検討しなければならないが，まず最初に，法原則と法規則とが本質的に同じものであり，両者を分かつ基準は要件の濃淡にあるという仮説から出発してみよう。

　法原則と法規則との相違は，相対的なものであると仮定する。とすればその区別の基準は，要件がより厳格なものを法規則と呼び，要件がより緩やかなものまたは要件を持たないものを法原則と呼んでいることとなる。但し，要件がまったく無い，あるいは要件が完全に揃っているという規範は考えにくい。何をもって要件と呼ぶかという問題は，概念規定と要件との差という，また次元の異なる問題にわれわれを迷い込ませてしまう。例えば，「国家は自国領域内について完全な管轄権を有する」と表現した場合に，「国家」の概念を創設的効果説に立って，既存の国家によって承認を受けた国家と概念規定する場合と，前記の定式化に手を加え，「国家は，既存の国家による国家承認を受けた場合に

は，自国領域内について完全な管轄権を承認付与国に対して主張しうる」と表現した場合を比べれば，概念規定と要件の差も場合によっては程度問題にすぎないことがわかる。また逆に，きわめて厳密に要件を叙述したかのように見える規範も，具体的事例に適用する場合においては解釈作業を必要とすることが多いことは，我々のよく知るところである。差が相対的なものであると仮定する場合には，純然たる法原則も，純然たる法規則も存在せず，すべての規範は，灰色の濃淡の中のいずこかに位置する。

　要件が厳格である，あるいは要件が緩やかであるといった表現は，抽象性が高い，あるいは低いといった表現に置き換えることもできるだろう。あるいは逆に具体性が低い，高いといった表現も可能だろう。公海の自由というきわめて抽象性の高い国際法原則は，適用の要件というものをほとんど含んでいないように見える。公海上における漁業の自由という形で定式化された国際法規則は，公海の自由と比べれば，抽象性が低いと言えようが，さらに漁業の対象となる魚種および漁業の時期，方法などを明示した規則の定式化と比べれば，抽象性が高いと言える。

　ここまでの議論で確認しておくべきことは，抽象度の高低により法原則と呼ぶか，法規則と呼ぶかの差異があるという前提からは，法原則が法規則よりも上位にあるということまでは確定されえないということである。法規範間に階層として上位・下位を考える場合には，上位の法規が下位の法規に優越するという結論が必然的に含まれてこよう。しかしここでは，単に抽象度の高いものを法原則と呼ぶというだけのことにすぎない。規範間の優劣などの効力関係はまた別の議論となる。ここでは，上位・下位という表現を避け，上層・下層という表現を用いよう。もっぱら抽象度の高低のみによる区別である[12]。

　さて次に，差が相対的なものであるとした場合の，既知の規範の中でもっとも抽象度の高い，すなわち最上層にある法原則について考えてみよう。このような法原則は，どのようにして成立するものであろうか。論理的には，二種類の成立過程が考えられる。演繹的なものと帰納的なものとである。問題となっている法原則は最上層に位置するものであるので，この原則自体が演繹的に成

立したとは考えられない[13]。逆に，この原則から下層の規範を演繹しうる。他方，既知の規範の中で最下層に位置すると思われる法規則を想定するならば，最下層に位置する複数の規範から上層の規範のいくつかを帰納することができると考えられる。

かくして，上層の原則と下層の規則との間に一定の依存関係ができあがり，この関係の存在する場合にのみ，上層の原則が下層の規則に影響を及ぼしうるであろう。上層の原則から下層の規則が演繹されて成立する場合には，当然下層の規則は上層の原則に違反することができない。成立の由来それ自体に反することは自己矛盾に陥るからである。同じ理由から，単一の規則からより抽象度の高い原則が帰納される場合には，原則が規則に枠をはめることはできないであろう。だが，下層の複数の規則から上層の原則が帰納されて成立する場合にはどうであろうか。複数の規則の集合がひとつの法制度を形成するとみなされ，当該制度全体をコントロールする法原則が確認される場合がこれに当たる。この場合には，論理操作の結果成立した法原則が，成立の由来のひとつであった法規則に対して枠をはめることができると考えられる。これは，ひとつの制度の中における法規則同士の衝突を回避するための論理である。

このように考えてくると，法原則は，deus ex machina（機械仕掛けの神）ではないと言える。法規則の解釈の際に法原則を用いようとするならば，まず当該法原則と法規則の成立関係を確認し，法規則が法原則に由来する場合には完全に法原則に依拠することができるが，逆に法規則から法原則を導いた場合には想定される制度の枠内で他の法規則との調整のためにのみ法原則に依拠できると考えるべきであろう。言うまでもなく，この結論は，法原則と法規則の差が相対的なものにすぎないと仮定した場合の結論である。

ところで，現実の国際裁判の判例中には，ほとんど deus ex machina として機能している法原則があると思われる。このような法原則は，国際裁判所の最後の武器として状況を選ばず裁判所の裁量により駆使される法原則でもある。それらの法原則は，帰納的に成立したのか，演繹的に成立したのかを明らかにされることなく，国際法のほとんどすべての分野で裁判所の判断によりほとん

ど無制限に駆使される法原則である。即ち，法規則と本質的に異なると考えねばならない規範である。法規則との間に絶対的な相違を有する法原則が国際法においては現実に使用されている。

このような法原則として考えられる伝統的な国際法の基本原則(国家主権，公海の自由，内政不干渉など)は，下層の規範から帰納的にもたらされたものではない。Schwarzenberger は，複数の国際法規則から国際法原則を抽出できるとするが，彼が挙げている七大基本原則は歴史的に見れば，いずれも自然法主義が隆盛の時代にまず原則が先に主張され，国際社会によって承認されていったものである。海洋自由の原則はグロチウスにより，国家主権や自衛権(自存権)の原則はヴァッテルにより[14]，強く主張され，国際法の基本原則として国際社会に承認されたものであって，実証された複数の慣習国際法規則から帰納的に導かれたものではなかった。これらの法原則は，国際法実定法主義に先行して採用され，そのままの形で国際社会においてすでに成立した慣習国際法上の法原則として，いかなるテストにも付されることなく残存し続けたものである。こういった法原則に関しては，論理性とも実証性とも異なる「歴史的性格」を持つものとして受け容れざるを得ないのかもしれない。しかし，このような例外的性格を持つ法原則は，自然法主義の時代から認められていたもののみがその存在を許されるものである。

自然法主義の時代に採用され，その後も否定されずに残存し続けた法原則に対し，実定法主義の時代に入ってから新しく誕生したと見られる法原則がある。本稿の素材となる人民自決の原則がまさにこれに該当するものである。国際法実定法主義を取りつつ，新しい法原則として人民自決原則の成立を認めるのは，いったいいかなる論拠により可能となったものであろうか[15]。

Cassese は，「(自決)原則の役割と目的は，法原則が世界共同体において近年有している意義の正確な分析から離脱する場合にのみ把握できる。原則は，——多数の論者とメイン湾事件で国際司法裁判所が述べたように——より一般的でより詳細でないから条約や慣習法の規則と異なるのではない。むしろ，きわめて重要な問題に関する諸国の見解の不一致の表現であり結果である点で法規則

と異なるのである。諸国家がその主義のゆえに態度が対立しているため，明確で特定の行為基準に合意できないが，しかしなんらかの行動のための基礎的ガイドラインを必要としている場合に，最終的に諸国家の活動と議論は原則の形成に至るのである。この点で，原則は現代世界共同体の典型的な表現である。比較的均質で争いの少なかった古い共同体では，特定のかつ詳細な規則が一般的であった。原則は，一般的で緩やかで多面的であるが，多様で相互矛盾的であるような適用にも役立ち，しかも相対立する目的のために操作され用いられ得るものだ。他方，原則は，大きな規範的潜在力と動的な力を有していて，他のものと比べて，国家実行と反しない範囲で，そこから特殊の規則を演繹しうるものだ。」と述べている[16]。不一致のゆえに原則が成立するというのは，逆説的ではあるが鋭い指摘である。たしかに原則の有する抽象性が細部を決定せず保留しておくという点で，多くの決定をその後の実行に委ねているとも言えよう。しかし，いかなる態様で原則が成立するのか，成立した原則はいかにして拘束力を獲得するのかが問題であろう。

III. 人民自決原則の成立

　本稿では，もっぱら法原則がいかなる態様で成立していくかを確認することが主目的であるので，外的自決に関する問題のみを取りあげる。以下，人民自決原則あるいは人民自決権として議論される主題は，もっぱら外的自決に関わるもののみである。

　人民自決原則が政治原則でなく，法原則として確認されたのは第二次世界大戦後である[17]。すなわち，国際連合憲章第1条2項は，「人民の同権および自決の原則の尊重に基礎を置く諸国間の友好関係を発展させること」を国連の目的のひとつとして挙げている。第55条にも同様の表現がある。目的のひとつとして挙げられていることおよび「自決の原則の尊重に基礎を置く」との表現からすれば，これらの条文から直ちに人民自決原則が法原則となったとは断定できない。国際組織の目的は国際法規範を構成するものではないからである。その目的は国際組織自体を拘束するが，憲章当事国に対して直接の義務を課するも

のではない。第56条には，加盟国の協力義務がうたわれているが，これも目的を達成するための協力義務にすぎず，目的自体が規範となるとまでは断定できない。実際，国連憲章のみをもって自決原則を法原則として，あるいは自決権を法的権利として確立したと主張するものは少数であろう[18]。条約上の規定として次に自決原則が登場するのは，1966年の両人権規約である。

1966年の経済的，社会的及び文化的権利に関する国際規約と市民的及び政治的権利に関する国際規約の共通第1条は，以下のように規定する。

「1. すべての人民は，自決の権利を有する。この権利に基づき，すべての人民は，その政治的地位を自由に決定し並びにその経済的，社会的及び文化的発展を自由に追求する。

2. すべての人民は，互恵の原則に基づく国際的経済協力から生ずる義務及び国際法上の義務に違反しない限り，自己のためにその天然の富及び資源を自由に処分することができる。人民は，いかなる場合にも，その生存のための手段を奪われることはない。

3. この規約の締約国(非自治地域及び信託統治地域の施政の責任を有する国を含む。)は，国際連合憲章の規定に従い，自決の権利が実現されることを促進し及び自決の権利を尊重する。」

この条約規定により，人民自決権は国際法規範としての地位を獲得した。但し，条約上の規定であるため，条約当事国に対してしか拘束力を持たない。条約規定だけでは，一般国際法上の法原則となったとの結論を導くことはできない。では，自決権の研究者はこの問題をどのようにクリアしているのであろうか。

(1) 自決権研究者の論理

もっともよく見られる実証の論拠は，総会決議の積み重ねと慣習国際法の成立に求めるものである。例えば曽我教授は，「憲章で規定された『自決の原則』がその後において国連で採択された諸決議及び国家慣行あるいは国際司法裁判所の勧告的意見によって，現時点では法的権利として確立したことを確認して

おくだけで十分であろう。」と述べる[19]。この表現においては，すでに自決原則が確立したことが研究者間の暗黙の前提と考えられているため，とくに実証作業は行われていない。内田教授は，「植民地独立付与宣言と友好関係原則宣言は国連総会決議に基づくものなので，その拘束力に問題があるが，国際人権規約に加えて国連総会の国連決議が積上げられたことを通じて，植民地人民の自決権にかんする限り，慣習法化したといってよいであろう。」とする[20]。典型的な表現であるが，なぜ総会決議の積み重ねが慣習法を成立させるのかに関しては述べられていない。

　この論点に関してはやはり松井教授の議論を引用すべきであろう。松井教授は，50年代の総会決議を引用した後，「『植民地諸国諸人民に対する独立付与に関する宣言』は，以上のような発展を総括して，民族自決権が国際法上の権利として確立したものであることを確認したと評価することができよう。...たしかに，国連総会の決議はそれ自体としては『勧告』としての性格を有するだけで，加盟国を法的に拘束するものではない。...しかし，たびかさなる総会決議に表明された加盟国の法意識は，民族自決権を慣習国際法上の権利として確立するのに十分であると思われる。」と述べている[21]。独立付与宣言は定式化の効果を有しているということであろう。しかし，法意識から慣習国際法の成立を認めているのであろうか。法意識と表現されているものは，慣習法成立要素の法的確信を意味しているのであろうか。松井教授は上記に続けて国連の実行に言及し，「国連による法的権利としての自決権の承認」という表現を用いている。類似の表現としては，「決議の内容が，国連加盟国が慣習法規則であると考えるものを宣言したものであるとき，それは慣習法規則として拘束力を有し，...。」ともある。さらに「たしかに，諸国家の慣行と法的確信を二つの要素とする慣習国際法については，その成立を確認し内容を確定することに多くの困難が伴うことは否定できない。しかし，国連はこの困難さを軽減するのに有利な条件を提供している。そこにおいては，諸国家の慣行はしばしば国連の諸機関の行動としてあらわれ，法的確信もまたその諸決議などの形で明文化されるからである。そして，民族自決権はまさに主としてそういうプロセスを経て成

立した慣習国際法であり,『植民地独立付与宣言』は慣習法としての自決権の成立を示すメルクマールであるとみることができる。」[22]。すなわち,国連の行動により一般慣行が形成され,総会決議の積み重ねにより法的確信が示されたとする。

同様の表現は他にも見られる。『国際法上の自決権』の中で,中野教授は,「自決権に関する1950年代の一連の国連総会決議により生じた慣行(植民地人民の自決権を尊重するという慣行)が,1960年の植民地独立付与宣言の反対なしの採択により,慣習法化し,同時に,成文化したと考えてみてはどうであろうか。」と述べている[23]。

以上のような総会決議から慣習国際法の成立を認める論拠の他には,総会決議が憲章解釈により法規範を発生させるとの考えも提示されている[24]。が,その場合に成立する法規範は国連総会を拘束するのみであり,一般国際法規範とはなり得ないのは明らかであろう。

総会決議の前後に表明された各国の宣言を国家実行として,総会決議自体に法的確信の表明を認め,かくして慣習国際法が成立したと主張することは形式的に可能であろう。しかし,そのようにして成立したとされる人民自決原則がほとんど役に立たないものであることは明白である。それは単なる新しい一規則に過ぎず,他の国際法規則と衝突した際に優先的に適用される理由など無い。きわめて機能範囲の小さい法原則となる。ところが逆に,人民自決原則の現実の機能範囲はきわめて大きく,武力行使禁止原則にも修正を迫るものだとの見解もある[25]。Cassese は,自決原則により修正された分野として国際法主体論,内政不干渉,国家責任論,領域主権論などを挙げ,自決原則成立の影響力の大きさを示している[26]。人民自決原則が慣習国際法として成立したとの主張に拘泥することは,国際法実定法主義への執着であるが,形式的論拠にこだわるあまり,かえって実証性の否定となっているのではないか。実定法のみが法であるとのテーゼを極端に限定的にとらえ,二大法源に何が何でも固執しようとする結果,人民自決原則をきわめて矮小な存在にしてしまっている。主張されている人民自決原則の機能はきわめて大きい。二大法源論との関係をどのように

とらえ直せば，人民自決原則の現実の姿を反映することができるであろうか。

　(2)　国際司法裁判所の論理

　両人権規約と，50年代及び60年代の国連総会決議の他に，現在では，国際司法裁判所の判決及び勧告的意見を論拠として挙げることもできよう。国際司法裁判所の論理を見てみよう。

　国際司法裁判所が最初に人民自決原則に言及したのは，1971年のナミビア事件であるが，裁判所は単に，「非自治地域に関する国際法の発達は，国連憲章に銘記されているように，自決の原則をそれらのすべてに適用可能なものとした。」とだけ述べるに留まった[27]。1975年の西サハラ事件において裁判所はふたたび自決原則に言及する機会を得た。「国連憲章第1条2項において国連の目的のひとつとして『人民の同権および自決の原則の尊重に基礎を置く諸国間の友好関係を発展させること』を示している。この目的はさらに憲章第55条と56条で発展させられている。これらの規定は，憲章11章で扱われている非自治地域への直接のかつ特別な関連性を有している。」「人民の権利としての自決の原則と，すべての植民地状況に迅速に終止符を打つ目的のためにそれを適用することは，総会決議1514（XV）独立付与決議に宣言されている。この決議において総会は，すべての形態の植民地主義に迅速で無条件の終止符を打つ必要性を宣言した。」「これらの条項は，とくにその第2項は，関係人民の自由で真正の意思の表明を自決権の適用に要求していることを確認し強調している。」[28] このように70年代の二件の勧告的意見の中では，国連憲章と総会決議が引用されるだけであり，どのように国際法として成立したかは明らかにされていない。

　1995年の東チモール事件で裁判所は以下のように述べている。

　「しかし，ポルトガルは，1943年のローマから持ち出された貨幣用金事件で裁判所が定式化した原則は，本件で適用可能ではないということを示す目的で付加的な議論を提出したのである。実際，ポルトガルの主張では，オーストラリアが侵害したといわれている権利が対世的（erga omnes）権利であり，したがってポルトガルは，他国が同様に違法な方法で行動したか否かに関わらず，

その権利を尊重するように個々に要求することができるというものであった。

　裁判所の見解では，憲章と国連の実行から発達した人民自決権が対世的性格を有しているというポルトガルの主張は申し分のないものである。人民自決権は，国連憲章により，かつ本裁判所の判例において(ナミビア事件 71 R., pp. 31-32, paras. 52-53, 西サハラ事件 75 R., pp. 31-33, paras. 54-59)承認されたものであり，現代国際法の本質的原則のひとつである。しかし，ある規範の対世的性格と管轄権への合意の規則とはふたつの異なった事柄であると裁判所は考える。どのような性格の義務が含まれていようとも，裁判所の判決が事件の当事国でない他の国家の行為の合法性の評価を意味する際には，裁判所は，国家の行為の合法性に関して裁くことができない。そのような場合には，裁判所は，問題の権利が対世的権利であっても裁判することができない。」[29]

　「いずれにしても裁判所は，本件において，両当事国にとって東チモールの領域が非自治地域であり，その人民が自決権を有しているということに留意したのだということを喚起する。」[30]

　裁判所は，自決原則が現代国際法上の本質的原則であるとしているが，その論拠として示されているのは，国連憲章と上記二件の勧告的意見だけである。裁判という制度の本質的構造上，この点はやむを得ない部分がある。両紛争当事国が争っていない部分については裁判所に論証の必要は無いからである。

　すでに述べたように，国連憲章に規定されているのは国連自身の目的と，その目的を達成するための国連の行動に協力する加盟国の義務だけである。国連憲章の規定だけから，自決原則が実定国際法化したと結論することはできない。また，総会決議には法的拘束力がない。そのゆえに，自決権の研究者達は慣習国際法の論理を持ち出すのであるが，そのような論理構成は，国連憲章上の明文の表現を無視する強引な解釈論に堕するか，あるいはせいぜい上述のような機能しない自決原則を導くのみである。裁判所の判例についても，当事国間に争いの無かったために認められた部分に関しては，先例性を認めるわけにはいかない。

　このように，自決原則がどのように実定法化したかについては，まったく説

得力のある議論が提示されていない。にもかかわらず，自決原則が現代国際法上，きわめて重要な法原則の地位を占めていることを否定するものはほとんどいない。この状況では，現代国際法学者は，実定法主義を放棄し，新自然法主義に移行したと考えなければならなくなる。だが，実定法主義を放棄したと宣言する研究者もほとんどいない。その成立が国際法実定法主義の基本論理に一致しないにも関わらず，その存在が「実証」されてしまう自決原則をどのような論理構成によって正当化できるのであろうか。

IV. 「実証」されてしまった自決原則の再検討

(1) 法定立過程の組織化

伝統的な慣習国際法成立要素を厳密には満たしていないにもかかわらず，自決原則が成立したと認識されているという事実をいかなる理論によって把握するべきであろうか。第一に考えられるのは，国際社会が組織化した結果，慣習国際法成立のプロセスも組織化されたとの想定である。この想定をとれば，総会決議の前後に行われる諸国の宣言や行動，国連自身の実行などを一般慣行の形成過程と捉え，総会決議が法的確信の証拠として把握されることにより，慣習国際法の成立を認めうるとの考え方が可能である。しかし，すでに触れたように，このような論理構成は可能ではあっても，十分な機能範囲をもつ自決原則は作り出せない。単に慣習国際法として成立するだけでは，他の国際法規則の解釈に際して基準として機能することができない。体系の上層に位置するだけではなく，体系の上位に位置する規範として，法規則に優越する法原則が生み出されてきたという解釈を正当化しきれない。「組織化」という単純な概念が意味しているものは，諸国の集合的行動，集団的行動にすぎない。そこから生じるのは，諸国の意思の単なる総和にすぎない。

法規則と本質的な差異を有し，体系の上位に位置し，下位の法規則をコントロールする法原則は，諸国の意思の単なる総和からは導くことができない。同じレベルの意思同士では，常に優位する規範(上位規範)の概念は生じない。では，現代国際社会には諸国の意思の総和を超える概念が発生したのであろうか[31]。

(2) 「公」の概念

　自決原則の成立には，国際連合の存在が大きな役割を果たしている。総会決議の積み重ねだけではなく，国連自身が自決権尊重のためになしてきた数多くの行動が自決原則を成立させてきた。憲章上は国連の目的であった自決権の尊重は，十分な実践的展開を経て，国連社会における公益となったと考えられる。

　公益の概念は，憲章成立時にはまだ存在していなかった概念である。憲章においても，その前文で「共同の利益」の概念が用いられている。国家間に存在しうる利益には，相互利益，共通（共同）利益，公益，正義の四者がある[32]。相互利益では逆のベクトル，共通利益では同じ方向へのベクトルという違いはあるが，相互利益と共通利益においては，いずれの関係国にとっても利益になるという点で共通性がある。これに対し，公益および正義は，いずれかの関係国の短期的利益に反する可能性が含まれる。公益および正義の具現化に合意した国家は，たとえ自国の短期的利益に反する場合においても，公益および正義の実現のために協力する義務を負う。この点で，共通利益に対する合意と公益および正義に対する合意とでは質的な相違がある。後者は意思の表明であるよりも法意識の表明であろう。

　国連社会において，公益の概念がいつ発生したのかを確認するのは困難である。示唆を与えてくれるのは，侵略の概念の発達である。周知のように，憲章前文においては「共同の利益の場合を除く外は武力を用いないことを原則の受諾と方法の設定によって確保し」と表現されていたものが，友好関係原則宣言（1970年国連総会決議2625（XXV））では「侵略戦争は平和に対する罪を構成するものであり，それに対しては国際法上の責任が生ずる。」との表現に発達し，さらにその4年後，「侵略の定義に関する決議」（1974年総会決議3314（XXIX））において，「侵略の結果生ずるいかなる領土取得も，特別な利益も，合法的ではないし，また，合法的なものと認めてはならない。」とされた。共同の利益に反するものとしての侵略の概念と，平和に対する罪である侵略の概念と，権原性を否定された侵略の概念との間には，明瞭な相違がある。単に共同の利益に反するというだけであれば，他のすべての国から道徳的，政治的批判，軍事的攻

撃を受けようとも,侵略のもたらす短期的利益の方を優先することもあり得る。平和に対する罪としつつも責任の概念で処理することは,民衆訴訟の認められていない国際法にあっては責任追及権者を消滅させてしまうことにより,罪も責任も免れる可能性が残る。これに対し,合法性ばかりでなく権原性をも否定することにより,侵略が共同の利益に反するものであるだけでなく,共同の利益を越える公益または正義に反するものであることが明瞭にされた。一定の時期において利益が共通であるというだけでは,恒常的な価値は生じない。共通の利益であるから実施に協力するのではなく,たとえ自国の短期的利益に反しても実施する価値があるからこそ公益なのである。自決原則は,まさにこのような公益性を有する法原則である。だが同時に,公益性を有する法原則であるからこそ,原子論的な国際社会においては誕生することがない。

60年代から70年代を通じて国際連合の枠内において公益の概念が登場した。国連創設時には明瞭に意識されていなかったことだが,公益概念が登場することにより,国際連合は公益を実現する国際組織として自己認識を深めていった。その典型的な表れが非植民地化運動である。この点をもう少し詳細に自決原則の展開を通してみてみよう。

(3) 自決原則と公制度

人民自決原則は,「人民は自決権を有する」と定式化される。「人民」であれば,自決権を享有できる。「人民」と確定できれば,自決権を行使しうるということでもある。しかし,人民の概念規定を行わないままであれば,このテーゼは,論理的にはトートロジーとなる。このテーゼから引き出しうる人民の概念とは自決権の享有主体であり,すなわち「人民自決権」を有するものは,「人民自決権」を有しているといっているに過ぎないこととなる。だが,たとえ論理的にトートロジーであっても,このテーゼは,人民自決権という概念を措定した点に大きな意味がある。

このテーゼから出発し,多くの研究者は「人民とは何か」を問う。「人民」概念の基準を設定しようとする。だが人民であることの認定権がどこにあるかが

問われることは少ない。

「人民は自決権を有する」という法規範のみから引き出しうる帰結は少ない。ある国際法主体が人民を認定することにより，認定を受けた人民に自決権を認め，この権利に対する当該国際法主体の義務を自発的に確認する。この際，認定した国家と，他の国家の判断との間に不一致の可能性が生じる。すなわち，他の国家が当該団体を人民として認定することを拒否した場合，認定した国家が実行した義務履行を，認定を拒否した国家が法的な義務に基づく行為とは見なさないため，義務履行と主張された行為の合法性は自動的には担保されず，何らかの国際法規に抵触する場合あるいは拒否国の利益に反する場合，両国間で紛争となるおそれがある。この問題は，主権国家の国内の解放闘争団体に対して人民として認定を行った外国と当該国政府との間の摩擦として現実に発生しうる。人民自決原則は，各国家に人民認定裁量権を与えているのであろうか。また，国際連合には認定権があるのか。認定権があるとすれば，その認定の対第三者効力はいかなるものか。

国際司法裁判所は，西サハラ事件に際して以下のように述べている。「自決原則の実効性は，人民の自由に表明された意思に顧慮を払う必要性として定義されているが，いくつかの場合に総会が所与の領域の住民に諮問する要請に応えなかったという事実によって影響されるものではない。これらの場合は，一定の人口が自決権を有する『人民』を構成していないという判断か，特別事情のために諮問がまったく不必要であったという確信に基づくものである。」[33]「自決権は，権利を実現するための形態と手続に関するある程度の裁量を総会に与えている。」[34] 裁判所が総会に認めている裁量の範囲は明確なものではないが，「自決権を実現するための形態と手続に関する」ものを認める以上，その手続の大前提となる自決権享有主体の認定権が当然に含まれていなければならない。また，自決権が一般国際法上の権利であるのならば，完全な国際法主体である国家は，自決権享有主体の認定権を有していると推定される。この推定を破るには，それを否定する明文の国際法規則が存在しなければならない[35]。

桐山教授によれば，国連総会は単位の決定に当たり，ヨーロッパ植民地支配

の排除を結果としてもたらすように単位を決定してきたという。桐山教授は，国連の実行を分析し，以下のような結論を引き出している。「国連はいかなる場合を『単位』と見たか，である。通常の場合，その『単位』とは植民地時代の行政単位であった。…ところがそうでない場合，つまり植民地時代の行政単位として一つのものでなかった場合，結局その『単位』の判断は，ヨーロッパ植民地支配の排除と当該地域住民の自決権承認とのバランスを保つという観点からなされた，と言えよう。…自決権行使後も明確な形で植民地国家と当該植民地が結びつきを続けることがあってはならない，というのが国連の立場であるように思える。」[36]「自決権はその享有単位を『民族』ではなく，植民地時代の遺産たる植民地支配国の行政単位という『領土』をその基準として発見したがゆえに実定法化されたのであるから。つまり，民族自決権が国際法上の権利であるか否かに関する最大の争点であった『民族』概念は，多くの場合，政治学的あるいは社会学的な議論の見地から離れたところで『ひそかに』，植民地国家と解放運動の双方で『合意』されていたのである。」と喝破する[37]。このように桐山教授によれば，人民自決権の享有単位は人為的に構成されたものであり，国連は明瞭な政治的目的(非植民地化)をもって享有単位の決定に関する裁量権を行使してきたのである。この鋭敏な指摘は，まさに自決原則の本質に関わるものである。

　自決原則の背後には，常に国際連合が存在している。自決原則は，公益の追求を本質とする法原則であるため，公益を実現するための公的制度を必要とする。もちろん，社会の構成員による自発的な公益実現もあり得る。各国による自決権享有主体の認定権を肯定せざるを得ないが，国連による認定は，国連自身の活動の前提としてなされるものであり，以後の活動の影響力が国連による享有主体認定を権威的なものへと変質させる。自決権の享有主体の代表者としての解放闘争団体の認定がもっぱら国際組織の内部で行われ，単一の国家による認定があまり意味をもたないことも明瞭である。構成員による認定よりも公的制度による認定がより強い影響力を持つことは否定できない。但し，この論理は，規範としての法の論理ではなく，現象としての法に関する論理であろう。

このような法現象を十分に説明できる規範学的論理は，ありうるであろうか。

V. 結 び に

人民自決は，たしかに今日国際法上の基本原則の位置を与えられたと認められている。しかし，この原則自体から特定の国際的実体の国際法上の権利を直ちに認めることはできない。自決原則は，条約上の規定から誕生したものであるが，現在では少なくとも人民自決を尊重する義務は慣習法化したと考えることができよう。しかし，それ以上に具体的な義務が各主権国家に課されていると考えることは困難である。自決原則から権利としての自決権が演繹的に導かれたのではないと考えるべきであろう。要件を満たした実体が人民として認識され，自動的に自決権を獲得し，既存の国家に対してこの自決権に対応する義務の存在を主張する，といったプロセスでの自決権の行使を認めることは今日においても可能ではない。それは，自決原則自体が国連という存在に大きく依存しているからである。原則を運用し，特定の実体を自決権享有主体と認定し，プログラムを作成し，人民の自決を現実化する権能のすべてが国連にあるのであり，いずれかの国際的実体が人民自決権を主張し，権利の実現を要請するとしても，その手続のすべては国連の内部でのみ実施されるものである。かくして，自決原則が国際法上の基本原則であると主張されていても，それは国連の枠内でのみ機能する法原則なのであり，国連の枠外では十分に機能するとは思われない。

権利としての自決権の成立は，自決を執行する国連の義務から生じたと見るべきであろう。国連憲章にうたわれた機構の目的としての自決の尊重が，国連自身の政策的選択により国連機構に自決を執行する義務があるとの決定を下させたのであり，この国連の自決執行義務に対応する形での権利としての自決権の存在が確認されうるのである。

このように考えれば，一般国際法上，自決権に対応する主権国家の義務は尊重義務にのみとどまり，具体的な行動義務がないことが確認される。行動義務を負うているのは，国連のみであり，かつ，自決権の行使主体の認定権が国連

の側にあることも当然となる。すなわち，国連という枠内でのみ成立する権利・義務関係が確認される。

　だが，一般に国際法主体の一方的行為のみから権利義務関係が発生することはないとされる。この点で国連側の一方的行為から国連の自決執行義務が発生した理由は，その手続の設定にある。国際法主体の一方的行為だけでは，権利は発生しない。しかし，組織内部での手続の整備は，当該組織内部での請求権を成立させることができる[38]。

　これまで，国際法体系においては，手続から権利が発生したことはなかった。しかし，一般的には手続法は法的権利を発生させる。いや，手続のみが法的権利を発生させるとさえ考えられている。法的権利は，法的手続と表裏の関係にある。手続が整備されていない状況にあっては，法的権利は空文化しがちである。だが，伝統的な国際法体系にあっては，手続が整備されないまま権利のみが規定され，紛争が発生した後に手続が設定されることが常であった。現代における国際社会の組織化は，ある程度まで手続の事前整備を実現してきた。権利の享有主体の認定，権利の範囲の確定，権利執行方法の設定などが事前に整備された手続を通して実施されることが，法的権利を現実化する前提であろう。自決権に関していえば，国連総会は，自決権実現の手続を機構の枠内で創設してきた[39]。しかし，権利主体の側にとってのもっとも重大な手続，すなわち享有主体認定の手続が不明瞭なまま放置されてきたのである。自決権の本質的問題性はここにある。国連の手続においては，自決権主張者は，常に受動的な立場に置かれ，能動的に自身の自決権享有主体性を主張することができない。国連により自決主体として事前に認定されたもののみが国連の手続の恩恵にあずかることができる。このような問題をはらみつつも，国連機構内部で手続が設定されたことにより権利としての自決権が確立されたといえる。かくして，一般国際法上においても人民自決権の存在を実証できるとしても，それはきわめて機能範囲の小さい「ささやかな権利」でしかない[40]。他方，国連法における自決は，国連サイドの裁量権が圧倒的に大きいとはいえ，ひとたび主体性を認定されれば，国連機構内部においては設定された手続により人民自決権は能動

的に行使しうる対世的権利となる。一般国際法上はその存在が認められているにすぎない権利としての自決権は、国連の枠組みにおいては十分に機能するのである。

　以上のような、手続の設定による権利の創設という態様は、従来の一般国際法上には存在していなかったものである。なぜならば、常設的組織を持たない法社会においては手続の設定自体が不可能だからである。二国間条約において二国間の国際手続を定めたとしても、当該機関は当事国からの十分な独立性を有さず、そのため手続の安定性を確保できない。十分な数の構成員からなり、組織自体が構成員から独立性を有する組織内においてこそ、確実に機能する手続を設定することができるのである。手続の設定による権利の創設は、組織化された社会においてはじめて可能となる。くわえて、組織化された社会においては階層性を有する法体系が創造可能となる。社会が組織化される以前においては、構成員間の合意と慣習以外に依拠できるものはない。しかし、組織化された社会においては組織自体の決定という新たな淵源が与えられる。もちろん、その組織に与えられた権能の範囲内においてであり、例えば国際連合は、憲章7章下の決定という例外があるが加盟国の国内管轄事項に干渉することができない。国連の立法権は、ほとんどの場合、内部法的諸問題に限定されている。しかし少なくとも、国連の内部においては手続の設定による権利の創設が可能であり、特定のカテゴリーの権利の尊重を上位規範として設定することも可能である。

　このように、国連枠内における権利としての自決権は、一般国際法上の権利としての自決権とは明瞭に区別されるべきものである。ところが、国際司法裁判所という特殊にして現実の存在により扱われるとき、自決権はその本質が変容する。国際司法裁判所は、国際法の裁判所であると同時に国連法の裁判所でもあり、その二面的性格により一般国際法に関する決定であるか、国連枠内における法関係の確定であるかを判別できない判決を下す。

　いずれかの国際組織との間に特別な関係を持たない国際裁判所は、もっぱら当事国間の紛争解決にのみ資する存在であり、したがって関係国間に存在する

国際法の解釈・適用が主任務となる。これに対し，国際司法裁判所は，国際連合の主要な司法府であり，国連の目的は国際司法裁判所の目的でもある。国際司法裁判所規程第38条1項は，裁判準則を明記するが，それらは，適用される法規則への言及でしかない。法の一般原則は，「原則」との表記とは裏腹に，上位規範として機能するものではなく，本質的には規則と理解されるべきものである。既存の国際法規則の上位に位置する法原則が存在しているか否か，存在するとすればいかなる規範が法原則として理解されるか，これらの問題に関しては裁判所の裁量に委ねられていると言わざるを得ない。基本的には，国連内部の法的諸問題については，勧告的意見の手続で処理され，国家間における国際法上の問題については争訟手続で処理されてきた。すなわち，国際法の裁判所として争訟手続で判決を下し，国連法の裁判所として諮問手続で勧告的意見を与えるという分離が実行上存在していた。しかし，この分離は理論的支柱を有するわけではなく，現実的な結果であるにすぎない。しかも，規則のレベルではともかく，原則のレベルにおいては，国際司法裁判所は，国際法と国連法の区分を曖昧にしたままで議論を進行させる傾向がある。理論的には，国際法と国連法とは区別されねばならない。権利としての自決権が大きな機能範囲を有するのは，国連法においてであり，一般国際法体系における位置づけとは大きく異なるはずである。だが，大きな機能範囲を与えられた権利としての自決権は，その機能範囲の大きさのゆえに国連法体系において法原則としての位置づけを獲得し，十分な吟味無く法原則として一般国際法上の問題にも適用されてしまったのである。70年代の二件の勧告的意見により国連法上の位置づけが示され，90年代には国際法と国連法の区分を乗り越えて国際法上の問題にも適用可能とされている。ここで，国際司法裁判所はブラックボックスとして機能しているといえよう。

　国連法において権利として成立した自決権は，国連法に固有の体系的論理一貫性の要請のゆえに国連法原則として体系の上位に位置づけられた。自決権を権利の形態において一般国際法体系に導入しようとすると，これに相応する諸国家の具体的な義務が生じることとなる。そのゆえに，対世的にして永続的な

権利としての自決を創設するには，国際法体系中においては条約の形式を取らねば不可能である。しかし，慣習国際法においては明瞭な位置づけの与えられないまま放置されている法原則の形態をとるとき，はじめて自決の概念に対世的性格と永続的性格を付与したままで国際法体系中に導入できる。しかも，理論的には国際法と国連法を区分するとしても，現実の適用においては両者はたやすく抵触するのであり，国連法によって成立した法原則を国際法の解釈にも適用することにより，この抵触を実践的に処理する機能を国際司法裁判所は果たしてきた。国際法と国連法は，国際司法裁判所という名のブラックボックスに放り込まれ，産物としての判決は国際法による産物であるか，国連法による産物であるかは明らかにされることなく，ただ単に判決として提示されるのである。

国際司法裁判所が自決権の論拠として国連の実行と国連憲章にのみ言及するだけで，何の証明もなく現代国際法であり対世的権利であると断定してしまうのは，まさにこの国際司法裁判所の二面性の結果である。国際司法裁判所の裁量によりその判決を通じて，権利としての自決権が法原則としての地位をも与えられ得るものである。それは，裁判所による法原則の「発見」となる。多くの論者たちが主張するような機能範囲の広い自決原則は，一般国際法上は存在せず，国連法においてのみ存在しうるものであったにもかかわらず，裁判というプロセスを通して一般国際法に導入された。

かっては国際法は合意を基礎とした国家間関係を扱い，国連法は組織的決定に基づく国際組織内部の法関係を扱うといった理解が可能であったかもしれないが，国際社会における法的関係の緊密化はこのような理解を実質的に不可能とした。現在では，国連法の範囲から法客体としての加盟国を排除することはできない。諸国家をも包含する国連法の概念[41]を認めるのであれば，一般国際法上の自決権と国連法上の自決原則を区分して議論することもできよう。しかし，そのように拡張された国連法の概念を認めないために，国連の枠内でのみ成立し得た原則を一般国際法体系へ無批判に導入してしまったのであろう。規範学の論理に拘泥せず，現象としての自決を追求するのであれば，一般国際法

と国連法の相違を無視し，一方から他方へ大胆に概念を導入することが可能であるのかもしれない。しかし，実証性に基づく論理を貫徹しようとするのであれば，一般国際法体系と国連法体系との峻別が必要であったのではなかろうか。

　人民自決が法原則として成立するには，国際連合の存在が不可欠であったことは歴史的展開からも事実上明らかであるが[42]，論理的にも人民自決原則が実定法化するためには，普遍的国際組織の存在をその前提としている。人民自決原則を実際に適用するためには特定の実体を人民と認定することが不可欠であるが，この認定権が個々の国家にあると考えるならば，人民と認定した国家が自決原則のゆえに合法化した行為が，人民としての認定を否定する国家からすれば違法な行為（例えば内政干渉）となることはすぐに理解できる。このような国際法適用に関する事実認定の齟齬の問題は自決原則に限った問題ではなく，国際法のいずれの分野においても発生するものである。たとえば，ある沿岸国が引いた排他的経済水域の限界線が隣接国から主権的権利の侵害として非難されるような場合がある。このような場合の紛争の処理は，当事国間の直接交渉によって一次的には解決が目指される。直接交渉その他の解決方法が効果的でない場合には，両国間の合意により国際裁判に付託されることもある。しかし，この場合には問題となっている権利および利益は，それぞれの当事国の私的権利あるいは利益であり，公的な法益が問題となっているのではない。これに対し，特定の実体が人民として認定されるかという問題は，公的な法益に関わる。問題となっている実体の私的権利あるいは利益を越えて，国際社会全体の公益に関わるのである。

　人民自決は法原則として存在している。しかし，この法原則が現実に十分に適用されるには，国際連合という法制度を必要とするのである。諸国家が並列的に存在するだけの国際社会においては，国際法規則もまた断片的に存在し機能することが可能であったろう。しかし，社会自体が組織化され，諸国家とともに国連という法組織が一定範囲で国際法運用のセンターとして機能する社会状況においては，組織を背景として初めて機能しうる法原則が誕生する。

　法体系は，法規則，法原則，法制度の三者から構成される。伝統的な国際法

体系においては，圧倒的な部分が法規則から構成されていたため，法原則及び法制度の体系的位置づけに不十分な点があったと思われる。国際法の法源論において，硬直的な実定法主義が主張されるのも，その弊害の一端であろう。しかしすでに，現象としての国際法は十分な発達を遂げ，多くの法原則及び法制度が日々導入されつつある。自決原則は現代国際法体系の頂点に位置する原則のひとつとされ，その影響範囲はそこから演繹された法規則に限られるものではない。それどころか，人民自決原則が成立する以前から存在している国際法規則に対してさえも影響を及ぼすものである。かって自然法の時代に導入された法原則がその由来から私法原理と呼ばれたのに対し，現在国連において誕生しつつある多くの国際法原則は公益に仕えるものであり，その意味では公法原理ともいえよう。このような基本的な法原則は，他の法原則および法規則に対して明らかに質的な相違を有し，きわめて広い機能範囲を持つものである。現代国際法に人民自決原則以外にこのような種類の法原則は存在しているか，また，今後このような種類の法原則が新しく成立するとすれば，それはいかなる条件の下で成立しうるものか。今後の課題としたい。

注

1) 国際法学会編『国際法講座第一巻』有斐閣 1953 年，36-37 頁。また，田畑茂二郎『国際法 I 新版』有斐閣法律学全集 1973 年，27 頁。最近の文献では，杉原他編『現代国際法講義第二版』有斐閣 1995 年，2-7 頁など。

2) H. Lauterpacht, *Private Sources and Analogies of International Law*, Archon Books, 1970, pp. 8-9. 前掲『国際法講座第一巻』74 頁。前掲田畑 22-23 頁，とくに注 8 に注意。

3) 前掲 Lauterpacht, p. 7 では，「(私法の類推に関する)問題に対する扱い方も解答も全体として，国際法学者全体に関する限りでは，大ざっぱで不満足なものになっているという事実は，疑いもなく，この問題が実証主義と自然法志向の間の論争と，実証主義の最終的勝利に密接に関わっているという経緯によるものであろう。19 世紀末には実証主義が支配的であったことは疑い得ないし，今日でもいまだ優勢である。」

4) これは，実際の国家実行が法定立か法適用かを区別しにくい現実の反映でもある。

5) もちろん，領域主権の概念の中に imperium と dominiuum の両要素が認められる

など，修正された概念，原則もある。

6) Michel Virally, *Panorama du Droit International Contemporain*, Cours general de droit international public, Hague Academy, vol.183 (1983-V), 1985, p. 174.

7) G. Schwarzenberger, *The Inductive Approach to International Law*, Oceana, 1965.

8) この点に関しては，抽稿「国際司法裁判と法原理」桐蔭法学第5巻2号88-89頁。
G. Schwarzenberger, *Maunal of International Law*, Professional Books, 1976, pp. 33-35

9) 前掲 Virally, pp. 174-175.

10) R. Dworkin, *Taking Rights Seriously*, Harvard U.P., 1977, pp. 22-26.

11) Joseph Raz, "Legal Principles and the Limits of Law," 81 *Yale Law Journal*, pp. 823-854, at p. 838.

12) Virally は，国際法規則間には階層性がないと明言している。

13) ここで言う演繹的・帰納的という論理操作は，数学的あるいは記号論理学的な正確さを持つ概念ではない。なんとなれば，上層と下層の関係は抽象度の高低だけの関係であり，上層と下層の間の論理関係は存在していないためである。また，ここでは上層の規範から自動的に下層のすべての規範が導かれるわけではなく，上層の規範のひとつから下層の規範の一部が導かれるという程度の意味での演繹的とご理解願いたい。

14) 田畑茂二郎『国際法 I』有斐閣法律学全集 55，1973 年，29-33 頁，353-354 頁。ヴァッテルは国家慣行には大きな影響を及ぼしたが学問的・理論的な影響力は少ないという点については，柳原正治『ヴォルフの国際法理論』有斐閣，1998 年，288-289 頁。

15) 国際法の基本原則は，国際社会における一般的な合意によって成立するとの考え方が一般に見られる。例えば，自決権に関して松井教授は，「現在ではそれが『普遍的な (erga omnes)』性格を有し，『現代国際法の基本原則の一つである』ことについて，広範な合意が成立しているといってよい。」と述べている。(『岩波講座 現代の法 2 国際社会と法』岩波書店，1997 年，15 頁)他方，ペレは，「後者(国際法の一般原則)は，条約国際法と慣習国際法の基礎であるとともに，国際慣習の一部をなす原則以外の何ものでもない。」とする (A・ペレ著高島忠義訳『国際公法』成文堂，1992 年，34 頁)。

16) A. Cassese, *Self-determination of Peoples-A Legal Reappraisal*, Cambridge U. P., 1995, pp. 128-129. かって Cassese は，*International Law in a Divided World* (1986, Oxford U.P.) 中で法原則に言及した(同書，pp. 126-165)。彼によれば，現代国際法には 8 個の法原則がある。主権平等，人民自決，武力禁止，紛争の平和的解決，内政不干渉，人権尊重，国際協力，信義誠実である。Cassese によれば，法原則の問

題にはじめて光を当てたのはAgoであり，Agoは，自由および平等，実効性の三個の法原則が存在するとした。しかし，それらは国内法の法原則と異なり，拘束力ある規範を構成するものではなく，諸規則を鼓吹し，特定の目的のために諸規則を協調させる役割を果たすものだとされていた。これに対し，Casseseの法原則は，普遍的な適用範囲と法的拘束力を備えたものであり，国連憲章1条と2条に規定されることにより，国連加盟国への拘束力を獲得したとされる。(信義誠実の原則については国連憲章に規定がないが，Casseseはどこから引いてきたのか？ 憲章第2条2項に規定されているのは，憲章義務の誠実な遵守であり，一般的な法原則としての信義誠実ではない。)彼によれば，法原則は，分断されている今日の世界において「諸国家が基本的に分断されていない基準だけを表すものであり，すべての国家が基礎的に合意している『ゲームのルール』の中核をなすものであり，ごく僅かであるが，比較的スムースな国際関係を可能にするものだ」とされる(同書，p. 128)。原則の拘束力は，国家だけでなく，人民や国際組織にもおよぶものであり，対世的権利と対世的義務とを生み出す普遍的適用性を有する。しかも，国際協調と信義誠実の原則以外はすべて強行規範の範疇に属するものであるとされている。

　Casseseの議論では，なぜ国連憲章が明示的に拘束力あるものとしていない規定までも拘束力あるものと断定しうるのかの論拠が不明である。いわゆる国際社会の発展を論拠とするのは政治学上は可能であっても法学上は不可能である。また，国連憲章という国家間合意に由来する規範がなぜ国家以外の行為主体をも拘束するのかの証明がない。「すべての国家が基礎的に合意している」から拘束力が認められるという議論なのであろうか。Casseseは言う。「いくつかの国際的な宣言が普遍的範囲と法的拘束力を備えた原則をもたらしたかどうかを決定するためには，広い範囲の要因(条約，総会決議，諸国家の宣言，国連での政府代表の演説，外交上の実行)を考慮に入れなければならない。」としているが，これらの要因のうち，総会決議および宣言や演説が法的議論の基礎となることの論拠は不明である。また，規範の基本的性質から対世的性格を認めうるとしても，時間的に後に成立した他の規範により修正されない理由を説明することができない。このように，魅力的ではあっても法的議論としては欠陥の多い議論と思われる。同書は，非専門家に国際法の現状を理解してもらうために歴史的視点と政治的視点に重きを置いて執筆されたものであるため，やむを得ないのかもしれない。

　もっとも，本稿の本文中で引用したCasseseの *Self-Determination of Peoples* の中でもやはり国際法体系中の原則の位置づけはあまり明瞭ではない。同書中で手がかりとなるのは，自決に関する一般原則と慣習法上の自決の諸規則との関連に

ついて，原則が三通りの役割を果たしているとの Cassese の言及である。すなわち，(1) 原則は自決を実施する方法を指示する，(2) 慣習規則が不明瞭か曖昧である場合に原則は基礎的な解釈の基準として機能する，(3) 適用される規則が存在しない場合に原則が用いられる，である(同書，pp. 131–133)。しかし，この三者は，いずれも階層性を有する体系における上位規範としての法原則のみが果たしうる機能である。

17) 自決権の思想的起源と発達については，曽我英雄『自決権の理論と現実』敬文堂，1987 年，24–36 頁。

18) 国連憲章第 1 条 2 項の評価については，松井芳郎『現代の国際関係と自決権』新日本出版社，1981 年，28–30 頁。Crawford は，憲章 1 条と 55 条に言及されている自決には国家の主権平等の意味合いが強く，総会決議は憲章の文理解釈を越えるものだとする。しかし，憲章に対するこのような理解は，決して慣習国際法としての自決をもご破算にしてしまうものではないと Crawford は強調する。J. Crawford, *The Creation of States in International Law*, 1979, Clarendon Press, pp. 89–91.

19) 前掲曽我，32 頁。

20) 越路編『21 世紀の主権，人権および民族自決権』1998 年，未来社，17 頁。

21) 前掲松井(注 18) 32–33 頁。

22) 岡倉・長谷川編『民族の基本的権利』法律文化社，1973 年，第 3 章松井芳郎「現代国際法における民族自決権の確立」227 頁，229 頁。

23) 中野進『国際法上の自決権』1996 年，信山社，17 頁。

24) 住吉良人「国連における人民の自決権について」法律論叢(明治大学)第 51 巻 2・3 合併号 61 頁。

25) 前掲 J. Crawford, pp. 106–118. Crawford は，違法な武力行使の結果成立した国家であっても，自決権を実現するものであれば国家性に影響はないとする。

26) 前掲 Cassese, *Self-Determination*, pp. 165–204.

27) 1971 *ICJ.R.*, p. 31, para. 52.

28) 1975 *ICJ.R.*, pp. 31–32, paras. 54–55.

29) 1995 *ICJ.R.*, p. 102, para. 29.

30) *Id.*, pp. 105–106, para. 37.

31) 合意理論および意思主義の限界については，藤田久一『国際法講義 I 国家・国際社会』東京大学出版会 1992 年，13–38 頁。また，藤田教授は，「国連憲章は，おそらくトリーペルの Vereinbarung の例，つまり『複数の個別意思が共同または全体意思，すなわち，複数の意思とは異なった唯一の意思とみなされねばならない意思を生み出しうる方法』の例である。」とする。藤田久一『国連法』1998 年，

東京大学出版会，229 頁。

32) 山本草二教授によれば，「個人とその集団の生活関係が多数国の領域にまたがり国際的な交通を深めるにつれて，二国相互の対抗関係において保護・充足される利益(外交的利益・古典的国際法が対象としたもの)とは別個に，相互依存に基づいて多数国に関係する国際的利益が実在する…」とする。山本草二「国際行政法の存立基盤」国際法外交雑誌 67 巻 5 号 4 頁。この国際的利益を法学的概念に転化したものを奥脇教授は国際公益と呼んでいる。広部・田中編『山本草二先生還暦記念 国際法と国内法』180 頁。但し，奥脇教授は，国際公益概念がイデオロギー性を帯びたことおよび社会・経済的問題が複合的相互依存にかかわる問題となったため，もはや単一争点として扱い得なくなったことから，「国際社会の一般的利益」概念が必要とされているとする(同書 226–227 頁)。国際公益と国際社会の一般的利益の「違いは，端的に言えば，国際協力の問題，あるいは国際社会の組織化の問題が，もはや専門的，技術的問題としてのみ処理することのできるものではなくなったということである。機能的国際組織における国際協力は，国際公益の所在に関する相対的に明確な認識に支えられるものであり，従って国際的な調整を必要とする事項と国家の主権的，政策的な裁量に委ねておいて支障のない事項との明確な切りわけが可能であることを前提としていた。…これに対して，一般的国際組織を通じて形成される『国際社会の一般的利益』はこうした明確性あるいは具体性を直接にもつものではない。それは国際社会が一致して追求すべき目標についての合意であることが一般的であり，従って必然的に不明確性，非具体性という特徴を有する。合意された目標を実現するための具体的な措置を策定する段階で，諸国は更めて具体的な合意を取り決めることが必要となる。…そして実際上多くの場合において，この具体的な措置を合意する段階で，目標についての合意に含まれるかにみえる共通利益 (common interests) が，必ずしも『国際社会の一般利益』ではなく，単に『同類の利益』(like interests) に過ぎないことが明確になってしまう場合があるのも，国際社会の一つの現実なのである。」(同書，223 頁)。同書中では，他の執筆者も国際公益の概念を用いるが，その内容は多様である。また，大谷教授は，特別国際法上の共通利益，一般及び普遍国際法上の共通利益(国際公益)，ユースコーゲンス，基本的利益(死活的利益)と分類し，前三者が国家に共通の利益であるのに対し，最後のものは人類に共通の利益であるとする。大谷編著『共通利益概念と国際法』国際書院，1993 年，9–17 頁。同書中においても，佐藤教授は特定国へと配分可能な利益と配分不可能な利益に分類しており，篠原教授は特定利益，特別利益，集団利益，一般利益，普遍利益と分類するなど，論者により分類及び定義は多様である。

33) 1975 *ICJR*., p. 33, para. 59.
34) *Id.*, p. 36, para. 71.
35) Lung-Chu Chen は，自決に関するもっとも重要な決定者として国連をあげ，次いで OAU などの地域機構をあげ，各主権国家に関しては，「国民国家は，国際政治機構の構成員として，あるいは，それ自身として行動するため，ユニークな重要性を有し続けている。非植民地化の文脈での自決に関する議論の解決は，既存の国民国家のそれぞれによる一方的決定の流れにより広範に決定されてきた。植民地列強自身により果たされた重要な役割を看過すべきではない。たとえば，フランス植民地帝国のほとんど全体が，とくに国連が直接関与することなく独立国家のネットワークに変容してきた。」と述べ，主権国家が単独で果たした役割を評価している。Lung-Chu Chen, "Self-Determination as a Human Right," in *Toward World Order and Human Dignitiy*, ed. by Reisman and Weston, 1976, Free P., pp. 198–261, especially at p. 208.
36) 桐山孝信「自決権行使と領有権問題二・完」法学論叢（京都大学）第 117 巻 3 号，101–102 頁。
37) 同上 105 頁。Crawford は，自決は法原則であり，直接適用可能な権利ではないと断定する。自決単位としての認定を受けなければ適用できない権利だということである。Crawford は，十分な量の実行の蓄積がかなり明確に自決単位決定の基準を提供しているとするが，決定権者については触れていない。前掲 Crawford, pp. 99–101.
38) 国連総会は，一般的な形での手続を設定してはいないが，独立付与決議および友好関係原則宣言の第五原則により「人民の自由に表明した意思に妥当な考慮を払う」必要性が確認されている。すなわち，第一段階として「人民」の認定を行い，第二段階としてその自由に表明した意思の尊重がなされる。残念ながら現段階では，手続として認定しうるのはここまでであり，第三段階以後は，状況に応じ国連総会の裁量によって創設されていく。
39) 藤田教授は，「憲章は，安定した常設の法的実体たる機構を設立することを目指した設立的性格を有することから，諸機関を設立し，それらの任務を律する規則を定め，それらの権限を機構内でかつ第三者に対して決定する。こうした制度的規範の論理は合意主義の伝統的規則と抵触するところにまで至りうる。Institution はそれを規律する法の一体性を必要とし，諸機関を介して加盟国間の関係に係わる当事者として介入さえするのである。」とする。前掲藤田『国連法』134 頁。
40) 自決権の機能範囲を大きくとらえるために，自決権が強行規範であるとする主張がなされる。自決権の強行規範性を実証できるかどうかはわからないが，たとえ

強行規範であるとしても，条約無効を主張できるものは条約当事者だけであり，その効果は無効をもたらすだけの否定的効果でしかない。(同旨，前掲 Cassese, pp. 172–173)強行規範に基づく規則の修正はあり得ない。現実的には，効果の小さな議論であろう。これに対し，法原則としての自決は，他の法原則，法規則の修正をも可能にするものであり，解釈原理としての導入も可能である。一律に無効をもたらすのではなく，当事者の意思を尊重しつつ，自決原則に適った形での解釈による修正をなし得る。その肯定的効果は大きなものとなるであろう。

41) 本稿で国連法とは，国連において独自の発達を遂げた特別国際法を意味する。
42) Cassese も，自決原則成立における国連の役割の大きさを強調して，(1) 新しい価値を宣言し，(2) その価値を徐々に決議の中に取り込んでいき，(3) 条約規則にまとめる努力を促進し，(4) さらにその遵守を監視し，(5) 自決に関する諸概念の一般的な適用可能性を主張し，(6) かくして一般基準の誕生をもたらしたと，そのプロセスをまとめている。前掲 Cassese, *Self-Determination of Peoples*, p. 68.

第7章
遺伝資源の規制と生物多様性の保全
――国連の環境政策における環境と開発の相克――

最 首 太 郎

は じ め に

　生物多様性条約(Convention on Biological Diversity/CBD と略す)とは国連環境計画(UNEP)の下で準備が進められ，1992年5月に採択され，翌93年12月に発効した条約である[1]。その目的として，生物多様性の保全，生物資源の持続的利用，遺伝資源から得られる利益の公正，衡平な配分があげられている。生物多様性の保全と持続的利用への包括的アプローチを規定した最初の条約であるといわれている。ここでいう生物多様性とは，生態系，種，遺伝子の3つのレベルで捉えられており，特定地域の生物とそれが生息する自然環境全体を指している。

　この CBD がつくられた背景には，環境問題に対する地球規模の関心の高まりだけでなく，主に国連を舞台としてこれまで途上国が主張してきた開発に対する要求も存在する[2]。すなわち，「環境」，「貿易」，「開発」の3者の相互関係において，「環境と開発」の関係は途上国側が環境 NGO と一体となって国連の場においてルール作りがすすめられてきた[3]。その成果として1992年6月の地球サミットにおいて一連の多数国間環境協定(Multinational Environmental Agreement/MEA と略す)が採択された[4]。生物多様性の保全の問題は，1972年のストックホルムにおける国連人間環境会議において最初に確認され，その後一連の環境関連条約の中に表れてきた。それらは，1971年の湿地帯の保護に関するラマサール条約，1972年の世界文化自然遺産の保護に関する条約，1973年の危機種の国際取引に関する条約(いわゆるワシントン条約)，1979年の移動性

種に関するボン条約，1992年の気候変動に関する枠組み条約，1994年の対砂漠化条約等である。その意味で，CBDは一連のMEAの中に位置付けられる。

中でもCBDは，環境条約でありながら途上国の主張する開発主義とでもいうべき色合いが規定内容上見受けられる。例えば，遺伝資源に対する主権的権利や原住民の伝統的知識の保護等，資源提供国側である途上国の利益を強く反映している。

環境マターとしての生物多様性を人類全体の共有物として位置付けこれを全世界的に保全してゆこうというMEAのアプローチに対して，CBDにおいては，生物多様性というものに対してそれが存在する主権国家の管轄権を認め，生物多様性が内包する資源から得られる経済的インセンティヴと引き替えに，保全措置を資源原産国の裁量に委ねる方式を執っている。また，資源へのアクセスならびに遺伝資源の成果物からの利益配分の問題はそのための措置として規定内容に挿入されている[5]。生物多様性の保全のためにこの方式をとりいれていることが，CBDを他の多様性の保全を目的とした国際条約と比較した場合に，特徴的なものとしている。

また，このようなCBDはその実施運用上，伝統的知識，遺伝資源へのアクセスと利益配分，及びバイオテクノロジーの移転に関連して知的財産権（Intellectual Property Rights/IPRと略す）制度との関連が生じ，資源提供国側である途上国は，このCBDを足掛かりとして，ウルグアイラウンドで成立したTRIPS協定の関連規定のレビューに際して既存のIPR制度の見直しを強く主張している。

そこで，遺伝資源の規制に関する国際的平面，国内的平面における法的現状をみることにより，CBD実施における問題点を確認する。そのうえで，環境と開発との関係の観点から遺伝資源規制の方向性を探ることを本稿の目的とする。

I. FAO（国連食糧農業機関）と植物遺伝資源
（Plant Genetic Resources/PGR）

CBD発効以前は遺伝資源の問題は農業食料の観点から植物遺伝資源の問題と

してFAOによって取り組まれてきた。遺伝資源（genetic resources）という用語が最初に登場したのは，1946年のFAOの農業委員会においてであるといわれる。FAOによるこの分野における活動は1960年代から70年代にかけて植物遺伝資源（Plant Genetic Resources/PGRと略す）の保全に関する会議が活発なものとなってゆき[6]，1980年代以降PGRの浸食をくい止めるべく植物遺伝資源に関するFAOのグローバルシステムが成立した。1983年の第22回総会において採択されたこのFAOのグローバルシステムは，保全から得られる利益とそれに必要とされる責務を国際的に分担することによりPGRの保全の促進と持続的利用を目的としている。この目的のため，システム自体は，「植物遺伝資源に関する国際的申し合わせ（International Understanding on PGR）」/IUと略す）とよばれる拘束力の弱い法的枠組みと政府間の話し合いの場としての植物遺伝資源委員会（Committee on Plant Genetic Resource/PGR委員会と略す）から成り立っている[7]。

1) 人類の遺産としてのPGR

遺伝資源の規制に対するFAOのアプローチを特徴付けるのは，PGRを地球規模において保全し利用するべき公共財として位置付けている点であろう。すなわち，FAOにおいては，それまで遺伝子銀行を中心として自由に行われてきた遺伝資源交換を促進する意図で遺伝資源を「人類の遺産（heritage of mankind）」として位置付けた。すなわち，前述の1983年のFAOのグローバルシステムにおけるIUはPGRの保全と利用のためのグローバルなルール設定の試みであり，その際の決議事項のひとつとして，「すべての遺伝資源は万民の所有物であり，自由に接近可能である。」と規定した[8]。また，FAOのIUはその第1条において「この国際的申し合せは植物遺伝資源は人類の遺産であり制限なく利用可能であるべきである」とする普遍的に受け入れられた原則に基づいている（IU第1条）」としている。さらに第5条においては，植物遺伝資源が科学研究，植物育種，遺伝資源の保全の目的で要請されたならば，資源のサンプル採取のためのアクセスを認め，その輸出を許可することは，かかる資源をその管理下にお

く政府ならびに機関の政策であろうと規定されている。サンプル採取は相互交換あるいは相互に合意する条件に基づき無料で利用可能なものとなるであろうと規定している。(第5条)

この「人類の遺産」という表現はその後の1993年に発効するCBDとの整合性の必要性からしだいにトーンダウンしてゆく。1991年第26回FAO総会において「植物遺伝資源に関する国際的申し合わせのAnnex3」が採択され，人類の共有遺産の考え方を国家主権の下に従属させた[9]。1993年に，第27回FAO総会に於いて「「植物遺伝資源に関する国際的申し合わせの見直し」，及び「植物生殖質の収集と移転のための国際的行動規範」が採択された[10]。1994年FAO臨時植物遺伝資源委員会で申し合わせの見直し交渉が開始された。この見直しの目的は「申し合わせ」を1993年に発効したCBDと整合性がとれるように改定し，条約化することであった。

このように，遺伝資源の規制に関してFAOが構築しようとする仕組みは「人類の遺産」という考え方に基づいた多数国間のルールの設定という意味で，マルチラテラリズムによって特徴付けられる。すなわち，食糧農業用の植物遺伝資源の交換・移動のための共通なルールをつくり，資源の移動を容易にする。資源移動に伴い，遺伝資源提供者への利益配分も実現するというものである。

2) 農民の権利と知的財産権 (IPR)

前述のように，1989年の第25回FAO総会におけるIUの合意解釈の採択に際して，同時に「農民の権利 (Farmers' Right)」も採択された。すなわち，1989年のFAO総会は「農民の権利」として以下のように決議した。「すべての地域の農民がなした植物遺伝資源の保全と開発のためになした莫大な貢献を認め[11]」「彼らの権利を植物遺伝資源を保全，改良し利用可能なものとすることにおける農民とりわけ原産地ならびに多様性の中心地域における農民の過去，現在，未来の貢献に由来する権利[12]と定義した。

ここにいう「農民の権利」とは，遺伝資源とりわけPGRの保護，育成のためにこれまで途上国の農民が果たしてきた役割に対する補償概念[13]に基づいて

いる。したがって，例えば先進国が遺伝資源の利用による新品種開発で特許等をとって利益を得た場合，その一部を遺伝資源提供国である途上国に利益還元するよう途上国側は要求しているのである。

このことの背景として，このような自由な遺伝資源の交換はUPOV[14]により保護される育種家の権利（breeders' right）が疎外される虞があるとして先進国[15]が署名を拒否したことに対して，FAOはただちに合意解釈を検討し，89年の総会はIUが育種家の権利を冒さないと決議したことがあげられる。つまり，「農民の権利」とはIPRとしての育種家の権利に対抗して途上国側から提唱されてきたものである。途上国はこれをIPRの一形態として確立したい意向である。しかしながら，この「農民の権利」は，それらが直接的に個人に付与されるものではないという点において，近代の私的商業的権利とはまったく異なる。それゆえ，この「権利」を法的権利として位置付けることは困難であろう。他方で，商業上のバイオテクノロジーに関する財産権保護のための法制度は既に確立しているが，伝統的農民の権利や途上国内の野生種の多様性保護のための制度はない[16]。

この問題は，以後のIU改定においても引き継がれ，後にみるように議題の1つにあげられている。また，この概念は後に見るようにCBD第8条(j)項に規定される「原住民の伝統的知識」に関する議論においても援用されている。

3） 生物多様性条約（CBD）の発効とFAO/IUの改定

遺伝資源には原産国の主権的管轄権がおよび，遺伝資源の利用から生じる利益は衡平かつ公正に配分されなければならないとするCBDが1993年に発効した。後にみるように，遺伝資源には原産国の主権的管轄権が及ぶと規定するCBDは，同様に遺伝資源を規制対象としながら植物遺伝資源を一種の地球規模の公共財と位置付けるFAO/IUとは対照的なアプローチを採っている。また，CBDは動植物すべての生物資源の保全を対象としているのに対し，IUは農業食糧用の植物の保全を対象としており，CBDが法的拘束力を持つのに対してIUは厳密には法的拘束力はない。したがって，CBDが発効して以後の1993年以

降は，植物遺伝資源の規制に関しては両者の抵触の可能性を考慮して，CBD との整合性をとるためには IU の方を修正してゆく他ない。

このような背景から，FAO/IU の改定作業は 1994 年からその見直し交渉が開始された[17]。この FAO/IU の改定が意味するものは，遺伝資源の規制に関して従来 FAO が担ってきたマルチラテラリズムが当事国間の交渉に委ねるとする CBD のバイラテラリズムへ移行したということである。また，これ以後，遺伝資源自体も，食糧農業用利用の場合には FAO/IU が，それ以外の場合には CBD が適用されることとなり利用目的に応じて区別されることとなる。

改定作業に関しては，2000 年中に 4 度，2001 年に入ってからこの 4 月にかけて 3 度，合計 7 度会合がもたれている[18]。2000 年 11 月までの結果は，11 月に FAO の理事会による決議として採択された。それによれば，食糧農業用植物遺伝資源交換のための多国間システム（MLS）を作ることには合意した[19]。ただし，MLS における作物の範囲ならびに，利益配分メカニズムについては交渉は継続している。また，IU を法的にどのように位置付けるかに関しては，法的拘束力をもつ条約にするという前提で交渉が続いている。この場合の選択肢としては，FAO の枠の中で条約とする場合と，CBD の議定書とする場合とがあるが，前者の方が有力である[20)21]。

II. CBD における遺伝資源の地位とその規制

1993 年に発効した CBD はそれ以前の遺伝資源規制に対する考え方を基本的に変えたといえよう。すなわち，それ以前の FAO の世界における遺伝資源に関するマルチラテラルな関係が CBD の出現によりバイラテラルなものとなった。具体的にこのような変容をもたらしたものは，CBD における遺伝資源の位置付けに関して原産国の主権的管轄権を認めたことである。以下 CBD における関連規定による遺伝資源規制のアプローチととりわけ遺伝資源に対する原産国の主権的管轄権の意味についてみることとする。

1) CBD のアプローチ
i) 遺伝資源の定義

FAO が食糧農業用植物遺伝資源を対象としてその多数国間システムを構築しようとしていることは既に述べた。CBD における遺伝資源の定義は FAO のそれよりは広範である。CBD においては，遺伝資源，遺伝素材，生物資源という用語をあげて以下のように定義している[22]。

① 生物資源/生物資源には，現に利用されもしくは将来利用されることがある又は人類にとって現実のもしくは潜在的な価値を有する遺伝資源，生物またはその部分，個体群その他生態系の構成要素を含む。
② 遺伝資源/現実のまたは潜在的な価値を有する遺伝素材
③ 遺伝素材/遺伝の機能的単位を有する植物，動物，微生物その他に由来する素材

遺伝資源を利用する側からするならば遺伝資源の定義には慎重であらねばならない。なぜならば，遺伝資源には原産国の主権的管轄権が及ぶため，この定義に含まれる資源を利用する場合には遺伝資源原産国の国内法に従わなければならないからである[23)24)]。

ii) 原産国の主権的管轄権

CBD 第15条1項は「各国は，自国の天然資源に対して主権的権利を有するものと認められ，遺伝資源の取得の機会につき定める権限は，当該遺伝資源が存する国の政府に属し，その国の国内法令に従う」と明文上規定し，遺伝資源の権利に関しては，その原産国に主権的管轄権があるということを示している。したがって，許可なく他国の遺伝資源を取得してはならない。また，他国の遺伝資源にアクセスする場合にはその国の当該法令を遵守しなければならない[25)]。また，資源アクセスに際しては「事前の情報に基づく当該締約国の同意(Prior Informed Consent/PIC と略す)」を必要とする[26)]」（第15条5項）。さらに利益配分に関しては「締約国は，遺伝資源の研究及び開発の成果並びに商業的利用その他から生ずる利益を当該遺伝資源の提供国である締約国と公正かつ衡平に配分するため ... 適宜，立法上，行政上又は政策上の措置をとる。その配分

は，相互に合意する条件で行う。」(第15条7項)としている。

つまり，CBD の世界においては締約国間の遺伝資源の移動は，

2国間で，事前の情報に基づく合意により，相互に合意する条件で行われる。さらに，このアクセスと資源利用から得られる利益は資源利用者と資源提供国との間で配分されるものとされ，この利益配分に関しては「相互に合意する条件」で行われる。

このように CBD の世界にあっては遺伝資源の移転はバイラテラルな交渉が個々のケースについて行われ，その際利益還元条件について双方が合意した場合に移転が成立し，資源提供国には，取得の機会(アクセス)と利益配分に関して国内法により規定する裁量権が認められる。そして，このような経済的インセンティヴと引き換えに，生物多様性の保全措置を資源提供国の裁量に委ねる方式をとっている。また，資源へのアクセスならびに遺伝資源の成果物からの利益配分の問題はそのための措置として規定内容に挿入されている。

iii) 既得生息域外遺伝資源 (ex-situ) コレクションに及ぼす原産国の主権

CBD において遺伝資源規制に関して遺伝資源原産国の主権的管轄権を認めることに関するもう1つの問題は，既得コレクションに対する CBD の適用の問題である。

CBD 発効以前に取得された生息域外コレクション (ex-situ) うち FAO の CGRFA (食料農業遺伝資源委員会)が対象としないコレクションに CBD を遡及して適用できるかという問題に関して，アフリカグループ等途上国側は ex-situ コレクションにも CBD を適用することにより遺伝資源原産国の権利として利益配分を主張しようとしている。他方，先進国側はそのような条約の遡及適用はそもそも国際法上認められないものであり，一度そのような適用を認めるならば遺伝資源にかかわる権利義務関係が複雑になることから途上国の主張に反対しているのが現状である。

このように既得コレクションに対する CBD の適用の主張は，CBD に遡及的効力をもたせることを意味する。この問題は，遺伝資源の開発から得られる成果物に関して一定の利益配分が認められることを前提として，資源原産国，提

供国の遺伝資源に対する権利が時間的に過去のどの時点まで認められるかという問題である。この点に関して条約法条約第 28 条においては，条約の時間的適用範囲に関して，「別段の意図が条約自体または他の方法によって確認されないかぎり，条約はその効力が当該当事国について生じる以前に行われた行為または生じた事実等に関しては適用されない」という条約不遡及の原則が規定されている[27]。したがって，CBD の遡及的適用の主張は，原則的には認められない。なおこの問題に関しては，かかるコレクションの現状を把握するために事務局より質問状が締約国だけではなく関係各機関に送付されている段階である[28]。

2) 遺伝資源関連国内法制の展開

CBD にみるこのような方式がうまく機能するためには，この条約の運用にかかっていると思われる。CBD は枠組み条約であり，条約の実施運用に関しては，締約国会議の決定によって方向付けられ，さらには個々の締約国の裁量に委ねられることになる。CBD 規定内容の実施の問題は，先進国，途上国，あるいは資源利用者，提供者の立場を反映して COP4 (Conference of the Parties: 第 4 回締約国会議) 以降議論されてきている[29]。

CBD の枠組みの下，遺伝資源をどのような形で規制するかに関しては，概ね 3 つの考え方がある。すなわち，① 国内的立法措置，② 行動準則，③ 当事者の自由な交渉にゆだねる場合である[30]。① はより多くの利益配分をうける意図をもって遺伝資源の移転に関しては厳格な規制を設けたい途上国の主張するところであり，② は EU 諸国，③ は CBD 非締約国であるアメリカの主張するところである[31]。

i) 国内的立法措置

資源提供国・途上国は，遺伝資源規制のために国内法を整備しつつある。このような法制化は今後とも増える傾向にある。現在までに知られているものをあげると以下のとおりである[32]。

フィリピン/1995 年 5 月 18 日の大統領令 247 号[33]

ブラジル/1995 年提出の法案 306/95 号

/2000年6月29日付けの暫定措置法

ペルー/1998年に国会に提出された遺伝資源アクセスに関する法案

コスタリカ/1998年5月20日のコスタリカ共和国立法議会布告7788号「生物多様性に関する法律」

ハンガリー/1997年の法令92号「植物遺伝資源の保護と利用に関する法令」

タイ/1999年1月14日の植物品種保護法等の一連の法制[34]

規定内容は一般に，CBDの規定に呼応しており，遺伝資源アクセスのためのコンタクトポイントや手続き，とりわけ事前の情報に基づく合意（PIC）規定，利益配分に関しては，これを金銭的利益と非金銭的利益とに分け後者に技術移転や共同研究の場合のスタッフのトレーニングなどを含めて規定している。またさらに，遺伝資源を国有財産として明文上規定し，これのコロラリーとして共同研究における収集した標本の国有化，情報への自由なアクセス，開発された技術の政府によるロイヤリティーなしの商業的利用まで規定している例もある（フィリピンの大統領令247号）。

また，上記のような個々の国家ごとの法整備とならんで遺伝資源規制に向けての地域的アプローチの例も伝えられる。それらは，

アンデス条約機構のカルタヘナ協定委員会決定391号（Decision 391 of the Andean Pact on the Common Regime on Access to Genetic Resources）[35]

アフリカ統一機構（OAU）原住民の権利・農民の権利・育種家の権利保護および遺伝資源へのアクセスに関するモデル法制（立法）[36]

ASEAN諸国の枠組み条約案（"The ASEAN Framework Agreement on Access to Biological and Genetic Resources"）[37]である。

このように途上国は動植物層を共有する関係国間においてその多様性保全のための共通のルールをつくるとともに，このような地域的アプローチに基づいて国内法の整備にとりかかっている。また，とりわけ，アンデス条約機構の決定には，遺伝資源アクセスの条件に関して加盟国間に於いて最小限度の共通ルールを設定し，ルールの詳細は各加盟国の国内法によって規定されるが，条約決定の基準を下回ることはできない旨規定されるなど遺伝資源カルテル構築

が企図されているようにもみえる。

ⅱ) 行動準則

第4回締約国会議の席でスイスは遺伝資源の利用に関するアクセスと利益配分ガイドライン[38]を提出した。これは EU のアプローチを特徴付けるものでもある。これは，遺伝資源アクセスに関しては事前の情報に基づく合意を前提とすること。原住民，地域社会の慣習，伝統的知識の尊重，国際法及び国内法にしたがった IPR の保護等を内容とする。

さらに，微生物資源に関しては，ベルギーを調整役としてカルチャーコレクションへのアクセスの行動規範を EU の主導で作成する計画がある。これはその頭文字をとって MOSAICC (Micro-Organism Sustainable use and Access International Code of Conduct) 計画とよばれる[39]。この行動規範は CBD の原則に適合するためのものであり，微生物資源の入手協定と微生物資源移転協定のモデル協定の作成，微生物資源の入手と移転を追跡するための管理情報システムの開発等を含めて検討されている。最終的には，これをベースにして CBD の議定書を策定するように提案することを目的としている。

ⅲ) 当事者間の自由な交渉に基づく合意

アメリカは CBD 非締約国であるが，熱帯の生物資源の利用に関する国家戦略を展開してきている。アメリカスキームの特徴は，① 熱帯生物資源のビジネス化を最終目的とし，② 産官学連携により，③ 政府開発援助 (ODA) のメカニズムを使い，④ CBD の条項に適合したスキームを開発し，⑤ 信頼関係を構築し，⑥ これらの関係を通じて双方の経済的発展の道筋を開拓するというものである[40]。この戦略にのっとりアメリカは CBD 締約会議の場においても遺伝資源へのアクセスならびにそこから得られる利益の配分は契約条項中に挿入規定されるべきであることを主張し続けている。

実際，産業界においても，世界最大のカルチャーコレクションである ATCC (American Type Culture Collection) は CBD に適合した経営システムの革新に踏み切る方針を発表した。その内容としては ① 微生物株の取得や分譲のシステムを CBD の原則に適応させるという受動的な対応にとどまらず，② これを新

しい経営を展開する機会と捉えるという能動的な対応をとっていることである。上記①に関しては，微生物資源入手協定（Material Acquisition Agreement）と微生物資源移転契約（Material Transfer Agreement）の改定，微生物資源の入手と移転を管理するための管理情報システムの開発等があげられる。②に関しては，微生物資源に富む国との連携手法として，微生物資源共同組合（農業共同組合をモデルとする），研究パートナーシップ，合弁会社等が考えられている[41]。

遺伝資源のアクセスと利益配分に関して，知られている限りにおいて，米国内の研究機関，製薬会社等がこれまで作成，締結してきた契約例[42]の中でも，1991年に米国の製薬会社Merck社がコスタリカの国立生物多様性研究所（IN-Bio: Instituto Nacional de Biodiversidad）と動植物の研究調査活動を行う目的で締結した契約例は，CBDの条約趣旨に沿うものとして評価が高く，今後のモデルにあるものとも評されている[43]。しかしながら，伝えられる限り，2001年の現段階ではこの契約は更新されておらず，その意味で継続性はない。したがって，上記のような評価が今後とも妥当かどうかについては疑問である[44]。

III. 生物多様性の保全と知的財産権制度

CBDは，その目的として，生物の多様性の保全，生物資源の持続的利用，遺伝資源から得られる利益の公正，衡平な配分をあげており，この文脈から，バイオテクノロジーという先端技術の移転ならびに原住民・地域社会の伝統的知識の保護の問題等において従来のIPR制度との抵触の可能性も含んだ関連をもつことになる。いいかえるならば，枠組み条約であるCBDの実施，運用上，現行のIPRとの調和，親和性の確保は重要なポイントとなる。しかしながら，CBDの実施とIPRの保護は対立関係と捉えられることが多い。

IPRの国際的保護に関してはWTO体制におけるTRIPS協定（知的財産権の貿易関連措置に関する協定: Agreement on Trade-Related Aspects of Intellectual Property Rights/TRIPSと略す）があげられる。この場合，CBDとTRIPSとはIPRを横軸として対置される。例えば，米国は最終的にCBDを批准しなかったこ

との理由としてバイオテクノロジーに関する IPR の保護が CBD によって制限されてしまうことをあげている[45]。すなわち，米国は IPR が生物多様性の保全において果たしうる積極的な役割を CBD 規定は認識していないと主張する。他方で，途上国は利益と技術とを共有するために IPR の適用を制限することを望んでいるとみられている[46]。それゆえ，途上国主体の開発主義に彩られた CBD と，先進国間においては既存の IPR の保護を内容とする TRIPS 協定とは，遺伝資源規制という技術移転等 IPR にも関連する CBD の「環境」マターを挟んで対置されているわけである[47]。

そこで IPR をめぐる CBD と他の条約との抵触の問題とはどのようなものなのか，とりわけ TRIPS との関係を素材として CBD の構造から論じることを本章の目的とする。この議題に関する論点は大別すると以下の2点である。① GATT/WTO 体制における TRIPS 協定と CBD の条約関係の整合性に関する問題，② CBD 第8条 (j) 項に規定される原住民の伝統的知識の保護に関して提唱される sui generis system に関連する問題である。議論の進め方として，まず CBD の構造から IPR 制度との関わりを確認し，そのうえで標記の2つの論点に関する議論に入ることとする。

1) CBD の規定構造と対象領域

CBD は条約の構造上，生物多様性の保全，その構成要素の持続可能な利用，遺伝資源の利用から生じる利益の公正かつ衡平な配分という3つの目的を掲げている(CBD 第1条 目的)。さらに，CBD でいう生物多様性とは生態系，種(個体)，遺伝子の3つのレベルで捉えられている(CBD 第2条 用語)。そこで，この条約目的と生物多様性のレベルを重ね合わせると CBD が対象とするべき領域が9個あることとなる(図を参照)。その中で種レベルと遺伝子レベルでの利益配分に関わる領域はそれぞれ育種家の権利保護ならびに特許法による保護規制の世界である。これらはきわめて IPR 関連の問題であり，その意味で GATT/WTO の TRIPS 協定との関連が生じてくる[48]。

	保全	利用	利益配分	
生態系 (環境問題としての生物多様性)	(1) 野生生物保護や遺伝資源の生息域内保全	(2) 生態系の環境保全・浄化機能	(3) 環境の公益的機能	マクロ的 ⇑
種(個体) (種間の多様性)	(4) ジーンバンク	(5) 交雑育種	(6) 種苗法 (育成家の権利 breeders' rights の保護)	⇓
遺伝子 (種内の多様性)	(7) DNA バンク	(8) 遺伝子組み換え	(9) 特許法	ミクロ的

（1998年度農林水産省農林水産技術会議事務局資料より）

2) TRIPS 協定と CBD の条約関係の整合性に関する問題

i) 第16条/技術移転の解釈について

CBD 第16条は条約目的を達成するための手段としての技術移転に関する規定である。そこでは，主たる資源提供者である途上国に対する「技術の取得の機会及び移転」を規定する一方で，「特許権その他の知的所有権によって保護される技術の取得の機会の提供及び移転については，当該知的所有権の十分かつ有効な保護を承認し及びそのような保護と両立する条件で行う」と規定し(第16条2項) IPR の遵守も又うたわれている。

技術移転に関しては，途上国側は国際技術援助協力のような無償もしくは特恵的条件での技術移転を要求している一方で，先進国側はあくまでも商業ベースにのっとった対価型の技術移転を予定している。このような見解の相違は，曖昧な内容の規定の解釈にも明白に表れており，とりわけ「締約国は，特許権その他の知的所有権がこの条約の実施に影響を及ぼす可能性があることを認識し，そのような知的所有権がこの条約の目的を助長しかつこれに反しないことを確保するために，国内法令及び国際法に従って協力する」とする第16条5項には，その起草過程より，二つの相対する解釈が存在する。すなわち，一方で先進国から途上国へのバイオ関連技術援助移転に際しては，かかる関連技術に対して認められる IPR の保護は国内法及び国際法に基づいて一定程度法的に制

限されうるとする。他方，かかる技術移転は IPR 権制度の整備が前提となるから，途上国における IPR 制度の整備のために締約国が協力する義務が導かれるとする解釈である[49]。

バイオテクノロジーは他の技術同様に IPR として保護されており，そのような保護は GATT/WTO 体制においても TRIPS 協定の中で規定されていることは既に述べた。したがって，締約国が CBD の技術移転関連の規定のいずれかの解釈に基づいて実施措置を講じた場合，TRIPS 協定と抵触する可能性が生じるわけである。

前述の途上国側の第 16 条 5 項の解釈は TRIPS 協定第 31 条に規定される強制実施 (compulsory licencing) 要請の根拠として援用される可能性もある。すなわち，IPR の行使はより高次の社会的価値に服するものであるという前提にたつならば，私権である特許権は社会経済的福祉といった公的目的実現に譲歩せざるをえない場合もあるということである。また，「締約国は，開発途上国の政府機関及び民間部門の双方の利益のために自国の民間部門が 1 の技術の取得の機会の提供，共同開発及び移転をより円滑なものにするよう，適宜，立法上，行政上又は政策上の措置をとり，これに関し，1 から 3 までに規定する義務を遵守する」と規定する CBD 第 16 条 4 項もまた強制実施の制度を正当化するようにも見える。

TRIPS 協定第 31 条は当該条項にある規定を遵守することを条件に「特許権者の許諾を得ていない他の使用」が認められる旨規定している。したがって，環境保全の目的で強制実施権を設定することは可能であろう。この場合，TRIPS 第 27 条 2 項でいう「公序 (ordre public)[50]」の概念の中に環境を含ませるわけである。しかしながら，TRIPS 第 31 条は特許の強制実施に関しては一定の規定の遵守が条件付けられており[51]，これが歯止めとなって実施は簡単ではない。むしろ，強制実施を行うために TRIPS 第 31 条に規定される要件をすべてクリアすることはかなり困難であり，それゆえ強制実施の懸念は現実的ではないであろう[52]。

ii) CBD と TRIPS 協定との整合性について

　CBD と TRIPS 協定との整合性について，CBD が目的とする生物多様性の保全，利用，利益配分に関して規定上直接的に TRIPS と抵触するとは思われない。また，CBD と TRIPS 双方の規定が，例えばバイオテクノロジーに適用される IPR による保護の基準といった同一内容に関する規定に関して具体的に抵触することもない。したがって，CBD と TRIPS との間で効力関係の問題は生じない[53]。

　想定される抵触の場合とは，IPR の制限に関して紛争が生じた場合である。このような場合，TRIPS と CBD の両条約の当事国である紛争当事国は TRIPS もしくは CBD いずれかの紛争解決手続きに訴えることになる。CBD の場合，第 27 条の規定に基づき，交渉に始まり，斡旋，仲介から仲裁裁判もしくは ICJ への紛争の付託に至る。他方，TRIPS の場合 GATT の紛争解決規定に基づき，panel の設置から制裁措置の発動に至る。IPR の侵害を訴える側からするならば，より強制力が大きくまた IPR の保護に有利な TRIPS 方式を選択することは容易に予想できる。このことが意味することは CBD と TRIPS の 2 つの協定締約国は TRIPS の基準とは異なる IPR の法制を敷くことは困難であるということである[54]。

iii)　TRIPS 協定第 27 条第 3 項 (b)

　TRIPs 協定第 27 条は「特許の対象」を規定している。この規定の中には，特許の適用除外も規定されている。それらは，

> 「人または動物の治療のための診断方法，治療方法及び外科的方法(TRIPS 協定第 27 条 3 項(a))，<u>微生物以外の動物並びに非生物学的方法及び微生物学的方法以外の動植物の生産のための本質的に生物学的方法。ただし，加盟国は，特許もしくは効果的な特別の制度(sui generis system──カッコ内筆者──)又はこれらの組み合わせによって植物の品種の保護を定める。この (b) の規定は，世界貿易機関協定の効力発生の日から 4 年後に検討されるものとする。</u>(TRIPS 協定第 27 条 3 項(b)──アンダーラインは筆者──)

である。

　特許の対象から除外される限りにおいては，CBDに規定される技術移転にかかわるIPR保護との関連で問題は生じない。しかしながら，第27条3項(b)に規定される微生物ならびに微生物学的方法はその除外対象には含まれず，したがって，特許による保護をうけることができる。この場合，遺伝資源関連のバイオテクノロジーの移転を企図する途上国がCBD第16条に基づいてとる措置は，TRIPSのこの規定に抵触する可能性があるわけである。また，途上国は上記保護を内容とする国内法を整備しなければならない[55]。途上国側はこのような事態を回避するために2つの逃げ道をみつけた。ひとつは，既存のIPR制度に依らない新しいタイプの法制度を国内法上設定し，これをsui generisとしてTRIPS第27条3項の適用を回避する方法である――これについては後述する――。もうひとつは，当該規定にビルトインされているこの規定のレビューにおいて当該規定自体を書き変えてしまう方法である。途上国の支持を集めているのは特許対象からの除外の範囲を拡大し，微生物を含む動植物関連のバイオテクノロジーの特許権者のIPRとの抵触を避ける方法である。

　この問題は，1999年6月にモントリオールで開催されたCBDの実施に関する会期間会合に於いても検討された。そこではTRIPS協定第27条3項(b)のレビューに際してCBD規定をTRIPS協定へ取り込みたい意向である途上国を中心としていくつかの選択肢が検討されてきている[56]。

　第1には，この条項全体をなくしてしまう。その結果として，動植物は国内のIPR法制の下例外なく特許の対象となる。2番目には，TRIPSの中に植物品種の保護としてUPOV規定を導入する。3番目は，第27条3項(b)の除外対象を拡大し，すべての生物が特許の対象から除外されるようにする。4番目は，TRIPSの全体レビューまで現状維持する。

　他方，TRIPS理事会においてもこのレビューに関する検討議論は1999年から行われてきており，途上国側はsui generis systemの創設，伝統的知識の保護，遺伝資源のアクセス規制と利益配分等の第27条3項(b)の規定範囲外の事柄を議論に持ち込もうとしており，これに対して先進国側はそのようなことは現

行の特許による保護の低下を招くとしてマンデート論で対立し両者の間では実質的な議論は行われなかった。現状は先進国途上国間に於いて実質的な議論が開始されたばかりである[57]。

3) 原住民[58]，地域社会の伝統的知識と sui generis system

CBD 第 8 条生息域内保全において「締約国は，可能な限り，かつ，適当な場合には，以下のことを行う」としてその項において次のように規定している。すなわち，

「自国の法令に従い，生物の多様性の保全及び持続可能な利用に関連する伝統的な生活様式を有する原住民の社会及び地域社会の知識，工夫及び慣行を尊重し，保存し及び維持すること，そのような知識，工夫及び慣行を有する者の承認及び参加を得てそれらの一層広い適用を促進すること並びにそれらの利用がもたらす利益の衡平な配分を奨励すること(CBD 第 8 条 (j) 項)」

この規定が持つ意味は，植物性遺伝資源の利用に見るように生物多様性に関連した原住民，あるいは地域社会の知識が(例えば先進国の製薬会社等によって)利用される場合には，当該知識の所有者の承認を得なければならない。また，そのような伝統的な知識，工夫及び慣行の利用から生じる利益はかかる原住民，地域社会に対して衡平に配分されなければならない，ということである。そのための論法として，原住民の伝統的知識を IPR として位置づけこれを保護し，その利用に際しては対価を要求するという考え方が資源提供者側である途上国を中心に優勢である[59]。

この点に関して，CBD 関連の国際会議の場における途上国側の主張を要約するならばつぎのようなものであろう。すなわち，CBD 第 8 条 (j) 項に規定される原住民あるいは地域社会への利益配分をどのように実施していくべきなのかに関して，原住民の伝統的知識を IPR の一形態としてみなし，これに対する利益配分を奨励するべきである。この場合の IPR の一形態とは，従来の IPR 制度に依る保護とは異なる新たな保護の形態を「特別な法制度」sui generis system と

して構築する。ここでいう sui generis system の内容としては，FAO の IU において植物生殖質保有者への植物遺伝資源の質的向上への貢献に対する補償・報酬として位置づけられている「農民の権利」を類推するというものである。

このように，途上国側が既存の IPR とは異なる sui generis system 構築による伝統的知識の保護を主張する背景には，前述のように，遺伝資源関連の技術移転に際して生じる可能性のある TRIPS 協定第 27 条 3 項 (b) との抵触を避けようとする狙いもあるように見受けられる。この目的で既に sui generis system を国内法上整備した国もある[60]。今後この傾向は途上国を中心に拡大するであろう。

他方，TRIPS 協定第 27 条 3 項 (b) でいう sui generis system とは，例えば特許や著作権の制度のような IPR 制度のそれぞれが提供する保護とは異なり，特定の対象事項に合せた特別のシステムをいう。この場合の特別の制度とは，その保護が効果的であることを条件に，各国が何らかの形態の IPR によって植物の新品種を保護する自国のルールを定めることができる，という意味である。TRIPS 協定は効果的な制度の要素を定義していない。最終的には，WTO の紛争パネルが紛争解決手続きに基づいてこの規定を解釈することになる[61)62]。

この問題は CBD 締約国会議等 CBD 関連の国際会議だけでなく WIPO (世界知的財産権機構) においても議論されている。CBD における第 8 条 (j) 項関連の議論は，1996 年 11 月にアルゼンチンのブエノスアイレスにおいて開催された第 3 回締約国会議において「知的所有権」の議題の下，原住民の伝統的知識の取扱いが議論された。その結果として，第 8 条 (j) 項の履行のためのワークショップが開催されることが決議され，このワークショップが 1997 年 11 月にスペインのマドリッドにおいて開催された[63]。そこでは，会期間作業部会の設置とそこでの原住民代表の参加等が決議された。以後，2000 年のセビリア，2002 年のモントリオールにおける 2 回の 8 条 (j) 作業部会を経て，原住民の議論への参加，伝統的知識保護の法的枠組み，実施のための作業計画について議論が継続されてきている[64]。

WIPO においては，特許に関する手続き事項の調和に関する特許法条約 (PLT:

Patent Law Treaty) の検討のために 1999 年 9 月に特許法常設委員会 (SCP: Standing Committee on the Law of Patents) が設置され，そこでの議論において，コロンビアが，生物資源，遺伝資源の保護の重要性に鑑み，遺伝資源の出所に関する情報 (例えば，遺伝資源へのアクセスを認める契約書の写し及び登録番号の表示) を特許出願書類に明記することを義務付ける規定を PLT に盛り込むべしという提案を行った[65]。以後の 2000 年 4 月に IPR と遺伝資源会合においては，このコロンビア提案には修正案が出されたが，これに対しては先進国側は遺伝資源へのアクセスと利益配分に関する CBD の実施確保，コロンビア提案と TRIPS 協定との整合性を理由として，消極的であった。そこで，以後の 2000 年 9 月の WIPO 一般総会において，遺伝資源のアクセス及び利益配分，伝統的知識の保護，フォークロアに関する固有の (sui generis) 法的保護制度の検討等の議題で検討され始めたところである。

結びに代えて

枠組み条約としての CBD が発効してから 7 年が経過した。この間この条約実施のためのさまざまな議論が COP 等関連国際会議の場でなされてきた。また，今後ともさまざまな方策が議論されるであろう。ここで CBD 実施レベルでの問題点を指摘するならば，次の諸点にあると思われる。1 つは，生息域外の遺伝資源にも CBD は適用されるのかという問題である。現状は既にみたように CBD 事務局による質問表の関連機関への送付と回収による情報収集の段階であるが，将来的には議論の俎上に上がることになる。もし何らかの形で CBD の適用が認められることになれば，条約不遡及の原則という国際法上の原則に対する重大な例外が登場することになる。また，環境と開発との関係の観点からは，各国ごとの CBD の実施に関するオプションの問題があげられる。とりわけ，資源提供国である途上国は，この問題に対して遺伝資源利用から生じる利益配分を確保する目的で厳格な国内法を整備するという選択を実行している。この問題は，途上国の IPR 関連国内法と IPR の国際的保護のためのルール[66]との抵触を引き起こす可能性がある。そのような場合には最終的には WTO

第 7 章　遺伝資源の規制と生物多様性の保全　243

の紛争解決手続きにしたがい，パネルの設定で黒白が決するのであろう。また，もし途上国が利益確保だけを目的に国内法整備の選択をしたとするならば，それは彼等の意図にとってもCBDの条約目的にとっても2重の意味であやまった選択といわねばならない。

　資源提供国と資源利用者の関係は，遺伝資源をその主権的管轄下に置く発展途上国と資源開発からの商業的利益をめざす先進国側民間企業との関係に他ならない。途上国側は遺伝資源を石油と同様の天然資源とみなしてそこからいかに多くの利益を得るかを戦略としてCBDを運用実施しようとしている。確かに，遺伝資源から得られるであろう利益配分は途上国の経済的発展に貢献するであろうし，生物多様性の保全にも貢献するものと思われる。しかしながら，商業的開発の確立が数万分の一ともいわれる遺伝資源はその開発に多くの時間，労力，資本を必要とし，その意味で資源それ自体の価値は潜在的なものでしかない[67]。それ故，これをその価値が顕在化している化石燃料資源と同様にみなすことはできない。このような遺伝資源に対して，より多くの利益配分を勝ち取るために厳格に過ぎる法的規制を課すことは，資源利用者による開発にとって阻害要因となり，結果として，資源提供国側を利益配分から遠ざけることとなるのではないか懸念される。また，このような事態は，遺伝資源の利用をさまたげることを意味する。このことは，遺伝資源の取得の機会に関して，「条約目的に反するような制限を課さないように努力する」と規定するCBD第15条2項に抵触する可能性もある[68]。

　このような懸念を生む途上国のアプローチは，1974年のNIEO（新国際経済秩序）関連の国連総会決議へと至った資源ナショナリズムの高揚を彷彿とさせる。しかし，生物多様性の問題は地球規模の環境問題の1つでありCBDは単なる遺伝資源のための資源協定ではない。CBDは動いている。生物多様性の保全のための一方策である遺伝資源の規制がいかなるものになろうとも，CBDに規定される「環境」問題としての生物多様性の保全が資源協定としてのCBDの姿を単に擬装するものであってはならない[69][70]。

注

1) 2001年の段階で，180ヶ国が加盟している。タイと米国は署名はしているが批准はしていない。日本は，1992年6月13日に署名し1993年5月28日に受託書を寄託し条約を締結した。

2) 最も大きなものは1974年の新国際経済秩序（NIEO）に関連する国連総会諸決議であったと思われる。

3) 「貿易と開発」は市場主義の原理が「開発」に優先する形で80年代にGATTにおいて決着した。これに対して，「環境と開発」の問題は国連で扱われた。高倉成男，「貿易と環境の知的財産権的側面」，知的財産研究所10周年記念論文，p. 1。この論文においては，「貿易と開発」との関係を規定するルールとしてのTRIPS協定と「環境と開発」との関係を規定する国連のMEAとの抵触の問題が筆者の実務経験に踏まえて鋭く分析，議論されている。また，CBDをあつかった先行研究として，茶園成樹，「生物多様性条約と知的財産権」，知的財産権と環境 日本工業所有権法学会年報，第22号1998年，pp. 116–133，中川淳司，「生物多様性条約と国際法的技術規制」，日本国際経済法学会年報第6号，1997年，pp. 21–44をあげておく。

4) 1992年6月，リオデジャネイロにおいて「地球サミット」が開催され，「環境と開発に関するリオ宣言」とその行動計画である「アジェンダ21」が採択された。同会議では，生物種の絶滅，森林面積の減少，及び地球温暖化という3つの地球規模環境問題に対し，それぞれCBD，森林フォーラム，及びUNFCCCの3つのフレームワークが打ち出された。

5) すなわち，条約内容の実施に関しては，枠組み条約のCBDにおいては，第15条7項（遺伝資源の取得の機会），第19条（バイオテクノロジーの取り扱い及び利益の配分）において，遺伝資源の利用から生ずる利益の公正且つ衡平な配分に関しては，「適宜，立法上，行政上又は政策上の措置をとる。その配分は，相互に合意する条件で行うもの」と規定しているにすぎない。

6) 1961年に最初の植物遺伝子に関する会議が開催され，その後1967年植物遺伝子に関する国際技術会議が開催，その後この技術会議は1973年に第2回1981年に第3回の会議が開催された。

7) Gregory Rose, "International Regimes for the Conservation and Control of Plant Genetic Resources", International Law and the Conservation of Biological Diversity, ed. Michael Bowman and Catherine Redgwell, Kluwer Law International, 1996, pp. 150–151.

8) FAO総会決議8/83（Res.Decision8/83）
Recognizing that:

(a) plant genetic resources are a heritage of mankind to be preserved and to be freely available for use, for the benefit of present and future generations.

9) FAO総会決議3/91 IUのAnnex3 (Res.Decision3/91)
Recognizing that:
— the concept of mankind's heritage, as applied in the International Undertaking on Plant Genetic Resources, is subject to the sovereignty of the states over their plant genetic resources.
Endorses the following points:
1 that nations have sovereign rights over their plant genetic resources;

10) FAO総会決議8/93 (Res.Decision8/93) 植物生殖質の収集と移転のための国際行動規範
Reaffirming that:
(a) the conservation of plant genetic resources is a common concern of humankind

11) Resolution 4/89.

12) Resolution 5/89.

13) 「特定タイプの遺伝素材の原産国はそこから最終製品を開発，商業化した機関からロイヤリティーの支払いを受ける「権利」を有する」。Ian Walden, "Intellectual Property Rights and Biodiversity", in International law and the Conservation of Biological Diversity, M. Bowman and C. Redgwell ed., op. cit., p. 183.

14) UPOV条約/Union for the Protection of New Varieties of Plant，植物の新品種の保護に関する国際条約として1961年に成立し，1991年に改正された。新品種の育成者の権利保護を内容とし，国内的には種苗法によって実施される。とりわけ，91年の改正以後は二重保護禁止規定が廃止されたため特許法による保護との重複保護も可能となった。

15) 日本，カナダ，フランス，ドイツ，ニュージーランド，スイス，アメリカ

16) G. Rose, op. cit., pp. 155–156.

17) この目的のため，1995年の第28回FAO総会においてそれまでの「植物遺伝資源委員会 (Committee of Plant Genetic Resources/CPGR)」を「食糧農業委員会 (Committee of Genetic Resources Food and Agriculture/CGRFA)」と改組し，そこにおいてこの作業は検討されてきた。

18) FAOの改定作業については以下で参照せよ。
http://www.fao.org/ag/cgrfa/meetings.htm.

19) このことの背景には，食糧安全保障の観点から植物遺伝資源の規制には多数国間の枠組みが必要であることについては既に合意があったからである。すなわち，

食糧安保にとって重要な主要作物の遺伝資源へのアクセスを容易にし，将来における植物品種育成の進歩を可能ならしめるためには多数国間システムの方が2国間システムよりも適している。なぜならば，2国間システムでは品種育成に必要な生殖質の流れが妨げられる虞れがあるからである。

20) CGRFA/CG-5/01/2.
21) また，FAO/IU の改定作業については，「工業所有権周辺の新保護領域に係わる諸問題の調査報告書」，社団法人日本国際工業所有権保護協会，平成13年3月を参照した。
22) CBD 第2条 用語。
23) 例えば，日本の産業界に向けては「遺伝資源」は次のように定義されている。「遺伝資源とは，動物，植物，微生物，ならびにそれら DNA 及び RNA などを含む現実的及び潜在的価値を有するすべての遺伝素材を意味する。」「生物多様性と持続的利用等に関する研究（平成10年度報告書）」，平成11年3月財団法人バイオインダストリー協会 p. 182.
24) この遺伝資源という用語が注目され始めたのは，近年のバイオテクノロジーの発達に伴うその成果物の経済的価値の大きさによる。その経済波及効果により，一説には全世界で年間3,000億ドルの市場があり，日本一国だけでも10数兆円の市場規模があるといわれている。例えば，医薬工業分野におけるインターフェロン，バイオ素子，化学工業分野におけるバイオリアクターの利用による生産性の向上，その他環境，農業分野における利用からその経済的効果は高く評価されている。
25) CBD 第15条1項。
26) CBD 第15条5項。
27) 条約法条約第28条。
28) UNEP/CBD/ISOC/4.
29) COP4については拙稿「遺伝資源アクセスと利益配分をめぐる議論の法的側面——第4回生物多様性締約国会議から——」，バイオサイエンスとインダストリー，Vol. 56, No. 11 ('98), pp. 53–56 を参照せよ。
30) とりわけ，1999年にモントリオールで開催された CBD 会期間会合において，「遺伝資源のアクセスと利益配分の取り決め並びにオプションの検討に関するレビュー」の議題の下に検討された。そこでは本文にあげた3つのオプションが確認された（UNEP/CBD/ISOS/3)。標記会合については，拙稿「生物多様性条約中間会合報告」，バイオサイエンスとインダストリー，Vol. 57, No. 9 ('99), pp. 55–56 を参照せよ。
31) UNEP/CBD/COP/4/23 我が国は行動準則による規制を主張している。

32) 一般に途上国の法制はその内容から2つのタイプに分けられる。ひとつは遺伝資源アクセスに関するもの。もうひとつは後述の原住民，地域社会の伝統的知識の保護や既存のIPR制度に関するものである。ここでは前者に限定して紹介する。

33) フィリピンはCBDを根拠として大統領令247号（科学的，商業的目的及びその他の目的における生物／遺伝資源，その他の副産物や派生物の調査に関するガイドラインの規定と規制枠組み，1996年実施令公布）を施行した。規制の対象は「公共地にある生物遺伝資源（私有地の自然生育遺伝資源を含む）の発見・探査，使用を目的とした活動」であり，これらの活動に際してはフィリピン政府（省庁間生物遺伝資源委員会）の審査を経た後，研究協力協定を締結しなければならない。そこでの特筆すべき内容としては以下のとおり，採取した標本はフィリピン政府の国有財産となる。フィリピン政府と国民は当該研究から生ずる標本とデータ，情報に対して完全なアクセスが認められる。成果は衡平に配分されるものとし，収集された生物遺伝資源の商業的利用に際しては契約によるものとしそこには政府，地域社会，原住民に対するロイヤリティーの支払いが規定される。開発された技術は利益配分の一環として，ロイヤリティーの支払いなくフィリピン政府が商業的に利用することができる。違反すると刑事罰の対象となる（フィリピン大統領令247号に基づく環境自然資源省令96-20）。

　このような内容は事実上遺伝資源国有化令に近いといわねばならない。

34) 「工業所有権周辺の新保護領域に係わる諸問題の調査報告書」前掲，pp.205-206。途上国におけるCBD実施のための法整備に関する条文等は以下にアクセスせよ。grain@baylink.mozcom.com.

35) 発効：1996年7月17日，加盟国：ボリビア，コロンビア，エクアドル，ペルー，ベネズエラ(5カ国)，内容：遺伝資源のアクセスに関する唯一の地域条約として，加盟国間に於いて最小限度の共通ルールを設定。ルールの詳細は各加盟国の国内法によって規定されるが，条約決定の基準を下回ることはできない。／生物資源から得られた利益を加盟国間で配分する必要はない。／ただし，生物資源保全のアンデス基金創設を利益配分機構として検討中であると伝えられる。手続きとして，アンデス理事会を通じて，国内でのアクセス申請，協定，承認，棚上げ等の情況を直ちに他の加盟国に連絡する（第48条）。／生物資源を共有する加盟国がある場合には，その国の利益も勘案する。／国内の規制についても他の加盟国に連絡しあう（第49条）。炭田精造，「微生物遺伝資源の経済的価値とは何か？――ハリファックス・ワークショップから――」，バイオサイエンスとインダストリー，Vol. 56, No. 11, 1998, 財団法人バイオインダストリー協会, p. 58.

36) 2000年にアフリカ統一機構（OAU）によって起草されている。

37) 生物資源へのアクセスに関する ASEAN 枠組み協定草案が 2000 年 2 月 14 日の日付けで起草されている。内容的特徴としては，生物遺伝資源を人類の遺産とみなすことで，これに対する特許出願を拒否する（第 1 条）など，知的財産権の保護を強く制限している。とりわけ，技術移転に関しては，提供された素材に関する研究から開発されたすべての技術のロイヤリティーなしの移転（第 11 条）を認めている。この協定は 2001 年 2 月に締結の予定であるとされていたがその後の詳細は目下のところ不明である。この枠組みを援用するかのように，タイ，マレーシア，インドネシア等においては IPR 関連の国内法が改定あるいは新たに整備されつつある。

38) "Draft Guidelines on Access and Benefit Sharing Regarding the Utilization of Genetic Resources", UNEP/CBD/COP/5/INF.21.

39) 微生物の持続可能な利用と取得の管理に関する行動準則と訳しておく。MOSAICC の場合，モデルとなる素材移転契約（Material Transfer Agreement）において遺伝素材から生じた利益の配分に関して金銭的配分，非金銭的配分とに分け，さらに非金銭的配分として技術移転，共同研究，IPR の帰属等の事項についてそれぞれ条項を設けて規定している。

40) 「生物多様性保全と持続的利用等に関する研究協力平成 9 年度報告書」，平成 10 年 3 月，財団法人バイオインダストリー協会，p. 125.

41) R.H.Cypess and S-C. Jong, The Role of Culture Collection in Equitable Sharing of Benefits from Bioprospecting, the Conference on Preservation and Application of Microbial Resources, Taiwan, May 27–28. 1997.

42) シャーマン製薬がナイジェリアとの間で利益還元のメカニズムとして設定した非営利基金（Hearling Forest Conservancy）の例，米国国立癌センターの契約草案の例。

43) 中川，前掲論文，pp. 35–36。Michael D. Coughlin Jr, "Using the Merck-INBio Agreement to Clarify the Convention on Biological Diversity", Columbia Journal of Transnational Law, 31: 337: 1993.

44) この件に関しては INBio のホームページを適宜チェックする必要がある。http://www.inbio.ac.cr/en/html.

45) 米国が CBD を批准しなかったことの理由に関して，米国上院議会の報告書によれば，CBD は枠組み条約に過ぎず，詳細を後の締約国会議において決めることとなっているが，詳細の全容が明らかにならない限り，上院は責任をもって批准を了解することができないということが大きな理由の一つになっている。また，CBD の条文の解釈によっては米国憲法で保障された私権（IPR はその一つに相当

する)が制限される可能性があることも，批准しない理由の一つとなっている模様である。"OPPOSING CONSIDERATION OF THE CONVENTION ON BIO-DIVERSITY"（Senate-September 30, 1994），

http://thomas.loc.gov./cgi-bin/query/C?r103:./temp/~r103ZPm6uv.

46) M. Chandler, "The Biodeversity Convention: Selected issues of Interest to the International Lawyer" (1993) 4 Col JTL, p. 162.

47) 途上国とウルグアイラウンドについては，"Intellectual Property Rights and Biodiversity", Ian Walden, op. cit., p. 178.

48) 資料は「この図のうち，右下にいけばいくほど『生物多様性』という言葉から一般に連想される内容とはかけ離れてくる点に留意が必要である。」と結んでいるが，これこそがCBDの正体なのかもしれない。

49) CBDの技術移転関連規定に関しては以下を参照。茶園前掲論文，p. 118。中川前掲論文，pp. 28–31。M. Chandler, op. cit., pp. 162–164. R.L. Margulies, "Protecting Biodiversity: Recognizing International Intellectual Property Rights in Plant Genetic Resources", 14 Michigan Journal of International Law 322 (1993), pp. 335–339.

50) ここでいう仏語のordre publicは英語のpublic orderよりも広い概念であるとされる。高倉成男，前掲論文，p. 5.

51) TRIPS第31条には (a) から (l) までの遵守されるべき12の規定がある。この場合の根拠は，特許対象の利用申請に対する拒否，緊急性，非競争的実行，非商業的利用，第2特許にとって必要な第1特許等である。Carlos M. Correa, Patent Rights, pp. 208–210, in Intellectual Property and International Law TRIPS Agreement, Kluwer law, 1998.

52) 実際，この規定による最大の受益者は欧米の多国籍型製薬企業であり，「TRIPS協定最大の収穫」とも評されたとされる。高倉論文 p. 7.

53) 仮に双方の規定が同一事項に関する規定として重なるのであれば，後法優位の原則に基づき，1995年に発効したTRIPS協定は1992年に採択され1993年に発効したCBDに優越することになる。McDougall,C.L.: Intellectual Property Rights and the Biodiversity Convention; The Impact of GATT. 1995. Friends of the Earth, p. 22.

54) McDougall, C.L.: ibid., pp. 23–24.

55) このような事態は，IPRの保護を国内法上整備することを条件に技術にアクセスすることができるとするCBD第16条の「もうひとつの解釈」にしたがうことになる。

56) UNEP/CBD/ISOC/Inf. 3 "FINAL REPORT: INTERNATIONAL CONFERENCE ON TRADE RELATED ASPECTS OF INTELLECTUAL PROPERTY RIGHTS AND THE

CONVENTION ON BIOLOGICAL DIVERSITY SUBMISSION BY THE UNITED NATIONS ENVIRONMENT PROGRAMME", pp. 20–24.

57) しかしながら，2000年後半以降，以下の6点に関して実質的な議論が開始されたもようである。それらは，①TRIPS協定第27条3項(b)と開発との関係②TRIPS協定第27条3項(b)の下での特許保護に関連する技術問題③植物品種保護のための「特別制度」に関連する技術問題④生命体の特許性に関連する倫理的問題⑤遺伝資源の保全と持続可能な利用との関係⑥伝統的知識や農民の権利との関係，である。TRIPS理事会の動向については「工業所有権周辺の新保護領域に係わる諸問題の調査報告書，前掲 (p. 119) を参照した。

58) ここではCBDの公定訳にしたがって "indigenous people" を「原住民」と訳す。

59) 原住民の伝統的知識の保護と彼等への利益配分の確保のための方策と，生物多様性保全のための措置とを組み合わせるための方策の両者の目的にかなった方策として Merck-INBio 協定をあげる。John Woodliffe, "Biodiversity and Indigenous Peoples", in International Law and the Conservation of Biological Diversity, C.Redgwell and M. Bowman, eds, op. cit., pp. 255–269.

60) 例えば，1997年に制定されたフィリピンの「先住民権利法」（フィリピン共和国法大8371号）。この点については，拙稿「フィリピンの先住民権利法と生物多様性保護」バイオサイエンスとインダストリー Vol. 59, No. 5 ('01), pp. 54–56を参照せよ。また，ペルーでは，先住民族の伝統的知識を登録することによるかかる知識の保護と先住民族に対する利益の配分の確保を内容とする「先住民族集団的知識保護法」制定が検討されている（El Peruano, october 21, 1999年）。

61) "Trade, Intellectual Property, Food and Biodiversity Key issues and options for the 1999 review of Article 27.3 (b) of the TRIPS Agreement", Quaker Peace & Service, London, February 1999, pp. 8–9 (http://www.quaker.org/quno).

62) TRIPS協定第27条3項(b)でいうsui generis systemとは何かという質問には，例えば，UPOVの制度における植物品種育種家の権利 (Plant Breeders' Rights) はsui generis systemと考えられるであろう。この点に関し，「TRIPS協定第27条3項(b)において微生物学的方法の除外の目的は特許からの除外を伝統的育種方法に限定することにあり，規定上sui generis systemへの言及はUPOVにおいて発達してきた育種家の権利を示唆している。」 Carlos Correa, The GATT Agreement on Trade-Related Aspects of intellectual Property Rights: New Standards for Patent Protection of Foreigners Under National Law, pp. 305–306, in International Intellectual Property Law Cases and Materials University Casebook Series, Paul Goldstein ed., Foundation Press, 2001.

63) "Workshop on Traditional Knowledge and Biological Diversity"（UNEP/CBD/TKBD）.
64) CBD 第 8 条 (j) 項に関する作業部会会合については，拙稿「生物多様性条約における伝統的知識の保護――CBD 第 8 条(j) 項に関する作業部会会合――」，バイオサイエンスとインダストリー, Vol. 58, No. 7 ('00), pp. 54–56 を参照せよ。
65) WIPO/SCP/3/10.
66) TRIPS 協定はその典型。
67) "Bio-Prospecting" という語はこれをよく表している。遺伝資源の利用から得られる利益は「見込み」でしかない。だからこそ，遺伝資源の価値は「潜在的」なのである。「遺伝資源」とは，現実の又は潜在的な価値を有する遺伝素材をいう（CBD 第 2 条）。
68) 「締約国は，他の締約国が遺伝資源を環境上適正に利用するために取得することを容易にするような条件を整えるよう努力し，また，この条約目的に反するような制限を課さないように努力する（CBD 第 15 条 2 項）」。
69) もしそうだとするならば，CBD の生物多様性の保全という「環境」の価値は，途上国の開発実現のための手段的価値でしかなくなる。
70) これ以外の問題点としては，第 8 条 (j) 項に関連して CBD が規定する利益配分の枠組みの中で利害関係者としての原住民の地位をどのように規定してゆくのか，また，彼等の権利の内容と性質，権利の帰属と原住民の同定といった問題が IPR 関連の議論の中で起こるであろう。

第8章
国連国際法委員会におけるテヘラン米国大使館員人質事件判決の取扱い
―― 国家責任条文草案との関連で ――

金 子 大

I. はじめに

　小稿の目的は，テヘラン米国大使館員人質事件(以下，テヘラン事件という｡)判決のとくに「第2の段階」における国家責任認定の態様および国連国際法委員会による条文草案を直接の材料として，国家責任の認定方法についての問題点を指摘し，ならびに若干の検討を行うことである。

　1980年のテヘラン事件判決において，国際司法裁判所(以下，ICJ という｡)は，デモ隊・暴徒によるアメリカ大使館の襲撃および人質行為，ならびに領事館の襲撃を原因とするイランの国家責任を結果的に認定した。判決は，事件の経過を2つの段階に分け，それぞれに関してイラン政府の責任を認めている。概略すれば，事件の第1の段階においては，大使館および領事館を襲撃した闘士はあくまでも私人であつて，その襲撃行為(および人質行為)を私人の行為としつつ，これに対してイラン政府が何らの適切な措置をとらなかつたことに関して，イランの国家責任を認めている。

　他方で第2の段階における責任の認定方法は，私人の行為を国家の行為へと変質させたことによるものであつた。のちにみるように，デモ隊・暴徒による大使館の占拠および人質行為がホメイニ師および他の国家機関による是認を受け，さらに人質の抑留を永続化させるという決定がなされたとされることにより，元来私人の行為であつたそのような行為が，イランの国家行為へと変質したというのである。その結果，当該行為が直接イラン国(政府)に帰属し，イラ

ンに国家責任が認められている。

　ところで，国連国際法委員会(以下，ILC という。)は，1998 年の第 50 会期において国家責任に関する条文草案(以下，条文草案という。)の第二読を開始した。特別報告者ジェームズ・クロフォード (James Crawford) の提出した第一報告書は，序，「刑事」責任と「不法行為」責任との区別，および第一部条文草案 (第 19 条を除く)の再検討という 3 部構成である[1]が，第一読によつて暫定的に採択された条文草案に対して，相当の変更を提示するものであつた。とくに顕著なものとしては，国家の国際犯罪に関する第 19 条の削除の提案であろう。同時に，第一部条文草案全般の再検討の中で，第 14 条(叛乱活動分子の機関の行為)および第 15 条(国家の新政府となるかまたは新国家の形成へといたる叛乱活動分子の行為の国家への帰属)に関し，テヘラン事件が正面から採り上げられ，決定的な事例とされている[2]。

　すなわち，元来国家に帰属しない私人の行為等を国家がのちに受容すること (subsequent adoption) により，当該国家がその行為に関して国家責任を負うという提議である[3]。しかし，テヘラン事件判決における国家による是認・承認に基づく国家責任の認定がかなりの問題点を含むものと考える上，さらにこの判決を重要な地位を占める事例として，のちに述べる燈台事件判決とならんで関係国への国家責任認定を論ずる第一報告書には頗る疑問を感ぜざるを得ない。この 2 つの事例にのみによつて国家の受容による国家責任の認定を論ずることが可能とは到底考えられない。結果としてテヘラン事件判決についていえば，濫に行為を国家へ帰属させることなく，「相当の注意」を含むと思われる国家の広義の注意義務違反の観点より国家責任を論ずべきではなかつたか，さらに第一報告書は，この事例をそのまま受け継ぎ，同時に引用趣旨の必ずしも明確でない燈台事件判決をもつて当該問題を論じようとした議論の不十分さを露呈しているのではないかと思われる。

　以下，まずテヘラン事件判決を確認し，さらに ILC の議論をたどるかたちで進めてみたい。

II. テヘラン事件と国家責任の認定

1. ICJ の認定した事実の概要

まず，ICJ の判決内容から，テヘラン事件を概観してみることとする。

イランにおけるイスラム革命という国内状況の中，1979 年 11 月 4 日午前 10 時 30 分頃，約 3,000 名のデモ行進の進行中に，強剛な数百名の武装集団がテヘランのアメリカ大使館に乱入してこれを占拠した[4]。侵入した武装集団は自らを「イマムの政策を信奉するムスリム学生」と称し(以下，「闘士 (militants)」という。)，大使館構内を蹂躙する過程で公館内にいたすべての外交職員，領事機関職員，およびその他の人員が人質として捕縛され，大使館内に抑留された[5]。そののちにテヘランの別の場所において捕えられた他の米国の職員，および 1 名の米国国民が大使館構内 (compound) へ引き立てられ，人質に加えられた[6]。このような大使館の占拠から数時間後の 11 月 5 日午前中に，タブリズおよびシラズの米国領事館も占拠されたが，これら領事館はすでに活動を停止していたために職員はそこでは 1 名も捕えられていない[7]。

こうした大使館に対する一連の襲撃(以下，本件襲撃という)の間——少なくとも約 3 時間——，イラン当局は何らの措置をも施さなかつた事実が確認されている。大使館への乱入の際にはイランの保安要員 (security personnel) が現場から姿を消し，いずれにしてもかれらは武装集団が大使館を占拠するのを防止・防遏するための明確な努力を一切していない[8]。また襲撃継続中にあつては，大使館からイラン外務省に対して救援要請が繰り返され，2 名の外交使節団構成員とともに当時外務省に所在した米国代理大使も，イラン当局に対する直談判で救援要請を反覆し，首相官邸や外務省官吏と接触した[9]。大使館占拠を終わらせるための援助要請は，ワシントンのイラン代理大使に対してもなされている[10]。このような要請にもかかわらず，イラン保安部隊 (security forces) は大使館に救援や防護を供与するに間に合うようには派遣されなかつた[11]。最終的に革命警備隊 (Revolutionary Guards) なるものがイラン政府により派遣されたものの，かれらは現場における自らの任務を人質および学生双方の安全を

擁護することであると見なしていた[12]。いずれにしても，大使館の施設を解放し，人質を救出し，さらに大使館に対する行動を終熄させるよう闘士を説得する試みは，イラン政府によつて一切なされなかつたのである[13]。

このような本件襲撃と対比されるいくつかの出来事があつた。第一に，同年2月14日午前10時45分頃に起こつた武装集団による米国大使館襲撃である。イラン国王シャー（Shah）の任命した最後の首相バクティアル（Bakhtiar）博士の政府が瓦解したのちの不穏な状況の中で生じたものであつた[14]。この事件では，米国大使を含む70名の者が人質とされ，大使館と関連のある2名の職員が殺害されて，さらに大使の住居においては掠奪もなされた[15]。この事件に際してイラン政府は，武装集団の侵入こそ阻止はできなかつたものの，襲撃中の大使館からの救援要請に迅速に対応して，同日正午頃には当時のヤジ（Yazdi）副首相が国家警察のメンバーや革命警備隊の派遣部隊を伴つて大使館に到着し，騒擾を鎮圧して大使館構内の管理・監督を米国外交官吏に回復させたのである[16]。その約半月後，こうした出来事の繰り返しを防止し，かつ損害賠償の意思のあることを明確に示した首相バザルガン（Bazargan）博士からの書簡を，米国大使は受領している[17]。

第二に，本件襲撃の3日前の11月1日，米国大使館の周囲を大規模な群衆が数時間をかけてデモ行進をしていた際，イラン警察が迅速かつ効果的に対応して大使館に対して防護を供与した事件があつた[18]。

第三の事件として，本件襲撃の翌日である11月5日に，ある集団がテヘランのイギリス大使館に侵入したものの，短時間の占拠ののち駆逐されている[19]。

第四に，さらにその翌日の11月6日，ケルマンシャー（Kermanshah）のイラク領事館がやはり短時間占拠されたが，ホメイニ（Khomeini）師の指示により終熄させられた[20]。

第五の出来事として，1980年1月1日にテヘランのソ連大使館が大規模な暴徒（mob）により襲撃された。それでもイラン当局が当該大使館に保護を与えたために，重大な損害は生じていない[21]。

イギリス大使館の襲撃事件における侵入集団の駆逐に関してイラン政府自身

が関与したかどうかについては判決から確認できないものの，上記のいくつかの出来事は，イラン政府が何らの措置を講じなかつた本件襲撃事件とは明らかに異なる対処や結果を呈している。そしてこのことは，ICJ がイランに対して本件襲撃に関する国家責任を認定する重要な理由の1つとなつている。

本件襲撃により判決時(1980年5月24日)までに人質として抑留されていた者は少なくとも50名であり，うち外交職員の身分を有する者少なくとも28名，事務・技術職員の身分を有する者少なくとも20名，および通常の米国国民2名であつた[22]。1979年11月18〜20日には13名の人質が解放されたが，これはホメイニ師が11月17日付で発した，黒人と女性とをイランから追放すべく外務省に引き渡すよう闘士に要求した命令(decree)にしたがつたものであつた[23]。

その間，米国政府は，1979年11月9日に国連安全保障理事会に対して人質の解放を得，外交職員および公館の不可侵性を回復するための緊急審議を要請したが，同年12月4日に安保理事会は決議457を採択して，イランに対して大使館職員を直ちに解放し，かれらに保護を供与し，かつかれらがイランを出国する許可を与えるよう要請した[24]。さらに同年12月31日には決議461が採択され，イラン政府への要求や事務総長への斡旋要請が反覆されている[25]。

2. ICJ によるイランへの国家責任の認定

上記に概略した事実関係の下で ICJ の行つた法的判断は，次の2点に集約される。すなわち，

① 問題となる行為が法的にいかなる程度までイラン国に帰属するのか，および，

② 問題となる行為が，効力を有する条約または適用可能な他の国際法規則の下でのイランの義務と両立するか否か，

であつた[26]。

ICJ は一連の事実経過を2つの段階に分割し，それぞれの部分につき上記の2点を審理している。最初の部分，すなわち第1の段階(the first of these phases)に含まれる事態は，1979年11月4日の闘士による米国大使館への武力襲撃で

あつて，その施設への乱入，所在者の人質としての捕縛，米国の財産および公文書の無断占有，ならびにこうした事態に直面してイラン政府のとつた行為である[27]。すでに述べたように，大使館への侵入とそれに続く施設全体の段階的蹂躙は約3時間におよぶ行動であつたが，その間こうした行動の完遂を阻止しようとする警察部隊や軍隊，その他イラン官憲の介入が一切なかつたのである。

ICJはこうした本件襲撃自体を，イラン国の行為とは見なさなかつた。すなわち問題となる行為のイラン国への帰属については，これを否定している[28]。闘士が大使館襲撃を敢行した際，かれらがイラン国の「政府職員（agents）」または機関としての何らかの公的な地位を有していたという主張は何ひとつない[29]。襲撃を開始し，大使館へ乱入し，所在者を人質として捕縛する行為は，その程度の根拠ではイラン国に帰属すると見なすことは不可能である[30]。このような行為が直接的にイラン国に帰属すると見なされうるのは，問題の事態に際し，闘士がイラン国に代わつて行動し，同国の何らかの権限ある機関により特定の作戦行動の遂行を命ぜられていたことが証明された場合のみである[31]。しかし，ICJに提出された情報は，闘士とイランの権限ある何らかの機関との間に当時そのような連繫が存在していたということを証明するに不可欠の確実性をもち合わせていない[32]，ということであつた。

たしかにホメイニ師は米国を残虐する公の宣言を何度か行い，とくに1979年11月1日の託宣（message）においては，イスラム思想の主要な潮流の中の軋轢を煽りたてることを目的とする米国の大いなる陰謀を非難するため，全力を傾けて米国とイスラエルとに対する攻撃を展開させることこそが，親愛なるイスラム学徒の務めであると述べている[33]。それでも，こうしたホメイニ師の一般的宣言がイラン国民や学徒による米国大使館襲撃の許可であるという解釈は，あまりにも度が過ぎている[34]，とICJは認定する。さらに本件襲撃の当日，ホメイニ師が電話で闘士に祝辞を述べたと伝えられているが，そうであるにしても闘士による大使館襲撃の有していた当初における独立的性格，および非公的（unofficial）性格を変えるものでないという[35]。

ICJ は，イランの国際義務違反を認定している。闘士の行為が直接イラン国に帰属しないからといつて，同国が責任を免れることにはならないという[36]。イランの負つていた国際法上の義務としては，いくつかのものが論ぜられている。まず 1961 年(外交関係)および 1963 年(領事関係)のウィーン諸条約上の義務であり，同国は接受国として，米国大使館および領事館，その職員，公文書，および通信手段の保護，ならびに職員の移動の自由を確保するために適切な措置を講ずべき絶対的な (categorical) 義務の下にあつたのである[37]。かような義務に関し，外交関係に関するウィーン条約第 22 条第 2 項や第 29 条は，「適当なすべての措置 (all appropriate steps) を執る特別の責務」を規定している。[38] 第二に領事関係に関するウィーン条約第 31 条第 3 項や第 40 条も，ほぼ同様の「責務 (duty)」を規定している。そしてこれらウィーン諸条約によりイランにかかる義務は，たんにこれら条約に基づく契約上の義務 (contractual obligations) のみならず，一般国際法上の義務でもある[39]。

また，大使館において人質として捕えられた 2 名の米国私人に関しては，1955 年の友好，経済関係，および領事の権利に関する米国＝イラン間の二国間条約第 2 条第 4 項に基づく義務に違反するものと認められている[40]。当該条項は，相互の領域内における相互の国民に対して，「絶えざる保護および安全 (the most constant protection and security)」を確保することを規定するが，これは一般国際法上イランに存在する義務にさらに付け加えられたものとされる[41]。

ICJ は，イランが上記のさまざまな義務に違反しているものと認定した。闘士の襲撃から米国使節団の公館，職員，および公文書を保護するための「適当な措置」を全くとらず，襲撃の完遂を阻止するためのいかなる措置もとらなかつたことが上記の事実より証明され，同様にタブリズおよびシラズの米国領事館の保護のための適当な措置が欠如していたことも証明される[42]。そればかりでなく，裁判所によれば，イラン政府のそうした不履行の原因がただ単に過怠や適当な措置の欠如のためだけではなく，それ以上のものである[43]。

こうした考察の結果，裁判所は事件の第 1 の段階に関し，以下のような結論を下している。すなわち，イラン当局が，(a) 大使館員や領事館員を保護し，

また施設内の他の人々の安全を確保するための適当な措置をとるべき条約上の義務を十分諒知していたこと，(b) 米国大使館の行つた援助要請の結果として，イラン当局側の行動をなすべき急迫の必要性を十分諒知していたこと，(c) 自らの義務を履行するための自由な手段を有していたこと，(d) これらの義務の履行を全く怠つたこと，である[44]。

　事件の第 2 の段階 (the second phase of the events) についてはどうか。ICJ のいう第 2 の段階とは，米国大使館の占拠完了ならびにタブリズおよびシラズ領事館の襲撃に続く一連の事実を含むとされる[45]。いずれにしても，第 2 の段階に含まれる ICJ の注目した事実は，闘士の襲撃や館員を人質としたことに対してイラン政府の行つた広義の「承認」であつた。たとえば，11 月 5 日の記者会見においてヤジ外相は，学生の行動は政府の是認 (endorsement) や支持を受けているが，というのもこの事件に関してはアメリカ自身に責任があるからだと結んでいる[46]。闘士による大使館や領事館の占拠に対しては，宗教，司法，行政，警察，放送といつたさまざまなイラン当局から承認の表明がなされたが，しかし ICJ は，この種の承認に決定的な性格を付与したのはホメイニ師であるとした。すなわち，11 月 5 日以降もかれはいくつかの発言を行つているが，たとえば，闘士が大使館を占拠するという手段に訴えたのは，シャーがアメリカへの入国を許可されたことをかれらが覚つたからであるとか，わが青年諸君の占拠した中枢施設が諜報活動と密謀の巣窟 (lair) であると知らされたからには，青年諸君に対して拱手傍観するよう期待することが到底不可能だつたなどと主張した[47]。さらに，仲介しつつ青年諸君に対してその場から立ち去るように伝えようと望んでいたイランにおける人々のことを，腐つた根 (rotten roots) という烙印を押して非難した[48]。

　ホメイニ師によるこうした対応によつて闘士が鼓舞されたことは間違いない。かれらは米国大使館のことを密謀と諜報活動の中枢とよび，人質として捕縛した外交職員を米国の傭兵や間諜とよんだのである[49]。そしてこうした傾向は，11 月 17 日にホメイニ師により発せられた命令 (decree) により，極めて顕著なものとなつた。のみならず ICJ によれば，この命令が闘士による当該行為の性

格を変えるにいたったのである。ホメイニ師は，策謀の中枢たる米国大使館においてわが国のイスラム運動に対して密謀を企てる者が国際的な外交上の敬意を享受できないと主張し，さらに米国がシャーを裁判のために引き渡し，その財産をイランに返還するまで，大使館やそこでの人質が依然として現状のままであると述べた[50]。黒人および女性に関してこの取扱いが多少緩和されたものの，崇高なイラン国民がその余の人質の解放を許さないであろうこと，そしてその人質は米国政府がイラン国民の望み通りに行動するまで捕縛され続けるであろうことを断言した[51]。

　ICJ は，ホメイニ師やイランの国家機関により大使館・領事館の占拠や人質の抑留という事実に対して与えられた承認 (approval)，およびその事態を永続化させるという決定が，継続する大使館占拠と人質の抑留とを，イラン国の行為へと変質 (translate) させたと判断した[52]。ホメイニ師が上記のように公にした政策については，他のイラン当局もこれにしたがい，またさまざまな局面において反覆して受け容れられたというのである。それにより，米国大使館の占拠や人質の抑留によって生ぜしめられた事態の法的性質を変化させるという結果をもたらした。さらにそれにより，襲撃の張本人であり，かつ人質を監視する闘士は，イラン国の政府職員ないし官吏となったのであり，イラン国自身がその行為に関して国際的に責任を負うこととなったと断じている[53]。

　こうした事実認定を基礎に，ICJ は，第 2 の段階におけるイランの国家責任の存在を肯定していく。すなわち，イランが，一般国際法上および米国との間で有効な条約上の義務違反を遂行していること，こうした義務違反にはイランの国家責任が伴うこと，人質を直ちに解放し，かれらがイランから退去するに必要な手段を供給し，米国大使館をその財産等とともに利益保護国へ渡すべきこと，米国の外交職員および領事機関職員がいかなるかたちでもイラン国内における裁判への関与を理由にイラン領域内に足止めされないこと，イランには賠償義務があること，ならびに賠償の形式や額が米国＝イラン間で合意に達しない場合には ICJ 自身が決定すること，であった[54]。

　このように闘士の行為を国家の行為とみなし，さらには闘士自身の地位を政

府の職員すなわち公務員へと変化させつつ,イランの国家責任を認定する点で,第1の段階におけるのと異なるアプローチをとつている。

III. 国際法委員会における引用

1. 国家責任に関する条文草案における引用事例

1998年にジュネーヴおよびニューヨークにおいて開催された国際法委員会第50会期では,条文草案の第二読の作業が開始された。本会期において特別報告者J・クロフォードの提出した第一報告書の特徴についてはさきにふれたが,かれは,条文草案第14条(叛乱活動分子に関連)および第15条(新政府・新国家を形成する可能性のある叛乱活動分子に関連)との関連で国家の是認・承認を論じ,さらにその決定的事例としてテヘラン事件を採り上げているようである。同時に,燈台事件仲裁判決をも引用し,この2つの事例をもつて,私人の行為を国家が是認・承認した場合の国家責任を論じようとする[55]。

(1) 燈台事件

クロフォードがいうには,燈台事件仲裁判決において,オスマン・トルコの領域であつた時期のクレタ島付近の燈台建設やその管理に関してトルコ政府がフランスの会社との間に締結したコンセッションの違反(その違反を構成する行為は同島が自治領となつてからその当局により開始されたとされる)に関し,のちに同島がギリシャに割譲された時点でギリシャがあたかもその違反を正規の法律行為 (a regular transaction) であるかのように是認し,その結果ギリシャに国家責任が生ずる,ということである[56]。特別報告者のこのような引用の趣旨やその妥当性を考察する前に,そもそも燈台事件とはどうのような事件だつたのか,その経緯はどのようなものであつたのかを見てみなければならない。

第一報告書の中で直接に引用される文書は,1956年7月24日の仲裁裁判判決である[57]。しかし,当事国がフランスおよびギリシャであるこの事件の判決にいたるまでには,両国間において同様の問題に関するかなり長期間にわたる紛争の伏線があつた。その間少なくとも2度の裁判判決が下されている。今回の仲裁判決を含め3度の法的な判断が下されており,それぞれもちろん判決の

争点は厳密には異なる。しかし，両国のこのような紛争の根底にある事情は同一であつて，事件の端緒が19世紀中葉にさかのぼるが，そこからさまざまな背景を含めてたどる必要があろう。

1) フランス＝ギリシャ燈台事件に関する常設国際司法裁判所判決

オスマン・トルコ政府は，地中海，ダーダネルス海峡，および黒海の自国沿岸における燈台(照燈装置)の管理・建築・維持などに関して，フランスのコラ＆ミシェル (Collas & Michel) 会社との間にコンセッションを締結した。1860年8月20日，コンスタンティノープルにおいてのことである(以下，当該コンセッションを1860年契約という。)[58]。1860年契約は，その第7条でその有効期間を20年と定めていたが，その開始期日はすべての航路 (ligne) における工事が完了した日以降である[59]。その時期は航路により異なり，ダーダネルス海峡＝黒海方面に関しては1年以内，その他の航路に関しては3年以内と定められている[60]。当該契約は結局1864年に効力を発生し，1879年7月12日の第2のコンセッションにより1899年9月4日まで，さらに1894年10月25日の第3コンセッションにより1924年9月4日まで，それぞれ更新・延長された[61]。

1913年4月14日には，1924年よりさらなる25箇年の延長のための契約(以下，1913年契約という。)が締結され，それにより有効期間が1949年9月4日までとされた[62]。本件燈台に関連する最初の司法判断がなされたのは，この1913年契約をめぐつて常設国際司法裁判所(以下，PCIJという。)に付託された，フランス＝ギリシャの燈台事件判決においてであつた(1934年3月17日判決。以下，1934年判決という。)[63]。この事件で裁判所が決定を求められた点は2つである。すなわち，① フランスのコラ＆ミシェル社とトルコ政府との間の1913年契約が正式に締結された (duly entered into) ものであるか否か，② そしてその結果バルカン戦争後あるいはその後にギリシャに譲渡された領域における燈台について，当該契約がギリシャに関して効力を有するか否か，というものであつた[64]。PCIJは，①および②の双方を肯定するフランスの主張にほぼ沿つた内容の判決を下している[65]。

本件におけるギリシャの態度は，一貫してトルコの締結したコンセッション

の効力を，少なくともトルコから譲渡された領域に関するかぎり，否定しようとするものであつた。ギリシャはとくに，バルカン同盟国軍が占領した領域に位置する燈台に関しては，1913年契約の当事者がコンセッションを更新しないという意思を有していたと主張する。すなわち，1913年契約の対象の中には，バルカン同盟国軍の占領した領域における燈台が含まれないということであつた。しかし PCIJ は，1913年契約の締結の時点で，ある領域がバルカン同盟国軍により占領されていたという事実により，当該契約の対象とする範囲が制限されないという判断を下した[66]。

 2) 1937年の常設国際司法裁判所判決

その後これら燈台に関する2番目の司法的判断が1937年10月8日に下された。PCIJによるいわゆるクレタ島およびサモス島の燈台事件判決である(以下，1937年判決という。)[67]。上記1934年判決の主文に該当する部分の直前の理由付け部分において，1931年7月15日の仲裁付託合意が PCIJ に対して一般的原則の問題（a question of principle）に関する決定を求めているにすぎないこと，ならびに問題の1913年契約がその対象としている燈台の位置する領域，すなわちバルカン戦争後あるいはその後にトルコから分離され，かつギリシャに譲渡された領域が具体的にどれであるかの特定は求めていないこと，が論ぜられていた[68]。

1934年7月17日の口上書（note verbale）において，アテネのフランス公使に対して1934年判決を履行するつもりであることを宣明しつつ，上記理由付け部分に注意を喚起して，ギリシャ外務大臣は，当該問題が未確定であるため，熟慮の結果ギリシャ政府はクレタ島およびサモス島における燈台が1913年契約の対象とする区域外にあるものと判断すると述べた[69]。そして，ギリシャ政府は，1913年契約がいかなる場合においてもクレタ島およびサモス島における燈台をその対象として含まないことを確信したこと，また当該契約が1913年以前にトルコから分離されたこれら島嶼に関するかぎり効力が全くなかつたし，それはちようど，かつて自治領域であつたこれらの島嶼（1913年にギリシャの領域に編入された）の法的な継承国であるギリシャに関するかぎりにおいても現在

第 8 章　国連国際法委員会におけるテヘラン米国大使館員人質事件判決の取扱い　265

も全く効力がないのと同様である，と主張して結んでいる[70]。

フランス政府はこれら主張に承服せず，事件が PCIJ に付託された。裁判所に対し，仲裁付託合意が決定を求めた点は，1913 年契約がクレタ島（付近の諸小島を含む）およびサモス島における燈台に関して正式に締結され，その結果としてギリシャ政府に対し効力を有するか否か，ということであつた[71]。PCIJ はこの点に対し，肯定する判断を下した[72]。すなわちフランスの主張を認めたのである。

3)　1956 年の仲裁裁判判決

本件におけるフランス（コラ＆ミシェル会社）側の請求は多岐にわたる。そのため仲裁裁判所は多くの請求を次のカテゴリーに再分類している[73]。

A.　トルコに帰属しうるものと主張され，かつ 1924 年以前にさかのぼる事実
B.　クレタ島に帰属し，かつ 1913 年以前にさかのぼる行為
C.　1912 年から 1913 年の間，および 1919 年から 1924 年の間において，占領国または交戦国としてギリシャに帰属しうる作為または不作為
D.　1913 年から 1949 年までにおける，継承国および代位による譲与者（concédant par subrogation）としてのギリシャの作為または不作為

ここでは ILC の第一報告書における引用と関連があると思われる請求第 4（上記 B に位置づけられている）を見ることとする。

請求第 4 は，ギリシャ船アギオス・ニコラオス（Aghios Nicolaos）号の燈台税の免除（1908 年以降）に関するものである。本請求にかかわる事実の概要はおおよそ以下の通りである[74]。すなわち請求第 4 は，1908 年 7 月 20 日のクレタ法（loi crétoise）をその原因としていた。この法律は，その前日にクレタ島当局と，クレタ島の沿岸輸送に携わるためにギリシャにおいて設立された船会社との間に締結された取極（convention）を承認した法律である。当該取極の有する趣旨は，この会社に対して沿岸貿易の独占権を付与することであつた。しかもその際，フランスのコラ＆ミシェル社が前述のコンセッションに基づき徴収することのできる燈台税の支払[75] を明確に免除することを併せて含んでいた。こうした事態がコラ＆ミシェル社の権利を直接に侵害しているにもかかわらず，ギリ

シャ政府は当該事態を終止させるために，クレタ島当局や上記船会社のいずれに対しても何らの力をも行使しなかつた。問題のギリシャ船アギオス・ニコラオス号は当該船会社の所有で，ギリシャ国旗を掲げ，アテネ近郊のピレウス (Piraeus) 港に登録している。それどころかギリシャ政府は，クレタ島に対して主権 (le pouvoir suprême) を確定的に取得したのちに（当初は事実上，のちに法律上），この事態の継続を容認 (tolérer) さえしていた。このためにコラ＆ミシェル社は，旧クレタ自治国家 (ex-Etat autonome de Crète) の違法な行動に起因する自己のコンセッション上の権利の明確な侵害について，ギリシャ政府に長年にわたり適切な補償を請求してきたのである。請求額は，約50万ピアストルであつた。

　こうした請求に関し，コラ＆ミシェル社に対して生ぜしめた損害についての自国の責任を，ギリシャ政府は当初原則として認めており，本件訴訟の最終段階までその態度を変えていなかつた。しかし，同政府は反訴書面 (Contre-Mémoire) においてはじめて，「論理の一切の限度を越えた」ものとして否認したのである。というのも，この請求は，旧トルコ帝国の有していた不測の負債を，クレタ島への船旅の5年後に同島がギリシャ領になつたからといつて，ギリシャに保証するよう要求することを意味するからだという[76]。

　仲裁裁判所は，本請求に関しては審理を継続し，最終的にほぼこれを認めている。その際の理由の一部として，特別報告者クロフォードの引用との関連でいえば，いわゆるクレタ自治国家の行為をギリシャが引き受けたという点と考えられる。すなわち，本請求は，住民が数10年にわたつて，武力を用いてさえもギリシャに統合されることを熱望している（かれらはギリシャを母国と見なしている），そのような自治島嶼国家 (Etat insulaire autonome) の立法当局による契約条項の違反が問題となつている事案である。当該違反とは，コンセッション違反を構成するものと自治国家自身により認められ，当該母国に属する船会社のために遂行され，当該母国であるギリシャによりあたかもこの違反が適法 (régulière) であるかのように受容され (endossée)，さらに当該島嶼に対する領域主権の獲得ののちにおいてさえも，ギリシャにより結局継続・維持された性

格のものである。そして，こうした状況の下で裁判所が到達しうる結論はただ1つ，すなわち，つい最近自治国家であった時期のクレタ島の違法行為を自らのもの(sienne)としたギリシャは，継承国として，コンセッション違反に伴う財政的結果を自らの責任において引き受ける必要がある。もしそうされないのであれば，2箇国(共通の過去と共通の運命により結びつけられた国々)のうちの1箇国によって遂行された，自認された(avouée)契約違反のもたらす帰結は，これら2箇国の統合という事態のなかで明確な財政的責任を打ち消し，かつ領域継承の際のいわゆる債務不移転という一般原則(これは実際には一般的かつ絶対的な原則としては存在していないにもかかわらず)の方を優先して，特許を保有する私企業がもつ明白な権利を犠牲にするという，きわめて不当なものとなろう[77]，というものである。

2. 小　結

以上のようなテヘラン事件と，燈台事件という2つの事例から，第一報告書の議論を見てみなければならない。すでに述べたように特別報告者 J. クロフォードは，この2つの事例をもって私人の行為を是認したことによる国家責任を論じようとする。しかしそれは妥当とは思えない。テヘラン事件と燈台事件とを，ある同一の趣旨の下に引用しうる具体的根拠やその妥当性が認められるのだろうか。

クロフォードは，私人等の行為を国家が是認・承認することによる国家責任の認定方法の導入を前提とし，そしてその基本形態として，テヘラン事件の第2の段階における事態，すなわち元来私人である闘士のなした米国大使館襲撃および人質抑留を，イラン政府指導者が是認・承認する命令を行ったことにより闘士が政府・国家機関の職員となり，その行為が国家自身の行為へと変質するという状況を措定しているように思われる。しかし，この定式と燈台事件とをどのように関連づけようとしているのかが不詳である。まず「私人の行為」についてはどうか。燈台事件においては，クレタ島(自治国家)の行為をギリシャが是認し，受容したというのである。しかしそこでいう「私人」とは何を

指すのかが全く論ぜられていない。クレタ島の沿岸貿易に従事するためにギリシャで設立された船会社を指すのか。それとも同島の立法当局のなしたコンセッション違反の立法行為が問題だとすれば，そもそもクレタ島(自治国家)ないしその立法当局が「私人」といえるのだろうか。テヘラン事件判決にいう闘士の性格としては，すでに述べたように，イランの政府職員または機関としての何らかの公的な地位を有していないこと，イランに代わつて行動していないこと，イランの特定の機関より特定の任務遂行を命ぜられていないことなどが指摘されている[78]。こうした要素と同列に，クレタ島ないしその当局を論じてよいとは思われない。クレタ島は，1913年のアテネ条約の時点までオスマン・トルコの領域の一部であり，その後はギリシャに帰属していることがすでに確認されている。しかしクレタ島の支配国，ないし領域国がいずれの国家であれ，同島がその存在からして「私人」であり，その行為が「私人の行為」であると見ることはできないように思われる。このことは，クレタ島に自治が認められていたという事実によつても変わらないと考えられる。

　少なくとも1913年5月のロンドン講和条約(未発効)の時点まで，クレタ島に対してトルコが主権を行使していたことは否定できない[79]。同時に1937年判決において，同島が1899年から相当広範な自治の制度（régime of autonomy）を享受していたことも確認されている[80]。クレタ島の自治は，四大国の規定する条件の下に1899年および1907年の憲法により承認されているが，この条件が強勢するのは，同島に対するトルコ皇帝の至高権（supreme rights）およびトルコ皇帝の正統権（legitimate rights）であつた[81]。このような事情の自治であれば，同島の当局は，トルコの地方当局といわざるを得ない。なお，1937年判決においては，クレタ島がトルコから「分離」されて（detached）いるか否かが問題となつているが，PCIJはこの用語の意味を，いかなる政治的結合も完全に消失していること（the entire disappearance of any political link）としている[82]。このような基準からしても，同島はトルコの地方当局であると見るのが妥当であろう。またかりに同島がPCIJのいう分離した地域，すなわちいずれの国家にも属さず，かつ依然として国家として独立を達成していない地域――そのよ

うな地域が当時実際に存在したかどうかは定かでないが——であつたとしても，そのことをもつて直ちにクレタ島が「私人」であるということもできないであろう。立法機関など一定の統治機構を備えている以上，少なくともテヘラン事件判決にいう「私人」と見なすことはできない。もちろん，一般論からすれば，是認・承認の対象となる行為が私人の行為に局限されるべき必然性はない。他国の行為や国際機構の行為を含めて考察するのであれば，国家承継や国際機構の国際責任などの点にもふれつつ，広範かつ詳密な議論を行う必要があろう。かりに本件の引用にこうした該敏な意図があるとするならば，なおさら議論の不十分さが顕著となるように思われる。

次に，「私人」とされる主体が侵害したとされる法益についてはどうか。テヘラン事件においては，いうまでもなく，国際法における外交法上の，とくに派遣国の有する諸権利であつた。闘士自身が侵害した権利・利益は米国の国際法上の権利・利益であつたということができる。それに対して，燈台事件においてクレタ島当局の侵害したとされるものは，フランスのコラ＆ミシェル社という私企業が外国政府と締結したコンセッションに基づき有する権利である。母国フランスの権利というにはあまりにもかけ離れている。ただしこの点については，自国領域内において外国私人を一般的に保護しなければならないという伝統的な国家責任理論の脈絡で考えれば，国家による防止のための注意義務が問題なのであつて，侵害されうる権利の種類には直接関係はないとも思われる。しかし，テヘラン事件と燈台事件とでは著しくその権利の性質が異なるのも事実である。かりにテヘラン事件における国際法上の権利（外交法上の権利）を基準とすれば，コンセッションにより享受する権利は，国際法上の権利なのか否か自体明確でなく，また燈台事件においてすでにふれた幾多のコンセッションの条項からは，当事者が国際法による規律に合意している旨を読みとることもきわめて困難と考えられる。

さらに承認・是認の方法ないし手段に関してもみる必要があろう。テヘラン事件においては，闘士の行為の是認・承認が1979年11月17日のホメイニ師による命令（decree）というかたちでなされている。この命令が，具体的にどのよ

うな形式で，どのような手続によるものなのかは判決からは必ずしも明らかでないが，行政機関の発する国内法の一形式とも推測される。それに対して燈台事件におけるギリシャ側の行為については，コラ＆ミシェル社の権利を侵害する事態を，適法であるかのように受容し，継続されたというのだが，それが具体的にどのような手段・方法・形式によるものなのか，全く不詳である。そもそもギリシャの是認・承認を何によつて確認したのかということ自体不明確である。国家のどの機関が，どのような手続で，どのような形式をとつて表明するのか，そのことはその承認・是認の有効性にまでも関連すると思われる。

本件においては，クレタ島およびギリシャの歴史的な経緯，すなわちクレタ島の住民の大多数がギリシャ人であり，ギリシャ正教が普及し，長らく同国への帰属運動が盛んであったという両地域の関係が，事件の結果へ少なからず影響しているとも考えられる。こうした両地域に存在していたいわば特殊事情が，ギリシャへの行為の帰属，ひいては責任の帰属を正当化しうる原因の1つと考えれば，一般的原則の存在を確認しようとする事例としてはまさに不適格かもしれない。

このような点において引用された事例をみるに，とくに燈台事件についてはその引用の趣旨が不明確かつ不適切であり，特別報告者の趣旨を論証するには却つてマイナスに働いているのではないかと考えられる。

IV. むすびにかえて

以上のように見てきたところにより，それらの総括に多少の結論的考察を加えて，結びにかえることとしたい。

テヘラン事件については，従来からその国家責任認定の方法に疑問があり[83]，多少なりとも気懸かりな判決であることは事実である。ILCによる第二読の開始に伴う報告書中に再び疑問を感ずる引用のなされ方があり，同時に燈台事件という事例についてもテヘラン事件以上に問題の多い先例であると思料する。

テヘラン事件に関しては，依然としてその第2の段階における責任の認定方法に得心がない。国家が是認・承認をしたことにより，なぜ私人の行為それ自

体が国家の行為へ変質するのか，なぜ私人がイランの政府職員に姿を変えるのか，すなわち，私人である闘士を，イラン国の政府職員（agents）としうるほどの明確な任命を見てとることができるのか。ホメイニ師の命令にそれほどまでの具体性があつたとは到底考えられない。判決によれば，米国大使館においてイランに対し密謀を企てる者が外交上の敬意を享受できないこと，大使館の現状および抑留された人質はシャーがイランに引き渡されるまで依然として維持されること，そして黒人および女性は解放されるものの，その他の人質は米国がイラン国民の希望通りに行動するまで捕縛されること，これらがホメイニ師の命令の内容である[84]。他のイラン当局もこの政策にしたがつたとしても，その結果として行為を変質させ，かつ闘士をそれこそ公務員にするとは全くもつて行き過ぎと考えられる。まず，国家による是認・承認については，どのような要件が必要なのか，すなわち当初は私人の行為であつた行為を国家の行為へと変質させ，かつその張本人を公務員とするに足りるほどの要件とは何なのか。たとえばどのような内容，形式，手続などが要求されるのか。本件のホメイニ師の命令もすでにふれたように，法令なのか，単なる政治的宣言なのか，それともその他の決議なのか，政治家の単なる談話なのか，さまざまな可能性が残り，イランの国内法体系において占めるその地位に関して明確でなく，具体的基準を見出すことができない。

次に，本件において，上記のような国家の是認・承認が行われたことによつて行為の変質が主張されているが，その具体的な時点がいつなのかという点も明確でない。判決によれば，ホメイニ師やイランの国家機関により大使館・領事館の占拠や人質の抑留という事実に与えられた承認，およびその事態を永続化させるという決定が，継続する大使館占拠と人質の抑留とを，イラン国の行為へと変質させた[85]，というのだが，その変質の生じた時点はいつなのか，1979年11月17日のホメイニ師の命令の時点か，その命令にイランの他の国家機関がしたがつた時点なのか，それとも判決でふれられている1980年5月6日の外務大臣ゴドブザデ氏のインタヴュー――米国大使館占拠がわが国民によりなされているという発言がある[86]――の時点なのか，あるいはその他の時点な

のか，明らかになつていない。

　さらにこの行為の変質の時点とも関連するが，そのような行為の変質があつたとする場合の，その結果としてイランに帰属する責任の内容が不明確である。換言すれば，国家の行為への変質があつた場合にイランに生ずるとされる国家責任と，行為自体は依然として私人の行為であるままでそれを原因としてイランに生ずる国家責任との間には，責任の程度・内容などに関して何か差異があるのだろうか。もしあるとすれば，そのことを判決が十分に論じているとは到底思えない。確かに ICJ は，外交法規範の国際社会における根本的性格やその重要性を再三にわたり指摘してはいる。たとえば，外交法諸規則が「自己完結的体系 (self-contained régime)」であること[87]，外交法上の義務違反が世界人権宣言や国連憲章中の諸原則の違反にも匹敵すること[88]，ウィーン条約上の義務が今日の相互依存的世界における諸国家間の良好な関係を維持するために枢要な (cardinal) 意義を有すること[89]，諸国家間の関係を処理するために外交使節や大使館の不可侵性以上に根本的な必須条件はなく，歴史を通じて一切の信条・文化の諸国民がこの趣旨のために相互主義的義務を遵守してきたこと[90]，特権免除を伴う外交の制度が，国際共同体における効果的協力のため，および諸国家の国家構造および社会体制の相違とは関係なく相互理解を可能にし，かつ平和的手段による紛争解決を可能にするための欠くべからざる手段であることが証明されていること[91]，この種の事件は，今日の国際社会の安全および繁栄(このためには，国際社会のメンバー間の秩序ある関係を確保するために育てられてきた規則が以前にもまして厳粛に尊重されねばならない)のために人類が何世紀にもわたつて建設してきた大廈 (edifice) を必ずや浸蝕すること[92]，である。しかしこれらの指摘が，イランによる闘士の行為の是認・承認とどのように連関しているかが全く論ぜられていない。連関するのか否か自体もふれられていない。ただ，ICJ は，イランの義務違反の累積的効果 (cumulative effect) についてはふれている[93]が，それはとくに問題の是認・承認との関連ではない。したがつて，行為を国家の行為へと変質させたことが，イランの国家責任の内容，あるいは程度に対してどのような効果をおよぼしているのか，こうした重要と

思われる点が全くもつて不明確である。たとえば,事件の第1の段階におけるイランの国家責任と,第2の段階におけるそれとに関して,それらの内容・程度の差についてもとくに言及は見あたらない。もちろん,注意義務をつくすことによつて私人の行為を国家が防止しなかつたことから生ずる責任と,国家自身がそのような侵害行為を直接遂行した場合に生ずる責任とでは,後者がより重大であろうことは観念的には理解できる。しかし,判決からより具体的にこの点を読みとることは不可能と思われる。

このように考えると,私人の行為を国家が是認・承認することにより当該行為の性格を変質させたとするその趣旨は一体何だつたのかという疑問が残る。ただ単にイランによる義務違反の重大性,悪質性を際立たせて強調するためだつたのか。あるいはILCの国家責任条文草案におけるアプローチと軌を一にしつつ,「相当の注意」を含むと考えられる国家の注意義務を論ずることを避けて,国家の行為から直接に当該国家の責任を論じたかつたのか。

こうした点を勘案すれば,第2の段階における国家責任の認定方法はやはり不適切なものであつたと結論づけざるを得ない。ICJは,事件の第2の段階においてもなお,闘士の行為を私人の行為としたままでイランの国家責任を論ずべきだつたのである。しかもその際,たとえば外交関係に関するウィーン条約第29条などに規定された,外交官の身体等に対する侵害防止のためにすべての適当な措置をとらねばならない接受国の義務に関し,その具体的な内容,範囲,程度などを正面から論ずべきであつたと思われる。当該義務は確かにこの条約のほか,領事関係に関するウィーン条約においても規定されており(もちろん双方でその内容は異なると思われる),その意味で「客観化」されているということができよう。しかしその具体的な内容,範囲,程度などに関し,これらを条約規定のみから確定していくことは困難と思料される。そのためには,具体的な事案への適用を通じて裁判所がそれらを確定していくという作業が不可欠であろう。そのためのいわば絶好の機会がテヘラン事件ではなかつたか。しかもICJとしての判断を下す機会として。ILCにおける条文草案において直接的に論ぜられることのない,伝統的に一般的・抽象的な観念とされる「相当の注

意」に含まれる1事例としても十分に価値のある事例ではなかつたか。

こうした脈絡でテヘラン事件を論ずべきであつたとしても，他方で，例のホメイニ師の命令やその後の国家機関の従属，すなわち判決のいう国家の是認・承認を法的にどのように評価すべきかという問題は残る。1つの考え方として，当該命令やそれを受けて実質的に闘士の行為を受容したと考えられる国家機関の行為それ自体（受容のための行為のみ）を，イランまたはその国家機関による独立の国際違法行為と見なすことが可能ではないかと思われる。その場合，依然として「是認・承認」の内容，形式，手続，効果などの基準をつめていかなければならないものの，それら如何によってはそれ自体が国家（ないし国家機関）による外交法上の国際義務違反を構成しうると考えられる。その結果，判決のいう事件の第2の段階においては，闘士の行為を依然として私人の行為と見なしつつ，これらを終止，あるいは原状に回復させるという注意義務をつくさないことから生ずるイランの国家責任と，上記の独立した国際違法行為である私人の行為の受容それ自体から生ずるイランの国家責任とが，同国に重畳的に課されるかたちとなろう。そしてイランに対する国家責任の認定に際しては，判決のいう第2の段階における責任が，そのような理由により，それ以前の段階（判決のいう第1の段階）よりも重いものであると明確かつ具体的に論せられるべきである。

特別報告者としては，テヘラン事件でとられたアプローチを基礎にしつつ，それを論証・補強すべき事例として燈台事件を引用したと思われるが，当該2つの事例のみで条文草案に手を加えて，国家の是認・承認による国家行為への変質を論ずることは著しく不適切である。とくに燈台事件に関しては，先述のように引用の趣旨がきわめて不明確であるといわざるを得ない。さらにクロフォードは，第一報告書のなかで，国家に帰属しない行為をのちに国家が承認する場合の，より詳細な議論を試みている――とくに是認や保証の具体的な内容，当該承認に関する規定を条文草案第15条の2として，叛乱活動分子の行為が国家に帰属しうる場合の規定（第15条）の次に置くことなど――が，それほど実質的な議論とも思えない。また，たしかに国家に帰属しない有害な行為を国

家が一定のかたちで承認することにより，当該国家が責任を負うべきであることを主張する見解が他にも存在するものの[94]，充実した内容かどうが極めて疑わしい。したがつて，私人の行為を国家が是認・承認することによる国家責任の認定方法は，現段階においては条文草案に含めるべきではないと思考する。

今後さまざまな分野において，国家の注意義務が種々の条約により「客観化」されていくことが想定される[95]。条文草案の第23条，一定の事態の防止義務との関連も正面から論ぜられる必要があろう。こうした観点から従来の相当の注意の議論は依然として有用である。しかも裁判判決を通じた具体的議論がよりいつそう有用かつ必要である。　　　　　　　〔2001年5月脱稿〕

注

1) First report on State Responsibility by Mr. James CRAWFORD, Special Rapporteur, A/CN.4/490; A/CN.4/490/Add.1; A/CN.4/490/Add.2; A/CN.4/490/Add.3; A/CN.4/490/Add.4; A/CN.4/490/Add.5; A/CN.4/490/Add.6. なお，山田中正「国連国際法委員会第50会期の審議概要」(『国際法外交雑誌』97巻6号，1999年2月），48–55頁も参照。
2) A/CN.4/490/Add.5, pp. 42–44.
3) *Ibid.*
4) Case Concerning United States Diplomatic and Consular Staff in Tehran, *I.C.J. Reports.,* 1980, p. 12, para. 17.
5) *Ibid.* 闘士は力ずくで構内へ，さらに事務局棟（Chancery building, 公文書保管所か）1階へ侵入した。襲撃開始から2時間以上経過したのち，また事務局棟へ放火したのち，かれらは2階の鋼製扉をトーチ・ランプ（熔接用火吹きランプ）で切断しようと試みて2階への侵入に成功した。その1時間後闘士は主要金庫室（main vault）を支配することとなつた（*Ibid.*）。
6) *Ibid.*
7) *Ibid.*, p. 13, para. 19.
8) *Ibid.*, p. 12, para. 17.
9) *Ibid.*, para. 18.
10) *Ibid.*
11) *Ibid.*, p. 13, para. 18.
12) *Ibid.*
13) *Ibid.*

14) *Ibid.*, p. 10, para. 14.
15) *Ibid.*, pp. 10–11, para. 14.
16) *Ibid.*, p. 11, para. 14.
17) *Ibid.*
18) *Ibid.*, p. 31, para. 64.
19) *Ibid.*, p. 13, para. 20.
20) *Ibid.*
21) *Ibid.*
22) *Ibid.*, p. 13, para. 22.
23) *Ibid.*, p. 13, para. 21.
24) *Ibid.*, p. 16, para. 28. なお，決議467の内容に関しては，たとえば次のものを参照。Karel C. WELLENS (ed.), *Resolutions and Statements of the United Nations Security Council (1946–1992): A Thematic Guide*, 2nd enlarged edition (Dordrecht/Boston/London, 1993), pp. 475–476.
25) *I.C.J. Reports., 1980, op. cit.*, p. 16, para. 28. なお，決議461の内容に関しては，たとえば次のものを参照。K. C. WELLENS, *op. cit.*, pp. 476–477.
26) *Ibid.*, pp. 28–29, para. 56.
27) *Ibid.*, p. 29, para. 57.
28) *Ibid.*, para. 58.
29) *Ibid.*
30) *Ibid.*
31) *Ibid.*
32) *Ibid.*
33) *Ibid.*, pp. 29–30, para. 59.
34) *Ibid.*, p. 30, para. 59.
35) *Ibid.*
36) *Ibid.*, p. 30, para. 61.
37) *Ibid.*
38) *Ibid.*, p. 31, para. 62.
39) *Ibid.*
40) *Ibid.*, p. 32, para. 67.
41) *Ibid.*
42) *Ibid.*, p. 31, para. 63.
43) *Ibid.*

第 8 章　国連国際法委員会におけるテヘラン米国大使館員人質事件判決の取扱い　277

44) *Ibid.*, pp. 32–33, para. 68.
45) *Ibid.*, p. 33, para. 69.
46) *Ibid.*, para. 70.
47) *Ibid.*, pp. 33–34, para. 71.
48) *Ibid.*, p. 34, para. 71.
49) *Ibid.*, para. 72.
50) *Ibid.*, para. 73.
51) *Ibid.*
52) *Ibid.*, p. 35, para. 74.
53) *Ibid.*
54) *Ibid.*, pp. 44–45, para. 95.
55) First report on State Responsibility, *op. cit.*, A/CN.4/490/Add.5, p. 42 ff.
56) *Ibid.*, p. 42, para. 282.
57) Affaire relative a la concession des phares de l'empire ottoman, *Reports of International Arbitral Awards*, Vol. 12, pp. 155–269. なお、部分的には次のものも参照。Lighthouses Arbitration between France and Greece, in: H. LAUTERPACHT (ed.), *International Law Reports*, Vol. 23, 1960, pp. 81–101, 659–682, *passim*.
58) Traité entre le gouvernement ottoman: Collas; Michel; Phares de l'empire ottoman, *ibid.*, pp. 258–262. なお、このように本コンセッションには traité という用語があてられている。
59) *Ibid.*, p. 259.
60) 1860 年契約第 3 条。*Ibid.*, p. 258.
61) *R.I.A.A., op. cit.*, pp. 262, 264.
62) *Ibid.*, p. 265.
63) Permanent Court of International Justice, *Series A./B.*, No. 62, Lighthouse Case between France and Greece, pp. 4–29. 事件の概略については次のものも参照。Manley O. HUDSON, "The Thirteenth Year of the Permanent Court of International Justice," *American Journal of International Law*, Vol. 29 (1935), pp. 1–6.
64) P.C.I.J., *Series A./B.*, No. 62, *op. cit.*, pp. 5–6.
65) *Ibid.*, pp. 28–29.
66) *Ibid.*, pp. 17–19. 1913 年契約の締結された時期は、前年 12 月にロンドンで開始された第一次バルカン戦争の講和談判が決裂し、軍事行動が再開されて約 2 箇月の段階であつた。契約締結の少し前にはアドリアノープルがバルカン同盟国軍により陥落している (3 月 26 日)。しかしこの軍事行動も、トルコ軍不利の状況のまま

同年4月から5月にかけてほぼ終熄し,ロンドン講和交渉も進捗した。その結果1913年5月30日に,トルコと,バルカン同盟のセルビア,ブルガリア,ギリシャ,モンテネグロとの間に講和条約が署名された。本条約によれば,批准書交換の日に平和および友好関係が回復されること(第1条),トルコがエノス(Enos,エーゲ海沿岸)—ミディア(Midia,黒海沿岸)の線以西地域をアルバニアを除くバルカン同盟国へ割譲すること(第2条),トルコおよびバルカン同盟国が,アルバニアの境界画定および同国にかかわるその他一切の問題の解決を,独,墺=洪,仏,英,伊,露(以下,列国という。)に委ねること(第3条),トルコがバルカン同盟国に対してクレタ島を割譲し,同島にかかわる主権および一切の権利を放棄すること(第4条),トルコおよびバルカン同盟国が,クレタ島を除くエーゲ海の島嶼およびアトス山の位置する半島の処遇の決定を列国に委ねること(第5条),などが規定された (Treaty of Peace between Bulgaria, Greece, Montenegro, Serbia and Turkey, signed at London, in: Clive PARRY (ed.), *The Consolidated Treaty Series*, Vol. 218, 1913, pp. 159–161; *American Journal of International Law*, Supplement, Vol. 8, 1914, pp. 12–13.)。なお,当該条約は批准ののちロンドンにおいてできるだけ速やかに批准書の交換がなされるはずであつた(本条約最終条項)が,結局未発効となつた。問題となるクレタ島は,ギリシャの主張との関連でいえば,当該条約で確かにトルコからの分離が規定されいるものの,当該条約が未発効の点,さらにそもそも1913年契約締結の段階においてはバルカン同盟国軍の軍事占領のみが生じているにすぎず,その帰属が確定していない(ロンドン条約の署名はその約1箇月半のち)ことに注意する必要があろう。

このような内容のロンドン条約が締結されても,バルカン半島の戦火を完全に鎮めるまでにはいたらなかつた。当該条約の領域関連条項は上記のように比較的煩瑣であり,最終的決定がのちに残されたりしたため,戦勝国間の利害が対立して調整が困難となつて,そのことが批准の行われない原因の一端ともなつた。とくにセルビアはアドリア海方面への領域的拡張を沮まれ,またギリシャも南部アルバニアに対する領域的要求を抑えられて,両国ともその不満の矛先をブルガリアに求める結果となつた。上記ロンドン条約署名の直後,1913年6月1日にギリシャ=セルビア間で同盟条約が締結され,他方でセルビアはブルガリアとの間の友好同盟条約(1912年3月13日)の改訂をブルガリアに要求したものの,同国はこれに応ぜず,却つてギリシャおよびセルビアに敵対行動を開始した(1913年6月29日)。いわゆる第二次バルカン戦争の開始である。その間ルーマニアもブルガリアに対して参戦し(7月10日),トルコもアドリアノープルを回復した(7月20日)。ブルガリアにきわめて不利に戦局の進む中,ロンドンの列国大使会議は

第 8 章　国連国際法委員会におけるテヘラン米国大使館員人質事件判決の取扱い　279

敵対行為の終結を勧告し，ほぼ同時にギリシャ，ルーマニア，セルビア，およびブルガリアの4箇国首相がブカレストに会合して短期間の休戦をなした(7月30日)。

その後締結された一連の講和条約には，まずブカレスト講和条約(ルーマニア，ギリシャ，モンテネグロ，セルビアと，ブルガリアとの間，8月10日)がある。現在の脈絡と関連する部分としては，クレタ島に関し，ブルガリアが一切の請求権を放棄したこと(第5条最終段。さきのロンドン条約にはトルコがブルガリアを含むバルカン同盟国に対して同島を割譲する第4条の規定があつた。)，ギリシャがサロニカ(Salonica)およびカヴァラ(Kavalla)を獲得したことである(ともにエーゲ海北岸，第5条。Treaty of Peace between Bulgaria, Greece, Montenegro, Roumania and Serbia, signed at Bucharest, *ibid*., pp. 322–337; *A.J.I.L.*, Suppl., Vol. 8, *op. cit.*, pp. 13–27)。次にトルコ＝ブルガリア間の講和条約である(コンスタンティノープルにて，1913年9月29日)。トルコはロンドン条約で画定されたエノス―ミディア線よりも西方にかなりの失地を回復した(Treaty of Peace between Bulgaria and Turkey, signed at Constantinople, C. PARRY, The Consolidated Treaty Series, Vol. 218, *op. cit.*, pp. 375–389; *AJ.I.L.*, Suppl., Vol. 8, *op. cit.*, pp. 27–45.)。さらにギリシャ＝トルコ間の講和条約であるアテネ条約がある(1913年11月14日)。当該条約は，その第2条において，両国間の外交関係が途絶していた時期において締結され，または効力を生じた諸条約が，本条約の署名により完全なかたちで復活されると規定している(Convention between Greece and Turkey for the Consolidation of Peace and Friendship and the Restoration of Normal Relations, signed at Athens, in: C. PARRY (ed.), *The Consolidated Treaty Series*, Vol. 219, 1913–1914, p. 22; *AJ.I.L.*, Suppl., Vol. 8, *op. cit.*, p. 46.)。さらに第15条において，両締約国がロンドン条約の諸規定を支持することに同意した旨が付け加えられている(C. PARRY, *op. cit.*, Vol. 219, p. 26.)。復活するとされる諸条約の中にはすでにふれたロンドン条約やブカレスト条約が含まれものと考えられる。結局，ロンドン条約，アテネ条約，および上記列国のギリシャ政府宛通牒(1914年2月13日)によつて，クレタ島は最終的にギリシャに帰属することとなつた。すなわち，これらの文書により，ギリシャの軍事占領しているトルコ領の島嶼につき，その一部をトルコに返還させるほか，大部分をギリシャに譲与すべきこと，これらの現実のギリシャへの引渡しは，アルバニアに譲渡される地域よりギリシャ軍が撤退したのちになされるべきことなどがとり決められた。なお，バルカン戦争関係では，1914年3月14日にセルビア＝トルコ間で締結された講和条約も存在する(Treaty of Peace between Serbia and Turkey, signed at Constantinople, *ibid*., pp. 320–326.)。

バルカン戦争の経緯については次のものも参照。入江啓四郎,大畑篤四郎『重訂外交史提要』(成文堂,1964年),162-172頁。
67) Permanent Court of International Justice, *Series A./B.*, No. 71, Lighthouses in Crete and Samos, pp. 94–106.
68) P.C.I.J., *Series A./B.*, No. 62, *op. cit.*, p. 28.
69) P.C.I.J., *Series A./B.*, No. 71, *op. cit.*, p. 8.
70) *Ibid.*
71) *Ibid.*, p. 9.
72) *Ibid.*, pp. 15–16.
73) *R.I.A.A.*, Vol. 12, *op. cit.*, pp. 169–173.
74) *Ibid.*, pp. 191–195.
75) 最初のコンセッションである1860年契約では,その第13条において,燈台の建築費,維持費,人件費,何らかの必需品のための費用など一切の経費のため,全航路の燈台税の税収のうち,その78%を,本契約が満了するまで会社が獲得する権利を有する旨規定されている(*Ibid.*, p. 260.)。

1879年のコンセッション(以下,1879年契約という。)の第6条において,やはり税収に関する規定がある。1879年契約は,すでにふれたように1860年契約を1884年から1899年まで延長・更新する契約である。第6条によれば,延長・更新される1884年から1899年までの期間においては,トルコ政府の収入分を28%に上昇させること(したがつてコラ&ミシェル社の持分は72%となる),ならびに1860年契約期間の満了に際し,トルコ政府が当該契約期間のうちこれまで7年間の燈台税収の年平均額を算出してこれを基準とし,この平均額と,当該契約期間の15年間(1864年から1879年まで)の年収入額とを比較して,後者が前者を超過する場合,その超過分の50%をトルコ政府が所有することとした(*Ibid.*, p. 263.)。

1894年のコンセッション(以下,1894年契約という。)においては,その第3条において,トルコ帝国の収入分を,紅海における燈台に関するものを除いて,総収入の50%としている(*Ibid.*, p. 264.)。

1913年契約も,その第3条において,トルコ帝国の収入分を50%としている(*Ibid.*, p. 265.)。

なおこの燈台税は,軍艦に関してはその支払が免除されていた(1860年契約第14条,*Ibid.*, p. 260.)。
76) *Ibid.*, p. 192.
77) *Ibid.*, p. 198.

78) I.C.J. Reports., 1980, *op. cit.*, p. 29, para. 58.
79) P.C.I.J., *Series A./B.*, No. 71, *op. cit.*, pp. 13–14.
80) *Ibid.*, p. 14.
81) *Ibid.*, pp. 14–15.
82) *Ibid.*, p. 13.
83) なお，拙稿「「相当の注意」と国家責任とに関する研究ノート」(『法学新報』102巻3＝4号，1995年12月，中央大学法学会)，313-340頁も参照。
84) I.C.J. Reports., 1980, *op. cit.*, p. 34, para. 73.
85) *Ibid.*, p. 35, para. 74.
86) *Ibid.*
87) *Ibid.*, pp. 38–41, paras. 84–87.
88) *Ibid.*, p. 42. para. 91.
89) *Ibid.*
90) Case Concerning United States Diplomatic and Consular Staff in Tehran (Order), *I.C.J. Reports.*, 1979, p. 19, para. 38.
91) *Ibid.*, para. 39.
92) *I.C.J. Reports.*, 1980, *op. cit.*, p. 43, para. 92.
93) *Ibid.*, p. 42, para. 91.
94) なお次のもの参照。Ian Brownlie, *System of the Law of Nations: State Responsibility Part I* (Clarendon Press, Oxford, 1983), pp. 157–158.
95) 広瀬善男「国家責任帰属に関する国際法理論——因果関係と相当注意そして過失——」(『明治学院論叢』653号,『法学研究』70号，2000年10月)，185-240頁。

第9章
"Non Liquet" 対策における国連の課題と EU の先駆性

福 王 　 守

問題の所在

　一般に国際法において "non liquet" とは，国際裁判の場面において適用すべき法規が不存在のために裁判が不能であるという状態を意味する。常に国際社会は複雑化し，予測できない紛争の発生によって従来型の平和的解決機能では対応できない事態が生じうる。にもかかわらず，これまでの長い国際裁判を通じてこの言葉が宣言されたことはなかった。近代以降の通説である実定国際法学の立場に厳密に立脚するならば，適用可能な国際法規の欠如という事態は十分に存在したはずである。

　しかし，その一方では依然として一般国際法上 "non liquet" の可能性が存在している。近代以降の国際社会はこの問題に取り組みつづけ，この努力は国連に引き継がれている。本稿ではまず，今後の不可測の事態に対応しようとする国連の試みと課題について，その一端を裁判不能の克服への歩みを通じて検証したい。

　また，今日の地域的国際機構においては "non liquet" に対する先駆的な試みが窺える。ここで国連の実務および一般国際法の形成にとってもっとも大きな影響を与えると考えられるのが，ヨーロッパ連合（EU）に代表される欧州諸国の国際機構の試みである。近代以降の国際法がいわばヨーロッパ公法として発達してきたことに照らせば，欧州の地域的国際機構の実践から学ぶことは少なくないはずである。よってここでは裁判不能の克服に向けた一つの先例として，EU の "non liquet" 対策の先駆性と新たな問題点を検証する。これらを踏まえて，一般国際法の発展に向けた課題と問題点について若干の考察を行いたい。

I 実定国際法学と "non liquet" 概念

1 実定国際法の限界と "non liquet" 概念の形成

(1) 近代市民社会の展開と実定国際法学

近代以降の市民社会は,権力からの個人の自由を確保するために形成されてきた。それ以前の社会では古い教会権力またはそれを背景とした特定の権力層(国王等)が,社会を統治してきたからである。これに対して,自己のあり方を自己の責任で決定しうる点(自律性)に至上の価値を置く考え方を自由主義原理という[1]。

市民社会の特徴は市民による私的自治である。これは民主主義による統治を意味する。人々は自己決定原則を旨とする市民社会の自由主義を統治の側面から捉え直し,治者と被治者が同一であらねばならないとする民主主義原理を生み出した。そして個人の人格の自由を確保する中で,それを核とした普遍原理である個人の尊厳を実現しようと試みてきた[2]。

さらに産業革命と自由な経済競争の進展は,より安定した社会を求めて予測可能性と合理的な支配を要請することになる。そのためにより客観的で合理的な妥当性を持った社会規範が必要とされた[3]。そして,自然法にかわって実定法が社会に受け入れられるようになっていった。このような法社会を背景として,国際法学の分野においても実定国際法学は今日まで通説的な役割を担ってきたのだ[4]。

実定法学派(法実証主義学派)は,法素材を構成する要素について認識可能な客観的合理性を重視してきた。ゆえに法の現れ方(法源)についてもその存在形式に着目する。一般に形式的法源とは成文法(制定法)と不文法から成り立つ[5]。そのため,通説的な立場から捉えた実定国際法学の法源とは,法定立の方法および手続であると理解されてきた。この帰結として実定国際法の法源とは,明示的合意としての条約と黙示的な慣行に法的確信の加わった国際慣習法に限定されてきたのである(ICJ規程第38条第1項aおよびb)[6]。

(2) 実定国際法の限界と "non liquet" 概念の形成

一般に，人間の社会秩序を営む上で，法とは一種のあるべき理念(規範)として理解されている。また法を他の社会規範と区別する基準はその強制力にあると言われる。なぜならば強制力の本質とは，組織的政治権力による法違反者に対する制裁に求められるからである。ゆえに「社会規範と強制規範が結合した二重構造こそ，法の真の姿である」とされる[7]。

国内法社会であれば，憲法の基本原理に基づいた統一的な司法，立法，および行政機関が存在する。治者と被治者が同一であるとする民主主義原理はさらに憲法を必要としてきた。憲法とは，人格の自由を確保して個人の尊厳を確立するために制定される。このように個人の人格を踏みにじらぬように国家権力のあり方を憲法典に閉じ込める考え方を立憲主義という[8]。

こうして国家の構成員としての国民の行為は，一般に憲法によって規律されている。故に国内法上は，社会規範(行為規範)のうち裁判を通じてその利益を実現できるものを強制規範(裁判規範)と理解することができる。すなわち，形式的法源としての国内法規範とは基本的に双方の規範が一体となったものとして理解されている。

これに対して今日までの国際社会は依然として主権国家間の合意を前提としており，国際社会の上位にたつ憲法は存在せず，統一的な権力機関は存在しない(国際法の分権的性質)。ゆえに実定国際法学においては裁判規範が必ずしも行為規範とはいえない。そして厳密に両者の性質を備えた規範が条約と国際慣習法に限定されることとなる[9]。

時代や形態を問わず，これまで一般に変遷する社会のすべての事象を実定法で規律することは不可能であった。特に，激しい時代の移り変わりとともに実定国際法学は理論的にも実務的にも限界と矛盾を呈するに至った。まず理論面では，特に国際法全体の概念に照らして条約の拘束力の淵源を一貫して諸国家の意思に求めることが出来なかった。たとえば"合意は守られなければならない (*pacta sunt servanda*)"原則は国家主権以前に想定されていた基本原則であり，いわば所与の原則である[10]。

次に実務面からは，すでに国際仲裁裁判中心の時代から条約と国際慣習法だ

けでは国際紛争の司法的解決には不十分なものとみなされていた。すなわち，裁判上適用法規の不在による"裁判不能 (*non liquet*)"の危険性は常に続けていたのであり，実際の裁判実務ではいわゆる「衡平」，「善」，および「法の一般原則」といった他の判決の淵源がたびたび適用されてきたのだ[11]。

2 仲裁裁判時代の対応と学説の対立
(1) 仲裁裁判時代の対応

"裁判不能 (*non liquet*)"とは，「法に従って紛争を解決することを使命とする裁判所が，紛争の主題に直接適用されるべき一般に承認された法の規則が欠缺いし不明瞭なために裁判することができないことである。[12]」

一般に，近代の国際裁判の原型は，1794年の"英米友好通商航海条約 (Jay Treaty)"およびこれに基づく"英米仲裁委員会 (the British-American Arbitration Commissions)"に始まると言われる。それは，この委員会の中心的な争点であった「損害賠償の測定方法や裁判所の自己管轄の決定権」について，やがて国際法上確立されていく解決策が受け入れられていることを主な理由とする[13]。

初期の仲裁裁判は当事国の"仲裁契約 (compromis)"に基づいて裁判所が事件毎に設置されていた (*ad hoc* Court of Arbitration)。裁判準則についても，条約や国際慣習法と同時に衡平や善といったいわば自然法上の原則も柔軟に裁判準則として採用されていた。しかし一方ではそれ故に裁判所の構成に共通性と安定性が欠けていた。1875年に国際法学会で採択された「国際仲裁裁判規則案」第19条によれば，「仲裁裁判所は事実または適用すべき法原則が十分に明瞭でないという理由で裁判を拒否することはできない」と定めたにすぎない。

しかし，20世紀に入り紛争規模の拡大と形態の複雑化に伴って，裁判に一層の安定性と予測性が求められることになった。この結果，より客観的な裁判基準による司法的解決が望まれるようになり，同時に厳格に実定法を捉える立場から裁判不能の議論が活発化していった。

まず司法面では，1900年に"常設仲裁裁判所 (Permanent Court of Arbitration; PCA)"が設置された。これによって常設の事務局が設置され，裁判官名簿の登

録によってある程度の裁判の安定性が確保された。また立法面でも，1907年の国際捕獲審検査所設立条約(不成立)は，条約および国際慣習法が不存在の時には"正義と衡平の一般原則 (general principles of justice and equity)"を適用すべきとした(第7条)[14]。

(2) "non liquet" 概念をめぐる学説の対立

これまで non liquet 概念については二つの学説が対立してきた。non liquet 肯定論は国際法の法源を厳格に実定法に限定する。たとえフランス民法典のように国内法で裁判官による裁判不能の宣言が禁止されていても，裁判制度や法状況の異なる国際裁判には通用しない。すなわち，条約および国際慣習法が不存在の場合は，それ以外の裁判基準の援用が裁判官に認められない限りは，裁判の拒否を宣言できる，とする[15]。

例えばストーン (J. Stone) は否定論に立つローターパクト (H. Lauterpacht) に対して次のように反論する。「国際立法が欠缺している場合に国際法秩序の完全性の理論に依拠してなされる判決は『人間の倫理的および合理的判断に内在的に訴えること』が果たせず，またそういうものとして，国際平和の手段としての自己目的において挫折するのだ。[16]」このように肯定論の立場は法の一般原則，衡平，善といったいわば仲裁裁判における裁判基準を，実定法以外の要素として区別する。そして裁判所は法を述べるにとどまり，その創造的な機能を消極的に捉えていることが分かる。

これに対して否定論は，国際法秩序は十分に体系化されたものではないことを認めつつも，裁判の実施を不可能にするような法の不存在はないと主張する。その理由としては，かつてのイギリス法はきわめて不完全であったにもかかわらず，法による裁判は可能であった事実などが挙げられている[17]。

例えば，ローターパクトは裁判不能の禁止という観点から国際法の完全性を唱える。まず，付託当事者については「いったん仲裁法廷に管轄権を委ねたならば，当該紛争の解決に導く参照法規の不存在を理由として，それが法的紛争ではないと主張してその義務を逃れることはできない」とする。また裁判所についても「仲裁法廷は適用可能な法規の欠缺を理由として裁判を拒むことは許

されない。この意味で述べられた国際法の完全性——裁判不能の禁止——は国際仲裁裁判および司法裁判の実行の絶え間ない継続によって証明された，実定国際法上最も意義なく確立された一規則となるのである」と述べる[18]。

この立場は，国際法の法源をより緩やかに捕らえていると言える。後述するように，ローターパクトは条約と国際慣習法を国際法の主要な淵源と認めつつも，法の一般原則をこれらの安全弁 (safety-valve) としての第三の淵源としての地位を認めようとする[19]。そしていわば裁判所に対して司法作用を通じて新たな法を創造する機能を認めることに通じるとも言える。

現時点でいずれの立場が正しいかを断じることはできない。ただし "non liquet" 概念に関するこれらの議論について，肯定論からは今後とも起こりうる問題点を，また否定論からは従来の法実務の柔軟性についてそれぞれ示唆を得ることができる。以下，国際連盟以降の "non liquet" 対策についてその歩みを検証してみたい。

II 国際連盟と国際連合による "non liquet" 克服の試み

1 法律家諮問委員会と PCIJ による試み

(1) 法律家委員会と PCIJ 規程の作成

国家間の紛争は今世紀になってからますます増加し，その解決手段としての武力行使は多くの悲惨な結果をもたらすこととなった。このため第一次世界大戦の処理を通じて，紛争の平和的解決がますます望まれるようになった。世界初の国際平和機構である国際連盟の設立に伴い，紛争の平和的解決の手段としてこれまでの仲裁裁判よりも厳密な司法による "常設国際司法裁判所 (Permanent Court of Justice; PCIJ)" の設置が図られた。

ここで注目すべきは，PCIJ 設置のための法律家諮問委員会による裁判所規程の設置である[20]。なぜならば，裁判不能の克服のための具体的な審議がここでなされてきたからである。その審議の結果採用された裁判基準としての PCIJ 規程第 38 条は，第 1 段で 1. 条約，2. 国際慣習法に次いで，3. 文明国が認めた法の一般原則を，さらに第 2 段では衡平および善といった基準も加えている[21]。

第9章 "Non Liquet" 対策における国連の課題と EU の先駆性　289

これはまさに裁判不能を法の運用面から克服しようとする試みの現れであり，実定国際法学の限界を自ら認めた妥協の結果とも言える。なぜならば，衡平，善の概念はいうまでもなく，法の一般原則概念についてもいわば自然法の要素が認められるからである[22]。

　法学一般を通じて時代の変遷とともに実定法学はその修正を迫られてきた。近代市民社会の形成期には，法は秩序の維持，つまり法的安定性を目的とした役割に限定されてきた。その意味では実定法学は現状の社会のみを対象としていれば十分だったのである。しかし，完全無欠性を前提とした実定法の分析と体系化の試みは，やがて形式論理に陥り，社会の変化に対応できなくなってしまった。特に社会の予測可能性を確保するために，ローマ法の分析と体系化に終始したいわゆる歴史法学は批判されることとなる。そして時代の変化の要請に対応すべく，法の運用を通じてここの正義の実現，すなわち具体的妥当性を図ろうとする自由法学的な姿勢が必要とされてきた[23]。

　自由法学的な姿勢の下では，法を運用する側，特に裁判官の自由裁量が重要な意味を持つ。自由裁量は法の目的論的な解釈と弾力的な適用を旨とする。その核をなすのは法の担い手による理性の働きである。これは実定法学がその発展とともに強く否定してきたいわば自然法の要素であると言えよう。すなわち時代の変遷とともに，実定法の欠缺を埋めるために再び自然法が必要とされてきていることが理解できる[24]。依然として理論的には自然法を否定しつつも，実定法学一般に通じる自然法との融合現象は，実定国際法学における PCIJ 規程の導入の経緯からも窺うことができる。

(2) PCIJ による裁判不能への対処

　PCIJ は国家を対象としたはじめての普遍的な国際司法裁判所であった。PCIJ はその初期の活動において，中小規模の国際紛争の平和的解決に大きく貢献したと言われる。

　ここで裁判不能とのかかわりで注目されるのが，法の一般原則(PCIJ 規程第38 条の 3)の適用である。事実，アラバマ号事件のような現在の国際裁判に通じる 19 世紀後半以降の国際仲裁裁判以来，すでに本原則に通じる一種の私法概念

への言及がなされている[25]。特に1920年代の国家責任をめぐる賠償問題について，判決の直接の淵源とは明言しないまでも，係争問題について条約と国際慣習法が不在の場合にも裁判の基準として本原則を採用している[26]。

　PCIJ規程第38条の3に規定する「文明国が認めた法の一般原則」とは，その理論的および実務的背景に照らすならば，「旧ヨーロッパ・キリスト教文明諸国の国内法に共通する一般原則」と定義できるであろう[27]。この点についてローターパクトは次のように分析する[28]。

　まず，実務上の根拠としては，国際仲裁裁判を通じてこれまで法の一般原則が頻繁に援用されてきた事例を挙げている。その際に言及されてきたのは一国の法体系上の原則ではなく，複数国家にわたって普遍性を帯びた私法学体系上に一律に適用されてきたものである[29]。

　次に，歴史的な根拠としては，ゲンチリーやグロティウスといった国際法の創始期の代表的な学者見解が挙げられている。彼らに共通するのは，国際法の歴史的な淵源であるローマ法への着目である。かつてのローマ法は国内の市民だけを規律する"市民法（jus civile）"と，市民と異邦人（被征服者）との関係を規律する"万民法（jus gentium）"からなっていた。周知のとおり，万民法は特にグロティウスによって今日の国際法概念へと引き上げられた。これに対して，国際法の欠缺を補充する手段として市民法に着目したのである[30]。

　また，市民法の多くが自然法の影響を受けていたことも指摘されている。かつてグロティウス自身も自然法を制定法の欠缺の淵源と見なしていた。ゆえにローターパクトは，国際法自体にすでに自然法の要素は実現されていると捉える。そして「この自然法の教えがかなりの程度にわたってローマ法および他の私法上の一般原則に具体化されている」と指摘する[31]。

　したがって，ここにおける「文明国」概念はいわゆる「キリスト教的ヨーロッパ文明国」に限定される[32]。歴史上，3世紀にはローマ国内の自由人は原則として市民とされたため，万民法と市民法の形式上の対立は意義を失い，さらにキリスト教の普及とともにローマ法全体としてヨーロッパ諸国に普及していったからである。こうして近隣の国内法の基礎をなすものとして，ローマ法

は浸透していったと考えられる[33]。

また，近代以降いち早く産業革命を成功させたヨーロッパ諸国は，対等な主権国家間を規律する諸規則として国際法を発展させてきた。1920年の法律家諮問委員の国籍からも分かるとおり，PCIJ規程設置当時の国際法は依然としてヨーロッパ公法に限定されていたと言える。

このような背景を持つ法の一般原則を，PCIJは判決の直接の淵源ではないものの，裁判基準として比較的柔軟に用いてきた。これは特に賠償を争点とする国家責任に関する紛争に顕著であった。さらにその後の個々の判決を通じて徐々に国家責任に関する具体的な法の一般原則が明らかになっていった[34]。そして，その多くは自然法の要素を含んだ市民法に通じる私法概念であったのである。

2　国際法委員会とICJによる試みと問題点

第二次世界大戦後，国際連盟の解体に伴って設立された国際連合は，国際紛争の平和的解決に向けてより積極的な姿勢を打ち出す。国連憲章第2条4項は，初めて戦争による紛争の解決を全面的に否定した。また第6章では第33条以下に紛争の平和的解決方法を規定している。

(1) 国際法委員会による国際法の法典化について

"法典化 (codification)" とは，すでに慣習法化されていたものを条約として明文化することと，そこまで成熟していない国際的な規律を新たに条約として定めることを意味する。そして後者は特に漸進的発達と言われている[35]。国連憲章第13条1項aは，総会の一任務として「国際法の漸進的発達および法典化を奨励する」ことを定めた。これに基づいて "国際法委員会 (International Law Commission; ILC)" は設置され (1947)，国際立法の中心機関として今日まで歩んできた。

前述のとおり，このような国際法の法典化の試みは実定国際法学の隆盛だった19世紀後半にまで遡る。これを象徴するのが1873年の国際法学会および国際法協会の設立であり，1899年および1907年のハーグ平和会議以降，組織化

した国際法の法典化を目的とした国際会議が本格化していった。さらに国際連盟期には国際紛争の平和的解決にとって国際法の法典化が重要な役割を果たすという認識が生まれ，理事会の下に「国際法の前進的法典化のための専門委員会」が設置された（1924）。特に，連盟主催のハーグ国際法典編纂会議（1930）では，広範にわたっての体系的な法典化作業が試みられている[36]。

しかしこのような積極的な国際法形成への働きかけにもかかわらず，これまでの努力は部分的な成果にとどまってきた。たしかに実定国際法の欠缺を立法面から補おうとする試みは，裁判不能の克服にとっても大きく貢献している。しかし，国際法の母体となる国際社会は，近代の国際法形成期とは比較できないほど複雑に広がっている。特に旧文明国を中心とした先進国の価値基準である国際標準主義と，開発途上国の現状を踏まえた国内標準主義との対立は，これまで国際的な合意形成を難しくしてきた。事実この対立のためにいわば条約草案の形にとどまったものも多い。

特に1950年代のILCによる国家責任の法典化の試みは，世界人権宣言を受けた新しい国際基準を参考に，双方の対立を解消しようとするものであった。しかし「人権および基本的自由」の内容が理想的に過ぎるとして，実体的規則の法典化は断念された[37]。ここに国連のひとつの内在的限界が窺える。

(2) ICJによる *"non liquet"* 対策について

一方でICJは国連の一機関としてPCIJを引き継いで設置された。国連憲章第14章において，ICJはPCIJと比べてその法的な位置づけが明確になっている。憲章第92条では，裁判所が国連の主要な司法機関であり，かつこの憲章と不可分の存在であることが示されている。さらにPCIJ規程を基礎とするICJ規程第38条では，裁判の基準についても若干の整理がなされている。裁判基準を定めた第38条は第1項と第2項に分かれた。第1項では，a. 条約，b. 国際慣習法，c. 文明国が認めた法の一般原則，d. 法則決定の補助手段としての判決および学説，が規定された。またPCIJ規程では他項目に次いで4番目に併記されていた衡平と善は，新設の第2項に規定された[38]。

しかし，提訴件数の増加にもかかわらず裁判不能の克服という点からのICJ

の実務は必ずしも進展しているとは言えない。むしろさまざまな(特に高度に政治的な)要素を勘案して判決を下すことが極めて難しいと判断された場合、裁判所の管轄を否定するといった形で実質的に裁判を回避している[39]。また、国家責任をめぐる賠償訴訟の割合は、PCIJ 時代に比べると減少している。それにはさまざまな要因が存在するが、ここでは裁判上の適用法規とのかかわりから、法の一般原則の問題について指摘しておきたい。

PCIJ 時代に比べると、本原則への ICJ の言及は極めて少ない。むしろ、法の一般原則という名称での直接的な適用はほとんどなされていない。これには次のような原因が考えられる。

第 1 に、依然として従来の実定国際法学の立場が本原則を厳格に実定法上の原則として捉えてきたことが挙げられる。二つの裁判所規程を比較すると、単なる「段」の分類から「項」の分類へと整理され、明らかに自然法上の概念である衡平や善とは区別されたかの印象を受ける。しかし条約と国際慣習法に次ぐ第三の裁判基準は、1920 年の法律家諮問委員会において委員長自らが「文明諸国民の法的良心により認められたものとしての国際法上の諸規則」として提案し、「客観的正義の法」であるとも説明されている。これらの本質は厳密に客観化できない、理性とも言うべき心理的要素に起因する[40]。

さらに、法の一般原則を厳格に実定法上の原則としてローマ市民法に起源を求めたとしても問題は残る。なぜならば市民法自体が私法を中心とした未分化の法であり、私人間を規律する市民法には多分に自然法の要素がふくまれているからである。

第 2 に、PCIJ 規程設置当時の文明国概念がもはや今日の国際社会の実情には合わないことが挙げられる。規程設置当時の狭いキリスト教的ヨーロッパ文明国概念は、今日の広い国際社会の文明国圏を網羅することはできない。むしろ国際人権規約にも見られるように、文明国概念はさらに普遍的な "国際社会 (international community)" という概念へと普遍化される必要がある[41]。

この内在的な矛盾に対する対応の遅れは、裁判自体に予測性と安定性の欠如をもたらすことにつながる。例えば、賠償責任を争点とする訴訟について、特

に途上国は裁判付託を躊躇する傾向にある。その理由としては，途上国が自国とは異なる法文化圏の法原則の適用を恐れていることが考えられる。また，裁判所の側からも，その権威を保つために裁判の公平性と予測性を確保しなければならず，あえて曖昧な印象を与える「法の一般原則」という表現を避けてきたことが窺える[42]。事実，かつては法の一般原則とされていた内容について，ICJ の裁判ではより具体的な名称で個別的な法原則としての言及がなされている[43]。

III EU の紛争解決機能の先駆性

1 旧文明国間を規律する EU 法の意義

(1) 近代実定国際法学とヨーロッパ

欧州において国家の独立権(主権)を超えて最も法的な統合が進んでいるのが"ヨーロッパ連合 (European Union; EU)" である。その前進となるのが1958年に設立された "ヨーロッパ共同体 (European Community; EC)" であり，これは欧州の経済統合を目指すものであった。現在の EU は 1993 年のマーストリヒト条約発効に伴い，旧 EC をさらに発展させる形で設立された。その目的は従来の経済統合に加え，将来の政治的統合も視野に入れたものとされる[44]。

たしかに EU は経済的な統合を中心とした欧州の地域的国際機構に過ぎない。しかし，一般国際法の形成に向けてその法制度から受ける影響は少なくないと言えよう。なぜならば，EU の構成国の法文化圏はかつての旧文明国圏を形成しているからである。すでに述べたとおり，近代以降の国際法はヨーロッパ公法として発達してきた。ヨーロッパ公法が適用される法文化圏とは，まさにローマ法を背景とする旧文明国圏であった。そして，その共通の法文化を消化した形で各構成国の国内法が作られたと想定できる．

一般に，国際法とは対等な主権国家間の合意を前提として形成されてきた。従来その内容は主に経済的な利益にかかわるものであった。このため，これまで紛争解決の際に多く類推されてきたのが，私人間の経済関係を規律する私法であったのである。EU はかつての限られた国際法社会のひとつの発展形態と

しても捉えることもできる。これを踏まえるならば，現在の一般国際法が今日の複雑で広範な国際社会において形成されていくための示唆を，EUの先駆的な法実務から得ることができよう。以下，EUにおける裁判不能の克服に向けた具体的な法実務を検証したい。

(2) EU法の歩み

第二次世界大戦後，東西冷戦構造像の下でいわゆる資本主義体制をとる欧州諸国は経済の停滞とともに分裂の危機を感じていた。そこで諸国の連帯を高めるためにも，まずは諸国の協力により国際的な経済力を復興させることを目指すこととなった。これが欧州の統合に向けた第一歩である。

EUに至るまでの主な法的な歩みは以下のとおりである。欧州の経済統合に向けてはじめに発足されたのが欧州石炭鉄鋼共同体（ECSC）である（パリ条約，1952年発効）。ついで欧州経済共同体（EEC）および欧州原子力共同体（EURATOM）が発足する（ローマ条約，1958）。こうしてEUの母体となる三つの機関が整い，欧州共同体（旧EC）が6カ国で正式に発足した（1967）。その後徐々に加盟国が増加したため，80年代後半には93年の欧州市場の統一を約束して単一欧州議定書（SEA）が結ばれた（1987）[45]。

さらに90年代に入り，将来の政治的な統合も視野に入れて旧ECはEUへと発展することとなる（マーストリヒト条約，1993年発効）。そして，1999年の統一通貨導入を経て15カ国の構成国は一層の連携と法的な統合を目指すことを約束し，マーストリヒト条約は改正された（アムステルダム条約，1999年5月発効）。またマーストリヒト条約によって旧EECは新しくECと改称され，EUの構成機関の中核を担うこととなった[46]。

2 EU法の機能とECJの位置づけ

(1) EU法の体系と機能

今日までEU法全体は厳密に体系だっているとはいえない。その体系は基本的に旧ECの法秩序に基づいている。それらは三つの共同体機関を設立するための基礎法（第一次法）と，それらの機関の派生法としての共同体立法（第二次

法)から構成されていた[47]。EUもこの法体系を踏襲している。ただしEUについては，各共同体機関の基礎法の上にEU全体の設立条約であるマーストリヒト条約が存在する。これはEUの組織全体を体系づける組織体法であり，いわば憲法の役割を果たしている。

次にEU法秩序の核をなすのが，旧EEC条約を踏襲したEC(設立)条約である。これはアムステルダム条約とともに大きく改正された。ここでは第二次法の範囲について根拠となる規定が窺える。

第249条はヨーロッパ議会，理事会および委員会の法令制定権を定めている。これらの機関を通じて，規則，命令，決定，勧告，および意見がなされることとなっている。もっとも，制定法以外の部分について一般国際法と同様に厳密な法源形式をあてはめることはあまり重要ではないと考えられる。むしろ法の欠缺の克服という観点からは，上記の機関を通じてより広く法的措置が取られるという点に注目すべきであると言えよう[48]。

(2) EU法におけるECJの役割

このようにEUでは非常に細かい法実務が必要とされているにもかかわらず，その法体系は不十分なものとなっている。この隙間を埋める役割を果たしているのが"ヨーロッパ裁判所（European Court of International Justice; ECJ）"である。その理由としては，旧ECの設立に際して立法権限を特定の立法機関に帰着させることができなかったことが指摘されている。そのため，特定の実効的な立法統制機関をおかずに，裁判所による厳格な事後審査が想定されたと考えられる[49]。ECJはその設置当時から単に裁判実務時における適用法規の欠缺を克服するのみならず，裁判を通じた法の形成にも積極的に関わることを使命とされていたのである。

裁判所はECの一機関として，この条約の解釈及び適用について法規の遵守を確保することを任務とする（EC条約第220条）[50]。なお一般に裁判所の管轄する賠償訴訟については次のような手続上の特徴がある。第288条1段を根拠として，契約上共同体の管轄とするという明文のある場合以外は，裁判は国内裁判所の管轄に属する。したがって，もっぱら裁判所の扱う賠償訴訟とは，多く

は共同体の非契約上の損害賠償責任を追及するものに限定される。

3 法の一般原則の先駆的役割

一般国際法と比較してEUでより重要な役割を担っているのが法の一般原則である。これはICJ規程第38条1項Cにおける「文明国」の母体をほぼEU諸国が踏襲している点からも窺える。また，本原則は単なる裁判不能回避のための裁判準則以上の役割を担ってきている。以下，EUにおける本原則の位置づけと若干の具体的内容に触れておきたい[51]。

(1) 条約上の位置づけと裁判所による適用の根拠

EC条約において，法の一般原則は以下の条文に適用の根拠を見出すことができる。まず，第288条2段によれば共同体の「非契約上の責任に関しては，共同体は，構成国の法に共通な一般原則に従って，その機関またはその職員が任務の遂行に際して与えた損害を賠償しなければならない」とし，明示的に法の一般原則を裁判基準として位置づけている[52]。

次に，ECJの管轄権について第230条は「この条約またはその適用法規違反，または権限濫用を理由として，構成国，理事会または委員会が提起する訴訟に対する管轄権を有する」と定める。法の一般原則は適用法規に含まれると解されている[53]。

さらに裁判所による条約の解釈と適用に関して，第220条は「裁判所はこの条約の解釈および適用について，法規の遵守を確保する」と定める。ここにおける法規については，共同体条約という成文法以上のものを意味するとされるため，法の一般原則も含まれると解される[54]。

また，法の欠缺する場面に対してECJではおよそ二つの異なった理由から本原則の適用を図っている，と考えられる。第1は，立法面で裁判所がEU全体の法秩序の安定性を確保したいとする理由である[55]。EU法秩序の安定した維持がなくては構成国に対する信頼と権威を確保することができない。第2は，司法面で裁判所の裁量行為自体を正当化したいとする理由である[56]。一見裁判所による明らかな法創造的行為についても，不文の共通法の発見という理由に

よって個別の問題に対応し、裁判所への信頼を確保したいとする意図が窺える。

一般に法の目的とは法的安定性の確保と具体的妥当性の実現であるといわれる。またそれらの目的は個々の実現過程で相対立する傾向にある。そのためこれらを調和させることが法の責務であるとされる[57]。なぜならば、「法の伝統的な形式と社会生活の本質との間には永続的な対立が存在し、特に未成熟な国際社会ではさまざまな利害関係や生活関係の変化自体が法を形成する要因となるからである[58]。法の欠缺への対処を通じてECJが強く目指したこととは「常に共同体法の実効性を確保することであり、このことから転じて"国内法に対するEC法の優位性の原理（a doctrine of supremacy of community over national law）"が導かれ、裁判所は本原理を確固として支持してきた」とされる[59]。

(2) 適用と分類について

ECJを通じて、法の一般原則は一般国際法上の法原則とは区別して用いられてきており、本原則が直接的な判決の基準として用いられている場合も少なくない[60]。ただし、援用されている個々の原則は極めて多様であるため、これらの内容について統一的な分類は難しい。また、前述のとおりEU法は第一次法（基礎法）と第二次法（派生法）からなるため、法の一般原則についても適用される法の段階によって個々の原則に効力の差があると言える。現時点でEUにおける本原則は一般国際法との比較からはおよそ二つの内容に分類できる[61]。

a.「EUおよび構成国の特性に由来する原則」について。これはさらに「EU法秩序に内在する原則」と「構成国の国内法に共通する原則」に分けられる。

EU法秩序に内在する原則は「基本法の目的と全体のシステムから演繹される原則である場合が多い[62]」。このため第一次法とのかかわりから導かれる、もっとも強い効力を認められた法の一般原則であるとされる[63]。

構成国の国内法に共通する原則は、とりわけ裁判時における適用法規不在による裁判不能を避けるために援用される原則である。したがって、立法上も共同体法秩序自体に内在する法原則ほど強い効力は認められていない[64]。国内法上の共通性を認定するにあたり、通常は裁判官（及び法務官）により当該事件の争点に照らした「構成国の法律の比較研究」が行われる。仮に同一の法律また

は法概念が存在しなくても「原則や思考方法が同様であれば構成国に共通の原則とみなされることが多い」とされる[65]。

　b.　「一般手続法的な原則」について。その代表的な例としては"法的安定性 (legal certainty (security))"の原則が挙げられる。ここに分類されるような，比例性・不可抗力・禁反言・既判力・時効などといった法原則は，歴史的にはむしろ一般国際法上認められてきたものである。これらは従来の「文明国が認めた法の一般原則」に一致する。これらの原則は，従来は主に国家の賠償責任を争う場面で多く援用されてきた。

　既に述べてきたように，国家責任の概念の本質は国内法上の責任と類似しているといわれる。なぜならば責任の本質は義務の強制であり，従来その対象は対等な法主体間の経済的な利益に向けられてきたからである[66]。ゆえに近代以降は対等な国家間関係を規律するために，国内私法の原則が国家責任の分野でも類推して適用されてきたのだ。

　さらに，EU においてこれらの法原則はより具体的な実定法上の原則として位置づけられることとなった。これらの中でも特に重要なのが「不遡及性，既得権，及び正当な期待の原則である」とされる。また，これらは EU の賠償訴訟を通じてそれぞれ密接な関係を持って援用されている[67]。総じて「法的安定性の原則は個人の法律行為を取消しうる程度まで制約を課す」点に特徴がある[68]。

IV　"non liquet" 対策と国家主権の対立

1　基本権保障をめぐる EU の対応
（1）　基本権保障規定の欠缺と構成国の反応

　EU は旧 EC の時代から，その基本目的を経済統合に置いてきている。しかし EC 発足時点から経済以外の分野，特に基本権分野における紛争も合わせて解決する必要性に迫られていた。なぜならば旧 EC のような緊密な連携関係に基づく共同体であれ，国際機構は独立した意思を持つ国家間合意の下で設立されたに過ぎないからである。また，国家の構成要素である永久的住民はそれぞれが人格の主体をなす。近代以降の市民社会では，国家を想定する以前に個人

の人格の自由が保障されていることを必要としてきた。これが自由権的基本権であり,さらに私的自治の原則に基づく経済活動の自由が導かれてきたのである。こうして国際的な経済問題の背景には国家主権と基本的人権の問題が必然的に関わってくることになった[69]。

一方で共同体は,その設立当初から構成国に対して一貫して「国内法に対するEC法の優位性の原理」を確保しようとしてきた。これを初めて明らかにしたのが1964年の "Costa v ENEL Case" である。この基本原理を揺るぎないものとするためには,共同体法の欠缺を認めることはできなかった。したがって初期のECJの判決では争点となっている基本権分野への判断を拒んできたとされる。

このような共同体の姿勢に対する各構成国の批判は厳しいものであった。そして国内裁判を通じて共同体に対する決定的な判断が下されることになる。これが1974年のドイツ連邦憲法裁判所の決定である (solange I Beschluß)。EC法による貿易規制の違憲性が争点となった本決定では,EC法に基本権規定が含まれていないために,それができるまでの間は „連邦憲法裁判所(Bundesverfassungsgericht)" が違憲審査権を持つことができる,と判示されたのである[70]。まさにこの決定は,構成国に対する共同体の優位性に対する危機意識をもたらすことになった。

(2) ECJによる裁判不能克服の試み

本決定を通じて連邦憲法裁判所は,基本権分野での共同体の優位性を否定した。この事実は共同体諸機関への真剣な対処を促すこととなる。基本権分野での裁判不能を克服するために,ECJは裁判実務を通じて新たな解釈を試み,立法政策を促すことになった。ここで注目されたのが欧州人権条約 (1950) である。

欧州人権条約は国連による国際人権章典作成の最中に制定された。本条約は国際的な人権保護の指針となる世界人権宣言 (1948) が行われてまもなく,これを受けた具体的な法的措置の先駆けとして欧州で効力をもつこととなった。いわば国際人権規約 (1966) の原型としての,旧文明国圏に限定された国際人

権章典であると言えよう[71]。

　ドイツの連邦憲法裁判所の決定が行われた後，共同体の主要機関は1977年に基本的人権を尊重する旨の共同宣言を行った。これを受けた形で1979年にECJは，その判示を通じて欧州人権条約が共同体における人権保護の淵源であって，このことが共同宣言を通じてすでに証明されていると見なした[72]。ここに基本権保障に対するECJの姿勢の大きな変化を窺うことができる。

　さらに90年代になると，ECJは一歩踏み込んだ見解を明らかにする。人権条約が共同体の基本権保障の主要な淵源であるのみならず，この人権の尊重原理に矛盾する措置を受け入れることはできない，と判示するに至ったのである[73]。この大きく踏み込んだ見解はこの共同体の構成国内の位置づけを高め，また共同体法の基本権規定の整備をいっそう促すこととなった[74]。

(3)　立法措置による欠缺の補完

　このような経緯を経て1993年に発効したマーストリヒト条約は，EUの設立条約であるとともにはじめて基本権保障規定を明文化した。さらにアムステルダム条約は改正マーストリヒト条約として，1999年に発効した。ここでは特に基本権原則を網羅的に列挙するのではなく，明文上に法の一般原則として位置づけている点に着目したい。

　アムステルダム条約は前文で，「自由，民主主義，ならびに人権および基本的自由の尊重，および法による支配の諸原則への愛着を確認し」と述べている。一般に前文は条約全体の目的と趣旨を明らかにしたものであり，具体的な規定を導く淵源である。これによって，経済的統合という目的の達成が，基本的人権尊重の原則に基づいて行われていくことが確認されている。そしてこれを受けて第6条1項は，「連合は，自由，民主主義，人権および基本的自由の尊重の諸原則，および法の支配，構成国に共通な諸原則を基礎とする」と規定する[75]。

　さらに第6条2項は，欧州人権条約が保障し，「各構成国に共通な憲法上の伝統に基づく基本権を共同体の法の一般原則として尊重する」と規定するに至った。もちろんここでの法の一般原則はEUの合目的な政策の範囲内で尊重され，適用されることとなろう。これまで述べてきたとおり，実定国際法上，法の一

般原則は裁判準則としても厳しい評価を下されてきている。しかし一方で，旧文明諸国による最も先進的な地域的国際機構の基本原則として，本原則はさらに広い意味を持って必要とされてきている。

2 "non liquet" に対する今日的対応と課題
(1) EU における法の一般原則と国内法との衝突

以上のように，EU においては裁判不能を克服するためのいくつかの先駆的な試みが，立法領域でも司法領域でも行われてきている。これは一般国際法の形成にとっても有益な示唆を与えることとなろう。しかし，EU の試みはこれまで想定されていなかった新たな問題を提起し始めている。それが共同体と国家主権の衝突の問題である。もちろんこれまでも，共同体への国家主権の委譲をめぐって共同体法と国内法との衝突の問題は議論されてきた[76]。一般に委譲可能な主権は „高権的主権 (Hoheitsrechte)" と呼ばれる。

さらにここでは裁判不能とのかかわりから，法の一般原則と国内法との衝突の問題に触れておきたい。なぜならば，一般国際法上の私法原則中心の類推から，今日の EU 法ではさらに公法原則の類推へと，急速に対象範囲を拡大してきているからである。

たしかに本来共同体法は基本権規定を欠いていただけでなく，行政法分野も極めて不十分な内容を持っていた。国内法上これら分野は統治権行使にかかわる公法に属する。旧 EC 時代からこれらの分野での法の一般原則への依拠は積極的に行われ，多くは共同体秩序に内在する一般原則として理解されてきた。しかし，成文法として高度に発達したフランスやドイツの行政法が多く取り入れられている一方で，イギリスで発達した "自然的正義 (natural justice)" の原則といったいわば自然法の原則も採用されている[77]。すなわち，依然として本原則の法体系上の位置づけには曖昧さが残されているのである。このような現状で本原則を高頻度に適用することは，むしろさらなる国家主権との対立の可能性を含むと考えられる。

これまで法の一般原則の「一般性」の基準については，ECJ は比較法的な手

段を通じて個別に対応してきた。この点に照らせば，基本的に当事国の国内法に抵触しない範囲で本原則の適用を認めてきたと言えよう。しかし，当該国内法の固有性を尊重しつつも，共同体構成国全体の利益もしくは普遍性という観点から特定の原則の適用を控える場合が生じてきている[78]。同様に，共同体全体の利益の観点から国家主権を制限しても本原則を適用する場合が想定される。これが法の一般原則と国家主権の衝突の問題であり，特に基本権分野においては今後さらに問題とされると考えられる[79]。

このように，従来国家主権の固有性を尊重して国内管轄事項とされてきたことが，共同体の共通の利益という観点から一般性を持つ国際管轄事項として争われつつある。法の一般原則概念の性急な拡大は，EU の未成熟な公益概念と国家主権の新たな対立を生む可能性を強く有している。本原則の客観的な適用基準の確立が必要である。法の欠缺をめぐる裁判所の慎重な対応が望まれる[80]。

(2) *"non liquet"* の克服に向けた現在の国連の取組み

一方で，現在国連はこれまで以上に多角的に紛争の平和的解決策を模索しながら *"non liquet"* を克服しようと試みている。ここではいくつかの代表的な試みについて若干触れておきたい。

 a. 立法化作業の漸進について。国家責任の法典化に関しては，1960 年代から，国際不法行為の主体たる国家に具体的作為または不作為を命じる実体的規則（第一次規則; primary rule）とは切り離して，いわばこれらが破られた場合の手続規則（第二次規則; secondary rule）の法典化が進められてきた[81]。その後具体的な立法作業が進められた結果，三つの条約草案が ILC で暫定的に採択されている。このように国家間の独立性に配慮しながらも，より客観的な立場から国家の責任を明らかにしようと試みている。

 b. 国際裁判所の整備について。周知のとおり，国際紛争の多様化はすでに ICJ のみによる紛争解決の能力を超えてきている。そしてこれに対処するために，個々の事件の態様に応じた裁判所の設置が試みられてきた。その結果，1990 年代には国連の指導により "国際海洋法裁判所（International Tribunal for the Law of the Sea; ITLOS)" が開設された[82]。

また，これまで国際法の内容については民事的な内容と刑事的な扱いが未分化であり，国際不法行為の扱いについても，本来国内法上は刑事法の対象行為であっても民事的な解決がなされてきていた[83]。しかし90年代の地域的国際紛争の多発に伴って，いわば普遍的な人道法の観点から個人を刑事罰に処することが避けられなくなってきた。1998年に採択された"国際刑事裁判所 (International Criminal Court; ICC)"規程は，刑事法の分野での国際法の欠缺を補完し，裁判不能を克服しようと試みている。ただし，本来国内管轄事項である人権の取扱いにつき，これを人道法上の国際関心事項として処罰する前提として，国家主権や裁判の客観性等といった複雑な問題を提起し続けており，現在未発効である[84]。

c. 裁判以外の平和的解決方法の模索

　これまで国連に関わる具体的な社会問題および経済問題は，国連総会の指導の下で経済社会理事会が扱ってきた。そして，実際に問題に対処してきたのは経済社会理事会と緊密な連携関係を保ってきた"専門機関 (specialized agencies)"である。専門機関は各国政府間の取り決めによって設置され，現在20近い機関が存在する。さらに経済社会理事会は，国家主権の対立の下で専門機関の活動が行き詰まった1970年代以降，"非政府組織 (non governmental organization; NGO)"との連携を強めている。現在20,000団体以上が存在し，そのうち1,500団体以上が理事会から諮問的な地位を与えられている[85]。

　今日ではより迅速かつ合理的な問題解決を求めて，各国は裁判以外の紛争の平和的解決手段を模索しつつある。そのために各専門機関を通じて問題の解決を図ろうとする傾向は増加の一途をたどっている。従来議論されてきた，実定国際法の欠缺による紛争解決不能の事態を，裁判以外の方法によって克服しようとする点で今後さらに重要な解決方法となるであろう。

結びにかえて

　裁判不能の克服とは，主権国家間の合意を基本とした国際社会をより必然的に捉えようとする試みに通じる。すなわちこれは，紛争の平和的解決の主要手

段として裁判制度の役割をより強固なものとし，国家主権の壁をある意味で乗り越えようとするものである。国連は多様な法文化を背景とする主権国家の集合体である。国際の平和と安全の維持という究極の目的にとって紛争の平和的解決は不可欠であり，そのためにも国家間の信頼関係の醸成を図りながら，国家主権との対立を乗り越えていかねばならない。この点に "non liquet" の克服への重要な手がかりがある。

一方で EU は超国家的機構として構成国の主権の委譲を受けて成り立ってきた。法的な統合を目指す EU の法実務からは，これからも "non liquet" の克服にむけて少なからざる示唆を得ることができよう。しかしまた，法の一般原則と国内規範の衝突に窺えるように，その過程には国家主権に関する新たに克服すべき問題が示唆されている。

注

1) 手島孝「公法における人間」『基本法学 1——人』岩波書店，1983 年，90 頁。
2) 同書，98 頁。自由の理念は，自由の羅針盤として各個人の利己的悟性が据えられることによって「自律（autonomy）」の行動原理が導かれ，独立人として自らの意思で行動を律することができるとされる。
3) 碧海純一『法哲学概論』，弘文堂，1959 年，85–86 頁。これらの要請は密接な関係にあるとともに社会の秩序の維持（法的安定性）を法の目的として必要とすることになる。
4) 經塚作太郎『現代国際法要論（補訂版）』，中央大学出版部，1992 年，31 頁以下。19 世紀後半以降，国際社会の緊密度が著しく増大するとともに，従来慣習法として黙示的に承認されていた国際法が，徐々に条約の形式をとり始めることとなった（同書 32 頁）。
5) 団藤重光『法学の基礎』，有斐閣，1996 年，163 頁以下。法源ついては，その意味づけによって哲学的法源，歴史的法源，および形式的法源に分類されるが，内面的には相互に密接に関連している。特に哲学的意味における法源については，法の効力または拘束性の根源であると定義される。一般的に人間の理性の顕現として理解される自然法は，むしろこの意味では実質的な法源をなしていると言える。
6) 經塚作太郎 前掲書，70 頁以下。本稿では法源を形式的法源とする立場から，実定国際法の法源を条約と国際慣習法を意味するものとして捉えることとする。

7) 川添利幸『法学概論』文久書林，1983 年，13 頁。すなわち社会の秩序関係を規律する倫理基準とも言える行為規範という点では道徳的な規範と共通するが，さらに組織的な政治権力(国家)によってその効力を保障されるものが法規範である，と把握することができる(同書 8 頁)。

8) 芦部信喜『憲法(新版補訂版)』岩波書店，1999 年，13 頁以下；佐藤幸治『憲法(第 3 版)』青林書院，1995 年，4 頁以下。個人の尊厳は例外を許さない基本原理とされる。個人の尊厳の核は個人の人格の自由である。個人の人格の自由とは，自らの意思で自己の具体的な権利と義務のあり方を決定する自律性を旨とする。この自律的な活動を原点として，近代以降の立憲主義は個人の尊厳原理の確立を目的としてきたと言える(佐藤，同書，7 頁，296 頁)。

9) 田畑茂二郎『国際法新講(上)』，東信堂，1990 年，26 頁以下。松井芳郎他著『国際法(新版)』有斐閣，1993 年，16 頁以下。

10) Hersch Lauterpacht, *Private Law Sources and Analogies of International Law*, 1927, p. 61.

11) *Ibid.*, p. 62.

12) 国際法学会編『国際関係法辞典』，三省堂，1995 年，366 頁。

13) Lauterpacht, *op. cit.*, pp. 38-39. 特に本条約と委員会の意義を高めたのが，1872 年のアラバマ号事件である。本件では国際的な中立義務が国際法上の義務であることが確認された(後述，脚註 25)。またそれ以降の「19 世紀の莫大な件数の仲裁裁判は，問題解決に際して私法の適用に依拠していた」とされる。

14) 杉原高嶺著『国際裁判の研究』，有斐閣，1985 年，159 頁，166 頁。

例えば，PCA 時代の裁判としては "ロシア賠償事件 (Russian Indemnity Case; 1912)" が挙げられる。本件ではクリミア戦争の終結に伴う，トルコの戦後賠償金の遅延が問題とされた。トルコは約束の不履行に関する国家責任という一般原則は認めたが，他方で "遅延利子 (moratory interest)" に関する国際法上の明示規定の欠缺を主張してその支払いを拒んだ。これに対して裁判所は，ヨーロッパ協調国のすべての私法が，ローマ法に類似して債務不履行に基づく損害賠償として遅延利子の支払い義務を認めていると判示した(*AJIL* Vol. 7, 1913, p. 178ff.; 拙稿「裁判準則としての「法の一般原則」の法源性」『中央大学大学院研究年報 第 25 号 法学研究科篇』，1996 年，21–22 頁)。

15) 同書，160 頁。

16) Juris Stone, *Non Liquet* and the Function of the Law in the International Community, *BYIL* Vol. 35, 1959, pp. 158–159.

17) 杉原高嶺，前掲書，161 頁。

18) Hersch Lauterpacht, Some Legal Observations on the Prohibition of 'Non Liquet' and the Completeness of the Law, *Symbolae Verzij*, 1958, p. 200.

19) Hersch Lauterpacht, *the Function of Law in International Community*, 1933, pp. 66–67. L. Oppenheim / H. Lauterpacht, *International Law*, 8th ed., 1955, p. 29.

20) 委員会の設立経緯については，牧田幸人『国際司法裁判所の組織原理』，有信堂，1986年，49頁以下。具体的な審議過程については，*Procés-Verbaux of the Proceedings of the Advisory Committee of Jurists*, 1920.

21) *PCIJ Series D* (No. 1), 1931, p. 20.

22) 本委員会で裁判所が適用する基準は委員長のデカン (Descamps) が初めに提案した。条約，国際慣習法についで3番目に提案されたのが「文明国民の法的良心が認めた国際法規則」である。これは「すべての人類の心に深く刻み込まれた正義と不正義に関する根本法であって，文明諸国民の法的良心の中に，もっとも崇高な，かつ，もっとも権威的な表現を与えられているものであり」，いわば「客観的正義の法」として説明されている。これが PCIJ 規程の「文明国が認めた法の一般原則」の原型である (*Procés-Verbaux*, pp. 318ff.; 住吉良人「文明国が認めた法の一般原則」『法律論叢 第48巻4・5・6号』，1976年，264頁; 田畑茂二郎，『国際法 I』，有斐閣，1973年，122頁)。

23) 川添利幸，前掲書，107頁以下。

24) 例えば当時の法哲学者であるラートブルフ (Gustav Radbruch; 1878–1949) は，法概念を相対主義的観点から正義に適合しようという意味を持つ限りにおいて，法として捉える。自然法と法実証主義に対するこの姿勢は，むしろ従来の自然法論と法実証主義の止揚を目指す試みとして位置づけることができるとされる (田中成明他著『法思想史』，有斐閣，1988年，192頁–193頁，203頁)。

25) Lauterpacht, *Private Law Sources and Analogies of International Law*, p. 39. アメリカの南北戦争におけるイギリスの中立義務違反をめぐり，ジュネーブ裁判所は「諸国家に適用されるものとしての"相当の注意 (due diligence)"だけでなく，ローマ法において知られる"過失 (*culpa*)"のさまざまな形態についても扱わねばならなかった」とされる。いわば国際法への国内私法原則の類推の問題が取り上げられている。

26) "ホルジョウ工場事件 (Chorzów Factory Case; 1928)" では，ポーランドによるドイツの民間企業の収用問題が争われた。裁判所は，国際不法行為に基づく損害賠償が"原状回復 (restitution en nature)"を目指した金銭賠償であると判示している (See; *PCIJ SeriesA*, No. 13, pp. 3ff.; 拙稿前掲論文，26頁)。

27) 拙稿「『法の一般原則』の今日的意義と問題点」『法学新報 第103巻10号』，1997

年，115 頁。
28) Lauterpacht, *op. cit.*, §29; 拙稿前掲論文 130 頁以下。
29) *Ibid.*, p. 10.
30) *Ibid.*, §5–6.
31) *Ibid.*, p. 287. 初期のローマ法全体については，一般に対等の市民間を規律する私法であって，公法の概念は十分には発達していなかったといわれる（碧海純一他編『法学史』，東京大学出版会，1976 年，51 頁）。

　　さらにローターパクトは，国際法が保護する利益と国内法および私法が保護する利益との密接な関連性をみとめている。なぜならば「原則として国際関係の分野での国家の政治的活動は，主に経済上の集団的利益を保護するために向けられている」からである（*Ibid.*, §31）。
32) 筒井若水「現代国際法における文明の地位」『国際法外交雑誌 第 66 巻 6 号』，1968 年，38–39 頁。
33) 『平凡社大百科事典』，平凡社，1976 年，第 13 巻，531 頁（市民法）；第 32 巻，493–495 頁（ローマ法）。
34) その理由としては，近代国際法の形成過程では今日のような国際公益の観念は未成熟であり，家産国家的な観念が支配的であったために国家相互の関係が私人相互の関係に極めて類似していたことが挙げられる。ゆえに，違法行為による対等な国家間関係の侵害について，国内法上の対等な私法関係を類推し，損害賠償という形で救済にあたったと考えられる（田畑茂二郎，前掲書 126–127 頁；栗林忠男『国際法』日本放送協会出版会，1990 年，120 頁）。

　　ローターパクトも「対応する私法上の原則を採用する必要性は，一層大きな明確性をもって国際不法行為に対する国家責任の理論に示される」と指摘する（Lauterpacht, *op. cit.*, p. 134）。
35) 国際法学会編，前掲書，291–292 頁。
36) 同書 289 頁。ここでは 47 カ国の参加の下で，国籍，領海，国家責任の 3 分野で法典化が試みられた。ただし，採択されたのは国籍に関する条約・議定書に留まる。
37) 安藤仁介「国際法における国家の責任」『基本法学 5――責任』岩波書店，1984 年，114 頁。1930 年の会議では，国家責任の基準となる外国人の身体および財産への損害の程度について中心的に議論された。しかし「国家機関の権限外の行為に対する国家責任」と「私人の行為に関する国家責任」について意見が対立し，条約採択は不成立に終わった。よって ILC の初期の主要なテーマにも「国家責任」と「外国人の処遇」が引き継がれていた（同書 112 頁）。

38) *ICJ Selected Documents Relating to the Drafting of the Statute*, 1946, P. 22.
39) 例えば "南太平洋における核実験事件 (Nuclear Test Case)" をめぐっては仮保全措置命令 (1973) の後, 事件の主因 (*fonus et origo of the case*) であるフランスの核実験がその終了宣言によって消滅したとみなして, 裁判所は管轄権を明確にせずに請求を却下した (波多野里望・尾崎重義編『国際司法裁判所 判決と意見 第2巻』国際書院, 1996年, 109頁以下; 田畑茂二郎・太寿堂鼎『ケースブック国際法 (新版)』有信堂高文社, 1987年, 193頁以下; See, *ICJ Reports 1974*, pp. 252ff.)。
40) 委員長デカンの提案については, 前掲註22を参照。
41) 刑罰法規不遡及を定めたB規約第15条2項では,「国際社会の認める法の一般原則」と規定されている (F. Ermacora, M. Nowak, H. Tretter (eds.), *International Human Rights*, 1993, p. 199.
42) 小川芳彦「国際裁判所と法の創造」『法と政治 第15巻4号』, 1964年, 19頁。
43) 例えば "コルフ海峡事件 (Corfu Channel Case)" において, 裁判所はアルバニア当局に対して, 国際海峡に通じる領海内に機雷が敷設されているという "急迫した危険 (imminent danger)" を航行船舶に警告する義務があるとする。これを怠ったことは "重大な不作為 (grave omission)" であり, これが一般私法上の不法行為要件としての "過失 (negligence, fault)" を構成する, と判示している (*ICJ Reports 1948*, pp. 4ff.; *ICJ Reports 1949*, pp. 4ff., 244ff.; 皆川洸編著『国際法判例集』有信堂, 1975年, 431頁以下, 529頁以下)。

なお, チェン (B. Cheng) は第二次世界大戦後の復興期に多数の国際裁判例を分析し, 個々の法の一般原則を四つのカテゴリーに分類した。法の一般原則はその適用形態などから, "自己保全の原則 (self-preservation)", "信義誠実の原則 (good faith)", "責任概念の原則 (concept of responsibility)" および "司法手続の原則 (judicial proceedings)" に分類される (Bin Cheng, *General Principles of Law as Applied by International Courts and Tribunals*, 1953, p. 29)。

またチェンによれば, 責任に関する原則について「本概念は, その真の意味においては本質的に国内法における責任と類似している。その本質とは, 法違反行為を犯すあらゆる法主体に義務を課している点にある」とする (*Ibid.*, p. 389)。特に原状回復については, それが再びもとの状態に戻るための完全な賠償であって, その範囲を超えるものではなく, 特に懲罰的な損害賠償を意味するのではないと分析している (*Ibid.*, p. 234)。
44) 小田滋・石本泰雄編『解説条約集 (第9版)』三省堂, 2001年, 412頁以下。
45) 国際法学会編, 前掲書78頁。
46) 同書, 88頁。

47) 吉野正三郎編著『ECの法と裁判』成文堂，1992年，296頁。第一次法（Primary Sources）は，EUに関する各加盟国間の国際条約を指す（各共同体の設立条約及び後発加盟国の加盟条約など）。第二次法（Secondary Sources）は，第一次法により設立された機関が制定する派生法である（閣僚理事会及びEC委員会が制定する，規則・指令・決定等）（同書299–300頁）。

48) また，第249条はすべての法的措置を網羅した規定とはいえない。たとえば共同体機関内の決議についても，実質的に本条に列挙した項目と同様の位置づけがなされている。

49) Micael Schweitzer, *Eoroparecht*, 1993, S. 104.

50) 国際法学会編，前掲書，37頁。なお，付託件数の著しい増大から1989年以来，第一審裁判所が付置されている（第225条）。管轄権の対象となるのは，EUとEU職員の紛争，個人と委員会の訴訟，EU競争法事件及び損害賠償請求訴訟である。ただし同裁判所は，EU諸機関，国家を原告とする事件及び先決的訴訟（国内裁判に先立ってECJから国内裁判所に与えられる判断）については管轄権を持たない。

51) 拙稿「EUにおける「法の一般原則」と一般国際法の形成」『敬和学園大学研究紀要第8号』，1999年，52頁以下。

52) EURATOM条約第188条にも法の一般原則の明示的な規定がある。

53) 大森正仁「法の一般原則と国家責任に関する一考察」『慶應義塾大学法学部開設百周年記念論文集』1990年，527頁以下。

54) デイビッド・エドワード＆ロバート・レイン（庄司克弘訳）『EU法の手引き』国際書院，1988年，78頁。

55) EU法の内容の中心は行政法であるにもかかわらず，特に第1次法には行政手続に関する規定が欠缺している。この点について裁判所は「特に一般行政法及び基礎法の領域において，不文の共同体法を定式化してきた」と言われる。また，法の一般原則を確認する方法は一概には法則化できず，概して法の比較を通じてこれと発見している。ゆえに「構成国の法秩序に共通な法の一般原則は „比較ヨーロッパ法 (vergleichenden europöishe Recht)" と呼ばれる (Schweitzer, a. a. O., S. 104)。

56) 「その理念とは，ある判断が一般的な同意を受けるほど十分な一般性を備えた原則から導かれる，と示される場合には，厳密な法的根拠が当該判決に与えられるであろうと言うことである。こうした理由からECJは，共同体法が条約や立法のみならず法の一般原則からも派生しうるという原理を発展させてきたのだ（T. C. Hartley, *The Foundation of European Community Law*, 1994, P. 137)。」

57) 川添利幸，前掲書，29，36頁。

58) T. C. Hartley, *op. cit.*, pp. 138–139. 本原理をはじめて判示したのが "Costa v ENEL

Case" である（See, Case 6/64 ［1964］ECR 585. 田畑茂二郎・太寿堂鼎編，前掲書，25 頁以下）。

59) Lauterpacht, *op. cit.*, p. 305.

60) 行政法上の原則とともに，商法上の原則も多く引用されている(山根裕子『ケースブック EC 法』東京大学出版会，1996 年，82 頁)。

61) 拙稿，前掲紀要第 8 号掲載論文，54 頁以下。

62) 山根裕子『新版・EC/EU 法』有信堂高文社，1995 年，79 頁。例えば「自由移動の原則・構成国間での国籍による無差別の原則・目的と手段の正当性・EC 法の優先」が挙げられている。

63) Schweitzer, a. a. O., S. 101ff. 特に「行政手続に関する規定が第一次共同体法に見出せるのはごくまれである。」一般的差別禁止規定（EC 条約第 12 条，ECSC 条約第 4 条 b 項）も EU 法秩序に内在する法原則として挙げられる。

64) 法の一般原則の適用は，基本的に EC 条約第 288 条 2 段によって「„契約外責任（職務責任: Amtshaftung）" にまで限定している。しかし裁判所は共同体法の欠陥を閉じるために職務責任を超えて法の一般原則を適用してきた」とされる（a. a. O., S. 16f.）。

65) 山根裕子 前掲書，77–78 頁。構成国の国内法に共通する原則としては，「すべての行政行為が司法審査の対象となるべき原則・一事不再理・被行政者の平等・租税（税金）と公共サービス料金との違い・不当利得の禁止・企業秘密保護・基本的人権」などが挙げられている。

66) 前掲注 31（ローターパクトの見解），及び 43（チェンの見解）。

67) "既得権（vested rights）" の起源はローマ市民法上の "jura quaesita（獲得された権利）" に求めることができ，より具体的にはフランス法の "droit acquis" に見出せるとされる。また，その本質は遡及効を生じるところにある（Walter Cairns, *Introduction to European Union Law*, 1997, p. 75. 柴田光蔵『法律ラテン語辞典』日本評論社，1985 年，185 頁）。

"不遡及性（non retroactivity）" はおよそ二つの側面を持つとされる。第 1 は，"真の遡及性（true retroactivity）" であり，新立法施行以前に完了した法律行為に適用される場合である。過去の適用例としては「輸入品に対する関税法」の原則が挙げられる。第 2 は，"準遡及性（quasi-retroactivity）" であり，新立法が成立する過程における法律行為に適用される場合である。過去の適用例としては「公権力が私人に対して認許を与える場合」が挙げられる（T. C. Hartley, *op. cit.*, pp. 149–150）。

"正当な期待（legitimate expectation）" の国内法上の根拠はドイツ行政法上の „信

頼保護の原則 (Vertrauensschutzprinzip)" に求められるとされる。ここにおける信頼(正当な期待)とは，当事者が規定に則った行動を条件として一定の結果を達成しようとする場合に認められる意思，と理解される。過去の適用例としては，遡及効が例外的に認められる根拠として本原則が引用されたことがある (Cairns, *op. cit.*, pp. 75–76. See, Case 98/78 (Racke v Hauptzollamt Maintz) 〔1979〕ECR 69)。

68) T. C. Hartley, *op. cit.*, p. 155.

69) 拙稿「欧州の基本権原則と「法の一般原則」」『敬和学園大学研究紀要 第 9 号』, 2000 年, 166 頁以下。

70) 本件では EC 法による貿易統制の違憲性が争われた (Schweitzer, a. a. O., S. 217f. Lammy Betten & Nicholas Grief, *EU Law and Human Rights*, pp. 64–66; 川添利幸「欧州統合とドイツ憲法」『国際社会における法の普遍性と固有性』所収, 中央大学出版部, 1995 年, 180 頁以下; Vgl. BVerfGE 37, 271, 1974)。

71) 前文では，欧州諸国が「政治的伝統，理想，自由及び法の支配について共通の遺産を有」しており，「世界人権宣言中に述べる権利のいくつかについての集団的実施のために最初の措置をとる」と述べている。

72) Betten / Grief, *op. cit.*, p.60. See Case44/79 (Hauer v Land Rheinland Pfalz) 〔1979〕ECR 3727.

73) Cairns, *op. cit.*, p.78. See Case 260/89〔1991〕; ECR, I-2925, 2963–64.

74) その後ドイツ連邦憲法裁判所が，判示を通じて段階的に EU 法に対する評価を変更していく。1979 年の決定では，EC の基礎法に対する違憲審査権を否定した。さらに 1986 年には EC 法による輸入規制法意の違憲性を争点とした決定 „Solange II Beschluß" を行い，もっとも効力の強い EC 派生法(第二次法)である「規則」に対する違憲審査権を放棄した。ここに至って裁判所は従来の見解を変更し，基本権規定を持たない EU でも実質的にドイツの水準に見合う基本権保障を行えればよいと判断した(川添利幸, 前掲論文, 180–181; 石川敏行「ドイツ法」『比較法研究』所収, 1992 年, 有斐閣, 34 頁以下; Vgl. BVerfGE73, 339, 1986)。

75) なお，アムステルダム条約第 2 条では EU の目標達成にあたり "補完性の原則 (subsidiarity principle)" の尊重を確認している。これは本来 EC 条約中に規定されていたものである (EC 条約第 5 条)。すなわち EU の専属管轄以外の内容については各構成国が行動の主体となる。そして「行動の目的が構成国によっては十分に達成されえず」，かつその行動の規模または効果に照らして共同体がよりよく達成できる場合に限り，共同体が補完的に行動することを意味する。アムステルダム条約には，マーストリヒト条約に比べて補完性の原則の適用基準となりうるより詳細な表現がいくつかなされている (Cairns, *op. cit.*, pp. 6, 97)。

また，マーストリヒト条約の発効に先立って，1992年には基本法第23条［欧州連合のための諸原則］が新設された。ここではEUが，民主主義的，法治国家的，社会的および連邦的な諸原則ならびに補完性の原則に義務づけられており，本質的にはドイツ基本法に匹敵する基本権保障を有している，との理解が示された(樋口陽一・吉田善明編『解説世界憲法集　第3版』三省堂，1994年，182頁)。

76) Vgl. Thomas Flint, *Die Übertragung von Hoheitsrechten*, 1998, S. 112 ff.
77) エドワード＆レイン(庄司克弘訳)，前掲書，78頁。
78) 例えば弁護人と依頼人間の通信の秘密に関して，すべての加盟国に共通していることが示された限りで，本原則を採用するとした(エドワード＆レイン(庄司克弘訳)，前掲書，83頁; See, Case 155/79 AM & S Europe v Commission [1982] ECR 1575)。
79) 例えば，ECの職員の採用に関して，応募者のプライバシー権の保護と共同体の一般的利益(応募者の健康診断を実施することによる)との衝突が問題とされた。ECJは，欧州人権条約第8条および共同体加盟国共通の憲法の伝統に照らして，プライバシー権を共同体の法秩序が保護すべき基本権のひとつであると認めた。しかし，一般的な公益という目的に合致し，保護されている権利の本質を侵害しない限り，基本的な権利に制限を設けてもよいと判断した。
　　ここでは国家主権に基づく「プライバシー権」と，健康診断を受けさせることによる共同体機関の正当な「一般的公益」が対立した。これに対して裁判所は，比例性の原則に基づいてプライバシーの制限が共同体の目的にかなった手段であることを認めた。これはいわば法の一般原則同士の衝突問題を，さらに上位(と見なされた)法の一般原則を通じて解決している。(山根裕子，前掲ケースブックEC法，92頁以下; See Case C-404/92P Xv Commission [1994] ECR I-4737)。なお，この問題については，拙稿(「「法の一般原則」と国内法の衝突に関する一考察」『敬和学園大学研究紀要第10号』，2001年，185頁以下)参照。
80) マーストリヒト条約の合憲性について，ドイツ連邦憲法裁判所はおよそ以下の趣旨で判示している(マーストリヒト判決)。連邦憲法裁判所はEUが民主主義原理に基づく機関であることを認める。しかしドイツの高権的権利の限界を超えたEU機関の権力濫用行為に対しては，依然として連邦憲法裁判所の審査が及ぶ(ドイツ憲法裁判研究会編『ドイツの憲法判例』信山社，1996年，325頁以下; Vgl. BVerfGE 89, 155, Urteil. 12. 10. 1993)。
81) 第二次規則は3部から構成された。第1部は国家責任の成立(起源)を，第2部は国家責任の内容・形態・程度を，第3部は国家責任の履行(解除)を扱った(安藤仁介，前掲論文，109頁，114–115頁)。

82) 今日の海洋法に関する紛争解決システムは，非強制的手続と強制的手続に分けられる。国連海洋法条約第287条によれば，強制的手続は国連海洋法裁判所，国際司法裁判所，仲裁裁判所，および特別仲裁裁判所の中から選択できる(栗林忠男『現代国際法』，慶應義塾大学出版会，1998年，333頁以下)。
83) 經塚作太郎，前掲書，371頁以下。
84) William A. Schabas, *An Introduction to the International Criminal Court*, 2001, pp. 54ff.;『ジュリスト1146号(特集 国際刑事裁判所規程の成立)』，有斐閣，1998年。
85) 馬橋憲男『国連とNGO』，有信堂高文社，1999年，171頁以下; 国際連合広報局『国際連合の基礎知識(改訂第5版)』，世界の動き社，1999年，13頁以下，284頁以下; 国際法学会編，前掲書，500頁，660–661頁。

第 10 章

選択条項受諾宣言に付された留保

―― 条約法の適用可能性 ――

櫻 井 大 三

I. はじめに

1. 本稿の問題意識及び方法的視角

　国際司法裁判所(以下，ICJ 又は単に裁判所)は，「国際連合の主要な司法機関」として，「付託される紛争を国際法に従って裁判することを任務とし」ている(国連憲章第92条，ICJ 規程第1条及び第38条第1項)。しかし，中央集権的な権力を欠く国際社会の現状にあっては，一方当事国の請求により，ICJ が当然に強制管轄権を行使しうるということにはならず，紛争の裁判所への付託は当事国の合意によるというのが国際裁判の大原則となっている[1]。

　もっとも，こうした大前提を維持しつつも，一定の条件の下に紛争当事国の一方による ICJ への一方的提訴を実現しようとする試みがある。ICJ 規程第36条第2項の下での選択条項(任意条項; the Optional Clause; la clause facultative; la disposition facultative)受諾宣言に基づく裁判付託の方式がそれである。すなわち，裁判所規程の当事国は，同条項が掲げる四つの事項(a. 条約の解釈，b. 国際法上の問題，c. 認定されれば国際義務の違反となるような事実の存在，d. 国際義務の違反に対する賠償の性質又は範囲)に関する「すべての法律的紛争についての裁判所の管轄を同一の義務を受諾する他の国に対する関係において当然に且つ特別の合意なしに義務的であると認めることを，いつでも宣言することができる」のであり，この宣言を行った当事国相互の間においては，ICJ の強制管轄権が形成されることとなるのである[2]。しかしながら，同規程加盟国中この受諾宣言を行っている国はわずか3分の1に過ぎない[3]ばかりか，受諾宣言に

は裁判所の強制管轄権を無意味にするような留保が多数付されており，選択条項の下での義務的裁判制度は事実上骨抜き状態にある[4]。

　この種の留保の中でも，とりわけ，Escape Clause (逃避条項; clause d'évasion; clause échappatoire)[5]と称される一連の留保群は，選択条項制度の趣旨及び目的との非両立性を根拠に多くの学者がその有効性を疑問視してきた[6]。しかるに，他方においてこの種の留保を受諾宣言に付する選択条項当事国の国家実行は集積し続け[7]，また，裁判所自身これを正面から無効と断じたことがないというのも事実である。このような現状に鑑みるとき，従来の学説が唱えてきたEscape Clause の無効論の妥当性が問われなくてはならない[8]し，また，この議論が「選択条項の凋落」[9]といわれる現象の改善に如何ほどの貢献を果たしてきたのかについても再検討を加えなくてはならないであろう[10]。

　ところで，かかる無効論の検証に際しては，次の点が問題となる。すなわち，Escape Clause が無効な留保であるというとき，その有効性の判定基準として，条約の留保規則，具体的には条約法に関するウィーン条約(以下，条約法条約)第19条 (c)の「両立性の基準 (compatibility test)」を適用しうるか，という問題である[11]。ところが，ここでは更に次のような疑問が生じる。すなわち，条約法条約の適用対象となる「留保」とは，「国が，条約の特定の規定の自国への適用上その法的効果を排除し又は変更することを意図して，条約への署名，条約の批准，受諾若しくは承認又は条約への加入の際に単独に行う声明(用いられる文言及び名称のいかんを問わない。)をいう」(同条約第2条第1項 (d))と規定されているが，果たして，選択条項受諾宣言に付された留保が，この定義が述べる留保の法概念の射程に収まるのであろうか，という疑問である。というのも，条約法条約の適用範囲は「国の間の条約」(第1条)であり，且つ，ここにいう「条約」とは，「国の間において文書の形式により締結され，国際法によって規律される国際的な合意(単一の文書によるものであるか関連する二以上の文書によるものであるかを問わず，また，名称のいかんを問わない。)をいう」(第2条第1項 (a))と規定されているのに対して，本稿が問題とする留保は，選択条項受諾宣言という一方的宣言に付されたそれであって，受諾宣言は *prima facie*

にはここにいう「条約」の定義に当てはまるようには思われず，したがって，そこに付される留保についても，条約法条約の「留保」の定義をそのまま当てはめてよいのであろうか，という疑問が生ずるからである。

　以上のような問題意識を背景とし，本稿では専ら Escape Clause の有効性を検討するための前提的考察として，受諾宣言に付された留保の法的な位置づけを検討することに主眼を置きたい。すなわち本稿においては，この種の留保を条約に対する留保と同一次元において捉えることができるのか，したがってそれは条約法[12]によって規律されうるものであるのか，という点に問題の焦点が当てられることとなるのである。

　ところで，この種の留保の法的性質に近接するための方法的視角の一つとして，留保が付される客体である受諾宣言それ自体の法的実体を解明するという作業は極めて重要な意味を持つように思われる。何故なら，選択条項受諾宣言に付された留保と条約に対する留保との相違は，両者の留保が付される客体の法的性質上の相違によって大きく規定されることになると考えられる[13]が故に，受諾宣言の法的性質が条約のそれとは如何に相違するものであるのかが何よりも問われなくてはならないからである。もっともその一方で，両者の留保の相違は，単にその客体の法的性質上の相違にのみ帰着する問題であると言い切れるのかというと，全く異論がないわけでもない。すなわち，条約の留保規則が受諾宣言に付された留保に対して適用されうるかどうかという問題は，ただ「受諾宣言の法的性質の抽象的な分析によっては解決されえない」のであって，条約の留保規則が「他の宣言国や裁判所自身によって実行上どの程度適用されているのか」という視点が重要になる，とも言われるのである[14]。

　こうして筆者は，受諾宣言に付された留保の法的性質を解明するためには，留保が付される客体である受諾宣言の法的性質及び留保それ自体の法的位置づけの双方を問題にしなくてはならないと考えるのであるが，前者の論点については既に別の機会において検討を行ったことがある[15]ので，本稿では当該検討から得られた結論的考察を踏まえつつも，専ら後者の観点に立脚した検討を試みたいと考える。以下本稿では，まず，従来の学説が受諾宣言に付された留保

と条約に対する留保の異同をどのように捉えていたのかを確認することから始めてみようと思う。なおそれに先立って，1974年の「核実験事件」の共同反対意見における議論がこの論点の検討に当たり有益な出発点を提供しているように思われることから，最初にこれを取り上げることにしよう。そして，両者の留保の異同が，国際的平面においてどのように認識されてきたのかを，主としてICJの裁判例の分析を通じて明らかにすることに努めたい。

2. 「核実験事件」の共同反対意見における議論

1973年にオーストラリア及びニュージーランドがフランスの大気圏内核実験の停止を求めてICJへ提訴した「核実験事件」[16]では，裁判管轄の根拠として，両国が当事国となっている1928年の国際紛争平和的処理に関する一般議定書（以下，一般議定書），及び，両国の選択条項受諾宣言の二つが原告によりそれぞれ並列的に援用されたが，これに対してフランスが提起した管轄権否認の抗弁[17]には，本稿の主題との関係において極めて興味深い論点が包含されている[18]。

すなわちフランスによれば，両国の選択条項受諾宣言は，裁判所の強制管轄権の受諾に関する「事後の条約（un traité postérieur）」としてこれに先行する一般議定書に優位するとされるのであり[19]，したがって本件では，後法たるこれら両国の受諾宣言が裁判管轄の基礎として優先的に考慮されるとの立場を措定した上で，ただしかし，フランスの1966年の受諾宣言には「国防に関連する活動についての紛争」を除外すべきとする留保[20]が付されており，本件での主題が大気圏内核実験の是非という問題に関わるものである以上，当該留保によって本件は裁判管轄の範囲外の紛争として位置づけられる，と主張されるのである[21]。つまりフランスは，一般議定書及び受諾宣言を双方ともに同一の主題を扱う「条約」であると観念し，且つ，受諾宣言を一般議定書に対する「事後の条約」だとみなすことによって，ここではまず，相前後する条約間の抵触の問題が生じていると位置づけるのである。そしてフランスは，次に，後法優位の原則を援用して[22]一般議定書の適用を遮断するとともに，今度は受諾宣言に付

された留保を援用することにより，いずれにしても本件紛争が裁判所の管轄から除外されるべきものであることを巧みに主張しているのである[23]。

　以上の論点は，判決の中では直接扱われることはなかったが，オニアマ，ディラード，ヒメネス・デ・アレチャガ，ウォルドックの4裁判官による共同反対意見がこの問題を詳細に検討している。共同反対意見は，まず，条約と受諾宣言は「裁判所の管轄権についての相互に異なる独立した性格を有する二つの淵源」を構成すると位置づけた[24]上で，受諾宣言に付される留保には，一般議定書第39条以下にみられるような留保の規律に関する厳格なメカニズムは何ら作用してはおらず，それは，「統制の働かない極めて柔軟な制度 (the uncontrolled and extremely flexible system)」の下で行われる留保であることを指摘している。更に，一般議定書の採択が行われた1928年の第9回国際連盟総会において，これと同時並行して，諸国の選択条項の受諾を促すために留保を許容すべきとする決議[25]が採択されたという事実に鑑み，一般議定書の起草者は，条約と受諾宣言とでは留保に関するレジームが全く異なるとの理解に立っていたことを示唆しているのである[26]。

　さて，以上の議論において注目すべきは，一般議定書という特定の条約に対する留保との対比に限られたものであるとはいえ，これが，受諾宣言に付された留保とは同列に扱えないことを示唆している点である[27]。とりわけ共同反対意見が，留保に関する議論の前段で，受諾宣言は規程第36条第1項及び第37条にいう「現行諸条約 (treaties and conventions in force)」ではなく，それはあくまで規程第36条第5項に関連する文書であることを強調する[28]など，この文脈においてこれら二つの文書の相違を両者の留保のそれへと還元しようとする観点が窺えることは，本稿の問題意識とも深く関わるものであり興味深い。すなわち，この点にこそ条約に対する留保と受諾宣言に付された留保との相違は何であるのかを問いうる契機が潜んでいるように思うのである。それでは，このような共同反対意見の着眼点は，従来の国際法学においてどの程度認識されていたということができるであろうか。

II. 受諾宣言に付された留保に関する学説の立場

そもそも，国際法上留保といった場合，それは何よりも多辺条約に対して付される留保のことを指すものと解するのが通常であろう。しかるに，受諾宣言に付される留保については，これを条約に対する留保と同一のものと観念してよいのか，あるいは，そうでないとすれば両者は如何に相違するものであるのかについて，少なくともこれまでのところ，意識的な検討はあまり行われてこなかったように見受けられる。この点に関して，我が国の学説は，条約の留保に適用される相互主義[29]の観点からこれら両者の留保を同一の文脈の中で論じるというのが一般的な傾向であったように思われる[30]。

たとえば田岡良一は，受諾宣言を行った国相互の間には「多辺的仲裁々判条約が実際上成立している」とした上で，「多辺的条約における留保に関して一般に行われる慣習法的規則」である相互主義の原則が受諾宣言に付された留保に対しても適用されることを説いている[31]。また皆川洸も，選択条項の「一方の当事国は，紛争を裁判所の管轄権より除外するため，つねに他方の当事国のつけた留保をも援用しうる，すなわち留保の自動的・集積的作用という反面についていえば，これも，多辺条約において一国がつけた留保は，あたかも一波が万波をよびおこすごとくに，他のすべての当事国の間において効力を有するものとなる」と述べ，受諾宣言に付された留保に適用される相互主義の機能は「多辺条約の論理に照らして」正当化されうるとしているのである[32]。

以上のほかにも，沿革的ないし実体的な見地から両者の留保を重ね合せて捉える見解が示されている。小川芳彦は，多辺条約における留保制度が濫用された結果，条約の一体性が破壊され，条約が有名無実化してしまった顕著な例として，選択条項の留保付受諾の場合を挙げている[33]。また稲原泰平は，受諾宣言に付された自動的留保（裁判所に付託された紛争が裁判義務受諾の範囲内にあるか否かの決定を，裁判所にではなく留保国自身に委ねる留保）[34]の合法性[35]を判定する指標として「両立性の基準」の適用を示唆している[36]。ここでは，両者の留保が恐らくは同一次元のものとして捉えられていることが窺えるので

ある[37)]。

　それでは，両者の差異を指摘する見解はなかったのかというと，必ずしもそうではない。東泰介は，「受諾宣言に付される留保と多数国間条約に付される留保とまったく同一のものとして扱うことには，その論理の一面の妥当性にもかかわらず，若干疑問がある」と言い[38)]，杉山茂雄も，「国際司法裁判所規程第36条による任意条項の受諾宣言で同裁判所の強制管轄権受諾に条件や期間を付することも『留保』と呼ばれるが，これは条約の留保とは別である」ことを指摘している[39)]。しかしこれらは，両者の留保がどのように相違するのかという実体分析にまでは踏み込んでおらず，この点をめぐって本格的な議論が尽くされているとは言い難い。

　もっともそうした中にあって，両者の留保の差異をより具体的に捉えようとする見方が提示されているのも事実であって，そのことは注目に値すると言えよう。経塚作太郎は，受諾宣言に付された留保が「通常の条約の署名や批准に当たって行われる留保と異なり，関係国の同意を必要としない一方的行為で成立する留保」であると捉える[40)]。すなわち，「多数当事国条約の留保の要件として，留保の成立のためには他のすべての当事国の同意が必要とされてきた。ところが，Optional Clause 受諾宣言に附する留保は他の受諾国の同意を得ずに成立してきている。この点，これまでの国際法上の留保と異なる性格をもっているわけである」と[41)]。また杉原高嶺は，受諾宣言に付された留保には，「両立性の基準」をはじめとする条約法の一般原則は適用されてきてはおらず，その観念は条約に対する留保とは全く異なること，及び，この種の留保に適用される相互主義の淵源も条約法の一般原則によるものではなく，その基礎は規程第36条第2項の文言に求められることを説いている[42)]。

　以上，受諾宣言に付された留保と条約に対する留保の異同について，我が国における学説を評するならば，両者の留保の差異は必ずしも明確に意識されているようには思われず，むしろ両者を同じ土俵の上で扱おうとする論調がなお根強いように見受けられる。他方で，両者の差異を指摘する所論が幾つか看取されるのは事実であるが，この点に関して学説の対立が生じるほどに議論が深

まっているようにも思われない。その意味で，両者の留保の差異をその法的性質の点で如何に捉えるのかという視点は，盲点になっていたと言ってよいように思う。

次に，欧米の学説に目を転じてみることにしよう。ここでも，両者の留保を同一の文脈の中で論じるものがある。ビントシェドラーは，留保が条約の実効性に及ぼす悪影響の例として，受諾宣言に付された留保の場合を挙げている[43]し，またヒギンズも，「選択条項は，条約による契約の一つとしても扱われている」としつつ，受諾宣言に付された留保については，これを「一般条約法の問題としての留保の可能性」という枠組みで捉えようとしている[44]。この他ラージュは，アメリカの受諾宣言に付された自動的留保の効力が，条約法条約の留保レジームに照らして判定可能であることを示唆している[45]。

他方，受諾宣言に付された留保の成立について，条約の留保の成立に不可欠な他の締約国(この場合他の宣言国)の同意が必要とされるかという観点からの考察を行っているものもみられる。ストーンは，受諾宣言に対する留保は，条約に対する留保と同様に，それが留保として拘束的となるのは他の締約国による当該留保に対する受諾があった場合に限られるとし，前者の留保に他の宣言国からの抗議がないことは，申し出られた留保に対する受諾を構成するという見方を示している[46]。この点ではグレイグも，自動的留保に対して外交レベルでの異議の申立てがなかったことを，当該留保に対する黙認が働いていると構成しうる余地を認めている[47]。

しかし，このように両者の留保に何らかの接点を見出しこれを同一次元で論じる観点を示唆する所論はそれ程多くはない。むしろ概説書レベルでは，留保の意味及び概念は専ら条約のそれとしてのみ説明されていることに気付かされるのである[48]。そこにおいては，受諾宣言に付された留保との異同という視座を据えているものは見られず，この点は，条約の終了ないしは廃棄に関する問題が，受諾宣言の終了ないしは廃棄のそれと「パラレルな問題」として位置づけられうるとする見方[49]とは際立った対照をなしている感がある。

これに対して，両者の留保の相違をより明確に捉えようとする以下の所論は，

とりわけ注目に値するものである。ヒメネス・デ・アレチャガは，受諾宣言に付された「留保」が，「条約法とりわけ条約法条約において，この用語に付与される意味にいうところの留保に厳密に相当するかどうかは疑問がある」と言う。その根拠として彼は，「インド領通行権事件」判決を挙げ，受諾宣言に付された留保には，「条約に対する留保の本質的な特徴の一つ」である，「他の条約当事国が留保を受諾するかあるいは拒否するかについて態度を表明する機会を与えられる」ことが認められていないという点を重視している。「通行権事件」において被告インドは，原告ポルトガルによる請求の提起が行われた時点において受諾宣言の謄本を受領しておらず，したがって，インドはポルトガルの受諾宣言に付された即時修正権に関する留保に対して異議を申し立てる機会を持たなかった。それにもかかわらず，裁判所は，この種の宣言寄託は規程第36条第4項に反しないとの判断を下したのであった[50]。こうしてアレチャガによれば，「個々の受諾宣言に対して一方的に付された留保に対しては，黙示的同意（tacit consent by silence）の要素が存在しえない」こととなり，「選択条項の下で許容される『留保』のレジーム（the régime of "reservations" allowed under the optional clause）」は，条約の当事国によって合意される留保を規律する規則に比して，「より自由で且つより制限的ではない」ものとなるのである[51]。

　受諾宣言に付された留保について，これを受諾するか拒否するかの態度決定の機会がないということは，言い換えれば，この種の留保は他の宣言国の同意を得ずに成立しうることを意味している。この点は，クロフォードが指摘するところでもある。すなわち，条約に対する留保の場合，「単一の合意された文書」の存在を前提とする以上，そこでは，「概念的にも時間的にも，留保はそれが適用除外しようとする条約の内容に関する合意の後に生ずる」こととなるが，これに対して，「選択条項の場合，留保の申し出は自由になされうることが確立しているので，〔留保に〕先行する合意は何ら存在しない」と観念せざるを得ないのである[52]。こうしてロゼンヌによれば，受諾宣言に付された留保と条約に対する留保とでは，両者の間に「特徴的な相違」の存することが認められるのである。すなわち，選択条項の下で裁判所の強制管轄権を受諾する行為は，そ

の全体が一方的・個別的なものであって、そこには多辺的な要素も交渉の要素も見出せない以上、受諾宣言に付された留保は、条約法条約第2条第1項(d)に定義される留保について認められる機能を具備することにはならず[53]、それ故、「受諾宣言に付された留保の観念及びその機能は、多辺条約に対する留保の概念及び機能とは全く異なる」との結論が導かれるのである[54]。以上の他にも、バウエットが条約に対する留保を論じる中で、受諾宣言に付された留保をその射程から捨象している点が注目される。ここにおいて彼は、後者の留保については条約に対する留保のアナロジーが必ずしも厳密には妥当しないことを示唆しているのである[55]。

以上、欧米の学説を概観してみたわけであるが、ここにおいても両者の留保を同一次元で論ずる立場はなお散見される。しかし他方で、両者の相違をより自覚的且つ積極的に捉えようとする立場が一部で有力に唱えられていることも、また疑いのないところである。もっとも、この点をめぐって学説の対立を惹起すると言いうるほどにまで議論が深まっているように見受けられないという点では、我が国の状況とそれほど差があるようにも思われない。とはいえ以上の概観を通じて、少なくとも、両者の留保を等価的に捉えようとする立場が決して通説的な見方だとは言い切れないことは明らかになったと言ってよいように思う。このことは同時に、受諾宣言に付された留保に対する法的規律の在り方を検討する上で、条約法という選択肢が認められるのかという問題を惹起せずにはおかないであろう。それ故我々は、両者の留保の異同の如何という問題を論点として構成した上で、両者が法理論上どのように相違するのかを考察していかなくてはならないと思うのである。

III. 受諾宣言に付された留保の判例法上の地位

1. 総論——条約の留保規則の適用性——

受諾宣言に付された留保と条約に対する留保の異同を知るためには、前者の留保について、条約法上の留保規則が実行上どの程度適用されているのかをみておく必要が生ずる。本章では、こうした観点から、受諾宣言に付された留

が国際的平面においてどのように取り扱われてきたのかを ICJ の裁判例を手掛かりに検討していくこととしよう。

ところで，裁判所規程第 36 条には，一見したところ，受諾宣言に留保を付することを許容する明示の規定は見当たらない。規程第 36 条第 3 項は，受諾宣言を「無条件で，多数の国若しくは一定の国との相互条件で又は一定の期間を付して行うことができる」旨を定めているが，受諾宣言に対する留保の許容性は，一般に選択条項当事国の国家実行を通じて確立したと考えられているのであって[56]，規程第 36 条第 3 項の存在を根拠に，受諾宣言に対する留保については，「条約が，当該留保を含まない特定の留保のみを付することができる旨を定めている場合」（条約法条約第 19 条 (b)）に該当し，故に，第 36 条第 3 項が述べる以外の如何なる留保も禁止されている，と解することは正しくないように思う。1920 年当時において裁判所規程の起草者がそもそも留保の事態を予期していなかったという事実に鑑みるならば[57]，受諾宣言に対する留保は，現象的には[58]，条約が留保について具体的な規定を置いていない場合，つまり，条約法条約第 19 条 (c) によって規律される場合に該当するとみるべきであろう[59]。かくして以下における裁判例の分析は，受諾宣言に付された留保の許容性ないしは有効性の判定に際して，同条約第 19 条 (c) に具現された規範すなわち「両立性の基準」が宣言国により援用され，あるいは裁判所により適用されたことはあるのか，という視点に基づくこととなるのである[60]。

2. 国際司法裁判所の判例における位置づけ
(1) インド領通行権事件

受諾宣言に付された留保の有効性について裁判所が明確な判断を下した唯一の事例は，1957 年の「インド領通行権事件」判決である。本件では，原告ポルトガルがその受諾宣言に付した第三条件の有効性が問題となった[61]。被告インドは，ポルトガルの提訴に対して全部で六点からなる先決的抗弁を提起したが，これらのうちその第一抗弁において，インドは，ポルトガルの第三条件が「選択条項の趣旨及び目的と両立しない（incompatible with the object and purpose of the Optional Clause）から無効である」と主張したのである(62)。インドによれば，ポルトガルの留保が無効とされるのは以下の三つの根拠に基づくと主張される。すなわち第一に，ポルトガルの第三条件は遡及効を有することにより，この条件に従って追加すべき新たな留保の通告前に裁判所に付託された紛争を除外する権利を主張するものであって裁判所規程に反していること，第二に，この第三条件は，相互的な権利義務に関して，裁判所の強制管轄権の受諾から一切の実際的価値を奪うほどの不確実性を受諾宣言に持ち込むものであること，そして第三に，この第三条件は，無条件に受諾宣言を行った他の選択条項当事国には実際に認められていない権利の主張をポルトガルに許すものである以上，それは選択条項の根底にある相互主義の原則を侵害するものである，というのである(63)。

これに対して裁判所は，まず第一の根拠については，ポルトガルの第三条件にいう「そのような通告があった時から有効となるように」という文言は，かかる通告が既に裁判所に係属している事件を包含するよう遡及効を持つということを意味するようには解釈され得ないこと，第二の根拠については，インドが主張するような不確実性は選択条項システムの機能に固有のものであって，第三条件の効力には影響を及ぼさないこと，そして第三の根拠については，ポルトガルがその第三条件に従って通告した如何なる留保も，他の選択条項当事国に対する関係においてポルトガルに対して自動的に適用されるようになると判示することにより，これら三つの根拠を全て退けた(64)。そして裁判所は，結論として，問題となっている留保が「裁判所規程に矛盾しているとは言えない (not inconsistent with the Statute)」と述べ(65)，当該留保の有効性を肯定したのであった(66)。このとき裁判所は，ポルトガルの留保の「実際の文言や適用可能な法原則に言及することによって，当該第三条件の意味及び効果を確定しなければならない」と述べていた(67)が，ここにいう「適用可能な法原則」の中に条約法上の留保規則が含まれるのかどうかは明らかにしなかった。

さて，この判決において注目すべきは，裁判所が，ポルトガルの留保の有効性を選択条項との適合性に係らしめたということである。そこで問題となるの

は，本件におけるこのいわゆる「適合性の基準（the test of consistency）」の適用が，1951年の「ジェノサイド条約に対する留保事件」の勧告的意見において裁判所が述べた「両立性の基準」の適用を示唆したものであると言えるのかどうか，という点である[68]。もとより本件においては，「両立性の基準」への具体的な言及はなされてはいない。とはいえ，その内実において同趣旨の基準が援用されたと考えられるならば，ポルトガルの留保の有効性の判定において，先の勧告的意見における「両立性の基準」が黙示的に適用されたと解釈しうる余地は十分に認められるであろう。他方，それにもかかわらず，裁判所の判断が，条約法一般にも「両立性の基準」にも一切言及せずに下されているという点を重視するならば，当該留保を「両立性の基準」に照らして評価しようとする観点はここでは全く採用されてはいなかった，との解釈も成り立ちうるように思われる。

　裁判所が，かかる争点をめぐる判断の如何なる文脈においても，条約法ないしは「両立性の基準」への言及を明示的に行ってはいないという態度のみをもって，受諾宣言に付される留保が条約法の射程には収まらず，したがってそれは条約に対する留保とは性格を異にするとの立場に立っていたとする見方は，いささか形式的ととられるかもしれない。しかし他方，少なくとも本件判決時点においては，条約の留保に適用される「両立性の基準」という観念が裁判所の先例において既に存在していたのも事実であるから，その内実において同一の尺度を用いるというのであれば，殊更に「両立性の基準」への言及を回避する理由は見当たらないと言いうるようにも思われるのである。実際，インド側の補佐人を務めたウォルドックは，本件の口頭弁論において，留保を付する自由は条約の趣旨及び目的によって制限されるという「留保事件」における裁判所の判断を引きながら，ポルトガルの留保は選択条項の趣旨及び目的とは両立しえず，それは無効と判断されるべきであると主張していた[69]。他方で，このようなインドの主張に十分な理解を示したシャグラ特任裁判官も，ポルトガルの第三条件が選択条項の意図（the intention of the Optional Clause）に反するということを述べるにとどまっており，やはりそこでは，条約法にも「留保事

件」において示された「両立性の基準」にも明示的な言及は行われていないのである[70]。

　本件における上記の法的推論からは，いずれの解釈が妥当するのかを確定的に述べることは難しいように思う[71]が，いずれにせよここでは，受諾宣言に付された留保の有効性の判断に際して，少なくとも，「両立性の基準」の適用が正面から検討された気配は窺われないように思うのである[72]。

　(2)　ノルウェー公債事件

　ICJの争訟事件史上において，受諾宣言に付された留保の有効性が最初に法的論議の対象となった事例を言うならば，1957年の「ノルウェー公債事件」の方が時系列の上では先である。本件は，ノルウェーが募集した公債に含まれる金約款の効力をめぐりフランスとの間に生じた紛争を主題とするものであった。原告フランスが両国の選択条項受諾宣言に基づいて一方的提訴を行ったところ，被告ノルウェーは，相互主義の原則に基づきフランスの受諾宣言に含まれる自動的留保を援用し[73]，本件紛争を裁判管轄から除外すべき旨の抗弁を提起した[74]。裁判所は，ノルウェーの抗弁を認めて，「ノルウェーはフランスと同様に，本質上国内管轄に属するとノルウェーが理解するところの紛争を裁判所の強制管轄から除外することができる」と判示した[75]。また裁判所は，フランスの自動的留保が裁判所規程第36条第6項と両立するか否かという問題に関しては，これを検討する必要はないとし[76]，「この留保の有効性は当事国によって争われていない。フランスは当該留保を含む受諾宣言を完全に維持し，ノルウェーがその留保に依拠しているのは明らかである」と述べ，この点に両当事国の「共通の意思の表明」があったと認定している[77]。こうして裁判所は，「この留保の検討に立ち入ることが要請されているとは考えない」のであって，「この問題を予断することなく，あるがままの，そして当事国が認めているとおりの留保に対して効果を付与する」としたのであった[78]。

　このように本件では，自動的留保の有効性が訴訟の直接の争点となったわけではなく，裁判所はこの点について具体的な判断を下してはいない。ただ，裁判所が，自動的留保については当事国間に争いがなかったとしてその適用を認

めた以上，この留保の有効性を前提とし，且つ，その結果においてこれを承認する態度をとったということはできるであろう[79]。しかしその場合であっても，裁判所は，具体的な法原則に則った上で，自動的留保の有効性を積極的に肯定したというのではないのであって，当該留保の有効性に関する実体判断は，ここではなお回避されているとみるのが相当である。

　もっとも，この点に関しては，裁判所が，問題とされた留保について「共通の意思の表明」があったと判示している点を捉えて，実際には，先の「留保事件」において裁判所自身が定式化した「両立性の基準」の適用があったとみる立場もないわけではない[80]。この所論を展開するオロウェイによれば，「留保事件」における勧告的意見の中で，裁判所が，「〔ジェノサイド〕条約の当事国である個々の国家が留保の有効性を評価する権利を有しており，かかる国家が個別的に，且つ，その独自の観点からこの判断権を行使する」[81]と述べた点に留意し，本件公債事件における裁判所の上記判断は，「勧告的意見において言明された諸原則の，いわば最初の適用例であるようにみえる」とされるのである[82]。

　確かに裁判所は，当事国間の「共通の意思の表明」という言葉を用いることによってこの留保の適用を認めたわけであるが，しかしそれが，留保の適用について，当事国間に争いがなかったという事実以上のものを示唆していると言えるかどうかは甚だ微妙であると言わねばなるまい。本件においては，自動的留保の有効性ないしは裁判所規程との両立性は争点とはなっておらず，したがって，先にみた「通行権事件」判決が示唆するような「適用可能な法原則」といった，この留保の両立性を評価する上での指針となるべき考慮は何ら示唆されていないのである。故に，オロウェイの見方を裏付ける裁判所の法的推論は，本判決のこの文脈においては直接に見出すことは困難と言うべきであろう。

　他方，本件において注目すべきは，裁判官の間でこの留保の問題性に注意を喚起し，これを論難する立場が少なくないことである。わけても，ローターパクト裁判官によれば，自動的留保は，裁判所自身がその管轄権に関する争いを解決すべきことが要請されている規程第36条第6項に真っ向から反するものであり[83]，また，当事国がその法的義務の存在を決定しうるような文書は，およ

そ司法裁判所が認識しうる有効で執行可能な法律文書ではないとも考えられるから無効である，と主張されるのである[84]。そして，この留保が無効であるという場合，必然，そのような留保を受諾宣言の残りの部分から切り離しうるかという問題が生ずることとなるが，留保が受諾宣言の本質的な要素を構成しこれと不可分の関係にあると解する以上，無効とされる留保の部分のみを無視し，そのような留保を除いた受諾宣言の残りの部分を拘束力あるものとみなすことはできず，したがって，この種の留保を無効とすることの法的帰結は，受諾宣言全体の無効をもたらすことになる，というのである[85]。しかし，ローターパクト裁判官のこのような無効論は，法解釈上の一般原則に基礎づけられたものであって，ここにおいても，条約法上の留保規則の適用可能性という観点は全く考慮されていないのである。

また，ゲレロ裁判官も，フランスの自動的留保は裁判所規程の精神にも文言にも反し無効であると主張するが，その場合でも，裁判所の管轄権自体は否定されないことを示唆している点で，その法的帰結をローターパクトの無効論とは異にしている[86]。この他，リード裁判官は，国内管轄事項に属さないことが明白である場合に，裁判所の管轄権を否定する目的で自動的留保の援用が試みられるならば，そのような態度は権利の濫用（abus de droit）に相当するというノルウェーの主張[87]に理解を示しつつ，この留保を援用する国は，当該の紛争が本質的に国内的なものであるとの「真正なる理解」が存在していることを証明しなければならない，と述べた[88]。「合理的限界論」と呼ばれるこの考え方は，自動的留保の適用上の限界を示す上で大変示唆に富んだ解釈論であると言いうるものである[89]。

しかし，本件において，これら少数意見に与する裁判官のいずれもが，自動的留保の有効性ないしは本件におけるその援用の妥当性を論ずるに際して，一般国際法における条約の留保規則にも「留保事件」における「両立性の基準」にも言及していないという事実は，本稿の主題との関連においていっそう注目すべき事実として留意しておく必要があるであろう。

(3) インターハンデル事件

次に，スイス法人であるインターハンデル社の在米資産が敵産としてアメリカにより接収されたことに対して，1957年にスイスがアメリカを一方的に提訴した「インターハンデル事件」においても，自動的留保をめぐる論点が提起されている。すなわち本件では，原告であるスイスが両国の選択条項受諾宣言に基づき一方的提訴を行うと同時に，裁判所に対して仮保全措置の指示を要請したのであるが，これに対して被告のアメリカは，仮保全措置の審理の段階から自動的留保に基づく抗弁を提起したのであった[90]。

裁判所はまず，仮保全措置の審理において，早くも自動車的留保を援用するアメリカの主張[91]，及び，この留保の効力を争うスイスの主張[92] に言及しつつ，自動的留保の有効性は当該措置の指示に関連して判断されるべきではないとするスイスの提案に依拠した。すなわちスイス側の共同代理人を務めたグッゲンハイムが，裁判所はこの段階では，「アメリカの留保のように複雑で微妙な問題について判断を下そうとは思わないであろう」と述べた[93] ことに留意しつつ[94]，裁判所は，スイスの要請については保全措置を指示すべき差し迫った事情は認められないとしてこれを却下したのであった[95]。次いで裁判所は，先決的抗弁の審理を行う段階では，スイスがアメリカの国内裁判所において利用可能な国内的救済を尽くしていないとする被告の第3抗弁を容認した結果，自動的留保に基づく第4抗弁 (a) については，その判断を回避することとなった[96]。すなわち，アメリカ側の代理人ベッカーが口頭弁論において，「インターハンデル社に国内救済を利用する道が再び開かれたこと，及び，合衆国裁判所の最終決定が下されるまでの間係争中の株式は売却されえないこと」を確認しつつ，第4抗弁 (a) は一切の実際的意義を喪失し，その適否の如何はもはやアカデミックな問題に過ぎないものとなったと主張した点を踏まえて，裁判所は，「第4抗弁 (a) は，訴訟の現段階においては目的を喪失している (moot) ように思われる」と述べたのである[97]。

このように本件では，自動的留保の有効性が当事国間において争われたにもかかわらず，この争点について裁判所は判断を下さなかった。しかし，本件訴訟の全般を通じて裁判所が下した判断の幾つかの箇所からは，この留保の有効

性に関する裁判所の実際の立場がどのようなものであったのかを一定程度推し量る"状況証拠"を見出すことは，可能であるように思われる。たとえば，裁判所はスイスが要請した仮保全措置の審理において，両当事国が規程第36条第2項の下で裁判所の強制管轄権を受諾していることを認定し，本件の請求主題が両国の受諾宣言において引き受けられた義務の範囲内に含まれると判示している[98]。この判断からは，裁判所が，少なくとも自動的留保を含むアメリカの受諾宣言の有効性を一応は承認していたという見方が可能となる[99]。更にこのことは，仮に受諾宣言及びそこに含まれる留保が不可分一体の関係にあるという立場 (non-severability)[100] をとるならば，本件において援用された自動的留保についても，裁判所が，これを当初から当然に無効なものだと考えていたとはみなしえないという解釈を可能とするであろう[101]。

他方，両者の分離可能性を肯定する立場[102]からは，自動的留保がそれ自体としても有効であると考えられていたかどうかが問題となるが，本件においてこの点を推し量ることは容易ではない[103]。本件では，自動的留保の有効性が当事国間において争われていたこと，とりわけアメリカが，この留保に基づく抗弁を仮保全措置の審理の段階から終始維持し，しかも，この留保の下での援用国による判断の絶対性，司法判断不可能性を主張していたこと[104]に鑑みるならば，裁判所は，自動的留保に基づくアメリカの第4抗弁 (a) の妥当性を判断する余地を十分に持ちえたはずであったと思われる[105]。しかし，この点に関する裁判所の判断回避の理由が，本件において自動的留保を無効とした場合に，他の宣言国が付した同様の留保[106]についても事実上これらを無効と判断したに等しい結果を生ずることになるのを嫌ってであったとすれば，それはもはや法解釈上の考慮ではなく法政策上の考慮に基づくものと言うべきであろう[107]。仮に裁判所の側においてこの種の考慮が働いていたとするならば，アメリカの国内裁判所においてインターハンデル社の資産返還請求訴訟に再審の道が開かれたことは，裁判所にとっては時宜に適ったことであったかもしれない。これにより裁判所は，自動的留保の有効性判断という極めて困難で微妙な問題を回避するための口実を見出せたからである[108]。

ところで，本件における自動的留保をめぐる当事国の主張からは，この留保の有効性を判定するための指標として，条約法，なかんずく「両立性の基準」が適用される余地があると考えられていたのかどうかについても，一定の推測を行うことが可能であるように思われる。本件では，先の「ノルウェー公債事件」とは異なり，当事国間において自動的留保の効力が争われていたという点が重要である。すなわち，この留保の適用については当事国間に「共通の意思の表明」があったとみることはできないわけである。とりわけ，この留保の絶対性に固執するアメリカの主張[109]からは，他国がこの留保(及び，この留保に基づいて行われる決定)に対して異議を唱えその効力を争うという余地は，同国の意思においては完全に排除されていたとみなくてはならず，ここではもはや，留保の有効性の決定を他の当事国の意思にかけるという「両立性の基準」における公理の一つが成り立たなくなっていると言わなくてはならないであろう[110]。

(4) 航空機撃墜事件(アメリカ合衆国対ブルガリア)

受諾宣言に付された自動的留保は，「1955 年 7 月 22 日の航空機撃墜事件」においても激しい議論の的になった。本件は，ブルガリア軍により撃墜されたイスラエル国籍の民間航空機に搭乗していたアメリカ合衆国国民の損害賠償に関し，アメリカがブルガリアを相手取り 1957 年 10 月 28 日に提起した訴訟である。

ところで，撃墜された右イスラエル航空機には，イスラエル人及びイギリス人も搭乗していたことから，イスラエル及びイギリスが本件と並行してブルガリアを相手取った同様の訴訟を提起していた。このうち，イスラエル対ブルガリア事件(1957 年 10 月 16 日提訴)において，被告ブルガリアの提起した先決的抗弁が容認され，同事件における裁判所の管轄権が否認される判決が下り(1959 年 5 月 26 日)[111]，この結果を受けてイギリスは，1957 年 11 月 22 日に提起していた訴訟の取り下げを申請し，これが容認された(1959 年 8 月 3 日)[112]。しかし，こうした状況の中で，アメリカだけがその後も訴訟を継続したのであった。

ブルガリアは，このようなアメリカの提訴に対して，四つの先決的抗弁を提起したが，それらのうち第二の抗弁が，アメリカの受諾宣言における自動的留

保を相互主義によって援用するというものであった[113]。アメリカは，ブルガリアが自動的留保を援用したことについて，この留保は「アメリカ合衆国政府あるいはこれを相互的に援用しようとする他の政府が，訴訟主題を『本質的に国内管轄事項に属する』と恣意的に性格規定することを許すものではない」し[114]，また，「悪意に基づく恣意的な決定を許すものでもない」[115]と重ねて強調することにより，「ある問題が本質的に国内管轄事項の範囲内に属するということをこの留保の下で決定しうる国家の権利及び能力には何らの制約も課されていないという命題」には同意することができない，と述べた[116]。アメリカのこの主張は，要するに，裁判所のみが自動的留保の援用に効果を付与する権限を有するということを示唆したものと解され[117]，そのように解する限り，自動的留保はもはや「自動的」でも「絶対的」でも「自己判断的」でもなくなるということを含意しているように思われる[118]。

　しかし，ここで想起すべきは，アメリカが先の「インターハンデル事件」において明言した，自動的留保に基づく決定は裁判所が当該決定の如何なる側面をも審理しうる可能性を排除するという，この留保の絶対性の観念[119]である。対ブルガリア事件においてアメリカが主張した上記の立場は，このような自動的留保の絶対性という観念とは明らかに矛盾するものとなっているからである。アメリカは結局，自国の相矛盾する立場を維持することは困難であると認識し，1960年5月13日付けで裁判所書記局へ送付した国務省法律顧問の書簡の中で，自動的留保の恣意的な援用は許されないとする上記の立場について，「この議論の前提〔自動的留保の下での決定が恣意的であったか否かは裁判所により判断されるということ・筆者注〕は誤っており，それ故，この議論は撤回されなくてはならないとの結論に至った」ことを明らかにした。そして同書簡は，「インターハンデル」事件においてアメリカが維持した立場に言及しつつ，この留保の下での決定は「如何なる裁判所の審査ないしは承認にも服するものではなく，アメリカが決定する事項を裁判所の管轄権から決定的に除外する機能を営む」のであって，「ある事項が本質的に国内管轄事項に属するというこの留保の下での決定は，その決定の妥当性や恣意性にかかわらず，裁判管轄権に対する絶対的

第 10 章 選択条項受諾宣言に付された留保　335

な障壁を構築する」と明言しているのである。こうしてアメリカは,「ノルウェー公債事件」において裁判所により適用された相互主義の原則に言及しつつ,「ブルガリアは自動的留保に関してアメリカと同様の権利及び権限を付与される」ことを認め,本件訴訟の取り下げを申し出たのであった[120]。これを受けて裁判所は,1960 年 5 月 30 日の命令において,本件の総件名簿からの削除を決定した[121]。

　本件においてアメリカは,被告ブルガリアが相互主義により援用した自動的留保について,一度はその恣意的援用を認めないとする立場をとった。しかしその場合にも,自動的留保の適用を限界づける指標の一つとして,条約法一般にも「留保事件」における「両立性の基準」にも一切言及がなされなかったのである。その後アメリカがそれまでの主張を撤回し,「インターハンデル事件」において強調した自動的留保の絶対性の観念に回帰したことは,もはやこの種の留保が,「両立性の基準」の如き指標に服する余地のないものであることを計らずも裏付ける結末になったと言えるであろう。何故なら,本件の議論において確認されたのは,自動的留保は,少なくともこの留保を援用する宣言国の意思に関する限り,全く恣意的な権利 (a completely arbitrary right) に基づいて提起されうるものであるということに他ならないのであって[122],一国によるこのような恣意的な権利の主張が,「両立性の基準」の下で予定されている留保の許容条件を如何なる意味においても満たし得ないことは,明らかと言わねばならないからである。

(5) 核実験事件

　本稿の冒頭において取り上げた「核実験事件」では,一般議定書と選択条項受諾宣言との関係をめぐる論点に着眼したが,これに関連して,原告オーストラリアが,被告フランスの受諾宣言に付された留保の解釈をめぐって展開した主張の中には,この種の留保に対する条約法の適用性に関連する議論がみて取れることから,ここではそれを概観しておきたい。

　本件において問題とされたフランスの留保は,1966 年 5 月 20 日の同国の受諾宣言中,留保条項の第 3 項として付されたものであった。すなわち,同項は,

「戦争又は国際的な敵対行為から生ずる紛争，国家の安全保障に影響を及ぼす危機又はそれに関連する措置ないしは行動から生ずる紛争，及び，国防に関連する活動についての紛争」をフランスの裁判管轄受諾の範囲から除外すべき旨を規定していたのである[123]。

さて，このいわゆる国防問題に関するフランスの留保についてオーストラリアがまず問題としたのは，その定式の曖昧さであった。右のフランスの留保は，形式上は，1949年の受諾宣言に見られたような自己判断的な文言を含んでおらず，客観的な定式において起草されたものであるように見えるけれども，実際には，主観的な機能を営むものとみなしうる余地があることに注意しなければならないとされる[124]。すなわち，フランスの留保は，その定式が極めて曖昧であることから，およそあらゆる事項をその対象として包含しうる可能性を有しており，果たして，その適用範囲が裁判所による客観的な司法判断によって確定されうるものであるのかが問題とならざるを得ないというのである。そして，もし裁判所が，この留保の適用範囲を客観的に判断し得ないということになれば，その射程は，この留保の援用国であるフランス自身の判断において決定されると解さなくてはならず，かかる意味において，当該留保は，自動的ないしは自己判断的な留保（automatic or self-judging reservation）だと位置づけられる余地を残すことになるというのである[125]。

オーストラリアは，フランスの留保がこのような主観性を持つ限りにおいて，それは，裁判所規程に反するものであるから無効になると主張する。この場合，オーストラリアによれば，フランスの留保は受諾宣言から分離可能とされるのであり，これにより留保の無効は宣言全体の無効を招来することにはならないから，選択条項に基づく裁判管轄の基礎自体は，なお有効なものとして存続することになるとされるのである。そしてオーストラリアは，そのような分離可能性の根拠として，「ノルウェー公債事件」におけるローターパクト裁判官の個別意見に依拠するのである。同裁判官の所論は，既にみたように，留保と受諾宣言の不可分一体性，したがって，両者の分離不可能性を説くものであったが，そこで前提とされていたのは，留保が，受諾宣言を行うに当たっての不可欠の

条件を構成するという考えであった[126)]。オーストラリアは，1949年以降におけるフランスの受諾宣言の変遷過程を検討した結果，右の国防問題に関する留保は，1966年の受諾宣言においてその不可欠の条件を構成するものではなく，したがって，両者は分離可能であるとの結論を導いているのである[127)]。

受諾宣言とそこに付された留保の分離可能性の問題は，その捉え方如何によって，管轄権の存否に関して全く正反対の帰結をもたらすことになる。この問題が，裁判官の間においてもっとも激しく議論されたのが「インターハンデル事件」であったことは，既にみたとおりである[128)]。この点オーストラリアによれば，同事件以降における分離可能性に関する法は，今や，右にみた同国の主張を完全に支持するように発展してきており，条約の可分性 (separability of treaty provisions) を規定する条約法条約第44条第3項が，かかる法をリステートしていると主張されるのである[129)]。同条項は，「〔条約の無効の〕根拠が特定の条項にのみ係るもの」である場合には，「当該根拠は，当該条項についてのみ援用することができる」として，「(b) 当該条項の受諾が条約全体に拘束されることについての他の当事国の同意の不可欠の基礎をなすものでなかったことが，条約自体から明らかであるか又は他の方法によつて確認されるかのいずれかである」場合に，特定条項の条約全体からの可分性が認められることになると規定している。つまり本条項は，条約の「独立自足的部分 (self-contained parts)」については，当該条約中の他の諸規定の確立した権利及び義務のバランスを必ずしも崩すことなく，これを削除又は停止しうるとする考えを具体化したものであり，国際法委員会のコメンタリーも，この文脈において，前記「ノルウェー公債事件」及び「インターハンデル事件」における若干の裁判官の議論を引用しているのである[130)]。

しかし，そもそもこの第44条が，条約法条約の枠組みにおいてさえ，条約に対する留保の分離可能性の問題を解決するための指針となりうるのかどうかも，実のところ定かではないように思われる。たとえば，第44条第3項における可分性の考え方が，同条約第19条の下で無効とされた留保についても適用され，この留保の無効が，それが付された条約そのものの受諾行為にまで及ぶことを

阻止することが可能であるのかについては、条約法条約の条文上はなお明らかとは言い難い[131]。ましてや、第44条第3項が、受諾宣言とそこに付された留保の分離可能性の問題を直接に規律しうる法であると言えるのかどうかは、いっそう慎重に判断しなくてはならないであろう。第44条第3項の下では、無効が主張される条項に対する他の当事国の受諾や同意が前提とされているところ、果たして、こうした観念が、受諾宣言やそこに付された留保についてもそのままの形で妥当すると言えるのか、疑問なしとはしないからである。

　ところで、オーストラリアは、右にみたように、フランスの国防問題に関する留保を自己判断的な性格を有する主観的留保だと規定した上で、その無効を主張したわけであるが、ここでいっそう注目されるのは、オーストラリアが、かかる無効論の根拠として、「留保事件」における「両立性の基準」に言及していることである。オーストラリア側の補佐人を務めたエリフ・ローターパクト (Elihu Lauterpacht) は、「この種の留保が、先の勧告的意見において規定され且つ条約法条約において採択された、条約の趣旨及び目的との両立性という要件に従っているということはできない」と明言しているのである[132]。しかし、この陳述が、受諾宣言に付された留保を条約に対する留保と完全に同格のものだと位置づけた見方であると言えるかというと、他方において、これとは矛盾を来すように思われる、以下のような彼の態度を無視するわけにはいかないのである。すなわち、ローターパクトは、既にみたように、フランスの書簡が一般議定書と受諾宣言との関係を同一主題を扱う連続する条約間の抵触の問題だと位置づけたことに対して、受諾宣言を行っている諸国の間に構築される法関係は、条約の抵触を規律する規則の適用を受けうるような「条約」関係ではないと主張したのであるが、このとき彼は、宣言国間には「合意の絆 (consensual bond)」が生じているとする「インド領通行権事件」判決を引用しつつ、同判決が、それにもかかわらず、受諾宣言に付された留保については、如何なる共通の意思の要素 (any element of a common intent) も存在していないことを示唆していたとして、この留保が一方的なものであることを殊更に強調したのであった[133]。受諾宣言に付された留保を一方的なものだとする構成は、かえって、そ

れが条約に対する留保とは区別されるべきものであるとの見方を示唆したものと解されよう。何故なら,「留保事件」における勧告的意見が述べるように,条約に対する「如何なる留保も,それに対する合意なくしては有効ではあり得ないということは十分に確立している」のであって[134],かかる合意原則は,「両立性の基準」の適用過程においても維持されるべき原則だと解しうるからである。

なお,本件のもう一方の原告であるニュージーランドも,フランスの国防問題に関する留保の適用性を争っているが,この留保に対する同国のアプローチは,オーストラリアのそれとは異なる。すなわち,ニュージーランドによれば,フランスの留保の適用性は受諾宣言全体の直接的な解釈問題として位置づけられるのであって[135],「『国防』の文言を,その通常の意味に反しないように,また,裁判所が自らの管轄権に関する紛争を解決する権利を主張しうるように解釈することは可能である」とされるのである[136]。もっとも,ニュージーランドの議論においては,この種の留保に対する条約法の適用性という観点は持ち込まれてはいない。

(6) ニカラグア軍事及び準軍事活動事件

受諾宣言に付された留保をめぐる問題がその後大きく議論されることになったのは,1984年の「ニカラグア軍事及び準軍事活動事件」(以下,「ニカラグア事件」)においてであった。本件において問題とされた留保は二つある。一つは,1946年8月26日のアメリカ合衆国の受諾宣言から「中米諸国との紛争もしくは中米における事件から生じあるいはそれに関連がある紛争」を除外すべきことを主張する1984年4月6日の合衆国国務長官による書簡(いわゆる「シュルツ書簡」)[137]であり,他の一つは,アメリカの1946年受諾宣言に付された留保条項(c)が規定する,「多数国間条約の下で生ずる紛争」について,「(1)判決によって影響を受ける全ての条約当事国が裁判所における事件の当事国となっている場合,又は,(2)アメリカ合衆国が特に管轄権に合意する場合を除いて」受諾宣言は適用されないとする留保(いわゆる「多数国間条約留保」)[138]である。

① 「シュルツ書簡」

まず「シュルツ書簡」についてであるが，これは，ニカラグアがアメリカを被告とする訴訟を提起する三日前に正にこの提訴を阻止する目的で，アメリカが1946年の受諾宣言に対する「追加宣言」として提起したものである。本書簡をめぐる問題点は，それがニカラグアの提訴に対して，1946年宣言から「明白に管轄権を排除する留保」としての法的効果が認められるかどうか，という点にあった[139]。この争点をめぐる紛争両当事国の応酬は，本稿の主題との関連において実に興味深いものがある。というのも，上記「シュルツ書簡」の法的効果をめぐる争点が，受諾宣言に対する条約法の適否の如何を問うという形で激しく論じられているからである。

ニカラグアは，「シュルツ書簡」が1946年のアメリカの受諾宣言に対する修正，もしくは原宣言の終了及び新宣言への置き換えを試みようとするものであると解した上で，いずれにしても，この種の試みは条約法の諸原則（the principles of the law of treaties）に照らして正当化されず法的効果を生じえない，と主張する[140]。ニカラグアによれば，「受諾宣言の提出及び宣言の変更・終了の問題は条約法によって規律される事項」なのであり，「条約の修正及び終了を規律する諸原則に基づく場合を除いて，宣言を変更したり終了したりすることはできない」とされる[141]。これに関連して，ニカラグア側の補佐人を務めたブラウンリーが，「相互に組み合う受諾宣言の本質的に条約的な性格（the essential treaty character of interlocking declarations）」を強調しつつ，*pacta sunt servanda* を規定する条約法条約第26条への注意を促している点などは特に興味深いと言えよう[142]。またニカラグアは，時間的により広い管轄権受諾を行ったアメリカが，即時終了可能なニカラグアの無期限受諾宣言を相互主義により援用しうると主張した[143]点についても，この種の受諾宣言は条約法の諸原則に従う場合を除いては廃棄されえないとして，今度は条約法条約第56条を援用するのである[144]。

これに対してアメリカは，条約法の議論は受諾宣言の文脈においては全く妥当しないとして，これを正面から争っている。アメリカによれば，受諾宣言は条約ではなく[145]，その一方的性質の故に，当初からその当事国を拘束する二国間の交渉された条約と比較しても，本質上いっそう容易に一方的終了ないしは

一方的修正に服しうるのであって[146]，裁判所の判例上も，受諾宣言に付された即時修正権に関する留保などは，条約法条約における条約の改正ないしは修正に関する規則(第39条から第41条)には従ってはいないと反論する[147]。何故なら，アメリカの見解によれば，受諾宣言の変更可能性の文脈において想定されているのは，条約の改正・修正に関する規則ではなく，条約法から生ずる諸概念の機械的な適用にはなじまない独特な法的約束（a legal undertaking *sui generis*）の存在だとされるからである[148]。アメリカはまた，受諾宣言をめぐる宣言国の国家実行を仔細に検討した上で，選択条項のシステムは，受諾宣言に付された留保及び留保に対する異議に関する規則の点でも，通常の条約の文脈からは大きくかけ離れていることを強調する[149]。かくしてアメリカは，本件における受諾宣言の変更可能性という争点について，条約法概念に依拠することは不適切だと断じるのである[150]。

　以上の争点について，裁判所はまず，「シュルツ書簡」が即時的な効果をもってする受諾宣言の「部分的且つ一時的な終了（a partial and temporary termination）」を意図したものであると認定した上で[151]，アメリカが，1946年宣言の中で6ヶ月予告条項によって，他の宣言国に対し逃れられない義務を引き受けている以上，同書簡にもこの予告条項が適用されるのであり，それ故同書簡は，即時的にではなくその提出から6ヶ月を経た時点ではじめて効力を生ずることになる，とする判断を下した[152]。裁判所によれば，「選択条項受諾宣言は任意の一方的約束（facultative, unilateral engagements）であり，国家はそのような宣言を行うか否かについて完全な自由を有する」けれども，他方，「このような受諾宣言の一方的性質は，宣言国がその神聖なる約束の範囲及び内容を欲するままに自由に変更することができるということを意味するものではない」[153]とされる。何故なら，受諾宣言は，「裁判所の強制管轄について同一の義務を受諾する他の宣言国との間に一連の双務的約定（bilateral engagements）を構築するのであって，そこでは，条件，留保及び時間的制限が考慮されることになる」[154]とされるからである。

　また，ニカラグアの無期限受諾宣言を相互主義に基づいて援用しうるとする

アメリカの主張についても，裁判所は次のように述べてこれを却下した。すなわち，この原則は留保など受諾宣言によって引き受けられた約束の範囲及び実体に関連して作用するものであり，宣言の発生，存続ないしは消滅といった形式的条件には適用がないこと[155]，そして，仮にそのような相互主義の適用が可能であったと想定しても，「無期限でなされた受諾宣言の即時終了に関する権利は全く確立していない」のであって，「受諾宣言は，有効期限に関する規定を含まない条約から脱退し，あるいは，そのような条約を終了するためには合理的な期間を要するとする条約法に従い，これの類推の下に（by analogy, according to the law of treaties）取り扱われなければならないとするのが信義の要請するところ」だとする判断である[156]。

以上の判断において注目すべきは，裁判所が受諾宣言の性格を「双務的約定」だと規定し，受諾宣言によって引き受けられる義務が宣言国の自由裁量によって一方的に変更されうるものではないとした点である。更に，ニカラグアの無期限受諾宣言の即時終了の可能性について，類推適用という次元ではあるが，裁判所がはじめて条約法を援用したという点も見逃せないであろう。

それでは，以上の裁判所の態度から，受諾宣言あるいはそこに付された留保に対する条約法の適用可能性の問題をどのように位置づけることができるであろうか。

裁判所の判断に従えば，受諾宣言の双務的約定性はそこに付された留保についても妥当する，と解されうる。受諾宣言の一方的な変更や終了がこの双務的約定性の故に制限されるとするならば，受諾宣言に付される留保についても，その成立や法的効果の発生には，双務性つまり何らかの合意的要素の作用を必然的に伴うものと解すべきように思われる。しかし，ここで示唆される双務性の具体的内実が，通常の条約の文脈で語られる合意と全く同一次元のものを含意しているのかどうかは必ずしも明らかではない[157]。更に，無期限受諾宣言の即時廃棄に対する規律について条約法の類推適用を示唆した点についても，そこで観念される条約法の具体的内容はいささか曖昧であると言わねばならない[158]。ここでは少なくとも，無期限受諾宣言の即時廃棄の如き行為が，選択条

項の趣旨及び目的に反するが故に無効であるという判断はなされておらず，この意味で「両立性の基準」の適用が問題とされているのでないことは確かであろう。上記判断の文脈に即して考えるならば，条約の一方的廃棄を規定する条約法条約第56条の類推を示唆しているように読めなくもない[159]が，仮にそうであるにしても，条約法条約が，「自国についてこの条約の効力が生じている国によりその効力発生の後に締結される条約についてのみ適用」されるものであることを考えるならば（事件当時，ニカラグア及びアメリカはともに条約法条約の非当事国であった。また，両国の受諾宣言は条約法条約の効力発生以前に行われていた），かかる類推によって想定される規範が，「この条約との関係を離れ国際法に基づき条約を規律するような規則」であることに関する何らかの論証なり言明なりが，この判断の前提において必要であったように思われるのである[160]。

ところで，そもそも裁判所は，ここで敢えて条約法の類推を持ち出す必然性があったと言えるであろうか。というのも，ここでは，アメリカがニカラグアの無期限受諾宣言を相互主義により援用しうるかという点こそが，「シュルツ書簡」の法的効果の如何という本件における争点にとってより直接的な関連性を有する論点となっているのであって，この種の受諾宣言の即時廃棄の可能性という問題は，右の争点に対する判断を導く上で，その法的推論上不可欠ないしは関連性を有する論点を構成しているわけではないように思われるからである[161]。そのことを措くとしても，無期限受諾宣言の終了が条約法の類推に従ってきたと言いうるだけの実定規範の裏付けが，選択条項当事国の国家実行上得られているようには思われない以上[162]，受諾宣言の双務的約定性及びそれに対する条約法の類推適用可能性の容認という，本件における裁判所の判断が説得力を持つようには思われず[163]，まして，この帰結が受諾宣言に付された留保についてもそのまま妥当するとは，直ちには首肯し難いように思うのである[164]。

②「多数国間条約留保」

アメリカは，上記の「シュルツ書簡」と並んで，ニカラグアの提訴に対する管轄権否認の抗弁の一つとして，「多数国間条約留保」を援用した。すなわちア

メリカは，ニカラグアが国連憲章や米州機構憲章など 4 つの多数国間条約に対する違反を訴因として挙げていることを指摘し，本件紛争がこれらの多数国間条約の下で生じているものであるところ，「多数国間条約留保」が規定する二つの適用除外条件のいずれもが満たされていないとして，本留保の適用を主張したのである[165]。ところが，この留保をめぐる争点は，従来の争訟事件に見られた留保に関する論点とは幾分趣を異にしている。すなわち，「多数国間条約留保」については，これまで学説において，その解釈上の疑義及び適用上の困難が指摘されてきた[166]にもかかわらず(否，それ故にこそ)，ニカラグアは当該留保の裁判所規程との両立性や留保そのものの有効性を直接争ったのではなく[167]，専ら本件における当該留保の適用条件の充足の如何を問題とし，且つ，その適用不可能性を主張したのであった[168]。すなわちニカラグアによれば，本留保の適用条件として，アメリカが主張する，裁判所の「判決によって影響を受ける」国[169]は存在しないか，もしくは，これらの諸国がそのような判決がもたらす影響の射程外にとどまることは明らかであるとされ，それ故にこの留保は，ニカラグアの請求を審理する裁判所の管轄権に対する制約を課すことにはならない，というのである[170]。このことは反面，「多数国間条約留保」が裁判所の判決によって「影響を受ける」条約当事国が存在する限りにおいて適用されるという点では，ニカラグアの側にも異論はなかったものと解しうる[171]。

以上の点について，裁判所はまず，ニカラグアの請求は多数国間条約の違反を根拠とするものに限定されていないのであるから，「多数国間条約留保」によってニカラグアの請求の全てが裁判所の審理の対象外に置かれることにはならず，むしろニカラグアの主張によれば，アメリカは多数の一般慣習国際法上の諸原則に違反しているとされるのであって，裁判所としては，これらの諸原則が関連の多数国間条約において具現されているという理由だけで，一般慣習国際法に基づくニカラグアの請求を退けることはできないと述べた[172]。また，「多数国間条約留保」の適用条件の一つである「判決によって影響を受ける」第三国の範囲についてであるが，裁判所によれば，これを決定するのは事件の当事国ではなく裁判所であること，しかしいずれの第三国が影響を受けるのかと

いう問題は，事件の本案に関連する実体判断を伴う問題であり，管轄権の問題ではないとされた[173]。すなわち裁判所は，アメリカの「多数国間条約留保」に基づく抗弁は，事件の状況に鑑み専ら先決的な性質を有するものではない（裁判所規則第79条第7項）と考えるのであり，したがってこの留保は，裁判所がニカラグアによって提起された訴訟を審理する上での障害をなすものではないとする判断を下したのである[174]。

こうして，アメリカの「多数国間条約留保」に基づく抗弁の当否は，本案段階の審理において検討されることとなる[175]。本案段階においてアメリカが訴訟への不参加を表明したことは周知の通りであるが，それにもかかわらず，「多数国間条約留保」に基づく抗弁それ自体は容認される結果となった[176]。しかしながら，他方において裁判所は，この留保の効果は，多数国間条約としての国連憲章及び米州機構憲章の適用可能性を排除するにとどまるのであり，裁判所規程第38条が裁判所に対して適用を要請する国際法の他の法源については何ら影響を及ぼすものではないとして[177]，本件紛争に対する適用法規としては一般慣習国際法が妥当するとの判断を下したのである[178]。こうして裁判所は，一方においてアメリカの「多数国間条約留保」の適用を容認しつつも，他方において，一般慣習国際法に基づくニカラグアの請求を決定する管轄権を有すると結論づけたのであった[179]。

以上のような裁判所の態度に対しては，留保のそもそもの目的が裁判所の管轄権を排除するという点にあることを考えた場合，実質的には本件において，「多数国間条約留保」の効果を否定したに等しいとの見方も成り立ち得よう[180]。その意味では，本件における「多数国間条約留保」の扱いは，管轄権に対する抗弁というよりもむしろ法源ないしは適用法規に対する抗弁として処理されたと考える方が，より実態に適った見方であるようにも思われる[181]。しかし，仮にそうだとすれば，今度は以下の点で「多数国間条約留保」の効力に疑義を差し挟む余地を生ずることになりはしないか。すなわち，「国際連合の主要な司法機関」である裁判所は，「規程に従って任務を行う」ことが要請されており（憲章第92条，規程第1条），規程が「憲章と不可分の一体をなす」ものである以

上(憲章第92条),裁判所の規程遵守義務は「憲章に基づく義務」だと観念されるのであって,この義務は,国連加盟国である規程当事国においては,他のあらゆる合意に優越するものとみなくてはならない(憲章第103条)[182]。こうした枠組みの下で,裁判所は「付託される紛争を国際法に従って裁判することを任務とし」なくてはならぬ以上(規程第38条第1項),裁判所に対してある法規の適用のみを許容し他の法規の適用除外を求めることは,規程によって定められた裁判所の適用法規を制約することにつながりかねず,このような効果が「多数国間条約留保」に対して付与されると解しうるならば,それは,裁判所規程ないしは国連憲章との抵触を惹起することになると言わなくてはならないであろう[183]。ここでは,規程第38条第1項に列挙する適用法規を制約するような留保は無効であるという,ローターパクト裁判官の意見[184]が想起される。

こうしてみると,「多数国間条約留保」をめぐる争点においては,一定の解釈論によりこの種の留保の無効が示唆されることはあるものの,それは条約法の観点からなされたものではないことが理解される。その意味では,本稿の主題に関連性を有する論点は,ここでは直接には引き出し難いようにも思われる[185]。しかしそれでも,管轄権段階における判断として,裁判所が,この留保の適用条件の一つである「判決によって影響を受ける」第三国の範囲に関連して,これを決定するのは事件の当事国ではなく裁判所であることを明らかにした点などは注目されてよいように思う。というのも,この留保は当初より,「潜在的に主観的な留保(potentially subjective reservation)」として逃避条項の機能を果たす余地のあることが懸念されていたのであり[186],ここでの裁判所の判断は,かかる懸念を一応は払拭したと言うことができるからである。

IV. おわりに

条約に対する留保の許容性を判定する規則として,今日,「両立性の基準」が条約法上の原則として確立していることに異論はないと思われる[187]。他方で,同じ術語で呼称される,選択条項受諾宣言に付された留保については,この制度の草創期の頃からその法的規律の在り方に多大なる関心が向けられ,とりわ

け戦後は，いわゆる「逃避条項」の出現による「選択条項の凋落」の深刻さが危惧されてきたにもかかわらず，この種の留保を制御する実定国際法の解釈論が十分に功を奏する形で展開してきているとは，今なお言い難い。しからば，条約に対する留保を規律する条約法の規則，なかんずく条約法条約第 19 条 (c) に規定された「両立性の基準」が受諾宣言に付された留保に対しても適用されるか否かを問い，後者の留保が抱える現況を改善し克服しゆく解釈論構成を試みようとすることは，受諾宣言に付された留保問題へのアプローチとして至極当然に考えられうる選択肢の一つであるように思われる。

しかるに，本稿において概観したように，受諾宣言に付された留保に対する条約法の適用可能性を考察する上での前提となるべき両者の留保の異同という問題は，学説レベルにおいて，これが争点ないしは論点として意識されていると言いうるほどに十分な議論が深まっているとは言い難いことが理解された。むしろ，学説の現状に即して言うならば，両者を同一の文脈で捉える見方はなお根強く，この点で混同ないしは混乱が生じていることも見逃せないであろう。そうであるならば，このような混乱の収拾を図るために，既存の学説の立場を再検討し問題の所在を明確化するとともに，この種の留保問題に対する正しいアプローチの視点を定める作業が何よりも要請されなくてはならない。

こうして本稿においては，受諾宣言に付された留保と条約に対する留保とがどのように相違するのかという問題意識の下，前者の留保に対する条約法の適用可能性という観点から ICJ の裁判例を分析することを通じて，両者の相違を認識するという作業を試みたわけである。もとより本稿での検討は，専ら受諾宣言に付された留保の判例法上の位置づけという点に局限されたものであって，かかる分析から両者の留保の法的性質上の相違，ないしは，受諾宣言に付された留保の法的性質の本質が直ちに帰結されたわけではない。これがためには，条約に対する留保との対比において，その歴史的沿革を辿る作業，及び，両者の法概念上の相違（定義，成立要件，法的効果における相違）に関する理論分析，更には，留保に対する法的規律の枠組みに関する相違などを，主として国家実行や条約法条約の関連規定に照らして検討する作業が不可欠となる。とはいえ，

本稿における検討からは，少なくとも以下のような結論を導き出すことはできると思う。

すなわち，本稿において取り上げた裁判例を概観する限りにおいては，受諾宣言に付された留保の法的判断に当たり，「留保事件」の勧告的意見において示された「両立性の基準」，又は，この基準を具現した条約法条約第 19 条 (c)，もしくは，受諾宣言の修正ないしは終了の文脈における条約法上の関連規則が，訴訟当事国の一部によって言及されたことはあるものの[188]，裁判所がこれらに直接的に依拠し正面からその適用を是認したことは一度もなかったということである。そしてこうした立場は，少数意見に与する裁判官についても，ほぼ一致してみられる態度であったと言ってよいように思われる。もっとも，この種の条約法の適用が類推の次元において認められるかという点については，前記「ニカラグア事件」判決の位置づけを確定しておく必要があろう。けだし，同判決が示唆した条約法の類推適用の可能性に大きな意義を見出すことには慎重にならざるを得ない。既にみたように，無期限受諾宣言の廃棄の規律について条約法の類推を導く裁判所の法的推論には必ずしも説得力は見出し難く，この判断を当該論点に関するリーディング・ケースとして位置づけることには，躊躇の念を禁じ得ないのである[189]。

もっとも裁判所は，受諾宣言に付された留保の法的判断に当たって，条約法を適用しなかったことの理由を明言してはおらず，個々の裁判官の意見においても，この点を両者の留保の法的性質の異同という観点から明らかにしているものはみられない。他方で，先例において問題とされた留保が，裁判所規程ないしは選択条項制度の趣旨及び目的と両立していることをこの種の留保の許容条件にするという問題の立て方が，条約法における「両立性の基準」の適用命題と酷似していることは一目瞭然であろう。しからば，条約法の不適用に関する言明を一貫して控えてきた裁判所の態度が，両者の留保の一致を暗黙裡に措定するものであったとは当然には言い難いように思う。何故なら，かかる裁判所の態度によっても，両者の留保が等価でないが故に，選択条項の文脈においては条約法への言及が意識的に避けられてきたのだとの推定が，なおも覆され

ずに残るからである。

　条約法の適否に関して裁判所が具体的な言明を下してはいない以上，本稿における上記の結論は，受諾宣言に付された留保と条約に対する留保の異同について，両者は法的に相違するものであるという仮説を支持するための状況証拠を示唆するに過ぎぬかもしれない[190]。しかし本稿では，かかる問題意識を仮説的にであれ論点として構成しうる可能性を提示しつつ，そのような観点から受諾宣言に付された留保の判例法上の地位を一応は明らかにしえたと言えよう。この種の留保の法的性質が何であるのかを真に特定する作業は，先に留保した未解明の論点を解き明かすことにより，はじめて完結するのである[191]。

注

1) 杉原高嶺『国際司法裁判制度』（有斐閣，平成8年）113-144頁，Rosenne, S., *The Law and Practice of the International Court 1920-1996, vol. II-Jurisdiction*, 3rd. ed., 1997, p. 563; *see also*, Waldock, C.H.M., "General Course of Public International Law", *Recueil des Cours de l'Académie de Droit International de la Haye*, tome-106 (1962-II), p. 108 (hereinafter cited as '*R.C.A.D.I.*').

2) もとより，選択条項に基づく一方的付託もそれに服するという当事国の同意に基礎づけられるものである以上，ここに真の意味の強制管轄権を見出すことはできず，その実体は「準強制管轄権（*quasi*-compulsory jurisdiction）」と言いうるに過ぎない。Brierly, J.L., *The Law of Nations: An Introduction to the International Law of Peace*, 6th ed., edited by Sir Humphrey Waldock, 1963, pp. 354-355.（傍点及びイタリックは筆者による。）

3) ICJの公式サイトによれば，裁判所規程当事国総数190カ国のうち，選択条項の受諾国数は2000年9月6日のレソトの受諾宣言を含め63カ国となっている。(*http://www.icj-cij.org/icjwww/ibasicdocuments/ibasictext/ibasicdeclarations.htm*). なお，ICJ期における選択条項受諾率の減少化の傾向については，Gross, L., "Underutilization of the International Court of Justice", *Harvard International Law Journal*, vol. 27, 1986, pp. 573-574, 578; *see also*, Bowett, D.W., "Contemporary Developments in Legal Techniques in the Settlement of Disputes", *R.C.A.D.I.*, tome 180 (1983-II), p. 178, p. 222, n. 5.

4) 留保の慣行が選択条項制度にもたらした影響については，Oppenheim, L., *Interna-*

tional Law: A Treatise, vol. II-Dispute, War and Neutrality, 7th ed., edited by Sir Hersch Lauterpacht, 1952, p. 62; Singh, N., *The Role and Record of the International Court of Justice*, 1989, pp. 19–20. また，第二次大戦後における選択条項の下での留保の特徴と，そのような留保が諸国により定式化された要因の分析及び社会学的考察については，De Visscher, Ch., *Théories et réalites en droit international public*, 4ᵉ éd., 1970, pp. 394–395.

5) 関野昭一は，Escape Clause に相当する留保として，即時廃棄権に関する留保，即時修正権に関する留保，及び，自動的留保の三つを指摘している。関野昭一「国際司法裁判所の強制管轄権の受諾と Escape Clause」『國學院法学』第 2 巻第 3 号（1965 年）26 頁。

6) たとえば，関野「前掲論文」44 頁以下，Bowett, D.W., *The Law of International Institutions,* 4th ed., 1982, pp. 271–272; *see* also, *infra* note (35).

7) 受諾宣言に付された留保及び期限条項の現状については，差し当たり以下を参照。Alexandrov, S.A., *Reservations in Unilateral Declarations Accepting the Compulsory Jurisdiction of the International Court of Justice*, 1995, pp. 136–159, Annex II, III.

8) 学説の中にも慎重論を唱える立場がないわけではないが，全体としてみた場合，それは多数派ではない。自動的留保の無効論に対する慎重論については，奥脇直也「国連システムと国際法」山之内靖他編『岩波講座 社会科学の方法〔VI〕社会変動の中の法』（岩波書店，1993 年）69–70 頁。

9) Waldock, C.H.M., "Decline of the Optional Clause", *The British Year Book of International Law 1955–56*, vol 32, p. 244 ff. (hereinafter cited as '*B.Y.I.L.*'); *cf.* Brierly, *supra* note (2), pp. 358–361.

10) 受諾宣言に付される留保をどのように処理するのかという問題は，選択条項システムの機能強化及び実効性確保を検討する上で，重要な課題の一つに位置づけられることに疑いの余地はない。杉原・前掲注 (1) 181 頁。なお，従前における選択条項の留保問題への取組みは，ICJ の強制管轄権の拡大・強化というより広いパースペクティヴの中でそのアプローチが模索されてきた。*See, e.g.*, Fitzmaurice, G., "Enlargement of the Contentious Jurisdiction of the Court", Gross, L (ed.)., *The Future of the International Court of Justice*, vol. II, 1976, p. 461 ff., esp., pp. 470–490; Arend, A.C (ed.)., *The United States and the Compulsory Jurisdiction of the International Court of Justice*, 1986.

11) こうした問題意識については，Crawford, J., "The Legal Effect of Automatic Reservations to the Jurisdiction of the International Court", *B.Y.I.L.1979,* vol. 50, p. 63ff., esp., pp. 75–82.

12) 本稿において「条約法」の語に言及する場合，特に断りのない限りそれは，その時点で適用可能な状態にある一般国際法上及び条約法条約上の関連規則を指すとともに，判例法上示された関連の原則を含むものとする。理論上は，条約法条約が発効した 1980 年 1 月 27 日以降の事象については，慣習国際法上の条約法関連規則だけでなく，条約法条約に規定された同種の関連規則の適用が問題になりうる事態を想定しなくてはならない。*cf.* Rosenne, *supra* note (1), p. 822.
13) 受諾宣言に付される留保の「法的判断に当たっては，受諾宣言及びそこに含まれる留保の法的性格の解釈が重要な鍵となろう。」宮野洋一「自動的留保」国際法学会[編]『国際関係法辞典』(三省堂, 1995 年) 390 頁。
14) Crawford, *supra* note (11), p. 77.
15) 拙稿「選択条項受諾宣言の法的性質に関する一考察」『大学院研究年報〈法学研究科篇〉』第 29 号(中央大学, 2000 年) 77 頁以下。
16) Nuclear Tests Case (Australia *v.* France), Judgment of 20 December 1974, *I.C.J. Reports 1974*, p. 253ff.; Nuclear Tests Case (New Zealand *v.* France), *ibid.*, p. 457ff.
17) フランスは，本件訴訟において不出廷の態度を維持したことから，管轄権否認の主張は原告の請求に対する先決的抗弁という形で提起されたのではなく，裁判所書記へ送付された書簡の付属書において提起されたのであった。See, "L'AMBASSADEUR DE FRANCE AUX PAYS-BAS AU GREFFIER, 16 mai 1973", *Pleadings, Oral Arguments, Documents, Nuclear Tests Cases*, vol. II (New Zealand *v.* France), pp. 347–357 (hereinafter cited as '*I.C.J. Pleadings, Nuclear Tests Cases*').
18) 「核実験事件」における一般議定書と選択条項受諾宣言との関係については，東泰介「『核実験事件』の判決と問題点(二)——国際司法裁判所の判例研究——」『帝塚山大学論集』第 12 号(1976 年) 89–92 頁，Merrills, J. G., "The International Court of Justice and the General Act of 1928", *The Cambridge Law Journal*, 1980, pp. 145–148, 157–164; Sinclair, I., *The Vienna Convention on the Law of Treaties*, 2nd ed., 1984, pp. 69–70.
19) *I.C.J. Pleadings, Nuclear Tests Cases*, vol. II, p. 356.
20) この留保については，*infra* note (123)。
21) *I.C.J. Pleadings, Nuclear Tests Cases,* vol. II, p. 348; *see* also, Nuclear Tests Cases (Australia *v.* France), Request for the Indication of Interim Measures of Protection, Order of 22 June 1973, *I.C.J. Reports* 1973, p. 102, para. 15.
22) この点イグナシオ・ピント裁判官は，受諾宣言と一般議定書の関係は「特別法は一般法を破る」の原則によって規律されることを示唆しているようである。Dissenting Opinion of Judge Ignacio-Pinto, *ibid.*, p. 130.

23) こうしたフランスの主張に対するオーストラリアの反論については，*I.C.J. Pleadings, Nuclear Tests Cases,* vol. I, pp. 201–208, 452–468. また，ニュージーランドの反論については，*ibid.*, vol. II, pp. 199–202, 280–283.

24) Joint Dissenting Opinions of Judges Onyeama, Dillard, Jiménez de Aréchaga and Sir Humphrey Waldock, *I.C.J. Reports 1974,* p. 348, para. 81.

25) 1928年9月26日の第9回連盟総会における「国際紛争の平和的解決，侵略の禁止及び相互援助」と題する決議の第5項「常設国際司法裁判所規程第36条の選択条項に関する決議」を参照。*League of Nations Official Journal, Special Supplement,* No.64, p. 183; *see* also, Hudson, M. O., *The Permanent Court of International Justice 1920–1942: A Treatise,* 1943, pp. 453, 467–468.

26) Joint Dissenting Opinions, *supra* note (24), p. 349, para. 82.

27) こうした見方は，バーウィック特任裁判官の反対意見が共有するところでもある。Dissenting Opinion of Judge *ad hoc* Barwick, *I.C.J. Reports 1974,* pp. 418–420.

28) Joint Dissenting Opinions, *supra* note (24), pp. 347–349, paras. 80–81.

29) 条約の留保に適用される相互主義については，Horn, F., *Reservations and Interpretative Declarations to Multilateral Treaties,* 1988, p. 145ff.

30) 条約法上の相互主義が適用される例として受諾宣言に付された留保を挙げるものとして，高野雄一『全訂新版国際法概論(下)』(弘文堂，1986年) 81–82頁，田畑茂二郎『国際法新講 上』(東信堂，1990年) 351–352頁を参照。また，受諾宣言に付された留保に機能する相互主義の淵源を条約法上の相互主義に求めるものとして，田畑茂二郎『国際法新講 下』(東信堂，1991年) 121頁を参照。

31) もっとも田岡が，受諾宣言に付された留保の成立には他の宣言国の了解を求める必要はないとしている点は，重要な指摘である。田岡良一「選択条項の過去と現在——大戦後の平和主義と国際法学の任務——」『法学論叢』第63巻第6号 (1957年) 26–27頁，同『国際法III〔新版〕』(有斐閣法律学全集，1973年) 55–56頁。

32) 皆川洸「選択条項における reciprocity と受諾宣言の廃棄——C.H.M. Waldock 教授の説について——」『一橋論叢』第41巻第3号(1959年) 221–222頁。

33) 選択条項の下での留保は，1925年の国際連盟総会の解釈決議によって許容されるところとなったが，小川は，この決議による留保の容認が他の多辺条約一般に好ましくない影響を及ぼしたとしている。この見解は，両者の留保の沿革に重なり合う部分があることを示唆しているようにみえる。小川芳彦『条約法の理論』(東信堂，1989年) 70–72頁。

34) この留保は，1946年8月14日のアメリカの受諾宣言(寄託は同年8月26日)に

付された「コナリー修正」と呼ばれる留保条項（b）を嚆矢とする。そこでは，「アメリカ合衆国が決定するところにより，本質上，アメリカ合衆国の国内管轄権内にある事項に関する紛争」を裁判義務の範囲から除外すべきことが謳われていた。*I.C.J. Yearbook 1946–1947*, pp. 217–218. なお，「コナリー修正」をめぐる問題点の概略については，Preuss, L., "Questions Resulting from the Connally Amendment", *The American Bar Association Journal*, vol. 32, 1946, p. 660ff. (hereinafter cited as '*A.B.A. Journal*'); Dolzer, R., "Connally Reservation", in Bernhardt (ed.), *Encyclopedia of Public International Law*, vol. I, 1992, pp. 755–756 (hereinafter cited as '*E.P.I.L.*').

35) Escape Clause の中でも，とりわけ自動的留保に関する無効論は枚挙に暇がない。この所論は，1957 年の「ノルウェー公債事件」におけるローターパクト裁判官の個別意見（*see, infra* note (83)）に端を発して以降，おびただしい数の議論が展開されている。かかる議論の展開状況の概略を示すものとして，皆川洸「国際連合と国内管轄事項の原則」『国際法研究』(1985 年，有斐閣) 182–190 頁，特に 183 頁・注 (4)，Crawford, *supra* note (11), p. 65, fns. 2 and 4; Brownlie, I., *Principles of Public International Law*, 5th, ed., 1998, p. 723, fn.107. なお，我が国においてこの論の先駆をなしたのは，高野雄一「任意条項の受諾と Automatic Reservation」であった。『国際法学の諸問題』（前原光雄教授還暦記念論文集，慶応通信，1963 年）所収 303 頁以下。

36) 稲原泰平『新国際法体系論』（信山社，2000 年）179–180 頁。

37) なお高野雄一は，「一般的にいえば，留保の付せられる条約に本質的に矛盾しない留保，この場合は裁判所規程に本質的に矛盾しない留保は，有効なものとして認めうるということになる」と述べている（前掲注 (35) 336 頁）が，この見方が，選択条項の下での留保を裁判所規程に対する留保として捉えようとするものであるのかどうかは定かでない。こうした見方ついては，後掲注 (58) を参照。

38) 東泰介「国際司法裁判所の強制管轄権の受諾宣言に付された留保について」『帝塚山大学紀要』第 5 号 (1968 年) 51 頁・注 (30)。

39) 杉山茂雄『国際法要綱（上巻）』（開発社，1981 年）352 頁（本文中傍点は原文のまま）。

40) 経塚作太郎「Optional Clause の法的構造」『条約法の研究』（中央大学出版部，1967 年）469 頁。

41) 「前掲論文」498 頁。両者の留保の成立上の相違については，田岡・前掲注 (31) も参照。

42) 杉原・前掲注 (1) 150–151, 172 頁。

43) Bindschedler, R., "Treaties, Reservations", *E.P.I.L.,* vol. 7, 1984, p. 498.

44) Higgins, R., *Problems and Process: International Law and How We Use It*, 1994 / ロザリン・ヒギンズ著(初川満訳)『ヒギンズ国際法――問題解決の過程としての国際法――』(信山社, 1997 年) 292 頁.

45) Rague, M. A., "The Reservation Power and the Connally Amendment", *New York University Journal of International Law and Politics*, vol. 11, 1978, p. 323ff., esp., pp. 340–342.

46) Stone, J., *Legal Controls of International Conflict: A Treatise on the Dynamics of Disputes- and War-Law*, 1954, p. 127.

47) Greig, D. W., *International Law*, 2nd ed., 1976, pp. 653–657.

48) たとえば, Brierly, *supra* note (2), pp. 322–324; Greig, *supra* note (47), pp. 465–469; Jennings, R. Y. & Watts, A., *Oppenheim's International Law*, 9th ed., vol. 1-Peace, 1992, pp. 1241–1248; Shearer, I. A., *Starke's International Law*, 11th ed., 1994, pp. 421–426; Malanczuk, P., *Akehurst's Modern Introduction to International Law*, 7th rev. ed., 1997 / エイクハースト゠マランチュク著(長谷川正国訳)『現代国際法入門』(成文堂, 1999 年) 221–222 頁, Brownlie, *supra* note (35), pp. 612–615; Carreau, D., *Droit international*, 6ᵉ éd., 1999, pp. 133–137; Combacau, J. et Sur, S., *Droit international public*, 4ᵉ éd., 1999, pp. 132–135.

49) Thirlway, H., "The Law and Procedure of the International Court of Justice 1960–1989: Part IV (Treaty Interpretation and Other Treaty Points)", *B.Y.I.L.1992*, vol. 63, p. 68; Widdows, K., "The Unilateral Denunciation of Treaties Containing No Denunciation Clause", *B.Y.I.L. 1982*, Vol. 53, pp. 94–95; *see* also, Second Report on the Law of Treaties, by Sir Humphrey Waldock, Special Rapporteur (Doc. A/CN.4/156 and Add.1–3), *Yearbook of the International Law Commission*, 1963, vol. II, p. 68.

50) Case concerning Right of Passage over Indian Territory (Portugal *v.* India), Preliminary Objections, Judgment of November 26th, 1957, *I.C.J. Reports 1957*, pp. 145–147. この争点は, インドの提起した先決的抗弁のうち, 第二の抗弁に関する裁判所の判断である. 即時修正権に関する留保の有効性を争うインドの第一の抗弁については, 本稿 III 2. (1) を参照.

51) Jiménez de Aréchaga, E., "International Law in the Past Third of a Century", *R.C.A.D.I.*, tome-159 (1978-I), p. 154.

52) Crawford, *supra* note (11), p. 77. なお, 受諾宣言に付された留保が条約に対する留保と異なるのは, 前者については他の宣言国の同意は規程上要求されておらず, その有効性の決定も, 裁判所規程との適合性を基準として裁判所自身によってなされるからである, という指摘もなされている. Maus, B., *Les Reserves dans les décla-*

rations d'acceptation de la juridiction obligatoire de la Cour international de justice, 1959, pp. 94–95 (quoted from Alexandrov, *supra* note (7), p. 16, fn. 67.).

53) Rosenne, *supra* note (1), p. 769.

54) *Ibid.*, p. 825. なお，受諾宣言に付された留保が，「条約の特定の規定の法的効果を排除し又は変更すること」を目的とするものではないとの指摘については，Szafarz, R., *The Compulsory Jurisdiction of the International Court of Justice*, 1993, p. 47.

55) Bowett, D. W., "Reservations to Non-Restricted Multilateral Treaties", *B.Y.I.L. 1976–77*, vol. 48, p. 76.

56) ICJ の設立が議せられた 1945 年のサンフランシスコ会議では，第 4 委員会第 3 分科会における D 小委員会の国際司法裁判所規程第 36 条に関する報告書が，常設国際司法裁判所（PCIJ）時代の留保の慣行を確立したものと解釈し，ここで改めて受諾宣言に対する留保の許容性を明白に承認したのであった。*Documents of the United Nations Conference on International Organization*, San Francisco, 1945, vol. 13, p. 559.

57) Oda, S., "Reservations in the Declarations of the Acceptance of the Optional Clause and the Period of the Validity of those Declarations: The Effect of the Shultz Letter", *B.Y.I.L. 1988*, vol. 59, p. 4.

58) 法構造上厳密には，受諾宣言に対する留保は，裁判所規程という条約に対する留保の体裁をとっていないことに留意する必要がある。したがって，両者の留保の交錯は，実体分析に立ち入る以前のこの段階においては，あくまで「現象的」なものにとどまらざるをえない。

59) この点クロフォードは，規程第 36 条第 3 項は条約法条約第 19 条 (b) に明らかに該当するケースであるとした上で，ただしかし，PCIJ の初期の頃からみられた多様な留保は，「事後の慣行による第 36 条の解釈上の発展」を示すものであって，この慣行は，「規程第 36 条第 3 項の一見して明白な文言の修正を伴っている」としている。Crawford, *supra* note (11), pp. 79, 82; *see also*, Fitzmaurice, *supra* note (10), p. 475; Hambro, E., "The Jurisdiction of the International Court of Justice", *R.C.A.D.I.*, tome-76 (1950-I), p. 183.

60) 本章において取り上げる裁判例の中には，条約法条約が成立する 1969 年より以前に下されたものも少なくないが，同条約第 19 条 (c) の「両立性の基準」が，1951 年の「ジェノサイド条約に対する留保事件」における勧告的意見の中で示された裁判所の見解を起源とするものであることに鑑み，それらについては，同意見における「両立性の基準」の適用性という観点から判例分析を行うこととする。*cf.* Reservations to the Convention on the Prevention and Punishment of the Crime of Geno-

cide, Advisory Opinion of May 28th, 1951, *I.C.J. Reports 1951*, p. 24.

61) ポルトガルの第三条件は，即時修正権に関する留保の先駆となったものである。第三条件は次のように規定している。「ポルトガル政府は，この宣言の有効期間中いつでも，国連事務総長に通告することにより，且つ，そのような通告があった時から有効となるように，如何なる種類の紛争をもこの宣言の範囲から除外する権利を留保する。」*I.C.J. Yearbook 1955–1956*, pp. 185–186.

62) Right of Passage case, *I.C.J. Reports 1957*, p. 141; *see also*, *Pleadings, Oral Arguments, Documents, Case concerning Right of Passage over Indian Territory* (*Portugal v. India*), vol. I, pp. 108–112, paras. 25–34 (hereinafter cited as '*I.C.J. Pleadings, Right of Passage Case*').

63) *I.C.J. Reports 1957*, pp. 141–144; *see also*, *I.C.J. Pleadings, Right of Passage Case*, vol. IV, pp. 25–33.

64) *I.C.J. Reports 1957*, pp. 142–144.

65) *Ibid.*, p. 144.

66) 裁判所は，即時修正権に関する留保が選択条項にもたらす不確実性の程度について，それは，即時廃棄権に関する留保が生ぜしめている状態と実質的には同じであるとも述べている。*Ibid.*, pp. 143–144. この判断は，後者の留保についても，その裁判所規程との両立性を暗に肯定したものと解されている。Merrills, J. G., "Optional Clause Revised", *B.Y.I.L. 1993*, vol. 64, p. 211, fn. 57; Brownlie, *supra* note (35), p. 723.

67) *I.C.J. Reports 1957*, p. 142.

68) ロゼンヌは，両者のテストの相違は実質的なものであるというよりも形式的なものであるようにみえると言う。Rosenne, *supra* note (1), p. 771.

69) Oral Argument of Professor C.H.M. Waldock, *I.C.J. Pleadings, Right of Passage Case*, Vol. IV, pp. 29–30.

70) Dissenting Opinion of Judge Chagla, *I.C.J. Reports 1957*, p. 168.

71) 前掲注 (68) にもかかわらず，ロゼンヌ自身は，いずれの解釈が支持されるべきかを明言していない。もっとも，受諾宣言に付された留保は条約に対する留保とは異なるものであるとの彼の基本的な立場 (*supra* note (54)) には留意しておく必要があろう。

72) この点クロフォードは，裁判所が「適用可能な法原則」の内実を明らかにしなかったという点を捉えて，本件では，「条約の留保規則の適用性についてはほとんど支持は得られていない」とみている。Crawford, *supra* note (11), p. 78.

73) ノルウェーがフランスの自動的留保を援用した際，裁判所は，その法的基礎を裁

判所規程第36条第2項に規定された相互主義の原則に求めている。Case of Certain Norwegian Loans (France v. Norway), Judgment of July 6th, 1957, *I.C.J. Reports 1957*, p. 24. なお，原文は第3項を引いているが，これは第2項の誤りであるとする指摘がなされており，筆者もそのように解した。高野雄一「ノルウェー公債事件（管轄権）」同編『判例研究国際司法裁判所』（東京大学出版会，1965年）142–143頁，Briggs, H. W., "Reservations to the Acceptance of the Compulsory Jurisdiction of the International Court of Justice", *R.C.A.D.I.*, tome-93 (1958-I), p. 256. ところで，ここで裁判所が根拠としている規範が，条約法上の相互主義ではなく，規程第36条第2項に内在するそれだとしている点に留意しておくことは重要であろう。この点，選択条項システムの中で作用する相互主義の淵源を規程第36条第2項に求めることにより，これが条約法上の相互主義とは異なる独自の基礎をもつ原則であることを指摘するものとして，杉原・前掲注(1) 172, 180頁。

74) *I.C.J. Reports 1957*, p. 23.
75) *Ibid.*, p. 24.
76) *Ibid.*, p. 26.
77) *Ibid.*, p. 27.
78) *Ibid.*
79) 杉原・前掲注(1) 161頁。
80) Holloway, K., *Les Réserves dans les traités internationaux*, 1958, p. 322ff; *see also*, Holloway, K., *Modern Trends in Treaty Law: Constitutional Law, Reservations and the Three Modes of Legislation*, 1967, p. 657, fn. 20.
81) Reservations case, *I.C.J. Reports 1951*, p. 26.
82) Holloway, *Les Réserves, supra* note (80), p. 323.
83) Separate Opinion of Judge Sir Hersch Lauterpacht, *I.C.J. Reports 1957*, pp. 43–48. 自動的留保はまた，裁判所がその規程に従って任務を遂行すべきことを定める裁判所規程第1条及び国連憲章第92条にも反するとされる。*Ibid.*, p. 44.
84) *Ibid.*, pp. 48–55.
85) *Ibid.*, pp. 55–59.
86) Dissenting Opinion of Judge Guerrero, *ibid.*, pp. 68–70. 但しそこには，留保と受諾宣言の分離可能性をはっきりと肯定する言明はみられない。
87) *Mémoires, Plaidoiries et Documents, Affaire Relative à Certains Emprunts Norvégiens (France c. Norvège)*, vol. I, p. 131, para. 26.
88) Dissenting Opinion of Judge Read, *I.C.J. Reports 1957*, pp. 94–95.
89) 「合理的限界論」の意義については，杉原・前掲注(1) 164–166頁を参照。

90) *Mémoires, Plaidoiries et Documents, Affaire de L'Interhandel* (*Suisse c. États-Unis d'Amérique*), p. 77（hereinafter cited as '*C.I.J. Mémoires, Affaire de L'Interhandel*'）; *see* also, Interhandel Case (Switzerland *v.* United States of America), Request for the Indication of Interim Measures of Protection, Order of October 24th, 1957, *I.C.J. Reports 1957*, p. 107.

91) 裁判所は訴訟のこの段階では、アメリカの援用した自動的留保を「先決的抗弁 (Preliminary Objection)」とは称さずに、単に「主張 (contention)」というように言及した。Briggs, *supra* note (73), p. 353.

92) スイスは、本件紛争がアメリカの留保領域 (le domain réservé) には含まれず、同国の自動的留保はスイスには対抗し得ない (ne peut être opposée à la Suisse) こと、そして、当該留保が、規程第36条第2項が規定する義務的裁判の原則のみならず、それ自身の管轄権を決定する権限を裁判所に付与している規程第36条第6項とも両立し得ない (incompatibles) ことを主張したが、アメリカの受諾宣言自体は有効であるとの態度をとった。*C.I.J. Mémoires, Affaire de L'Interhandel*, pp. 407–412, esp., paras. 6–8, pp. 574–581.

93) Réplique de M. le Professeur Guggenheim, *ibid*., pp. 462–463.

94) *I.C.J. Reports 1957*, p. 111.

95) *Ibid*., p. 112.

96) 高野雄一「インターハンデル事件(管轄権)」前掲注 (73) 173頁。

97) Interhandel Case (Switzerland *v.* United States of America), Preliminary Objections, Judgment of March 21st, 1959, *I.C.J. Reports 1959*, p. 26; *see* also, Oral Argument of Mr. Becker, *C.I.J. Mémoires, Affaire de L'Interhandel,* p. 507; Reply of Mr. Becker, *ibid*., p. 610.

98) *I.C.J. Reports 1957*, p. 110.

99) スイスによる仮保全措置指示の要請が却下された理由が、この段階において本案管轄権の欠如が想定されたことによるものではなく、それを指示すべき緊急性の欠如のためであったという裁判所の判断 (*supra* note (95)) にも留意しておきたい。Briggs, *supra* note (73), p. 352.

100) こうした立場は、本件においてスペンダー及びローターパクトの両裁判官がとるところとなった。Separate Opinion of Judge Sir Percy Spender, *I.C.J. Reports 1959*, p. 57; Dissenting Opinion of Judge Sir Hersch Lauterpacht, *ibid*., pp. 116–117. なお、「ノルウェー公債事件」におけるローターパクト裁判官の個別意見も参照。Judge Lauterpacht, *supra* note (85). この所論によれば、アメリカの自動的留保は、裁判義務の受諾にとって不可欠の条件をなすものと解される以上、それは、受諾宣言の他

の部分からは切り離しえないのであって、この留保が裁判所規程に反し無効だとすれば、この留保を含む受諾宣言それ自体も無効になるとされる。

101) 但しその場合でも、本判決が、この留保に裁判所の管轄権を一方的に奪うという絶対的な効果を持たせることまでを承認していたとは解しえないであろう。*cf.* Briggs, *supra* note (73), p. 354.

102) クレスタッド裁判長及びアルマンド・ウゴン裁判官がこの立場をとった。Dissenting Opinion of President Klaestad, *I.C.J. Reports 1959*, pp. 76–78; Dissenting Opinion of Judge Armand-Ugon, *ibid*., pp. 91–94. この所論によれば、アメリカの自動的留保は、裁判所規程に反し無効であるとされるが、アメリカの真の意思は裁判義務の受諾を行うという点にあったと解されることから、この留保を除く受諾宣言の残りの部分には、なお効果が付与されることになる。

103) この点でブリッグスは、ノッテボーム・ルール (Nottebohm case, *I.C.J. Reports 1953*, pp. 122–123.) や受諾宣言の実効的解釈の原則 (Right of Passage case, *I.C.J. Reports 1957*, p. 142.) などの裁判所の判例法理に照らして、自動的留保に基づく決定がそれ自体として無効になりうることはありえても、そのことが直ちに受諾宣言の全体を無効とするものではないとの解釈論を導いている。Briggs, *supra* note (73), pp. 361–363.

104) *C.I.J. Mémoires, Affaire de L'Interhandel*, pp. 320, 452–453, 466.

105) *cf.* Judge Spender, *supra* note (100), p. 54; *see also*, President Klaestad, *supra* note (102), p. 76; Dis. Op. Judge Lauterpacht, *supra* note (100), pp. 99, 102, 118.

106) 本件の管轄権判決が下った1959年当時、自動的留保を維持していた他の宣言国は、リベリア、メキシコ、パキスタン、スーダン及び南ア連邦共和国であった。*I.C.J. Yearbook 1959–1960*, pp. 243–244, 245–246, 248–249, 250–251, 253–254.

107) *cf.* Dis. Op. Judge Lauterpacht, *supra* note (100), pp. 117–118; *see also*, Verzijl, J.H.W., "The International Court of Justice 1959: A. Interhandel Case (Switzerland *v.* U.S.A.) (Preliminary Objection)", *Netherlands International Law Review*, vol. 6, 1959, pp. 369–370.

108) Holloway, *Modern Trends, supra* note (80), p. 687.

109) *Supra* note (104). なおこの主張は、後述の「航空機撃墜事件」においても確認されるところとなった。*See, infra* note (120).

110) ローターパクト裁判官が、先の「ノルウェー公債事件」において展開した自動的留保の無効論は、本件の反対意見の中においてもその趣旨を変えることなく主張されているが、本意見では、「留保事件」の勧告的意見が述べた「両立性の基準」への言及がみられる点が注目される。Dis. Op. Judge Lauterpacht, *supra* note (100),

p. 105. しかしそこでの論旨は，当該基準を自動的留保の有効性の判定基準として用いたというよりも，宣言国が留保を付しうる権利には限界があることの例示としてこの基準を参照したに過ぎず，その適用可能性を積極的に肯定したものではないように思う．cf. Crawford, *supra* note (11), p. 78, fn. 2.

111) ブルガリアは，PCIJ 時代の 1921 年に行っていた同国の選択条項受諾宣言は，PCIJ の解散とともに失効したと主張した．裁判所は，規程第 36 条第 5 項は，国連の原加盟国でなかったブルガリアの受諾宣言には適用がないと判示した．Case concerning the Aerial Incident of 27 July 1955 (Israel v. Bulgaria), Preliminary Objection, May 26, 1959, *I.C.J. Reports* 1959, p. 127ff, esp., pp. 138–139, 141.

112) Case concerning the Aerial Incident of 27 July 1955 (United Kingdom v. Bulgaria), Preliminary Objection, May 26, 1959, *ibid.*, pp. 264–265.

113) *Pleadings, Oral Arguments, Documents, Aerial Incident of 27 July 1955* (*Israel v. Bulgaria; United States of America v. Bulgaria; United Kingdom of Great Britain and Northern Ireland v. Bulgaria*), pp. 271–272. (hereinafter cited as '*I.C.J. Pleadings, Aerial Incident*').

114) *Ibid.*, pp. 305, 323.

115) *Ibid.*, p. 308.

116) *Ibid.*, p. 323.

117) Holloway, *Modern Trends, supra* note (80), p. 694.

118) Gross, L., "Bulgaria Invokes the Connally Amendment", *The American Journal of International Law*, vol. 56, 1962, p. 368 (hereinafter cited as '*A.J.I.L*'.).

119) *Supra* note (104).

120) *I.C.J. Pleadings, Aerial Incident*, p. 677.

121) Case concerning the Aerial Incident of 27 July 1955 (United States of America v. Bulgaria), Order, May 30, 1960, *I.C.J. Reports 1960*, pp. 146–148.

122) Waldock, *supra* note (1), pp. 112–113.

123) *I.C.J. Yearbook 1966–1967*, p. 52. 本件において援用されたフランスの受諾宣言は，1959 年 7 月 10 日の受諾宣言を更新したものである．1966 年宣言では，「国防に関連する活動についての紛争 (disputes concerning activities concerned with national defense)」という文言のみが新たに付け加えられた．また，1959 年宣言は，先にみた「ノルウェー公債事件」を契機として，同国の 1949 年 3 月 1 日の受諾宣言（採択は，1947 年 2 月 18 日）を新たに更新したものであったが，そこでは，自動的留保が撤回されている．以上の経緯については，*I.C.J. Pleadings, Nuclear Tests Cases*, vol. I, p. 307, paras. 299–303; *ibid*, vol. II, pp. 195–197, paras.170–171. なお，

その後フランスは，本件訴訟の審理中（1974年1月2日）に，1966年宣言の廃棄通告を行った。*I.C.J. Yearbook 1973-1974*, p. 49.

124) *I.C.J. Pleadings, Nuclear Tests Cases*, vol. I, p. 307, para. 298.
125) *Ibid.*, p. 308, paras. 307-309, p. 313, paras. 335, 338. この留保を主観的ないしは自己判断的な留保だとみなす立場を示唆するものとして，O'Connell, D.P., *International Law*, 2nd ed., vol. 2, 1970, pp. 1084-1085; *see also*, Elkind, J., *Non-Appearance before the International Court of Justice: Functional and Comparative Analysis*, 1984, pp. 122-123. 他方，フランスの留保は必ずしも自己判断的なものであることが明らかではなかったとする見方も示されている。Verma, D. P., "The *Nuclear Tests* Cases: an Inquiry into the Judicial Response of the International Court of Justice", *South-African Yearbook of International Law*, vol. 8, 1982, pp. 31-32; *see* also, Dissenting Opinion of Judge De Castro, *I.C.J. Reports* 1974, p. 376.
126) ローターパクトは，*Utile non debet per inutile vitiari*（「有用ナルモノハ無用ナルモノニヨッテハ害サレス」）の法諺を引用しつつ，留保が受諾宣言の不可欠の一部を構成しない場合には，無効とされた留保を宣言から切り離すことはむしろ正当であるという。Judge Lauterpacht, *supra* note (83), pp. 56-57.
127) *I.C.J. Pleadings, Nuclear Tests Cases*, vol. I, pp. 308-311, paras. 310-327. この点についてグレイグは，1966年宣言における国防問題に関する留保の挿入は，フランス政府の熟慮された政策決定の結果であるとして，むしろここでのオーストラリアの主張の方に説得力を認めていない。Greig, D.W., "Nicaragua and the United States: Confrontation over the Jurisdiction of the International Court", *B.Y.I.L. 1991*, vol. 62, p. 205.
128) *See*, *supra* note (100) and (102). 但し，「モロッコ在住の米国民の権利に関する事件」及び「ニカラグア事件」（後述）においては，アメリカは被告とされたがこの留保を援用しなかった。こうした場合においても，不可分一体論の観点から「宣言の有効性を否定した上で，改めて応訴管轄（*forum prorogatum*）として捉え直すことが適切な理解の仕方であるとは思われない」であろう。中村道「強制的管轄受諾宣言と留保――ノルウェー公債事件――」山本草二他編『国際法判例百選』別冊ジュリスト No. 156（有斐閣，2001年）189頁。
129) *I.C.J. Pleadings, Nuclear Tests Cases*, vol. I, p. 310, fn. 1; *cf.* Judge De Castro, *supra* note (125), p. 377.
130) 小川芳彦「国際法委員会条約法草案のコメンタリー（四）」『法と政治』（関西学院大学，1969年）119頁。なおバウエットは，条約に対する留保と受諾宣言に付された留保の相違を一応は認識する態度を示しておきながら，他方で，前者の分離

可能性の問題については，その解決指針として「ノルウェー公債事件」におけるローターパクト裁判官の不可分一体論 (*supra* note (85)) に依拠するのである。Bowett, *supra* note (55), pp. 76–77.

131) Greig, D .W., "Reservations: Equity as a Balancing Factor?", *The Australian Year Book of International Law 1995*, vol. 16, p. 53 (hereinafter cited as 'A.Y.I.L.').

132) Argument of Mr. Lauterpacht, *I.C.J. Pleadings, Nuclear Tests Cases*, vol. I, p. 448.

133) *Ibid.*, p. 469. ローターパクトが引用した通行権事件判決については，*I.C.J. Reports 1957*, p. 146.

134) Reservation case, *I.C.J. Reports 1951*, p. 21.

135) *cf.* Greig, *supra* note (127), p. 189.

136) *I.C.J. Pleadings, Nuclear Tests Cases*, vol. II, p. 198, para. 174.

137) *I.C.J. Yearbook 1983–1984*, pp. 90–91.

138) *I.C.J. Yearbook 1946–1947*, pp. 217–218. この留保は，トルーマン大統領に ICJ の強制管轄権受諾を進言するモーゼ決議 (the Morse Resolution; S.Res.196) を審議するアメリカ上院外交関係委員会の小委員会に提出された 1946 年 7 月 10 日のダレス・メモ (the Dulles memorandum) に端を発するものである。ダレス・メモでは三種類の留保が提案されていたが，このうちの一つがヴァンデンバーグ上院議員 (Senator Arthur Vandenberg) の修正提案を受けて，同年 8 月 26 日のアメリカ合衆国の受諾宣言に付された留保条項 (c) となった。それ故この (c) 項は，「ヴァンデンバーグ修正」とか「ヴァンデンバーグ留保」などとも称される。Wilcox, F. O., "The United States Accepts Compulsory Jurisdiction", *A.J.I.L.*, vol. 40, 1946, pp. 714–715; Preuss, L., "The International Court of Justice, the Senate, and the Matters of Domestic Jurisdiction", *ibid.*, pp. 720–721; *cf.* Fleming, D. F., *The United States and the World Court 1920–1966*, rev. ed., 1968, pp. 189–197.

139) 小和田恒「ニカラグヮに対する軍事的活動事件——仮保全措置指示要請」『国際法外交雑誌』第 83 巻第 6 号 (1985 年) 52 頁，同「ニカラグァに対する軍事的活動事件——管轄権及び受理可能性——」『国際法外交雑誌』第 85 巻第 4 号 (1987 年) 59 頁。

140) *Pleadings, Oral Arguments, Documents, Case concerning Military and Para-military Activities in and against Nicaragua* (*Nicaragua v. United States of America*), vol. I, pp. 74–77, 389–397 (hereinafter cited as '*I.C.J. Pleadings, Nicaragua Case*').

141) *Ibid.*, p. 71.

142) Argument of Professor Brownlie, *ibid.*, pp. 71–72. ニカラグアによれば，受諾宣言に認められる「双務的」ないし「合意的」性格がそれ自体条約のカテゴリーには収

まらないものであるとしても、その修正ないし終了の問題は、「条約法上見出される根拠と実質的には同種の根拠に基づいて決定される」こととなる。*Ibid.*, p. 392, paras. 115, 119.

143) *Ibid.*, pp. 109–110. アメリカは、自国の1946年宣言には6ヶ月の終了予告条項が付されていることに鑑み、「シュルツ書簡」が対世的 (*erga omnes*) には即時的な効力を生じないとしても、ニカラグアの無期限受諾宣言は即時終了可能な状態に置かれているのであるから、相互主義の原則により、同書簡は、ニカラグアに対する関係においては (*vis-à-vis* Nicaragua) 即時的に効力を生ずる、と主張した。*Ibid.*, vol. II, pp. 124–127, paras. 413–420.

144) *Ibid.*, vol. I, pp. 123–124. 無期限受諾宣言の一方的廃棄の可能性を否定するニカラグアの見解については、*ibid.*, pp. 397–398, paras. 140, 142.

145) *Ibid.*, vol. II, p. 102, para. 338, p. 119, para. 398.

146) *Ibid.*, p. 123, para. 408.

147) *Ibid.*, p. 105, paras. 347–348.

148) *Ibid.*, vol. II, p. 119, para 398. ここでアメリカが念頭においているのは、即時修正権に関する留保の有効性を肯定した前記「通行権事件」判決である。しかし、当該判決が示唆した「適用可能な法原則」の中に条約法の規則が含まれるか否かが明らかでないことについては、既にみた通りである。

149) *Ibid.*, pp. 112–113, para. 374.

150) *Ibid.*, p. 119, para. 398.

151) Case concerning Military and Para-military Activities in and against Nicaragua (Nicaragua *v.* United States of America), Jurisdiction of the Court and Admissibility of the Application, Judgment of 26, November, 1984, *I.C.J. Reports 1984*, pp. 417–418, para. 58.

152) *Ibid.*, p. 419, para. 61. 裁判所によれば、6カ月予告条項は、1946年宣言と不可分の一体を構成するが故に、受諾宣言の終了の場合だけでなく、修正の場合についても遵守されるべき条件だとされるのである。*Ibid.*, p. 421, para. 65.

153) *Ibid.*, p. 418, para. 59.

154) *Ibid.*, p. 418, para. 60.

155) *Ibid.*, p. 419, para. 62.

156) 裁判所は、仮にニカラグアの受諾宣言が即時終了可能であったと仮定し、且つ、同国がアメリカと同じように4月6日に受諾宣言の廃棄通告を行ったと仮定しても、提訴日である4月9日までの3日間は、「『合理的な期間 (reasonable time)』には相当しない」としている。*Ibid.*, p. 420, para. 63.

157) ジェニングス裁判官によれば、受諾宣言の双務的性格を条約ないし契約に匹敵

するものとみることはできないとしつつ、条約の属性がその一部に認められるという限りにおいて、受諾宣言は、「特別な種類の条約ないしは契約 (a special kind of treaty, or contract)」と言いうるに過ぎないものだという。Separate Opinion of Judge Sir Robert Jennings, *ibid.*, p. 547.

158) Rosenne, S., *International Law Miscellany*, 1993, p. 103.
159) とりわけ裁判所が念頭においていたのは、条約法条約第56条第2項が規定する、条約の一方的廃棄に際しての12カ月前までの事前通告の要件であったと推測される。この点で、モスラー裁判官が条約法の類推適用を容認しつつ、無期限受諾宣言は条約法条約第56条に従い、廃棄通告後12ヶ月で失効するとの考えを明示している点は注目されよう。Separate Opinion of Judge Mosler, *I.C.J. Reports 1984*, pp. 466–467.
160) 条約法条約第4条を参照。*cf.* McDade, P.V., "The Effect of Article 4 of the Vienna Convention on the Law of Treaties 1969", *The International and Comparative Law Quarterly*, vol. 35, 1986, pp. 499–511. もっとも、条約法条約第56条第2項の規範が一般国際法の規則であるかどうかは議論の分かれるところであろう。この規範を *de lege ferenda* であるとする見方については、たとえば、Separate Opinion of Judge Sette-Camara in Interpretation of the Agreement of 25 March 1951 between the WHO and Egypt, Advisory Opinion of 20 December 1980, *I.C.J. Reports 1980*, p. 187.
161) この意味で、無期限受諾宣言の終了が条約法の類推によってなされるという裁判所の判断は、*obiter dictum* であるとみなくてはならないように思う。Merrills, *supra* note (66), pp. 208–209. なお、ICJ判決の先例としての位置づけ、及び、そこでの *ratio decidendi* と *obiter dictum* の区別の意義については、Shahabuddeen, M., *Precedent in the World Court,* 1996, p. 152ff., esp. pp. 153–160.
162) この点に関する分析については、拙稿・前掲注 (15) 83–85頁。
163) この点でジェニングス裁判官が、「一方的宣言を規律する法」つまり「受諾宣言に関する国家実行から生ずる法」が、「選択条項の受諾を規律する一般法」たりうることを示唆している点は重要である。Judge Jennings, *supra* note (157) pp. 545–546. なお、裁判所が受諾宣言に対して条約法の類推適用を容認した点については、学説上も少なからぬ批判が向けられている。*See*, Eisemann, P-M., "L'arrêt de la C.I.J. du 26 novembre 1984 (compétence et recevabilité) dans l'affaire des activités militaires et paramilitaires au Nicaragua et contre celui-ci", *Annuaire français de droit international*, vol. 30, 1984, pp. 380–381; Verhoeven, J., "Le droit, le juge et la violence: les arrêts Nicaragua c. Etats-Unis", *Revue générale de droit international public*, tome-91, 1987, p. 1174; Oda, *supra* note (57), p. 18; Rosenne, *supra* note (158), pp. 102–103;

Vierdag, E.W., "The International Court of Justice and the Law of Treaties", Lowe, V. & Fitzmaucie, M.（eds.）, *Fifty Years of the International Court of Justice: Essays in honour of Sir Robert Jennings*, 1996, pp. 154–157.

164) 受諾宣言に付された留保は合意に服するものではないとの指摘については，Dissenting Opinion of Judge Schwebel, *I.C.J. Reports 1984*, p. 620, para. 99.

165) *I.C.J. Pleadings, Nicaragua* Case, vol. II, pp. 78–91.

166) たとえば，Briggs, *supra* note（73）, pp. 307–308; Wilcox, *supra* note（138）, p. 715. なお，この留保の趣旨及び適用範囲の捉え方をめぐってハドソンとライトの間に論争が見られる。*See*, Hudson, M.O., "The World Court: America's Declarations Accepting Jurisdiction", *A.B.A. Journal*, vol. 32, 1946, p. 835ff.; Wright, Q., "The International Court of Justice and the Interpretation of Multilateral Treaties", *A.J.I.L.*, vol. 41, 1947, pp. 445–452; Hudson, M.O., "The Twenty-sixth Year of the World Court", *A.J.I.L.*, vol. 42, 1948, pp. 12–13.

167) 「多数国間条約留保」の裁判所規程の下での許容性については，森田桂子「国際司法裁判所における多数国間条約留保と国際慣習法の関係（二・完）——条約当事国間における慣習法の適用をめぐって——」『上智法学論集』第42巻第1号（1998年）110–118頁。

168) *I.C.J. Pleadings, Nicaragua* Case, vol. III, pp. 83–101.

169) アメリカによれば，それらは，エルサルヴァドル，ホンデュラス，コスタリカの三国であった。*Ibid.*, vol. II, pp. 86–91, paras. 279–299.

170) *I.C.J. Reports 1984*, p. 423, para. 70.

171) *I.C.J. Pleadings, Nicaragua* Case, vol. IV, p. 95, para. 360.

172) 裁判所によれば，ここで援用された諸原則が条約に具現されているという事実は，これらの諸原則が慣習法の諸原則として存在し適用されることを排除するものではない，とされる。*I.C.J. Reports 1984*, pp. 424–425, para. 73.

173) *Ibid.*, pp. 425–426, paras. 75–76.

174) *Ibid.*, para. 76.

175) Case concerning Military and Para-military Activities in and against Nicaragua（Nicaragua v. United States of America）, Merits, Judgment of 27, June, 1986, *I.C.J. Reports 1986*, pp. 29–38, paras. 37–56.

176) なお，「多数国間条約留保」の適用性を肯定する判決主文の第1項に対しては，4名の裁判官（ルダ，エライアス，セッテ・カマラ，倪）が反対票を投じているが，ここでも，この留保の適用性を条約法の観点から問題にした者は一人もいない。*See*, Separate Opinion of Judge Ruda, *ibid.*, p. 175, paras. 7–8（なお，本件における「多数

国間条約留保」の適用性を否定的に解するルダ裁判官の所論は，管轄権段階での個別意見において詳述されている。Separate Opinion of Judge Ruda, *I.C.J. Reports 1984*, pp. 454–458, paras. 13–27.); Separate Opinion of Judge Elias, *I.C.J. Reports 1986*, p. 178; Separate Opinion of Judge Sette-Camara, *ibid.*, pp. 192–199; Separate Opinion of Judge Ni, *ibid.*, pp. 201–211.

177) *Ibid.*, p. 38, para. 56.

178) *Ibid.*, pp. 92–97, paras. 172–182.

179) *Ibid.*, p. 97, para. 182.

180) シュヴェーベル裁判官は，裁判所が管轄権段階において「多数国間条約留保」の適用を容認しなかったことは，この留保の本来の目的を無視するものであって，そのような態度は，この留保を限定的な意味において無効 (in a limited sense, invalid) と判断したに等しいという。Judge Schwebel, *supra* note (164), pp. 610–611, para. 78; *see also*, Sohn, L.B., "Suggestions for the Limited Acceptance of Compulsory Jurisdiction of the International Court of Justice by the United States", *The Georgia Journal of International and Comparative Law*, vol. 18, 1988, p. 15.

181) 留保に対するこのような裁判所のアプローチはこれまでに例がなく，極めて特異なものであったと言えよう。この点は，「多数国間条約留保」の適用は本件に対する管轄権を否認する効果をもたらすと主張した三名の裁判官によって手厳しく批判されるのである。Dissenting Opinion of Judge Oda, *I.C.J. Reports 1986*, pp. 214–219, paras. 1–14; Dissenting Opinion of Judge Schwebel, *ibid.*, pp. 296–306, paras. 78–99; Dissenting Opinion of Judge Sir Robert Jennings, *ibid.*, pp. 529–534.

182) Shihata, I.F.I., *The Power of the International Court to Determine its own Jurisdiction: compétence de la compétence,* 1964, p. 49.

183) Greig, *supra* note (127), pp. 232–233.

184) Judge Lauterpacht, *supra* note (83), pp. 44–45.

185) 本件における「多数国間条約留保」をめぐる争点の位置づけとしては，先決的抗弁の類型化とその分類基準という論点を浮き上がらせた点に，その意義が認められるという。山本草二「国際裁判手続の予備的段階──先決的問題をめぐる抗弁の分類──ニカラグア事件(管轄権・受理可能性)──」山本他編・前掲注 (128) 176–177 頁。

186) Waldock, *supra* note (9), pp. 273–275. なおジェニングス裁判官も，「多数国間条約留保」の定式をなす文言が極めて曖昧であることから，その明確な意味の把握に困難を生ぜしめ，それ故，この留保の有効性が議論される余地がありえたこと，そしてそうなれば，留保の分離可能性の問題，更には，受諾宣言全体の無効の問

題が避けられなかったであろうことを示唆している。Judge Jennings, *supra* note (157) pp. 554–555.
187) とはいえ，その運用が適切且つ実効的になされているのかという点については，この基準にも種々の問題点が指摘されているのは周知の通りである。たとえば，条約法条約第 19 条 (c) が適用される条約に対する留保の有効性の決定をめぐって，許容性学派と対抗力学派の間で学説の対立が見られることなどは，この点に関する最近の動向として留意しておく必要があろう。この問題については，中野徹也「条約法条約における留保の『有効性』の決定について(一)(二・完)」『法学論集』(関西大学)第 48 巻第 5・6 号(1999 年) 202 頁以下，及び，第 49 巻第 1 号(1999 年) 72 頁以下，坂元茂樹「条約の留保制度に関する一考察——同意の役割をめぐって」『転換期国際法の構造と機能』(石本泰雄先生古稀記念論文集，国際書院，2000 年) 181–185，186–188 頁を参照。
188) 「インド領通行権事件」におけるインドの主張 (*supra* note (69))，「核実験事件」におけるオーストラリアの主張 (*supra* note (132))，及び，「ニカラグア事件」におけるニカラグアの主張 (*supra* note (141)) を見よ。
189) この点でキンタナは，前記「ニカラグア事件」判決第 63 項 (*supra* note (156)) が傍論を述べたものであることを認めつつも，この判断が確立した判例法としての権威を獲得することは間違いないという積極的な評価を与えており，筆者とは見方を異にしている。Quintana, J.J., "The Nicaragua Case and the Denunciation of Declarations of Acceptance of the Compulsory Jurisdiction of the International Court of Justice", *Leiden Journal of International Law*, vol. 11, 1998, pp. 104–105.
190) なお，留保以外の受諾宣言の他の側面(たとえば，宣言の寄託，批准，効力発生など)についても，条約法の類推を同様に認める余地がないと言い切れるかという問題は，本稿の主題とはひとまず区別されるため，別途検討を要しよう。
191) 本稿脱稿後，スペイン対カナダの「漁業管轄権事件」判決 (Fisheries Jurisdiction Case (Spain *v.* Canada), Jurisdiction of the Court, 4 December 1998, *see*, http://www.icj-cij.org/icjwww/idocket/iec/iecframe.htm)，及び，カメルーン対ナイジェリアの「領土・海洋境界事件」判決 (Case concerning Land and Maritime Boundary between Cameroon and Nigeria (Cameroon *v.* Nigeria), Preliminary Objection, Judgement of 11 June 1998, *I.C.J. Reports 1998*, p. 275ff.) に接し得た。これらのケースでは，受諾宣言及びそこに付された留保の法的性格の捉え方について，幾つかの注目すべき展開がみて取れるなど，本稿の問題意識を敷衍する上で格好の検討素材を提供している。本稿で未解決のまま残された論点と併せて，その検討は他日に譲りたい。なお，こうした最近の動向を踏まえた分析については，差し当たり以下を参照。

Fitzmaurice, M., "The Optional Clause System and the Law of Treaties: Issues of Interpretation in Recent Jurisprudence of the International Court of Justice", *A.Y.I.L. 1999*, vol. 20, pp. 127–159.

第11章
国際平面における同性愛の法的地位

谷 口 洋 幸

はじめに

　1967年の女性差別撤廃宣言にはじまり，1979年の女性差別撤廃条約の採択，そして1999年の同条約選択議定書の採択へと至る人権保障の流れは，性（sex）にもとづく差別に毅然と闘っていく国際人権法の意思を体現している[1]。「男女の定型化された役割分担観念の変革」を基本理念とするこの条約の存在意義は，その批准国の多さからしても，比類なく大きなものである。

　しかし，この条約の根底に，あまりに「自然」なこととして見逃されている重要な問題があることに気づくだろうか。それは誰がそのような差別や人権侵害の客体であるのか，すなわち被差別者として想定される「女性」とは誰か，ということである。このような問いには，「生物学的・医学的な意味で分類された女性であり，それは一般人が常識として認識するところの女性である」といった解答がよせられる。しかし，そのような法外在的な要因のみをもって法的な意味での「女性」を説明するのでは不十分である[2]。というのも，この説明は一般人の常識や他の学問領域の知見が昇華して法が生成されるという認識にもとづくため，法現象をとらえるにはあまりに素朴であると同時に，法の暴力性をあまりに軽視しているためである。本稿はそのような意識のもと，国際人権諸機関の文書を分析することによって，いわば法内在的に，国際人権法が対象とする法的性別の射程を検証するものである。

　人間の性別はいくつかの位相から成り立っている。それらは大まかに，（1）身体的性別（somatic sex），（2）性別自認（sexual/gender identity），（3）社会的・文化的性別（gender role/appearance），（4）性的指向（sexual orientation）の4つの位相に分けられる。これらの位相のいずれか，もしくは複数が非典型[3]である

人々は性的少数者（sexual minority）として総称される。本稿が対象とするのは，その中で（4）の位相に非典型を示す，すなわち性愛の対象となる性別が自身の性別と同じ性別（のみ）に向かっている類型として現れる同性愛（homosexuality）である[4]。

性的少数者の存在にもかかわらず，法は前述の位相を看過して性（sex）を一元的に規定し，人間を「男性」と「女性」とに二分する。そのために性的少数者は多くの法的な問題をかかえることになる。これまで同性愛については国内法を中心として，その法的な位置づけをめぐるいくつかの重要な研究がなされてきた[5]。本稿はこれを国際人権法の視座から分析・検討する。というのも，同性愛者解放運動にたずさわる多くの国際人権NGOの活躍や[6]，国際人権諸機関での同性愛をめぐる議論が，筆者にとってこの論題を国際人権法の視座から論じるに十分な動機と素材を与えていると思われるからである。なお，本稿はその対象を同性愛に限定するが，この限定は性的少数者の序列化を意図するものではないことも付記しておく[7]。

本稿ではまず国際機関における同性愛への言及や議論について，それぞれの事例や文書を紹介する。そして対象をヨーロッパ人権条約へとうつし，その条約実施機関で審査された事例を整理し，変遷を概観する。そして最後に国際平面における同性愛の法的位置づけについて若干の考察をおこなうこととする。

1. 国際機関における同性愛の地位

同性愛をめぐる暴力・殺傷事件，差別や抑圧は今日でも世界各地で横行している[8]。この現状にたいして1980年代からさまざまな国際機関が同性愛に言及するようになっており，その多くは人権の視座からのものであった。これは第2次大戦後，人権が国際関心事項として認識され，1993年のウィーン会議においてその普遍性が確認された経緯にみられるような，人権の国際化の一端としてとらえうる。しかし，国際的な人権保障が叫ばれるようになった契機とされるナチス政権下のホロコーストでは，同性愛者も集団殺戮の対象とされていた事実からすれば[9]，遅すぎた対応であるといっても過言ではない。本節では，国

際機関でとりあげられた同性愛にかんする事例を紹介する。以下に規約人権委員会，国連人権小委員会，その他の国際機関の順に，それぞれが同性愛に言及した事例を紹介する。

1.1. 規約人権委員会

規約人権委員会は，市民的および政治的権利に関する国際規約(以下,「B規約」)の実施状況にかんする政府報告を審査することと，個人による申立ての審査を主な任務としている。後者の制度は，個人通報にかんする選択議定書批准国の国民が規約人権委員会にたいして国家の条約違反を直接通報し，委員会の判断を求めることを可能とするものである。通報を受けた委員会は，申立ての許容性にかんする判断をしたのちに，本案についての見解 (views) と称される判断を下すこととなる。これまでの見解の中で，同性愛に関連した事例が2つ確認できる。

1つはHertzberg対フィンランド事件である[10]。本件では，同性愛をとりあつかったラジオとテレビの番組にたいしておこなわれた国営フィンランド放送会社の検閲について，その検閲行為が通報者らの表現の自由(B規約19条)を侵害しているか否かが争われた。当時のフィンランド刑法には「同性間のみだらな行為を奨励すること」を処罰する規定が存在したため，国営フィンランド放送会社が同性愛者にかんする問題をとりあげる番組の放映を禁止した事件である。これについて委員会は，通報者らのB規約19条の権利にたいする制限が存在していたことを認めた。しかし，その制限が公衆道徳の保護という正当な目的を有しており，公衆道徳には「普遍的に適用可能な共通の基準は存在しない」が，その判断に際して政府に一定の裁量の余地 (margin of discretion) が与えられていると述べた。特に同性愛については，「未成年者にたいする有害な影響を回避しえない」として，国営フィンランド放送会社の判断が裁量の余地の範囲内であったと判断し，権利の侵害はなかったとの結論に達した。委員会の多数意見にたいしてOpsahl委員は，最終的な結論には賛成しながらも，公衆道徳の保護という理由について個別意見を付した。同委員は公衆道徳という概念は相対

的・可変的であり，国家による制限の理由の援用にあたっては，「先入観をもたせたり，不寛容を助長するように用いられるべきではない」とした。そしてB規約19条との関連では，たとえ「多数者を攻撃したり衝撃を与えたり動揺させたりする」ことがあろうとも，重要なのは「少数者の見解にかんする表現の自由を保護すること」であると述べた。そして多数派意見のように，表現の自由を制限する正当化理由として刑法の規定をあげるだけでは不十分であり，その制限が「必要（necessary）である」ことを証明しなければならないとの意見を示した。この個別意見には，他に2人の委員が同意を表明している。

同性愛にかんする問題が審査されたもう1つの事件はToonen対オーストラリア事件である[11]。本件はオーストラリア在住の同性愛者解放運動の活動家が，タスマニア州刑法の規定によって私生活を尊重される権利（B規約17条），差別なき権利の享有（B規約2条1項），および法の下の平等（B規約26条）の権利を侵害されているという通報であった。争われた州刑法の規定は「不自然な性交渉」（122条a項）や「自然に反する性行為」（同条c項），「男性同士によるみだらな行為」（123条）を禁止する規定，いわゆるソドミー法（sodomy law）と称されるものであった。委員会はB規約17条の権利の侵害について，問題となっているソドミー法が禁止していると考えられる男性同性間の性行為は，それが成人同士によって合意の上で私的におこなわれるものであれば，これを刑法上の犯罪とすることに合理的な理由はないと述べた。HIV/AIDSの蔓延防止という理由で同法が正当化できるというタスマニア州政府の論理にたいして委員会は，刑法規定の存在がむしろHIV/AIDS対策としてのセーファー・セックスの推進などには不利益にはたらくという通報者と連邦政府の主張に賛同した[12]。さらに，ソドミー法がかつてオーストラリアの他の州にも存在していたが現在では廃止されていることや，タスマニア州においても同法がほとんど適用されていないことからも，「道徳構造の崩壊」や「公衆道徳の維持」という理由は援用できないと判断した。またB規約26条と同2条1項については，同性愛の分類基準とされる性的指向の概念が，差別が禁止される分類として列挙される文言のうちの性（sex）に含まれる，との判断を明示した。これにより委

員会はタスマニア州のソドミー法が，通報者にとってB規約2条1項との関連において B 規約 17 条の権利を侵害しており，その効果的な救済手段は同法の廃止であるとの結論に達した[13]。

Toonen 事件の見解にみられるような委員会の立場は，締約国から提出される年次報告書の審査などにもみうけられる。また委員会はそれ以外にも同性愛にたいする国内法の整備や国内機関の措置にかんして批判をおこなうことが多くなっている。たとえばルーマニアの国内刑法がソドミー法規定を存続させていることに懸念を表明したり[14]，キプロスのソドミー法にたいしても同様の批判をおこなっている[15]。またオーストリアのソドミー法については，さらに踏み込んで，承諾年齢（age of consent）が男性同性間の性行為のみに高く設定されていることを批判した[16]。その他には，香港で制定された性差別禁止法が性的嗜好（sexual preference）にもとづく差別について規定していないことに憂慮の念を示したり，ジンバブエ政府のおこなっている国内の同性愛者にたいする退去強制や国外からの移住拒否についてB規約への適合性を疑問視する立場を表明している[17]。

1.2. 国連人権小委員会

国連人権小委員会（人権の伸長と保護にかんする小委員会，Sub-Commission on the Promotion and Protection of Human Rights）は，1947 年に国連人権委員会の下に差別防止・マイノリティ保護小委員会（Sub-Commission on Prevention of Discrimination and Protection of Minorities）として設立され，1999 年に名称を現在のように変更した機関である。人権小委員会の主な任務は，国別および特定テーマ別の調査研究，ならびに国連人権委員会の業務の補助である。

人権小委員会がこれまで同性愛にかんする問題をとりあつかった文書として，1 つの研究報告書が確認できる[18]。報告書は「性的少数者の法的・社会的問題」と題され，性的少数者にかんする事実上および法律上の差別の現状と，その差別の正当性について研究報告をおこなったものである。

報告書は第 1 部で性的少数者について解説している。はじめに，性的少数者

を生み出している社会規範や，その社会的位置づけを述べた上で，性的少数者を同性愛（homosexuality）・女性同性愛（lesbianism）・性転換症（transsexualism）の小項目に分類し[19]，それぞれの概説をおこなっている。特に同性愛にかんする記述はあつく，同性愛の起源についての生物学，精神医学などの諸説，ユダヤ教やキリスト教を中心とした宗教教義における同性愛の捉え方，一般世論や法律における同性愛の位置づけについて詳しく説明する。そして各地の同性愛者解放運動を紹介し，国連諸機関やヨーロッパ地域の国際機関における同性愛の位置づけを紹介する。次に，これらの同性愛の流れに沿って女性同性愛の現状を個別に記述し，最後に性転換症について，その歴史的な処遇の変遷，各国の法制度や裁判例などを紹介している。第2部では男性売春（male prostitution）について解説がなされ，子どもの売春，成人男性売春夫，女装売春などにたいする規制の現状が報告されている。

同報告書のまとめとして報告者は，教育やメディアにおける配慮とともに，特に加盟国にたいする立法政策の指針として以下の4つを提示した。それらは，「(a) 人種差別の場合と同様に，性的嗜癖（sexual proclivity）を理由に個人にたいして行使されるいかなる暴力や差別も法律によって処罰可能にすべきである…，(b) 私的な行為であって公序良俗に反しないように為されたものであれば，成人間でおこなわれるいかなる性的行為も受容されるべきである，(c) 医療行為によって性の変更を終えた真性の性転換症者は，新たな自己認知に適合した民事身分に変更する権利を与えられるべきである…，(d) 性的少数者は結社にかんする法律もしくは他の法律に反しない限りにおいて，その活動のための結社を組織する権利を与えられるべきである」という内容であった[20]。ただし報告者は，国家が道徳や公序，福祉などにたいする危険性を排除するために，性的少数者にある程度の特別な制限を課すことが可能であるとの見解も併記している。

この報告書については，以後の文書が確認できず，実際にはこの報告書の存在自体が忘れ去られている状態であるとの指摘もある[21]。また，報告書の内容それ自体も，いくらか再検討の余地がある[22]。同報告書が人権小委員会に提出

されてから10年以上が経過した今日において，その間の様々な社会的，法律的な変化を踏まえた上での新たな研究報告が待たれるところである。

1.3. その他の国際機関

上記以外でも，いくつかの国際機関で同性愛をめぐる問題への取り組みや言及が確認できる。以下に列挙する。

まず，国連難民高等弁務官事務所（UNHCR）は1993年4月以来，難民の一類型として定義される「特定の社会集団」（難民の地位にかんする条約1条A項2号）に同性愛者が含まれるとの見解を示してきた。UNHCRの公式ウェブサイト上でも難民の定義にかんする説明の中で，「同性愛者は特定の社会集団のひとつとして迫害の理由となるため，難民の地位を得る資格がある。同性愛者であるがゆえに攻撃，非人道的な取扱い，もしくは深刻な差別に晒されている人々であって，その政府が保護不可能，もしくは保護の意思を有しない領域の中にある人々は，難民として認識されるべきである」と述べている。たとえばイラン刑法には同性愛行為を死刑に処する規定が存在するため[23]，多くの在外イラン人同性愛者が各国で難民申請をおこなっている[24]。UNHCRが同性愛者を「社会的集団」の一類型とみなしている事実は，欧米諸国における同性愛者の難民訴訟の大きな拠り所となっている。

国連開発計画（UNDP）は1991年に発行した人間開発報告書の中で，人間自由指数のひとつの要素として，ソドミー法の存否をとりあげている。また，国際労働機関（ILO）は1996年におこなわれたILO条約第111号の差別待遇（雇用及び職業）条約（1958年）の遵守にかんする特別調査の中で，性的指向にもとづく雇用差別の問題をとりあげた。これを受けた専門家委員会は，新しい議定書には性的指向も含めるべきであるとの見解に達している。また，人権高等弁務官事務所の教育活動にかんするガイドライン原案では「性的指向... を理由とした差別に反対するよう注意すること」が明記されていた[25]。なお，1993年に世界保健機関（WHO）は，疾病にかんする国際基準を定めた『国際疾病分類第10改訂版（ICD-10）』の中で，改訂前の第9改訂版（1975）まで「性的逸脱およ

び障害」の小分類として記載されていた「同性愛」の項目を削除している[26]。

そして，北京女性会議と称される第4回世界女性会議（1995）では，行動綱領の草案段階において性的指向への言及が4箇所になされ，性的指向にもとづく雇用差別の撤廃や差別防止法の制定などが締約国に要請されていた。会議でもこれについて活発な議論が繰り広げられ，最終的な行動綱領には盛り込まれなかったものの，イスラエルや南アフリカ，アメリカなどは同綱領の文言が性的指向による区別なくすべての女性を対象としているとの解釈をおこなっている[27]。行動綱領の実施状況の報告・検討を兼ねて開催された国連特別総会(いわゆる女性2000年会議)においても，性的指向にかんする議論がなされたが，最終的に採択された成果文書には盛り込まれなかった。たとえば草案段階では，国家レベルでの行動指針として，「性，人種，民族的出自，宗教または信仰，障害，年齢もしくは性的指向にもとづくあらゆる形態の差別の禁止および撤廃…を促進すること」と規定されていた（para. 102h）が，この部分は最終的に削除されている。

1.4. 小 括

以上のように国連人権諸機関を中心として，1980年代から同性愛の問題が少しずつ国際平面での議題にのぼるようになってきた。もちろんこれらは筆者の知りえた範囲の文書であるため，これ以外にも同性愛に言及している文書があることは容易に想像できる。各機関の議事録や審議録は無数に存在しており，今後は公式ウェブサイトなどを通して公開される多くの素材を解析する必要がある。しかし，少なくともこれらの機関で同性愛が体系的なテーマのひとつとして包括的にとりあげられたことがないというのは確かである。これらの散在している文書から国際平面での同性愛の地位を演繹するためには，文書の分量や内容(特に具体的な事例)が十分であるとはいいがたい。そこで次節では，多くの国連人権諸機関にとって先駆的立場に位置づけられるヨーロッパ人権条約実施機関をとりあげ，そこで審査された同性愛にかんする事件を概観する。

2. ヨーロッパ人権条約における同性愛

　ヨーロッパ人権条約は世界人権宣言の内容について，ヨーロッパという地域的な限定はあるものの，国際的な法制化を実現した最初の条約である。国際人権規約も，その起草過程や条約文をみてもわかるように，ヨーロッパ人権条約を重要な先例としていた。前述の規約人権委員会で審査されたToonen事件では通報者がヨーロッパ人権裁判所(以下，「裁判所」)の判断を引用している[28]。またこの条約は手続規定が十分に確保されているため，人権条約としての高い実効性を有するといわれる[29]。それに呼応して実体的な権利の内容も，法的拘束力を有する判決の蓄積によって，より実践的かつ効果的なものとなっている。ただし，安藤も指摘するように，ヨーロッパ人権条約はその締約国が「共通の歴史的，社会的，文化的背景に基づく価値観を共有して」おり，「その成果を，多種多様な価値観の並存する国際社会全体の現状と安易に比較すること」には慎重になる必要がある[30]。

　本節でヨーロッパ人権条約を素材とする理由には上記のほかにも以下の2点が挙げられる。第1に同性愛にかんする事件が実際に多く申立てられ，審査されていること，第2に締約国の国内で同性愛にかんする法律上の問題が多く議論されていることである。同地域ではかなり以前から同性愛をめぐる法律問題が論じられてきた[31]。また1989年にはデンマークで同性カップルにたいする家族類似の保障を規定する登録パートナーシップ法が制定され，同様の法制はヨーロッパ各地に広く伝播した[32]。また国内法にとどまらず，アムステルダム条約によって改正されたヨーロッパ共同体設立条約13条は，理事会が「性的指向にもとづく差別」に対処する権限を有する旨を規定している。

　本節では裁判所の「判決」のみならず，ヨーロッパ人権委員会(以下，「委員会」)の「許容性審査」および「報告書」において審査された同性愛にかんする事件も対象に検討する。ここでは内容にもとづいて事件を (1) ソドミー法，(2) 家族，(3) 雇用に分類し，判例の流れに沿ってその論理を概観する。

2.1. ソドミー法をめぐる事例

ソドミー法をめぐる申立ては，いくつかの条文にまたがることがあるが，ほとんどの事例で8条(私生活を尊重される権利)と8条にかんする14条(無差別の権利享受)の権利侵害が申立てられている。ここではその2つの条文にたいする申立てに焦点を絞り判例を概観する。これらの権利侵害にたいする判断の変遷は，申立ての非許容から判例法の形成，その展開にいたる3つの時代に区分できる。

2.1.1. 申立て非許容の時期

1953年に条約が発効した当初からソドミー法にかんする権利侵害は申立てられており，とくに旧西ドイツやオーストリアにたいする申立てが多かった[33]。それらの申立ては，ソドミー法が「健康若しくは道徳の保護」という理由から正当化可能であるとして，非許容とされる時期が続いた。

このころの判断の中でも1975年のX対旧西ドイツ事件決定は，結果的に申立て非許容とされたものの，はじめて本格的な検討がなされた事例として注目される[34]。この事件は，未成年者と同性愛行為をしたことで刑法175条および176条を適用され，懲役2年6ヶ月の有罪判決を受けた申立人が8条と8条にかんする14条の権利侵害を申立てたものである。8条の侵害について，委員会はまず性生活が個人の私生活の「重要な一面」であることを認めた。しかし，ソドミー行為を規制する法律には「他者の権利および自由の保護」という正当な目的があると同時に，刑事罰に処するという手段も民主的社会においては必要と認めうる範囲内であるとした。また目的とされる他者の権利保護における「他者」とは，未成年者や社会的弱者が想定されており，とりわけ未成年者の心理的発達への「不適当な影響」を回避することが必要であると明示した。なお，8条にかんする14条の違反は，問題となったソドミー法に規定される承諾年齢が性別によって異なることについて申立てられていた。これについて政府は，女性同性愛者の数が少ないこと，女性同性愛者が男性同性愛者に比べて安定志向をもつこと，未成年者にたいする脅威も少ないこと，を理由として正

当化しており，委員会もこの主張を受け入れて8条にかんする14条の違反を認定しなかった。

この決定の論理展開は，以後の同性愛にかんする事例に大きな影響を与えることとなる。なお，委員会段階で申立てがはじめて許容されたのはX対連合王国事件であった[35]。前述のX対旧西ドイツ事件と同じようにソドミー法によって有罪判決を受けた申立人が提起したこの事件は，その大筋で前述の根拠を踏襲した上で許容されたが，報告書の段階で条約違反なしとの結論が出された[36]。

2.1.2. 判例の形成

非許容の決定が続く中，1981年に下されたDudgeon対連合王国事件判決は，ソドミー法のみならず，同性愛をめぐる事件ではじめて条約違反が認定された判決である[37]。この判決以後，Norris対アイルランド事件判決[38]，Modinos対キプロス事件判決[39]，そしてADT対連合王国事件判決[40]においてほぼ同主旨の判決が下されることになった。

Dudgeon事件判決はソドミー法と8条の関係について，裁判所の立場を以下の3点について明確にした。

第1に，同性愛行為が8条にいう私生活の範囲内であるか否かについて，同性愛行為などの性にまつわる事柄は「私生活の最も内面にかかわる」ものであると述べた[41]。裁判所はこの判決以降も，性にまつわる現象は私生活の重要な側面であることを繰り返し認めている。たとえば強姦にかんする事例や[42]，性別再指定手術(sex reassignment surgery，いわゆる「性転換手術」)後における身分証明書の性別記載の変更にかんする事例においてである[43]。またADT事件判決では，行為が複数間でおこなわれた上にビデオ録画されていた事実が私生活の範囲内であることを否定するか否かが争われた。裁判所はこの事件で争われた規定にかんする委員会の以前の判断を覆し[44]，複数間であっても私生活の範囲内であると判断した[45]。

第2に明らかにされたことは，ソドミー法の存在それ自体が私生活に対する干渉 (interference) に該当するか否かである。裁判所はこれについて，法規定

の「存在それ自体」が，個人の私生活に「継続的かつ直接的に影響を与えている」との判断を示した。それは次の2つの理由からである。1つは，ソドミー法を遵守することが必然的に，同性愛傾向から惹起される行動にたいする自制を強いていること，いま1つは，ソドミー法の遵守から外れる禁止行為をなすことによる刑事訴追の危険性である[46]。この解釈はその後にNorris事件判決の申立権限にかんする裁判所の判断でも踏襲されている[47]。

第3の点は干渉の正当化についてである。裁判所はソドミー法を制定することに「道徳の保護」および「他者の権利および自由の保護」という正当な事由があることを最初に認める。その上で8条2項の「民主的社会における必要性」の審査，すなわち権利の制限に「差し迫った社会的必要」性があるか，および，援用される事由とそのための手段との間に「均衡性」があるか否かを審査する。前者については，ソドミー法の制限内容が私生活の最も内面にかかわることから，干渉には「特に重大な理由」が必要であると述べた。道徳にかんする事柄には締約国に広い評価の余地（margin of appreciation）が認められているが[48]，それは無制限ではなく，制限の目的や関連する行動の性質に大きく影響されるものであることを示した[49]。さらに評価の余地の範囲については，ヨーロッパにおける基準，すなわち他の締約国国内法の動向も勘案しなければならないとして[50]，国家機関が裁量を許される範囲の判断に「二重の絞り」[51]をかけている。また後者について裁判所は，私生活にかんする申立人の利益の方が，同法を維持する社会の利益よりも重大であるとの判断を示した[52]。この論理展開も後の各判決で踏襲されている[53]。

2.1.3. 新たな展開

こうして裁判所はDudgeon事件判決以来，ソドミー法が存在していることそれ自体が8条の権利を侵害するという判例法を形成した。しかし，認められるのは8条違反のみであり，Dudgeon事件判決で申立人が主張していた8条にかんする14条の違反については，8条違反の認定を理由として審査が回避されていた[54]。条約14条は付随規定，すなわち他の実体的権利についての差別的

取扱いがあってはじめて援用可能となるという特徴がある[55]。そのため実体的権利の侵害が認められれば，もはや14条の審査をするまでもなく，事件は条約に違反していることになる。したがって14条の審査がなされるのは，その差別的取扱いが事件のもっとも根本的な争点である場合のみに限られるのである[56]。

ソドミー法にかんする事例のうち14条が正面から審査されているのはSutherland対連合王国事件である[57]。この事件は同性間性行為の承諾年齢が，異性間性行為のそれより高く設定されていることが8条にかんする14条に違反しているという申立てであった。北アイルランドを除くイギリスでは1967年性犯罪法によって，それまで全面的に禁止されていた男性の同性間性行為が21歳以上の男性同士が合意にもとづいて私的におこなう範囲で非犯罪化されていた。そして1994年にはその承諾年齢を21歳から18歳に引き下げる改正がなされた。しかし異性間性行為および女性の同性間性行為の承諾年齢は16歳であったため，年齢引き下げの改正後でも差異が存在していた。申立人の年齢がこの差異の影響を受ける範囲，すなわち17歳であったため，その差異が主要な論点となり，8条にかんする14条違反が審査されることになったのである[58]。

委員会はまず申立人と同じ状況にある男性との間には取扱いの差異があることを認めた。そして特定の行為にたいして年齢制限を設けることには，「道徳の保護」や「他者の権利および自由の保護」という正当な目的があることも認めた[59]。したがって本件の主要な争点は，その正当な目的と差異ある年齢設定という手段との間に，客観的・合理的な均衡性があるか否かにあった。委員会は前述のToonen事件の見解を参照しながら，規約人権委員会の見解とは異なり，その取扱いの差異が14条に列挙される「性」にもとづくか「他の地位」にもとづくかについて確定する必要はないと述べた。そして取扱いの差異が「個人の私生活の最も内面的な側面に影響を与える」ことから，評価の余地は狭くとらえなければならないとした[60]。結局，委員会はこれまでの判断を覆し，現代の医学的見解ならびに刑事罰という制限の手段に鑑み，客観的・合理的正当性は存在しないと判断した[61]。

この事件の報告書は閣僚委員会に送付され，現在もイギリスでは承諾年齢の

引き下げについて活発な議論がおこなわれているが, 年齢引き下げには至っていない(2001年1月現在)。この事件は後述するSalgueiro事件判決[62]と並んで, 同性愛にかんする事件の中で14条の審査がなされた数少ない事件の1つとして重要である。

2.2. 家族をめぐる事例

同性愛と家族をめぐる争点はおおきく2つに整理できる。1つは同性同士のカップルという横の関係性をめぐる争点であり[63], もう1つは親と子の関係といった縦の関係性をめぐる争点である。前者の同性カップルをめぐる争点の事例には, パートナー死亡後の継続居住にかんする事例や[64], 同性パートナーとの移民にかんする事例[65]がある。また, 後者については同性パートナーの子の親権にかんする事例[66]や, 子どもを伴った移民にかんする事例, 離婚後の子の親権にかんする事例などがある[67]。

ソドミー法の事例が8条の「私生活」の権利侵害を問題としていたのにたいして, 同性カップルにかんする申立てにおいては,「家族生活」の権利侵害が主張されることになる。しかし, 委員会は「私生活」の範囲にくらべて「家族生活」をより限定的に解釈し, 子どもの有無にかかわらず, 同性カップルの関係には8条に保障される「家族生活」そのものが存在しないとの立場をとってきた。X＆Y対連合王国事件決定において委員会は,「同性愛にたいする昨今の態度変化にかかわらず, 申立人らの関係は8条に保障される家族生活を尊重される権利の範囲内に含まれない」と述べている[68]。この立場には特に根拠が示されていないにもかかわらず, 他の事件でも繰り返し引用されることになった[69]。また, W.J. ＆ D.P. 対連合王国事件決定はDudgeon事件判決を引用しながら,「同性愛関係は家族生活の範疇に含まれるというより, むしろ私生活の概念に含まれる」ことを確認した[70]。

同性カップルに「家族生活」の権利を認めないとするこの委員会の立場は, Kerkhoven対オランダ事件決定において変化を示した。この事件は同性カップルが子どもの親権をもつことについて審査がおこなわれた事件である[71]。委員

会はこれまでと同じく,同性カップルの横の関係性は「家族生活」に含まれないことを確認しながら,子どもとの関係には「家族生活」が存在する余地を認めた。委員会は,これまで裁判所が「非法律的」家族を保護してきたことを想起しながらも[72],「関連する法制度は3人の申立人らが家族として同居することを妨げていない」ことに注目した。すなわち,もし申立人らが現実に家族としての生活を送っているならば,そこには積極的な「干渉」は存在しないことになる,というのである。そして,8条のもとでの国家の積極的義務は「子どもの母親と同居する女性」に親権の与えることまで広げることはできないとして,申立てを非許容とした[73]。

さらに同性カップルの事例では,8条のほかに12条の権利侵害が申立てられることがある。12条は婚姻の権利と並んで,「家族を形成する権利」を規定している。同条の権利の侵害はC&L.M.対連合王国事件で申立てられている[74]。この事件は,イギリス人女性のパートナーであるオーストラリア人女性とそのオーストラリア人女性の娘がイギリスへの移住を拒否されたことについて争ったものである。申立人は,たとえ国内法で婚姻が不可能であっても,「婚姻の権利に関係なく12条にいう家族を形成する権利が侵害されている」と主張した。しかし委員会は12条にいう「家族を形成する権利」は「婚姻の権利」を前提として認められるという見解から,「婚姻の権利」を有していない同性カップルは当然に「家族を形成する権利」も有していないとの結論に達した。

また,家族をめぐる事例で14条の違反がはじめて認められたのはSalgueiro事件判決である。この事件では,同性愛者であることを理由として離婚後の親権が認められなかったことについて8条にかんする14条の違反が争われた。裁判所はまず,親権の決定にあたって申立人が同性愛者であることが重要な要素として考慮されていることから,性的指向にもとづいた取扱いの差異があると判断した[75]。ここでは,前述の規約人権委員会のToonen事件見解とは異なり,性的指向が「性」ではなく「その他の地位」に含まれる概念であると明示している。そして取扱いの差異が正当であったか否かについて,まず,その差異が子どもの利益保護という目的を有していることを認めた。しかしその目的と措置

(申立人が同性愛者であることを決定的要因として親権を与えないこと)との間に，客観的・合理的な均衡性がないため，取扱いの差異を正当化できないと判断し，8条にかんする14条違反を認めるに至った[76]。

2.3. 雇用をめぐる事例

ヨーロッパ人権条約には雇用にかんする規定が存在しない。そもそも条約の名称「人権および基本的自由の保護にかんする条約」があらわすように，この条約はいわゆる自由権について規定したものである。しかし同性愛にかんする事例としては，先述のILO条約における調査報告やヨーロッパ議会での性的指向にもとづく雇用差別撤廃への動きにみられるように[77]，雇用にかんする法律問題が1つの大きな問題としてとりあげられる[78]。

雇用をめぐるヨーロッパ人権裁判所の事例としてまずBruce対連合王国事件決定[79]，Morissens対フランス事件決定[80]の2つが確認できる。前者の事件は，イギリス軍に所属する申立人が21歳以下の男性らと性行為をおこなったことを理由として除隊させられたことについて条約違反を申立てたものである。イギリス軍規則には，たとえ勤務時間外であっても，男性同性間性行為を禁止する規定が存在しており，申立人はその規定が8条の権利を侵害していると主張した。申立てにたいして委員会は非許容の決定を下した。その理由は，21歳以下の男性との性行為を禁止することは「他者の権利および自由の保護」や「道徳の保護」によって正当化できるため，そして軍隊が閉鎖的な特質をもつことから，「軍隊の構成員による同性愛行為は軍隊内部の秩序に，市民生活には生じないような，重大な危険をおよぼす」ためであった[81]。後者のMorissens事件決定は，教師の職にあった申立人がテレビ番組で，自らが同性愛者であるために昇進できなかったと発言したために学校から解雇されたことについて争われた事例である。申立人は表現の自由(10条)にたいする侵害を主張したが，委員会は「他人の名声および権利の保護」，すなわちテレビという媒体を通じた「申立人の発言の有害な反響」という点から，学校や他の教員の名声を保護するという正当性があると判断した。委員会は解雇そのものについても，性的指向を理

由としたものではなく，他の教員の権威と名声を公然と傷つけたことによるものであると判断し[82]，申立てを非許容とした。

この2つの非許容決定以来，雇用にかんする申立ての審査に変化は見られなかった。その流れが変わったのは，Lustig-Prean & Beckett 対連合王国事件判決および Smith & Grady 対連合王国事件判決である[83]。

この事件は同性愛者であることを理由に軍隊から解雇された申立人らが，8条と8条にかんする14条の違反を争ったものである。後者の事件では3条（非人道的な取扱いの禁止）と10条の違反なども申立てられた。申立人らの解雇は，1994年に国防省が決定した軍隊からの同性愛者排除政策にもとづいたものであった。申立人らは自らの性的指向について執拗な尋問を受けた上で，同性愛者であると認めたことによって解雇されたのである。それぞれ申立ては個別になされていたが，事件の類似性から事件が統合された上で，裁判所の判断が下されることになった。

裁判所は国防省の政策の「絶対的かつ一般的」性質や，尋問の内容の深刻さ，解雇によって申立人らが被る社会的影響などから，政策それ自体が申立人の私生活にたいする重大な干渉であると判断した[84]。そしてその政策が性的指向に関係するものであり，性的指向が私生活において極めて個人的な側面であることに鑑みれば，その領域への干渉の正当化には特に説得的かつ重大な理由（particularly convincing and weighty reason）が要求されると述べた[85]。また，政府が援用した「軍隊の士気への悪影響」や「戦闘力・作動効率の低下」といった正当化事由が，「同性愛の少数者にたいする異性愛の多数者側からの偏見」を表明しているに過ぎないとして政府の主張を退けている。そしてこのような偏見が「人種，出自，皮膚の色の違いにもとづく否定的態度」と同じであり，ヨーロッパ基準と照らしても同様の政策は正当化できないとの判断を示した[86]。したがって裁判所は本件で争われた政策にもとづく尋問と解雇が，8条の権利を侵害するとの結論に達した[87]。なお後者の事件で申立てられてた3条と10条の権利の侵害は認められなかったが，判決の中で裁判所が，「同性愛者という少数者を異性愛者という多数者側からの偏見にもとづいて取扱うことは，原則として

3 条の範囲内である」と述べたことや[88]，「自らの性的指向について沈黙を強いられることは，表現の自由にたいする侵害を構成する」と言明したことは注目に値する[89]。

2.4. 小　括

これまで概観してきたようにヨーロッパ人権条約において審査された同性愛の事例は多岐にわたっている。第 11 議定書の発効にともなう裁判所の組織改革にともなって，今後も多くの同性愛にかんする事例がこの条約のもとで審査されることになると考えられる。

また，この条約の母体として位置づけられるヨーロッパ審議会でも同性愛にかんするさまざまな議論がなされている。古くは 1981 年の同性愛者にたいする差別にかんする勧告から[90]，最近になって相次いで採択されたヨーロッパ審議会諸国における同性愛者の境遇についての勧告や[91]，同性カップルの移民と同性愛者の難民申請にかんする勧告などが出されている[92]。その他にも 1984 年に犯罪問題委員会が「同性愛と社会統制」と題する調査報告をおこなっていることや[93]，審議会議員総会が審議会への加盟申請の審査に際して，ソドミー法の廃止を要請することを通例としていることが確認できる[94]。また現在，第 12 議定書が署名開放されている。これは 14 条の付随規定としての限界を補完するものである。同議定書の起草過程において，差別が禁止される根拠に「性的指向」を加えることについて活発な議論が繰り広げられた[95]。このような審議会の同性愛にたいする積極的な態度は，1998 年から正式に審議会における協議資格を与えられた ILGA の尽力によるところも大きいと思われる[96]。

3. 考　察

ここまで国際機関における同性愛にかんする文書を紹介した上で，同性愛についてより詳細な検討がなされているヨーロッパ人権条約実施諸機関の文書を概観してきた。それによって，同性愛の問題が徐々に国際平面でも論じられるようになってきたこと，そして特にヨーロッパ人権条約においては，同性愛に

かんする人権法上の位置づけをさぐるための多くの事例が存在することが確認できた。これらの事例をもとに本節では，まず国際人権法における国家の裁量の範囲と同性愛にかんする事例との関係について，おもにヨーロッパ人権条約諸機関で審査された事例をもとに考察する。そして，同性愛にたいする現在の人権保障の水準を概観しながら，人権規定が同性愛にいかなる作用を及ぼしているのかを考察する。

3.1. 同性愛と国家の裁量

ヨーロッパ人権条約のもとで審査された同性愛をめぐる事件では，1990年代後半までソドミー法をめぐる事例にたいする8条の権利侵害が認められるにとどまった。その他の事例のほとんどは委員会で申立非許容の決定が下されていた。非許容とされた申立ての内容は，家族としての地位の法的保障（パートナー死亡後の継続居住，パートナーの本国への移住など）や，承諾年齢の設定の差異にかんするものであった。これら非許容とされた事例は国家に積極的な措置を求めるものであり，反対に権利侵害が認められたソドミー法をめぐる事例と軍隊の解雇をめぐる事例は消極的な措置を求めるものであった。これはDudgeon事件判決で裁判所が認めるように，国際裁判官より国内機関の方が国民の正確な要求内容を把握できる立場にあるため[97]，とりわけ積極的な措置を求める申立てに条約違反性を認めることについて，国際裁判所である人権裁判所は慎重になっているものと思われる。

また消極的にせよ積極的にせよ，国家の義務違反を審査する際には，特に実体規定の2項の正当化事由について，国家の「評価の余地」の範囲が問題となる。Hertzberg事件見解において規約人権委員会が述べた「道徳の保護」という目的の正当性を示す際に用いられた国家の「裁量の余地」は，これとほぼ同義である。裁判所の判例は積極的な措置を求める申立てにより広範な国家の裁量をみとめているが[98]，積極的・消極的どちらの措置を求めるにしても，その制限事由として「ヨーロッパ基準」という視点が重視される[99]。それは締約国の大多数が同様の法制を採用している分野では国家の裁量が狭くなり，逆に各締

約国が異なる法制を有する分野では裁量の幅が広くなるというものである。同性愛にかんする各国の国内法制度の比較は筆者の手に余るため，先にあげたNGO の優れた調査報告に譲るが[100]，少なくとも前述のようなヨーロッパ審議会の動向を概観すれば，同性愛を法的に擁護していこうというヨーロッパ諸国の意図を汲み取ることができる。

しかし，そもそもヨーロッパ人権条約の基本原理は「多元主義，寛容，自由な精神」にもとづく人権の保護である[101]。したがって条約実施機関である裁判所や委員会はその原則にもとづいて判断することが要求されている。なるほど締約国の国内法を概観すれば，絶対的な特質を有するソドミー法の分野を除いては各国の対応が一致していないのは明らかである。しかし，前述のような審議会の動向や，同地域の同性愛にかんする看過できない態度変化にも目が向けられねばならない。実施機関は多数派によって作り出される基準に過分に依拠することなく，人権の原則を重視して決定を下さなければならない。そうでなければその国際人権条約は，「国際」条約という性質がもつ政治性のみに囚われ，「人権」条約としての根本的な性質を放棄していることになろう[102]。

また Salgueiro 事件判決では，上記のような国家の義務の性質にもとづく裁量の範囲の変化にかんする議論が，8 条から 14 条へと移行されることによって回避されている。なぜなら，14 条違反の認定はその一般的・付随的性格から，積極的義務か消極的義務かを問うことなく，国家への差別排除義務が課されることになるからである[103]。しかし，「性的指向」という概念が差別的取扱いを禁止される根拠のいずれであるかについての見解は一致していない。規約人権委員会は Toonen 事件見解においてそれが「性」に含まれると述べ，ヨーロッパ人権裁判所は Salgueiro 事件判決においてそれが「その他の地位」に含まれると述べ，ヨーロッパ人権委員会は Sutherland 事件報告書においてそれがどの文言に含まれるか確定する必要はないと述べる。差別禁止規定の文言が通常，例示規定として解釈されることを考えれば，どの文言に入るかはそれほど重要な問題でないかもしれない。しかしアメリカ合衆国憲法における平等審査基準の議論になぞらえれば[104]，規定のどの文言に含まれるかを確定することで，国家の裁

量の限界を示しやすくなるとも考えられる[105]。いずれにせよ，国際人権諸条約の差別規定における同性愛の位置づけを示した多くの判例の集積がまたれるところである。

3.2. 同性愛と人権

ソドミー法と私生活の権利にかんする判例法を確立したヨーロッパ人権条約は，性的指向にかんして「大部分の国内法の伝統的扱いよりもずっと手厚く，個人に対する法的保護がなされている」と評されることが多い[106]。そのような評価は同性愛と人権保障のかかわり方を説明するのに十分であろうか。

国際人権諸条約のうち，ヨーロッパ人権条約は同性愛にかんする判断をおこなった先駆である。第2次大戦期に同性愛者がホロコーストの対象とされていた事実や，20世紀半ばまでイギリスで同性愛行為が死刑の対象とされていた事実がありながらも，同性愛が人権の議題にのぼることはまれであり，同性愛にたいする差別が等閑視あるいは軽視されてきたことを考えれば，ヨーロッパ人権裁判所の判例の集積は計り知れないほど大きな意義をもっている。

しかし1981年のDudgeon事件判決にもかかわらず，ソドミー法をめぐる事例を除いては委員会段階にとどまる申立て非許容の決定がだされ続けていたその事実に注目する必要がある。これらの非許容決定の根拠はほぼ同一である。それは同性愛が「生来的に不道徳（inherently immoral）」であり，社会に「望まれない影響（undesirable effect）」を与えるため，同性愛者の人権享有には一定の制限を設けられて然るべきというものであった。これはDudgeon事件判決の中で，男性同性間の性行為の一部を非犯罪化することが「是認を意味するものではない」と述べられていることや[107]，ソドミー法それ自体は「道徳の保護」や「他者の権利および自由の保護」という正当な目的を有しているという論理にも現れている。さらにX対旧西ドイツ事件決定で示された根拠は，ソドミー法と私生活の権利にかんする判例法形成後も多くの非許容決定の理由として用いられ続けているのである[108]。

このような裁判所の論理は，以下のように評価できるのではないか。すなわ

ち同性愛の人権は「私生活」の人権として囲い込まれた，という評価である[109]。私的領域における同性愛は，私生活を尊重される権利の名のもとに「容認」された。しかしこの過程において，「同性愛＝不道徳」という枠組み自体は問われていない。ところがこれは，まさに裁判所が構築した枠組みであるにもかかわらず，ひとたび同性愛が公的領域(たとえば家族の法的保障や雇用の局面)に顕れようとすると，即座にそこから排除する根拠として援用される。このように「私生活」の人権は，裁判所において「同性愛＝不道徳」という枠組みを循環参照させる「装置」として機能する。結局のところ同性愛に「私生活」の人権を認めた寛容さとは，私的領域と公的領域を分離することなく人権を享有しうる人々(＝異性愛者)が，自ら拠って立つ規範を根本的に変更する必要のない限りにおいての「寛容さ」に過ぎないのである[110]。

　その規範とは，同性愛を抑圧している異性愛主義というよりは，ただひとつの「正しいセクシュアリティ」である。「正しいセクシュアリティ」とは単婚を前提として社会の覇権階級を再生産する家庭内のセクシュアリティを意味する。またこの規範は，男性中心主義と異性愛中心主義という抑圧装置が相互に連関する〔ヘテロ〕セクシズムによって形成されてきたと，すでに指摘されている[111]。男性中心主義についてフェミニズム法学は，従来の法構造が女性にたいする性支配を築く権力装置であったことを明らかにしてきた[112]。他方，本稿では人権法構造が同性愛という生殖にかかわらない性現象を私的領域に囲い込む機能を有していることがみえてきた。フェミニズム法学の読み解きと筆者のそれを重ね合わせれば，(人権)法構造が「正しいセクシュアリティ」という〔ヘテロ〕セクシズムの規範を強制する権力装置として作用することが読み取れるであろう。

結びにかえて

　本稿では，国際平面における同性愛の法的位置づけを，国際機関の文書や裁判所の判例を素材として考察してきた。それらは同性愛にたいしておおむね肯定的・積極的なものであった。しかし，世界女性会議における「性的指向」と

いう文言の削除や，ヨーロッパ地域での同性愛にたいする一定の人権制限といった否定的・消極的な位置づけもみられた。特に後者については，国際人権諸機関が国家主権を過度に尊重する姿勢や，法が権力装置として作用する可能性もまたみえてきた。

はじめに述べたように，国際人権諸条約は性にもとづく差別に毅然と立ち向かってきた。しかし本稿で明らかになったように，性別の位相の一つである性的指向にもとづく差別には非常に限られた関心しか寄せていない。国際人権諸条約が対象とする法的性別の射程は，せいぜい，性別二元論にもとづく社会的・法的不均衡の是正に資する範囲にとどまっている。そしてこのような限界は，法が自ら作り出している限界ともいえるのである。

セクシュアリティの視点から法を読みなおす作業は，理論的精緻化が進むフェミニズム法学と緊密な対話を進めていく必要がある。この際に留意すべき点について最後に言及し，本稿を閉じることとする。それは，人権保障の歴史を段階論的に把握することに付随しがちな危険性である。たとえば女性の人権保障がいまだ不十分であることをもって，それ以外の性的少数者の人権保障について論ずることは時期尚早である，といった議論がある。人権の歴史は，「すべての人」に数えられていなかった者を数えあげていくプロセスであり[113]，その中でフェミニズム法学は，「すべての人」が実は「すべての男性」でしかないというイデオロギー性を暴いてきた。しかし，人権の歴史を段階論的にとらえるやいなや，フェミニズム法学が「すべての人」という語につきつけてきた疑義を，女性以外の性的少数者はさしあたり「すべての人」に数えあげなくてもいいものとして忘却せしめてしまう。そのような危険性を孕んでいるのである。

「すべての人」の完全な人権享有を実質化していくためにも，性にもとづく差別の法構造において問われるべきは，〔ヘテロ〕セクシズムなのである。

注

1) 女性差別撤廃条約選択議定書の内容と問題点について，西立野園子「女子差別撤廃条約選択議定書: 個人通報手続と調査手続の導入」『ジュリスト』1176号, 2000, 74–81頁。

2) このような法外在的な視座が依拠するところの生物学的な性別の規準も医学言説において明快に示されているわけではない。石田仁「生物学的性別の規準: 性別の決定因子を同定する研究に着目して」『大学院研究年報』文学研究科篇30号, 2001 参照。

3) 「非典型」という用語は, 発現数にもとづいた価値中立的な語句として, おもに医学や当事者の言説に多くみうけられる。本稿でも, 通常用いられる「正常/異常」ではなく, 「典型/非典型」という語句を用いる。

4) ここでいう同性愛とは, 異性愛・同性愛・両性愛という三項分類のうちの同性愛・両性愛, すなわち「非異性愛」と同義とする。なお, 性的少数者としてカテゴライズされる非典型にはその他にも次の2つがある。1つは (1) の位相における性分化の過程で雄性 (male) でも雌性 (female) でもない型が発現するインターセックス (intersex) である。インターセックスの医学的な診断名としては, 真性半陰陽, 仮性半陰陽, ターナー症候群, クラインフェルター症候群などの類型があり, その発現時期は染色体形成, 性腺分化などさまざまである。これについて, 長谷川奉延「半陰陽」『小児科治療』60巻7号, 1997, 1120頁参照。もう1つは (1) の位相と (2)・(3) の位相が異なるトランスジェンダー (transgender) である。トランスジェンダーには大きくわけて以下の3類型がある。(1) トランスセクシュアル (transsexual, 身体的性別 (特に性器) と性別自認が異なることから性別に異和感をもち, 手術などによって他方の性別となることを求める人), (2) 狭義のトランスジェンダー (トランスセクシュアルと同じような性別への違和感を覚えるが, 手術までは望まない人), (3) トランスヴェスタイト (transvestite, 身体的性別や社会的性役割とは反対の性別の服装や外見を望む人)。これについて, 針間克己「性同一性障害の概念及び現況」『ケース研究』254号, 1998, 31–45頁参照。

5) たとえばアメリカ合衆国の連邦法や州法について, 日本語の文献として, 松平光央「西洋文明, 同性愛, バーガー・コート」『法律論叢』60巻2・3合併号, 1987, 157–205頁; 棚村政行「家族的パートナーシップ制度」『青山法学論集』33巻3・4号, 1992, 109–156頁など。英語の文献としては, Eskridge, William Jr, *Gaylaw: challenging the apartheid of the closet*, Harvard UP, 1999 が詳しい。

6) 代表的な NGO として, International Lesbian and Gay Association (以下, ILGA) や International Gay and Lesbian Human Rights Commission (以下, IGLHRC) がある。両組織は公式ウェブサイトを通して, 性的少数者にかんする多くの法律情報を提供している。それぞれ, *ILGA web site <http://www.ilga.org>*, *IGLHRC web site <http://www.iglhrc.org>* 参照。

7) 本稿の対象からは除外されているトランスジェンダーにかんする国際人権法上の

事例も数多く存在する。たとえばヨーロッパ人権裁判所の判決として，Case of Van Oosterwijck v. Belgium, Judgment of 6 November 1980, *Ser A 40*; Case of Rees v. UK, Judgment of 17 October 1986, *Ser A 106*; Case of Cossey v. UK, Judgment of 27 September 1990, *Ser A 184*; Case of B v. France, Judgment of 25 March 1992, *Ser A 232-C*; Case of X, Y and Z v. UK, Judgment of 30 July 1997, *Reports 1997-II*; Case of Sheffield and Horsham v. UK, Judgment of 30 July 1998, *Reports 1998-V* がある。これらの判例については，大島俊之「ヨーロッパ人権裁判所と性同一性障害」『神戸学院法学』29巻3号, 1999, 1–180頁。しかし同論文は最後の数ページを除いてほぼすべてが判決文の逐語訳にすぎず，残念ながら法律文献としての有益な分析・検討がなされていない。

8) 同性愛に関連する事件を数多く紹介しながら，国際人権法規定上の同性愛者の権利について解析した文献として，Wilets, James 'International Human Rights Law and Sexual Orientation' *18 Hastings Int'l & Comp. L. Rev.*, 1994, pp. 1–120。南アフリカ諸国の国別の状況をまとめたものとして，Dunton, Chris; Palmberg, Mai, *Human Rights and Homosexuality in Southern Africa, 2nd expanded edition*, Reprocentralen, 1996。また具体的な事件にたいするNGO主催の模擬裁判を収録したものとして，IGLHRC; Community United Against Violence (eds.), *The International Tribunal on Human Rights Violations Against Sexual Minorities,* IGLHRC, 1995。

9) ヘーガー，ハインツ，伊藤明子訳『ピンク・トライアングルの男たち：ナチ強制収容所を生き残ったあるゲイの記録』パンドラ，1997。

10) Case of Hertzberg et. al. v. Finland, Views of 7 August 1982, *Communication No. 61/1979*.

11) Case of Toonen v. Australia, Views of 4 April 1994, *Communication No. 488/1992, CCPR/C/50/D/488/1992*.

12) 本件は，通報の相手方である連邦政府が当初から通報者の主張と同じく，ソドミー法規定廃止論を支持していたことに特徴がある。連邦政府はタスマニア州が主張するソドミー法維持の論理をことごとく否定している。このため主要な論点について通報者と連邦政府の間に意見の相違はほとんどみられず，委員会の見解も両者の主張の共通点を認めていく形になっている。

13) 見解にはWennergren委員の個別意見が付されているが，本節の問題関心から少し離れた論点であるため割愛した。

14) *CCPR/C/79/Add.30*, 1993.

15) *CCPR/C/79/Add.88*, 4 August 1998.

16) *CCPR/C/79/Add.103*, 19 November 1998, para. 13.

17) *CCPR/C/79/Add.89*, 6 April 1998, para. 24.
18) *E/CN.4/Sub.2/1988/31*, 13 June 1988.
19) 報告書では同性愛(homosexuality)という文言を男性同性愛(male homosexuality)と同義に用いている。したがって同性愛と女性同性愛が別項目で記述されることとなった。
20) *Ibid.*, p. 29, para. 103.
21) Sanders, Douglas; Krickler, Kurt; Croome, Rodney 'Finding a place in international law' in *ILGA web site* <http://www.ilga.org/Information/international/finding_a_place_in_international.htm> (*accessed: 8 March 1999*).
22) たとえば、「...男性がもっと愛情深く、思いやりがあり、気配り上手であればレズビアンは今よりも少なくなることはほぼ確定的である...」(para. 98)といった記述は再検討を要するであろう。
23) 1991年イラン刑法110条(ソドミー行為の罪刑)、131条(レズビアン行為の罪刑)。ソドミー行為にたいするイランでの死刑適用については国連人権委員会の特別代表による国別調査の中でも確認されている(*E/CN.4/1996/59*, 21 March 1996, para. 44)。
24) イラン人同性愛者の難民認定が争われた国内裁判として、ドイツ連邦行政裁判所判決(15 March 1988, *BVerwG 9 C 278.86*)やイギリス貴族院の判決(Islam v. Secretary of State for Home Department, Regina v. Immigration Appeal Tribunal and Another Ex Parte Shah, 25 March 1999)などがある。日本国内でも同様の裁判が継続中である(2001年1月現在)。日本での裁判について、古谷晋「性的指向によって本国で迫害を受ける難民申請者に公正な判断を」アムネスティーニュースレター320号、2000、12頁。
25) *A/52/469/Add.1*, 20 October 1997, p. 8.
26) 改訂前のICD-9の記載については、厚生省大臣官房統計情報部編『疾病、傷害および死因統計分類提要』第2巻、厚生統計協会、1978、169頁。またICD-9からICD-10への改訂の経緯と内容については、中根允文・岡崎祐士『ICD-10「精神・行動の障害」マニュアル』医学書院、1994参照。
27) *See.* Rosenbloom, Rachel (ed.), *Unspoken Rules: Sexual Orientation and Women's Human Rights*, Cassell, 1996.
28) Toonen Case, *op. cit.*, para. 7.5.
29) たとえば、江島晶子「ヨーロッパ人権裁判所における『評価の余地』理論の新たな発展」『明治大学大学院紀要』29集、1992、55-56頁。
30) 安藤仁介「国際人権保障の展開と問題点」『国際法外交雑誌』98巻1・2合併号、

1999, 33 頁。

31) たとえば、ソドミー法の歴史的変遷を、古代ローマ法典や教会法期にまで遡りながら論述したものとして、Praetorius, Numa 'Die strafrechtlichen Bestimmungen gegen den gleichgeschlechtlichen Verkehr: historisch und kritish dargestellt' in Hirschfeld, Magnus (Hg.), *Jahrbuch für sexuelle Zwischenstufen, Jg. 1,* 1899, S. 97–157。これに対抗する論文として、Wachenfeld, F. 'Homosexualität und Strafgesetz' in Hirschfeld, Magnus (Hg.), *Jahrbuch für sexuelle Zwischenstufen, Jg. 4,* 1902, S. 670–773。同性愛と婚姻、遺留分、行為能力などの民法に関する問題を概観した論文として、Praetorius, Numa 'Homosexualität und Burgerliches Gesetzbuch' in Hirschfeld, Magnus. (Hg.), *Jahrbuch für sexuelle Zwischenstufen, Jg. 6,* 1904, S. 8–61。また、同性愛の医学的な分類の解説とともに、さまざまな法律や権利について包括的に論じた文献として、Placzek, *Homosexualität und Recht,* Georg Thieme, 1925。

32) 同様の法律は、ノルウェー (1993)、スウェーデン (1995)、アイスランド (1996)、オランダ (1998)、フランス (1999) でも制定されている。なおオランダでは、さらに進んで、同性カップルも異性カップルと同様の「婚姻」を可能にする法案が議会を通過している (2001 年 1 月現在)。

33) *E.g.* Case of X v. FRG, Decision of 4 January 1960, *1960 YB,* pp. 184–196; Case of X v. FRG, Decision of 4 October 1962, *1962 YB,* pp. 230–237.

34) Case of X v. FRG, Decision of 30 September 1975, *3 DR,* pp. 46–56.

35) Case of X v. UK, Decision of 7 July 1977, *11 DR,* pp. 36–54.

36) Case of X v. UK, Report of 12 October 1978, *19 DR,* pp. 66–81.

37) Case of Dudgeon v. UK, Judgment of 22 October 1981, *Ser A 45.*

38) Case of Norris v. Ireland, Judgment of 26 October 1988, *Ser A 142.*

39) Case of Modinos v. Cyprus, Judgment of 22 April 1993, *Ser A 259.*

40) Case of A.D.T. v. UK, Judgment of 31 July 2000, *HUDOC in ECHR web site <http://www.echr.coe.int>* (*hereinafter HUDOC*) (*accessed: 4 August 2000*).

41) Dudgeon Case, Judgment, *op. cit.*, para. 52.

42) Case of X and Y v. the Netherlands, Judgment of 26 March 1985, *Ser A 91.*

43) Case of B v. France, Judgment of 25 March 1992, *Ser A 232-C.*

44) *See.* Case of Johnson v. UK, Decision of 17 July 1986, *47 DR,* p. 76; Case of Laskey, Joggard and Brown v. UK, Judgment of 19 February 1997, *Reports 1997-I,* para. 36.

45) A.D.T. Case, Judgment, *op. cit.,* para. 26.

46) Dudgeon Case, Judgment, *op. cit.,* para. 41.

47) Norris Case, Judgment, *op. cit.,* para. 32.

48) *Cf.* Case of Handyside, Judgment of 7 December 1976, *Ser A 24*, para. 48.
49) Dudgeon Case, Judgment, *op. cit.*, para. 51.
50) *Ibid.*, para. 60.
51) 中井伊都子「私人による人権侵害への国家の義務の拡大（二）・完」『法学論叢』141巻2号，1997，40–42頁。
52) Dudgeon Case, Judgment, *op. cit.*, para. 60.
53) *See.* Norris Case, Judgment, *op. cit.*, paras. 44–46; Modinos Case, Judgment, *op. cit.*, para. 25; A.D.T. Case, Judgment, *op. cit.*, para. 32.
54) Dudgeon Case, Judgment, *op. cit.*, para. 69.
55) *See.* Case of Rasmussen v. Denmark, Judgment of 28 November 1984, *Ser A 87*, para. 29.
56) *See.* Case of Airey v. Ireland, Judgment of 9 October 1979, *Ser A 32*, para. 30.
57) Case of Sutherland v. UK, Report of 1 July 1997, *HUDOC* (*accessed: 30 August 1999*).
58) *Ibid.*, para. 37.
59) *Ibid.*, para. 38.
60) *Ibid.*, para. 57.
61) *Ibid.*, para. 64.
62) Case of Salgueiro da Silva Mouta v. Portugal, Judgment of 21 December 1999, *HUDOC* (*accessed: 26 April 2000*).
63) 本稿では論点の横滑りを防ぐため，家族をめぐる横の関係性が2当事者間のみによって形成されることの規範性にかんする議論は意図的に棚上げする。
64) Case of Simpson v. UK, Decision of 14 May 1986, *47 DR*, pp. 274–280, *HUDOC* (*accessed: 29 August 1999*).
65) Case of C. and L.M. v. UK, Decision of 9 October 1989, *HUDOC* (*accessed: 11 June 1999*), Case of W.J. and D.P. v. UK, Decision of 13 July 1987, *HUDOC* (*accessed: 29 August 1999*), Case of X and Y v. UK, Decision of 3 May 1983, *32 DR*, pp. 220–223.
66) Case of Kerkhoven, A.Hinke and S.Hinke v. the Netherlands, Decision of 19 May 1992, *HUDOC* (*accessed: 11 June 1999*).
67) Salgueiro Case, Judgment, *op. cit.*
68) X and Y Case, Decision, *op. cit.*, p. 221.
69) Simpson Case, Decision, *op. cit.*, pp. 277–278; C. and L. M. Case, Decision, para. 1.
70) W. J. and D. P. Case, Decision, para. 4.
71) Kerkhoven Case, Decision, *op. cit.*
72) *See.* Case of Marckx v. Belgium, Judgment of 13 June 1979, *Ser A 31*, para. 31.
73) なお8条かんする国家の義務の変遷について，申惠丰『人権条約上の国家の義務』

日本評論社，1999，86–98 頁参照．

74） C. and L.M. Case, Decision, *op. cit.*

75） Salgueiro Case, Judgment, *op. cit.*, para. 28.

76） ただし，第 11 議定書の発効にともなって裁判所の位置づけが従来とは異なっている事実にも留意する必要がある．この変化については，江島晶子「ヨーロッパにおける人権保障システムの発展」『明治大学短期大学紀要』法学篇 57 号，1995，55–73 頁；小畑郁「ヨーロッパ人権条約における実施機構の改革と個人：実施機関における個人の『裁判をうける権利』の視点から」『法と民主主義』304 号，1995，13–16 頁などが詳しい．

77） 37 *O.J.* No.C61, 8 February 1994.

78） 同性愛者の雇用差別にかんするアメリカ法の状況について，永由裕美「性的志向に基づく差別：アメリカのゲイ労働者が直面するもの」『大学院研究年報』法学研究科篇 22 号，1992，13–25 頁．

79） Case of Bruce v. UK, Decision of 12 October 1983, *34 DR*, pp. 68–73.

80） Case of Morissens v. Belgium, Decision of 3 May 1988, *56 DR*, pp. 127–137.

81） Bruce Case, Decision, *op. cit.*, p. 72.

82） Morissens Case, Decision, *op. cit.*, p. 136.

83） Case of Lustig-Prean and Beckett v. UK, Judgment of 27 September 1999, *HUDOC* (accessed: 29 September 1999); Case of Smith and Grady v. UK, Judgment of 27 September 1999, *HUDOC* (accessed: 29 September 1999).

84） Lustig-Prean Case, Judgment, *op. cit.*, para. 64; Smith Case, Judgment, *op. cit.*, para. 71.

85） Lustig-Prean Case, Judgment, *op. cit.*, para. 87; Smith Case, Judgment, *op. cit.*, para. 94.

86） Lustig-Prean Case, Judgment, *op. cit.*, para. 90; Smith Case, Judgment, *op. cit.*, para. 97.

87） 判決後，イギリス国防省は直ちにこの同性愛者排除政策を正式撤回している（2000 年 1 月 12 日）．

88） Smith Case, Judgment, *op. cit.*, para. 121.

89） *Ibid.*, para. 127.

90） *Recommendation 924*, 1 October 1981．この勧告は閣僚委員会にたいして，成人間の同性愛行為の非犯罪化と承諾年齢の平等化を，加盟国にたいして，同性愛者たることの記録の削除，公的部門における雇用差別などの撤廃，強制的な医学措置の中止，親権行使の保障，監獄での暴力への対処などを要請している．cf. *Doc. 4755,* 8 July 1981.

91） *Recommendation 1474*, 30 June 2000．この勧告は先述の勧告 924 号を確認・強化する目的で採択されている．この勧告は閣僚委員会にたいして，ヨーロッパ人権

条約上で禁止される差別の基準として性的指向を含むことなどを，加盟国にたいして，国内法の差別が禁止される基準として性的指向を盛り込むこと，性的指向にもとづいて収監されている人々の釈放，ソドミー法の廃止および承諾年齢の平等化，同性愛嫌悪にたいする積極的措置，雇用における平等，登録パートナーシップ制の導入，難民としての同性愛者の受け入れなど，かなり踏み込んだ内容のものである。*cf. Doc. 8755,* 6 June 2000。なおこの資料 8755 では，子どもを持つことにかんする同性愛者の権利が明確に除外されている（para. 72）。

92) *Recommendation 1470,* 24 June 2000。この勧告は同性カップルの移民を積極的に保障することや，同性愛にもとづく迫害を難民の類型に加えることを加盟国に要請している。*cf. Doc. 8645,* 25 February 2000。

93) 'Homosexuality and Social Control' Reported by West, D.J., in Council of Europe, *Sexual Behaviour and Attitudes and Their Implications for Criminal Law: Reports presented to the Fifteenth Criminological Research Conference 1982,* Collected Studies in Criminological Research vol. 21, Council of Europe Publications Section, 1984, pp. 127–163.

94) *See. Recommendation 1474,* 2000, para. 4。たとえばルーマニアの加盟について，*Opinion 176,* 28 September 1993, para. 7-ii, アルメニアの加盟について，*Doc. 8756,* 6 June 2000, paras. 34, 37, アゼルバイジャンの加盟について，*Doc. 8757,* 27 June 2000, para. 59.

95) 'Draft Protocol No. 12 to the European Convention on Human Rights and Draft Explanatory Report' in *Council of Europe web site* <http://www.coe.fr/cm/dec/1999/677bis/a6.htm> (*accessed: 24 September 1999*)。規定に性的指向を含めることについては議員総会も支持を表明している。*See.* ILGA Europe, *Euro-Letter No. 77,* 2000.

96) *See. Doc. 7950,* 15 October 1997.

97) Dudgeon Case, Judgment, *op. cit.,* para. 51.

98) *See.* Rees Case, Judgment, *op. cit.,* para. 37.

99) 中井，前掲論文，42 頁。

100) 各国の性的少数者にかんする最新の法律や判例，事件などの情報を提供するサイトとして，たとえば，'World Legal Survey' in *ILGA web site* (*accessed: 15 January 2001*), 'IGLHRC Fact Sheet' in *IGLHRC web site* (*accessed: 15 January 2001*)。また各国の同性カップルにかんする法律や判例を紹介する NGO 発刊の文献として Long, Scott (ed.), *Conceiving Parenthood: Parenting and the Rights of Lesbian, Gay, Bisexual and Transgender People and Their Children,* IGLHRC, 1999。

101) Handyside Case, Judgment, *op. cit.,* para. 49.

102) 同様の見解を示すものとして，Dissenting opinion of Judge Martens in Cossey Case,

Judgment, *op. cit.,* paras. 5.6.2, 5.6.3: Macdonald, Ronald St J 'The Margin of Appliciation' in Macdonald, Ronald St J; Matcher, Franz; Petzold, Herbert (eds.), *The European System for the Protection of Human Rights,* Nijhoff, 1993, p. 124.

103) Wintemute, Robert, *Sexual Orientation and Human Rihgts,* Oxford UP, 1995, pp. 104–105.

104) たとえば，松井茂記「『厳格な合理性』の基準について」『阪大法学』42巻2・3合併号，1992，629-662頁; 君塚正臣「性差別の審査基準の根拠について: アメリカでの議論を中心に」『阪大法学』42巻1号，1992，125-152頁。

105) *See.* Wintemute, *op. cit.,* pp. 119–129.

106) 初川満『21世紀の人権』信山社，2000，199頁。

107) Dudgeon Case, Judgment, *op. cit.,* para. 61.

108) たとえば，Case of Zukrigl v. Austria, Decision of 13 May 1992, *HUDOC* (accessed: 11 June 1999).

109) *See.* Kane, Daniel 'Homosexuality and the European Convention on Human Rights' *11 Hastings Int'l & Comp. L. Rev.,* 1988, p. 467.

110) ヴィンセント，キース・風間孝・河口和也『ゲイ・スタディーズ』青土社，1997，12頁。

111) 竹村和子「資本主義社会とセクシュアリティ:〔ヘテロ〕セクシズムの解体へ向けて」『思想』879号，1997, 72-75頁; Ingraham, Chrys 'The Heterosexual Imaginary: Feminist Sociology and Theories of Gender' in Seidman, Steven (ed.), *Queer Theory/Sociology,* Blackwell Publ., 1996, pp. 168–193.

112) 辻村みよ子「性支配の法的構造と歴史的展開」『ジェンダーと法』(岩波講座: 現代の法11)岩波書店，1997，5頁。

113) 西立野園子「差別の廃止をめぐる条約の発展: 人種差別と性差別を中心として」『国際問題』363号，1990, 42頁。

第12章
国連の紛争管理システムと現代的武力紛争対処法

坂本まゆみ

はじめに

「戦争」と「平和」の関係は，古くて常に新しい問題である。

冷戦の終結を迎え，大国間の武力衝突の危険性は激減した。それに伴い，武力紛争[1]は，伝統的な国家間の戦争という形態から国内紛争の性質を帯びたもの，あるいは特定の集団や個人を対象としたものが目立つようになった。確かに，カシミールの領有をめぐるインドとパキスタンの間の長年にわたる一連の武力衝突のように，古典的な国家間の武力紛争も今なお存在する。しかし，近年，国際社会に大きな影響を与えた紛争の多くは，朝鮮戦争，ベトナム，旧ユーゴスラビアに見られる紛争，さらには，ソマリア，ルワンダ，コンゴ等のアフリカ諸国における内戦など，本来的には国内紛争である。また，記憶に新しい，アメリカに対する同時多発テロ事件と，これに対する一連の措置の例もある。国家間の戦争を前提にした従来の国際法の枠組みでは十分に対応できず，国際法はその根本において切実に改革を迫られているといわれている。

さらに，国連の紛争管理能力における問題が指摘されている現在，世界的に平和維持に対する発想の転換が求められている。つまり，国際社会として，目下，一体，誰が，どのように国際紛争を管理すべきかという問題に，改めて直面しているのである。

その一方で，軍事力は，軍事革命（Revolution in Military Affairs / RMA）の波と，各国それぞれが抱える苦しい財政事情とのパラドクスの下，その役割と配分の見直しに迫られている。こうした中，機能を発揮しきれていない国連に代わって，コスト的にも実効性の高い地域的な多国籍合同軍編成による紛争管理

体制，あるいは軍事的非国家行為主体（Non-State Actor / NSA）による対処システムといったものも注目を集めている。

そこで，本論文では，武力紛争対処の問題に関して，以下の構成により分析を進める。まず，第I章では，現代的武力紛争の傾向，とりわけ低強度紛争（Low Intensity Conflict / LIC）について概観する一方，従来の国家主権概念の変質傾向について触れ，地域的な動向としての多国籍合同軍編成の動き，あるいはNSAの出現状況等について概観する。次に，第II章で，国連憲章を軸とした現行システムを確認する。ここでは，従来の武力不行使原則とその例外として認められる自衛権との関係，安保理による集団安全保障システムを検討し，紛争介入に関する問題に触れつつ，これらの抱える問題点を指摘する。以上を踏まえて，第III章では，現在の国際紛争管理体制のあり方を考察する。そのアプローチとして，武力不行使原則の例外概念としていまだ議論されている武力復仇，あるいは対抗措置について触れる。この上で，現状に即した紛争管理のあり方を考察する。

I. 武力紛争の現状と国際社会の動向

1 武力紛争の現状

（1） グローバル化と国家概念の変質

今世紀，二つの世界大戦を経て，国家を取り巻く国際環境に様々な変化が生じた。第二次大戦後，米国や旧ソ連に代表される多民族国家が世界の覇権を握り，また，非西欧諸国が数多く登場してきたことにより国際社会の構成基盤そのものが変質した。更に近年，国家内部の少数集団による自治権獲得ないしは独立運動の形で民族紛争が激化している。こうした現象は，西欧社会を基盤として成立した古典的な民族国家のモデルが，現代においてそのまま妥当しえなくなっているという問題を示している。しかし，このような変化にもかかわらず，今なお国際社会の単位として考慮されるものは依然として従来の「主権国家」の枠を出ておらず，より現実的で普遍的な対応への検討が滞っているのが現状だといえる。

今日,経済活動あるいは社会的活動は,国境を越え,世界的に影響を及ぼすようになった。これに伴い,国際社会において,諸国家は相互に作用しあうことになった。このグローバル化傾向の進展とともに,国家の自治が影響を受けることになるし,従来の意味での国家主権が侵害されることもありうる。つまり,国際社会という一つのグローバルシステムに存在する諸国家は,もはや自国のことを完全に単独では決められないようになっているといえる。実際,近い将来,経済面では,国家という概念が従来の意味で使われなくなるとの見解もある[2]。しかも,この傾向が経済的な面に限らず多方面にも広がる兆候がある。

このように,「主権国家」といった言葉で示されるような国家そのものの枠組みが変化しつつある中,欧州統合のような国家間の部分的統合と,民族独立のような分裂という相反する動きが見られる。すなわち,主権国家間の「統合」へ向かう流れが見られる一方,国家としての機能不全により国家が解体したケースも見られる。以上を考慮すると,世界の国々を従来の主権国家といった概念で単純に理解することは困難になってきているといえる。

今日の主権国家の問題は,国家個々のあり方というよりむしろ国際社会のあり方というマクロなレベルのものとなっている。しかも,こうした問題は,個人レベルから地球規模まで,さまざまな次元で早急な対処を求められている。

(2) 現代的武力紛争の概念…低強度紛争(LIC)を軸として…

第二次大戦後,国家の正規軍同士による典型的な国家間の争いよりもむしろ「武力の限定使用」の傾向が顕著となった。特に1980年代に入って,ハイジャックや在外公館からの人質救出作戦,テロ行為[3]に対する報復爆撃,犯人逮捕のための航空機の強制着陸等のように,テロ組織などの行為に対抗するために,国家が軍隊を出動させ,武力を用いる事例が見られるようになった。

また,世界各地で頻発する民族紛争や宗教紛争といった形でも,主権国家の破綻や機能不全が露わになっている。ユーゴスラビアでは,1989年9月のスロヴェニア共和国の連邦離脱問題を引き金としてボスニア・ヘルツェゴヴィナ紛争が勃発している。またイスラム諸国では,アフガニスタンにおいて,1978年

4月のサウル革命を境にイスラム部族間闘争に突入することとなり,泥沼化の様相を呈した。アルジェリアでも1991年末の総選挙に起因する混乱があり,この際,イスラム救国戦線が反政府武力闘争に立ち上がった結果,大規模なテロが発生した。

こうした第二次大戦後にとりわけ顕著となった様々な形態の紛争を総称して「低強度紛争 (Low Intensity Conflict / LIC)」と呼ぶようになった[4]。一般に,従来の「戦争」と,国家間の平和的な競争の間に位置する国家・集団等の間の政治的軍事的衝突,対立する主義・思想をめぐる闘争といったものを示すとされる。破壊活動から軍隊の使用にまでわたり,政治,経済,情報,軍事などの手段が組み合わされて行使される。LICはおおむね第三世界に局地化されることが多いが,地域および国際安全保障に密接な関係があるといわれる[5]。

科学技術の発達に伴い,個人や不正規兵集団等の主体が国際関係に大きな影響を及ぼす能力を獲得し,この結果,警察による従来の対処では不十分となってきた。また,いわゆる核の抑止機能により,国家間の大規模な戦争を諸国が開始しにくくなったことも紛争のLICへの傾倒化に拍車をかけている。

LICの一般的なものとしては,テロ行為やゲリラ活動[6]といった形で耳にする機会が多いが,これらについては,国際法上,航空機の不法な奪取の防止に関する条約,人質をとる行為に関する国際条約,国家代表等に関する犯罪防止条約,あるいは国際人道法上の諸条約等,その手段や状況に応じた制度の設立により,抑止が図られている[7]。このように,主に国際政治学上で発展してきたLICの概念が,現在の国際社会の要請に従って,国際法の分野での研究対象として注目を集めつつある[8]。しかしながら,これらのほとんどが,あくまでも事件が一段落した後のサンクションを想定したものにすぎず,危機的状況における強制力をもった対処の視点を欠くという点で,その未熟さは否めない。

2 新たな安全保障システムの動向

(1) 地域的動向

冷戦構造崩壊後の安全保障環境の劇的な変化や,先に触れた紛争形態の変化,

あるいは軍事技術の急速な進歩を受けて，近年，新たに安全保障政策を模索する動きが見られる。

既存の安全保障政策の中では，例えば，北大西洋条約機構（North Atrantic Treaty Organization / NATO）諸国間で，安全保障上の地域特性に応じて，既に種々多様な多国籍部隊が運用されている。一方，中欧地域においては，現存する部隊の充実化をはかりつつ，NATO諸国間の連携体制が促進される傾向にある。また，旧ワルシャワ条約（Warsaw Pact Organization / WPO）加盟諸国が関与した多国籍合同軍の編成の動向，中でもNATOの東方拡大を受けたNATO加盟予定国の行動により，合同軍編成の動きが促進されると考えられている。第一陣としてNATOに新規加盟したポーランド，チェコ，ハンガリーに直接国境を接するドイツが絡んだ合同軍編成の動向は，その歴史的背景からしても特に注目される。

一般に，多国籍合同軍の編成に至るまでには，姉妹部隊関係の締結，部隊の教育訓練や運用等に関する協同，合同軍部隊編成の三段階のステップを踏むことになる。ドイツの場合には，既にほとんどの旧東欧諸国との間に軍事協力に関する二国間協定を締結し，共同演習の実施を含む多種多様な軍事交流プログラムを推進している。とりわけポーランド軍及びチェコ軍との間には，幾つか姉妹部隊関係が築かれており，その他についてもいつでも合同軍の編成に踏み出せる状態にあるといわれる。この他，バルト諸国の多国籍軍編成の動きや「NATO―ロシア合同旅団」などの編成の動向が注目されている[9]。

この一方で，アジア太平洋地域においては，中国，インド，あるいは朝鮮半島等の動向が不明なこともあり，信頼醸成推進の努力にもかかわらず，依然として地域諸国間の根深い不信感は払拭されていない。また，地域を包括する安全保障の枠組みのみならず，領土及び資源や民族問題をめぐる国家間の対立を平和的に解決するための対話ルールや，共通の思考基盤も確立されていない状況にある。自国の安全に絶えず危機感を抱く地域諸国の間では，安全保障政策遂行の基準的な考えとして，バランス・オブ・パワーの概念に基づいてそれぞれに軍備の増強を図っているため，高度の軍事的透明性と相互理解が必要とさ

れる多国籍合同軍の編成は，困難な様相を呈しているといわれる。ただし，東南アジア諸国連合（Association of South-East Asian Nations / ASEAN）地域フォーラムにおける，域内諸国共通の利益及び安全を守るための多国間協力に関する検討状況，あるいは，ブーゲンビル島での紛争の際に多国籍平和維持軍を派遣した実績等をみるに，今後，多国籍軍の編成とその運用が，徐々に加速すると予想される。

さらに，任務及び地域を特定した多国籍の「Task Force」の編成，あるいは海難事故等の捜索救助活動，麻薬密輸や海賊行為の取り締まり等のための多国籍部隊の運用に関して検討が進められており，これらについては，とりわけ実現の可能性が高いといわれる。

(2) 多国籍合同軍編成の傾向

新しい安全保障政策を追求する動きの中でも，とりわけ顕著なものとして，先に触れた多国籍合同軍編成のシステムがある。これは，国家資源の有効活用と，国家安全保障機能の向上のために，複数国がそれぞれ個別的に共同して，国家防衛のために多国籍の合同軍部隊を編成するというものである。ここに，軍隊編成の考え方において，「国防」軍から「共同安全保障」軍への転換傾向が伺える。

将来予想される厳しい国家の財政事情の下で，「軍事革命（Revolution in Military Affairs/RMA）」がもたらす軍事技術の革命的進歩を考慮しつつ，長期的視点に立って有効かつ効率的な防衛力を整備していくために，こうした転換傾向はますます増大すると予想される。

確かに，以前から，国連憲章第8章で認められる地域的な安全保障機構が存在していた。とりわけ，NATOは，欧州において冷戦後も一貫して重要な役割を果たしてきた。しかしそれは，NATOが軍事同盟機構として近代的で他に類を見ないほど優れた機能性を保持していたために可能だったといわれる。しばしば米国の強すぎる影響力が指摘されたこともあるが，基本的には各加盟国が同等な立場で意志決定に参画し，共同で行動する仕組みになっていて，危機に際して常に加盟国が一体となって対応してきた。特に軍事的には，旧ソ連軍中

心の，兵力的に優勢なWPO軍に対抗するため，米・英・仏・独などの軍事力を有機的に結合して，質の優越と統合された戦力の発揮によって数的劣勢を補ってきた。そしてその過程において，戦域ごとに，地域の特性に応じた統連合の司令部及び部隊が多国籍の組織として編成された。冷戦間には，加盟国が互いに兵力を出し合って編成する多国籍の部隊として，大西洋連合軍や海峡連合軍[10]にそれぞれ通常4，5ヵ国の艦艇からなる「常設艦隊」が編成されていた。また，欧州連合軍には，8ヵ国の陸軍及び空軍部隊からなる「欧州連合軍機動部隊」が編成されている。更に冷戦終結後は，突発的に生起する不測の事態に対応する多国籍の部隊として，欧州連合軍機動部隊を母体にして5千人規模に増強された即時対応部隊や最大10万人規模の連合迅速対応軍団等のように，情勢の変化に応じた部隊の改編がなされている。

もっとも，編成の形態から見れば，先に例示したNATOの部隊も多国籍部隊だが，その編成の理念及び発想は「多国籍合同軍」とは基本的に異なる。旧来の多国籍部隊は，いわば「同盟全体」の防衛戦略を成り立たせるためのものであって，多目的かつ広域的な運用を考慮して編成されている上，兵力を提供する各国には，「全体のために役割を分担する」という意識が根底にある。

本来，軍の編成と維持は国家の基本的責任に属し，それゆえ，編成された軍隊はすべてそれぞれの国家の固有財産であった。しかし，欧州において最近見られる多国籍の「合同軍」の場合は，旅団や師団など一つの作戦単位部隊の編成及び維持の責任を関係各国が分担して受け持ち，共同で保有し，運用しようとする傾向がある。すなわち，自国の直接的な安全保障遂行の手段として，国境を超えた単一指揮の部隊を編成し，参加国の共同イニシアティブの下にこの部隊を運用しようとするものであって，「役割分担」というよりは共同の防衛目的に資する「共有財産」を作り上げようという新たな発想に根ざしている。

なお，中部欧州地域においてNATO加盟諸国相互間で既に編成されている「多国籍合同軍」の部隊としては，欧州軍団 (Euro-corps)[11]，多国籍軍団 (Multination Division)，英蘭共同作戦軍 (The UK/Netherlands Amphibious Force)，第1独蘭軍団司令部 (The Headquarters of the 1st German-Netherlands Corps)[12] 西伊

共同作戦軍（The Spanish-Italian Amphibious Force）及び米独軍（US-German Army）[13]がある。また1995年には，イタリア，スペイン及びポルトガルなどの南欧諸国も，フランスと共同で陸軍の緊急展開部隊（The EUROFOR）及び外洋で行動する海軍部隊軍（The EUROMARFOR）の編成を計画している[14]。

(3) 軍事的非国家行為主体の出現

ここまで，地域的な多国籍合同軍の動向を見てきたが，現在，これとは別に，必ずしも国家をバックボーンとしない軍事的組織が出現してきている。例えば，冷戦後，主に冷戦期に軍事力を増強した国々の退役軍人たちにより，国際的に展開できる近代的な安全保障組織が民間ベースで設立されている[15]。

これは，元職業軍人たちが，通常，国家の正規軍のみが果たすことができる軍事的な機能を，商業上のサービスとして提供するものであり，軍事的非国家行為主体（Non-State Actor / NSA。例えばsecurity company / SCがある。）と呼ばれている[16]。これらは，一般に，合法的な政府や国際的に認知された民族解放組織と契約し，ニーズに応じた軍事訓練や戦闘支援のサービスを提供するというしくみをとっている。この際，国内の分離独立を目指す反乱勢力を鎮圧したり，クーデターを未然に防いだりするために様々な近代兵器や高度な戦術を駆使することもある。中には，戦闘機やヘリコプターによる空対地の支援攻撃を行うことや，連隊規模の陸上兵力を投入することが可能であり，主権国家の軍隊に準じた能力を有するものも少なくない。実際，各国正規軍の縮小により職を失った職業軍人たちによって構成されているため，こうしたNSAは，充実した技術と兵器を確保し，洗練されたコミュニケーション能力と戦術を有しているといわれる。さらに，冷戦後の国際兵器市場における過当競争の影響で，かなり高度な兵器を，簡単にしかも比較的安価に入手できるという。

NSAは，各々いずれかの国に登録し[17]，交戦法規やその他の国際慣習法に服すのみならず，当然，その国内法上の登録手続や規制に従う義務を負っている[18]。しかしながら，これが戦闘員又は捕虜となる権利を有しない「傭兵[19]」に当たるのではないかという議論も挙がる等，この位置づけは依然として明確ではない。

経済的にも，十分な軍事力を長期に渡って維持することが困難な国が多い中，こうした非国家の軍事システムの発生傾向が加速する可能性は否定できない。このため，近い将来，こうしたNSA等を管理するための態勢を確立する必要に迫られることも予想される。

II. 現行システムとその限界

1 国連の紛争管理システム

(1) 国連憲章の理念と実状

前述のように，冷戦後，LICの発生は顕著となり，今後も，政治的には旧ソ連や旧ユーゴ地域にみられる少数民族等に係る問題，経済的には旧ソ連・旧東欧地域・キューバ・モンゴルに見られる低開発問題，文化的にはイスラム原理主義における西欧化問題が火種となる可能性が指摘されている。しかしながら，国際社会がこうした紛争を管理するための有効なシステムは，必ずしも確立されていない。

国連憲章において，武力による威嚇及び武力の行使を原則として禁止しながらも，次の場合に武力の行使を認めている。すなわち，安保理の決定または勧告に従って行われる軍事的措置，個別的または集団的な自衛の権利,地域的取極又は地域的機関による強制措置，安保理の常任理事国による共同行動，そして安保理又は総会の決議に従い関係国の合意を得て配置される国連平和維持軍といった場合である。その一環で，LICへの対処についても，クルド族問題，ソマリア内戦，旧ユーゴ問題における諸措置に見られるように，主に国連を通じた紛争解決への試みがなされてきた。

しかし，これらの事例にも見られるように，紛争地域のおかれた環境や，各国内の政治的思惑などにより，適切に紛争解決に寄与できなかったケースも少なくない。また，国連平和維持活動（Peace Keeping Operation / PKO）も，活動資金不足により停滞の兆候を見せはじめている。また，LICへの対応には，通常戦闘を想定した正規軍ではなく，テロやゲリラ戦に精通した即応型部隊が必要とされるが，国連の「平和執行部隊」には，これに対応するだけの十分な教

育や訓練の確保という点でも，極めて難しい状況にあるといえる。このような状態において，依然としてこれまでの国家の実行行為に基づいて形成してきた国際法の修正は期待できず，新しい状況に応じた再解釈を重ねる傾向にある。それに対し，国連が何らかの影響を及ぼすとしても，結局のところ，国家が個別に実際の行動を担うのを前提とした上で，いかにそれを規制していくかが，問題となるのには変わりない。

そこで本節では，こうした現行の国連の紛争管理システム，とりわけ強制措置の部分を所掌する安保理の役割を軸に，国連憲章上の関連条文と，国連の対処行動に対する解釈に関して再確認をする。さらに，国連憲章制定当時想定されていた状況と，現況との齟齬について考察する。

(2) 安保理による集団安全保障の限界

国連憲章第7章は，平和に対する脅威，平和の破壊および侵略行為に関する行動に関して規定し，安保理の権限を以下のように示している。

すなわち，安保理は，平和に対する脅威，平和の破壊または侵略行為の存在を決定するとともに，国際の平和および安全を維持しまたは回復するために勧告をし，または第41条および第42条に従っていかなる措置をとるかを決定する[20]。そして，その決定を実施するために，兵力の使用を伴わないいかなる措置を実施すべきかを決定することができ，かつ，この措置を適用するように国連加盟国[21]に要請することができる[22]。さらに，安保理は，第41条で定める措置では不十分と認められるときは，国際の平和および安全の維持または回復に必要な軍隊行動をとることができる[23]。

そして，これらの決議の採択は，15理事国中，常任理事国[米・ソ・中・英・仏]の同意投票を含む9理事国の賛成投票による，特別多数決で行われる[24]。したがって，常任理事国が一致して同意投票を行わない限り，平和に対する脅威，平和の破壊，侵略行為の認定はなされず，また，強制措置がとられることもない。

以上のように，国連憲章第7章は，安全保障のための具体的な集団的強制措置を予定している。そして，こうした集団安全保障の理念を具現化するため，

国連憲章の本文及び憲章以後の国連の実行措置によって，軍事的措置に関する広い権限を安保理に与える一方で，手続的には一定の限界を画してきた。

　安保理の権限としては，まず，平和に対する脅威や平和の破壊又は侵略行為の存在を決定するという認定機能，第二に，事態悪化防止のための暫定措置承諾の要請，第三に，国際平和維持及び回復のための勧告が認められている。

　この一方で，暫定的措置に関しては，経済制裁等の非軍事的措置では不十分と認める場合に限り実施できるとしている。もっとも，第41条の規定する経済制裁が，それ以前に採択された安保理決議の履行にとって十分か否かの判断は，安保理に委ねられているため，この点に関する安保理の決定権は，実体的に広範囲に認められていると解しうる。また，国連憲章は，第42条に基づく軍事的措置の発動にあたって，第43条で加盟国との特別協定の締結を条件としているため，国連憲章制定以来，これを第42条に従う軍事的措置の前提条件とする解釈が，国連憲章の注釈者たちに支持されてきたし，また，サンフランシスコ会議に参加した諸政府の考えとも一致するものであった。しかし現実にはこの特別協定は締結されず，代わりに，安保理の「勧告」に従い，加盟国の自発的意思に基づく武力の行使が，国連憲章第7章の下で正当化されてきただけである。

　このように，国連憲章第7章の下で安保理に認められる軍事的措置に関わる権限は，手続的には一定の制限を受けながらも，実体的には広い裁量が認められていた。しかし，冷戦期において，安保理の意思決定は起草者たちの期待どおりには実現されなかった。この大きな原因としては，東西対立の影響により，多くの場合，安保理は，これらの認定をはじめから回避してきたということが考えられる。また，たとえ試みられても，常任理事国いずれかの拒否権の行使によって，しばしばその認定は封じられてきた。さらに，たとえ認定が行われても，わずかな例外を除いて強制措置には至らず，国連憲章が予定した集団的安全保障制度は十分に機能せずに終わってきた[25]。

　国連憲章で示された「集団安全保障 (collective security)」の理念は，必ずしも想定されたとおりの姿で機能しなかったのが実状だといえる。国家にとって，利害関係は国際政治における最も重要な判断要素の一つである。したがって，

規約違反行為の基準やその制裁方法といった問題について，諸国間の意見の一致は困難であり，このため，当初の理念が形骸化したものとなっていった。つまり，法制度上は一応確立されたが，実質的に，権威をもって裁定し，強制しえない国際システムのため，各主体がそれぞれ独自の解釈と判断で行動している状態となり，間接的な圧力として影響を与えるにとどまっているわけである。

確かに，冷戦終結により，安保理における常任理事国の意見が一致する可能性が高まった。例えば，1990年8月2日のイラクによるクウェート侵攻時の安保理の行動は，はじめて憲章の想定に近い形で機能したといわれる[26]。しかし一方で，冷戦終結に伴って顕在化しはじめた，一国内での民族対立とその過程で犯される国際人道法に対する「重大な」違反に対しては，安保理の積極的な反応とは裏腹に，必ずしも有効な対処行動に至らないことが少なくなかった[27]。そして，ついに，国連による明確な授権が存在しないまま実施された，コソボ紛争の際のNATOによるユーゴ空爆のような事案も出現するようになった。

(3) 安保理による紛争認定とその問題

国連体制上，国際平和の維持と回復に関して第一次責任をもつ安保理は，平和維持のための暫定的措置の決定だけでなく，回復そのもののための具体的措置を当事国および関係国に要求する必要がある。国連憲章第51条は，個別国家によってとられた自衛権を統制するために，とりあえず平和と安全の維持に必要な範囲での措置を安保理に求めると同時に，第二段階の措置として，失われた平和と安全の回復のための行動をとることを想定している。そして，この場合の「平和維持」に関する安保理の行動に際して，国連憲章第39条上の「平和の脅威」または「破壊」あるいは「侵略」の存在が認定される必要があるといえる。

この「侵略」の認定は，結果として紛争当事国の一方を違法と判断することとなるため，その後の平和の回復に関する国連の行動への制約や障害を生起させる可能性をもつ。このため，こうした認定は政治的に回避される場合が少なくない。

これに反し，「平和の脅威」あるいは「破壊」という認定行為は，原則的に，

武力紛争当事国を平等に扱うものである。したがって,「停戦」を双方に受け入れやすくするだけでなく,その後の紛争解決を効果的にすすめるべき責任を負う安保理にとって,比較的採用しやすい決定方法であり,実際,朝鮮戦争やフォークランド紛争の事例のように比較的頻繁に用いられてきた[28]。

ただし,これらの認定に際して,似たような事実関係にも関わらず,何らかの政治的背景から異なる措置を決定するようなケースが考えられる。実際に,こうした,いわゆるダブルスタンダードの問題に関する議論と批判も少なくない。このことは,安保理自らが国際社会の公序維持の責任をもつ公的有権機関としての立場を堕落させているといえ,結果として,決議の権威の失墜や,紛争当事国の遵守意欲の喪失をも招きかねない。

例えば,イランイラク戦争の際には,安保理は,明示的には「平和の脅威と破壊」の存在すら認定せず,即時停戦の他には,単に,両当事国に対する国連憲章第2条第4項における国連加盟国の武力不行使義務の想起と,平和的手段による紛争の解決を要請しただけだった[29]。そして,安保理決議において,イラクが最初に国境を突破し,大規模な武力攻撃を行ったことに対する責任を問わず,両国に対して「即時停戦」のみを要求し,侵入イラク軍の国境線までの撤退要求を行わないことを決定した[30]。ところが,これに対し,フォークランド紛争の際には,安保理は,先に侵入したアルゼンチン軍に対して撤退要求を行っている。これらを比較すると,侵入の事実に対する判断基準の不明確さから,その当時の国際情勢と理事国の利害に左右される安保理の態度の恣意性が感じられるし,実際に,決定のダブルスタンダード的変更との批判も挙がっている。

確かに,「停戦」という暫定的な平和維持措置は,それだけでは自衛権の統制措置としての意味はもちえても,国際社会の公序すなわち武力不行使の実質的な意義を確保するには不十分である。やはり原状回復,具体的には侵入した軍隊に対する引き揚げ要求等によってフォローされ裏打ちされることがなければ,本来の意味での国際公序維持の責任を果たしたとはいえない。現に,国連憲章第51条は,後段の規定で,安保理に対して,自衛権の統制だけでなく,国際平

和と安全の回復のための役割と責任を示し，この履行を要求している。もっとも，こうした統制をとるものがなければ，逆に力に勝る不法行為国が幅をきかせ，正義の確保に関する国際社会の失望感を高め，平和維持に関する諸国民の法意識の衰退を招くことにもなる。

　一方，イラン米公館人質事件のように，事案の中心が人権の救済におかれた場合は，それが国家間の侵害問題と関連していても性格はいくらか異なる。この場合は，一般的に当事国間および国連や第三者機関の介入による忍耐強い交渉が，結局最良の解決策となることが少なくない。つまり，国家間武力紛争と異なり，直接的な平和と安全の回復行動につながる問題は生じにくい。これに対して，フォークランド紛争やイランイラク戦争あるいは中東戦争，レバノン内戦のような典型的な武力行使の状況においては，国連の安保理機能が端的に作動する可能性がある。したがって，本来なら，停戦監視のためだけでなく，侵入軍隊の撤退を監視するといった平和回復措置の一環としても，国連平和維持活動部隊や国連監視団の派遣を当事国が受け入れることを決議の中に盛り込むべきであるし，そのための下交渉を安保理は当事国と積極的に行っていくべきである。

　また，効果を十分なものにするためには，侵入軍隊の撤退と原状回復についての履行期限等の設定，撤退期限満了後でもなお侵略国が違法な占領を継続している場合の措置や事前の警告行動等に関しても検討しておく必要がある。加えて，第三国に対する措置についても，武力紛争の拡大や長期継続の阻止あるいは紛争の国際化を防止するために，本来であれば，安保理は明確な行動を要求すべきである。

　このように，従来の国家間紛争に対する態度において，改善すべき点が多々ありながら，これまで，必ずしも積極的に改善策が検討されてきたわけではなかった。この辺りにも，安保理の対応の甘さがあり，これが実際の措置による効果の程度に影響を及しているといえる。しかも，前述のように，国際武力紛争の態様が変化してきている今日，現行の紛争認定の方式は決して十分かつ適切なものとはいいえない。

2 紛争介入と武力行使規制の交錯

(1) 紛争介入をめぐる議論

　今後の安全保障においては，前述のように，いかに LIC を管理するかが重要な課題として存在する。例えば，これまで，どんなに深刻な国内問題があっても，国際社会は，内政不干渉原則に阻まれて国内紛争の形態をとることが多いLIC に介入できなかった。しかし，人権救済のために内政不干渉原則を侵しても人道的介入をすべきなのか，国際社会の最も基本的なルールである内政不干渉原則を遵守すべきなのかという問題が，冷戦後，クルド弾圧，ソマリア内戦，ルワンダ内戦，そしてコソボ紛争で再び問われた。

　そもそも内政不干渉原則は，1648年のウエストファリア条約以来，国際社会で遵守されてきた主権国家間の最も基本的な原則の一つである。それゆえ，もし内政不干渉原則の前提となる「主権国家」が変容すれば，当然のことながらこの原則もまた変化せざるを得ない。実際，経済共同体としての国民国家が世界市場主義経済によって相対化され，事実上単一の世界経済共同体となった現在の国際社会では，経済分野において内政不干渉原則は既に有名無実となっている。

　一方，政治分野においては，人権意識の高揚等の結果，内政不干渉の解釈が限りなく緩やかなものにシフトしてきている。国連憲章は，第2条第7項の「国内管轄事項」によって内政不干渉原則を明記する一方で，第1条第3項で人権擁護と基本的人権の助長を国連の目的に掲げている。これらは一見矛盾するようだが，人権擁護が「国内管轄事項」ではなく，いわば「国際管轄事項」とみなされるが故に全く矛盾しないと解されてきた。実際，第二次大戦以降，人権擁護の意識は，1945年の国連憲章を皮切りに1948年の世界人権宣言や1966年の国際人権規約等によって年々高まっている。その結果，例えば1989年の天安門事件で，人権擁護を求めて経済制裁を中国に課すという内政干渉政策を実施したのである。

　このように，「国際管轄事項」と化した人権擁護においては，内政不干渉原則の緩和を求める傾向が顕著である。しかし，だからといって，それが直ちに人

道的介入に正当性を与えることにはならない。

　紛争への介入が正当性をもつためには，介入の主体，手段，目的等が認められうるものでなくてはならない。そして，介入の趣旨を考慮すれば，既存のシステムとしては，人権擁護との関連性から国際社会を代表する国連がその主体の候補としては自然である。しかし，コソボ紛争では，内政不干渉原則に固執する中国とロシアによる拒否権発動が予想されていたため，国連が主体となる可能性は低いと考えられていた。実際，アメリカはイギリスと共に安保理に武力介入の承認を求めたが，セルビア寄りのロシアが難色を示した。そのために，オルブライト米国務長官は「安保理の承認は義務づけられていない」と述べ，NATOによる武力介入に踏み切ったのである[31]。今後も，拒否権の壁の下に，国連による人道的介入は困難を極めるだろうし，この問題が解決しない限りは，21世紀の安全保障における国連の地位は，ますます危ういものとなってしまうだろう。

　また，介入の目的に関する問題もある。例えば，人権擁護が目的だとしても，それは単に人権抑圧を受けている人々を直接保護することなのか，あるいは人権抑圧を行う体制を打倒して人々を救うことなのかといった点で，介入の度合や方法が異なってくる。コソボ紛争でも，当初はアルバニア系住民に対する弾圧を停止させ，難民を元の居住地に帰還させることが目的だった。しかし，武力行使の結果ミロシェヴィッチ政権の弾圧強化を招き，難民を保護するどころかえって大量の難民を出す結果となり，政権の打倒に目的がシフトすることになった。しかし，外部勢力の直接的な武力行使による政権の打倒が正当化できるほどに，内政不干渉原則が破られたとまではいい切れないのが現状である。このあたりの問題をどのように判断していくべきかが問われているといえる。

　また，介入の手段についても，説得や交渉などの平和的手段から，経済制裁や軍事演習などの強圧的手段，そして最終的には限定的あるいは全面的な武力行使などの暴力的手段まで様々な形が想定される。しかし，これらのどこまでが正当なものとして認められうるかは依然あいまいである。通常，平和的手段に始まり，効果が現れない場合には次第にエスカレートして最後の手段として

武力行使がなされる。LICにおいて，いったいどのレベルでどの程度の介入が「許容されうる」ものかという議論について，戦争違法化と武力不行使原則の理想の下に，国際法は長い間，必ずしも十分に対処してきたとはいえない。しかし，こうした現実との乖離がもはや無視できなくなってしまった今，有効な対処のあり方を前向きに検討せねばならない状況にあるといえよう[32]。

(2) 武力不行使原則と自衛権との関係

国連憲章は，第2条第4項で，「すべての加盟国は，その国際関係において，武力による威嚇又は武力の行使を，いかなる国の領土保全又は政治的独立[33]に対するものも，また，国際連合の目的と両立しない他のいかなる方法によるものも慎まなければならない」と示している。この一方で，第51条で「この憲章のいかなる規定も，国連加盟国に対して，武力攻撃が発生した場合において，安全保障理事会が国際の平和および安全の維持に必要な措置をとるまで，個別的または集団的な固有の自衛権を害するものではない」と規定している。つまり，この第51条の示す自衛権は，第2条第4項の示す武力不行使原則に対する例外として，許容されている。このため，自衛権の濫用を回避するために，発動の要件を明確にし，明らかな侵略行為[34]に対してのみ認められるとされた。

しかしながら，憲章制定当時，一般に受け入れられていたこうした制限的見解に対して，後に，いくつかの拡張的な見方が提示されるようになった。例えば，英・アルバニアのコルフ海峡事件において，イギリスは，アルバニア領海であるコルフ海峡での英艦の掃海行動は，アルバニアの「領土保全」や「政治的独立」といった法益の棄損あるいは脅威にはあたらず，国連憲章第2条第4項に違反していないと主張している[35]。また，1956年のスエズ事件においても，イギリスのエジプトへの軍事行動の許容理由として自衛権が援用されている[36]。

このように，例外的に認められる武力行使の根拠としての自衛権の概念は，微妙な対処行動を説明する際に頻繁に用いられてきた。この理由として，自衛権は，古くから認められてきた権利である上に，国連憲章で明示されているため，行為を正当化する際，他に類を見ない確立した拠り所となるためと考えられる。しかしながら，憲章制定当時の本来の意図からすれば，明らかに拡張的

なものであり，前述のような微妙な事件に次々と適用されるのは，必ずしも妥当とはいえない。

(3) 武力行使規制と干渉行動

武力不行使原則の実質的な規範力と内容に関しては，許容されうる介入行為との関係において，様々な意見が挙がっている。

例えば，人権の回復や救済を理由としたいわゆる人道的干渉が，武力行使に関する国家行動の多くを占めることを理由に，これを「国連憲章の目的と両立する」武力行使として，国連憲章第2条第4項の武力不行使原則の枠内で例外的に容認される行為と見る立場がある。また，イラン米大使館人質事件における米軍の救出作戦に関する米国政府の主張のように[37]，国連憲章第51条の内容としてとらえ，自衛権の範疇で許された行為だと主張する立場もある。

この「人道的干渉行動」を肯定する見解の中でも，自衛権とは区別して，重大な人権侵害の事実があり，その救済に緊急の必要性があると考えられる場合，しかも国連の組織的な救済機能の不全が明らかである限り，これを要件として，国家が個別に実施する自力救済を適法なものと認めざるをえないとする立場がある。ここでは，前述の場合のみを制限的人道干渉 (qualified humanitarian intervention) の措置として肯定すべき，すなわち国連憲章第2条第4項で許容された「憲章の目的と合致する」武力行使と認められると主張されている。さらに，現実に，こうした実行行動が反復して行われているため，今日では既に慣習法化していると見るのが合理的だという見解もある。ここでは，国連憲章上で厳重に尊重されている「人権」の確保のためには，自国民の救済はもとより，場合によっては外国人の救済の場合をも含んだ，一定の武力行使が可能との規範意識が，今日成立していると理解されている[38]。したがって，「人道的干渉」の一般的な法的容認と当該個別事件に関してのみ政治的に容認しようとする立場とは区別される。

ところで，国連はこの種の人道的干渉を非難する傾向にあるが，これに対して，具体的な抑止や制裁といった措置は行っていない。しかしながら，現行制度上は，国連決議による非難は，それが仮に言葉の上だけであっても，国際機

関の意見として行為の違法性を示しただけでなく，その事件に関与したことにより，その救済方法に関しても一定の責任を負担したことになる[39]。もっとも，ウィーン条約法条約第53条の意図をみても，「平和のための結集決議」の援用に見られるような「勧告」決議の採択といった明示的な委任がない限りは，国家が勝手に独自の判断で武力行使を行うことは認められていないといえる。

なお，こうした第三国による「武力行使」を是認しようとする議論は，自決権の行使との関連においても主張されている。ここでは，人民抑圧政策を継続する政権については，人民自決原則を否定するものとして，第三国がこれを武力によって打倒することも是認されるべきだと主張する傾向にある。

しかし，一定の目的のためとはいえ，従来のように，基本的に武力行使の正当性の判断は国際社会によるべきという状況を無視して，国家による単独かつ一方的な武力行使を無制限に是認するならば，それは，ひいては強国に権利を保障することにもなりかねない。確かに，国連の平和維持の機能は十分ではないが，厳格に制限された自衛のための武力行使と武力の「非自己防衛的」使用とは明白に異なることを認識すべきである。

(4) 現行の武力不行使原則の限界

武力不行使原則は，紛争の平和的解決義務と相俟って，様々な分野における紛争解決システムの整備を促してきた。また，武力不行使原則自体，国連総会決議によって，その概念を発達させてきた[40]。さらに，この原則に関係するものとして，平和に対する罪，侵略戦争の禁止，軍事占領及び武力による領土獲得の禁止，条約法条約第52条，53条，64条の，武力行使あるいは威嚇によって強制された条約や強行法規違反の条約が無効であるとの規定も整備されてきた。

しかし一方で，武力不行使原則が，実際の武力行使を有効に規制してきたとはいい難い。冷戦をはじめとした種々の原因により集団安全保障が十分に機能しないという状況があり，この根本に常任理事国の拒否権の問題という現実があった。また，国連が強制力をもって決定した内容を実現できなかったのみならず，紛争当事者の解釈と安保理の解釈が一致しないことも多かった。そのため，安保理の決議と諸国の実行行動を，「後から生じた慣行（subsequent practice)」として国連憲章の解釈に反映させることをためらう傾向が見られた。しかし，たとえ，何らかの解釈が可能だとしても，それは国家が個別に武力行使しうる場合を実定法上定めたに過ぎず，集団安全保障体制が機能しない限りは，新たな正戦概念が発生したことを意味するともいえる。そして，近世初頭の正戦論が認定権の個別化と恣意的運用によって崩壊していったことを考えると，これは武力不行使原則の変調の兆候とも考えられる。だとすれば，武力不行使原則のひずみとともに，同原則を拠り所として均衡と平和の理論を構築してきた現行の国際システムもまた，大きく動揺している状況にあると考えられる。

　実際，武力不行使原則が本来前提としていたのは，公然とした，軍隊による越境侵入と攻撃であった。しかし，第二次大戦後は正規軍の衝突よりも内戦が頻発するようになり，そこに冷戦という背景が関与することが多くなった。その結果，武力行使の形式にも変化が現れ，不正規軍または武装集団の派遣，内戦の一方当事者に与えられる援助等のいわゆる間接侵略，民族解放闘争，ハイジャックやテロ行為による在外自国民の生命に対する危険等がむしろ論争の焦点となった。これに対して，冷戦により安保理の機能が低迷していたため，主に自衛権を根拠にして，自らこれらの事態に対処しようと試みた国も少なくない。これら LIC は，国家に至らざる主体により引き起こされているという点では，19 世紀のカロライン号事件の延長線上にあるといえ，その意味で，武力不行使原則が考慮しないままに残した部分における問題の解決が迫られているのである。武力不行使原則はこれらの状況を充分に考慮しないままに形成されたという点で，その硬直性を露わにしている。

III. 武力紛争解決手段としての「武力行使」のあり方

1　例外として認められる武力行使

(1)　武力不行使原則の例外に関する状況

　先に触れたように，伝統的な国際関係においては，例えば国内紛争の場合，基本的には一国の国内問題であって，外国が干渉することは許されなかった。

もし，外国がこのような国内紛争に対して軍事力，経済力などを用いて直接的に介入する場合には，国家の主権の侵害，あるいは内政干渉として，国際法違反を構成するとされた。

ただし，伝統的国際法のもとでも，干渉が許される場合があるとされてきた。たとえば，自国民保護のための干渉，少数民族保護のための干渉，条約規定に基づく干渉，国際違法行為を阻止ないし停止させるための干渉，内乱の場合において反乱団体の承認をした場合等である。これらの不干渉義務の例外すべてが国内紛争にかかわるとはいえないが，多くの場合が国内紛争と関係することも事実である。たとえば，自国民が外国で差別的待遇を受けたという場合は，それだけでは国内紛争とはいえないから，国内紛争に対する外部からの干渉のケースとはならないが，内戦状態の国において戦乱に巻き込まれそうな自国民を救出するための干渉ということになれば，国内紛争に対する外部からの干渉の事例に該当することになる。

しかし，これらの不干渉義務の例外については批判的見解も多く[41]，一般的に，国際法学者の多くは不干渉義務の例外を認めることに慎重である。とりわけ国内紛争に対する干渉については，概して消極論が多いといわれる。それは，内政不干渉原則の定着の経緯やこれを破ることによる国際的な影響の大きさを考慮せざるを得ないためと考えられる。すなわち，1919年の国際連盟規約，1928年の不戦条約等，戦争を違法化する動きが国際的に進展し，これを受けて，国連憲章第2条第4項において「武力による威嚇又は武力の行使」を原則的に禁止したという経緯があり，また，国家主権や国内管轄権等の国際法上の基本原則との兼ね合いから，従来の内政不干渉原則の解釈を否定することに慎重にならざるをえないところがある。

しかしながら，先に見たとおり，現に，内政不干渉原則と，現代型の武力紛争への対応の必要性という点で，両者の間隙を十分に埋めるための方法は見あたらない。このため，再び不干渉義務そのものの解釈あるいはその許容されるべき状況や基準に関する議論が活発化している。そこで，この問題の解決の可能性を探るために，これと関連して議論されてきた復仇に関する問題と，近年

とりわけ議論されている対抗措置に関する問題について触れておく。

(2) 復仇に関する問題

1985年10月に，イスラエルによるパレスチナ解放機構（Palestine Liberation Organization / PLO）本部爆撃事件が発生した。安保理でこの事件が審理されたが，このときイスラエルは，「PLOは昨年1年間に600回もテロ行為を行っており，今回のイスラエルの実力行使は自衛のための合法的措置である」と述べている。これに対し，チュニジア代表は，「イスラエルの爆撃は，チュニジアの主権を侵害する『国家』テロ行為であり，爆撃で生じた損害をイスラエルは賠償する義務がある」と主張した。結局安保理は，イスラエルの国際法違反行為を強く避難するエジプトやインドなどの非同盟諸国が提出した決議案を，賛成14，反対0，棄権1（米）で採択した[42]。

ここでは，「イスラエルによるチュニジアの領土と主権に対する侵害行為が多くの人命を失わせ，損害を与えたことを憂慮するとともに，この攻撃が中東の和平に脅威を与えていることに重大な懸念を表明する」としたあと，国連憲章と国際法の重大な違反であるイスラエルのチュニジアに対する「武力侵略（the act of armed aggression）」を強く非難し，イスラエルにこうした「侵略」行為を行わないよう要求している。さらに，国連全加盟国に対して，イスラエルにこうした行為を思いとどまらせるための措置を緊急にとるよう要請し，チュニジアの損害賠償請求権を認めると示した。すなわち，イスラエルの軍事力による報復行為は，それが特定の団体の違法行為に対する自力救済ないし科罰のための最小限の行動であっても，第三国の主権を侵害する正当な根拠とは認められなかったことが明示されたのである。さらに，その報復行為が国家の明確な意思による軍事力の行使であり，相当規模の損害を発生させた場合は「侵略」として認定されうることを明らかにしたといえる。つまり，一国の主権の及ぶ範囲内に，かりに国際違法行為者が存在し，その存在を当該国家が許容していても，平和的手段による救済手続をとることなく武力による復仇行為を一方的にとることは，武力不行使原則の重大な侵害という判断が示されたわけである。その点では，1949年のコルフ海峡事件に関する国際司法裁判所の判決で述べられた

「現在の国際組織の欠陥が何であれ,外国への武力干渉の権利は国際法にその地位を見いだしえない」という,国連憲章第2条第4項で明示した武力不行使原則に関する国連発足当時の意図は失われていないとみるべきだろう[43]。

また,米国のニカラグアに対する干渉政策について,それが人権尊重を基盤とした民主政治確立という目的をもっているにしても,国際法上認められないことが,国際司法裁判所判決の中で明らかにされている。すなわち,米国の中米政策を検討するとき,内政不干渉原則の内容や有用性に関して意見が対立することは認めつつ,武力行使への依存を回避するための規範を要するという点では一致している。さらに,国益至上主義や権力主義は国際安全保障上の脅威となるものであり,国際法はこの抑制を図りつつ安全保障環境を維持していかねばならないとも指摘されている[44]。

米軍のグレナダ侵攻やベトナム戦争についても,アメリカによる軍事介入の違法性に関して議論が持ち上がった。しかし,ここでの米国政府の主張は,対ソ戦略上の国益優先に終始していた。そして,国際法はその国家観に基づく武力行使を事後的に合法化する説明手段と化し,軍事力の国際的使用を抑制する根拠としてはほとんど機能しなかった。

しかしながら,こうした一国の国家的利益一辺倒の政治的選択は,逆に他国が同じ行動に出た場合の批判の根拠を自ら放棄することにもなりかねない。例えば,ソ連のアフガニスタン軍事侵攻への非難を米国のグレナダ侵攻と区別して正当化するのは無理があるだろうし,実際グレナダやアフガニスタンへの侵攻は,国連総会の圧倒的多数によって非難されている。この点から見ても,武力による復仇等の措置は,決して一般に国際的に承認されているとはいえない。

こうしてみると,依然として,国連憲章第2条第4項を基礎とした武力不行使原則の意義と価値は,完全に払拭されているとまではいい切れない。しかしながら,国際機関の抑制機能の低下に伴い,武力不行使原則の規範的な効力が揺らぎ,国連憲章作成時に国際的に合意された厳格な武力行使許容の基準がゆるみはじめているという傾向は否定できない。ただし,国連憲章第2条第4項の示す武力不行使原則が,揺らぎながらも依然として存在しているという点で,

1930年代の国際連盟の崩壊期のように，単に個別国家が安易に武力に依存して事案を解決しようとしていた状況とは結果的に異なっているといえる。

(3) 武力復仇と「対抗措置」

国際法上，自助の問題は，今まで武力復仇の問題の中で議論されてきた。しかし，武力復仇の規律そのものが様々な分野の影響を受け，これに伴い，実施の手段にも影響を及すことになった。歴史的には，武力復仇という法制度自体，戦争の被害が拡大し始めた頃に被害を限定するためにつくられた制度といわれるが[45]，第一次大戦後の戦争違法化の動きに伴い，いわゆる「事実上の戦争」を防止するために，戦争とともに禁止されるようになった。1923年のコルフ島事件では，国際連盟規約の下で武力復仇が合法かどうかが問題とされるようになり，1928年の不戦条約においても武力復仇が禁止されているかどうかが問題とされた。さらに，1934年の万国国際法学会の「平時における復仇制度に関する決議」の第4条では，「武力復仇は，戦争に訴えることと同一の条件で禁止される」と規定されるようになった。そして，国連憲章第2条第4項では，戦争と武力復仇の双方を含むものとして「武力行使」という用語が採用され，実定法上，武力復仇の禁止が確立したといわれる。国連憲章成立以後は，国連を中心として，武力復仇の禁止が確認され続けた。例えば，中東紛争の過程で安保理が採択した1964年の決議18において，「国連の目的と原則に一致しない復仇」は非難されているし，1970年に国連総会が採択した友好関係原則宣言の第一原則においても，武力復仇の禁止が確認されている。

もっとも，この規範が確立するに際して，自助手段としての武力行使の権利をも完全に否定することにつながるため，一部で反対の声があった。しかし実際に，1968年のベイルート空港襲撃事件を初めとする中近東の例のように，武力復仇の合法性が問題とされる事例が発生するようになった。このため武力復仇の合法性の議論が再燃したのであり，第二次大戦後の議論はこれらの事例を中心に展開されてきた[46]。

ところが，近年，国連国際法委員会 (International Law Commission / ILC) の国家責任条文草案において，「対抗措置」という概念が提案されるに至り，[47] こ

れが，ICJ の在テヘラン外交領事事件やニカラグア事件の諸判決にも影響を及ぼすようになった。この対抗措置の概念は，国際違法行為に対するものであるから，自助の問題を正面から提起するものであり，その再編成を迫るものであった。2001 年に，ILC 国家責任条文第二読草案の作業が終了し，第一読草案に大幅な改訂を加えつつ，国際義務の性質に応じた対抗措置の内容，形式，程度の確立が試みられた[48]。結果的には，ここでの対抗措置は武力行使を伴わないものとして了解されたが，この検討過程での議論は，不干渉義務と武力行使の問題をとらえる上で重要な手がかりを示唆するものといえるだろう。

2 法規制とシステムの実効性

(1) 既存かつ未確立の紛争対処概念

前述のように，現代的な武力紛争の特徴は，正規軍同士の衝突といった明白な侵略行為ではなく，その大部分が国内の武装集団が衝突するといった LIC の形態をとるという点である。国連は，これを積極的に規律すべく，友好関係原則宣言や侵略の定義に関する決議などにより，こうした武力行為も違法な武力行使ないしは侵略として規定する傾向にあった。

しかし，そもそも，国連憲章起案の際に念頭にあったのは，「事実上の戦争」の禁止であり，直接侵略の禁止であって，いわゆる間接侵略や内戦にあたる部分の規律まで考慮されていたとはいい難い。そして，その後の武力紛争においては，むしろこの問題が中心になってきたのであり，これに対して，各国は，自衛権行使の論拠をもって，とりあえず対処する傾向にあった。そのため自衛の概念の拡大が議論されることになり，例外である自衛権によって，原則としての武力行使の禁止が覆されてしまうという危険性があった。

LIC の問題は，この残されてきた課題への対峙を迫るものといえ，その意味で，一見「法の欠缺」に見える部分への対峙をも意味するものともいえる。この問題に対しては，様々な方面からの対応が試みられてきたが，その中でも，とりわけニカラグア事件判決や ILC の国家責任条文草案は，こうした一種の「法の欠缺」の部分を埋めようとする積極的な試みだとも考えられる。

冷戦が過ぎ去った現在，安保理機能に復活の兆しが見え，国連憲章もその適用が正面から問題とされるようになってきた。その結果，明らかとなってきたのは，必ずしも国連が憲章の明文どおりに機能するわけではなく，軍事的措置をとる際にも加盟国の協力を別途求めなくてはならないということである。ここに至って，国家責任法の中で対抗措置が論じられたり，国家の一方的措置が問題とされるようになってきており，このことは紛争の強力的な解決手続が見直されつつあることを示しているといえる。また，国家責任条文草案における対抗措置の積極的な規定や，その事後的な調整の手続の構想を見れば，前向きな紛争解決への検討の姿勢が窺える。しかし，一方で，国連憲章上明文で認められている国家の合法的武力行使の根拠は依然として自衛権だけであり，その部分の調整が必要となっている。国連憲章第2条第4項に規定される武力不行使原則は，こうした状況への対応を迫られているのである。

国連憲章の最高規定でありすべてに優越する価値原理である第1条第1項は，「国際の平和と安全の維持」を至高目的として掲げている。だとすれば，第1条の基本規定に第2条の「原則」は当然従属すべきであり，第1条の目的と抵触しないよう，むしろその実現を促進する方向で解釈し，運用されなければならないといえる。実際，これまでの議論は，むしろミクロ的な視点からのものが多かったが，今後は，こうした部分論ではなく，本来の目的を最重視し，これに対峙しつつ総合的に検討していく必要がある。

加えて，武力行使の例外として代表的な国連憲章第51条の「自衛権」と，その実行のための国連憲章第7章のシステムが，従来想定された形で機能していない現状を見るに，実情を踏まえた紛争解決のための処方箋が切望されているといえる。

(2) 多元的武力紛争管理へ向けて

武力行使は，あくまでも紛争介入の最後の手段である。通常，紛争への対処は，外交や経済制裁といった平和的手段にはじまり，それでも効果が現れない場合には，次第に強制的なものに移行し，最後に武力が行使される。しかし，これはあくまでも紛争管理における一手段でしかない。

狭義の紛争管理としては，おおむね危機防止，危機対処，危機収拾，危機解消の各段階が考えられるが，そのうち，これまで国連が関与してきたのは，主として危機収拾段階における停戦後の平和維持活動である。ソマリアでは，危機対処段階の武力による平和強制活動を行ったが，多数の犠牲者を出し，失敗に終わった。現在，アメリカをはじめ各国が平和強制活動のために自国の部隊を国連に提供することに反発があり，国連は危機対処にあたる平和執行部隊が編成できない状況にある。そこで，コソボ紛争では，地域安全保障機構のNATOが，国連に代わって危機対処の部隊を編成した。

　この空爆の際には，アメリカ，イギリス，イタリア，スペイン，オランダ，デンマーク，ベルギー，ノルウェー，ポルトガル，トルコのNATO諸国が参加している。NATO諸国の中でも，アメリカを主力とした今回の部隊編成の形態は，最近一部の安全保障関係者の間で議論されている民兵隊（Posse）方式[49]にあたると指摘されている。民兵隊とは，西部開拓時代のアメリカで行われた，保安官の呼びかけに応じて有志が組織する一種の自警団である。つまり，アメリカという保安官の呼びかけに応じて，有志の国が結集して，実際の紛争介入を含めた紛争管理を行うのである。湾岸戦争の多国籍軍やコソボ紛争のNATO軍はこの民兵隊方式の原型ともいえる。国連がより効果的な紛争対処のための対策が打ち出せない限り，特定の一国を保安官とし，地域安全保障機構の有志連合（coalition of willings）による民兵隊方式が紛争管理方法の主流になる可能性が高い。

　しかし，この方式は，紛争介入の正当性という点で問題を抱えている。湾岸戦争の時には，国連が多国籍軍の武力行使に安保理決議678で正当性を与えた。一方，国連の決議に基づかないコソボ紛争では，NATOの武力介入の正当性[50]について中国やロシアをはじめ各所で疑問の声があがった。

　また，他の特徴的な傾向としては，人命尊重意識の高まりの中で，敵，味方にかかわらず人的被害を極限化するというアメリカの「死者ゼロドクトリン」が指摘される。この戦略の背景には，戦闘員と非戦闘員の区別という国際法上の要請，先進国における人命尊重の世論の高まり，人道目的であるが故に人命を

尊重しなければならないという，目的に応じて手段が限定されるという事情があるといわれる。

しかし，コソボ紛争の場合は，むしろユーゴ軍治安部隊とコソボ解放軍とのLIC型の非正規戦だったと考えられる。このため，正規戦用の精密誘導爆撃による攻撃では，そのコストに見合うだけの効果は得られない。軍隊の組織的運用が必要な正規戦であれば，戦車，戦闘機，火砲などの兵器，あるいは兵站部門が破壊されれば，戦闘能力は低下する。しかし，ゲリラ戦を主体とする非正規戦のLICであれば，銃や携帯ミサイルなどの小火器さえあれば戦闘は可能である。皮肉にも，NATOの空爆の効果が上がれば上がるほどユーゴ軍はLIC型戦術をとり，このため，RMA型攻撃の効果が薄れていった。結果として，コソボ紛争は紛争対処における手段としてのRMA型軍事力のパラドクスを明らかにしたといえる。

以上見てきたように，現実に起こっている紛争に対しては，いまだ有効な規範は見当らない。内政不干渉原則は，国家間のルールであって決して非国家主体間のルールではなく，人道的介入の概念は，国際法上の原則とはいい難い。さらに，前述のように，軍事技術の開発の面でも，実際はLIC対処に見合う方向に進んではいない。しかも，LICに対しては，これが「国家」という枠とは次元の異なる性質のものであるため，国家だけでの対処は極めて困難である。したがって，使用上の正当性の問題を考慮しつつ，紛争対処にあたってNSAを利用することも視野に入れた紛争観をいずれは確立していかなければならないだろう。こうした混在する諸要因を考慮しつつ，紛争管理のあり方を追及していく必要に，今まさに迫られているといえる。

IV. 結びにかえて

従来の国際法では，国内管轄権内にある事項への不干渉原則が存在するため，国内紛争への介入は原則として許されていない。また，国家の独立と領土保全に対する武力による威嚇およびその行使も許されず，例外として，自衛権もしくは国連憲章第7章の軍事的制裁措置が認められるのみとされてきた。

だが，拒否権の存在をはじめとする安保理の抱える問題から，国連憲章第43条の特別協定に基づく，本来予定されていた形態の国連軍が組織されたことは，いまだ一度もない。いわゆる「6章半」とよばれるPKO活動は，こうした状況の中での苦肉の策だった。しかしこの活動についても，各国の政治的関心に応じたダブルスタンダード性や資金面等の問題から，限界が露呈している。そして昨今，他国への軍事介入の切り口として利用されてきた「人道的介入」が再び議論されるようになってきた。しかし，人道的介入は明らかに国家主権を侵害する。特定の条件の下でのみ認められる例外的な法概念であるがゆえ，やはり特別の正当化事由が必要となる。また，介入の基準そのものをめぐっても，有効な解決の目途はたっていない。

以上の前提に立ち，現実に即した有効な方策を考察しようというのが，本稿のねらいである。そこでまず，現代型紛争としてのLICを対象として，これに対する最終的な武力紛争解決法としての武力行使の可能性をめぐって考察を進めてきた。このアプローチとして，まず，本稿の研究対象であるLICの類型を探りつつ，従来の国家主権概念の変化について確認し，共同安全保障組織としての軍隊システムや非国家主体による軍事的活動の動向を概観してきた。さらに，既存の国連システムとその問題を確認し，武力不行使原則と現状との交錯について言及してきた。

しかし，さらに深く武力行使のあり方を考え，世界の平和維持の問題に対峙するとき，まず，既存の国連システムにおける制度上の問題と武力行使規制の問題への直面は不可避である。さらに，現代型紛争に関する多元的な分析と，これを踏まえた対処システムに関する検討は不可欠となる。しかし，こうした武力介入の問題について，有効な対処法はいまだ見あたらない。

確かに，世界の安全保障問題は，種々雑多な要因とそれらの妥協との積み重ねにより，常に危ういバランスをとりつつ構成していかねばならない宿命を負っている。しかし，時流に応じた対処システムを築いていかない限り，平和と安定は遠のき，処方箋の要となるべき法規範は机上の空論に終わることになる。この現状に改めて対峙するとき，単に世紀の変わり目というだけでなく，

今まさに転換点にあることを痛感せずにはいられないだろう。

注

1) 紛争とは，一般には対立する利益や価値をめぐる行動や緊張状態全般を指すものであるが(『大辞林』三省堂 1995 P 2306)，武力紛争対処をテーマとして扱う本論文においては，対立が極めて激化し，場合によっては武力を伴う状態のものに重点を置きつつ「紛争」という言葉を用いることとする。

2) Robert B. Reich, *The Work of Nations*, Alfred A. Knopf, New York 1991, pp. 3–9.

3) 政府又は革命団体が第三者に恐怖状態を作り出すために，暴力を使用しまたはその威嚇を組織的・集団的に行い，ある政治目的を達成する手段をいう。テロ行為には，準国家団体 (sub-national actor) による反政府テロや反体制テロと並んで，国家機関によるテロ(1985. 7. 10 の仏軍将校によるレインボウ・ウォリアー号爆破事件等)，私人や団体に資金・武器・聖域などを国家が与えて支援するテロ (state-supported terrorism) や私人が組織や国家に指令されて行うテロ (state-terrorism) 等も存在する。(国際法学会編『国際関係法辞典』三省堂 1995 pp. 569–570)

4) Low Intensity Conflict という言葉は，1980 年代半ばまで，一部の専門家が使う軍事用語に過ぎなかった。ところが，1986 年 1 月，米国防大学で行われた「低水準戦争 (Low-Intensity Warfare) 会議」を契機に普及した。この背景には，1985 年に発生した TWA 機ハイジャック事件，アキレ・ラウロ号乗っ取り事件，ローマ・ウィーン両空港襲撃事件，あるいはリビア爆撃の敢行等，当時米国が直面していた国際テロ問題が深く関与していたといわれる。(加藤朗『現代戦争論』中公新書 1993 pp. 21–25) また，米統合参謀本部は，1985 年の米陸空軍共同プロジェクトの中で，「政治的，社会的，経済的，心理的目的を獲得するための限定的な政治・軍事闘争で，しばしば長期化し，またその範囲は外交的圧力，経済的圧力，そして心理・社会的圧力からテロや反乱にわたる。... 一般に特定地域に限定されやすく，特徴として武器や戦術そして暴力の水準に制約が課されることが多い。」と，分析を加えつつ定義している。あるいは，1987 年版『国家安全保障戦略』は，「主義，思想をめぐる長期的な闘争」があり「国家間の通常戦争より下で，日常的，平和的な競争より上の水準で発生する紛争」と説明している。

5) Trevor N. Dupuy, Curt Johnson, Grace P. Hayes, *Dictionary of military terms . . . a guide to the language of warfare and military institutions*, New York H. W. Wilson Co. 1986 pp. 57–58, William M. Arkin, Joshua M. Handler, Julia A. Merrissey, Jacquelyn M. Walsh, *Encyclopedia of the U.S. military,* New York Harper & Row Ballinger Division 1990 p.

第12章　国連の紛争管理システムと現代的武力紛争対処法　*431*

382.
6) 軍事的力量に劣る当事者がその劣勢をカバーするため，戦闘地域の人民の物質的ないし精神的支援を背景に戦闘を行う場合をいい，一般には軽火器を使用した奇襲の方法で行われる。第二次大戦中，ナチス・ドイツに抵抗するパルチザン活動やレジスタンス運動として広く行われ，その後も民族解放闘争などの武力紛争では主要な戦闘方法となっている。(前掲『国際関係法辞典』pp. 208–209).
7) ただし，これらの武力行使に関しては，往々にして，国家ごとによる対応がなされることが多かった。また，特にテロ行為については，1977年以降，領域国がテロ行為に関与していない限り，領域国自身の武力行使によって処理されるか，領域国の同意に基づいて外国の部隊が紛争を処理する傾向が見られた。つまり，領域国自身の意思を無視して強制的に外国の部隊が一方的に侵入することはほとんどないという点から，テロ行為が基本的に領域国と切り離された私人の活動として行われてきたことが伺える。ただし，2001年9月11日に発生した米国に対する同時多発テロ攻撃を契機として，テロ行為の意義そのもののみならず，国際的な対処のあり方に関して，大幅な変化の兆しがある。
8) 例えば，国家の対応という観点から，宮内靖彦「武力行使の類型化の意義と問題点」『國學院法学』第32巻第4号 1995, pp. 130–132 において，LIC の分類が試みられている。
9) すでに，ボスニアの北部地区においてロシア軍の1個旅団が，米軍人の指揮下にある NATO 軍の多国籍師団の一部として行動した例もある。
10) 1993年7月1日の改編によって廃止され，その機能は欧州連合軍に引き継がれた。
11) 1989年に編成された「独仏旅団」を基幹に拡大編成されたが，編成の過程で逐次参加国が増え，現在では独，仏，ベルギー，スペイン及びルクセンブルクの5ヵ国軍部隊で編成されている。1995年11月には編成を完結してあらゆる任務に即応できる態勢にある。大西洋同盟の中における欧州側の中核戦力として位置づけられているが，重要任務については，西欧同盟 (Western European Union / WEU) の部隊に組み込まれる。なお，部隊に対する運用上の指示は，参加各国の外務省と統合参謀本部の2名の代表者をもって構成される「合同委員会」が，各国政府の命を受けて必要な事項を調整・計画し，軍団司令部に対する指示として伝達する。この際，対応する事態ごとの具体的任務に応じて，部隊の運用構想，運用要領及び欧州軍団への指揮責任転移時期等を確定する (http://www.eurocorps.org).
12) オランダは，冷戦後の新たな安全保障環境の中で，国防軍の大幅な削減を計画し，既に一部実施している。この新構想では，軍の主要任務の第一に，「国家安全保障

政策の一環としての危機管理活動の実施」をあげているが，完結性のある独自軍を将来放棄することも考えているといわれ，既に，陸軍では独自の軍団レベルの常設司令部を廃止し，保有部隊の規模は師団級以下となっている。新しい構想の下で生ずる国防体制の不備を補うものとして，オランダは，近隣諸国との合同軍編成の道を選択しており，その最初の試みが「独蘭軍団」の編成であった。この合同軍団は，当初ベルギーを含めた3ヵ国の部隊で編成する構想だったが，ベルギーが唯一保有する1個師団を同じ時期に編成された「欧州軍団」に編入したため，ドイツとオランダで編成することになった。部隊の編成作業は，1994年4月22日に独蘭両国防相によって調印された合意書に基づいて進められ，翌年8月30日に編成が完結した。なお，この独蘭軍団は，有事の運用上はNATOの部隊に含まれる。

また，軍団の司令部は，ドイツのMunsterに所在し，ドイツとオランダが3年の任期で交互に司令官を任命することになっている。

13) 1993年4月22日に正式に発足した。なお，編成上，米軍と独軍が相互に1個師団を相手国の軍団司令官の指揮下に入れる形態をとり，平時はそれぞれ本来の国籍の軍団に属しているが，緊急時に合同軍の編成に移行することになっている。なお，この部隊は，NATO軍の「Main Defense Forces（主防衛軍）」に属しており，中部欧州地域におけるNATO陸軍の中心的戦力を形成している。具体的な合同軍の編成は，米第5軍団と独第2軍団で行われ，それぞれに独第5装甲歩兵師団と米第1機甲師団が編合されることになっている。

14) http:www.weu.int/eng/info/faweu.htm

15) Juan Carlos Zarate, *The Emergence of a New Dog of War; Private International Security Companies, International Law and the New World Disorder*, Stanford Journal of International Law, Winter 1998, Vol. 34, pp. 75–162.

16) David Shearer, *Outsourcing War*, Foreign Policy, Fall 1998, pp. 68–81.

17) 部隊の主な構成要素である，退役職業軍人集団の母国であることが多い。

18) この国内規制が最も緩やかなのが南アフリカであり，戦闘活動を含む包括的なサービスが提供可能なNSAであるEO（Executive Outcomes）社も，同国に登録している。また，米国のMPRI（Military Professional Resources, Inc.）も，戦闘活動以外の包括的な軍事サービスを提供しているが，米国の国内法規制では外国政府等に対する軍事サービスの提供は「兵器の海外輸出」に準じる扱いを受けており，実質上，米国政府（国務省貿易統制局［The Department of State Office of Defense Trade Control, or DTL］が実務担当）の許可を必要としている。

19) 1977年のジュネーブ諸条約第1議定書第47条第1項で，傭兵は戦闘員又は捕虜

となる権利を有しないとされ，同条第2項で定義されている。もっともこの定義に関しては，紛争当事国軍隊に編入した場合や内戦の場合等の問題が指摘されている。

なおその後，アフリカにおける傭兵の撤廃に関する条約（1985年発効），傭兵の徴募，使用，資金供与および訓練を禁止する国際条約（1989年国連総会採択）にみられるように，傭兵および傭兵の徴募，訓練，使用等を禁止し，一種の国際犯罪として処罰する方向に向かっている。（前掲『国際関係法辞典』pp. 772-773）

20) 国連憲章第39条。
　なお，事態の悪化を防ぐため，その勧告の前に必要または望ましいと認める暫定措置に従うように関係当事者に要請することができる。（国連憲章第40条）
21) 国連加盟国は，安保理の決定をこの憲章に従って受諾しかつ履行することに同意している。（国連憲章第25条）
22) この措置は，経済関係および鉄道，航海，航空，郵便，電信，無線通信その他の運輸通信手段の全部または一部の中断並びに外交関係の断絶を含むことができる。（国連憲章第41条）
23) 国連憲章第42条。
24) 国連憲章第27条第3項。
25) 唯一の事例といわれる朝鮮戦争における多国籍軍の行動も，第42条に基づく軍事的措置ではなく，安保理の「勧告」に従って加盟国が自発的に発動する軍隊の使用であった。すなわち，これは加盟国に「武力攻撃を撃退し且つこの地域における国際の平和と安全を回復するために必要な援助を南朝鮮に提供する」ように求めた安保理の勧告に従って行われたものである。したがって，冷戦期において，国連による軍事的措置は，正規軍またはそれに準じる軍隊の越境侵入及び攻撃の場合にのみ，発動されうるものに限定されていたといえる。（U.N. Doc. S/RES/82 (1950), S/RES/83 (1950)）
26) イラクのクウェート侵攻に対して，いわゆる「湾岸多国籍軍」が編成された。この授権（authorization）決議に基づく加盟国の軍事行動は，一見，国連それ自体の行動には見えないが，安保理決議678が明示するように，これは「国連憲章第7章のもと」の「行動」であり，国連憲章第42条は，その後段で，国連安保理の「行動は，国連加盟国の空軍，海軍または陸軍による示唆，その他の行動を含むことができる」と規定しているから，国連憲章のもとでは，この種のいわゆる多国籍軍も「国連の行動」に含めるとする解釈も許される。（U.N. Doc. S/RES/678 (1990)）
27) もっとも，冷戦期においても，一国内の重大な人権侵害に対する安保理の措置は，全く講じられなかったわけではなかった。例えば，南ローデシアと南アフリカ共

和国における人種差別政策に対して，安保理は，当該政策を「平和に対する脅威」として認定し，国連憲章第7章に従って制裁を課した。しかしこれらの事案における安保理の制裁は，第41条に基づく経済制裁の形で行われ，武力行使を許可又は勧告する決議は，この際には採択されなかった。

28) 朝鮮戦争については，その後，北朝鮮に対して国連軍の派遣が行われている。また，フォークランド紛争でもアルゼンチン軍の即時撤退要求という決議項目から判断されるように，アルゼンチン側に実質的な「侵略」の認定が行われたともみられる。

29) U.N. Doc. S/RES/479 (1980).

30) これは，当時の原理主義的イラン・ホメイニ革命に対するイスラム諸国と，国際社会一般がもっていた違和感，この一方で湾岸石油産出国に対する米ソ両国のいずれもがもっていた政治的親近関係が安保理決定の背景となっていたといわれている。そして，さらに1982年7月12日のイランイラク戦争に関する決議の際，すなわち，開戦後二年を経てイラン軍によるイラク領内への逆侵攻の事態が生じたとき，この決議では，即時停戦の他，はじめて両軍の「自国領域内への引き揚げ」を要求している。(U.N. Doc. S/RES/514 (1982))

なお，イランは武力紛争発生以来一貫して，イラク・フセイン政権の侵略責任の追及を主張し，国連がこれを無視していることに強い不満を示して，停戦要求拒否の理由とした。1988年8月の国連の調停による停戦成立後もこの立場を放棄していない。

31) 朝日新聞 1998.6.13.

32) 例えば，Richard Lillich は，内政不干渉原則を意識しつつ次の6基準を示している。

世界の良心に衝撃を与えるような，著しい，持続的な人権侵害が現存すること，あるいはその差し迫った見込みにもとづくこと。

稀な事例を除き，国際的および地域的レベルにおけるすべての合理的な外交努力が尽くされ，かつそれが人権侵害をやめさせることに失敗した後に初めて許されるべきこと。

介入は，かかる人権侵害をやめさせるのに必要かつ相当な行動に，その範囲を厳格に限定されなければならないこと。

介入部隊は，人権侵害が中止された後は，合理的に可能な限り速やかに撤収を開始し，かつ合理的な期間内に撤収を完了しなければならない。

対象国の領土保全の確保という要請から，稀な事例を除き，国境は弾き直されるべきではないこと。

人権侵害を止めさせるために(中央政府)の変更がどうしても必要な場合を除いて，対象国の統治構造を害すべきではないこと。
(John Harriss, *The Politics of Humanitarian Intervention*, London 1995 p. 41.)

33) 国の「領土保全」や「政治的独立」等の法益は，国家基本権中の最重要なものであり，それに対する攻撃や脅威が自衛権の中心的な対象であることは，第二次大戦前の慣行でもほぼ確立していた。したがって，国連憲章でこれを明記し，武力行使の対象となる被害法益の中でも特別の意味をもたせたのは，自衛権概念を明確にする上で重要な意味をもつ。

これを示した国連憲章第2条第4項の原案であるダンバートン・オークス案では，「いかなる国の領土保全もしくは政治的独立に対しても」という文言を欠いていた。これに対し，国家的独立に対する大国による侵略の棄権を明文で禁止したいという中小国の強い意向を入れて，この部分が挿入されたといわれる。連盟規約第10条がその際に参考とされたが，ダンバートン・オークス原案の際も，それは当然のこととして承認されていた。例えば，ノルウェー代表は，sovereign equality の原則が明らかにされている以上，そうした文言の挿入は必要でないと述べている。(United Nations Conference of International Organization / UNCIO Documents, Vol. 6, pp. 334–335.)

また米国代表も「原案者の意図は，憲章と両立しない『いかなる国の領土保全もしくは政治的独立に対しても』という broadest term を用いることによって，武力行使の absolute all-inclusive prohibition を言おうとしたものであり，そこに loophole はありえない」と述べた。(UNCIO Doc., Vol. 6, p. 342)

34) 侵略の定義の問題に関し，1974.12 に，国連総会で，侵略の定義に関する決議(A/RES/3314) が採択された。第1条で，一般的概念として「一国による他国の主権，領土保全もしくは政治的独立に対する，または国連憲章と両立しないその他の方法による武力の行使」とし，第3条では具体的事例を例示的に列挙している。しかし，同定義は，それ自体法的拘束力を持つものではない。また，裁量を認められている安保理の判断も，国際情勢に左右される傾向は，依然として完全に払拭されているとはいい難い。最近とりわけ目立ってきた紛争形態の多様化の傾向も含め，明確かつ拘束力のある定義は困難な状況にあるといえる。

35) Colfu Channel Case, Internation Court of Justics/ICJ Pleadings 1949, Vol. III p. 296.

36) ここでは，国連憲章第2条第4項の「領土保全」と「政治的独立」という法益を，武力行使禁止のための積極的包括概念としてではなく，そうした法益侵害の「意図」「目的」並びに「効果」をもたない武力行使は許容されるといういわば反対解釈的な制限的消極概念として理解しようとする立場が打ち出されている。もっと

も、この事件を審議した国連総会では、コロンビア代表の「武力の行使または軍事干渉は、かりに法的権利を確保するためであっても、安保理事会の許可なしには禁止されている。…いかなる国も法を自己流に解釈することはできない」という考え方が、圧倒的多数により支持されていた。

37) 1980年4月に、米が、この作戦行動を安保理に通告した際、その合法的根拠として国連憲章第51条の自衛権を援用したが、その説明として米国公館へのイランによる武力攻撃をあげた。この理論構成においては、一見、公館を国家領域とみなし「公館の不可侵性」と「米国領域の保全権利」とを重ねているように見えるが、むしろ実際の焦点は、武力攻撃の犠牲となった米国民の救済を目的として固有の自衛権を行使することにあると考えられている。つまり、「生命の危険にさらされた米国民の人質解放のための人道的使命（a humanitarian mission）」として軍事行動に踏み切ったことに力点が置かれている。（ICJ Reports, U.S. Diplomatic and Consular Staff in Tehran 1980 para. 32.）

38) E.g., Francis Kofi Abiew, *The Evolution of the Doctrine and Practice of Humanitarian Intervention*, Kluwer Law International, 1999, pp. 131–135.

39) 米国のグレナダ侵攻やソ連のアフガニスタン侵攻の例のように、侵攻国双方とも、事情を同じくしながらケースに応じて態度を変化させ、相手方の行為を憲章違反の武力行使として強く非難するという状況において、国連の討議や決議では、公平に両軍事作戦をともに厳しく非難している。

　ニカラグア事件判決で、ICJは、「武力行使」および「不干渉」の原則の慣習法的成立を肯定し、米国のニカラグアに対する軍事および準軍事的干渉を違法とした。（ICJ Reports, Case concerning Military and Paramilitary Activities in and against Nicaragua 1986, paras. 185, 186, 202.）

　さらに、米国は、干渉の根拠を、法的ではなくニカラグアの国内および対外政策、イデオロギー、軍備という政治のレベルに求めているにすぎないと判示している。（ICJ Reports, 1986, para. 207）

40) たとえば、友好関係原則宣言（A/RES/2625（1970））、自決の遵守（A/RES/2160（1966））、国際的安全の強化に関する宣言（A/RES/2734（1970））、侵略の定義（A/RES/3314（1974））、国際関係における武力不行使の世界的条約の締結に関する決議（A/RES/31/9（1976））、非核兵器国の安全保障の強化に関する国際条約の締結に関する決議（A/RES/33/72（1978））、諸人民の平和への権利に関する宣言（A/RES/39/11（1980））、植民地支配及び外国による占領ならびに人種差別体制に対して闘っている戦士の法的地位に関する基本原則（A/RES/3130（1973））がある。（アラン・プレ、ジャン゠ピエール・コット共編　仲原喜一郎、斉藤恵彦監訳『コマン

テール国際連合憲章...国際連合憲章逐条解説 上』pp. 190–191).

41) 自衛権や自己保存権, 復仇, 対抗措置等の確立された国際法原則から説明可能であって不干渉義務の例外とみる必要はない。また, 条約規定がある場合についてはその事項がすでに国際関心事項として国際法上容認されておりそもそも違法な干渉の問題とはなりえない(国際法学会編『国際法辞典』鹿島出版社 1975 p. 118)。あるいは, 反乱団体承認については歴史的事例に乏しくこれが国際法上の制度として慣習国際法上確立しているかどうかに疑問がある(芦田健太郎「承認制度の今日的意義」国際法事例研究会『日本の国際法事例研究(2)』慶應通信 1988 P 302)。不干渉義務の例外を認めると濫用の危険性がある等。

42) U.N. Doc. S/RES/573 (1985).

43) なお, このイスラエルによるチュニジア空爆事件後, その報復として今度はアラブ過激派によるイタリア船のシージャック事件が起こり, 米人乗客一人が殺害された。テロリストはエジプト当局に降伏したが, エジプトはこれを訴追することなく自国機を使って出国させたため, レーガン米政権はこのエジプト機を米軍機に迎撃させ, イタリア領に強制着陸させてイタリア当局に犯人を引き渡した。米政府はテロリストへの正当な懲罰であると主張したが, PLO は国家によるハイジャックだと非難し, エジプト大統領も「国際法と慣習に反する海賊行為」と非難した(朝日新聞 1985. 10. 14)。また, イギリスの国際法学者 R. Higgins も「第二次大戦後は, 国際法上武力復仇は禁止されている」として米国の行動を批判している(読売新聞 1985. 10. 12)。

44) ICJ Reports, 1986, para. 268; N.S. Rodley, Human Rights and Humanitarian Intervention; The Case Law of the World Court, I. C. L. Q., Vol. 38 Pt. 2, 1989, p. 332.

45) Yearbook of the International Law Commission (Hereinafter cited as ILC) 1979 Vol. II Part Two, p. 118, Ian Brownlie, *International Law and the Use of Force by States*, Oxford Clarendon Press 1963, p. 40.

46) Hubert Thierry, *Droit International Public* 1986, p. 531 他.

47) ILC 国家責任条文草案第一部第 30 条は,「一国の他国に対する義務と一致しない前者の国家行為の違法性は, 当該行為が, かかる他国の国際違法行為の結果としてかかる他国に対して国際法のもとで正当な措置を構成する場合に, 阻却される。」と規定し, 同意, 不可抗力, 自衛と並んで, 対抗措置を国際法上の違法性阻却事由に挙げている。すなわち, 他国が何らかの国際違法行為を行った場合, その被害国は一定の条件を満たすことにより,「対抗措置」として国際違法行為に対応することができるとしていた。

48) Report of the International Law Commission on the work of its Fifty-third session, 23

April-00 June and 27 July-10 August 2001（kttp:www.un.org/law/lic/reports/2001/2001/report.htm）.
49) 1998年ロンドン国際戦略研究所第40回会議にて詳細に検討されている。
50) 調停の際にはG7プラス1（ロシア）のG8が対処し，これらによる調停案を国連が承認して正当性を与えるという手続をとった。つまり実質的にG8が安保理の役割の一端を担ったともいえる。

国 際 私 法

第13章

ドイツ裁判所による
国連国際物品売買条約の解釈
―― 最近の動向を中心として ――

山 内 惟 介

> "批判は規則と事例の間で揺れ動くのであって, 諸学説の間で揺れ動くのではない。前者にこそ… 係争, *Streit* [論争] と *Widerstreit* [反論] が存在している。"[*]

I. はじめに

1 統一テーマ「国際連合の紛争解決機能とその限界」の枠内で, 国際私法上, どのような寄与が可能か。ここでは, 国際私法に関わる諸条約のうち, 1980年4月11日の国際的物品売買契約に関する国際連合条約 (United Nations Convention on Contracts for the International Sale of Goods (= CISG); Übereinkommen der Vereinten Nationen über Verträge über den internationalen Warenkauf (= WKR, UNK); Convention des Nations Unies sur les Contrats de Vente internationale de Marchandises (= CVIM))[1] (以下, 本文中の各判旨引用部分を含め, 「国連国際物品売買条約」と略称する) を取り上げ, その解釈に関わるドイツ裁判所の近年における動きを紹介することにより, 上記の課題に答えることとしたい。

この点に言及する第1の理由は, 国連国際物品売買条約の解釈が関係諸国で統一されていなければ, 統一立法の目的を達成し得ないというその理念を重視する点にある[2]。国連国際物品売買条約第7条第1項は同条約の解釈に関する指針に言及するものの, 具体的指標を示さず[3], その具体的展開は諸国の裁判所に委ねられている[4]。解釈における統一の有無を知るためには, 関係諸国の裁判例

を克明に跡付け,諸国間でこの条約の適用基準が実際に異なっているか否かを実例に即して明らかにする作業が不可欠であろう。第2に,裁判規範は,それが実際に解釈・適用される過程の継続的反復を通じて初めて,当該規範の名宛人に紛争解決機能をよりよく保障することができるものとなるという点も考慮されなければならない。けだし,紛争解決基準を言葉で表した裁判規範の存在のみでつねにすべての紛争が現実に解決されているわけではないからである。第3に,わが国ではむろん国連国際物品売買条約自体まだ批准されていないが,わが国の企業と日常的に取引関係にある多くの外国企業の設立国ではこの条約が批准され,発効し[5],しかも適用されているという軽視し得ない現実がある。この点に配慮すれば,関係諸国における裁判例の内容をより正確に跡付ける作業は,わが国の国際企業法務に関心を抱く者に対し,実践的な判断資料を提供することになろう。さらに,そうした実務の展開を着実にフォローすることによって,この条約の解釈に関わる新たな理論的課題を見出すことができるかもしれない。それにも拘らず,わが国の諸文献では関係諸国の裁判例への言及は必ずしも十分ではないように思われる。ここに敢えて資料紹介的な試みがなされるのも,これらの点を考慮したために他ならない。そうした地道な作業を通じて,国連国際物品売買条約における個々の文言がどのように解釈され,同条約制定の起草趣旨がどのように活かされ,どの点になお課題が残されているかといった諸点を明らかにすることができるとすれば,何よりのこととされよう。

2 以下では,各種の制約から,入手可能な最新の4件,すなわち,ダルムシュタット地方裁判所第10民事部2000年5月9日判決[6],ドレスデン上級地方裁判所第2民事部1999年12月27日判決[7],ハンザ同盟上級地方裁判所第1民事部1999年11月26日判決[8],そして,連邦通常裁判所第8民事部1999年11月3日判決[9]がそれぞれの下級審判決とともに紹介される。ドイツの裁判例を新しいものから順に紹介するのは,同条約の解釈に関して下された優に400件を超える諸国の裁判例中,ドイツのそれがほぼ半数を占めているところから,この国における実務が国連国際物品売買条約の解釈全般に対して,いわば「判例法」の形成という点で,大きな影響を及ぼし得るものと推測されることによ

る。また最近の裁判例を優先的に紹介するのは，現時の法律問題をまず認識することによって，同条約解釈上の現代的諸課題をより明確に把握できるように思われるからである。こうした事実確認的な試みを通じて，現に発効している同条約の紛争解決機能の一端を明らかにする資料が得られ，ひいては，国際連合の紛争解決機能における限界の有無，その解決策等につき，より立ち入って検討するための素材が得られるのではなかろうか。

II．ドイツ裁判所における最近の展開

1　［裁判例1］ダルムシュタット地方裁判所第10民事部2000年5月9日判決

1　知られる限りにおいて最も新しい裁判例はダルムシュタット地方裁判所判決である。本件はドイツ企業X（売主）がスイス企業Y（買主）に売買代金の支払を求めた事案である。Xはドイツ全域で電子機器（とくにヴィデオ機器，TV機器，ハイファイ機器）等を製造・販売していた。Xの製品引渡先の卸売業者および小売業者にはYも含まれ，XY間には長期間の取引実績があった。Xが発行する納品書および請求書の裏面記載の普通取引約款第6条第3項では，専属管轄裁判所としてフランクフルト・アム・マインが記載されていた。Xが引き渡した8,000台のヴィデオ機器の取付部分に欠陥があると主張し，1999年2月1日付け書面でYが代金の支払を拒否したため，Xは売買代金3,384,932.36 DMを，うち2,664,932.48 DMについては1999年2月5日以降8.75パーセントの利息を含めて支払うよう訴求した。

2　Yはスイスの国際裁判管轄権が優先する旨を主張し，ドイツ裁判所に係属した本件訴えを退けるよう申し立てた。Yによれば，XY間に永年の取引関係があってもXの普通取引約款は有効ではない。さらに，Yは，抗弁として，Xの製品が粗悪品で，市場に適さない価格で売り渡された点にも言及した。Yは訴求された3,385,236DMの中，Xの請求可能な金額は69.7パーセントで，807,067.91 DMについては理由がないと述べた。取付部分の構造上の欠陥をす

でに知っていた X には誠実義務違反がある。ヴィデオ機器の修理には多くの作業時間を要し，必要な部品の金額は 149.50 SF である。X のサーヴィス手引書はスイスで用いられているすべての言語では書かれておらず，Y は使用説明書を事後に作成し，著しい出費を要した。本件部品にはスイスでは未使用の保護装置付プラグが使われており，704 個の機器ではプラグ交換のため，Y の出費は増加した。X の行為による Y の欠損金は 200 万 DM を超える。本件製品が粗悪品であったため，宣伝費は無駄になった。市場参入に向けて平均 6 パーセント値引きしたため，値引き総額が 477,700.04 DM になった。Y が失ったスイスでの名声を回復することはできない。このイメージに関する Y の損害は少なく見積もっても 500,000 SF（約 602,400 DM）となる。

X の主張では，Y が普通取引約款を継続して受け入れたことで，普通取引約款が本件訴訟対象たる個別契約に有効に含まれ，受訴裁判所の管轄権が認められる。国連国際物品売買条約からも本件につきドイツの国際的裁判管轄権が生じる。同条約では，買主は代金を売主の営業所所在地で支払わなければならないからである（第 57 条第 1 項 a 号）。

3 ダルムシュタット地方裁判所は次のように述べて国際的裁判管轄権および土地管轄を肯定した。

"本件訴えは適法である。とくに受訴裁判所の国際的裁判管轄権および土地管轄は肯定される。X の普通取引約款が有効に取り入れられているか否かについてはフランクフルト地方裁判所 2000 年 2 月 1 日決定参照。そこから明らかになるが，本件裁判籍の合意は無効である。普通取引約款を単に受け入れただけでは裁判籍の合意として十分ではないからである（きわめて支配的な見解，連邦通常裁判所 NJW 94, 2699）。ダルムシュタット地方裁判所の国際的裁判管轄権および土地管轄の根拠たるヨーロッパ裁判管轄執行協定（EuGVÜ）第 5 条第 1 号によれば，むろん履行地の裁判籍が定められている。履行地の決定は実質法による。民法典第 270 条第 4 項（適正な送付債務）とは異なり，金銭債務の場合の履行地は債務者側の履行地に委ねられている。国連国際物品売買条約から明らかになるが，訴求されている本件債権は売主の法人住所（Sitz）で履行されなければならない。第 57 条第 1 項 a 号が規定するところでは，厳密な取り決めがない場合，当該支払は売主の営業所所在地（Ort der Niederlassung）で行われなければならない。これと矛盾する内容を両当事者は申し立てていない。X の普通取引約款が有効に取り入れられていないという点は本件では

顧慮されず，その結果，国連国際物品売買条約により，ダルムシュタット地方裁判所の国際的裁判管轄権も土地管轄も認められる。"

次に，本案について，ダルムシュタット地方裁判所判決は以下のように述べてXの請求を認容した（ドイツ企業勝訴）。

"本件訴えは本案についても理由がある。
　合意によれば，Xは提供した物品につき債権額3,384,932.36 DMを有していた。
　Xが請求金額から，供給した4,000台のヴィデオ機器につき最初に各180 DMを差し引いていた点に異議を唱えることはできない。Yおよびその従前の代理人…弁護士により作成された協議メモから明らかになるが，当該機器の修理に関して1件につき180 DMを要する旨の合意があった（…）。1998年11月20日付けメモ（…）からは，これと異なることは生じない。損害の発生を1件ごとにXが証明するようYは主張するが，Xがすでにクレームを行っていたという点についてのYの申立は証明されていない。厳密にいえば誰がいつこれを放棄したかは申し立てられておらず，Y自身の対話メモでも，確認された書面でも，この点は明らかではない。これに対して，修理件数4,000件につき各180 DMの清算が終わるまでYが念のためにそれを留置することを，XはYに認めていた。短期的にみるとこの点に矛盾はなく，1998年11月のYの書面でも，8,000件につき各180 DMの弁償請求権をXが放棄したことは明らかではない。この点の申立を具体的に行う必要があるのはY側であり，それに対応した証拠の提出も同様である。独自に確認されたところでは，1台あたり修理費180 DMの控除が認められることしか明らかになっていない。
　本件物品引渡後，期待できる期間内に，すなわち今日の手続状況に至るまでに，各機器の名称を特定してどの範囲でいくつ修理されたかはなんら証明されていないので，Yの権利を擁護することも考慮に値しない。さらに，Yは統一国連売買法上の広範に及ぶ保証請求権を援用するが，その点は，請求書から修理件数1件につき180 DMを控除する旨の当事者間の合意で妨げられている。Y自身述べるように，Yは本件契約締結時にすべての事情，特にXの修理手引書をも認識しており，Xもこの問題を承知していたことをYは知っていた。それにも拘らず，Yは個別的事案で180 DMの弁償請求権を差し引いて清算していたので，Yは，今になってすべての事情および／またはX側の悪意ある行動を知らなかったという点を援用できない。それは，X側のすべての事情がY自身によりすでに知られていたからである。
　損害賠償請求権はこの他にも考えられるが，Yは，個別的事案で証明しなければならない損害を合算して請求していた。というのは，当事者間で確認された規律（Yの書面による）では少なくともそのことが明らかだったからである。統一国連売買法によって考えられているYのすべての保証請求権は任意かつ譲渡可能であり，合算

による清算が可能なものである。Yは悪意で欺罔されていたのでこの取り決めは意味を持たないという事情は明白ではなく，またその申立も重要ではない。Xは一時的に，すなわち各修理案件につき差し引きが行われるまで債権の主張を放棄していたが，Xは，いまではテレビの視聴者に対しても自己の引渡に基づくその他の請求権を主張することができる。というのは，最後の機器がこの国に供給されてからこの間に半年が経過しているからである。どの機器も必然的に修理案件となるのに，Xに対する欠陥クレームの件数についての証明をYがしていなかったとXが争っていただけに，なおさらそのことがあてはまるに違いない。

Yは，スイス全域で出荷するためのしかるべき使用手引書が同時にYに提供されていなかった点を非難するが，ここで述べられていることも証明されていない。この引渡はX，すなわち...を通して行われている。

その際，フランス語およびイタリア語で書かれた手引書を用意しようとすれば，この点についてはおそらく合意が必要となったことであろう。それは，本件引渡品が明らかに在庫商品だったからである。これらはスイス域内ではまったく製造されていない。このため，Yは，ドイツ市場向けにのみ製造された物品の入手，そして当該品には必然的にドイツ語での使用手引書が添付される可能性があったことを考えなければならなかった。このほか，欠陥クレームは前もって申し立てられていない。その結果，少なくともそれに対応した——誤って考えられた——権利ももはや主張できないという点が指摘されなければならない。というのは，統一国連売買法第39条第1項では，買主が当該権利を確認した時点または確認しなければならなかった時点から起算して適切な期間内にこの権利を告知せず，しかも，その際にどのような種類の契約違反があったかを厳密に示さなかったときは，買主は当該物品の契約違反を援用する権利を失うからである。これについてはいかなる申立も行われていない。このほか，およそ考え得る方法でこのような権利が生じていたとすれば，期限到来後に物品を引き渡すこともYには期待できたことであろう。Yがこの事後の引渡を求めず，みずからしかるべき指図を与えていたところから，Yは第77条による損害軽減義務に違反している。それは，裁判所が決して認めないような内容の請求権を承認することとなってしまうからである。少なくとも，Xの親会社はXと互いに接近して世界的規模で活動しているが，Xは親会社を介してフランス語およびイタリア語での手引書を事後に提供できたし，そうすれば，翻訳費用もかからなかったはずである。もちろん，この点の判断は差し置かれる。けだし，欠陥を考えることができなかった側の当事者はいかなる予防措置を執ることもできないはずだからである。もっとも，結局のところ，この点は重要ではない。それは，ここで関連する物品がドイツ市場の在庫品であり，必然的にドイツ語での使用手引書を考慮しなければならないからである。これと異なる行動がとられるのは，当該物品がとくにスイス市場についてのみ製造されていたという場合だけである。もちろん，そ

の場合でさえ，予期される販売範囲で買主が住む地域の言語ごとに区分された使用手引書の作成が合意されなければならない。

本件広告に関しては，主張されているとおりまったく意味がなかったが，そこから損害賠償請求権を引き出すことはできない。申込の対象が欠陥製品のみであったという申立もなければ，申し込まれた欠陥製品の比率についての申立もなく，さらに欠陥製品がそもそも販売されていないという申立も主張もないからである。この点についてはXがたびたび指摘していたとおりである（...）。

一定の数量の機器には保護装置付のプラグが付いたまま引き渡されていたとYは主張するが，なぜ704個の機器にユーロ用プラグを付けずに製造していたのかはやはり疑問である。本件でも国連売買法第39条第1項が適用されるので，クレームがない以上，同項に基づく損害賠償請求権の主張は排除される。この点をまったく無視して，（証拠調べをせずに）Xのその余の申立に説得力がないと決め付けることはできないと当裁判所は考える。これらの機器が1年後には保護装置付プラグをそもそも使用できなくなるのに製造されていたとすれば，なぜ704個の機器に突然に保護装置付プラグが装備されて供給されたかが問題視されよう。そのほかにも，本件には，ずぶの素人にさえ分かる引渡上の誤りがある。この誤りはすぐに，遅くとも抜き取り検査実施後に認識できたことであろう。

それでも，この点の判断は最終的には差し置くことができる。それは，この点についてのYの申立は立証を求めなくてもよいほど初歩的なものだからである。審査不能な申立を否定することはできないので，証明されていないものとして処理しなければならない。少なくとも手続的諸規則に関して拘束力が生じるのは，ドイツ法およびドイツ法上の原則が適用される場合である。

このほか，Yは著しい額の無意味な宣伝費用（売上の6パーセント）があると主張する。これについてはすでにXが，引き渡された機器はどれも一部に欠陥があるものであるが，宣伝費用は必然的に損失を意味するわけではなく，Yはその後もXの製品を販売し，当該製品が最終的に売却されていた旨を指摘していた。この点でも，当裁判所は，Yの申立は証明されておらず，それには従えないというXの見解を受け入れてもよいと考える。

主張されている売上の落ち込みに関しては，これについての申立は証明されていないし，この点には取引の展開または売上予測が関係しよう。このほか，売上における損害（Umsatzeinbußen）を損失（Verlusten）とまったく同一視することはできないという点も指摘されている。主張された生活事実に明らかに還元できるような利潤の落ち込みを損害とみなす余地もあるが，こうした売上の落ち込みは証明されていないので，これを受け入れることもできないし，計算で示すこともできない。

本件ヴィデオ機器について主張されているその余の「一連の欠陥」と「構造上の欠陥」について証拠の申し出は行われていない。何が欠陥であったかとか何が規

格上のイメージに対応していなかったかとかという点についてのクレームも個別的事案ではみられない。その損害がどのくらいかの算定もなく，その見積もりもない。Xはこの点をも指摘していた。...

　Yには，あらかじめ算定された購入代金の30パーセントを超えて留置する権利はない。この価格が良俗違反であるという申立もない。市場の慣例ではないというそこでの主張にはなんの根拠もないし，これと反対の権利にも根拠はなく，国連統一売買法によっても言い逃れることはできない。第55条への依拠にYが異議を申し立てていることが明らかであるが，両当事者が市場で普通に行われている売買代金について黙示的に合意していたと認めるような根拠はない。むしろYがXに見積計画を提出し，控除された価格で当該機器を購入することが両当事者間で合意されていた点をYは認めていた。Yは，Xの請求書に対し，本件争訟で初めて異議を唱えた。Xの価格体系内部で，その他の，すなわち，（割当額が同じ場合に）ドイツでの購買者よりも高額の価格でYへの引渡が行われていたという事情も同様に主張されていない。在庫大売出しでの算定価格より著しく低い価格が設定されていることをYは一度も主張しなかったし，個別的事案や一定の量についても，そうした説明はなかった。Yが基礎的利潤のマージンを確保できるように配慮しなければならないというXの責任を，Yは主張していない。国際私法の枠内でも，とくに国連統一売買法の枠内でも，契約の自由が認められている。明らかに——Y提出のすべての資料はこれを支持するものである——価格は交渉によって決定されており，この価格が後に請求書に記載されている。この価格が市場で適正であるか否かの判断は差し置くことができる。それは，価格の合意は個々の商人の自己責任の範囲内のことだからである。

　Yには本件で主張したイメージ損害について聴聞を受ける機会がなかった。売上における損害を，すなわち，事実上生じる損害（利潤における損失）を財産損害として清算でき，しかも「イメージ損失」をDMで置き換えられるような損害をYは主張できない。「イメージ損害」の影響は売上および利潤損失には及ばないので，「イメージ損害」はまったく取るに足りない。どの商人も自己の企業体を商業上の視点から営んでいる。商人が十分な販売量を記録できなければ，そのイメージへの関心も全面的に失われる可能性がある。イメージ損害により売れ行きに影響が及ぶことをYは本件で主張していない。したがって，「Yは，イメージ損害から生じる財産損害を正確に見積もることのできる状態にはないようにみえる」。欠陥商品が市場に出され，流通するときは，市場の展開はこれに対応したものとはならないであろうが，事態が違っても，そうなるように期待することができよう。もちろん，この場合，Xの異議は適切であり，Yが提出していなかったこの申立が最小限度でも証明されることが期待されよう。顧客が競争相手になるという包括的な主張だけでは，この点の証明（証拠，証人 . . .）として十分ではない。小売商人が競争相手に変わる

第 13 章　ドイツ裁判所による国連国際物品売買条約の解釈　449

という事情が，取引資料に基づいて，問題の余地がないほど全面的に証明されなければならない。これについては，アンケートの仕方を評価するには及ばない。

　結局，Xが引き渡した機器の販売でYが損害を受けるか否か，その場合スイスについてYは自由に独占販売契約を解約できるか否か，また，XがYに解約を伝えたことでYに「イメージ損害」が生じるか否かといった諸点についてYは判断しなければならなかった。Xの製品——それにはもちろん欠陥がある——をもはや販売しないというのはYにとって都合のよいことである。その場合いかなる損害も発生しないし，損害が生じるとしてもその原因はXからの排他的引渡によってではない。しかし，この損害は清算できない。Yが他のあらゆる場所で——正当にも——述べているように，本件当事者間には包括的な枠組みを成す合意がなく(Xの普通取引約款は取り入れられていない)，それゆえ，Xの製品が将来Yに供給されるという点で，保護すべき信頼をYは抱いていない。この場合，Yはそもそも当該製品の引渡を求めるいかなる請求権も持っていないので，まったく正当なことに，スイスでXの「独占的販売代理人(Exklusivdistributor)」たる地位を求めるどのような請求権もYにはない。このほか，販売額約 300 万 DM につきYの損害額が 900 万 DM を超えるのに，Xの製品を引き続き市場で売ることにYがなぜ関心を抱いているのかも考えられない点である。

　おそらくは実際にも適法に製造されていない本件ヴィデオ機器取付部分の問題を除くと，両当事者が弁償について合意していた場合，検査できるような欠陥に関するYの主張はまったく証明されておらず，その結果，個別具体的事案で，第 38 条，第 39 条所定の諸要件が遵守されていたか否かを検討することはできない。本件ヴィデオ機器の取付部分に欠陥があるとか，本件で主張されているような欠陥があるとかという点をYは十分に知っていたので，国連売買法第 40 条にいう悪意がXにあるということはできない。第 50 条による減額を考えるための要件も，同様に，申し立てられていない。

　もちろん本件で問われているのは，なんのクレームもない物品の大売出し(ヴィデオ機器を除く)が行われるとき，購入された目的物についての承諾があれば，国連売買法第 45 条に基づくすべての権利が失われるか否か，また，最終購買者のクレームが転送されるときに失われるに過ぎないか否かという点であるが，この点の申立は本件では行われていない。

　以上から，ここで申し立てられているように，Yは本案について法的責任を負う。利息請求権に関しては，商法典第 352 条と関連する国連売買法第 78 条により，利息請求権が生じる。第 78 条によれば，利息請求権はXに帰属する。利率の記載は同条にも国連売買法のその他の規定にも欠けているので，利率に関しては国際私法上の諸原則が適用される(*von Caemmerer / Schlechtriem*, Kommentar zum einheitlichen UN-Kaufrecht — CISG-, 2.Aufl., Artikel 78 Rz. 27 参照——まったく支配的な見解)。準拠

法の合意（民法典施行法第 27 条第 1 項）もないので，売主の法人住所（Sitz）地法が適用される（民法典施行法第 28 条第 2 項）。第 78 条における規定の欠如を補充するため，契約準拠法も適用される（ミュンヒェン上級地方裁判所 2.3.1994/7 U 4419/93; デュッセルドルフ上級地方裁判所 NJW-RR 94, 506, 507）。利息請求権の根拠がいつもそうである（たとえば，フランクフルト・アム・マイン上級地方裁判所 NJW 94, 1013f. も参照）ように，商人のリファイナンスの利率は連邦内のラントでは少なくとも 5 パーセントと推定されるので，百万単位の金額の場合，まともに考えるとこの 5 パーセントという利子率に疑問の余地はない（まったく支配的な見解）。それは，この点では特別の知識も必要ではなく，何らかのリスクを負担する取引に入る必要もないからである。

　銀行からの借入金を利用したためそれ以上の財産損害が生じていることを X はもちろん証明していないので，利息請求権は，商法典第 352 条により，補助的には，投資利息を回避したものとして，Y の 1999 年 2 月 1 日付け書面における最終的な支払拒否以降，それゆえ，主張された期日である 1999 年 2 月 5 日以降，5 パーセントに引き下げられなければならない。"

2 ［裁判例 2］ドレスデン上級地方裁判所第 2 民事部 1999 年 12 月 27 日判決

1 本件はオランダの化学品製造企業 X（売主）がアメリカ合衆国の動物用飼料製造企業 Y（買主）に対し売買代金の支払等を訴求したものである。原審はツヴィッカウ地方裁判所プラウエン支部（Außenkammer）第 3 商事部 1999 年 3 月 19 日判決である。XY 間の争点は，Y が物々交換（Ware gegen Ware）"で X の債権を帳消しにした先例を援用できるか否かであった。X には 1997 年 2 月 24 日現在で 11,466.10 DM，その後 1997 年 11 月 20 日付け請求書を最後にした 41,651.10 DM，これらの債権があった。X は本件取立費用として 1,909.10 DM をも請求した。X の督促状は 1998 年 3 月 27 日に Y に送達された。

2 X の主張によれば，Y との間に物々交換で本件債権を帳消しにするという合意はない。X は 1 度だけ Y の商品提供により債権を帳消しにしたが，このことから，未払債務全額を反対給付で帳消しにできる権利を Y が有するという帰結を引き出すことはできない。Y は損害賠償請求権を有する旨主張するが，Y にこの権利は帰属しない。X は信頼を損なっていないからである。X の引渡能力について照会しただけではまだ信頼関係は生じていない。条件公表後には，X

は，Yの製品を取得する可能性をもはや見出していない。主張されている取立費用は弁済可能である。優遇利子（Vorzugszinsen）は根拠の点でも金額の点でも正当である。以上から，41 651.10 DM の他，1997年4月29日から1997年6月4日までは 34,566.10 DM につき5パーセント，1997年6月5日から1997年12月3日までは 37,126.10 DM につき5パーセント，そして1997年12月4日以降は 41,651.10 DM につき5パーセントと残額 1,909.10 DM を Y が支払うよう X は申し立てた。

YはXの申立を棄却するよう主張した。Yによれば，Yは自己の物品引渡により本件債務を帳消しにできる旨の合意がある。食料品の製造および再生産のための化学品をXに任意に委ねるようYは以前から配慮してきた。万一そのつどの供給一回ごとに債権が生じ得るときでも，Xの債権には満期が来ていないとYは考えていた。少なくとも，それは，ドイツ民法典第262条の意味での選択債務（Wahlschuld）である。さらに，Yには損害賠償請求権がある。というのは，酢酸エチル（Ethylacetat）の供給に関して十分に根拠のある理由なく，Xが契約交渉を中断したからである。Xは十分な量の注文があるとの信頼をYに与えたが，注文は行われなかった。取立費用およびXの主張する優遇利子は否認する。督促状の送達をもって初めて，Xは優遇利子を求めることができるからである。

3 ツヴィッカウ地方裁判所プラウエン支部判決は 41,651.10 DM の主たる債権につきXの請求を認容した（オランダ企業勝訴）。その判決理由は以下のとおりである。

　　"本件訴えは主たる債権 41,651.10 DM について理由がある。
　実体的観点で，XY間には国連国際物品売買条約が適用される（…）。
　　同条約第1条第1項a号によれば，異なる国に営業所を有する当事者間の物品に関する売買契約に対して，これら両国が締約国であるときは，本条約が適用される。Xは本件で化学品の引渡，それゆえ自己の製造した物品から生じる債権を主張している（第3条第1項参照）。オランダ（1992年1月1日以降）もアメリカ合衆国（1988年1月1日以降）も同条約の締約国である（*Piltz,* Neue Entwicklungen im UN-Kaufrecht, NJW 1994, 1101）。

いわゆる統一法として，本条約は国際私法および実質法を駆逐し，これらに代替する（*Palandt / Heldrich*, BGB, 58.Aufl., EGBGB Art.28 Rn.7 参照）。

I 1 Yの見解とは異なり，YがXの未払債権を自己の物品を引き渡すことで帳消しにできるという合意はない。Yが証人として申請したYの業務執行者が当裁判所により職権で当事者として尋問されなければならないか否か（ドイツ民事訴訟法第448条）の判断は差し置くことができる。準拠手続法は，国際的関連性を有する事案の場合でも，常に法廷地法（lex fori）である。

このように判断するのは，いずれにせよ，事実上の理由からしてすでに，Yにより主張された合意——これについてはYに説明義務および証明義務がある——を考えることはできないからである。同条約第14条以下により実質的に規律されるのが本件売買契約の対外的な（äußere）成立，本件ではすでに締結されている売買契約の下での支払態様の取り決めの成立である。この場合，国連売買法は伝統的なメカニズムである申込とこれに対応する承諾という構成に従っている（*Piltz*, NJW 1996, 2768/2770）。

とくに，いつ，どのような内容でそうした合意が締結されていたかについてのYの申立は証明されていない。双方の業務執行者が「1997年3月5日付けの書面に続けて直接に」電話で話したことをただ指摘するだけでは，証明として十分ではない。このほか，Yは（英語で作成された）1997年3月26日付けのXのファックスに触れていないが，このファックスからは，上記の電話では明らかにそれと異なる内容が話されていたこと，すなわち，Xの支払催告にはまったく条件が付されていなかったことが判明する。

XがYの物品引渡でその債権を1度だけ帳消しにしていたというXの指摘は正当であるが，過去の取り決めが将来についての根拠となるわけではない。それゆえ，XYは同条約第9条第1項の意味で当事者間に生じている「慣行（Gepflogenheit）」に拘束されていない。

Yは最終的に1997年3月5日付けのXのファックス（...）を基準として援用しているが，Yによるその内容の再現は適切ではない。

Xの宣言は次のような内容のものである。

> 「当社は合意された支払期限である30日以内に製品の引渡または現金の支払により未払債務が清算されるときは，貴社との取引を継続する用意があります。」

この内容は，同条約第14条第1項によれば，承諾があった場合に拘束されるという申込者の意思をXが表現したという意味での申込にはあたらない。むしろ，これはたんに将来において契約が締結される場合に上述の支払態様を承諾するというXの意図の現れでしかない。その文言は明確であり，その解釈も「相手方と同じ部類に属する合理的な者」（同条約第8条第2項参照）が行う見方に対応する。Yはこの

ファックスを，Yが任意に，それも 30 日という期間の満了後もなお反対給付で清算できるというように理解することは決してできなかったはずである。

それゆえ，Xの債権には満期が到来している。1 回ごとの支払請求は相互に分離されているからである。

Yの側でドイツ法に基づいて考慮されている選択債務が民法典第 262 条に従って判断されるという主張も――ドイツ法が本件で適用されているところから――本件裁判では重要ではない。

2　同条約第 74 条と関連する第 45 条第 1 項に従って Y が主張する損害賠償請求権も X の請求を妨げることはできない。

ここでも，Xが酢酸エチルの引渡と関連させて契約交渉を恣意的に中断していたというYの申立は証明されていない。

1996 年 11 月 12 日付けのXの照会に基づき，鮮度の高い酢酸エチルの価格と化学的仕様書の公表をYが依頼したことはなるほど同条約第 14 条第 1 項の意味でのYの申込と考えることができる。しかし，それに対して，この申込を承諾するか否かはXに委ねられている(同条約第 18 条第 1 項参照)。それでも，この種の承諾は，前述のようにXの側で独自に申し立てられているようなやり方では行われておらず，申込に対する同意を表すような明示の行為もなければ，その他のどのような行為も行われてはいない。

以上から，本件契約交渉の枠内でXの拒否が恣意的であることを示唆するような諸事情はなんら明らかではないし，Yによってもこのことは申し立てられていない。

II　このほか，本件訴えは，取立費用および利率に関して，判決主文で認められた利率を超える部分について棄却される。

取立引受業者を介在させる費用は，債権者の訴訟実施可能性を超えるような可能性が取立引受業者に委ねられていない場合，損害軽減の要請(同条約第 77 条)を顧慮するため，賠償範囲に含まれない(*Piltz*, NJW 1994, 1101/1106，そこで言及されているのがフランクフルト地方裁判所(RIW 1991, 952)である)。本件の事情はこのようなものである。Xの取立引受業者も 2 度と督促することはできなかったし，少なくとも，それ以上のことは申し立てられていない。むしろ，Xの申立から明らかになるように，取立引受業者の督促に基づいて，1997 年 7 月 23 日付けで弁護士による督促も行われている。弁護士にはその余の訴訟実施可能性も委ねられており，裁判所の督促手続も開始されていた。

利息が 1998 年 3 月 27 日の督促状送達後に初めてXに帰属するという点には理由がある(同条約第 78 条)。先行する督促を利用できる旨をXは主張するが，Xはこの点を証明できていない。

Xに認められる利率は，求められているように，少なくとも国内の法定利率たる 5 パーセントである(ドイツ商法典第 352 条第 1 項)。..."

4 ドレスデン上級地方裁判所判決は次のように述べて Y の控訴を退けた(オランダ企業勝訴)。

"A Y の異議申立は適法であるが... 当法廷の 1999 年 11 月 15 日付け欠席判決は維持することができる。けだし，本件控訴には理由がないからである。

I 当法廷は本件控訴につき本案判決をもって裁判しなければならない。それは，ドイツ裁判所の国際的裁判管轄権が認められる本件争訟は裁判をなす機が熟しており，しかも，原審における手続上の瑕疵の有無がはっきりしない以上，Y による棄却の申立を取り上げる余地がないからである(Zöller / Gummer, ZPO 21.Aufl., § 540 Rdn.1. 参照。これにはその余の証明が付されている)。

II 地方裁判所がすでに適切に判断していたように，本件訴訟対象に関する引渡に基づき，X には 41,651.10 DM の売買代金請求権および利息が帰属する。

1 この請求権の根拠は国連国際物品売買条約第 53 条，第 54 条にある。

a) ドイツ法が適用される場合，同条約第 1 条第 1 項 a 号(同号は 1989 年 7 月 1 日の法律 [BGBl. II S.586ff.] と関連する)により国連売買法が本件当事者について基準となる。それは，両当事者が同条約の締約国内に居住しており(オランダについては 1991 年 4 月 11 日の告示 (BGBl. II S.675)，合衆国については 1990 年 10 月 23 日の告示(BGBl. II S.1477 [1480] 参照)，しかも本件売買契約締結の場合，両当事者の営業所が異なる国にあるからである。

b) 両当事者の契約関係は，Y が主張するように，両当事者がオランダ法を有効に合意していたことが前提とされるときも，同様にこの条約に服する(連邦通常裁判所 NJW 1999, 1259 [1260] 参照)。それは，オランダが留保を付けずに批准している同条約の諸規定(前掲 1991 年 4 月 11 日の告示参照)がここでも同条約第 1 条第 1 項 b 号を介して本件契約関係中に取り入れられているからである。とくにオランダ法への指定で，オランダ法上優先的に適用され得る本条約を含むオランダ法全体が適用される(参照されるのは，連邦通常裁判所 NJW 1999, 1259 [1260], *Heber*, in: *von Caemmerer /Schlechtriem,* Kommentar zum Einheitlichen UN-Kaufrecht, Art. 6, Rdn. 16 (これには詳細な証明が付されている); *Maskow,* in: *Enderlein/Maskow/Strohbach,* Internationales Kaufrecht, Art. 6 CISG, Anm. 1.3; *Piltz,* NJW 1996, 2768 [2769] (これにはその余の証明が付されている) in Fußnoten 19 bis 23; バンベルク上級地方裁判所，OLG Report 1999, 149; 313 [319]; 統一売買法 (EKG) については同様に BGHZ 96, 313 [323]) というように理解されなければならない。

両当事者が第一審でドイツの国内法に依拠していたことから，これと異なる結果を引き出すことはできない。

なるほど，同条約第 6 条によると，国連売買法を排除できる。しかし，その旨を表示する意識が十分でないので，本件書面による申立の中に，ドイツ法の推定的選

択(これについては,連邦通常裁判所 NJW 1999, 950 [951]; 連邦通常裁判所 RIW 1995, 410 [412] 参照)も国連売買法の決定的排除(Piltz, NJW 1996, 2768 [2770] (これにはその余の証明が付されている) in Fußnoten 27 bis 29; バンベルク上級地方裁判所, a.a.O. 参照)も見出すことはできない。

2 同条約の諸規定および両当事者による取り決めでは,本件売買代金債権の満期が到来している。それは,Xが購入された物品を合意された地でYに引き渡していたからである(カールスルーエ上級地方裁判所 NJW 1993, 1316; Piltz, NJW 1994, 1101 [1104] 参照)。

合意された支払期限内に「製品の引渡または金銭の支払で」(供述では「to be settled against purchase MEG from...(...からの MEG 購入に対して支払われる)」となっている)未払債務を返済することを 1997 年 1 月 8 日付け書面(...)および 1997 年 3 月 5 日付け書面(...)でXがYに許していたとしても,それにより満期の到来が妨げられるわけではない。

a) 同条約第 8 条第 2 項により優先的に引き出される本件書面の文言の解釈からすでに明らかになるが,売買代金債権の満期は合意された支払期限終了後に到来した。契約上の補償行為(Kompensationsgeschäft)の申し出を通じて最初に支払が猶予されたが,その後,売買代金請求権の行使に応じる権限は,この期間内しかYに帰属しない。

b) 本件の利益状況も,両当事者間の取り決めをこのように理解することに賛成している(同条約第 8 条第 2 項参照)。

Yが自己の製品をXに引き渡し,これにより売買代金債権を互いに決済できたという主張をYは十分なものとしていたが,自らが引き渡した物品について遅くともその支払期限満了の際にはそれに見合った対価を入手することが重要だとXは認識していた。とくに,たんなる補償行為の告知と引き換えに,Xが債務の支払を合意された支払期限を超えて猶予していたと考えるのは商人の理性(同条約第 8 条第 3 項)に反する点を,どのみちYも直視しないわけには行かない。

c) Xが繰り返し要求したにも拘らず,Yは 1997 年 2 月 24 日に 13,110.00 DM (...)を支払っただけで,1997 年 3 月 18 日(23,100.00 DM ...),1997 年 4 月 18 日(2,560.00 DM ...)および 1997 年 11 月 20 日(4,525.00 DM ...)のXの引渡に基づく本件各債権を消滅させるべく自己の物品を引き渡していない。

とくに,この点について提出義務および証明義務を負うYは,合意された支払期限内に契約上の補償行為をXに申し出ていたことを十分に証明していなかった。この点では,清算されるべき引渡をYがいつXに行っていたか,それらの引渡がどの物品に関連していたか,そして,Yがどの程度そうすべきであったか,これらについて,従うことができるような説明が欠けている。補償行為実施の権限が両当事者間で行われた取り決めでは 30 日以内しか与えられず,従って,遅くとも 1997 年

12月20日(1997年11月20日付けの最後の引渡から30日後)から後は、しかるべき了解がない以上、訴訟対象となっている売買代金債権を補償行為により償還する可能性がXに示されていないだけに、この点について詳細に申し立てることがなおさら必要となろう。

3 Yは、本件で請求されている満期到来債権に対して留置権 (Zurückbehaltungsrecht) を援用することができる。

なるほど、Xがその義務の重要な部分を履行していなかったときは、同条約第71条によりYは自己の売買代金支払義務の履行を停止することができる。しかし、Yがその実体について行っている申立ではこの点についていかなる根拠も得られていない。

a) 酢酸エチルの引渡に関する交渉との関連でYが着目する損害賠償請求権と本件訴訟対象たる債権とは、同条約第71条第1項で必要とされている双務 (synallagmatisch) 関係には立たない (*Leser*, in: *von Caemmerer / Schlechtriem*, a.a.O., Art.71, Rdn. 4 参照)。

b) このほか、Yは、最初の段階で、Xの契約義務違反により、Yに損害賠償請求権が生じているとの申立を証明していなかった。同条約第64条、第71条に基づく損害賠償請求権は、どこにXの義務違反があるかをYが説明していないため、すでに破綻している。このことは、1996年11月25日に行われた最初の予備会談の後にYがXに酢酸エチルを注文し、その後も引き続き購入していたというXの申立に対する反論がないだけになおさらあてはまる。

このほか、Yが「少なくとも 40,000.00 DM」とか「本件で請求されている債権の額で」とかと定めている損害額をYがどのように調査したのかもまったく明らかではない。

III Xは、同条約第78条に従い、未回収債権につき利息の支払を求める権利を有する (*Piltz*, NJW 1996, 2768 [2773] これには詳細な証明が付されている; *Piltz*, NJW 1994, 1101 [1105] 参照)。利率は、少なくとも、本件争訟で追及されている5パーセント p.a.という範囲内では正当である。それは、ドイツ法が適用される場合には商法典第352条、第353条により5パーセントの利率が正当とされ、またオランダ法が適用される場合には1998年1月1日以降1997年12月18日の省令 (ministerielle Verordnung) と関連するオランダ法典第6編第119条、第120条により利率が6パーセントになるからである。

B ...

C この判断に対する上告は民事訴訟法第546条第1項第2文により不適法である。というのは、本件の事案は、Yの見方と異なり、原則的意味を持っていないからである。国連売買法の適用可能性についても、両当事者間で支払態様について行われた取り決めの解釈についても、法律問題は残されておらず、解明を要する事項

も存在しない。

3　［裁判例3］ハンザ同盟上級地方裁判所第1民事部1999年11月26日判決

1　本件はブラジルのジーンズ・メーカーX（買主）がドイツ・ハンブルクの繊維製品卸売業者Y（売主）に代金債権の支払等を訴求したものである。原審はハンブルク地方裁判所1998年12月23日判決である。Xは2度納入したジーンズ製ズボンの代金支払をYに求め，予備的にYによる当該商品の自助売却から生じる黒字分の提供を求めた。YはXの契約違反を理由に本件契約を解除し，逆に，本件製品が粗悪品であったことを理由にXに損害賠償を求めた。

2　Yが1993年1月11日および14日に注文した約17,000本の婦人用および紳士用のジーンズは1993年2月末から3月末にかけて引き渡されるはずであったが，Yが当該物品を航空便で入手したのは1993年5月10日および13日であった。Yは期限不遵守による履行遅滞を理由に最初の注文を取り消したが，後に，Yは相手方の懇願を入れて当該商品を購入した。初回引渡分8,900点につき1993年4月19日付け請求書で75,183 USドルが，第2回引渡分8,160点につき1993年6月5日付け請求書で69,664 USドルがYに請求された。1993年5月17日付けファックスでは890カートンと816カートンをYは受領していたはずなのに，2度目の引渡では6カートン不足し，梱包物リストも同封されていなかった。Yはカートン開封時に多くのジーンズにサイズ表示上の誤りを発見し，サイズの計り直しに多くの時間を要した。そのため，Yは物品を販売できず，そのことにより生じた費用を確認できるまでYは支払ができなかった。1993年5月19日付けファックスでYはその余の製品についてもクレームを主張し，ハンブルクを訪れ，同地で引き渡された製品をみずから検査するようXの販売責任者に提案したが，この提案は叶えられなかった。1993年9月1日付けファックスでYはすべての不良品のリストを作成しXに通知した。1993年9月10日付けファックスでYは，物品の欠陥を理由とするYの請求権を認めるときは，71,534.63 USドルを振り込むよう，Xに提案したが，合意に至らなかった。Yは1993年9月22日付けファックスで，Yの倉庫が手狭で当

該物品をこれ以上倉庫に寝かせておけないことおよびXはいつでも当該物品を回収できる状況にあることを通知したが，Xが引き取らなかったため，Yは1995年4月から1996年11月にかけて当該物品の大部分を売却した。

Xは次のように主張した。本件ズボンは契約通り引き渡されている。合意価格はジーンズ1点につき8.75 USドルで，1993年4月19日付け請求書で最後に挙げられた1,460点の紳士用ズボン1点につき7.35 USドルであった。引き渡されたズボンには裁断を含めて欠陥はない。物品受領時に明示の留保があったというYの主張も正しくない。Yは欠陥があることを法定期間内に遅滞なく述べておらず，3ないし4ヶ月も遅れて1993年9月10日付けファックスで初めて反対請求権があることを主張した。以上から，YはXに145,495 USドルと本件訴え提起以降4パーセントの利息を支払わなければならない。

Yは本件訴えを棄却するよう申し立てた。Yの主張では，Xの本件請求額は多すぎる。合意価格は7.90 USドルまたは6.50 USドルにすぎず，引き渡された物品の点数も請求書記載数より少ない。とくに当該物品は欠陥品でYに代金支払義務はなく，むしろYは損害賠償請求権を有する。この損害賠償請求金額は未決着の売買代金債権より高額で，Yはこの損害賠償請求権で本件債権と相殺する。1993年5月10日および13日の2度とも物品到着後，Yは抜き取り検査を行い，欠陥品を発見した。そのクレームは1993年5月17日付けファックスで伝えられた。1着ずつすべてのズボンを計り直さなければならなかったため，引渡品全体に対する検査には長時間を要した。その際，2度の引渡によるすべてのズボンに欠陥のあることが判明した。どのズボンにも留められていた紙製のラベルはズボンに縫い込まれていた繊維製品のラベルとサイズ上一致していなかった。すべてのズボンがサイズ上1ないし2大きすぎたり小さすぎたりしており，80ないし90パーセントのカートンに付されていたラベルに記載されたサイズは紙製のラベルとも，繊維製品のラベルとも，実際のサイズとも一致しておらず，すべてのズボンの脚の部分がサイズにして1ないし2長く，その他の寸法，たとえば腰回りも契約で定められた基準値に沿っておらず，どのズボンも裁断に誤りがあった。このほか，一部の商品には黴が生えたり漂白

剤のシミがついたりしており，廃棄しなければならなかった。すべての範囲の欠陥について解明する以前に，残額 71,534.63 US ドルの代金支払を拒否する旨を Y は X に伝えていた。本件物品が倉庫に入り切らなくなったため，Y は，自己の費用をカヴァーするため二級品のズボンを特売に掛ける手続を開始することを X に予告した。結局，黴の生えたズボン 1,582 本が処分され，15,419 本の特売用二級品ジーンズは主にチェコ向け婦人用品として販売され，売上総額は 91,255.35 DM となった。契約通り供給されたズボン 17,001 点は普通に販売された。平均販売価格が 24.95 DM で売上総額が 424,174.95 DM であり，純益が 5 パーセントで 21,251.55 DM になったことに争いはない。Y が被った損害は当時 1.50 DM だったドル相場がその後上昇したために増加した。また，Y の本件売買代金請求権は消滅時効にかかっている。

3 ハンブルク地方裁判所判決の全文は入手できていないが，ハンザ同盟上級地方裁判所判決における事実認定部分から知られるその概要は以下の通りである（ブラジル企業勝訴）。

本件では，70 002.80 DM と訴訟係属以降につき 4 パーセントの利息が認められる。X の売買代金請求権は国連国際物品売買条約の諸規定により失効している。証拠によれば，X には重要な契約違反がある。当該物品全体が合意された品質のものではないからである。Y は本件契約違反のクレームを同条約第 39 条の意味で適時に指摘し，同条約第 49 条第 2 項 a 号により期間を遵守して本件契約を解除していた。同条約第 49 条第 1 項 a 号により本件契約は有効に解除され，同条約第 81 条第 1 項第 1 文により X は売買代金支払請求権を喪失した。

X には同条約第 88 条第 3 項第 2 文による自助売却の売上金 70,002.80 DM の提供を求める請求権が帰属する。取得された余剰分は 91,255.35 DM になるが，売却益の提供を求める請求権は 21,151.55 DM で，同条約第 45 条，第 74 条に基づく損害賠償債権との間で行われた Y の有効な相殺により失効している。Y が売却代金の 5 パーセントの純益を挙げている点に争いはない。販売価格全額が 424,174.95 DM である場合の純益は 21,251.55 DM になる。その余の損害賠償請求権は Y には帰属しない。利息請求権は民法典第 288 条と関連する同条約第 74

条により正当とされる。同地方裁判所判決はこのように述べて、Xの請求を一部認容した。

4 ハンブルク地方裁判所判決に対し、同条約第74条第1文に基づく損害賠償請求権の範囲が上記地方裁判所判決では少なすぎる旨を主張して、Yは控訴した。その主張によれば、自助売却の売却益の提供を求めるXの請求権に対する関係で相殺されるこの損害賠償請求権は、地方裁判所が基礎とした利潤たる、販売売上金の5パーセントで尽くされるものではない。むしろ、Xの引渡に欠陥があるため、売買契約の不履行を理由にYは損害賠償を求めることができる。この不履行損害の算定に際して、欠陥商品の転売から424,174.95 DMの売上が達成されている点に争いはないこと、本件契約を適法に履行する際にYがXに支払わなければならなかった価格が上記の金額から差し引かれなければならないこと、これらが前提とされなければならない。ドル相場が1.52 DMの場合、それは221,152.40 DMになる。その理由は、転売を実施できなかったところから203,022.55 DMの損害がYに生じているからである。この金額の内の約21,000 DMが純益になることを前提とすると、残額約183,000 DMはYの共通経費に配分されるものとみなされなければならない。発生した利潤を含めて総額約203,000 DMになるこの損害はXの債権91,255.35 DMをはるかに超過しており、Xの債権全額が相殺により消滅する。価格および利潤の記載に争いがない場合に平均数、したがって近似値しか問題にならないとしても、欠陥品の引渡でYに損害が生じ、損害金額が提供を求めるXの債権よりどの場合も超過していること、その限りで損害をプェニッヒの単位まで厳密に見積もる必要がないこと、これらが十分に裏付けられている。したがって、第一審判決は変更されなければならず、本件訴えは全面的に棄却されなければならない。

他方、XはYの控訴を退けるよう申し立てた。Xによれば、Xの請求を認容したハンブルク地方裁判所判決は適切である。地方裁判所は、Yがその余の損害(費用のかかる検査で高騰した人件費や追加的な倉庫費用)を実質利潤として説明していなかった点を明確に述べていた。Yが取引全体でどのみち21,000 DMしか得ていなかったという点は争われている。Yが共通費用をほぼ183,000 DMと

第 13 章　ドイツ裁判所による国連国際物品売買条約の解釈　461

算定し、この共通費用の補填を求めている点には疑問がある。さらに、地方裁判所判決における詳論とは異なり、本件売買代金請求権は消滅していない。地方裁判所によって判決された総額 70,002.80 DM が正当とされるべきである。地方裁判所は、重大な契約違反の理由付けのために、長期に亘り Y の下で働いていた証人の陳述に依存しすぎている。本件物品は合意された品質に対応している。また、Y は本件物品の契約違反を援用する権利を期間満了のため喪失していた。2, 3 週間という期間は適切であり、検査は数ヶ月もかかるようなものではない。契約解除宣言も適切な期間内に述べられていない。さらに、X は消滅時効の抗弁も提出した。1998 年 7 月 5 日の国連国際物品売買条約についての同意法第 3 条により、物品引渡から 6 ヶ月以内と定める民法典第 477 条、第 478 条で買主の請求権は消滅時効にかかっている。同意法は民法典第 479 条について述べていないので、民法典第 478 条にも拘らず、Y は損害賠償請求権では相殺できない。これらの理由から、Y の控訴には理由がない。

5　ハンザ同盟上級地方裁判所判決は次のように述べて、Y の控訴を認めた（ドイツ企業勝訴）。

"I …Y の控訴はその実質において認められる。X には、主張されるような Y に対する支払請求権は帰属しない。X は、地方裁判所が第一審で第一次的に主張されていた売買代金請求権を X に与えなかったことを不当にも攻撃している（…）。本件地方裁判所は、当該欠陥商品の転売により Y に生じた売却益の提供を求める請求権、70,002.80 DM および 4 パーセントの訴訟係属後の利息を X に認めたが、これらも X には帰属しない。この債権は、同条約第 45 条、第 74 条に基づく不履行のため Y に帰属する損害賠償請求権との間で Y が相殺したことにより全面的に消滅している（…）。

正当にも、地方裁判所は、第一審で第一次的に主張された、Y が注文したジーンズ・ズボンについての売買代金支払請求権を X に認めることを拒否した。これに対して控訴審の答弁の枠内で X が提出した抗弁は認められない。X の売買代金請求権は同条約第 49 条第 1 項に従い、Y が有効になした同条約第 81 条第 1 項第 1 文による契約解除により消滅している。

X は同条約第 25 条、第 35 条第 1 項の意味での重大な契約違反を犯していた。契約違反にあたるのは、X が引き渡した物品全体が契約により合意された品質に対応していないという点である。長期間 Y の下で就労していた証人の陳述に無批判に

従っているため本件地方裁判所がこの点の確認に際して手続上誤っているとXは非難するが、この非難も認められない。本件証人がYの従業員であったという事情だけでは、この者の陳述が信用されないことを正当化できない。同証人の陳述が当事者間に争いのない事態の推移の細部と一致していること、証人の陳述では地方裁判所の評価が信用できそうであるが、そうした証人の説明に従ってはならないという点についてXがなんら具体的事実を提出していないこと、こうした事情を考えれば、このことはとくにあてはまる。

　欠陥に関するYのクレームは期間の点で不適切で、詳細に特定されていないというXの異議も正当ではない。地方裁判所の判決ではXの異議が詳細に取り扱われている。当法廷は地方裁判所の判断に賛成する。その理由に関わるのは、取消を求められた同判決中のこれに関する詳論である (...)。特に、Xが申し立てていたような、すべての物品を公正に検査するためにYが利用した期間が適切か否かを鑑定人に再検査させるいかなる根拠も存在しない。Yが正当に大量の物品を検査するため1993年9月初めまで時間を要した点を前提とすると、同条約第49条第1項により必要とされる1993年9月22日の解除宣言 (...) も同条約第49条第2項の意味で期間についてなお適正であった。本件契約が有効に解除された結果、Xは売買代金請求権を失う (同条約第81条第1項第1文)。

　Xに返却されなかった物品の売却益の提供 (Auskehrung) を求める請求権を地方裁判所はXに認めているが、この提供を求める請求権もXには帰属しない。Yは、なるほど同条約第88条第3項第2文により、Yが自助売却で得た91,255.35 DMの黒字分を提供する義務を負う (これについては、後述a))。しかし、この支払請求権は、同条約第45条、第74条所定の不履行を理由とする損害賠償請求権との間で、Yの相殺宣言により消滅している (これについては、後述b))。

　a) 同条約第88条第3項第2文により、Yは、本件訴訟対象商品の売却益をXに提供する義務を負う。Yは、Yが得た売却益を証明するため、資料...を提出し、それらに含まれている、計算書中の請求書の項目を資料...により要約していた。そこから明らかになるように、Yが得た売上総額は91,255.35 DMである (...)。Xはこの計算書に対してなんら特別の異議を申し立てていない。他方、Yも、この金額から仲介料や交通費のような同条約第88条第3項第1文の意味での経費を控除する権利があることを述べていなかった。その限りにおいて、Xには、同条約第88条第3項第2文に基づき、91,255.35 DMの支払を求める請求権が帰属していた。

　b) 同条約第88条第3項第2文に基づくこの請求権は、しかしながら、Yが同条約第45条、第74条所定の不履行を理由とする損害賠償請求権 (これは、契約の解除にも拘らず、Yに認められている (同条約第81条第1項第1文参照)) との間での相殺を宣言したことにより、消滅している。

　Xの契約違反に基づき同条約第74条第1文に従ってYに帰属する損害賠償額は、

91,255.35 DM の超過売上の提供を求める請求権の金額を超えており，その結果，X の支払請求権は相殺により全面的に消滅している。

　本件売買契約に基づく X の債務不履行を理由に X が給付しなければならない損害賠償は，同条約第 74 条によれば，取得した利潤に限られず，原則としてすべての不履行損害を含む(*Staudinger / Magnus,* 13.Bearbeitung 1994, Art. 74 CISG Rdn.20ff 参照)。

　不履行を理由とする損害賠償として，Y は，契約履行に関する自己の利益と自らが節約した反対給付との差額を求めることができる。この差額は，同条約第 76 条の枠内におけるもの(そこでは市場価格への依拠が可能である)とは別のものとして，原則として具体的に算定されなければならない(*Staudinger / Magnus,* a.a.O., Art. 74 CISG Rdn. 25 参照)。供給された物品のうち，欠陥がないものの売却で Y が売上として 424,174.95 DM を得ていた点は両当事者間に争いがないので，Y 自身が支払わなければならない仕入価格に対する差額は，計算上 221,152.40 DM でなく 203,022.50 DM になる。この差額が，X が Y に対して負う不履行を理由とする損害賠償額算定の根拠となる(買主が購入しない場合の売主側での損害算定については，BGHZ 107, 67, 69f. 参照)。

　地方裁判所の見解と異なり，損害賠償請求権は，両当事者間で争いのない売上金額の 5 パーセントという純利益に限定されていない。いわゆる固定費用(一般的経費)，それゆえ，企業経営の維持，企業体・販売のための施設の維持ならびに事業の執行および管理に関わる費用も，X 側での不履行を通じて Y により節約された費用に含まれるとするのは適切ではない。連邦通常裁判所が前述の 1989 年 2 月 22 日の裁判 (BGHZ 107, 67, 69) で論じていたところでは，注文された物品を原告が引き取らなかった際に売主側に生じる損害の算定上，固定費も売主の価格算定対象とするのが適切であるが，不履行を理由とする損害賠償を通じて，買主が適法に履行していた場合と同じ地位に売主は置かれなければならないという点を見落とすことはできない。その限りで，損害賠償義務者側の問題が説明されなければならないし，契約が履行されたときの固定費用が，引き取りが行われなかったときのそれよりも高額になることが場合によっては証明されなければならない。このことがあてはまるのは，通常の一般的経費が普通に生じるものであるという点について推定が働くからである。当法廷は，買主が当該物品を引き取らなかったときに売主の不履行に基づく損害賠償の算定のため連邦通常裁判所によりなされた諸考慮を，売主の供給に欠陥があることを理由に買主が不履行に基づく損害賠償を求めることのできる事案へ転用しないとする根拠を見出してはいない。当法廷は，その際，1956 年 12 月 13 日のシュトゥットガルト上級地方裁判所の裁判 (JR 1957, 343, 344) および 1958 年 8 月 28 日のミュンヒェン上級地方裁判所の裁判 (MDR 1959, 300) と軌を一にしているようにみえる。というのは，これらの裁判では，売主の売買契約不履行を理由

に損害賠償を請求できる買主側の損害算定にあたり，連邦通常裁判所の前述の裁判以前に，上記の諸原則が適用されていたからである。

それゆえ，販売価格と購入価格との差額からいわゆる固定費用（一般的経費）を差し引かなければ，Xの債権額91,255.35 DMを超える金額がどの場合にも損害として賠償できることとなろう。203,022.55 DMから売上税も控除されなければならず，これにより，金額は約176,500 DMへ減少する。（なお）いわゆる特別経費，すなわち，後始末，それゆえXが購入した物品の引き取りおよび売却の上でYに付き物の費用だけは控除されなければならない。Yが本件で特別経費の一部をどのみち負担しなければならない点を度外視すれば，この点については何も明らかではないし，本件取引が実施されなかったためYの節約した費用が8,000 DMを超える金額に達しているということもXは証明していない。

特別経費が本件において正味で購入価格の40パーセントまたは販売価格の20パーセント――この数値の算定がきわめて大雑把であることは明らかである（たとえば，シュトゥットガルト上級地方裁判所JR 1957, 343, 344参照），そこでは特別経費が購入価格の20パーセントと評価されていた――になる場合でさえも，それに配分される金額は約77,000 DMまたは約74,000 DMであり，これを省いても，Yに帰属する損害賠償金額が，Yが相殺したXの債権額を超えることはないとXが主張する限度まで引き下げられなければならないという結果は生じない。

売上税控除後に残る，購入価格と販売価格との差額176,500 DMからなお特別経費として算定された80,000 DMを差し引くと，95,000 DMを超える金額がなお残り，この損害額はXの債権額91,255.35 DMを超えている。それゆえ，Yの相殺宣言によりXの請求権は全面的に消滅している。

Yのこの反対請求権に対して，Xは消滅時効の抗弁を援用しているが，それは認められない。

Yは売買代金請求権に対してのみならず自助売却による売却益の提供を求める請求権に対しても同条約第88条第3項第2文により，不履行を理由とする損害賠償請求権との相殺を宣言する権利を有する。相殺は，少なくとも，本件におけるように，本条約から生じる相互の請求権が対立しているときは，同条約第7条第2項の意味での一般原理として適用される（*Staudinger / Magnus*, a.a.O. Artiketl 81 CISG Rdn. 15 und Artikel 4 Rdn. 46参照。そのつど詳細な証明が付されている）。Xに対する関係でYに帰属する損害賠償請求権を理由に販売を続けてもよいというYの権利を本条約から直接に引き出せるか（この意味では，*Staudinger / Magnus*, a.a.O., Artikel 88 CISG Rdn. 25，これに類似するのが，*Herber / Czerwenka*, UN-Kaufrecht 1991, Artikel 88 Rdn. 8），相殺が準拠法たるいずれか特定の国家法によるか（*v. Caemmerer / Schlechtriem / Eberstein*, UN-Kaufrecht, 2.Aufl. 1995, Art. 88 Rdn. 32参照）といった諸点についての判断は差し置くことができる。というのは，準拠法たる特定の国家法

(つまりドイツ法)に基づいても，Yは，民法典第479条により，欠陥を適時に通知することを通じて，自助売却に基づく売上黒字の提供を求める請求権に対しても，売買契約不履行を理由とする損害賠償請求権と相殺する権利を有するからである。Xの見解と異なり，同条約についての1989年7月5日の条約(同意)法第3条が消滅時効の問題について民法典第477条，第478条のみを指定し，同第479条を指定していないことは，この点では重要ではない。というのは，そこでは，物品の契約違反を理由とする請求権の消滅時効のみが規定され，相殺は規定されていないからである。

II …"

4 [裁判例4] 連邦通常裁判所第8民事部1999年11月3日判決

1 本件はドイツの特殊鋼鋳造業者Y(売主)が訴外スイス企業T(買主)に販売した製粉装置の使用上生じた損害賠償債権を譲渡されたドイツ企業XがYに賠償を訴求したものである。第一審はバイロイト地方裁判所1997年12月11日判決であり，控訴審はバンベルク上級地方裁判所第8民事部1998年8月19日判決である。

2 Xはウェットティッシュを生産するため，クレープ(縮み)付きウェットティッシュ半製品を取引関係にあるT社から継続して取り寄せていた。T社が使用するセルロース材料は，製紙機械PM3により複数の製造過程で精製されていた。この機械には，切替装置を持つ製粉装置，いわゆる二重精製装置(Doppelscheiberefiner)としてE社のEWR 5/76/60型またはYのE 6533 R/L型が装備されていた。1993年3月31日に，T社はYに製粉装置E 6533 R/L型1セットを価格3,065DMで注文した。Yはこの製粉装置がウェットティッシュ製造向けであることを知らなかった。1993年4月7日に引き渡された製粉装置は1993年4月3日に据え付けられた。この機械は1993年4月17日に運転された。1993年4月25日に，T社はYの機械の使用によりE社の製粉装置を装備していた別の機械全体に損害が及んだことを確認した。1993年4月26日にYが引き渡した製粉装置が全壊したため，T社は製粉装置をE社の製粉装置に取り替えた。

1993年4月19日から同月22日にかけてT社は製紙機械PM3で24,351トン

のウェットティッシュ半製品を製造し，1993年4月と5月に120,953トンをXに出荷した。1993年5月17日にXはT社に，自社で加工中のH型ウェットティッシュ半製品に鉄錆がついており，未加工のクレープ付きウェットティッシュ半製品にも褐色がかったしみがでる傾向がある旨を伝えた。1993年4月27日にT社は訴外P社に鉄錆の有無の確認を依頼し，Yが1993年4月7日に引き渡した製粉装置を検査させた。P社の1993年6月9日付け検査報告書をT社は1993年6月11日に入手した。T社は1993年6月14日付け書面でYに照会し，Yに本件損害の発生につき周到に注意する責任があったと述べ，Yが1993年4月7日に引き渡した製粉装置に欠陥があった旨，指摘した。

T社・Y間で締結された1993年3月31日付けの売買契約に基づきT社に帰属するすべての請求権をT社は1995年3月7日にXに譲渡した。Xは，製粉装置の供給が契約通りでなかったことを理由に損害賠償の一部として100,000 DMを請求した。これに対し，Yは，T社もXもともに検査義務およびクレーム申立義務を適時には遵守していないと述べた。Yによれば，1993年4月7日に引き渡された製粉装置については義務条項（Sollbeschaffenheit）についての合意はなかった。Yは本件製粉装置の使用上T社（X）にミスがあったことも主張した。

3　バイロイト地方裁判所判決は次のように述べて本件訴えを棄却した（ドイツ企業(売主)勝訴）。

　　"本件訴えは，適法であるが，理由がない。
　　当バイロイト地方裁判所は本件争訟につき裁判するための国際的裁判管轄権および土地管轄を有する。Xに請求権を譲渡したT株式会社とYとの間の法律関係は国連国際物品売買条約による。同条約はドイツでは1991年1月1日に，スイスでは1993年3月1日に発効している。
　　譲渡されたT株式会社の権利に基づき，同条約第74条を根拠とするXの損害賠償請求権は，欠陥クレームの通知が遅れたため，破綻する（同条約第39条第1項）。
　　同条約第38条によれば，T株式会社は，1993年4月7日に据え付けられた製粉装置を諸事情が許す限り最短期間内に自ら検査し，また検査させる義務を負っている。同条約第39条第1項によれば，T株式会社は，同社自身が当該物品の契約違反を確定していたかまたは確定しなければならなかった時点以降の適切な期間内に同

社がYに通知していなかったときは，当該物品が契約に違反している旨を援用する権利を失う。

　当事者の合意も商慣習もないので，買主は当該物品をその種類に応じて適切なやり方で検査しなければならない。検査の態様に関してどのような要件が設けられなければならないかは，個別具体的事案の諸事情による。その場合，欠陥のクレームに関する諸規定がとくにYの諸利益に役立っていること，そして，たとえば，代替物の引渡を通じて契約違反を除去する状態に置けること，これらが考慮されなければならない。しかしながら，適法な検査に関する諸要求は過度に誇張されてはならない。

　Xの主張によれば，Yが1993年4月7日に引き渡した製粉装置を，T株式会社は据付前に詳細に外部的に検査し，そして使用中も継続して制御しており，いかなる品質上の欠陥も認識できなかった。最終的に，T株式会社がすでにそのことをもって自己の適法な検査義務を遵守していたか否かについての判断は差し置くことができる。

　T株式会社はYが供給した製粉装置を1993年4月13日にEWR-Refiner DSR Nr.1に取り付けた後，これを運転したが，その際，自社の供給した製粉装置がウェットティッシュの製造用であったことがYに知らされていなかった点には争いがない。他の物品の製造用機械の場合，まずもって，大量生産の場合のそれに類似した諸条件のもとで，製品を抜き取り検査する必要がある(v. Caemmerer / Schlechtriem, TSG, 2.Auflage, Rdnr. 14 zu Art. 38 参照)。それでも，T株式会社が最初に1993年4月7日に引き渡された製粉装置の組立後に試運転をしなければならなかったか否か，試運転の際にXが主張する品質上の相違をT社が確認できたか否か，これらの判断は差し置くことができる。いずれにせよ，訴訟の対象となっている製粉機械の刃の部分が1993年4月26日に全損したことに争いはない。そのときまで隠されていた製粉装置の欠陥が，Xが主張するように，そのことで発見されたことになる。Yが引き渡した製粉装置の試運転をT株式会社が行っていなかった場合において，ここで主張されている欠陥が試運転によりおそらく事前に発見できていたとすれば，T株式会社は遅くとも全損の発生をもって適切な期間内にYに通知する義務を果たせたことであろう。製粉機械の刃の部分の検査を行う契機を提供しかつしかるべき検査報告書の到着を待つ権利がなおT株式会社に認められるならば，同社は遅くとも5月末までにしかるべきクレームをYに申し立てなければならなかったことであろうし，1993年5月27日付けのT社の依頼と1993年6月8日付けの報告書の提出とから明らかになるように，検査の依頼と検査報告書との間にはもしかすると時間的には2週間が必要であろう。これに対し，XがT社にクレームを伝えた後に初めて，T株式会社は1993年5月27日に検査を依頼し，1993年6月14日付け書面をもって初めて，1993年4月7日に引き渡された製粉装置の欠陥のクレームを行った。当

該クレーム文書が契約違反の種類の厳密な表示に関する同条約第39条第1項の諸要件を満たしているか否かの判断は，この場合，差し置くことができる。

T株式会社が1993年6月14日付け書面で欠陥のクレームを申し立てていたとすると，この時点は同条約第39条第1項の意味での適切な期間には入らない。それゆえ，本件物品は承諾されたものとみなされ，XがYに対して行動する原因となる権利の譲渡者たるT株式会社は同条約第45条により自己に帰属するすべての法的補助手段を失っており，損害賠償請求権は同社には帰属しない。…"

4 バンベルク上級地方裁判所は次のように述べて，Xに対し100,000 DMおよび12パーセントの利息をYが支払う旨の判決を求めてXの控訴を退けた（ドイツ企業(売主)勝訴）。

"本件控訴はドイツ民事訴訟法第511条，第511a条，第516条，第518条，第519条により適法であるが，理由がない。地方裁判所が一部請求の訴えを棄却した理由は適切である。当法廷は，破棄を求められている本件地方裁判所判決中の理由部分の内容を全面的に採用する。その上で，以下の点を補充する。

T社・Y間での1993年3月31日付けの売買契約は国連国際物品売買条約に服する。本件契約関係者の業務上の本拠（Geschäftssitz）はスイスおよびドイツ連邦共和国にある。ドイツ連邦共和国は1991年1月1日に，スイスは1993年3月1日にそれぞれ有効にこの条約に加入した（*von Caemmerer/Schlechtriem*, Kommentar zum einheitlichen UN-Kaufrecht, 2.Aufl., 1995, S.801 参照）。それゆえ，同条約第1条第1項a号により，同条約が適用される。

地方裁判所と同じく，T社が同条約第38条により求められる検査義務を履行していたか否かの判断は差し置くことができる。Xが主張する品質上の欠陥が最初は隠されていた欠陥だということを前提としても，当法廷は，Yが1993年4月7日に引き渡した製粉装置で1993年4月26日に全損が発生したことをもって，同条約第39条第1項による欠陥についてのクレームを申し立てる期間が進行し始めたという点から出発する。

同条約第39条第1項の枠内では，通例，2つの期間が顧慮されなければならない。検査期間とクレーム申立期間とがそうである（*von Caemmerer /Schlechtriem*, a.a.O., Artikel 39, Rdnr. 15 参照）。1993年4月7日の引渡時に材料の品質に関して立ち入った検査を行う理由が最初はなかったという点はXも認めなければならない。両当事者の申立から明らかなように，二重精製装置のための製粉装置の注文は当該支店の日常業務の1つである。というのは，製粉作業により生じる摩耗は重要でないとはいえない規模のものだったからである。Yの製粉装置をXがたびたび点検していた

第 13 章　ドイツ裁判所による国連国際物品売買条約の解釈　469

というYの申立は争われていない。もちろん，当法廷の考えによれば――最初に行われたように――紛争の対象となっている製粉装置で1993年4月26日に生じた全損をXは簡単に認めているわけではなく，当該機械自体か，従業員により提供されたサーヴィスかのいずれかに欠陥があったことから本件債務が生じたことを明らかにしようと試みている。その際，X自身は，1993年4月26日にはまだ，引き渡された製粉装置が契約に適合したものであることをXが信頼してもよかった旨を申し立てている。しかし，当法廷はこの主張には従えない。X自身は，1993年4月13日に据え付けられ，1993年4月17日に運転された製粉装置から1993年4月26日に生じた全損害の原因として，操作上の誤りか，売買契約の目的物が契約に違反していたかのいずれかが考えられた旨を論じている。自社の従業員による操作上の誤りがあったかもしれない点を明らかにするのは難しいことではない。X自身の主張では，このことは申し立てられていなかった。それだけにますます，引き渡された製粉装置に欠陥があったということになるに違いない。というのは，操作上の誤りがまったく問題にならないとか自社の従業員によりそれが否定されていたとかという場合には，引き渡された製粉装置の欠陥しか全損を説明できないはずだからである。どの点で全損が生じたかの説明は両当事者で異なっている。X自身は訴状で全損について記している。Xが援用している1994年9月15日付け…の鑑定書で述べられているところによれば，刃の部分に錆が発生し，根刮ぎ摩耗し，刃の間に埋め込まれたクリスタルガラス部分に生じた腐食で表面に損害が及んでいた。Yが1991年11月26日付け書面で述べていたところでは，本件製粉装置（ないしその部分）が壊れていた。この意味のことを，Yが利用した…実験室も，1993年6月16日付け書面で述べていた。この書面は1993年6月17日付け書面の添付資料としてそこでの手続においてX自身が提出していたものである。Xも1998年6月16日付け書面で損害を記述していたように，当法廷の見解では，Yが供給した製粉機械が使用後わずか数日で壊れた時点で，Xが最初に控えていた検査を行う契機が存在した。

　同条約第39条第1項の文言もまた，当法廷の見解では，買主に検査措置を講じる義務がある。この種の義務はこの規定のドイツ語訳「hätte feststellen müssen」という表現から明らかになるが，この点は英語の「ought to have discovered it」およびフランス語の「aurait du le constater」という条約上の文言から明らかになるのと同様である（条約の文言については，*v. Caemmerer / Schlechtriem*, a.a.O., Art. 39 参照）。

　隠された欠陥についてのクレームは，個別具体的事案で実際に目で見て初めてなされるのではなく，客観的に認識が可能となった後の適切な期間内になされなければならない。欠陥が発見された時点の確定は，個別的事案では難しい。後になってから現れる欠陥は，欠陥を示す最初の兆候が当該欠陥がすでに発見されたものとみなされるというやり方でいつも示されなければならないわけではない。普通，買主は隠された欠陥を考えなくてもよい。買主には，欠陥が明らかになるまでは，欠陥

を予期することも容易ではない。人目に付かない欠陥があると考える根拠が明らかになったときすぐに，買主はそれにより当該物品を遅滞なく検査しなければならない（*Heilmann*, Mängelgewährleistung im UN-Kaufrecht, 324, 325）。それゆえ，損害を惹起した想定可能な原因を観察するときに，当法廷の見解では，1993年4月26日に生じた全損の確定をもって，引き渡された製粉装置に欠陥があることについての根拠があると考えるだけの強い理由が存在したことになる。本件製粉装置の特殊な仕様をＹが知らなかったことについては争いがなく，しかも...の見解に基づき，現に主張されている結果を予見することができたという事情を考慮しても，損害結果を軽減するため，遅滞なく検査することが求められなければならない。

　それゆえ，本件訴訟の対象となっている製粉装置が1993年4月26日に壊れたことで同条約第39条第1項にいう検査期間およびクレーム申立期間が進行し始めたという点を前提とすると，Ｘの1993年6月14日付けクレーム書面は時機に遅れたものであり，Ｔ社は，契約違反の主張を援用する権利を失っていた。

　すでに詳論されたように，検査期間およびそれに続くクレーム申立期間があることをＴ社は認めなければならない。後に検査が行われたが，1993年4月26日に全損が確定した後に遅滞なくＴ社が鑑定を求めていたはずだということを前提とすると，長くても2週間以内には検査結果が通知されていたと考えられよう。その後クレーム申立のためにさらに1ヶ月もの余裕があった（連邦通常裁判所 IPRax 1996, 29; シュトゥットゥガルト上級地方裁判所 IPRax 1996, 139; *v. Caemmerer / Schlechtriem*, a.a.O., Art. 39 Rdnr.17)——この場合，このような期間の分類は大雑把になされなければならない——とすると，1993年6月14日付けの書面は時機に遅れていた。当法廷は，期間を前述のように算定すると，Ｘにとってはもちろん寛大に算定していることになるが，わずか数日しか超過していないということを誤認しているわけではない。しかし，こうした期間の経過の責任が自分にあることをＸは認めなければならない。同条約第39条第1項にいうクレーム申立期間の遵守は売主側の利益を正当に保護するものである。Ｘは，鑑定書の作成を依頼するまで，まるまる5月いっぱいを無駄に過ごしていたことになる。

　Ｘは通知の遅れを同条約第44条で弁明することはできない。同条約第40条を介入させる根拠は証明されていない。

　Ｔ社は契約違反の主張を援用する権利を失っていたので，Ｘは失った権利に基づいて行動することはできない。それゆえ，1993年6月14日付けのＴ社の書面が同条約第39条第1項所定の諸要件に内容上対応していたか否か，また，Ｙが申し立てているように，欠陥の表示が厳密に行われていなかったか否かという点の判断は差し置くことができる。本件製粉装置についてどのような品質が合意されていたか，そして，損害を生ぜしめた重要な狂いがあったか否かという問題...も重要ではない。..."

5 Xの控訴に対し，連邦通常裁判所判決は次のように述べてバンベルク上級地方裁判所判決を破棄し，本件を同裁判所に差し戻した。

"I 本件控訴裁判所が理由付けのために詳論したのは，以下の点である。
T社が，国連国際物品売買条約第38条第1項によりT社に負わされている検査義務を遵守しているか否かの判断は差し置くことができる。Xが主張する品質上の欠陥につき，まずもってミスが隠されていたことを前提とする場合でさえ，1993年4月7日にYが引き渡した製粉装置での1993年4月26日の全損発生と同時に，同条約第39条第1項による欠陥クレーム申立期間の進行が開始した。X（正しくはT社）は1993年4月26日に当該製粉装置で発生した全損を簡単に片付けようとせず，当該機械自体か，従業員により提供された労務かのいずれかによって欠陥を理由とする債務が生じた点を明らかにしようと試みていた。X自身は，この全損の原因として考えられるのは，労務の誤りか売買の目的物の契約違反かのいずれかであると説明する。しかし，自社の従業員による労務に誤りがあったとすれば，その原因の解明は難しくはないし，そうした労務の誤りはXの主張でも提出されていない。それだけにますます，引き渡された製粉装置の欠陥という疑いが強まっている。数日間使用しただけでさえ，Yが引き渡した製粉機械が壊れているときは，それゆえ，X（正しくはT社）がまずもって何を怠っていたかを検査する契機があることになる。欠陥が隠されているという点は個別具体的事案で積極的に目で見た後に初めて分かるのではなく，客観的認識が可能となってから適切な期間内にクレームが申し立てられるものである。それゆえ，考え得る損害原因を考察すれば，1993年4月26日の全損の確認をもって，供給された製粉装置に欠陥があるとする根拠がますます強まり，その結果，この時点に同条約第39条第1項による検査義務およびクレーム申立義務が進行し始めたこととなる。検査は後に実施されていたが，T社が1993年4月26日の全損確認後に遅滞なく鑑定を依頼していたはずだという点を前提とすれば，その結果が長くても2週間以内には伝えられたものと見込まれよう。クレームのためにさらに1ヶ月の期間がその後にあったとすれば，1993年6月14日付けクレーム書面は——たとえわずか数日だけだとしても——遅れていたことになる。
従って，T社は契約違反の主張を援用する権利を失っていたので，Xはそこから引き出される権利を行使できない。それゆえ，1993年6月14日付け書面が同条約第39条第1項所定の内容上の要件に叶っているか否か，製粉装置についてどのような性質が合意されていたか，損害にとって重要な逸脱があったか否か，これらの判断を差し置くことができる。
II バンベルク上級地方裁判所による以上の詳論は，しかしながら，審査に耐え得るものではない。
1 適切にも，そして両当事者も異議を唱えていないが，控訴裁判所はT社・Y

間で締結された1993年3月31日付けの売買契約に対して国連国際物品売買条約を適用している。この条約はドイツ連邦共和国については1991年1月1日に，スイスについては1993年3月1日に発効している。

2 控訴裁判所は以下に述べるのと反対の内容があるか否かを確認していないので，上告手続でも，Xが主張する当該製粉装置の欠陥が当初隠されていたものであり，この欠陥は，1993年4月7日の引渡時にも1993年4月13日の据付の際にも，また適法な検査が行われた使用中(同条約第38条第1項)にも発見できなかった点を前提とすることができる。その後，1993年4月26日に全損が生じたときに初めて，引き渡された製粉装置の契約違反が明らかになったが，それでも，同条約第38条第1項，第39条第1項による検査期間およびクレーム申立期間の開始をやはりこの時点では考えることができなかった。

a) その場合，上告趣意書が考えているような隠された欠陥が国連売買法によると個別具体的事案でその存在が知らされて初めてクレームを申し立てることができるものか否か，その結果，同条約第39条第1項にいう期間が当該欠陥が事実上(後になって遅れて)確認された時点に初めて開始するかどうか，控訴裁判所が前提とするように，隠された欠陥を客観的に認識できる点に期間の開始がかからしめられなければならないか否か，これらの判断は差し置かれている(「遅れて現れ，注意を引いた欠陥」については，*Schwenzer* in *v.Caemmerer / Schlechtriem,* CISG, 2.Aufl., Art.39 Rdnr.20; *Koller* in *Staub,* Großkommentar HGB, 4.Aufl., Vor § 373 Art.39 WKR Rdnr.674; *Honsell/Magnus,* Kommentar zum UN-Kaufrecht, 1997, Art.39 Rdnr.17; *Piltz,* Internationales Kaufrecht, 1993, § 5 Rdnr.64; *Heilmann,* Mängelgewährleistung im UN-Kaufrecht, 1994, S. 324f. 参照；さらに *Staudinger/Magnus,* CISG, 1994, Art.39 Rdnr.32 (これは，買主のこのような義務を信義誠実の原則から引き出している)をもみよ)。

b) たとえT社が1993年4月26日に発生した全損を放置せず，損害原因調査措置を講じなければならなかったとしても，これまでに確認された事実に基づけば，上告趣意書が正当に非難しているように，控訴裁判所は，T社の従業員による労務に誤りがあるとすればそれを「明らかにすることは難しくはない」という点を，その結果，引き渡された製粉装置に欠陥のあることが損害発生日にすでにT社の念頭になければならなかったという点を前提としてはならない。

aa) 1993年4月26日に全損が生じた原因として，従業員の労務に誤りがあったか供給された製粉装置に契約違反があったかのいずれかが考えられるというXの申立に対する反論はなく，この点は控訴裁判所によっても審議されている。これら2つの損害原因のどちらが原因として存在したかは，T社が遅れて開始した別の証拠手続で解明されよう。本件争訟でも，Yは，労務が不適切である点を援用していた。それは，製粉機械に用いられた複数の刃の間の間隔がごくわずかなもの(0.0...に近い間隔 (Quasi-Null-Null-Abstand))でしかなかったからである。その結果，誰にも気

付かれずに労務の誤りが密かに生じたとすると，どうすれば特別の出費なしにＴ社の従業員への質問だけでこの種の誤りを損害発生後すぐに排除できるのかという点が明らかになっていないことになる。

　bb）Ｔ社の労務に誤りがあったかもしれないことを企業内部で確認し，専門家の鑑定を求めずに短期間にえぐり出すことができるとしても，必要な措置——たとえば，専門家鑑定人を選任し，依頼するといった措置——をその後講じたり導入したりするか否かの判断には，Ｔ社にとって，少なくともほぼ１週間というある程度の時間を要することが認められなければならないし，これに続けて，控訴裁判所が考えている２週間という鑑定による検査期間ならびにその後の同条約第39条第１項による——通例は——１ヶ月というクレーム申立期間が考えられよう（BGHZ 129, 75, 85f. 参照）。このように考えるときは，Ｔ社がＹに宛てた1993年６月14日付けクレーム書面——全損発生後７週間のもの——は時機に遅れてはいない。

　3　1993年６月14日付けクレーム書面が同条約第39条第１項所定の内容に関する要件に対応していたか否かについて，控訴裁判所は法的観点からの判断を差し置いている可能性がある。同項によれば，買主はどのような「種類の契約違反があったかを厳密に」示さなければならず，同項を通して，売主は，必要な歩みを進めるために，契約違反に関するイメージをつかむことができよう。その場合，買主は少なくともクレームを申し立てた物品にどのような品質の逸脱があるかを示さなければならない。その際に求められているのは，機械および技術的器具がどのような状況にあるかの説明だけであって，根本的原因の記載ではない（*Schwenzer*, aaO Art. 39 Rdnr.6ff; *Staudinger / Magnus*, Art. 39 Rdnr. 21）。本件でＴ社が1993年６月14日付け書面でＹに通知していたのは，顧客の１人が本件争いの対象となっている製粉装置で製造された半製品の中に鉄くずを発見していたこと，このため当該半製品のウェットティッシュへのその後の加工過程でそこに鉄錆が生じていたこと，これらの点であった。それと同時に，Ｔ社は，1993年４月７日に引き渡された装置に欠陥があり，その結果，もしかするとこの装置により，契約に合致していないものが引き渡されたためにすでに発生したかまたは将来なお発生し得るすべての損害についてＹに責任が生じる可能性がある旨の推定を述べていた。以上から考えると，ここで異議を申し立てられている，本件供給物の契約違反がＴ社の当時の認識状況に対応して十分厳密に表現されており，その結果，Ｙは1993年６月14日付け書面から引渡対象物も，クレームを申し立てられた契約違反も，ともに十分に取り出すことができたことになる。

　4　控訴裁判所は——その立場の帰結として——クレームを申し立てられた契約違反の存在，Ｙの責任制限の可能性，主張されている損害の範囲，これらの確認を行っていなかった。それゆえ，これらの解明のため，本件を控訴裁判所に差し戻すこととする。"

III. 若干の整理

　以上の裁判例で言及されている諸点を国連国際物品売買条約の構成に即して，参照された条文ごとに整理しておこう。立法に対する評価が規定ごとに行われている現状を考慮したためである。

　1　総論(第1条～第9条)

　1　まず同条約の適用範囲についてである。第1条第1項は，本条約を「営業所が異なる国にある当事者間の物品売買契約につき，次の場合に適用する。(a)これらの国が，いずれも締約国である場合，または，(b)国際私法の準則が，ある締約国の法の適用を導く場合」と定める[10]。ドイツ企業・スイス企業間の2件([裁判例1]と[裁判例4])とオランダ企業・アメリカ企業間の[裁判例2]とは関係諸国がすべて締約国であるため，a号が適用されたものといえよう。a号の適用を明言するのは，[裁判例2]のツヴィッカウ地方裁判所プラウエン支部判決とドレスデン上級地方裁判所判決，[裁判例4]のバンベルク上級地方裁判所判決であり，[裁判例1]のダルムシュタット地方裁判所判決，[裁判例3]のハンブルク地方裁判所判決とハンザ同盟上級地方裁判所判決では同号への言及はない。もっとも，[裁判例4]のバイロイト地方裁判所判決と連邦通常裁判所判決ではa号への言及はないが，ドイツ，スイス両国が本条約の締約国であることが指摘されている。これに対し，ドイツ企業・ブラジル企業間の[裁判例3]ではブラジルが締約国ではないが，同条約が適用されている。ハンブルク地方裁判所判決にもハンザ同盟上級地方裁判所判決にも同条約の適用根拠に関する説明はない。推測すれば，当事者自治の原則を介して適用されるであろう，おそらくはドイツ法を根拠に，同条約が適用されたものとする構成がそこで採用されたものと推測される。また上記のa号に関する説明に加えて，オランダ企業・アメリカ企業間の契約準拠法がオランダ法であった場合を仮定してb号による本条約の適用に触れているのが[裁判例2]のドレスデン上級地方裁判所判決であ

る。この点はa号とb号とが選択的関係に立つ点を考慮したためであろう。むろんこの言及は同裁判所における慎重さの現れといえるかもしれないが、およそ無用の説明といわなければならない。けだし、オランダ法が準拠法として合意されている点の確認が行われていない以上、b号適用の前提が欠けているからである。

2 　第3条第1項は「物品を製造しまたは生産して供給する契約は、売買として扱う。ただし、その物品を注文した当事者が、その製造や生産に必要な材料の重要な部分の供給を引き受けている場合は、この限りではない」と定める[11]。化学品の提供が同項に含まれると解釈したのが[裁判例2]のツヴィッカウ地方裁判所プラウエン支部判決である。

3 　第6条は「当事者は、この条約の適用を排斥することができ、また第12条に服することを条件として、この条約のいずれの規定についてもその効果を排除しまたは変更できる」と定める[12]。同条による排除が行われていないという解釈を示したのが[裁判例2]のドレスデン上級地方裁判所判決である。この判決ではドイツ法の推定的解釈が行われていないという判断を根拠付けるにあたり、国連国際物品売買条約以外の法源の解釈に関わるドイツの先例[13]に依拠することの是非自体、1つの追加的論点とされるかもしれない。

4 　第7条第2項は「この条約により規律される事項で、条約中に解決方法が明示されていない問題については、この条約の基礎にある一般原則に従い、またかかる原則がない場合には、国際私法の準則により適用される法に従って解決されるべきものとする」と定める[14]。本条約から生じる請求権相互間での相殺を認めるにあたり、ドイツの文献を引用しつつ、相殺を同項にいう一般原理に含まれると解釈したのが[裁判例3]のハンザ同盟上級地方裁判所判決である。

5 　第8条は第2項で「前項が適用されない場合には、当事者の陳述その他の行為は、相手方と同じ部類に属する合理的な者が同じ状況の下でしたであろう理解に従って解釈されるべきものとする」と定める[15]。[裁判例2]のツヴィッカウ地方裁判所プラウエン支部判決は同項を後述の第14条第1項の解釈に際して適用していた。この第2項と「当事者の意図または合理的な者がしたであろう

理解を決定するにあたっては，交渉経過，当事者が当事者間で確立させている慣行，慣習および当事者の事後の行為を含め関連する一切の状況が適切に考慮されるべきものとする」と定める同条第3項を援用するのが同じく[裁判例2]のドレスデン上級地方裁判所判決である。

6 第9条は「(1)当事者は，合意している慣習および当事者間で確立させている慣行に拘束される。(2)別段の合意がない限り，当事者は，暗黙のうちに，両当事者が知りまたは当然知るべきであった慣習で，国際貿易において関連する特定の取引分野で同じ種類の契約をする者に広く知られ，かつ，通常一般に遵守されているものを，当事者間の契約またはその成立に適用することにしたものとして扱う」と定める[16]。オランダ企業・アメリカ企業間で以前に1度だけ行われた物品による反対給付での弁済を同条にいう当事者間で確立された慣行にあたらないと解釈したのが[裁判例2]のツヴィッカウ地方裁判所プラウエン支部判決である。

2　契約の成立(第14条〜第18条)

1 第14条第1項は「一または複数の特定の者に向けられた契約締結の申し入れは，それが十分明確であり，かつ，承諾があった場合には拘束されるとの申込者の意思が示されているときは，申込となる。申し入れは，物品を示し，かつ，明示または黙示に数量および代金を定めまたはその決定方法を規定している場合には，十分明確なものとする」と定める[17]。価格と仕様書の公表依頼が同項の意味での申込にあたると解釈したのが[裁判例2]のツヴィッカウ地方裁判所プラウエン支部判決である。

2 第18条第1項は「申込に同意する旨を示す被申込者の陳述その他の行為は，承諾とする。沈黙または反応のないことは，それだけでは承諾とみなされることはない」と定める[18]。この規定を適用し，承諾が行われていないという解釈を示したのが[裁判例2]のツヴィッカウ地方裁判所プラウエン支部判決である。

3 物品売買（総則・売主の義務）（第 25 条～第 52 条）

1 第25条は「当事者の一方による契約違反は，その契約の下で相手方が期待するのが当然であったものを実質的に奪うような不都合な結果をもたらす場合には，重大なものとする。ただし，違反をした当事者がかような結果を予見せず，かつ，同じ状況の下でその者と同じ部類に属する合理的な者もかかる結果を予見しなかったであろう場合を除く」と定める[19]。［裁判例3］のハンザ同盟上級地方裁判所判決は，供給された物品が合意された品質に対応していなかったことから，この規定の意味での契約違反があったことを認めた。

2 第35条第1項は「売主は，契約で定められた数量，品質および記述に適合し，かつ，契約で定める方法に従って容器に収められまたは包装された物品を引き渡さなければならない」と定める[20]。［裁判例3］のハンザ同盟上級地方裁判所判決は，第25条に関する上記**1**と同様に，供給された物品が合意された品質に対応していなかったことから，この規定の意味での契約違反があったことを認めた。

3 第38条は「(1) 買主は，その状況に応じ実際上可能な限り短い期間のうちに，物品を検査しまたはその検査をさせなければならない。(2) 契約が物品の運送を予定する場合には，検査は，物品が仕向地に到達した後まで延期し得る。(3) 買主が，検査のための合理的な機会を有しないまま運送中の物品の仕向地を変更しまたは物品を転送した場合であって，売主が，契約締結時において，かかる変更または転送の可能性を知りまたは知るべきであったときは，検査は，物品が新たな仕向地に到達した後まで延期し得る」と定める[21]。この規定の適用例とされるのが，［裁判例1］のダルムシュタット地方裁判所判決である。しかし，同判決ではこの規定への明示の言及はない。それでも，次に掲げる第39条所定の契約不適合の通知に関する規定への明示的な言及があるところから，この判決でも，第38条が適用されたものと十分に推定することができよう。けだし，第39条が定める検査結果の通知の論理的前提として，第38条所定の検査が行われていなければならないはずだからである。同条への言及がな

いことは同条の適用上格別の解釈問題がなかったと判断されたためかもしれない。これに対して，第38条所定の検査が行われていたという解釈を示しているのが[裁判例4]のバイロイト地方裁判所判決である。[裁判例4]のバンベルク上級地方裁判所判決も第38条の適用に触れていないが，これについても，前述の[裁判例1]のダルムシュタット地方裁判所判決について推測したところが再言されよう。[裁判例4]の連邦通常裁判所判決では同条にいう検査義務が遵守されていたか否かの判断が差し置かれているという指摘がなされている。

4　第39条第1項は「買主が，物品の不適合を発見しまたは発見すべきであった時から合理的期間内に，売主に対し不適合の性質を明確にした通知を与えない場合には，買主は物品の不適合に基づいて援用し得る権利を失う」と定める[22]。[裁判例1]のダルムシュタット地方裁判所判決はこの規定に言及し，スイス企業の抗弁を排除する。[裁判例3]のハンブルク地方裁判所判決はドイツ企業が同項所定の期間内に通知を行っていたと認定した。同項所定の期間の要件を充足していないと解釈したのが[裁判例4]のバイロイト地方裁判所判決である。そこでは，この期間の始期を全損発生時とする解釈が行われている。[裁判例4]のバイロイト地方裁判所判決およびバンベルク上級地方裁判所判決は，このように，ともに同項にいう「合理的期間」が経過していたという解釈を示していた。これに対して，「合理的期間」はまだ経過していなかったという解釈を示したのが同じ[裁判例4]の連邦通常裁判所判決である。これら2つの評価の相違をもたらすのは当該期間の始期および期間の長さについての解釈が異なるからである。前者は製粉装置の全損が発生した1993年4月26日を始期と解し，全損発生から7週間後の1993年6月14日付けクレーム書面を遅れたものとみる。後者は，検査のための鑑定人の選任と依頼に1週間，鑑定書の入手に2週間，クレーム申立の熟慮期間に1ヶ月[23]という配分を掲げ，7週間は合理的期間内だとする。

5　第40条は「物品の不適合が，売主の知っていた事実または知らないはずはあり得なかった事実で，かつ，売主がそのことを買主に対して明らかにしなかった事実に関連するときは，売主は，第38条および第39条の規定を援用す

ることはできない」と定める[24]。同条の要件解釈にあたり，この規定を介入させるための根拠が証明されていないと述べたのは[裁判例4]のバンベルク上級地方裁判所判決である。

6 第44条は「第39条第1項および第43条第1項の規定に拘らず，買主は，定められた通知を行わなかったことにつき合理的説明を与え得るときは，第50条に基づき代金を減額し，または，得べかりし利益の喪失を除き，損害の賠償を請求することができる」と定める[25]。この規定の適用を否定したのが[裁判例4]のバンベルク上級地方裁判所判決である。

7 第45条第1項は「売主が契約またはこの条約に定められた義務のいずれかを履行しない場合には，買主は次の救済を求めることができる。(a) 第46条から第52条までに規定された権利を行使すること。(b) 第74条から第77条までの規定に従い損害賠償を請求すること」と定める[26]。同項をアメリカ企業の主張として援用するのが[裁判例2]のツヴィッカウ地方裁判所プラウエン支部判決である。同項に基づく請求権をドイツ企業に認めたのが[裁判例3]のハンブルク地方裁判所判決とハンザ同盟上級地方裁判所判決である。[裁判例4]のバイロイト地方裁判所判決は同項にいう損害賠償請求権の成立を否定した。

8 第49条第1項は「買主は，次のいずれかの場合には，契約の解除を宣言することができる。(a) 契約またはこの条約に基づく売主の義務のいずれかの不履行が，重大な契約違反となる場合。(b) ...」と定める[27]。[裁判例3]のハンブルク地方裁判所判決とハンザ同盟上級地方裁判所判決はともにドイツ企業による契約の解除が有効に行われたと判断する。同条第2項は「しかしながら，売主が物品をすでに引き渡している場合においては，次に掲げる時期に契約の解除を宣言しない限り，買主は解除を宣言する権利を失う。(a) 遅延した引渡については，買主が引渡のなされたことを知った時点以後の合理的期間内」と定める。[裁判例3]のハンブルク地方裁判所判決とハンザ同盟上級地方裁判所判決はともに上記の解約が同項(a)号所定の期間内になされたものと認定していた。

4 物品売買(買主の義務)(第53条～第64条)

1 第53条は「買主は,契約およびこの条約の定めるところに従い,物品の代金を支払い,かつ,物品の引渡を受領しなければならない」と定める[28]。オランダ企業による請求権の根拠を同条に求めたのが[裁判例2]のドレスデン上級地方裁判所判決である。

2 第54条は「買主の代金支払義務には,契約または関連する法令の定めるところに従って,支払を可能にするための措置をとることおよびそれに必要な手続を遵守することを含む」と定める[29]。オランダ企業による請求権の根拠を同条に求めたのが[裁判例2]のドレスデン上級地方裁判所判決である。

3 第55条は「契約が有効に締結されているが,明示または黙示により代金を定めていないかまたはその決定方法を規定していないときは,当事者は,別段の事情がない限り,契約締結時にその取引と対比し得る状況の下で売却されていた同種の物品につき一般的に請求されていた代金に暗黙の言及をしているものとして扱う」と定める[30]。[裁判例1]のダルムシュタット地方裁判所はこの規定に言及するが,そこでの状況は明確には述べられていない。

4 第57条第1項は「代金を他の特定の場所で支払うことを要しない場合には,買主はそれを次の場所で売主に支払わなければならない。(a)売主の営業所...」と定める[31]。[裁判例1]のダルムシュタット地方裁判所判決は同裁判所の国際的裁判管轄権および土地管轄の決定上,ヨーロッパ管轄執行協定第5条第1号所定の「履行地」の解釈に際して本条約第57条に依拠している。

5 第64条は「(1)売主は次のいずれかの場合には契約の解除を宣言することができる。(a)契約またはこの条約に基づく買主の義務のいずれかの不履行が重大な契約違反となる場合,(b)第63条第1項に基づき売主が定めた付加期間内に,買主が代金支払義務もしくは物品の引渡受領義務の履行を怠る場合,または買主がその期間内にその義務を履行しない旨を宣言した場合。(2)しかしながら,買主が代金をすでに支払っている場合においては,次に掲げる時期に契約の解除を宣言しない限り,売主は解除を宣言する権利を失う。(a)買主

による遅延した履行については，売主が履行のなされたことを知る前，(b) 遅延した履行以外の買主による違反については，次に掲げるいずれかの時点以後の合理的期間内，(i) 売主がその違反を知りまたは知るべきであったとき，(ii) 第63条第1項に基づき売主が定めた付加期間が経過したとき，または買主がその付加期間内に義務の履行をしない旨を宣言したとき」と定める[32]。この規定を根拠とする損害賠償請求権の主張を排除したのが[裁判例2]のドレスデン上級地方裁判所判決である。

5　物品売買(売主および買主の義務に共通する規定)(第71条～第88条)

1　第71条第1項は「契約締結後に，次に掲げるいずれかの事由により，相手方がその義務の重要な部分を履行しないであろうことが判明した場合には，当事者は自己の義務の履行を停止することができる。(a) 相手方の履行能力またはその信用状態の著しい劣悪。(b) 契約履行の準備またはその実行における相手方の行動」と定める[33]。この規定を根拠とする損害賠償請求権の主張を排除したのが[裁判例2]のドレスデン上級地方裁判所判決である。

2　第74条第1文は「一方の当事者の契約違反に対する損害賠償は，得べかりし利益の喪失も含め，その違反の結果相手方が被った損失に等しい額とする。この損害賠償は，違反をした当事者が契約締結時に知りまたは知るべきであった事実および事項に照らし，契約違反から生じ得る結果として契約締結時に予見しまたは予見すべきであった損失を超え得ないものとする」と定める[34]。この規定は[裁判例3]のハンブルク地方裁判所判決とハンザ同盟上級地方裁判所判決，そして，[裁判例4]のバイロイト地方裁判所判決でも適用されている。

3　第76条は「(1) 契約が解除された場合において物品に時価があるときで，損害賠償を請求する当事者が第75条の下での購入または他への売却を行っていないときは，その当事者は契約で定められた代金と解除時における時価との差額およびさらにそれ以上の損害があるときは第74条に基づく損害賠償を請求することができる。ただし，損害賠償を請求する当事者が物品を引き取った後に

契約を解除したときは，解除時における時価に代えて物品を引き取ったときにおける時価を適用するものとする。(2) 前項の適用上，時価とは，物品の引渡がなされるべきであった場所における支配的な価格とする。ただし，その場所に時価がない場合には，合理的に代置して参考とし得る他の場所における価格を時価とし，その際は物品の運送費用の差を適切に加味するものとする」と定める[35]。この規定を根拠にドイツ企業に差額を認めたのが[裁判例3]のハンザ同盟上級地方裁判所判決である。

4 第77条は「契約違反を主張しようとする当事者は，得べかりし利益の喪失も含め，違反から生じる損失を軽減するためその状況下で合理的な措置をとらなければならない。当事者がかかる措置をとることを怠った場合には，違反をしている相手方は，損害賠償から，軽減されるべきであった損失額の減額を請求できるものとする」と定める[36]。この軽減義務違反を認定したのが[裁判例1]のダルムシュタット地方裁判所判決である。

5 第78条は「当事者が延滞している代金その他の金銭の支払を怠る場合には，相手方は，その金銭への利息の支払いを受ける権利がある。ただし，このことは第74条に基づく損害賠償の請求を妨げるものではない」と定める[37]。この規定に従い利息請求権を認めたのが[裁判例1]のダルムシュタット地方裁判所判決と[裁判例2]のドレスデン上級地方裁判所判決である。

6 第81条第1項第1文は「契約の解除は，損害賠償義務を除き，両当事者を契約上の義務から解放する」と定める[38]。[裁判例3]のハンブルク地方裁判所判決もハンザ同盟上級地方裁判所判決もともにこの規定を適用し，ブラジル企業が売買代金支払請求権を喪失したと認定した。

7 第88条第3項は「物品を売却した当事者は，売却代金から物品の保存およびその売却に要した合理的な費用に等しい額を留め置く権利を有する。その残額は，相手方のものとして計算しなければならない」と定める[39]。[裁判例3]のハンブルク地方裁判所判決とハンザ同盟上級地方裁判所判決はともに同項第2文によりブラジル企業に請求権が帰属することを認めた。

第13章　ドイツ裁判所による国連国際物品売買条約の解釈　483

IV. 結びに代えて

1 国連国際物品売買条約の適用に関わる4件（下級審を入れれば8件）のドイツ判例についてなされた以上の紹介と整理は，あくまでもここでの共通論題である「国際連合の紛争解決機能とその限界」について国際私法の視点から検討する際の基礎資料を入手するために，行われたものである。検討素材としてなお多くの裁判例[40]が残されているところから，包括的な評価はすべて今後の課題とされなければならない。

それでも，上記の紹介から部分的に明らかになる諸点への言及は今後行われる検討の手がかりを得る意味でも許されよう。その1つは，これらの裁判例では，条約の適用対象を成す法的事実がごく概括的にしか示されていないため，関連規定の文言の内容としてどのような事実があったかを具体的に確定することが必ずしも容易ではないという点である。国連国際物品売買条約もまた，裁判規範であると同時に行為規範としての機能を持つことが期待されているとすれば，同条約の適用対象となる国際取引に従事する者にとってどのような事実的行為が同条約の適用上どのように評価され，各規定に表現された法律概念に包摂されるのかという点はぜひとも知りたいところであろう。むしろ，この点が具体的に示されるのでなければ，この条約についても予見可能性の確保を期待することはできず，ひいては法的安定性も阻害されることとなろう。第2に挙げられるのは，裁判所が種々の判断に際してどのような基準に依拠していたかがほとんどといってよいほど示されていない点である。周知のように，法治社会では法が相互に対立する利害関係の調整基準とされている。その意味は，当該基準の「基準としての客観性」が関係者間で一致して承認される外部的基準（「比較の第三項 (tertium comparationis)」）により根拠付けられているという点にある[41]。このことは国連国際物品売買条約の解釈にあたっても十分に考慮されなければならない点であろう。関連条文に言及するだけでなく，個々の文言の解釈基準を言葉で説明する責任は，国内法の解釈が行われる場合と同様，条約法の解釈にあっても，司法に携わる者に等しく不可欠の責務といわなければな

らない[42]。

　2　改めて指摘されるまでもなく，国際法にあっては，条約の解釈に関するヴィーン条約が統一法解釈の際の原則と考えられている。このことはここで素材とされた国連国際物品売買条約の解釈にあたってもむろん考慮されなければならない点であろう。しかるに，国際私法においては，先に触れた[43]ように，この条約の解釈が加盟国ごとに分裂する余地も否定されていない。ヨーロッパ連合のように加盟国間での解釈を統一する裁判機関を欠く現状で，国連国際物品売買条約になお統一立法の意義を見出そうとすれば，加盟諸国の裁判所間でこの条約の解釈についての相互調整がなお必要となろう。関係諸国の実務家を中心とした条約解釈の統一に関する国際的な意見交換の場の設定や，関係諸国の法廷における裁判官の相互派遣(相互受入)の実践等，具体的な調整方法に関してもなお検討されるべき課題は少なくない。先行するドイツの裁判例のほか，その他の加盟諸国における裁判例を含めて，この条約の解釈に関わる実務の動きがより詳細に解明されるならば，国連国際物品売買条約の紛争解決機能にどのような限界があるか，その限界を克服する上でどのような選択肢があり得るかを考える契機が得られ，ひいては，ここでの共通主題たる「国際連合の紛争解決機能とその限界」についての新たな提言も可能となろう。

注

*)　ジャン・フランソワ・リオタール「係争における分別」（リオタール他著(宇田川博訳)『どのように判断するか』（国文社，1990 年)) 319 頁以下，337 頁。
1)　この条約のわが国での表記は一定していない。ここで便宜上使用した国連国際物品売買条約のほか，国際動産売買契約に関する国連条約，国際統一売買法，ヴィーン条約等の表現がみられるからである。この条約については内外諸国に数多くの文献がある。立法過程に言及したものを含めれば，参照されるべき文献は少なくない。最近の 4 年間に公表された外国語の単行本に限っても，*Schlechtriem* (Hrsg.), Kommentar zum Einheitlichen UN-Kaufrecht, München 2000; *Achilles*, Kommentar zum UN-Kaufrchtsübereinkommen (CISG), Berlin 2000; *Kwatra*, Case Law on UNCITRAL Convention on Contracts for the International Sale of Goods, New Delhi 2000; *Honnold*, Uniform Law for International Sales, 3. Aufl., Den Haag/Cambridge (Mass.) 1999;

Schlechtriem, Commentary on the UN Convention on the International Sale of Goods (CISG), Oxford 1998; *Corvaglia*, Das einheitliche UN-Kaufrecht-CISG, Bern 1998; *Honsell* (Hrsg.), Kommentar zum UN-Kaufrecht, Berlin/Heidelberg 1997; *Barfuss/Dutoit/Forkel/Immenga/Majoros* (Hrsg.), Emptio-venditio inter nationes, Festschrift für Karl Heinz Neumayer, Basel 1997 等がある。わが国の文献として甲斐道太郎・石田喜久夫・田中英司共編『注釈 国際統一売買法Ⅰ ウィーン売買条約』（法律文化社，2000 年），曽野和明・山手正史共著『国際売買法』（現代法律学全集60）（青林書院，1993 年）があるが，その他の文献についてはさしあたり甲斐・石田・田中共編・前掲書の「凡例」iv 頁以下他参照。またこの主題に関するインターネットのサイトとして，<http://untreaty.un.org/>，http://cisgw3.law.pace.edv/，http://www.jura.uni-freiburg.de/ipr1/cisg，http://www.lawschool.cornell.edv//lawlibrary/salestoc.html，<http://www.uncitral.org/en-index.htm> 等がある。

2) *Happ, Richard*, Anwendbarkeit völkerrechtlicher Auslegungsmethoden auf das UN-Kaufrecht, RIW 1997, 376.

3) 同項は「この条約の解釈にあたっては，その国際的性格並びに適用における統一及び国際貿易における信義の遵守を促進する必要性が顧慮されるべきものとする」旨，規定する（曽野・山手共著・前掲書（前注1））[資料編] 9 頁。なお，甲斐・石田・田中共編・前掲書（前注1））60 頁ではここでの引用部分との間に表現上若干の相違があるものの，実質的な差異は見出されない）。

4) たとえば，「学説では国連国際物品売買条約を各国が独自に解釈することへの賛成がみられる。その場合，諸概念が各国独自に解釈されるだけでなく，その解釈方法も条約自体から引き出されている。その結果，条約上の諸規定についてその文言と体系的位置に基づいて提案されているのはあくまでも１つの解釈でしかない。その目的に依拠し，本条約の締結に関する諸資料に遡ることにも疑義が出されている。」（*Happ*, a.a.O.（前注2）), 377.）との指摘もみられている。

5) この国連国際物品売買条約は，2001 年 10 月 30 日現在で，ドイツ語によるアルファベット順に列挙される下記の 58 カ国により批准され，発効している（国名の次のかっこ内は批准年月日および施行年月日である）。エジプト（1982 年 12 月 6 日，1988 年 1 月 1 日），アルゼンティン（1983 年 7 月 19 日，1988 年 1 月 1 日），オーストラリア（1988 年 3 月 17 日，1989 年 4 月 1 日），ベラルーシ（1989 年 10 月 9 日，1990 年 11 月 1 日），ベルギー（1996 年 10 月 31 日，1997 年 11 月 1 日），ボスニア・ヘルツェゴビナ（1994 年 1 月 12 日，1992 年 3 月 6 日），ブルガリア（1990 年 7 月 9 日，1991 年 8 月 1 日），ブルンジ（1998 年 9 月 4 日，1999 年 10 月 1 日），チリ（1990 年 2 月 7 日，1991 年 3 月 1 日），中国（1986 年 12 月 11 日，1988

年 1 月 1 日), デンマーク (1989 年 2 月 14 日, 1990 年 3 月 1 日), ドイツ (1989 年 12 月 21 日, 1991 年 1 月 1 日), エクアドル (1992 年 1 月 27 日, 1993 年 2 月 1 日), エストニア (1993 年 9 月 20 日, 1994 年 10 月 1 日), フィンランド (1987 年 12 月 15 日, 1989 年 1 月 1 日), フランス (1982 年 8 月 6 日, 1988 年 1 月 1 日), グルジア (1994 年 8 月 16 日, 1995 年 9 月 1 日), ギリシャ (1998 年 1 月 12 日, 1999 年 2 月 1 日), ギニア (1991 年 1 月 23 日, 1992 年 2 月 1 日), イラク (1990 年 3 月 5 日, 1991 年 4 月 1 日), アイスランド (2001 年 5 月 10 日, 2002 年 6 月 1 日), イタリア (1986 年 12 月 11 日, 1988 年 1 月 1 日), ユーゴスラヴィア (2001 年 3 月 12 日, 1992 年 4 月 27 日), カナダ (1991 年 4 月 23 日, 1992 年 5 月 1 日), キルギスタン (1999 年 5 月 1 日, 2000 年 6 月 1 日), コロンビア (2001 年 7 月 10 日, 2002 年 8 月 1 日), クロアチア (1998 年 6 月 8 日, 1991 年 10 月 8 日), キューバ (1994 年 11 月 2 日, 1995 年 12 月 1 日), レソト (1981 年 6 月 18 日, 1988 年 1 月 1 日), ラトビア (1997 年 7 月 31 日, 1998 年 8 月 1 日), リトアニア (1995 年 1 月 18 日, 1996 年 2 月 1 日), ルクセンブルク (1997 年 1 月 30 日, 1998 年 2 月 1 日), モーリタニア (1999 年 8 月 20 日, 2000 年 9 月 1 日), メキシコ (1987 年 12 月 29 日, 1989 年 1 月 1 日), モルドバ (1994 年 10 月 13 日, 1995 年 11 月 1 日), モンゴル (1997 年 12 月 31 日, 1999 年 1 月 1 日), ニュージーランド (1994 年 9 月 22 日, 1995 年 10 月 1 日), オランダ (1990 年 12 月 13 日, 1992 年 1 月 1 日), ノルウェー (1988 年 7 月 20 日, 1989 年 8 月 1 日), オーストリア (1987 年 12 月 29 日, 1989 年 1 月 1 日), ペルー (1999 年 3 月 25 日, 2000 年 4 月 1 日), ポーランド (1995 年 5 月 19 日, 1996 年 7 月 1 日), ルーマニア (1991 年 5 月 22 日, 1992 年 6 月 1 日), ロシア (1990 年 8 月 16 日, 1991 年 9 月 1 日), ザンビア (1986 年 6 月 6 日, 1988 年 1 月 1 日), セントヴィンセントおよびグレナディーン諸島 (2000 年 9 月 12 日, 2001 年 10 月 1 日), スウェーデン (1987 年 12 月 15 日, 1989 年 1 月 1 日), スイス (1990 年 2 月 21 日, 1991 年 3 月 1 日), シンガポール (1995 年 2 月 16 日, 1996 年 3 月 1 日), スロヴァキア (1993 年 5 月 28 日, 1993 年 1 月 1 日), スロベニア (1994 年 1 月 7 日, 1991 年 6 月 25 日), スペイン (1990 年 7 月 24 日, 1991 年 8 月 1 日), シリア (1982 年 10 月 19 日, 1988 年 1 月 1 日), チェコ (1993 年 9 月 30 日, 1993 年 1 月 1 日), ウガンダ (1992 年 2 月 12 日, 1993 年 3 月 1 日), ウクライナ (1990 年 1 月 3 日, 1991 年 2 月 1 日), ハンガリー (1983 年 6 月 16 日, 1988 年 1 月 1 日), ウルグアイ (1999 年 1 月 25 日, 2000 年 2 月 1 日), ウズベキスタン (1996 年 11 月 27 日, 1997 年 12 月 1 日), アメリカ合衆国 (1986 年 12 月 11 日, 1988 年 1 月 1 日)。上記のうち, 批准年月日が施行年月日よりも後のものは国家相続等の年月日を示す。

第 13 章　ドイツ裁判所による国連国際物品売買条約の解釈　487

6) CLOUT (= Case Law on UNCITRAL Text) Nr. 343.
7) TranspR-IHR 2000, 20–22.
8) OLGR Hamburg 2000, 155–157; CLOUT Nr. 348.
9) WM 2000, 481–483; ZIP 2000, 234–236; MDR 2000, 258; EwiR 2000, 125; TransR-IHR 2000, 1–3; CLOUT Nr. 319. なお，この連邦通常裁判所判決についてはシュレヒトリーム教授の簡潔な評釈がある（*Schlechtriem*, Kurzkommentar, EwiR Art. 39 CISG 1/2001, 125）。
10) この点については，曽野・山手共著・前掲書（前注 3））29 頁 [10] 以下，とくに a 号については 32 頁 [113]，b 号については 32 頁 [14]，甲斐・石田・田中共編・前掲書（前注 3））22 頁以下，とくに a 号については 25 頁以下，b 号については 27 頁以下他参照。
11) この点については，曽野・山手共著・前掲書（前注 3））51 頁 [26] 以下，甲斐・石田・田中共編・前掲書（前注 3））36 頁以下，とくに製作物供給については 38 頁以下他参照。
12) この点については，曽野・山手共著・前掲書（前注 3））82 頁 [42] 以下，甲斐・石田・田中共編・前掲書（前注 3））54 頁以下，とくに黙示的排除については 57 頁以下他参照。
13) 参照された先例は，連邦通常裁判所（NJW 1999, 950――本件では，民法典施行法第 27 条，第 31 条により，ドイツ法が保険契約の準拠法とされた）および連邦通常裁判所（RIW 1995, 410――本件では，ヨーロッパ裁判管轄執行協定第 5 条による合意管轄の有無が争われた））である。
14) この点については，曽野・山手共著・前掲書（前注 3））75 頁 [38] 以下，とくに一般原則については 78 頁 [40]，甲斐・石田・田中共編・前掲書（前注 3））60 頁以下，とくに一般原則については 69 頁以下他参照。
15) この点については，曽野・山手共著・前掲書（前注 3））80 頁 [41] 以下，甲斐・石田・田中共編・前掲書（前注 3））71 頁以下，とくに客観的意思の解釈については 76 頁以下他参照。
16) この点については，曽野・山手共著・前掲書（前注 3））82 頁 [42] 以下，甲斐・石田・田中共編・前掲書（前注 3））80 頁以下，とくに当事者間で確立された慣行については 84 頁他参照。
17) この点については，曽野・山手共著・前掲書（前注 3））99 頁 [48] 以下，甲斐・石田・田中共編・前掲書（前注 3））104 頁以下，とくに申込の概念については 105 頁以下他参照。
18) この点については，曽野・山手共著・前掲書（前注 3））114 頁 [58] 以下，甲斐・

石田・田中共編・前掲書(前注 3)) 130 頁以下，とくに承諾の概念については 134 頁以下他参照。

19) この点については，曽野・山手共著・前掲書(前注 3)) 170 頁 [95] 以下，甲斐・石田・田中共編・前掲書(前注 3)) 186 頁以下，とくに契約違反については 189 頁以下他参照。

20) この点については，曽野・山手共著・前掲書(前注 3)) 138 頁 [73] 以下，とくに品質の適合については 139 頁 [74]，甲斐・石田・田中共編・前掲書(前注 3)) 270 頁以下，とくに契約適合性の要件については 273 頁以下他参照。

21) この点については，曽野・山手共著・前掲書(前注 3)) 147 頁 [82] 以下，甲斐・石田・田中共編・前掲書(前注 3)) 291 頁以下，とくに検査内容については 294 頁，検査期間については 296 頁以下他参照。

22) この点については，曽野・山手共著・前掲書(前注 3)) 149 頁 [83] 以下，とくに通知期間については 152 頁 [84]，甲斐・石田・田中共編・前掲書(前注 3)) 300 頁以下，とくに通知期間については 303 頁以下他参照。

23) 連邦通常裁判所がクレーム申立期間を「通例 (regelmäßig)」1 ヶ月というように定式化して述べている点に疑義を呈するのがシュレヒトリーム教授の場合である (*Schlechtriem*, a.a..O. (前注 9)), 126. そこでは，売買の目的物，事業分野等諸般の事情を考慮してクレーム申立期間を変える可能性が指摘され，2 件の先例――ザールブリュッケン上級地方裁判所判決 (NJW-RR 1999, 780) では，花屋の場合「当日」がクレーム申立期間とされ，デュッセルドルフ上級地方裁判所判決 (Iprax 1993, 413) では，「7 日後では個々のクレーム申立期間として遅すぎるとされている――にも言及されている)。

24) この点については，曽野・山手共著・前掲書(前注 3)) 146 頁 [81] 以下，甲斐・石田・田中共編・前掲書(前注 3)) 307 頁以下，とくに同条の要件については 308 頁以下他参照。

25) この点については，曽野・山手共著・前掲書(前注 3)) 149 頁 [83] 以下，甲斐・石田・田中共編・前掲書(前注 3)) 327 頁以下，とくに同条の要件については 329 頁他参照。

26) この点については，曽野・山手共著・前掲書(前注 3)) 157 頁 [87] 以下，甲斐・石田・田中共編・前掲書(前注 3)) 332 頁以下，とくに同条の要件については 334 頁以下他参照。

27) この点については，曽野・山手共著・前掲書(前注 3)) 165 頁 [93] 以下，甲斐・石田・田中共編・前掲書(前注 3)) 381 頁以下，とくに第 1 項については 386 頁以下，第 2 項については 396 頁以下他参照。

28) この点については，曽野・山手共著・前掲書(前注3)) 182 頁 [103] 以下他参照。
29) この点については，曽野・山手共著・前掲書(前注3)) 182 頁 [104] 以下他参照。
30) この点については，曽野・山手共著・前掲書(前注3)) 102 頁 [49] 以下および 183 頁 [105] 以下他参照。
31) この点については，曽野・山手共著・前掲書(前注3)) 185 頁 [106] 以下他参照。
32) この点については，曽野・山手共著・前掲書(前注3)) 192 頁 [112] 以下他参照。
33) この点については，曽野・山手共著・前掲書(前注3)) 215 頁 [124] 以下他参照。
34) この点については，曽野・山手共著・前掲書(前注3)) 235 頁 [138] 以下他参照。
35) この点については，曽野・山手共著・前掲書(前注3)) 241 頁 [144] 以下他参照。
36) この点については，曽野・山手共著・前掲書(前注3)) 247 頁 [148] 以下他参照。
37) この点については，曽野・山手共著・前掲書(前注3)) 256 頁 [151] 以下他参照。
38) この点については，曽野・山手共著・前掲書(前注3)) 281 頁 [161] 以下他参照。
39) この点については，曽野・山手共著・前掲書(前注3)) 286 頁 [164] 以下他参照。
40) http://www.jura.uni-freiburg.de/cgi-bin/perl/public/urtglobal2.y. そこでは，時間的制約を受けつつも，この主題に関する裁判例の網羅的なリストが公表されている。
41) この点については，比較法学における「比較」概念の理解の仕方に関連してしばしば言及する機会があった。山内「比較法学における『比較』の概念について」(日本比較法研究所編『Toward Comparative Law in the 21st Century』(日本比較法研究所創立 50 周年記念論文集) (中央大学出版部，1998 年) 1553 頁以下)，同「比較法学における優劣の判断基準について」(比較法雑誌 34 巻 3 号(2000 年) 1 頁以下) および同「比較法学における異同の確認基準について」(法学新報 107 巻 9・10 合併号(2001 年) 1 頁以下)。
42) 「判断は根拠づけられている...この言葉は，判断は判断以外のもの(前-述語的な経験，前-措定的な除覆としてのアレーティアなど)において根拠づけられているという意味に解されなければならない。...判断はそれ自身においては根拠づけられておらず...固有の基準を持たない...。」(ジャック・デリダ「先入見——法の前に——」(リオタール他著(宇田川博訳)・前掲書(前注*)) 141 頁以下，160 頁参照)。
43) この点については，前注4) 参照。

第 14 章

ICSID 仲裁判断の規準

―― 特に「国際法」の意義を中心に ――

多 喜　　寛

I. はじめに

　1965 年 3 月 18 日にワシントンで作成された投資紛争解決条約は，国家と外国私人との間の投資紛争を対象として，その解決のために ICSID（投資紛争解決国際センター）を創設し，そして同センターのもとで構成される仲裁裁判所が紛争解決にあたり依拠すべき準則を定めている。それは 1966 年 10 月 14 日に発効し，また ICSID のもとでこれまでにもいくつかの重要な仲裁裁判所の仲裁判断又は特別委員会の決定が下されている。そして今日では，国家と外国私人との間に投資紛争が発生した場合の解決方法として，ICSID のもとでの仲裁が重要性を帯びつつある[1]。それでは，ICSID のもとでの仲裁の場合に仲裁裁判所はいかなる実体法的規準に基づいて紛争を解決すべきことになっているのであろうか。その点については投資紛争解決条約 42 条が定めをおいており，すでにわが国においてもいくつかのすぐれた文献が存在する[2]。本稿は，既存の文献との関係で屋上屋を架すおそれがあるにもかかわらず，近時の学説や実務の動向を明らかにしつつ同条文の内容を再検討しようとする。とりわけ，同条文が国際法の適用可能性を肯定していることの当否が，本稿の中心課題となる。つまり，国家と外国私人との間の投資紛争に適用可能な国際法の準則としてはどのようなものが存在するのであろうか，またそれがどのような場合に適用されるのであろうかという問題について，同条文の起草過程の議論及び仲裁裁判所の仲裁判断や特別委員会の決定を検討してみたい[3]。

II. 投資紛争解決条約 42 条

1　42 条 1 項 1 文

(1)　学　説

同規定は，仲裁裁判所は当事者によって「採用された」(adoptées)「法規則」(reglès de droit, rules of law) に従って紛争を裁定する，と定めているが，このことについてさしあたり 4 点が問題となる。

第 1 点は，当事者が「法規則」について合意する時点はいつでなければならないのかである。それは契約締結時点でなされうるのみならず，後から仲裁付託時点でも仲裁手続時点でもなされうる，と Goldman は考える[4]。Shihata/Parra も同様である[5]。

第 2 点は，「法規則」に関する合意は明示的でなければならないのか，それとも黙示的でもよいのかである。1964 年 7 月 9 日の地域別法律専門家諮問会議の議長報告によると，準備草案の起草者は，準拠法に関する当事者間の合意が契約関係の諸事情から引き出されうる「黙示的合意」をも含むと考えていたようである[6]。しかし，後の学説は黙示的合意を認めることに関して必ずしも積極的ではないようである。例えば，起草過程における法律委員会の委員長であった Broches は，準拠法に関する当事者間の合意は明示的なものであることを要求していた[7]。また，Goldman は，準拠法に関する明示的指定にとても近いような限られた場合は別として，明示的指定の欠如の場合には極めてしばしば当事者が準拠法に関する合意に達していなかったというのが真実である，と考える[8]。同様に，Shihata/Parra は，黙示的な法選択は当事者の契約用語又は事件の諸事情により合理的な確実性でもって証明されなければならないというような，慎重なアプローチを適切であるとみなす[9]。準拠法に関する黙示的指定を認めることに対するそのような消極的な姿勢は，おそらく次のような事情によるものであろう。つまり，契約をめぐる諸事情から契約の準拠法に関する当事者の合理的な意思を推定するという仕方で幅広く黙示的指定を認めることにすると，結局は仲裁人に準拠法の決定に関する広範な裁量権を認めることになり，準拠法

に関する予測可能性を少なくする。そのことは，投資契約の場合には準拠法に関する当事者間の利害の対立が通常の契約の場合よりも激しいという点，及び当事者が採用しうる準拠法たるべきものの範囲が後にみるように「法規則」という曖昧な表現によって大幅に拡張されているという点を考慮に入れると，諸国の抵触規則の場合よりも深刻であるということになろう。また，黙示的指定の認定の際に契約の重心，又は契約の締結地や履行地を重視するという立場をとるならば，多くの場合に契約の準拠法が資本受入国の法となるという，投資者に不本意な結果になってしまう。その結果，当事者間に準拠法の合意がない場合における先進国側と発展途上国側の利害の妥協としてつくられた 42 条 1 項 2 文の存在意義が実質的に失われてしまうおそれがある[10]，と。

第 3 点は，当事者が合意によって指定しうる「法規則」の内容である。因みに，第 1 草案では「法」（droit, law）となっていたが，修正草案では「法規則」となり，それが条約規定において維持されたのである。その言葉には国家法が含まれることは当然として，ほかにはいかなるものが含まれるのかが問題となる。Goldman が強調するのは，「法規則」は「国際経済関係の共通法」のそれを含みうるという点である。彼によると，そのような「lex mercatoria」へのグローバルな準拠は様々な形をとりうるのであり，実務的な例として，当事者が契約を国際取引関係を支配する共通な原則，より一般的な原則によって補充される当事者それぞれの本国法の共通原則，又は国際取引において，より特殊的には関係活動分野（例えば石油産業）で一般的に従われている慣行に服させることがあげられる[11]。他方，Broches は，「法規則」の内容について次のように述べている。つまり，国家法でも国際法でも，更には両者の組み合わせでもよいし，契約締結時点の特定の法でもよい[12]，と。Goldman と Broches の間には若干の相違点が見出される。Goldman は国際法がそれ自体では準拠法を形成しないとみなすので[13] 国際法をあげておらず，Broches は lex mercatoria をあげていない。両者の間に国際法の内容をどのようなものとして理解するのかという点について不一致が見出されるのである。Shihata/Parra は，国家法と国際法のほかに，分割指定，複数の国内法に共通な準則，国内法と国際法の組合せ，時間的に凍

結された法などを広く「法規則」に含ませる[14]。

第4点は，42条1項1文は純然たる抵触規則なのであろうかという問題である。というのは，Goldmanも指摘するように，1961年の欧州条約7条は準拠法に関する当事者の「指定」(indication)のない場合に仲裁人に準拠法指定のための介入を認めるというように，準拠法指定が問題であることを用語法上も明確に示しているが，これに対して投資紛争解決条約42条は当事者によって「採用された」(adoptées)法規則の適用を仲裁人に命じつつ，当事者間の「合意」(accord)のない場合に契約当事国の法及び国際法の適用を命じるというように，用語法上は準拠法指定が問題であることを明確にしていないからである。換言すれば，「採用」という言葉は当該準則の契約への実質的編入を意味すると解する余地があるのである[15]。もしそのような理解に立脚するならば，42条1項1文においてはpacta sunt servandaの実質規則が前提とされており，そして当事者の採用した準則は契約のなかに編入されたものとみなされることになろう。

(2) 実　務

① ICSID仲裁裁判所の前に登場してきたものであって，しかも42条1項1文の適用範囲内に収まると思われる若干の事例をみてみると，資本受入国の法が当事者によって無条件で選択される場合は少ないながらも存在する。例えば，Mobil Oil v. New Zealand事件[16]——それは和解によって解決されたが——において問題となった1982年2月12日のParticipation Agreementが代表的であり，そこには，次のような条項が挿入されていた。

"An Arbitral Tribunal shall apply the law of New Zealand."

② むしろ資本受入国の法の適用に何らかの条件が付されることが多く，そのことが法規則選択に関する当事者の意思を曖昧にする場合が少なくない。資本受入国の法の適用に複雑な条件を付したケースとしては，MINE v. Guinea事件[17]において問題となった1971年8月19日の契約である。それはリヒテンシュタイン法上の会社たるMINEとギニア政府との間で締結された契約であり，合弁会社を設立しギニア産のボーキサイトの海上輸送に従事させる内容のものである。同契約には，次のような条項が含まれていた。

第 14 章　ICSID 仲裁判断の規準　　495

"La Loi de la présente Convention sera la République de Guinée en vigueur à la date de signature, sous réserve des dispositions du present Article XIII."

Les dispositions de leur accord "sont conformes aux Lois et Règlements, et l'ordre public de la République de Guinée ou y derogent intentionnellement pour le présent et le future".

L'accord lie les parties "nonobstant toutes les dispositions du droit interne public, administratif ou privé, qui pourraient intervenir en Guinée, et ce, sans exception ni reserve".

"La Loi Guinéenne n'interviendra dans l'interpretation et l'exécution de la présente Convention qu'à titre supplétif et seulement dans le cas ou celle-ci laisserait une difficulté sans solution".

　そのように多少複雑な仕方で作成されている契約条項からは，おそらく，契約条項が第一基準であり，困難な問題が生じたときにのみ契約締結当時のギニア法を補充的に適用する，という当事者の意思が引き出されうる。それは，Verdross の lex contractus の理論又はいわゆる《法律に基づかない契約》（contrat sans loi）の理論を彷彿とさせるものであろう。また，先に言及した 42 条 1 項 1 文を抵触規則とみなさない解釈とも符合する。因みに，本件契約の履行をめぐる紛争につき 1988 年 1 月 6 日に MINE に有利な仲裁判断が下された後に，その一部を取消す際に，1989 年 12 月 22 日の特別委員会の決定は当該条項の解釈に言及することになり，次のような理解を示した。つまり，「当事者間に適用されるべき法は本件協定である」が，本件協定が沈黙しているか不完全の場合には，本件協定の締結当時のギニア法——「かくして本件協定は準拠法をその日に "凍結" したのである」——が適用されるべきである，と。

　同様に，資本受入国の法の適用に多少曖昧な仕方で条件を付したケースとしては，AGIP v. Congo 事件[18)] において問題となった 1974 年 1 月 2 日の契約があげられうる。それはコンゴ人民共和国政府とイタリア法上の会社たる AGIP SpA との間で締結された契約である。同契約によって，AGIP SpA はその現地法人

(石油配給会社)たる AGIP SA の資本の 50% の株式をコンゴに譲渡すること，コンゴは AGIP SA を私法上の会社にとどめ，それへの融資を 50% まで保証することなどが定められた。同契約には次のような条項が含まれていた。

"La loi congolaise, complétée le cas échéant par tout principe de droit international, sera applicable".

　この契約条項はコンゴ法を準拠法としつつ，それが一定の場合に国際法の原則によって補完されることを定めており，一見すると比較的に明晰な内容のように思われるが，コンゴ政府の国有化に起因する紛争を解決するにあたり下された 1979 年 11 月 30 日の仲裁判断は，必ずしもそうでないことを示す。当該仲裁判断は，まず上記の準拠法条項につき，それが「国際法の原則によって補完されるコンゴ法」を準拠法として定めた，と解する。そして，コンゴが契約において会社の地位を一方的に変更しない義務を負っていたことを考慮に入れると，民法及び商法の観点からして 1975 年の命令による国有化措置はコンゴ法と矛盾する，と指摘する。しかし，仲裁判断は更に国際法の角度から国有化措置を検討する必要性があるとみなす。1975 年の命令そのものはコンゴ法の一部であるので，何故にそれが国有化措置に法的基礎を与えるものとみなされないのかを説明すべきである，と考えるからである。換言すれば，1975 年の命令をも視野に入れると国有化措置はコンゴ法上正当化されることになりうるが，その点との関係で更に国際法を考慮に入れる必要があると考えたのである。もっとも，その場合には，コンゴ法が万一の場合に国際法によって「補完される」と規定している上記の準拠法条項の内容との関連で，国際法の適用を正当化する必要があろう。AGIP SpA は「補完される」という言葉の意味がコンゴ法の国際法への服従を意味するものとして解されるべきであると主張したが，仲裁判断はその点については明言せずに，次のことを確認するにとどまる。つまり，「補完される」という言葉の使用は，少なくとも，国際法に訴えうるのはコンゴ法の欠缺を補充するためかそれに必要な補完をもたらすためであるということを意味する，と。そして，仲裁判断は私法上の会社たる性質を変更する命

令をAGIP SAに適用しない義務を定める契約条項や，会社法の改正の場合にもAGIP SAの地位を一方的に修正しない義務を定める契約条項のなかに「安定化条項」を見出したうえで，次のように述べる。つまり，1975年の命令によって決定された一方的な解消は，「国際法秩序のレベルで表明された当事者の共通の意思」に基づき適用される安定化条項を明らかに無視するものである。政府によって自由に署名された安定化条項は，原則として国家の立法主権に影響を与えるものではないのであり，法規の変更を契約の相手方に対抗しえないものとするにとどまる，と。そして，「国際法の原則がコンゴ法の規則を補完するようになるのは実際には安定化条項に関してである」として「国有化と安定化条項に関する国際法の両立性」を検討する。その結果，仲裁判断は，本件における国有化措置が国際法上違法であるとして，コンゴ政府に対して損害賠償の支払を命じた。このようにみてくると，本件仲裁判断は，本件契約の準拠法条項に従いコンゴ法を「補完する」ために国際法の原則を適用すると述べてはいるものの，実際には，コンゴ法（1975年の命令）の適用結果を修正するために国際法の原則を適用しているといえる。もっともその際には，そのように「国際法秩序のレベルで」安定化条項に効力を認める国際法上の原則が，どこから引き出されうるのかについては，十分な説明がなされていないように思われる。

③ 当事者が契約締結当時に「法規則」を選択しておかなかったが，後に仲裁手続において選択する場合がある。この場合にも，42条1項1文における選択があったものとみなす仲裁判断がある。AAPL v. Sri Lanka事件[19]に関する1990年6月27日の仲裁判断である。AAPL（香港の会社）は1983年にSerendib（スリランカでの子えび養殖の事業を目的とするスリランカの公的会社）への資本参加という形で，公的承認を経てスリランカに投資した。その後，スリランカ軍の地方反逆者への軍事行動の際にSerendibの養殖場が破壊されたので，出資金の損失を被ったとして，AAPLはスリランカ政府に補償を求めた。そして，連合王国政府とスリランカ政府との間で締結された投資の促進及び保護のための協定に基づいて，仲裁に訴えた。仲裁判断は法選択に関して次のように述べた。つまり，本件の仲裁申立ては当事者間で自由に交渉された仲裁合意に基づ

くものではなく，条約の規定に基づくものであるので，当事者は予め準拠法選択の権利を行使する機会はなかった。このような場合には，法選択のプロセスは通常は紛争の発生した後に，仲裁手続における当事者の行動を観察し解釈することによって実現される。当事者は訴答において，適用されるべき法規則の主たる淵源をスリランカと連合王国との間の投資協定であるとみなし，必要な制限の範囲内において国際的又は国内的法規則を同条約の3条と4条により補充的淵源として適用することに同意している，と。

④ 他方，当事者が特に準拠法条項を設けてはいないが，契約書の前文で特定の法に言及しているという場合にも，準拠法に関する当事者の意思の解釈が問題となる。以下にはそのような事例及びそれに対する仲裁裁判所の態度を分析し検討してみる。

まず，LETCO v. Liberia 事件[20] に関する 1986 年 3 月 31 日の仲裁判断である。フランス人によって支配されていたリベリア法上の会社 LETCO とリベリア政府との間に 1970 年に森林コンセッション契約が締結されたが，やがて契約の履行をめぐって紛争が発生し，森林開発担当のリベリア当局は約定の手続をふむことなくコンセッションの範囲を一方的に縮減したので，LETCO はそれを契約の破棄とみなして契約違反に基づく損害賠償を求めて仲裁に訴えた。なお，仲裁開始から 1 年以上たってからリベリア当局は契約の破棄を通知した。当該コンセッション契約は最初のパラグラフにおいて，同契約がリベリアの一般ビジネスロー，1956 年のリベリア法典第 15 編のもとでつくられた旨を述べている。そこで仲裁判断は，そのようなリベリア法への参照が同法の「明示的選択」を示すと考えた。かくして，この仲裁判断は，契約がその最初のパラグラフにおいて特定の国家法に従って締結された旨を記述していることのなかに，当事者による準拠法の明示的指定を見出しているのである。

なお，LETCO 事件仲裁判断が国際法の適用にも言及しているので，後に検討する問題との関係で，ここでその点に触れておこう。まず，同仲裁判断は，たとえリベリア政府がそのコンセッション剥奪行為を国有化の観点から正当化しようとしても本件では要件を満たしていないのでむだであると判示する際に，

国有化の要件を次のように述べる。つまり，国有化が誠実な公共目的のためになされること，差別的なものではないこと，適切な補償の支払(又は少なくとも支払の申込)を伴うことである，と。更に，同仲裁判断は，本件コンセッション契約に安定化条項が含まれている旨を指摘し，その条項について次のように述べる。つまり，安定化条項は，契約当事者たる政府の恣意的行動を回避するためのものであり，特に長期開発契約においては尊重されなければならない。もしそうでなければ，契約当事国は立法によりその契約上の義務を容易に免れることができるようになる。そのような立法行動は上記の基準を満たす国有化によってのみ正当化されうるであろう，と。

これに対して，かなり曖昧な態度を示したのが，SPP v. Egypt 事件[21]に関する 1992 年 5 月 20 日の仲裁判断である。1974 年 9 月 23 日に，香港の会社 SPP はエジプト政府及びエジプト観光協会（EGOUTH）と枠組協定たる Heads of Agreement を締結した。同協定によると，SPP と EGOTH は観光施設の開発を目的としたジョイントヴェンチャーを設立し，且つエジプト政府はプロジェクトのために必要な土地の権利を保証しそれをジョイントヴェンチャーに利用させることになっていた。1974 年 12 月 12 日に SPP と EGOTH との間に補充協定が締結され，それによってジョイントヴェンチャーが設立されて各当事者の義務が定められた。同協定の最後の頁には当事者の署名の後に「観光大臣によって承認され，同意され，そして裁可される」という記述があり，それに観光大臣の署名と公印がなされていた。しかし，やがてまもなく当該プロジェクトがエジプトにおいてのみならず世界中においても強い反対に遭遇したので，エジプト政府はそれへの承認を撤回し，それを実際に終結させた。そこで契約違反に基づく損害賠償をめぐって紛争が発生した。エジプト政府と SPP との間の枠組契約は特別な準拠法条項を含んでいなかったが，その前文において当該契約がエジプト法(1973 年の法律 1 号と 2 号，1974 年の法律 43 号)に従って締結された旨を明らかにしていた。そこで，その点が準拠法決定との関連でどのような意味を有するのかが問題となった。エジプト政府は，契約の前文におけるエジプト法への言及を援用しつつ，当事者が投資紛争解決条約 42 条 1 項 1 文

に従ってエジプト法の適用に黙示的に同意していた，と主張した。これに対してSPPは42条1項2文の適用に基づいて準拠法を決定すべき旨を主張した。したがって，当事者間においては，契約の前文におけるエジプト法への言及が準拠法の黙示的指定を意味するのかどうか，準拠法の決定にあたり42条1項の1文が適用されるべきなのか2文なのかが争われているのである。ところが，仲裁判断はこの問題に正面から答えることなく，42条の適用の仕方に関する当事者の意見の相違の実際的意義はたとえあるとしても極めて少ないと述べるのである。この論述は，当事者が42条1項の適用の仕方に関して明確に対立する主張を展開していたことにかんがみて，「驚くべき」ものと評されている[22]。更に仲裁判断は，たとえエジプト政府の見解に従い当事者がエジプト法の適用に黙示的に合意していたとみなしても，一定の事態への国際法の直接的適用の可能性を排除できないとする。そしてその理由を仲裁判断は次のように述べる。つまり，他のすべての国内法体系のように，AREの法は完全な又は余すところのないものなのではない。欠缺が見出される場合には，存在しない「法規則」の適用に関する合意があるとはいえず，合意の欠如があるといわなければならないので，42条1項の2文が作用することになろう，と。もっとも，一般に国内法には欠缺の補充方法についても準則があるはずであり（例えばエジプト法については1949年エジプト民法典1条2項），その意味で仲裁判断のそのような論述には問題があるように思われる[23]。

なお，上記のLETCO事件仲裁判断及びSPP事件仲裁判断はいずれも準拠法の黙示的選択の可能性そのものを否定しなかった[24]。

2　42条1項2文
(1)　学　説
同規定によると，仲裁裁判所は適用されるべき「法規則」に関する合意がない場合——Brochesによるとそれは相当の頻度で生ずる[25]——には契約事国の法（抵触規則をも含む），及び適用可能な国際法の規則を適用すべきことになる。当事者による準拠法の選択のない場合における処理の仕方に関しては，投

資紛争解決条約は，ICC 仲裁規則，UNCITRAL 仲裁規則及び UNCITRAL モデル法などと比べると，国際法に言及している点に特色を有する。その場合に英訳では国際法の「規則（rules）」となっているが，仏訳では国際法の「原則（principes）」となっている。なぜそのようになったのかについては，Broches は説明困難であるとしている。つまり，起草委員会はフランス語で話すセクションと英語で話すセクションなどにそれぞれ分かれていたが，各セクションは共同会議においてそれぞれの規定の本文を承認していたのであり，両者の間には内容的な相違があるわけではない[26]，と。

同規定で最も問題になるのは，条文のうえでは並列されている資本受入国の法と国際法の規則について，それらの間の関係をどのように理解すべきかである。立法準備作業はその点について大きな解明の光をもたらすものではないといわれているが[27]，起草過程における発言を拾うと，こうである。1964 年 12 月 7 日の法律委員会の概略的な議事録によると，国際法は国内法に欠缺のある場合にそれを補充するためにのみ適用されるべきである旨が，ダオメーやコスタリカやコートジボアールの代表委員によって主張された[28]。これに対して，1965 年 2 月 23 日の全体委員会の会議の覚書によると，国内法と国際法の関係について法律委員会における投票が仲裁裁判所に国際法の優先的適用を認めることに極めて明確に賛成していたのは，特に国家がそうしない旨の合意に違反して自分自身の法律を変更して投資家に損害を与えるケースを考慮に入れたからであった[29]。この問題に関する Broches の見解は次のようである。つまり，仲裁裁判所はまず資本受入国の法を紛争の実体に適用し，その結果を国際法に照らして検査すべきである。その結果，資本受入国の法又はそのもとでなされた行動が国際法に反するときには，資本受入国の法は適用されない。その意味で，42 条のもとでは国際法は階級的に国内法に優越する。この場合は，国際法は国内法に対する「矯正手段」として作用する[30]，と。Goldman もそれと類似の見解を示している。つまり，42 条 1 項 2 文における「当該事項に関する国際法の原則」はそれのみでは準拠法を構成せず，契約当事国の法に付け加わり，それの欠缺を補充する又はそれの解釈を助けるにすぎないか，或いは契約当事国の

法が仲裁裁判所にとってぜひとも保護されるべき原則を無視しているように思われるときにそれを排除するために介入する[31]、と。

(2) 実　務

42条1項2文における国内法と国際法の関係については、仲裁判断の取消の申立てに関する特別委員会の決定及び仲裁判断が明確な態度を示している。

まず、Klöckner v. Cameroon 事件[32]である。化学肥料工場の建設と運営に関するプロジェクトのために、会社 Klöckner はカメルーンとの間において1971年に枠組契約を締結した後に、それに基づいてマネジメント契約などを締結した。やがて契約の履行に関して紛争が発生し仲裁判断が下されたが、Klöckner は52条に基づいてその取消を請求した。その取消請求の根拠の一つとして Klöckner は、仲裁裁判所は本件の準拠法であるカメルーン法を適用して仲裁判断を下すべきであったのに、この原則を無視して権限を踰越した、と主張した。特別委員会は、仲裁合意に含まれている法規則の不適用とそれの誤った適用を区別して、前者のみを条約52条の明白な権限踰越にあたるとみなした。そして、Klöckner の主張の当否を検討する前に次の点を明確にする。つまり、条約42条は国際法の原則に「(国家法の《欠缺》の場合に) 補充的な (complémentaire)、又はこの国家法があらゆる点で国際法の原則に適合しない場合に矯正的な (correctif)、二重の役割」を認めている。いずれの場合にも、仲裁人は紛争当事国の法を探求し、その内容を確定した後に、そして当該国家法の関連規定を適用した後にのみ、国際法の原則に訴えることができる。それ故に、42条1項は仲裁人に、国際法の原則のみに基づいて決定を下すことを許していない、と。そのうえで特別委員会は、仲裁判断につき次のような評価を下した。つまり、Klöckner につき相手方に情報をすべて開示する義務に違反した旨を指摘する際に、原則の存在を仮定するにとどまり、その存在を証明することもその具体化に必要な規則を探求することもなかったので、契約当事国の法(カメルーン法)を適用しなかった、と。そこでは、42条1項2文における国際法の役割として、「補充的」役割と「矯正的」役割があげられている。それは実際には、契約当事国の法を調査し適用するのが原則であるが、もし欠缺があるときには国際法の

原則を適用し，また，欠缺がないときにも国際法の原則と矛盾するときには国際法の原則を優先させる，という手順にほかならない。

　つぎに，AMCO v. Indonesia 事件[33]である。インドネシア政府の命令によって新たな名称のもとに再編され，同国軍人の福祉のための協同組合のコントロールのもとにおかれた同国会社 PT Wisma は，1968 年にアメリカの会社 AMCO Asia と，ホテル建設及び運営に関する利益分与契約を締結した。AMCO Asia は当該契約を履行するためにインドネシア政府から投資許可を得て，子会社 PT AMCO を設立した。ホテル建設は計画通りに完成したが，AMCO のホテル経営に関して紛争が発生した。紛争が当事者間で解決できなかったので，1980 年に PT Wisma はインドネシア政府の武力を借りてホテルのコントロールと所有権を引き継ぎ，そしてインドネシア政府を説得して PT AMCO の投資許可を取り消させた。そこで AMCO Asia らは損害賠償を求めて仲裁に訴えた。1984 年 11 月 20 日に，インドネシアに損害賠償の支払を命ずる仲裁判断が下されたので，同国政府はその取消を請求した。当該仲裁判断は，条約 42 条 1 項の援用のもとに，当事者が適用されるべき法規則に関して合意を表明していないとして，そのまま素直に，契約当事国の法たるインドネシア法と国際法の規則を適用すべきであると述べるにとどまった。これに対して契約当事国の法と国際法の関係についてもう少し体系的な説明を行ったのが，1986 年 5 月 16 日の特別委員会決定である。同決定によると，条約 42 条 1 項は，「適用されるべき国内法の欠缺を補充するため，そして適用されるべき国内法と抵触する場合における国際法規範の優位を確立するためにのみ，国際法の原則を適用すること」を仲裁裁判所に許している。このように指摘した後に，同決定は，準拠法を適用しないことと，それを誤って解釈することを区別したうえで，前者のみが 52 条 1 項における取消原因となるとみなして，仲裁裁判所が適用すべき法を適用したかどうかを探求した。この特別委員会決定でも，Klöckner 事件におけるのと同様に，契約当事国の法の欠缺を補充する役割と，国際法と相容れない国内法を矯正する役割という二重の役割が国際法に認められている。その際に，右の二つの役割のみを認めるという趣旨の表現が用いられている。二重の役割とい

う言葉のもとでは，国際法が適用される場合における，契約当事国の法との関係での国際法の機能が語られているにすぎないのである。全般的にみれば，契約当事国法に欠缺がある場合には国際法が適用されるし，また，欠缺がない場合には契約当事国の法が国際法と矛盾しない限りにおいてのみ適用され，矛盾するときには国際法に譲るということになり，その点ではKlöckner事件の場合と異ならない。その意味では，国際法の立場が貫徹されることになっているといってよい。そこのところを重視したのが，AMCO事件に関する1990年5月31日の新たな仲裁判断である。それは国際法の「二重の役割」について，国際法が完全に適用可能であるので国際法の役割を「補充的と矯正的」にのみ分類することはあまり意味のない区別であるとみなしている。しかし，それは実質的には同じ事態を単に異なる観点から述べたものにすぎないように思われる。上記特別委員会決定が国際法に補充的且つ矯正的役割のみを認めると述べているが，その真意は，Klöckner事件における特別委員会の決定が強調したように，仲裁人が国際法のみに基づいて判断を下すことを許さないという点にあるのである。したがって，同仲裁判断が「国際法の補充的役割と矯正的役割の間の区別の正当性」に疑問を表明したと考えて，その真意を探ろうとするのは[34]適切な態度とはいえないであろう。因みに，同仲裁判断は上記のように国際法が完全に適用されると述べているが，その場合にあっても，仲裁裁判所は国際法の原則のみを探求すればよいということにはならず，契約当事国の法の関連規定をも探求しなければならない。実際にも，同仲裁判断は，いずれにしても本仲裁裁判所はその任務が本件におけるあらゆる法的請求をまずインドネシア法との関係で，ついで国際法との関係でテストすることであると信ずる，と述べている。そのような作業の結果，契約当事国の法に欠缺があるので国際法が適用される場合かどうか，又は欠缺がないとしても契約当事国の法の規定と国際法の規定とが矛盾するので国際法が優先的に適用される場合かどうかが，判明することになるのである。

　なお，ここで，後に検討する問題との関係で，AMCO事件仲裁判断が国際法の適用という言葉のもとに何をどのように操作したのかについて，簡単に言及

しておこう。まず，1983年11月25日の仲裁判断は1962年の国際司法裁判所判決の付随的意見の中にエストッペルの原則が認められていることを指摘しつつ，次のように述べる。つまり，この付随的意見は「国家の活動」に関連するが，この仲裁裁判所は，同じ一般原則が「私人を含む国際経済関係」にも適用されうると考える。付言すると，特に当該原則の国際関係への適用にあたってはその全観念は誠実の要請によって特色づけられる，と。因みに，本件においては，インドネシアがエストッペルの原則を援用したのは，AMCOがインドネシアの裁判所の前で示した立場とは反対にPT Wismaをインドネシアの分身にすぎないと主張することを阻止するためであった。更に，1990年5月31日の仲裁判断も投資紛争に適用されうる国際法の内容に言及している。インドネシアが投資者に自己の立場を有効に説明する機会を与えることなく極めて性急に投資許可の取消をしたので，その取消の手続は問題を含むものであった。その点について，インドネシアは当該取消がAMCOの投資の不十分さによって実体的に正当化されると主張した。そこで仲裁判断は，投資許可の取消に関する手続的違法性はそれだけで損害賠償の権利を生ぜしめるのかどうか，という問題に取組んだ。その際に，仲裁判断は，インドネシア法を検討しても明確な答えが出てこないとしたうえで，国際法の一般原則や先例を分析する。その結果，国際法においては，手続的違法性がそれ自体として損害賠償の権利を生ぜしめるのか否かが問題なのではなく，裁判拒否が行われたか否かが問題である，とする。そして，本件における手続的違法性が裁判拒否を構成するかどうかを検討すべきであると考えたうえで，取消の提案に対する大統領の承認に導くインドネシア当局の態度が裁判拒否を構成するとみなした。したがって，仲裁判断は，許可の取消について若干の実体的理由があるにもかかわらず，インドネシア当局の決定をめぐる事情は当該決定を違法とする，と考えた。更に，仲裁判断は損害賠償額の算定の際にも国際法の原則に言及している。まず，仲裁判断は，当事者双方が損失軽減義務を国際法上の原則であると認めているとしたうえで，AMCOにはその損失を軽減する可能性がなかったと認定している。それは，仲裁判断が損失軽減義務を国際法上の原則として認めていることを示す

ものである。もっとも，損失軽減義務は国際商取引の分野では例えばICC仲裁判断例となっているが，はたして国家間の関係についての国際法上の原則となっているのであろうか。仲裁判断は損失軽減義務を国際法上のものとみなすにあたり何らの論拠も提示していない。ついで，仲裁判断は国際法においては違法な行為に基づく損害が賠償されるべきであるとしたうえで，現代国際法においては収用が適法の場合に補償されるべきなのは逸失利益 (lucrum cessans) か積極的損害 (damunum emergens) かが争われている旨を指摘しつつ，契約上の権利の違法な収用の場合には原則として逸失利益が補償されるべきであるとみなした。

(3) 結　語

42条1項2文における契約当事国法と国際法の関係で実際的に最も重要なのは，両者が抵触する場合にいずれが優先的に適用されるのかであるが，その点については，先にみたところからして，国際法に優位性を認める見解が学説及び実務において有力となっていることが確認されうる。

III.　国際法の適用に関する若干の問題

42条1項2文における国際法の適用について，ここでは二つの事柄に言及しておこう。第一に，国内法の欠缺の場合にそれを補充するために国際法を適用するという，国際法の適用要件についてであり，第二に，適用される国際法の内容についてである。

1　契約当事国の法の欠缺補充

まず，契約当事国の法に欠缺があるときに国際法を適用するという，いわゆる国際法の「補充的」役割が見出される場合である。この点については，一般に国内法に欠缺がある場合には，当該国内法に欠缺補充の方法と手順が用意されているのではないのか，という指摘がなされるべきであろう。例えば，1949年のエジプト民法典1条2項は次のように定めている。つまり，裁判官は明示的な法規の存在しない場合には「慣習規則」，ついでイスラム法原則，最後には

自然法の原則及び公平を適用すべきである，と。したがって欠缺の場合にも契約当事国の法を適用することはあくまでも可能なのであり——そのことは裁判拒否を禁ずる 42 条 2 項においても前提とされているように思われる——，その点を無視してあえて一律的に国際法の適用に訴えるためにはそれなりの合理的な根拠が要求されよう。そのような場合に国際法の適用に訴えることの理由として，Shihata/Parra は次の 2 点を指摘しているように思われる。第一は，国内法における欠缺補充メカニズムはときとして，例えば 1907 年のスイス民法典 1 条のように，欠缺補充に際して慣習のない場合に裁判官に自分自身が立法者であるかのように行動することを許すので，国際法によって補充するのが適切である，という点である。第二は，多くの国内法秩序は法の一般原則の適用により欠缺を補充すべき旨を定めているが，法の一般原則は国際法の法源の一つを構成するので，実際には国際法による欠缺補充と国内法によるそれとの間の相違はわずかである[35]，という点である。このような説明には，次のような問題点があるように思われる。第一に，国内法の欠缺補充の際に問題となる法の一般原則はそれだけでは具体的に適用可能な法規範の形をとっておらず，結局は裁判官が事案の特殊性をふまえたうえで妥当な解決をもたらす形の法規範を形成する，ということになるのではなかろうか。したがって，法の一般原則による欠缺補充は，実質的には，スイス民法 1 条におけるのと同様であるように思われる。また，国際法における法の一般原則の適用の際にも，裁判官は主要な国内法に共通な一般原則であって国際法の体系に適合的なもののみを，事案に妥当な解決をもたらす形の法規範へと具体化することになり，裁判官にかなりの裁量の余地が認められるのである。第二に，契約当事国の法に欠缺がある場合に国際法を適用して補充するというのであるが，その補充にふさわしい国際法の準則がつねに存在するといえるのであろうか。通常，国内法は国際法よりも充実した内容を有しており，より詳細な準則を有しているといわれているのではなかろうか。そうとすると，欠缺補充のために国際法を適用するといっても，実際は，国際法の欠缺の場合として法の一般原則の適用という言葉のもとに裁判官による法創設がなされることになるのではなかろうか。第三に，ひとしく法

の一般原則といっても国内法の欠缺補充の際に問題になるものと，国際法の欠缺補充の際に問題になるものは，内容的にかなり異なるのではなかろうか。このようにみてくると，契約当事国の法を適用するとしつつも欠缺の際に当該法において定められている補充メカニズムによらないで一転して国際法を適用するということについては，必ずしも十分な説明がなされているのではないということになろう。

2　国際法の内容

契約当事国の法における欠缺の場合，又は契約当事国の法の内容が国際法に反する場合に適用されるべきとされる国際法(英訳では該当する国際法の「規則」，仏訳では当該分野に関する国際法の「原則」)については，その内容如何が検討されるべきであろう。

(1)　まず，国際法は一般に国家間の関係を規律する法と定義されるので，ここで問題となる国家と外国私人との間の投資協定に適用できるような準則を有しているのであろうか，したがってここで国際法という言葉が使用されていてもそれは本来の国際法とは異なるものを指しているのではなかろうか，という疑問が生じうる。この点についての示唆を得るために，とりあえず起草過程を探ってみると，注目されるのは，第一草案において45条1項が，適用されるべき法に関する当事者間の合意がないときには国内法および国際法の規則を適用すべきとしつつ，その際に「『国際法』という言葉は国際司法裁判所規程38条によって与えられている意味で理解されるべきである」と定めていたことである。しかし，その国際司法裁判所規程38条に言及する個所は改訂草案42条1項ではもはや見出せないのであり[36]，そしてそのことがそのまま現行の42条1項に引き継がれている。けれども，その間の事情は次のようである。つまり，法律委員会の委員長 (Broches) は，当該規定の本質的な部分に関する合意を獲得した後に，第一草案45条1項の最後の文を見逃したのであり，そして後にその点に気づいたときにも議論を再開しないと決定した[37]，と。また，起草過程における世界銀行執行部の報告書も第一草案45条1項と同様に，国際法という

言葉を国際司法裁判所規程38条1項の意味で解釈すべきであると述べている。しかし、ここで注意されるべきは、同報告書が更に続いて、国際司法裁判所規程38条1項が国家間の紛争に適用されるものとして用意されているという事実を考慮に入れるべきである、と述べていることである[38]。このように、国際法の規律対象が国家間の紛争であることにつきあえて注意を喚起しているのは、国際法そのものが投資紛争解決条約42条で問題となる国家と外国私人との間の紛争にそのまま適用できるものとしてはつくられていないこと、それ故にそのような紛争に国際法を利用するにあたってはそれにふさわしい形に適応、修正又は補充される必要があることを、示唆しているのではなかろうか。

　この点との関連では、起草過程におけるフランスの代表とイタリアの代表の発言が注目される。まず、フランスの代表は次のように述べる。つまり、不幸にも投資の問題に関する国際法の十分に確立した準則はほとんど存在しないので、仲裁裁判所に何らかの手引きが示されるべきである。もちろん、完全な法典を用意することは可能ではないが、少なくとも投資家と資本受入国の双方のためにいくつかの一般的な行動指針が定められるべきである[39]、と。また、イタリアの代表も、国内法が投資家に損害を与えるような仕方で変更された事態については国際法は十分な用意をしていないと述べつつ、次のような提案をする。つまり、条約草案は仲裁人によって適用されるべき国際法の基本原則、即ち差別的取扱からの保護、及び誠実に行動すべき義務を明記することが望ましい、と。そして、同代表は更に、契約に関しては伝統的な国際法は締約国の法によって承認された「債務法の一般原則」によって補足されうる旨を指摘する[40]。もっとも、そのような提案は、仲裁裁判所の前に持ち込まれる事件の多様性にかんがみて柔軟性を確保すべきである、という観点から退けられてしまったようである[41]。

　上記の起草過程の論議からすると、国家と外国私人との投資紛争に関しては国際法の準則がほとんど存在しないのではないのか、とりわけ国家が外国私人の不利益において自己の法を改変することから外国私人を保護する国際法の準則が十分には存在しないのではないのか、また、国家と外国私人との間の投資

契約について国際法を適用する場合には国際法の欠缺を認めたうえでの法の一般原則の適用——それは実質的には仲裁人による新たな法命題の定立を意味する——が多くなるのではないのか，という疑問が生ずるであろう。

さて，先にもみたように，1965年2月23日の全体委員会の会議に関する覚書によると，国内法と国際法の関係についての法律委員会での投票が仲裁裁判所に国際法の優先的適用を認めることに極めて明確に賛成していたが，それは特に「国家がそれ自身の法を投資家に損害を与える形で，しかもそうしないという協定に違反する形で，変更するケースを考慮に入れるために」であった。つまり，起草者の多くが42条1項2文において国際法をあえて導入したのは，特に，国家が安定化条項又は不可変更条項を無視して投資家の不利益において国内法を変更するという事態に対処するためであったといえよう。しかし，国際法がそのような期待にこたえることができるのであろうか。その疑問はフランス代表やイタリア代表の上記の発言からも窺い知れる。投資紛争に関係する伝統的な国際法の準則を探すとすれば，それは国有化に関する準則であろう。それはLETCO事件仲裁判断によっても，国有化は誠実な公共目的のために無差別に且つ適切な補償を伴う形でなされなければならない，という内容のものとして提示されていた。つまり，伝統的な国際法の準則によると，国家は公共目的で無差別に且つ適切な補償を与える形であるならば投資契約を一方的に改廃しうるのである。LETCO事件仲裁判断も，安定化条項の存在意義を認めたうえで，契約上の義務を免れるための国家の立法行動は上記の要件を満たす国有化によってのみ正当化されうる，と述べていた。そのかぎりにおいて，伝統的国際法は投資契約の問題の一部を規律しているといえる。もっとも，伝統的国際法の立場とは異なり一定の限られた範囲内で投資契約の私人にも国際法主体たる資格を認めようとする立場もある。いわゆる契約の国際法の理論[42]であるが，これはまだ少数説にとどまっている。この点との関連では，当該理論と結論的に同じ立場を示したと思われるAGIP事件仲裁判断が，安定化条項を「国際法秩序のレベルで表明された当事者の共通の意思」に基づくものとして，国際法の観点から安定化条項に反する国有化を違法とみなす際に，なんら根拠を

明示していないことが，注目される。

　(2)　伝統的国際法は，投資契約について，公益目的・無差別・適切な補償という三つの要件のもとでそれを一方的に破棄する権利を国家に認めるという形で規律している。そうとすると，仲裁裁判所が投資紛争に適用しうる国際法はせいぜいのところ右の準則にすぎないように思われるが，それでは起草過程において国際法の適用に賛成した人々の思惑からかなりかけ離れることになる。また，AMCO事件仲裁判断は「国家の活動」に関するエストッペルの原則を「私人を含む国際経済関係」に適用するという立場を示しているが，国家間の関係に関する準則をそのまま「私人を含む国際経済関係」に適用するということになると，pacta sunt servanda の準則もそのまま適用することになり，いわゆる安定化条項の効力もそのまま認めざるをえないことになってしまう。それでは，国有化に関する伝統的国際法の基本的な立場と相容れないことになろう。

　上述のように投資契約との関連では伝統的国際法は国有化の準則のほかに見るべき準則を有していないように思われるが，そこで考えられるのは，イタリア代表が示唆したように国際法の欠缺の場合として捉えて法の一般原則を利用することである。しかし，国際法における法の一般原則は，国際法の欠缺の場合に――国際法の規律に服すべき国家間の関係について条約も慣習も存しないときに――主要な国内法に共通な原則の中から国際法体系にふさわしいものを選択して適用可能な規範へと具体化するということであるので，イタリア代表が考える法の一般原則とは異なるのではなかろうか。そのように国際法の規律に服すべき国家間の関係について条約も慣習も存在しない場合に主要な国内法に共通な原則を国家間の国際法体系にふさわしい内容の規範へと具体化することではなく，単に，主要な国内法に共通な原則を国家と私人の投資契約にふさわしい内容の規範に具体化するということを考えているにすぎないのであれば，そこで問題になっている法の一般原則はもはや国際法におけるそれではないということになろう。その点は別としても，法の一般原則に頼ることは結局において仲裁裁判所に準立法者的機能を認めることにほかならないことに留意すべきであろう。また，先にもみたように，起草過程において国際法の適用に賛成

した人々の多くは事件の多様性に対応しうる柔軟な立場を採用するという見解であったようであるが，何故に国際法を適用することがそのような立場になるのであろうか。その際にはおそらく，国際法の適用の名のもとに主として仲裁裁判所に準立法者的機能を果たすことが期待されているのであろう。つまり，国際法を適用するとはいうものの，実際には，仲裁人が国家間の関係に関する国際法の準則の中からいくつかを適宜選択してそれを投資契約にふさわしい形に適応させたり，法の一般原則の名のもとに新たな準則を具体化したりすることにほかならないように思われる。この点に関連して，42条1項2文における国際法の内容に比較的突っ込んで言及しているGoldmanの見解が紹介に値する。彼はまず次のような指摘する。つまり，42条1項2文の《当該事項に関する国際法の原則》は国際司法裁判所規程38条で列挙されている国際法の様々な淵源から汲み出されるべきであると一般に考えられているが，国際司法裁判所規程は国家間の関係の観点から国際法の一般原則の淵源の一覧表を提示しているので投資紛争にとって必ずしも大変に有用であるとはいえない，と。そのうえで，次のように述べる。つまり，仲裁裁判所に適用すべき国際法の原則の内容を教えることができるのは国際司法裁判所規程38条ではない。なるほど国家間の関係を支配する国際法の原則のいくつかは維持されるべきである。したがって，pacta sunt servandaの原則(しかしそれは公法又は私法に関する国家法すべてにも共通である)や，収用又は国有化は外国人に関係する場合には補償を伴うべきであるという原則がそうである。しかし，仲裁判断例はまた，他の原則の普遍的又は一般的な価値について態度を明らかにしなければならないであろう。例えば，投資に適用されるべき法律の安定性又は国際契約における為替保証条項の有効性，更にそのような保証が国際契約においてはつねに《当事者によって欲せられていた》という推定である。また，資本受入国の同意の自由を保護することも投資の事項に固有な新たな原則の対象となりうることが，示唆されてきた[43]，と。Goldmanにおいては，国家間の関係を規律対象とする国際法をそのまま投資紛争に適用することが考えられているのではない。投資紛争が国家間の関係ではないことが意識されつつ，いくつかの国際法の原則のほかに，

法の一般原則のようなものも考慮に入れられているのである。

3 結　語

　伝統的国際法の立場は，投資契約に関しては基本的には国内法秩序に委ね，ただ，国有化に基づく投資契約の一方的破棄の場合についてのみ規律している，というのではなかろうか。そうとすると，投資契約への国際法の適用といっても契約の一方的破棄という極めて限られた事項についてのみ意味を有するのであり，また，投資契約に関して国際法の欠缺──国際法における法の一般原則の適用──を語ること自体も意味をなさないということになろう。そのことを考慮に入れると，42条1項における国際法の適用という言葉のもとにこれまで起草者や学説や実務が一般に念頭においているのは，伝統的国際法の内容とかなり異なるものを適用することである，ということになろう。

IV. おわりに

　以上，投資紛争解決条約42条1項をめぐる学説と実務の動向を紹介し検討してみた。以下にはそれを総括しておこう。

　42条1項1文は，構造的には，抵触法上の当事者自治の原則を採用しているようにみえる──もっとも文言上は実質法上の pacta sunt servanda の原則を前提としたものと解する余地もなくはない──が，当事者が選択できるものをあえて「法規則」というような曖昧な用語でもって示したことにより，国家の裁判所での紛争解決を念頭において形成されてきた伝統的な当事者自治の原則のもとでは認められなかったことを許すに至っている。例えば，伝統的な当事者自治の原則のもとでは当事者が選択しうるのは現実に妥当している国家法に限定されていたのであるが，42条1項1文のもとでは，当事者は現実に妥当している国家法のみならず，特定の時点に凍結された国家法をも選択できるし，更に国際法や法の一般原則又は lex mercatoria と呼ばれているものをも選択できる。また，それらを好きなように組み合わせることもできる。そして，契約実務においても，資本受入国と投資者との間の利害の対立を妥協させる必要から，適

用されるべき「法規則」が複雑又は曖昧な仕方で合意されることが少なくなく，そのことはまた仲裁実務に困難な解釈問題をもたらしている。

　42条1項1文において当事者に認められている「法規則」の合意について，黙示的合意を認めるべきかどうかが問題となるが，学説は黙示的合意なるものを認めるにあたり慎重な態度を示している。当事者間に現実の合意がない場合に，契約をめぐる諸事情から当事者の意思を仮定的に推定することは，選択されうるものが「法規則」という形で拡張されていることも相俟って，仲裁人に大幅な裁量権を認めることになりかねないこと，また，黙示的合意を仮定する際に契約の重心地などを重視すると契約当事国の法がつねに準拠法となってしまいかねないこと，によるものであろう。仲裁判断においては黙示的合意なる観念を認めるものがあるが，右に述べたような仕方で黙示的合意を認定するものはまだ存在しないようである。

　投資契約の領域では，準拠法について資本受入国と投資者との間の利害が厳しく対立することが多いが，42条1項2文も，適用されるべき「法規則」に関する合意が成立しない場合につき，契約当事国の法と国際法の準則を適用するという形で，発展途上国と先進国との間の妥協を示すような内容となっている。そのような条文の表現だけでは，契約当事国の法と国際法の準則との関係は曖昧であるが，特別委員会の決定及び仲裁裁判所の仲裁判断は，契約当事国の法が欠缺を含む場合，特に同法が国際法の準則に反する場合に，後者を優先的に適用するという序列を設定した。それは，基本的には起草過程において，契約当事国が自己の法を変更することにより契約を一方的に改廃する行動から投資者を保護するという意図でもって示されていたところのものである。けれども問題はそのように単純ではないように思われる。起草過程の議論からすると「国際法」という言葉は「国際司法裁判所規程38条」の意味で理解されるべきものとして捉えられていたが，そのような国際法は国家間の関係を規律すべきものとして発展してきたのであって，国家と私人との間の契約にすぎない投資契約についてはその規律を基本的に国内法秩序に委ね，ただ国有化による投資契約の一方的破棄の場合についてのみ規律しているのではなかろうか。そうと

すると，先進国側により示された上記のような思惑にこたえうるような国際法準則としては，はたしていかなるものが存在するのかという疑問が生じることになろう（この点については特に，現行国際法に関する一般的な理解によると契約当事国は公益目的・無差別・適切な補償という三つの要件のもとに投資契約を一方的に破棄できるということが想起されるべきである）。そのような問題は起草過程においてもフランス代表とイタリア代表によって示唆されていたところでもあった。しかし，そこにおいては当該問題があまり深く論じられないままに，事件の多様性を考慮にいれて国際法を柔軟に適用していくという見解が多数を占めたようである。その結果，既存の国際法のどの準則をどのように適用すべきかという根本的な問題は曖昧なままとなったといえる。このようにして，42条1項2文で用いられている「国際法」準則の適用という文言も，額面通りには受け取れないのであり，実質的には仲裁人などに準立法者的機能を期待せざるをえないものとなっているように思われる。その意味で，42条1項2文において「国際法」準則という言葉を使用することは，伝統的な国際法の準則がほとんどそのまま適用されるというような印象を与えかねないことからして，多少ミスリーディングであるということになろう[44]。念のために付言するに，ここでは国際法という言葉の定義それ自体——国際法という言葉を広い意味で理解すべきか否か——を問題にしているのではない。投資契約に関して「国際法」を適用するという言葉のもとに現実にはいかなる作業が念頭におかれているのか，そしてその作業によって具体的に適用される準則が伝統的な国際法の準則といかなる点において相違を示すのか，という点を明らかにすることが意図されているのである。

注

1) 森川「投資条約における国家と投資家との間の国際仲裁の法的メカニズムと機能」国際法外交雑誌100巻1号22頁以下を参照。
2) 例えば，池田『投資紛争解決法の研究』152頁以下が代表的なものである。
3) 国際法を適用したICSID仲裁判断については森川「ICSID仲裁裁判所における投

資紛争解決と国際法」山本(草)古稀記念235頁以下を参照。また，ICSID仲裁判断の主なものは『投資紛争解決国際センター (ICSID)——その概要と仲裁事例——』(日本エネルギー研究所)において紹介されている。

4) Goldman, Le droit applicable selon la Convention de la B. I. R. D. du 18 mars 1965, pour le règlement des différends relatifs aux investissements entre Etats et ressortissants d'autres Etats, in: Investissement étrangers et arbitrage entre Etats et personnes privées, 1969, pp. 141–142.
5) Shihata/Parra, Applicable Substantive Law in Disputes Between States and Private Foreign Parties, ICSID Review-FILJ, 1994, p. 201.
6) ICSID, History of the Convention, 1968, p. 570.
7) Broches, Convention on the Settlement of Investment Disputes Between States and Nationals of Other States of 1965, 18 Y. B. Com. Arb., 1993, p. 667.
8) Goldman, op. cit. pp. 142–144.
9) Shihata/Parra, op. cit. p. 190.
10) Cf. Goldman, op. cit., pp. 142–144.
11) Goldman, op. cit., p. 145.
12) Broches, The Convention on the Settlement of Investment Disputes Between States and Nationals of Other States, RdC, 1972, p. 389.
13) Goldman, op. cit., p. 151.
14) Shihata/Parra, op. cit., p. 189.
 もっとも，準拠法の凍結については若干異なる見解が有力である。Merkt, Investitionsschutz durch Stabilisierungsklauseln, 1990, p. 196 は次のような立場を「普及している見解」とみなす。つまり，条約42条1項1文は，まず，準拠法の時際法を指定する。そして準拠法に時際法規が欠けているとき又はみつからないときには，44条1文の類推によって当事者の法選択当時に妥当している条文が適用される，と。更に，Pirrung, Die Schiedsgerichtsbarkeit nach dem Weltbankübereinkommen für Investitionsstreitigkeiten, 1972, p. 154 を参照。
15) Goldman, op. cit., p. 142.
16) Delaume, L'affaire du plateau des pylamides et le CIRDI, Rev. arb., 1994, p. 42.
17) ICSID Review — FILJ, 1990, p. 95.
18) ICSID Reports, vol. 1, p. 306.
19) ICSID Review — FILJ, 1991, p. 526.
20) ILM, 1987, p. 647.
21) ILM, 1993, p. 933.

22) Delaume, The Pyramids Stand, ICSID Review, 1993, p. 247. 更に，『投資紛争解決国際センター（ICSID）——その概要と仲裁事例——』266頁（道垣内教授執筆）も参照。
23) Cf. ibid., p. 248.
24) Cf. Shihata/Parra, op. cit., p. 202.
25) Broches, op. cit., RdC, 1972, p. 391.
26) Ibid., p. 391.
27) Gaillard, Note, Clunet, 1991, p. 182.
28) ICSID, History of the Convention, 1968, pp. 802, 803.
29) Ibid., p. 985.
30) Broches, op. cit., RdC, 1972, pp. 392-393.
31) Goldman, op. cit., p. 151.
32) Clunet, 1987, p. 163.
33) ILM, 1986, p. 1439; Clunet, 1991, p. 173.
34) Delaume, op. cit. p. 54.
35) Shihata/Parra, op. cit. p. 196.
36) ICSID, History of the Convention, 1968, p. 192.
37) Broches, The Convention on the Settlement of Investment, Liber Amicorum for Martin Domke, 1967, p. 21.
38) Goldman, op. cit., p. 150.
39) ICSID, History of the Convention, 1968, p. 418.
40) Ibid., p. 419.
41) Ibid., pp. 419-420.
42) 契約の国際法の理論については，拙稿「契約の国際法の理論」『Toward Comparative Law in the 21st Century』1299頁以下。
43) Goldman, op. cit., pp. 150-151.
44) その点については拙稿「国家契約(経済開発協定)の『準拠法』としての国際法」比較法雑誌31巻3号11頁以下も参照。

第15章
FTZに関する法制度の比較法的研究[*]
——紛争処理の仕組を中心として——

徳 本 穰

I. はじめに

　現在，世界の各地で多くの紛争が発生している。こうした紛争には，多種多様なものが存在し，経済問題に関わる紛争も，その中の一つである。とりわけ，現在社会では，企業活動が急速に発展拡大し，かつ，国際化しており，そうした企業活動の動向に伴い，国際的な紛争も多発している。そこで，こうした紛争に対処すべく，国際連合やWTO等の国際機関による紛争解決機能が，重要視されている。本稿では，後述するように，わが国では，従来ほとんど法的に研究されたことがない，FTZ（Free Trade Zone = 自由貿易地域)[1]を考察対象としているが，かかる傾向は，FTZにおいても例外とはいえない。

　さて，わが国では，現在，外国企業による投資活動が一段と活発化している。こうした背景には，前述したような企業活動のグローバル化やボーダーレス化が，わが国において，急速に進展していることがみられる。そして，わが国の今般の厳しい経済状況に鑑み，それを克服するには，こうした外国企業による投資活動を促進することも，一つの有効な方策であると考えられている。かかる状況の中，筆者は，1999年の1月から3月にかけて，文部省の在外研究員として，米国に調査に行く機会を得，「わが国への海外投資の促進とそのために必要となる法制度の整備」等を課題として，調査研究を行ってきた[2]。そして，その調査の中で，上述したように，わが国では，従来ほとんど研究されたことがないが，外国企業による投資活動の促進にも一定の効果のある，いわゆるFTZについて，これを法制度の面から調査研究する機会を得た[3]。そこで，本稿で

は，そうした際の調査研究の内容についても，その一部を紹介しつつ，特に，わが国では，従来全く研究されたことのない FTZ における紛争処理の仕組を中心に，その国際連合との関わりについて論じながら，検討を行うことにしたい[4]。

また，わが国には，以前より，沖縄県に，いわゆる自由貿易地域が置かれており[5]，昨今の法改正によって[6]，1998 年 4 月 1 日には特別自由貿易地域制度が創設されている[7]。そして，現在，これらの地区を中心に，国内外の企業を誘致し，その立地を促進することが図られている。そこで，本稿では，こうしたわが国における最近の FTZ の制度をめぐる動向についても紹介しながら，検討を行い，わが国の FTZ 制度を今後さらに発展させてゆく上での示唆について，得てゆくことにしたい。

II. 日本法の現状と課題

まず，最初に，わが国の FTZ の現状について紹介することにしたい。わが国には，I. で述べたように，現在，沖縄県に自由貿易地域が置かれ，これは，沖縄振興開発特別措置法により，規定されている。わが国の自由貿易地域の制度は，世界的に広くいわれている FTZ の制度と比較すると，名称の上では，いずれも自由貿易地域という文言を含み共通している。しかしながら，実際には，その名称とは異なり，法的性格の面では，以下のように，大きな違いが存在する。

一般的に，世界で広くいわれている FTZ 制度については，それに該当すると思われる地域は，世界各地に約 700 カ所近く存在し，その細かな内容は各国の通商・貿易等の政策により異なっているが，その地域に共通する性格としては，主に，（1）関税の適用の除外，（2）輸入割当品目における輸入割当枠の撤廃，（3）関税につき，原料課税か製品課税かについて選択し得る，選択課税の適用等がみられるという点である。例えば，この点について，FTZ 制度に関わる世界的規約である「税関手続の簡易化及び調和に関する規約」の附属書 F.1. では，「そこに搬入された物品が，輸入税に関する限り，一般的に関税領域外にあるとみなされ，通常の税関管理を受けない，国の領土の一部をいう」と表現されており，さらに，そこにいう輸入税とは，「関税及び物品の輸入に際し又はそ

れに関連して徴収される他のすべての租税，手数料，その他の課徴金をいい，提供された役務の費用の概算額を限度とする額の手数料及び課徴金を含まない」と指摘されている[8]。

これに対して，わが国の現行の自由貿易地域制度は，世界的にいわれている，上述したFTZ制度に共通する性格の内，第三番目の選択課税の適用のみが認められているだけであり，その他の性格については，認められていない状況にある[9]。すなわち，これを換言すると，わが国の現行の自由貿易地域は，あくまでもわが国の関税法の対象となる地域であり，関税法でいわれるところの，外国貨物を関税を課さないままでしばらく置くことができる地域，すなわち保税地域に相当するものと捉えられていると指摘できる[10]。

そこで，このように，わが国の現行の自由貿易地域制度は，これを世界的に広くいわれているFTZ制度と同等視することはできないが，将来において，わが国の自由貿易地域制度が世界的な意味でのFTZ制度と同等視しうるように，現行法の改正ないし特別な立法がなされることに，期待するものである[11]。

いずれにせよ，こうしたわが国の現状と課題を十分に認識した上で，以下では，わが国の現行の自由貿易地域制度を前提に，考察を進めてゆくことにしたい。そして，本稿では，FTZに関する法制度の中の法的問題点の中から，I.で述べたように，特に，FTZにおける紛争処理の仕組をめぐる問題点について，検討してゆくことにする。そして，その中で，FTZにおける紛争処理の仕組に，国際連合がいかに関わっているのかについて，明らかにしてゆくことにしたい。

そこで，以下では，外国のFTZに関する法制度の状況を紹介しながら，比較法的に検討してゆくことにする。そして，本稿では，かかる外国の例として，FTZ制度を有する世界の国や地域の中で，体系的で詳細なFTZ制度を有し，かつ，紛争処理の仕組においても特に整備されている，アフリカのガーナの法制度をとりあげることにしたい。そして，この点について，わが国の現行の自由貿易地域制度は，確かに，上述したように，世界的に広くいわれているFTZ制度と同等のものではないが，この紛争処理の仕組をめぐる問題点は，世界的な意味でのFTZ制度におけるのと同様に，わが国の自由貿易地域制度においても，

同様に問題となり得る点であり，そこで，外国におけるFTZに関する法制度の検討は，わが国に対する示唆を得る上でも，有益であると思われる。

III. FTZにおける紛争処理

1　はじめに

そこで，以下では，ガーナのFTZにおける紛争処理の仕組について，紹介することしたい。そして，まず，1では，ガーナにおけるFTZ制度の概要について，一瞥することにする[12]。

ガーナでは，まず，FTZの管理運営を行う機関として，Free Zones Board（自由貿易地域理事会）が設置されている[13]。そして，この理事会の構成員は，通商産業大臣を理事長とし，他に8名の理事からなっており，その内の4名の理事は，民間の出身者とされている[14]。そして，理事会の構成員は，大統領により任命されるものとされている[15]。また，理事会は事務局を置くものとされ[16]，その事務局の構成員は，公務員からなるとされている[17]。そして，理事会の主な役割としては，例えば，FTZに進出を希望する者が，FTZ内に企業を設立したり，経営を行ったり，開発を行ったりするためのライセンスを申請する場合に，その者に対してライセンスを付与すること[18]をはじめ，他にも，FTZ内における諸活動や開発の監督[19]，FTZに関わる法令を確実に遵守させること[20]，FTZに進出する者の事業計画につき記録や資料を登録し保存すること[21]，これらに付随する事項を実施すること[22]等，多岐にわたっている。そして，理事会には，それが付与したライセンスについて，理事会が適切であると考える条件をつける権限も与えられており，こうした条件としては，例えば，従業員の技能，開発の方法，環境への影響，雇用機会の創出等に関わる条件がある。そして，もし，ライセンスを付与された者が，かかる条件に違反した場合は，理事会は，その付与したライセンスを撤回することができるものとされている[23]。

そして，FTZに進出する者に与えられる優遇措置＝インセンティブとしては，例えば，ライセンスを与えられた者は，事業を開始した日から最初の10年間は，利益につき所得税の支払が免除される他[24]，その後は，支払われる所得税

第15章　FTZ に関する法制度の比較法的研究　*523*

の水準が8パーセント以内に抑えられること[25]等があげられる。そして，FTZ内への投資から生じる配当金についても，株主は，源泉課税を支払うことから免除されるものとされている[26]。また，その他のインセンティブとしては，例えば，FTZ 内に進出した企業は，ガーナ政府により，国有化されたり，収用されたりすることはないこと[27]等があげられる。

以上，ガーナにおける FTZ 制度の概要について紹介してきたが，次に，こうした点を踏まえながら，以下では，ガーナの FTZ における紛争処理の仕組について，紹介することにしたい。

2　仲裁の活用（UNCITRAL 仲裁規則等）

そこで，ここでは，ガーナの FTZ における紛争処理の仕組について，紹介することにする。

まず，ガーナでは，ライセンスを付与された FTZ への進出者とガーナ政府との間で，FTZ 内における諸活動に関して紛争が生じた場合には，その円満な解決を図るべく，相互の対話を通じて，あらゆる努力がなされるべきであるとされている[28]。そして，もし，そうした解決に至らない場合には，不服のある当事者の選択により，その紛争を仲裁に付託することができるものとされている[29]。そして，こうした仲裁に関して，まず，国際連合の UNCITRAL（国連国際商取引法委員会）の仲裁のための手続に関する規則[30]に沿ってなすことができるとされている[31]。また，もし，当事者の一方が外国の投資家である場合には，その投資家が国籍を有する国とガーナ政府との間に投資保護に関する二国間ないし多数国間の条約がある場合には，仲裁に関し，そうした枠組を利用することができるともされている[32]。そして，さらに，もし，当事者間により合意された，投資紛争の解決のための他の国内的ないし国際的な機構が存在する場合には，仲裁に関し，そうした機構に沿ってなすことができるともされている[33]。

そして，いかなる紛争においても，もし，採用される紛争解決の方法に関して，ライセンスを付与された FTZ への進出者とガーナ政府との間で合意がみられない場合には，FTZ への進出者が選択する紛争解決の方法が，優先すべきも

のとされている[34]。

以上，ガーナのFTZにおける紛争処理の仕組について紹介してきたが，次に，以下では，こうしたガーナのFTZにおける紛争処理の仕組について，検討してゆくことにしたい。

3 検 討

2において紹介したように，まず，ガーナのFTZにおける紛争処理の仕組の特徴は，ライセンスを付与されたFTZへの進出者とガーナ政府との間で，FTZ内における諸活動に関して紛争が生じた場合に，相互の対話を通じても，その円満な解決を図ることができない場合には，その紛争を，例えば，UNCITRAL（国連国際商取引法委員会）の仲裁規則に沿った上で仲裁に付託することができる等とされているように，仲裁という紛争処理の仕組が活用されている点である。また，他の特徴としては，例えば，いかなる紛争においても，もし，採用される紛争解決の方法に関して，ライセンスを付与されたFTZへの進出者とガーナ政府との間で合意がみられない場合には，FTZへの進出者が選択する紛争解決の方法が優先すべきであるとされているように，紛争処理規定の全体を通して，FTZへの進出者である投資家にとり，有利な紛争処理の仕組が採用されている点である。

このように，仲裁という紛争解決方法が活用され，投資家に有利な仕組が採用されていることは，本来，FTZ制度というものが，一国の国家領域内の一定地域において，同国領域内の他の地域では享受することができない，税制上の優遇措置等を付与することにより，同地域への外国企業による投資を集中的に促すこと等を目的としていることから，こうしたFTZ制度の目的にも，十分に適合していると思われる。また，ガーナの場合には，FTZの管理運営主体について，それは，1において紹介したように，Free Zones Board（自由貿易地域理事会）及びその事務局という，どちらかといえば，国家機関的な管理運営主体であり[35]，そこで，この点について，今日，世界の趨勢としては，確かに，いわゆる外国国家に対する裁判権免除の原則[36]は，絶対免除主義から制限免除主義

に移行しつつあり，また，免除の対象となる資格を制限しようとする動きも有力ではあるが，かかる国家機関的な管理運営主体を相手とする紛争の場合には，やはり，その解決を，当事国における国内裁判所の裁判に任せるよりも，仲裁に委ねることには，なお合理性があるように思われる[37]。

そこで，以上の検討から，ガーナのFTZにおける紛争処理の仕組は，基本的には，合理的に制度設計されていると評価できるように思われる。もっとも，かかるガーナのFTZにおける合理的な紛争処理の仕組にも，厳密に分析すると，なお残された問題点もあると思われる。そして，その問題点とは，FTZにおける紛争処理の規程が，FTZへの進出者とガーナ政府との間の紛争のみを対象としており，FTZへの進出者間の紛争を一切対象とはしていないという点である[38]。すなわち，ガーナのFTZにおける紛争処理の規程では，もしFTZへの進出者間で紛争が生じた場合には[39]，その紛争を解決するために，いかなる方法が適用されるのかについて，不分明な状態が残るということになる[40]。そこで，この点については，将来，FZAの改正等を通じて，規定の補充が行われることが期待される。

それでは，以上の，ガーナのFTZにおける紛争処理の仕組の検討を通して，最後に，わが国に対して，いかなる示唆を得ることができるのであろうか。そこで，以下においては，この点について，まとめてゆくことにしたい。

IV. 結 び

本稿の考察対象であるFTZについて，まず，I.において述べたように，わが国では，従来，その法的研究がほとんどなされてこなかったが，今日，わが国の厳しい経済状況を克服するには，外国企業によるわが国への投資活動を促進することも一つの有効な方策であると考えられており，そのため，外国企業による投資活動の促進にも一定の効果のある，かかるFTZについて，それに関する法制度やその法的問題点を検討することには，一般的に，少なからず意義があると思われる。

そして，特に，現在わが国においては，現行の自由貿易地域制度に関して，自

由貿易地域の管理運営主体の新な設置については，その検討が行われているが[41]，自由貿易地域における紛争処理の仕組については，わが国では，従来，全く検討がなされていない状況にある。しかしながら，III．において詳細に紹介・検討したガーナのFTZにおける紛争処理の仕組のように，FTZにおける合理的な紛争処理の仕組を制度設計することは，外国企業による投資活動を一層促進すること等にもつながり，そのため，もしわが国の現行の自由貿易地域制度を今後さらに発展させてゆくのであれば[42]，こうしたFTZにおける紛争処理の仕組についても，今後わが国でも検討してゆくことが必要かつ有益であると思われる[43]。そこで，今後，こうした点における国と沖縄県との検討や協議等を通した新たな取組が行われることが，期待されるころである。

最後に，本稿におけるFTZに関する法制度の研究が，今後わが国におけるFTZ制度をさらに発展させてゆく上でいささかでも貢献しうるとともに，さらに，企業活動のグローバル化やボーダーレス化に伴い多発する紛争に対して，国際連合等の国際機関に期待されるその紛争解決機能のあり方や，その限界の解明等においても，僅かなりとも貢献しうることを，祈念するものである。

注

*) 本稿は，筆者が，日本比較法研究所の嘱託研究所員として，共同研究テーマである「国際連合の紛争解決機能とその限界」に参加した際の研究成果である。また，本稿は，筆者が，1999年の1月から3月にかけて，文部省の在外研究員として，米国に派遣された際の調査研究の成果の一部でもある。本稿の執筆にあたっては，共同研究グループの代表者であられる中央大学法学部の大内和臣教授をはじめ，文部省在外研究員として，米国に派遣された際に，イェール大学ロー・スクールのW. Michael Reisman教授，イェール大学エコノミック・スクールの浜田宏一教授，イェール大学ロー・スクールJ.S.D.課程に当時在籍しておられたRodrigo Noriega弁護士，サンパウロ大学法学部のCalixto Salomão教授，Romulo, Mabanta, Buenaventura, Sayoc & De Los AngelesのMaria Paz S. Angeles弁護士にも，大変お世話になった。また，琉球大学法文学部の島袋鉄男教授，中原俊明教授，そして，ポルトガル国マデイラ地域にあるSDM（マデイラ開発会社）のHenk Dennert駐日特派員，そして，沖縄県商工労働部の平良敏昭課長補佐，嘉数登主査，沖縄県企

画開発部の玉城恒美主査からも，多くの御教示をいただいた。また，資料収集・検索等を中心に，日本比較法研究所をはじめ，在日ガーナ大使館にも，大変お世話になった。この場を借りて，お世話になったこれらの方々及び機関に対し，心より感謝の意を申し上げる次第である。なお，本稿は 2000 年の 8 月に脱稿した。

1) 以下，単に FTZ と表現する。FTZ といわれる用語には，厳密で明確な定義はないが，本稿では，広く，一国の国家領域内の一定地域において，同国領域内の他の地域では享受することのできない税制上の優遇措置等が，与えられる地域のことを指している。なお，この点につき，本稿の II. も参照。また，一般講学上，広く FTZ に含まれるものを，その形態や内容等により，自由港，輸出自由地域，外国貿易地帯(さらに，自由辺境地域)等に，区分することがある。以上の点につき，例えば，United Nations Centre on Transnational Corporations, The Challenge of Free Economic Zones in Central and Eastern Europe (1991) の文献を参照。また，以上から示されるように，本稿では，EU，NAFTA，MERCOSUR 等にみられるような，二国以上の国家間の条約・協定を基本とする自由貿易協定については，考察対象とはしていない。現在，わが国では，こうした自由貿易協定について，シンガポールとの間に二国間協定を検討しており，韓国，メキシコとの協定についても，研究が進められている。そこで，将来，こうした自由貿易協定が実現し，それが拡大発展してゆけば，FTZ のもつ効果は，その優遇措置等の内容如何にもよるが，限定的なものになるかもしれない。

2) 筆者は，かつて LL.M. 課程大学院生及び客員研究員として長期在外研究に従事したことのある，米国のイェール大学ロー・スクールに派遣され，そこを拠点に調査研究に従事した。

3) なお，その後，2000 年の 2 月には，FTZ 等の経済特区的法制度の研究等のため，ポルトガル国のマデイラ地域を訪れ，そこにある SDM (マデイラ開発会社)により管理運営されている FTZ を調査した他，同年の 5 月には，やはり経済特区的法制度の研究等のため，アイルランド国の首都ダブリン及びシャノン地域等を訪れ，シャノン地域にある FTZ を調査した。この内，後者の調査の際には，首都ダブリンにおける国際金融サービスセンター (IFSC) の法的制度についても調査を行ったが，この点については，拙稿「経済特区的法制度の研究――アイルランド IFSC に関する調査報告――」琉大法学 65 号(中原俊明教授退官記念号)にまとめられている。

4) なお，わが国では，従来，こうした FTZ について，それを法制度の面から研究した文献はほとんど存在しないが，筆者は，かつて，わが国において現在その設置が新に検討されている自由貿易地域の管理運営主体につき，そのあり方をめぐる

問題点について，論じたことがある．この点につき，拙稿「FTZ に関する法制度の比較法的研究——管理運営主体のあり方を中心として——」国際商事法務 28 巻 2 号 177 頁を参照．そして，本稿の I. 及び II. で論じている，FTZ 制度の概要や日本法の現状と課題等については，上述の拙稿においても，ほぼ同内容のことを指摘している．なお，FTZ について，これを経済学の立場から研究した先駆的論文として，Koichi Hamada, "An Economic Analysis of the Duty-Free Zone," Journal of International Economics 4 (1974), pp. 225–241 の文献がある．

5) 自由貿易地域・那覇地区がそうである．
6) 1998 年 3 月の沖縄振興開発特別措置法の一部改正がそうである．
7) 現在，沖縄県の中城湾港新港地区が，かかる特別自由貿易地域に指定されている．なお，本稿では，便宜的に，こうした自由貿易地域と特別自由貿易地域をまとめて，以下では，単に自由貿易地域と表現することにする．なお，自由貿易地域と特別自由貿易地域との違いは，その所在地の他に，後者の場合には，一定の対象業種につき，同地域内に新たに設立された常時雇用者数 20 名以上の企業につき，新設後 10 年間，所得の 35% につき，法人税の課税所得から控除される(法人事業税，住民税法人税割も同様)という優遇措置を受け得る等の点である．この点につき，例えば，1999 年 4 月に沖縄県が発行した「沖縄特別自由貿易地域のご案内」等の資料を参照．なお，現行の沖縄振興開発特別措置法は，その目的として，沖縄県の振興開発を図ること等を掲げているが(同法の第一条を参照)，1999 年の 6 月に政府が発表した「沖縄経済振興 21 世紀プラン(中間報告)」では，今後，単に沖縄県の経済的自立を図るだけではなく，さらに，わが国経済社会の発展に寄与する地域として沖縄県が整備されることが指摘されている．この点につき，同報告書の 17–47 頁を参照．なお，本稿の脱稿後の 2000 年 8 月 25 日には，同プランの最終報告が決定されている．
8) この点につき，同規約の附属書 F.1. の「定義」の箇所(特に，定義の (a) と注釈の (c))を参照．
9) この点につき，例えば，注 7) の「沖縄特別自由貿易地域のご案内」の資料を参照．
10) この点につき，沖縄振興開発特別措置法第 25 条，関税法第 37 条第 1 項，第 62 条の 8 第 1 項，第 42 条第 1 項，第 56 条第 1 項，第 62 条の 2 第 1 項等を参照．
11) この点に関して，特に注目されるのは，現行の沖縄振興開発特別措置法の将来の動向である．現行の沖縄振興開発特別措置法は時限立法であり，そのため，2002 年には失効するとされているが，その後の法制度のあり方について，現在，国と沖縄県との間で検討が行われている．そして，この点に関し，沖縄県の側から，

いわゆる「沖縄振興新法」を確立することが国に対して求められており，その内容や法形式等については，今後の国と沖縄県との検討・協議等に委ねられている。この点につき，各種の報道記事を参照。そこで，かかる問題は，いわば経済特区的法制度のあり方に関する，立法論的な検討を含む問題であるといえるが，諸外国の中には，本稿のIII.において紹介するガーナのように，例えば，FTZ制度について，基本的にそれを規律するためだけの，いわばFTZ法とでもよぶべき法制度を整備する国も，多数存在している。そこで，今後，わが国の現行法の改正や特別な立法を検討するにあたり，後述するように，こうした諸外国のFTZ制度との比較法的検討は，有益であると思われる。

12) ガーナにおけるFTZ制度について，これを詳細に紹介・検討する文献として，例えば，Kofi Oteng Kufuor, "The Ghana Free Zone Act," 10 Transnat'l Law. 245, Fall 1997の文献がある。また，ガーナにおけるFTZ制度については，インターネット上でも公開されており，ガーナ政府のホームページ (http://www.ghana.gov.gh/) の中で閲覧することができる。

13) ガーナのFTZ制度の基本法といえる，Act 504, Free Zone Act, 1995（以下，単に，FZAと表現する）のart. 1 para. 1を参照。

14) See, FZA, supra note 13), art. 2 para. 1 item a and b.

15) See, id., art. 2 para. 2.

16) See, id., art. 36 para. 1.

17) この点につき，See, id., art. 36 para. 2.

18) See, id., art. 3 item a.

19) See, id., art. 3 item d.

20) See, id., art. 3 item e.

21) See, id., art. 3 item f.

22) See, id., art. 3 item g.

23) See, id., art. 18 para. 1. また，Free Zone Regulations, 1996のRegulation 14 para. 1 and 2.も参照。

24) See, FZA, supra note 13), art. 28 para. 1.

25) See, id., art. 28 para. 2.

26) See, id., art. 28 para. 3.

27) See, id., art. 31 para. 1.

28) See, FZA, supra note 13), art. 32 para. 1.

29) See, id., art. 32 para. 2.

30) こうしたUNCITRAL仲裁規則をわが国に紹介する文献として，例えば，高桑昭

『UNCITRAL 仲裁規則』（国際商事仲裁協会，1979 年），小島武司＝高桑昭編『注解仲裁法』（青林書院，1988 年）879 頁以下等の文献がある。また，この点に関して，UNCITRAL 国際商事仲裁模範法もあわせて参照。なお，UNCITRAL 国際商事仲裁模範法については，例えば，澤田壽夫「UNCITRAL 国際商事仲裁模範法」ジュリスト 857 号 100 頁，同『UNCITRAL 国際商事仲裁模範法』（国際商事仲裁協会，1986 年），高桑昭『国際商取引委員会の国際商事仲裁に関する模範法』（国際商事仲裁協会，1987 年），前掲の小島武司＝高桑昭編の文献の 896 頁以下等の文献を参照。

31) See, FZA, supra note 13), art. 32 para. 2 item a.
32) See, id., art. 32 para. 2 item b.
33) See, id., art. 32 para. 2 item c.
34) See, id., art. 32 para. 3.
35) 前述したように，筆者は，かつて，FTZ の管理運営主体のあり方をめぐる法的問題点について，管理運営主体の類型別に，比較法的に検討したことがあり，この点については，注 4) における拙稿の文献を参照。
36) この原則につき，例えば，太寿堂鼎「主権免除をめぐる最近の動向」法学論叢 94 巻 5・6 合併号 152 頁，同「民事裁判権の免除」鈴木忠一＝三ケ月章監修『新・実務民事訴訟法講座 7 国際民事訴訟・会社訴訟』（日本評論社，1982 年）45 頁，高桑昭「民事裁判権の免除」沢木敬郎＝青山善充編『国際民事訴訟法の理論』（有斐閣，1987 年）147 頁，岩沢雄司「外国国家・国有企業との国際取引上の問題点」総合研究開発機構編『多国籍企業と国際取引』（三省堂，1987 年）275 頁，西立野園子「米国主権免除法」ジュリスト 727 号 117 頁等の文献を参照。また，山本敬三「国家契約における裁判権免除と準拠法」国際法外交雑誌 82 巻 5 号 23 頁や道垣内正人「国際的裁判管轄権」新堂幸司＝小島武司編『注釈民事訴訟法(1)』（有斐閣，1991 年）93 頁以下の文献もあわせて参照。
37) この点について，厳密には，紛争の内容，FTZ の管理運営主体の類型，FTZ に進出する者の設立地や業務統括地ないし営業の中心地等の場所（これらの点は，FTZ に進出する者が企業等の法人である場合に，その法人の従属法を決定する際に問題となる。なお，法人の従属法の決定については，設立準拠法主義と本拠地法主義とが対立している），国際的裁判管轄権の有無，外国判決の承認・執行等に関する関係各国の法制度の状況等の諸要素の影響にもよると思われるが，一般的には，このように考えられる。なお，この点に関して，筆者は，かつて，注 4) の拙稿において，現在わが国でその設置が新に検討されている自由貿易地域の管理運営主体のあり方について，現実の設置可能性等の点も考慮すれば，国家機関ないし

公団的機関に比べ，指定会社(法人の形態としては，第三セクター等による株式会社ではあるが，国による指定を受けており，特別法により，法人の事業内容等が規定された上で，その法人に一定の権限が国から授権されることが可能になるものをいう)の方が，より実現の可能性が高いといえようと論じたことがあるが，かかる主張は，外国国家に対する裁判権免除の原則の問題を，基本的に回避することにもつながり得，そこで，こうした紛争解決方法の観点からも，その主張は支持され得るように思われる。なお，この点について，注4) における拙稿の文献も参照。

38) この点について，注12) で紹介した，Kofi Oteng Kufuor の文献も，こうした問題点について，同様の指摘をなしている。この点につき，Kofi Oteng Kufuor, supra note 12) の文献における VIII. Dispute Resolution の箇所を参照。

39) そうした紛争の具体例としては，例えば，ある進出企業が，業務の過程で悪臭や騒音等を発生することにより，他の進出企業の業務に支障を生じさせたりすること等，多様な内容の紛争を想定することができる。なお，前述した，Kofi Oteng Kufuor の文献では，そうした紛争の具体例については，特に指摘されてはいない。

40) この点について，前述したように，FTZ 制度とは，本来，FTZ に指定された一定の地域に対し，外国企業による投資を集中的に促すこと等を目的としており，さらに，国際的な投資活動では，FTZ への進出者である投資家に対して，予測可能性を確保することが極めて重要になることから，かかる観点からすれば，FTZ への進出者間の紛争についても，それを対象とした紛争処理の規程が置かれることは，望ましいものと思われる。

41) この点につき，注4) を参照。

42) 現在，政府において，そうした方向性が打ち出されている。この点につき，例えば，「沖縄経済振興21世紀プラン(中間報告)」(前掲注7)) の25-28頁を参照。

43) なお，そうした検討は，当然ながら，立法論的な検討となる。この点について，注11) も参照。なお，そこでの検討の内容は，自由貿易地域の管理運営主体のあり方の法的問題点にも密接に関っているが，この点については，注37) を参照。そして，この点に関して，筆者が，かつて，LL.M. 課程大学院生及び客員研究員として，また，文部省の在外研究員として，長期在外研究に従事した米国のイェール大学ロー・スクールにおられる，W. Michael Reisman 教授は，かかる FTZ 制度の中に仲裁等の裁判外の紛争処理 (ADR) 制度を設けておくことの重要性について，筆者に対し度々指摘しておられた。

国 際 政 治

第 16 章
国連事務総長の紛争解決における役割の変容
―― 冷戦後の紛争解決枠組みに関する一考察 ――

内 田 孟 男

はじめに

　時代の変化と必要に応じて，国際機構も他の制度ないし組織と同様に設立条約で規定されている機能と異なる役割と活動を期待され，実際にもそのような要請に答えている事例が多い。国際情勢の変化によって新たに創設される機構がある一方で，淘汰される機構も存在する。第 2 次世界大戦以後，政府間条約に基づく世界的ないし地域的機構が数多く設立され，そのうち幾つかの機構は解散されている。また持続的な機構でもその任務を大きく変え，機構の基本的条約そのものを改定したものもあり，条約そのものは改訂せずに，実践において質的変化を遂げたものもある。後者の好例は国際連合（国連）システム全体に対して多くの場合該当する[1]。国連憲章は 1945 年 10 月の発効以来，安全保障理事会（安保理）と経済社会理事会（経社理）の議席数を拡大するために，1965 年，1968 年，そして 1973 年に 3 度にわたって，改正されたのみである。国連の活動は後述するようにこの間に大きな変容を経験している。

　現在審議中の安保理改組問題も具体的提案に対して加盟国間に合意が存在せず，1990 年代初めに議題となってから大きな進展を見ていない。それは国連憲章改正の手続きが厳格で，特に安保理常任理事国全ての賛成・批准が必要であることに原因があるが（第 108 条），より根本的には改正に関する国際的合意が存在しないことを反映しているに過ぎない。国連のその他の主要機関の役割も変化している。信託統治理事会は 1994 年のパラオの独立と国連加盟によってその使命を全うしたにもかかわらず，そして前国連事務総長ブトロス・ブトロ

ス・ガリの同機関を廃止すべきとの提案にもかかわらず[2]，いまだに存続している。大気，公海，南極大陸といった地球共有財の管理とか，ソマリアのような破綻国家の信託行政のような新しい機能を改組された信託統治理事会に与えるといった議論がなされている[3]。しかし同理事会の改廃問題は棚上げされたまま現在に至っている。

　本稿は国連の主要機関の一つとして規定されている事務局，特に事務総長の紛争解決における役割の変遷を，冷戦終結以後の1990年代の10年を対象に考察しようとするものである。冷戦の終焉によって米ソ超大国をめぐる核兵器による世界戦争の脅威は減少したものの，民族，文化，言語の差異を原因とする，いわゆる「民族紛争」と呼ばれる国内紛争が頻発し，「国際の平和と安全保障の維持」を至上目的とする国連に重大な挑戦をもたらしている。そのような挑戦は国連事務総長に対して，紛争解決における画期的な役割変更を迫るものと言える。この章において最初に21世紀を迎えた今日の紛争の様相を検討し，国連の対応を平和維持活動と予防活動を中心に概観する。国連事務総長と事務局はそのような挑戦に正面から取り組むことを要請されている。ガリ前事務総長とコフィー・アナン事務総長のイニシアチブに焦点を絞り，事務総長の紛争解決への可能性と限界について考察する。そのようなイニシアチブの背景には安全保障と開発に関する概念とアプローチそのものに大きな変化がある。従って紛争解決のより広い枠組みそのものを検討する必要がある。

I. 変貌する紛争の様相と国連の対応

1) 国家間紛争から国内紛争へ

　1989年11月にベルリンの壁は崩壊し，12月にはジョージ・ブッシュ米大統領とミハエル・ゴルバチョフソ連書記長はマルタで会談して冷戦の終結を宣言する。そして1991年のソ連の解体によって第2次世界大戦後の国際秩序は瓦解する。しかし新しい国際秩序の形成は初期の楽観主義を除けば，艱難を極め今だに混沌とした状況にあると言える。国連の平和と安全保障機能に対する期待は冷戦終結直後の数年間においても大きな変動を見ている[4]。

1990年8月から1991年4月にかけての湾岸危機と湾岸戦争は国連の集団安全保障の可能性と限界とを垣間見せた。湾岸危機は国連加盟国であるイラクが同じく加盟国であるクエートを侵略し併合した明白に国際法上の違法行為であった。国連憲章第43条に基づく独自の兵力を持たない国連はこの事態に軍事的強制措置をもって対処できず，安保理は1990年11月29日の決議678によって，米国を中核とする多国籍軍にイラクに対する武力行使の権限を与える。安保理による授権と多国籍軍をリードする能力と政治的意志を持った米国によって国連の集団安全保障体制は曲がりなりにも機能する。ブッシュが湾岸戦争の勝利の際に「新世界秩序」に言及したのは，多国籍軍に参加または支持を与えた諸国の当時の雰囲気を象徴していた[5]。

しかしながら冷戦終結以後の紛争は国家間紛争ではなく，圧倒的に文化，民族，言語，宗教を異にすることに起因する国内紛争であった。ストックホルム国際平和研究所（SIPRI）年鑑は紛争を地域別にそして年代順に収録している。それによると，1千人以上の死者をだした武力紛争は冷戦後，年間24件から31件に及んでいることが分かる。そして，その大多数，年によっては全てが国内紛争であった。紛争による犠牲者はほぼ75パーセントが非戦闘員である民間人であると報告されている[6]。国連は「国際の平和と安全の維持」を目的とする国家間機構であり，本来国内紛争に対する措置は第2条7項の「国内管轄権内にある事項」であり，干渉の権限外とされてきた。ただし同項の「第7章に基づく強制措置の適用」を妨げるものではないとの規定によって，国連の介入の余

主要武力紛争の地域的配分[7]

地域	'89	'90	'91	'92	'93	'94	'95	'96	'97	'98
アフリカ	9	10	10	7	7	6	6	5	8	11
アジア	11	11	8	11	9	9	9	10	9	8
中南米	5	5	4	3	3	3	3	3	2	2
欧州	1	1	2	4	5	4	3	2	1	1
中東	5	5	5	4	4	5	4	4	4	4
合計	31	31	29	29	28	27	25	24	24	26

地は残している。この規定が国内紛争であっても国際の平和と安全を脅かすとの第39条に基づく安保理の決定によって，国内紛争を対象とした国連の措置に法的正当性を与えている。

国内紛争が勃発するということはとりもなおさず，中央政府の権威と権力が失墜していることを意味し，冷戦中に可能であったように列強も紛争当事国政府に圧力をかけて紛争解決を促す能力を失ったか，もしくは著しく低下させたことを意味していた。同じことは外部者としての国連についても言える。同時に，紛争原因は民族自決や文化歴史的価値をめぐるものであり，国家間の伝統的外交によって解決することが困難であることも問題を一層複雑にしている。

この様な状況に国連はいかに対処しようとしたのか。1992年1月にブトロス・ブトロス・ガリは第6代国連事務総長に就任する。同年1月31日に安保理史上初めて開催されたサミットは事務総長に「国連の予防外交，平和創造，および平和維持に関する能力を国連憲章の枠組みと規定の範囲内で強化し，より有効にする方法についての分析と勧告を作成するよう」要請する[8]。事務総長は『平和への課題』と題する報告書を半年後の6月17日に公表する。この報告書は1995年1月3日に『追補』を事務総長のポジション・ペーパーとして発表されたものとセットで，国連の安全保障機能を考察する際の基本的文書として今日に至っている[9]。

『平和への課題』は国連の平和と安全保障機能を，紛争の4つの局面においてそれぞれ論じたもので，最も包括的な分析と政策提言とを含んでいる。ガリは冷戦終結後の変化した状況において，人類の安全をめざす統合的な取り組みを次のように述べる。

「この活動の基礎は国家であり，今後もそうでなければならない。国家の基本的主権および保全の尊重は，いかなる共通の国際的前進にも不可欠である。しかし，絶対的かつ排他的な主権の時代は過ぎ去った[10]。」

彼は，国際機構を通じての多国間協力によって，世界主義と民族主義の調和をもたらすべきであると説く。しかし実際には国内紛争が多発して，国連は未

曾有の平和維持活動（PKO）の展開を余儀なくされる。報告書の追補によると，「1992 年 1 月以降設けられた 11 の平和維持活動のうち，2 つ以外はすべて（82 パーセント）国家内戦争に関するものであった[11]｡」アナンの 1999 年度の年次報告によると，「1990 年代を通じて，我々は地球的紛争と，それに対する国際社会の反応の様相において主要な変化を目撃してきた。今日，90 パーセント以上の武力紛争は，国家間ではなく国内において発生している[12]」とこの傾向がむしろ強化されている事を確認している。

2) 平和維持活動の展開と任務の多元化

平和維持活動に関して，ガリは PKO が 1945 年から 87 年までに 13 回，またそれ以降も 13 回にわたり実施されてきた，と指摘し，冷戦終結はむしろ大幅に PKO の任務を増大させたことを確認する。1992 年に報告書が公表された後にも，PKO は継続して展開され，2001 年 9 月現在 15 の PKO が世界各地で活動中であり，総計は 54 件となっている[13]。1993 年に PKO 要員数は 7 万数千人でピークを記録した後に，漸減の傾向にあり，95 年と 99 年には 2 万数千人から 1 万数千人へと減少していた。しかし 2000 年度は，コソボ，シエラ・レオーネ，東チモールにおける展開により，3 万人を超え 4 万人に近づいている[14]。また，伝統的な PKO は主として軍事要員のみによる停戦監視が役割であったが，1989 年から 1990 年にかけて展開された国連ナミビア独立支援グループ（UNTAG）の活動に見られるように選挙の監視など文民の役割が増大し，第 2 世代の PKO ないし多次元的 PKO と呼ばれるより複雑な活動が要請されるようになる。1992 年から 1993 年の国連カンボジア暫定機構（UNTAC）に至ってはカンボジアの国家機能を代理する任務を遂行した。コソボと東チモールの国連活動は通常国家が主権とみなす最高権限を行使している。このような活動が国連に大きなインパクトを与え，事務総長の役割を劇的に変化させていることは想像に難くない。次節においてより詳しくこの点を検討する。

3) 予防外交

『平和への課題』は紛争を：① 予防外交；② 平和創造；③ 平和維持；そして ④ 紛争解決後の平和建設の 4 局面に区分し，それぞれの局面における国連の役割

を確定する。この局面の区分は必ずしも整合性が無く批判もあった。確かに予防外交と平和創造との区別は国連憲章第33条に規定された紛争の平和的解決を恣意的に分離しているし，平和創造のなかで提案されている平和強制部隊は憲章第7章の強制措置により近く，平和維持活動の枠組みの中で論じられるべきであろう。しかし，国連の安全保障機能のみならず，紛争自体の展開を考察するガイドラインとしての4区分は有効である。

予防外交の予防または防止の概念は，国連憲章第1条1項に「平和に対する脅威の防止」に続いて，第5条に「防止行動」，第40条に「事態の悪化を防ぐため」そして，第50条に「防止措置」といった規定に見られる。しかし，国連の主要な活動として認識されたのはダグ・ハマーショルド第2代事務総長が1960年度の年次報告で予防外交という用語を使用したのが最初と言われている。彼の予防外交の定義は「新たに発生した紛争をブロックの差異の圏外に置くこと」を目的とし，大国間の介入によって紛争が悪化しないように，「真空」を国連の活動によって埋めることである。ハマーショルドは予防外交の有効性を強調して次のように論じている。

「私が予防国連外交とここで呼ぶものの特別の必要と特別の可能性は，スエズとガザ，レバノンとヨルダン，ラオスとコンゴのような幾つかの最近の事例によって証明されている[15]。」

冷戦終結後の予防外交はガリの『平和への課題』によって一躍注目を集める。彼は予防外交を次のように定義する。すなわち，

「予防外交とは，当事者間の争いの発生や現に存在する争いの紛争への発展を防ぐとともに，紛争が発生した場合の拡大を防止するための行動である[16]。」

そして予防外交は，信頼醸成措置，事実調査，早期警報，予防展開，および非武装地帯の設置を含むとする。

4) 平和創造

報告書の第2局面は「平和創造」であり，ガリの定義は「主として国連憲章

第6章で想定されている平和的手段を通じて，敵対する当事者間に合意を取り付ける事[17]」である。国連総会は紛争の平和的解決に関して数々の決議を採択しているが，それらも国連諸機関に対して活動の枠組みを付与している。報告書は続けて伝統的な調停と交渉，国際司法裁判所の活用に言及した後に「援助を通じての改善」，経済制裁とその影響についての措置，憲章第7章で規定されている軍事力の行使，および平和強制部隊の創設について論じている。既に指摘したように，平和創造は主として第6章のもとでの活動と定義しながらも，第7章の集団安全保障措置の必要性を強調して平和維持軍よりも重装備の平和強制部隊の設置を提案して特に議論を呼んだ個所である。平和強制部隊の理念はソマリアと旧ユーゴスラビアにおいて実験され，挫折に終わっている。ガリは『追補』のなかで「ここ数年，平和維持のいくつかの基本的原則の尊重がその成功に不可欠であることを確認している[18]」と述べ，当事者の合意の無い場合の平和強制部隊の提案は撤回されている。

5) 紛争後の平和建設

第3局面の平和維持活動については既に概観したので，ガリが安保理サミットの国連平和機能に関する報告書提出の要請に対して追加的問題として提起した「平和建設」ないし「平和構築」について要点を検討してみたい。平和建設は「紛争の再開を防ぐため平和を強化，固定化するのに役立つ構造を確認，支援する行動[19]」と定義される。具体的には，戦闘当事者の武装解除，秩序の回復，兵器の管理および可能ならばその破棄，難民の送還，治安維持要員用の諮問および訓練面での援助，選挙の監視，人権擁護努力の強化，政府機関の改革あるいは強化，公式および非公式の政治参加過程の促進，などが含まれる[20]」とする。ガリが「戦争行為を再発させ兼ねない文化的，国家的緊張の再燃を防ぐためにはどうしても，教育面での交流や教育課程の改革を通じて，敵対的な感情を和らげる必要があるのではないか[21]」と自問するとき，予防外交の信頼醸成の問題と重なり，両者は異なった状況下で同じ活動を意味していると言える。このようにして紛争の4局面は一つのサイクルを描いている。

II. 事務総長と紛争解決: 憲章その他の枠組み

1) 国連憲章第98条と99条

　事務総長が紛争解決のために取る手段の根拠は国連憲章第98条および第99条に求められる。第98条は事務総長が総会，安保理，経社理，そして信託理事会によって「委託される他の任務を遂行」する事が規定されており，総会に提出する年次報告も世界情勢の分析とともに政策提言をする機会を与えている。ハマーショルドは1961年5月30日にオックスフォード大学で行った「法と事実における国際公務員」と題する講演の中で「第98条は総会と安保理は事務総長に第97条が正式言語（verba formalia）に委託した以上の事を事務総長に委託している」と述べ，それは「第99条によって明示的に与えられている政治的権威とは別のものである[22]」と指摘している。彼は続けて事務局はこのように非政治的公務のみならず政治的に議論のあることがらにおいてもある特定の立場を取ることがその機能を果たす上で必要になると結論づける。「憲章の第98条と99条は第100条の厳格な遵守によって初めて可能となる[23]」と，国際公務員制度の中立性が，行政および政治的権限の行使の前提となっている点に注意を喚起している。確かに国際公務員制度が確立していない状況において事務総長の行動が加盟国によって猜疑と不審の眼で見られる限り，第98条と第99条は十分に機能しない。ハマーショルドがコンゴ危機において強力な政治的イニシアチブを取り，それがソ連を初めとする1部加盟国の痛烈な批判に遭遇したのは，事務総長のイニシアチブの可能性とともに，限界をも露呈したと言える。ハビエル・ペレス・デクエヤル第5代事務総長は1986年5月にオックスフォード大学の講演において事務総長の役割を過大視することと，過度な用心で役割を麻痺させてしまう2つの極端を避ける必要に言及している[24]。また彼は第99条の「事項」とは，事態や争いよりも広い概念であり，実際に起こった紛争のみならず，紛争の潜在的原因をも含んでいると論じている[25]。

　国際連盟の事務総長と国連の事務総長の根本的な違いは国連憲章第99条の次の条文であると良く指摘される。即ち，「事務総長は，国際の平和および安全の

維持を脅威すると認める事項について，安全保障理事会の注意を促すことができる。」事務総長は単に国連の「行政職員の長」であるのみならず，政治的イニシアチブを取ることが出来るし，そうする事が期待されている。ただし，この権限は義務ではなく事務総長の「裁量権」であることについては一般的な合意がある[26]。歴史的にも第99条はそれ程頻繁に援用されてはいない。公式に第99条が援用されたのはハマーショルドによるコンゴ危機と，カート・ワルドハイム第4代事務総長による1973年のテヘランの米国大使館占拠に関しての2件のみである。ただし，明示的ではないがトリグブ・リー初代事務総長は1946年のギリシャ問題，1950年の朝鮮半島の危機に関して安保理の注意を促した。ハマーショルドもコンゴ危機に加えて，ヨルダン・レバノン問題，1959年のラオス問題等に関して第99条に言及している。ウ・タント第3代事務総長も1966年カンボジア情勢について事務総長の代表を送り調査をし，1967年にはギニア・アイボリーコースト紛争について安保理の注意を喚起している。また，彼の最後の年次報告においては予防外交の重要性を強調している。その他，ワルドハイムが1974年のキプロス問題について安保理の注意を促すなど，間接的な第99条の援用はかなりの数にのぼっている[27]。

　事務総長が第99条を基に安保理の注意を喚起しても，問題の解決が事務総長の提案に沿って安保理が行動を取るというある程度の保証が無い場合には，第99条を行使する事は反って，彼の権限の低下ないし無視を惹起して望ましい結果をもたらさないと言える。第99条を明示的に援用するよりも，第99条の法的裏付けに基づいて事務総長は第98条の年次報告または安保理における発言によって同様の結果を達成できる事を経験的に学んだと言えよう[28]。

2）総会による「紛争の平和的解決」に関する宣言

　さらに，総会の紛争解決に関する幾つかの宣言は，事務総長により強いイニシアチブを取る根拠を与えている。総会が1982年11月15日に採択した，「国際紛争の平和的解決に関するマニラ宣言」は，事務総長はすでに憲章で与えられている機能を十分に活用すべきであることを確認した[29]。このような単なる確認を超えて，1980年代終わりからの宣言はより積極的に事務総長の役割を評価

し期待しているといえる。例えば，1988年12月5日の「国際の平和と安全を脅かすかもしれない争いや状況の解決と，この分野における国連の役割に関する宣言」は，安保理および総会とならんで事務総長にも紛争解決のために紛争当事国によって要請された場合には，速やかに周旋その他の手段を提供すること，事務総長が自ら紛争当事国に紛争が国際の平和と安全に対して脅威となるのを防ぐために接触すること，事実調査を当事国の同意を得て実施すること，第99条の援用を推奨すること，そして地域機構が紛争解決のための努力を推奨することを勧告している[30]。宣言は安保理と総会には付帯されていない条件，すなわち「当事国の同意」を事務総長には付帯しているが，より積極的な事務総長による紛争解決のためのイニシアチブを求めているといえる。この宣言はソ連が国連外交を大きく転換させた後に採択されている点にも留意する必要がある。1991年12月9日総会は「国際の平和と安全の維持の分野における国連の事実調査に関する宣言」において包括的，客観的，そして公平な事実調査が紛争解決に果たす役割の重要性を認識し，事実調査は安保理，総会，そして事務総長によって遂行されることを再確認している。事務総長は紛争予防の手段として該当国家の要請または自らのイニシアチブによって早期に事実調査を利用すること，調査のための専門家リストを更新し，緊急の事実調査にも対応できるよう準備しておくことが求められている。宣言は次のように，事実調査における事務総長の他の機関に対する優位性を確定している。

> 「安保理と総会は事実調査の実行を誰に委嘱するかを決定する際に，事務総長に優先順位を与えるべきであり，事務総長は自分に報告する特別代表ないし専門家のグループを任命する事ができる。安保理および総会の臨時の下部機関を利用することも考慮される[31]。」

3) 安保理と事務総長の関係

国際の平和と安全の維持の問題について，藤田久一教授は安保理と事務総長の間の「日常的実行において確立された関係を検討」すると，この問題について「事務総長は安保理による実施のコントロールの機関というよりも，むしろ，

その実施の一翼を担う機関と位置づける方が正確かもしれない」と論じている。その理由として：① 事務総長は第39条の国際の平和と安全に対する脅威および強制措置の決定に参加している；② 平和維持活動の実施において事務総長は安保理にいかなる措置が採用されるべきかを示唆している。その例として，ソマリアとルワンダ危機に際して事務総長が提案した選択シナリオを挙げている；③ 事務総長は第7章の非軍事的措置と軍事的措置の両方に関わっており，前者は経済制裁の評価や改善策を提示すること，後者については国連が武力の行使をコントロールすべきであり，事務総長は安保理からそのための委任を受けるべきであると主張している点に見られるとする[32]。

安保理が事務総長に第7章のもとでの権限を委任する理由については，ダネシ・サルーシ教授は，3つの主なタイプがあると述べる。それらは，① ソマリアまたカンボジアのような破綻国家の国内統治を行う；② 平和維持活動に関するある種の権力で，平和維持活動の設置，指揮権行使，要員の保護を含む；③ 軍事的強制措置に関する委任で，ソマリア，旧ユーゴにおける軍事力行使に関するものを検討している[33]。

藤田およびサルーシが検討している事務総長の紛争解決に関する事例はカンボジア，ソマリア，旧ユーゴと，冷戦終結以後に発生した複雑な国内（旧国内）の紛争に対する安保理から事務総長への権限委任が中心である。この点は，J. G. メリルス教授が冷戦終結直後に，紛争解決における事務総長の役割を論じた際に分析した事例と対照的である。彼は，事務総長の役割として，ソ連のアフガニスタン侵攻，フォークランド諸島をめぐる紛争，イラン・イラク紛争といった国家間紛争の周旋，事実調査，平和維持活動と国連のプレゼンスについて論じている[34]。事務総長が紛争解決に関して果たす役割は，憲章第33条に明記されている仲介，調停，事実調査，仲裁裁判，司法裁判および，後に総会等の決議に盛られた周旋を含めて，その方法は一見あまり変化がないように見られる。

しかし，上述したように対象の紛争のほとんどが国内紛争である点はやはり重要な変化であると言える。なぜならば，国内紛争の当事者間の周旋ないし仲介はまず誰が紛争当事者であるかの確定が前提条件となる。紛争の解決は単に

国際法の原則に基づく，法的次元のみならず，高度に政治的，社会的および文化的配慮が要求され，特に少数民族の保護，住民の人権尊重を確保することが要請されている。次に，平和維持活動の量的拡大と質的変化は事務総長の紛争解決における役割をより包括的かつ直接的なものにしている。『平和への課題』で論じられたように，平和維持活動は紛争解決の1局面に過ぎず，紛争後の平和構築も事務総長の任務として重要性を増している。しかも平和維持活動の幾つかが強制措置をその任務としたことから，事務総長は第7章のもとでの権限を委任され，第6章の紛争の平和的解決方法を超える権限を行使している。

III. 平和と安全保障概念の拡大と深化

冷戦の終結によって国連はより複雑な平和活動を展開し，頻発する国内紛争は事務総長の役割を増大させ変化させてきたことを概観した。紛争解決へのアプローチもより包括的にならざるをえず，紛争の根源的原因にまで取り組む必要が痛感させられる。紛争及びその解決に関する概念そのものにも変化が見られる。第1に平和と開発との関連性であり，第2に開発の概念が経済成長から人間開発へと重点を移行したことであり，第3に安全の概念が国家の安全から人間の安全へと大きくシフトしてきた点である。事務総長はこのようなほとんどパラダイム・シフトと呼べる1990年代の挑戦に直面して，新しい国連の役割を模索していると言える。アナンのミレニアム総会への報告書『我ら人民』はこの模索の1つの成果とも言える。

1) 『平和への課題』と『開発への課題』

ガリの『平和への課題』は1992年1月の安保理サミットによって要請されて作成された報告書であったことは既に述べた。国連総会は1992年12月に『平和への課題』を討議し，次のような見解を含む決議を採択している。

> 「国際の平和と安全保障は統合的方法によって検討されなくてはならず，国連の平和，正義，安定そして安全を構築する努力は単に軍事問題だけではなく，それぞれの権限内で各種の機関は適切な政治，経済，社会，人道的，環境また開発の側面をも含むものでなくてはならない[35]。」

総会は更に『平和への課題』を『開発への課題』によって補完するよう要請する。総会で多数を占める途上国の最大の関心事は安全保障よりも開発と国家建設であることを物語っていると言える。『平和への課題』に比べて『開発への課題』は難産であった。報告書が公表されたのは1994年5月6日であり，時間的には前者の3倍の時間をかけている。ガリは1999年に出版された回顧録のなかで開発に関する報告書作成の困難な理由を次のように述べている。開発について国連憲章は安全保障に比して明確ではなく，経済概念としても混乱していたこと，開発は政治的に爆発的要因を内在し，特に途上国にとって干渉を恐れる課題であった[36)]。

報告書は開発の諸次元として：① 開発と平和；② 開発と経済成長；③ 開発と環境；④ 開発と社会正義；そして，⑤ 開発と民主主義との関係についてそれぞれ論じている。第1の次元について，報告書は「開発の欠如は，国際緊張や軍事力に必要と思われるものに寄与する。そしてそれが緊張をさらに高めることになる。こうした悪循環に陥った社会が対立，紛争あるいは全面戦争を回避するのは困難である[37)]」と論じ，地雷撤去，戦闘員の社会への再統合，統治機構と法制度の補強など，「紛争後の平和構築」との関連を指摘する。第3の次元である社会正義については，差別が不満を生み，狂信主義が分離主義を，不寛容が小民族主義を，迫害が紛争を生みだすと述べ，健全なる市民の育成が開発と同時に平和の鍵となっていることを強調する。第5の次元の民主主義は政治的正統性をもたらし，開発も人権の1つであることを再認識している。開発と環境及び経済成長との関係は自明のことであろう[38)]。このように開発の5次元のうち，まさに紛争ないし平和との関連次元は3次元を占め，平和と開発との不可分性を雄弁に分析している。

2)「人間開発」の概念とその普及

『開発への課題』における開発へのアプローチないし戦略は経済成長中心主義からの脱皮があって初めて可能なものである。1970年代において開発に関する言説は混乱に陥り，ガリはその混乱が1990年代前半にも継続しているとの認識を示している。他方，国連開発計画（UNDP）は1990年から『人間開発報告

書』を公表し，新たな開発の概念とその測定方法を提案した。人間開発は「人々の選択を拡大する過程である」と定義され，「最も重要な選択は長く健康的な生活を送り，教育を受け，良質な生活水準を享受すること[39]」であるとされた。人間の選択肢を拡大するために，人間の能力を高めることを目的とし，そのためには常に人間を中心に置く開発戦略である。国家経済の基盤整備とか国民総生産の向上を目指すよりも，人間個々人の日常生活の質を高めることがその使命とされる人間開発指標として提案されたのは出生時平均余命で測定される寿命，成人識字率(2/3 の加重)および初・中・高等教育の総就学率(1/3 の加重)によって測定される教育達成度，1 人当たりの実質 GDP（PPS$）の 3 つである。このような開発概念が国際開発協力に要求するのは対国家援助に止まらず，援助が実際に途上国の住民の生活水準を高めるか否かを評価することである。人間開発指標が明らかにした 1 つの点は，国民総生産が相対的に低い国であっても，スリランカのように人間開発指標で見ると寿命，教育程度，実質購買力の面でかなり高い水準を維持することが可能であることを示したことである[40]。

3）「人間の安全保障」

冷戦終結後の安全保障に対する考え方も，国家間の紛争から国内の紛争への移行に伴って変化してきた。そのような状況に対応して，知的そして政策的概念として提起されたのが UNDP による「人間の安全保障」である。人間の安全保障とは「子どもが死なないこと，病気が広がらないこと，職を失わないこと，民族間の緊張が，暴力に発展しないこと，反体制派が口を封じられないことなど[41]」であると定義される。人間の安全保障は人間開発の人々の選択肢を「妨害されずに自由に行使でき，しかも今日ある選択の機会は将来も失われないという自信をもたせること[42]」であるとも論じられている。そして人間の安全保障に対する脅威を経済，食糧，健康，環境，個人，地域社会，政治の安全保障の 7 つがあると指摘し，各項目について検討している。例えば，経済の安全保障に対する脅威としてマクロ経済学の観点からの経済成長の減速よりも，個人の失業問題が人間の安全保障に対する脅威となることを論じている[43]。アナンのミレニアム総会に提出された報告書によると，世界の労働人口約 30 億人のう

ち1億4千万人は失業者で,就業者の内3分の1から4分の1は能力以下の職に就いているとのことである[44]。この統計は世界人口の5分の1に当たる12億人が1日1ドル以下の生活を余儀なくされているとする別の統計と比較すると,就業している人の所得がいかに低いかが推測される。就業は必ずしも食糧の安全保障を確保していないといえる。

このような包括的な個人の日常生活に対する安全を確保するという,人間の安全保障の概念は国連における紛争解決方法の再考を求め,事務総長のこの分野での役割をより複雑にそして困難なものにする。貧困の撲滅は国連システム全体の優先課題となっているが,既に見てきたように現状は貧困者の絶対的増加を加速している。事務総長には国連システム内での経済社会分野での更なるリーダーシップと調整能力が要求され,紛争予防と紛争後の平和構築との関連で開発協力および支援の強化を要請することが緊急の任務となる。

4) アフリカにおける紛争と開発

安保理の要請によってアナンは1998年4月に平和と開発との関係をアフリカという地域に限定した報告書を公表した。1つの事例研究として報告書は興味深いものである。報告書は「紛争の防止は人間の安全と人間の開発の促進をもって始まり,これをもって終わる[45]」と,最初に人間の安全保障と人間開発の相互間系を規定する。アフリカで1970年以降に発生した戦争は30件を越えているが,そのほとんどは内戦に端を発しているとし,1996年だけでもアフリカ53カ国うち実に14カ国が武力紛争の影響を受けている現状を指摘する。そして紛争の根元を,①植民地主義に基づく「歴史的遺物」;②国内のガバナンスの脆弱さに起因する「内的要因」;③アフリカの資源を求める「外的要因」;④国際的武器商人をはじめとする「経済的動機」;そして,⑤国家と社会との緊張関係に見られるアフリカの「特殊な状況」に見い出す[46]。紛争事態への対応を論じた後に,報告書は開発と紛争との関係を次のように分析する。

「開発は一つの人権であると同時に,すべてのアフリカ諸国の主要な長期目標でもある。開発はまた,アフリカにおける紛争緩和にも中心的役割をになうものである。(中略)経済の不調やバランスを欠いた開発により,一部

の国はほぼ恒常的な経済危機に陥っており，その結果国内の緊張状態が急激に高まる一方で，こうした緊張状態に対処する能力が大幅に低下している[47]。」

このような状況から脱出するためには，アフリカ自らが紛争の政治的解決を目指すこと，人権と法の支配を尊重すること，経済改革の実施などを行う政治的意志を結集することが必要であると結論する。そして国際社会もそのようなアフリカを支援する意志と政策を施行するよう勧告している。

IV. 事務総長の紛争解決へのアプローチの変化

1) 予防活動の拡大

憲章上の権威と権限とに裏付けられた事務総長が紛争解決のために果たす役割は，第33条が規定する紛争の平和的解決方法，すなわち「交渉，審査，仲介，調停，仲裁裁判，司法的解決，地域的機関又は地域的取極めの利用」を支援することである。周旋は明記されていないが，事務総長が最も頻繁に利用する方法であり，総会の紛争の平和的解決に関する宣言等で列挙され，より正式な地位を獲得している。トーマス・M. フランク教授は冷戦末期の事例であるが，デクエヤルによる6つの周旋活動(キプロス，虹の戦士号紛争，西サハラ，アフガニスタン，イラン・イラク戦争における化学兵器利用問題，ポーランドにおける人権問題)を分析比較している[48]。

ガリの報告書『平和への課題』は予防外交を紛争への対応の第1段階として重要視したことについては既に触れた。1990年代半ばからソマリア，ルワンダ，そして旧ユーゴスラビアにおける平和維持活動の挫折を教訓に，紛争地域の人命を救い，紛争による物質的損失をなくすことを目指した予防活動が国連の紛争解決の最重要課題となる。予防外交という用語は現在でも使われているが，ガリ自身紛争を予防するための措置は伝統的な外交の枠を超えてより広い活動を包括するので，「予防活動」という用語の方がより適切であるとして次のように述べている。

「予防外交は，人々の苦痛を予防し，紛争が勃発した時，それを解決するための費用のかかる政治・軍事的作戦に替わるものとして加盟国によって特に好まれている。私はしかしながら，我々が"予防外交"と呼ぶ活動は"予防活動"と名称を変更すべきであるとの結論に達した。外交は確かに紛争予防のための良く試みられた方法である。しかし最近の国連の経験によれば他のいくつかの様式も有効な予防効果を持っていることが判明した。それには予防展開，予防軍縮，予防人道活動，予防的平和構築があり，関係政府の同意を得て良い統治，人権，経済社会開発分野の幅広い活動が含まれる[49]。」

実際に紛争予防を目的とした活動は国連本体のみならず，国連の補助機関によっても行われている。UNDPは「予防行動を取ることで，後に国際社会が負うことになる莫大な出費も避けることができるに違いない」と述べ，ソマリアの国連活動では1993年だけで20億ドル以上を費やしたが，同じ資金が同国の経済開発に投資されていたならば，紛争は避けられたかも知れない，と「予防開発計画」の重要性を強調している[50]。国連難民高等弁務官事務所（UNHCR）も予防活動の緊急性を訴えて，国連年次報告のなかで次のように論じている。

「世界の難民人口の80パーセントは女性と子どもである。未曾有の難民と避難民の数に直面して，従来の保護を与え，難民の帰還を支援することに加えて，解決志向で予防活動によって人口流出の根本的原因に取り組まなければならないのは明らかである[51]。」

このような予防活動重視の立場は，アナンの1999年度の年次報告『戦争と災害を予防する―増大する地球的挑戦』に雄弁に論じられている。予防活動を中・短期的戦略と長期的戦略とに区別して，前者には予防外交，予防展開，予防軍縮を，後者には武力紛争の根本的原因に取り組むことを中心課題としている。さらに，予防外交は仲介，調停そして交渉といった形式を取るにせよ，通常は非強制的，控えめで，機密的アプローチであることを指摘している[52]。予防外交において事務総長特別代表が果たす役割について言及し，1998年10月に事務総長の特別使節がイランとアフガニスタンの緊張が戦争に拡大するのを

防止したことを具体例として述べている。

アナンによると長期的紛争予防戦略は社会のすべての主要なグループがその主な制度，即ち政治，行政，警察そして軍隊に参加する事を可能にする「包括的政治」が国内紛争に対する最善の対策である。その関連で3点を協調している。第1に国際社会は紛争に陥りやすい国家における人間中心の安全保障を高める政策を推奨するために更なる支援を行う。第2に開発政策が社会集団間の不平等を増大させることによる，紛争の危険性を悪化させないように努力すること。第3に地球化する経済は必ずしも途上国に恩恵をもたらしていないので，政府開発援助を増加させるとともに，民間セクターも良い統治を支援することによって利益を得ることを認識すべきである[53]。

事務総長の予防活動で頻繁に利用される方法は周旋であり，事務総長が自らのイニシアチブで行う場合，紛争当事者の要請，総会又は安保理の決議に基づくものなど，周旋の根拠も多様である。周旋の方法も事務総長自身が行う場合もあり，事務総長の代表に委任する場合もある[54]。予防活動が拡大するにつれて事務総長の特別代表，私的代表，特別使節が果たす役割も増大している。カーネギー財団の報告によると，「1990年代半ばになると，事務総長は20名以上の特別代表ならびに使節の勤務名簿を有していた。この数はそれ以前の事務総長が使用した数の平均の約4倍である[55]。」量的増加のみならず，役割の質的変化も見られる。同報告書は続けて次のように論じている。

「1990年代前には事務総長の特別代表と私的使節は主に事実調査，国家間紛争の仲介，そしてある場合には停戦に合意した当事者によって招かれた軽武装平和維持監視の監督のために派遣された。より最近では複雑な緊急事態に取り組むために安保理によって決定された使節団および事務総長の特別代表は外交的練達と管理能力を必要とする大きな，困難なそして行動に目にみえる責任を負うことを求めている[56]。」

事務総長が実際に予防活動を行う場合，いくつかの障害に直面する。ガリはその主要な障害は加盟国の抵抗であると次のように述べている。

「加盟国は，集合的には，事務総長がこの領域で能動的な役割を演じるよう要請する。だが個別的には，その国が紛争の当事者である場合，事務総長がそのように振る舞うことに抵抗することが多い[57]。」

彼は更に資格のある事務総長の代表を上級職員の中から見つけることの困難さと現地調査団の設置と資金供給の手続き的煩雑さを指摘している[58]。

2) 憲章第7章に関する委任

予防活動における事務総長の役割は紛争の平和的解決を規定した憲章第6章に基づくものである。しかしながら，平和維持活動が第7章の強制措置を含むケースでは事務総長にも第7章のもとでの権限の委任が行われている。1960年代初めのコンゴ国連軍では強制措置が採られたが，それは例外的であった。しかし冷戦終結後の平和維持活動は既に概観したように，第7章の援用がソマリアと旧ユーゴスラビアで行われた。新しい世紀を迎えた現在，平和維持活動により強力な抑止力を付与するという考えは新たな注目を集めている。ガリが伝統的平和維持活動への回帰を唱えたことへの反省もみられる。

それにもかかわらず事務総長ならびに事務局に関する憲章第15章は改正の議論の対象とはなってこなかった。憲章草案者たちが想像したよりも時代の変遷によって事務総長の任務ははるかに拡大し，責任はより重要性を帯びていることはこれまでの検討で明白である。しかも国際の平和と安全に主要な責任を負う安保理は第7章のもとの権限を他の機関に委任し，なかでも事務総長に対して最も頻繁に権限の委任を行っている。その理由としてサルーシは3点を列挙している。第1に安保理が第7章の権限の行使を必要とする事態は政治的にあまりにも鋭敏であり，解決不可能であるために事務総長に委託する場合がある。第2に事務総長の地位は安保理よりも制度的に第7章の権限行使により適している場合がある。例えば，軍事参謀委員会が機能していない現在において安保理よりも事務総長の方が権限行使に適切であると考えられる。そして第3に事務総長の方が安保理よりも公平で政治的配慮にそれ程左右されないという認識があり，集団安全保障の強制措置を取る際に，正統性を確保できると考えられ

ている[59]。もっとも，このような考慮は冷戦中に安保理が拒否権によって機能麻痺に陥った時に，ハマーショルドに任せよう（Let Dag Do It!）と言う安易な委任が成されたことを想起させる[60]。

3) 平和維持活動の増加と複雑化と事務総長の指揮監督

憲章に規定がなく，通常6章半の活動と呼ばれる平和維持活動は全て総会と安保理の委託によって事務総長が「執行上の指示と指揮」を取っている。ガリは指揮の段階を3段階に区別し，論評している。

「国連平和維持活動においては，指揮の3つのレベルを区別するのが有益である。① 全体的政治的指示で，安保理の権限; ② 執行指示と監督で事務総長が当たる; ③ 現地における指揮で，使節団長に付与される，すなわち事務総長特別代表，また特別代表が承認されていない場合には軍司令官ないし軍事監視団長[61]。」

上記報告書が指摘しているように，この3つのレベルは概念的にはひとつであり，1つのレベルは他のレベルとの関連によってのみ理解され，実践においては連続しており，孤立してはどのレベルと言えども十分に効果的ではない。報告書は続けて，事務局の強化の必要を訴えている。「以前に増して近年になって，平和維持手段は作戦上，より困難な状況のもとで利用されてきたので，事務局のそのような作戦の執行指示と管理能力を高める必要がある[62]。」確かにPKOの拡大と複雑化は事務総長と事務局に大きな機会と共に負担を強いている。2000年10月現在15のPKOを展開していることは，人材と資金の厳しい制限を受けている事務局にとっては試練である。平和維持活動局と政治局の2局がそれぞれPKOと予防外交ならびに平和創造を担当している。前者は約400名のスタッフを抱えているが，その内の半数は一般職で，専門職は残りの200名に過ぎない[63]。後者の政治局は1992年3月に，同年1月の安保理サミットの議論を受けて設立され[64]，更に小人数で，約190名を要するに過ぎない[65]。そのうち予防外交と平和創造に従事する専門職のスッタフ数は1996–1997年の時点で約60名に過ぎない[66]。

事務局スタッフと財源の制限は深刻であり，2000年3月に設置された国連平

和維持活動に関する高級専門家パネルの報告書(通称ブラヒミ・レポート)は「加盟国の新たなるコミットメント，大幅な制度的変革と増加した資金的支援なしには，国連は加盟国が今後数ヶ月ないし数年間に国連に託す重大な平和維持と平和創造を執行する能力を持つことがないであろう[67]」と結論づけている。報告書は特に本部のスタッフがあまりにも少なく，現地での活動の障害にもなる点を指摘している。例えば，27,000名の現地での部隊に対して実質的および作戦軍事ガイダンスを与える本部スタッフは32名であり，8,000名の現地における警官に対して，本部には9名のスタッフしか配置されていないという[68]。このような小規模な事務局で世界各地のPKOを統括し，紛争発生地域のモニターをすることが要求されているが，報告書の結論のように，国連の平和維持活動も単なる現状維持は許されない状況にあることは確かである。

4) 事務総長の中立性と公平性への挑戦

事務総長が予防活動と強制措置にますます関与することを余儀なくされることによる問題も生じている。ハマーショルドが既に指摘したように，事務総長は紛争当事者に対して中立で公平でなくてはならず，そのように当事者から認識される必要がある。デクエヤルは「公平さが事務総長の職の心であり精神である[69]」と回顧し，ガリは「事務総長の最大の立脚点は独立であり，国際公務員制度についても同様である[70]」と述べている。ガリは続けて，国連は増大する要請と減少する資源という矛盾に直面していると指摘する。そのような状況において，事務総長がリーダーシップを発揮するには次のような方法を取るべきであると論じている。すなわち，①委任する，時には経済社会問題はシステム内の特定の機関に任せる；②地域組織の参画と協力を求める；③アド・ホックなメカニズム(例えば，エルサルバドールの事務総長の友)の活用；④NGOや国際ビジネスとの協力である[71]。

このような中立，独立，公平の原則は実践においてより大きな困難に直面する。予防活動は定義上紛争の発生する前に行動することであり，そのことは加盟国の主権との関係で葛藤を引き起こす。人道的介入もジェノサイドや大規模な人権侵害が発生したと安保理が認めた場合，主権国家の合意が存在しなくと

も人道的観点からの行動を正当化して遂行される。このように当事者全体の合意の存在しない場合に,実際の作戦を指揮する事務総長には国連の介入を歓迎しない当事者からの不満と批判は当然向けられることになる。安保理の政治的決定と事務総長の中立性や独立性は必ずしも両立せず,特に選択的になされる人道的介入の是非をめぐっては,今後より活発な議論がなされよう。アナンは1999年9月に「2つの主権概念」と題する論文を発表し,コソボと東チモールの経験を踏まえて,国際社会が人道的介入を行う場合の原則と決定方法について合意に到達することが必要であると論じている。2つの主権概念とは,国家主権と個人の主権であり,後者は人権と自由を享受する権利であるとする。国家主権そのものも大きく変化しており,国益の概念も集団的利益が国益であるという理解が重要となり,共通の目的と価値の共有を可能にするものでなければならないと論じている。ガリが絶対的国家主権の時代は過ぎ去った,と論じたテーマをアナンは個人の権利と国際社会の義務の観点から国連の活動を再検討しようと試みている[72]。

5) パートナーシップーの構築

紛争が貧困,不平等,専制,政府機構の機能不全といった諸原因が民族,宗教,言語,文化の差異といった要因と結びついて起きる時,事務総長の紛争解決における役割は当然のことながら国家間の紛争調停と異なった次元における役割を期待される。それは人間開発を促進することで人間の安全保障を確保し,紛争を予防し,また解決することである。そのためには,事務総長は国連システム全体に対するより強力なリーダーシップを取ることを要請される。国連プロパーである,UNDP, UNHCR, UNHHR, UNFPAは言うまでもなく,各専門機関,特にブレトンウッズ機構との協力と調整は以前に増して重要となる。行政調整委員会(ACC)の議長である事務総長のリーダーシップがシステム全体の展望,政策,活動にどのようなインパクトを与えることができるかが,一つの鍵である。アナン事務総長は1997年の改革案において,開発分野ではUNDP総裁を議長とする国連開発グループ(UNDG)を提案し実施に移している[73]。国連システムの開発政策の調整を使命とし,国連開発援助枠組み(UN-

DAF) を通じてその実現を目指している。

　加えて，最近の紛争予防と解決には国連だけではなく，地域機構との連携と協力が重要性を増している。旧ユーゴスラビアでは北大西洋条約機構（NATO）と，リベリアでは西アフリカ諸国経済共同体（ECOWAS）と，ハイチでは米州機構（OAS）などとの協力の具体例がある[74]。1994年から国連と地域機構との会合が2年毎に開催され，1998年の会合のテーマは「紛争予防のための協力」であった。アナン事務総長は人間の安全が紛争の新しく，より多様なそしてより破壊的な形によって脅かされている時，国連と地域機構はそのような紛争を防止するための機会とそして義務を負っていると述べて，新しい時代の協力はそれぞれの比較優位に基づくべきことを説いている。具体的な協力手段としてはより定期的な協議，情報の交換，渉外担当官の交流，作業レベルでの職員の長期訪問等を提案している[75]。

　アナンは市民社会との提携の有効性と必要性を強調している。1997年の改革案でも市民社会に1つの項目を設け，非政府組織（NGO）を含む広い市民との協力関係を模索している[76]。1990年代に主催された国際会議には数多くの国際NGOが参加し，政府間会議の討議にも大きな影響を与えた。その背景には国連の活動，特に開発，難民，人道援助の分野におけるNGOの参画は既に質的そして量的にも重要な地位を占めているとの認識がある[77]。

お わ り に

　冷戦の終焉は軍事的対立と高度にイデオロギー的そして政治的対立を劇的に緩和したことを意味し，国連の紛争予防および解決における役割にも大きな変化を及ぼした。複合的平和維持活動とか複雑な緊急事態に対する人道援助といった用語が象徴するのは紛争の複雑化と解決に要するアプローチの多次元性である。安全保障および開発の概念そのものも変化し，異なった対応を迫っている。このような状況において事務総長の紛争解決の役割はすでに質的変容を遂げているといえる。本稿ではその変容を予防活動の拡大，憲章第7章に関する委任，平和維持活動の複雑化，事務総長の中立性と公平性，パートナーシッ

プの構築等を中心に論述してきた。

　ある意味では確かに歴代事務総長はこのような紛争解決のための役割を国連設立以来果たしてきたと言える。しかも前述したように，国連憲章の事務総長ならびに事務局に関する条項についての改正は議論されていない。しかし法的な静態は政治的動態を覆い隠すものではない。事務総長の紛争解決における実践は拡大し深化している。アナンがミレニアム総会へ提出した報告書はフランクリン・D.ルーズベルトの1941年の一般教書で述べられた「4つの自由」のうち，欠乏からの自由と恐怖からの自由を取り上げ，人間開発と人間の安全保障を，地球環境問題とともに，21世紀において国連が直面する課題として提示している。貧困の撲滅，開発，人間開発，国際の平和と安全，人間の安全保障，地球環境は現在，「地球公共財」として広く認識されるようになってきている[78]。事務総長は年次報告等でガバナンスの重要性を強調しているが，国内の「良い統治」と言う意味のガバナンスは国境を越えて，グローバル・ガバナンスとして概念的にも定着しつつある。グローバル・ガバナンスとは地球規模の問題に対処し，地球公共財を提供し維持発展させていくことである。この期待に答えることが21世紀の国連にとって最大の課題であろう。国連はグローバル・ガバナンスの中心的なアクターとしての役割を期待されている。事務総長は国連の諸機関の中で最も国際的な立場にあり，人類共通の利益の実現がその職務となる。事務総長はかくして地球共同体の代表としてのリーダーシップを発揮しなくてはならない。紛争解決における事務総長の役割は周囲を取り巻く環境の変化とともにより拡大し深化してきた。地球的規模の諸問題は相互に関連し合っている以上，紛争解決も単なる症状ではなく，その根元にまでさかのぼっての解決が求められている。

　事務総長が直面する障害は山積している。しかも，そのいずれも彼ひとりで解決できる問題ではないし，国際機構，国家，市民社会，そしてビジネスとの協力なしには克服できるものでもない。主権国家の壁，緊迫した財政状況，増加する任務と減少する国際公務員の数といった現状は楽観を許さない。事務総長がこのような条件のもとで発揮できるのは知的リーダーシップであり，未来

の展望を提示し，自らの立場の正統性を確固たるものにすることであろう。グローバリゼーションがますます加速する21世紀において国際公共政策の重要性が高まることについては疑問の余地が無い。地球公共財を発展させていくのが国連の使命であり，その先頭に立つのが事務総長である。紛争解決における事務総長の役割の変容も21世紀にはまた新しい段階を迎えるであろうし，我々はその推移を見守る必要がある。

注

1) 例えば，国際復興開発銀行(世界銀行)の副総裁兼最高法律顧問を務めたイブラヒム・シハタは世銀の変化を「世銀はすべての国際機構のなかで，永年の活動において最も変化に富んだ，しかも深遠な変容を経験した機関であろう。特に80年代，そして90年代に入ってその変化は拡大している」と述べ，80年代に起こった変化の1つとして，世銀の公共セクターから民間セクターへの政策のシフトを指摘している。しかしながら，世銀協定は1965年と1987年に改正されたのみである。Ibrahim F. I. Shihata, *The World Bank in a Changing World: Selected Essays*, Martinus Nijihoff Publishers, 1991, p. 1.

2) Boutros Boutros-Ghali, *Annual Report on the Work of the Organization 1994 "Building Peace and Development,"* para. 46.

3) グローバル・ガバナンス委員会は「将来世代を含む人類の共通の利益のために，地球共有財の信託統治を執行する新たな必要がでてきた」とし，「信託理事会が地球環境とこれに関連した問題に取り組む主要なフォーラムとなることを期待」すると論じている。グローバル・ガバナンス委員会『地球リーダーシップ：新しい世界秩序を目指して』(京都フォーラム監訳) NHK 出版，1995年，303–304頁。イェール大学に事務局を置いた国連の未来に関する独立作業部会の報告書は経済社会理事会を改組し，経済理事会と社会理事会とに分割することを提案している。信託統治理事会は廃止されるべきものと主張する。The Report of the Independent Working Group on the Future of the United Nations, *The United Nations in the Second Half-Century*, Yale University Printing Service, 1995, p. 44.

4) 冷戦以後の国連についてのイメージの変化については，内田孟男「国連改革論の現状と将来」『国際問題』No. 428 (1955年11月号)，63–67頁参照。

5) ブッシュ大統領は1991年3月6日議会の合同会合で演説し，次のように国連の役割を強調している。「今までは，我々の知る世界は分断されていた—鉄条網とコンクリートの壁，そして紛争と冷戦の世界であった。現在，我々には新しい世界が

見え始めている(中略)冷戦の行き詰まりから解放された国連は，その創設者たちの歴史的ビジョンを満たすべく存在する。」John Allphin Moore, Jr. & Jerry Pubantz, *To Create a New World? American Presidents & the United Nations*, Peter Lang Publshing, 1999, の305頁に引用されたもの。

6) Kofi Annan, *The Question of Intervention: Statements by the Secretary-General*, 1999, p. 5.
7) *SIPRI Yearbook 1999: Armaments, Disarmament and International Security*, Oxford University Press, 1999, p. 18.
8) 安保理議長の声明 (S/23500), 1992年1月31日。
9) ブトロス・ブトロス＝ガリ，『平和への課題』(第2版 続編と関連の国連文書を増補)国際連合広報センター，1995年。
10) 同上，パラグラフ(以後，パラ) 17。
11) 『追補』パラ．11。
12) Kofi Annan, *1999 Annual Report on the Work of the Organization: "Preventing Wars and Disasters: A Growing Global Challenge"*, paragraph (thereafter para.) 62.
13) United Nations Peacekeeping Operations: Background Note, (DPI/1634 Rev. 21a) 15 September 2001.
14) "The UN's mission impossible," *The Economist*, August 5–11, 2000.
15) Dag Hammerskjold, *Introduction to the Fifteenth Annual Report* (August 31, 1960). p. 132.
16) ガリ，『前掲書』，パラ．20。
17) 同上。
18) 『追補』パラ．33。
19) ガリ，『前掲書』，パラ．21。
20) 同上，パラ．55。
21) 同上，パラ．56。
22) Dag Hammarskjold, *"The International Civil Servant in Law and in Fact,"* Clarendon Press, Oxford, 1961, p. 13.
23) *Ibid.*, p. 14.
24) Javier Perez de Cuellar, "The role of the UN Secretary-General," (The Cyril Foster Lecture delivered in the Sheldonian Theatre, Oxford, 13 May 1986 as reproduced in Adam Roberts and Benedict Kingsbury eds., *United Nations, Divided World: The UN's Roles in International Relations*, Clarendon Press, Oxford., 1988, pp. 62–63.
25) *Ibid.*, p. 66.

26) Bruno Simma ed. *The Charter of the United Nations: A Commentary*, Oxford University Press, 1995, pp. 1044-1045. 同じく, アラン・プレ, ジャン゠ピエール・コット共編(中原喜一郎, 斉藤恵彦監修)『コマンテール国際連合憲章』東京書籍, 1993年, 584-586頁参照.
27) Wilfreid Fiedler, Article 99 in Simma, *op. cit.* pp. 1051-1057.
28) ペレス・デクエヤルもこの点を前出のオックスフォード大学での講演で指摘している. Perz de Cuellar, *op. cit.*, pp. 65-66.
29) A/37/10 Annex para. 6.
30) A/RES/43/51, paras. 20-24.
31) A/RES/46/59, para. 15
32) 藤田久一『国連法』東京大学出版会, 1998年, 387-393頁参照.
33) Danesh Saroosh, *The United Nations and the Development of Collective Security: The Delegation by the UN Security Council of its Chapter VII Powers*, Clarendon Press Oxford, 1999, pp. 59-85.
34) J. G. メリルス『新版国際紛争の平和的解決』(長谷川正国訳)敬文堂, 1993年, 238-242頁.
35) 47/120. An Agenda for Peace: Preventive Diplomacy and Related Matters, 18 December 1992.
36) Boutros Boutros Ghali, *Unvanquished: A U.S.-U.N. Saga*, Random House, 1999, pp. 160-161.
37) ブトロス・ガリ『開発への課題』1994年(国連広報センター訳, 1995年)パラ. 18.
38) 同上, パラ. 41-138を参照.
39) UNDP, *Human Development Report 1990*, p. 10.
40) UNDP,『人間開発報告書』1994年, 15-16頁.
41) 同上, 22頁.
42) 同上, 23頁.
43) 同上, 24-34頁参照.
44) Annan, *We the peoples, op. cit.*, para. 68.
45) コフィー・アナン事務総長報告『アフリカにおける紛争の原因と恒久的平和および持続可能な開発の促進』(国連広報センター訳) 1998年, パラ. 2.
46) 同上, パラ. 7-15.
47) 同上, パラ. 79.
48) Thomas M. Franck, "The Good Offices Function of the UN Secretary-General," in Rob-

erts and Kingsbury eds., *op. cit.,* pp. 79–86.

49) Boutros Boutros-Ghali, *The 50th Anniversary Annual Report on the Work of the Organization 1996*, para., 652.
50) UNDP, 『人間開発計画書 1994』38–39 頁。
51) ガリ, 前掲書, パラ. 754–757。
52) Kofi Annan, *1999 Annual Report on the Work of the Organization "Preventing War and Disaster: A Growing Global Challenge,"* 1999, paras. 36–37.
53) *Ibid.*, paras. 84–86.
54) Cyrus R. Vance and David A. Hamburg, *Pathfinders for Peace: A Report to the UN Secretary-General on the Role of Special Representatives and Personal Envoys, A Report of the Carnegie Commission on Preventing Deadly* Conflict, Carnegie Corporation of New York, September 1997, p. 2.
55) *Ibid.*, p. 2.
56) *Ibid.*, p. 3.
57) ガリ, 『平和への課題』, パラ. 28。
58) 同上, パラ. 30–31。
59) Sarooshi, *op. cit.*, pp. 50–51.
60) Inis L. Claude, Jr., "Reflections on the Role of the UN Secretary-General," in Benjamin Rivlin and Leon Gordenker, eds., *The Challenging Role of the UN Secretary-General: Making 'The Most Impossible Job in the World Possible*, Praeger, 1993, pp. 254–255.
61) *Command and control of United Nations peace-keeping operations: Report of the Secretary-General*（A/49/681）, 21 November 1994, para. 4.
62) *Ibid.*, para. 15.
63) UN, *Proposed programme budget for the biennium 2000–2001*, vol II,（A/54/6/Rev.1）p. 146. 同様に, 米国国連大使リチャード・ホルブルックの国連平和維持活動の改革に関する声明(2000 年 5 月 16 日)を参照。
64) Joint Inspection Unit（prepared by H. L. Hernandez and S. Kuyama）, *Strengthening of the United Nations System Capacity for Conflict Prevention*, 1995, para. 82.
65) UN, *op. cit.*, p. 111 and p. 119.
66) JIU, *op. cit.*, p. 20（Table 2）.
67) UN, *Report of the Panel on United Nations Peace Operations*（A/55/305, S/2000/809, 21 August 2000, p. viii.
68) *Ibid.*, para. 181.
69) De Cuellar, *op. cit.*, p. 70.

70) Boutros Boutros Ghali, "Global Leadership after the Cold War," *Foreign Affairs,* March/April, 1996, p. 98.
71) *Ibid.*, p. 94.
72) Kofi Annan, "Two Concepts of Sovereignty" *The Economist*, 18 September 1999, pp. 49–50.
73) Kofi Annan, *Renewing the United Nations: A Program for Reform: Report of the Secretary-General* A/51/950, 14 July 1997, paras. 153–154.
74) ガリ,『平和への課題』(追補), は国連と地域機構との協力の5つの形式を確定している。それによると, ①協議, ②外交支援, ③活動支援, ④共同展開, そして, ⑤合同活動である。パラ. 86。
75) UN Press Release SG/SM/6653, 27 July 1998.
76) Kofi Annan, *op. cit.,* paras. 207–216.
77) 内田孟男「国連システムとNGO」『計画行政』第21巻2号 (1998年6月号) 21–26頁参照。
78) Cf. Inge Kaul, *et al.* eds., *Global Public Goods: International Cooperation in the 21st Century*, Oxford University Press, 1999.

第17章
国連におけるNGOの役割

徳 本 サ ダ 子

1. はじめに

　米・ソを核とする東西間の政治・イデオロギーの対立が崩壊したのちも，世界各地で，民族や宗教に根ざした地域紛争が後を絶ちません。このような世界情勢のなかで，国際社会の平和と安全をあずかる国連のはたす役割が，期待されています。しかし，国連は加盟する国家の連合体であり，そうした紛争解決や予防にあたっては，当然，加盟国々民の協力や支持なしには成り立ちませんし，また加盟国政府の政策や国連での取り決めも，十分に実施されないという事態も生じます。そのような反省から，最近では，NGO (Non-Govermental Organization) は，国連にとって不可欠であり，国連の役割を補完するものとしてばかりではなく，パートナーとして，政策決定段階から参加させる必要性が，認識されるようになりました。

2. NGOの活動

　国連にかかわるNGOの活動は多様であり，人権・開発・女性・環境・人道援助・紛争と予防・地雷除去・軍縮・難民・広報など各分野に進出しています。
　福岡国際ミズの会は，国連広報局のNGOとして，国連がカバーする政治，経済，開発，社会などいろんな分野にわたり，国連を支持する世論を形成すると共に，国際世論を国連に反映させる役割を担っています。
　そこで，私どもの福岡国際ミズの会(以下，当会と略称します)について，その創設の経緯，具体的活動内容などについて，ご紹介したいと思います。

3. 当会の創設と国連広報局への加盟

　当会は，1988年，福岡市の博覧会開催を機に，博覧会場に，女性のためのパビリオンの建設をめざし，実現させた25名のボランティア女性を中心に，女性の地位向上・社会参画を目的とし，会員100名で，任意団体として発足しました。1992年には，福岡県より社団法人として許可され，主たる目的を「国際化時代を支える人材育成」としました。

　かねて，私は，国際化時代の人材育成には，国連に加盟することが有益ではないかと，考えておりました。加盟することにより，国連諸活動を知ると共に，世界各国の人種も，宗教も，文化も違うNGOのメンバーと交流し，国際理解を深めることができるからです。このことは，グローバル化する21世紀を担う人材の育成に役立つと共に，世界の人々が，互いの違いをこえて，理解し合うことは，ひいては紛争の予防，世界の平和へとつながるのではないかと，思ったからです。

　そこで，会員の賛同をえて国連加盟のNGOをめざし，調査と共に，会員が手わけして3年の歳月をかけ当会の全資料を英文化し，国連への申請書と共に，1996年8月，会員の手で国連広報局へ提出しました。同様の資料は外務省や国連広報センターにも，提出しております。

　国連広報局では，慎重に内容を審査された上，最終的には国連広報局NGO委員会において，加盟が承認されました。1997年3月のことでした。

　そこで，早速，会の定款に「国連諸活動への協力」の項目を追加し，後記5のように，その趣旨にそう事業を展開してきました。

4. 当会の発足時から国連広報局NGOとなる迄の活動

　当会は，自己啓発のため任意団体として発足以来，いろんな事業をしてきましたが，主たるものとしては，毎年9月に国際ミズ・シンポジウムを開催してきました。以下，各年ごとのテーマなどを述べます。

　1989年 基調講演 シモーヌ・ベイユ氏

テーマ「男女のしなやかな協調の時代へ」

1990 年 基調講演 渡辺吉鎔氏

テーマ「日韓，新しい協調の時代へ」

1991 年 基調講演 フランソワーズ・モレシャン氏

テーマ「日本とアジアのみのり豊かな協調をめざして」

1992 年 基調講演 片倉もと子氏

テーマ「アジアに広がるイスラームの世界」

1993 年 基調講演 小山内美江子氏

テーマ「歴史がかわるとき――日本とロシアの新時代をひらく」

1994 年 基調講演 木全ミツ氏

テーマ「歴史がかわるとき――21 世紀に求められる指導者たち」

1995 年 基調講演 竹宇治聡子氏

テーマ「時代をつくる若者たち――国際化へ向けて，ユニバーシアードがもたらすもの」

1996 年 基調講演 二谷英明氏

テーマ「カンボジアにおけるボランティア活動」

以上は，当会が国連広報局に NGO として，加盟する以前の国際ミズ・シンポジウムの概略ですが，いずれも，多数の参加者のもとに開催し，後日，新聞紙上に詳細を掲載しております。またテレビで放映されたものも，いくつかあります。

これら国際ミズ・シンポジウムの資料は，前記のように英文化し，国連広報局に提出しましたが，担当官から賞賛され，なかでも，欧州議会議員(当時)のシモーヌ・ベイユ氏の招聘と，イスラームをテーマに取り上げたことを，高く評価されました。

5. 国連広報局 NGO としての活動

当会が，国連広報局 NGO として，加盟が承認された 1997 年 3 月当時，日本に本部を置く団体で国連へ加盟したものは，当会を入れ僅か 20 数団体にすぎな

かったようです(世界では当時 1,514 団体)。地方の小さな女性団体が，国連へ加盟することなど前代未聞のことだったと思います。

ともあれ私たちは国連 NGO の第一歩として，同年 9 月 10 日から 3 日間，国連本部で開催された国連広報局 NGO 50 周年記念大会に，会員 25 名で参加しました。テレビでしか，見たことがない国連総会の大会議室で，アナン事務総長，イスマイル国連総会議長，緒方貞子難民高等弁務官ら国連高官の講演や，バルドー国連広報局 NGO 委員会議長の「21 世紀を戦争の世紀にしないため，子供たちに，如何にして平和を創るかという責任や，使命を教えるべきだ。国際社会に貢献する人材の育成は，私たちの重大な責務である。そのため国連と協力し，その諸活動を，推進しなければならない」との力強いスピーチがありました。

この 1997 年の国際ミズ・シンポジウムには，国連広報センター所長ポール・カバナー氏をお迎えし「国連から見た世界の NGO」をテーマに，国連NGO の役割や，活動の例などを紹介して頂きました。

なお，私は同所長から国連広報誌 Dateline UN への寄稿をすすめられ，当会についての小稿を提出しましたところ，1997 年 12 月号に掲載されました。たいへん名誉なことと思っております。

1998 年は，国際ミズ・シンポジウムの 10 周年にあたり，前国連事務次長の明石康氏をお迎えし「国際社会に求められる人的貢献」のテーマで，開催しました。パネリストには，国連広報局 NGO 委員会議長バルドー氏も，参加されました。

会場には，中学生から大学生まで若い人が多数参加し，熱心にきき入っている姿が印象的でした。明石氏は NGO の役割を強調され「これからの世界は，NGO の横のつながりが，国際世論を盛り上げていく。自国にとどまらず，国際的にコミュニケーションし，世界を対象に活動してほしい。それが日本の将来を保障し，世界平和に貢献する」と述べられ，バルドー氏は「21 世紀は平和で人権を尊重する世紀にしたい。そのため言葉だけでなく，熱意をもって行動しよう」と提言されました。国の繁栄も世界の平和も，結局のところ，人が創り，

第 17 章　国連における NGO の役割　569

人が担うものですが，そのための人材育成は，非常に重要であることを，再確認した一日でした。

　1999 年は，国連の国際高齢者年に当り，基調講演に堀田力氏をお招きしました。また「貢献する高齢者」をテーマに，国連広報センター所長オコン氏，福岡県副知事稗田慶子氏ら 4 名のパネリストで，シンポジウムを開催しました。

　このなかには，当会が初めて公募し，多くの応募者の中から選び，この年度の国連 NGO 大会(テーマ MEETING THE CHALLENGES OF A GLOBALIZED WORLD)に派遣した大学院生も参加しています。若い大学院生が，堂々と「高齢者の成熟したメンタルパワーを社会に発信してほしい，若者もそこから生きる力を学び，共に活力ある社会を築く意識を持つべきだ」との発言に，拍手がわきました。

　さらに，同年 10 月には，韓国が国を挙げて開催したソウル NGO 世界大会(テーマ THE 21st CENTURY WITH AN AGENDA OF THE ROLE OF NGOs)にも会員を派遣しました。

　2000 年は，当会にとって記念すべき年でした。

　まず福岡広告協会の由緒ある CODO 賞の 1 等を，当会の「国際ミズ・シンポジウム福岡 89-99―10 年間を超える活動」が受賞しました。そして，活動の内容を記載したパネルが，市内の目抜きの場所に展示され，広く市民にアピールすることができました。6 月には，国連本部で開催された「特別総会女性 2000 年会議」に会員 3 名で出席しました。今回の女性会議は，5 年前の北京会議とはちがい，各国政府間協議が原則であり，ごく限られた NGO にしか，参加資格が与えられませんでした。このきびしい制約の中，私を含む 3 名の会員は，国連内のいずれの会議にも，自由に参加することが許されました。

　国連総会大会議室では，連日，各国政府代表による「北京会議以降の女性の人権や男女平等がどう改善されたか，また 21 世紀に向け，どのような取り組みが必要であるか」などにつき，意見陳述が行われました。他の会議室では，各国政府委員による成果文書の内容をめぐる，激しい議論が，深夜まで行われたり，またはテーマ別に，パネルディスカッションが開催されたりしました。私

たちは，そのいくつかに出席すると共に，関係資料の収集もいたしました。

　これらの会議のなか，とくに印象ぶかかったのは，アメリカ合衆国代表オルブライト国務長官の力強いスピーチでした。女性の人権を強調されたときには，何度も会場から大きな拍手が起こりました。成果文書は，各国政府委員の激論のすえ，6月10日に合意に達し，成立しました。

　とにかく，世界の女性たちの熱気あふれる国連特別総会でした。持ち帰った大量の資料の一部は，かねて依頼があった国立婦人教育会館の特別展示のため，寄贈いたしました。なお，同会議に出席した小森雅子会員による女性2000年会議の報告書を「ジェンダーの平等，発展および平和のために」というタイトルで当会より発刊し，各方面へ配布しました。

　この年も，また公募により大学院生を選び，この年度の国連広報局NGO大会(テーマ GROBAL SOLIDARITY: THE WAY TO PEACE AND INTERNATIONAL COOPERATION)に派遣しました。そして，国連の「平和の文化国際年」を記念して開催した国際ミズ・シンポジウムにおいて，女性2000年会議出席者と共に，報告をして頂きました。

　ところで「平和の文化」についての国際ミズ・シンポジウムでは，日本ユネスコ協会連盟理事の鈴木佑司氏が，基調講演で「戦争のない平和は消極的平和であり，戦争を必要としない状態をつくる積極的平和が必要である。…平和は，もはや国家と国家に任せるものではなく，地域や学校，そして自分で築いていくものである。21世紀に必要なのは，相互理解ができる「グローバル・シティズン(世界的視野を持つ市民)をつくっていくことです」と述べられ，感銘をうけました。このシンポジウムには，国連広報センター所長に就任されたばかりの高島肇久氏も，急遽，参加され，一層充実したものにして頂きました。

　2001年は，国連の国際ボランティア年ですが，今，それにちなんだ国際ミズ・シンポジウムの企画をしているところです。そして，今年も，国連広報局NGO大会に，大学院生を派遣し，グローバル・シティズンの育成に，少しでもお役に立ちたいと考えています。

6. おわりに

　以上のように，当会は，国連広報局のNGOに加盟以来，微力ながら，一貫して，国連の諸活動に協力し，広報し，理解をうるための努力をしております。

　一方，このような活動をとおして，グローバル化する世界に通用する人材育成を，していきたいと考えています。

　これらの当会の活動が，国際社会の平和と安全に責任をもつ国連に，またわが国や地域社会に，いささかでも寄与することができたらと，願っているところです。

執筆者紹介

編集代表

大内和臣（おおうち　かずおみ）
- 1932年　福岡県生まれ
- 1957年　中央大学法学部卒業
- 1964年　イェール大学法学院国際法専攻博士課程修了　法学博士（J.S.D.）
- 1995年　中央大学法学部教授（現在に至る）

西海真樹（にしうみ　まき）
- 1955年　東京都生まれ
- 1980年　中央大学法学部卒業
- 1985年　中央大学大学院法学研究科公法専攻博士後期課程退学
- 1996年　中央大学法学部教授（現在に至る）

執筆者（執筆順）

眞田　芳憲（さなだ　よしあき）	中央大学教授
広瀬　善男（ひろせ　よしお）	明治学院大学名誉教授
川上　壮一郎（かわかみ　そういちろう）	中央学院大学教授
北村　泰三（きたむら　やすぞう）	熊本大学教授
内崎　英郎（うちざき　ひでろう）	桐蔭横浜大学助教授
最首　善太（さいしゅ　よした）	水産大学校専任講師
金ヶ江　大（かねがえ　だい）	山梨学院大学助教授
福王　守（ふくおう　まもる）	敬和学園大学助教授
櫻井　三幸（さくらい　みゆき）	中央大学大学院法学研究科博士後期課程
谷口　大洋（たにぐち　だいひろ）	中央大学大学院法学研究科博士後期課程
坂本　まゆみ（さかもと　まゆみ）	中央大学大学院法学研究科博士後期課程
山内　惟介（やまうち　これすけ）	中央大学教授
多喜　寛（たき　ひろし）	中央大学教授
德本　穣（とくもと　みのる）	琉球大学助教授
内田　孟男（うちだ　たけお）	中央大学教授
德本　サダ子（とくもと　さだこ）	弁護士

第2分冊執筆予定者（アルファベット順）

- Frederick Tse-shyang Chen
- Y. Frank Chiang
- Park Choon-Ho
- Chie Kojima
- Hirokazu Miyano
- Kazuhiro Nagao
- Hitoshi Nishitani
- Kazuomi Ouchi
- Ann-Belinda Preis / Hans d'Orville
- Masayuki Takeyama
- James E. Wood, Jr.
- Yasuko Yamashita
- Shunji Yanai
- Yozo Yokota

国連の紛争予防・解決機能　日本比較法研究所研究叢書(57)

2002年3月30日　初版第1刷発行

編集代表　大内和臣
　　　　　西海真樹

<検印廃止>　発行者　辰川弘敬

発行所　中央大学出版部
〒192-0393
東京都八王子市東中野742番地1
電話 0426-74-2351　FAX. 0426-74-2354

© 2002　　ISBN4-8057-0556-6　研究社印刷　千代田製本

日本比較法研究所研究叢書

1	小島武司著	法律扶助・弁護士保険の比較法的研究	A5判 2800円
2	藤本哲也著	CRIME AND DELINQUENCY AMONG THE JAPANESE-AMERICANS	菊判 1600円
3	塚本重頼著	アメリカ刑事法研究	A5判 2800円
4	小島武司・外間寛編	オムブズマン制度の比較研究	A5判 3500円
5	田村五郎著	非嫡出子に対する親権の研究	A5判 3200円
6	小島武司編	各国法律扶助制度の比較研究	A5判 4500円
7	小島武司著	仲裁・苦情処理の比較法的研究	A5判 3800円
8	塚本重頼著	英米民事法の研究	A5判 4800円
9	桑田三郎著	国際私法の諸相	A5判 5400円
10	山内惟介編	Beiträge zum japanishen und ausländischen Bank- und Finanzrecht	菊判 3600円
11	木内宜彦・M・ルッター編著	日独会社法の展開	A5判 2500円
12	山内惟介著	海事国際私法の研究	A5判 2800円
13	渥美東洋編	米国刑事判例の動向 I	A5判 4900円
14	小島武司編著	調停と法	A5判 4175円
15	塚本重頼著	裁判制度の国際比較	A5判 (品切)
16	渥美東洋編	米国刑事判例の動向 II	A5判 4800円
17	日本比較法研究所編	比較法の方法と今日的課題	A5判 3000円
18	小島武司編	Perspectives On Civil Justice and ADR : Japan and the U. S. A	菊判 5000円
19	小島・渥美・清水・外間編	フランスの裁判法制	A5判 (品切)
20	小杉末吉著	ロシア革命と良心の自由	A5判 4900円
21	小島・渥美・清水・外間編	アメリカの大司法システム(上)	A5判 2900円
22	小島・渥美・清水・外間編	Système juridique français	菊判 4000円
23	小島・渥美・清水・外間編	アメリカの大司法システム(下)	A5判 1800円

日本比較法研究所研究叢書

24	小島武司・韓相範編	韓 国 法 の 現 在 (上)	A5判 4400円
25	小島・渥美・川添 清水・外間 編	ヨーロッパ裁判制度の源流	A5判 2600円
26	塚本重頼著	労使関係法制の比較法的研究	A5判 2200円
27	小島武司・韓相範編	韓 国 法 の 現 在 下	A5判 5000円
28	渥美東洋編	米国刑事判例の動向 Ⅲ	A5判 3400円
29	藤本哲也著	Crime Problems in japan	菊判 (品切)
30	小島・渥美 清水・外間 編	The Grand Design of America's Justice System	菊判 4500円
31	川村泰啓著	個人史としての民法学	A5判 4800円
32	白羽祐三著	民法起草者穂積陳重論	A5判 3300円
33	日本比較法研究所編	国際社会における法の普遍性と固有性	A5判 3200円
34	丸山秀平編著	ドイツ企業法判例の展開	A5判 2800円
35	白羽祐三著	プロパティと現代的契約自由	A5判 13000円
36	藤本哲也著	諸 外 国 の 刑 事 政 策	A5判 4000円
37	小島武司他編	Europe's Judicial Systems	菊判 3100円
38	伊従寛著	独占禁止政策と独占禁止法	A5判 9000円
39	白羽祐三著	「日本法理研究会」の分析	A5判 5700円
40	伊従・山内・ヘンリー編	競争法の国際的調整と貿易問題	A5判 2800円
41	渥美・小島編	日韓における立法の新展開	A5判 4300円
42	渥美東洋編	組織・企業犯罪を考える	A5判 3800円
43	丸山秀平編著	続ドイツ企業法判例の展開	A5判 2300円
44	住吉博著	学生はいかにして法律家となるか	A5判 4200円
45	藤本哲也著	刑 事 政 策 の 諸 問 題	A5判 4400円
46	小島武司編著	訴訟法における法族の再検討	A5判 7100円

日本比較法研究所研究叢書

47	桑田三郎 著	工業所有権法における国際的消耗論	A5判	5700円
48	多喜 寛 著	国際私法の基本的課題	A5判	5200円
49	多喜 寛 著	国際仲裁と国際取引法	A5判	6400円
50	眞田・松村 編著	イスラーム身分関係法	A5判	7500円
51	川添・小島 編	ドイツ法・ヨーロッパ法の展開と判例	A5判	1900円
52	西海・山野目 編	今日の家族をめぐる日仏の法的諸問題	A5判	2200円
53	加美和照 著	会社取締役法制度研究	A5判	7000円
54	植野妙実子 編著	21世紀の女性政策	A5判	4000円
55	山内惟介 著	国際公序法の研究	A5判	4100円
56	山内惟介 著	国際私法・国際経済法論集	A5判	5400円

＊価格は本体価格です．別途消費税が必要です．